DERECHO MERCANTIL

Dr. Rafael Soltero Peralta
Catedrático Emeritus
Universidad de Puerto Rico - Recinto de Río Piedras

Dr. Jorge J. Oppenheimer Méndez
Catedrático
Universidad de Puerto Rico - Recinto de Río Piedras

DERECHO MERCANTIL

Publicaciones Puertorriqueñas
EDITORES
Puerto Rico • España

Créditos editoriales

Primera edición, 1972

Séptima edición actualizada y ampliada, 1999

ISBN 1-881713-69-5

Producido en Puerto Rico

Impreso en Colombia - Printed in Colombia

Impreso por Panamericana Formas e Impresos S.A.

Editor
Andrés Palomares

Diseño Tipográfico
Eva Gotay Pastrana

Director Comercial - España
Luis Palomares

Portada
Staff PP

Corrector de estilo en español
Dra. Julie Soltero Rinaldi

Negativos y separación de colores
Publicaciones Puertorriqueñas

Distribución
Edgar Rexach - Haydée Gotay

OFICINA EN PUERTO RICO:

Publicaciones Puertorriqueñas, Inc.
Calle Mayagüez 104
Hato Rey, Puerto Rico 00919
Tel. (787) 759-9673 Fax (787) 250-6498

OFICINA EN ESPAÑA:

Publicaciones Puertorriqueñas, Inc.
Santa Cecilia #15
03005 Alicante
Tel y Fax 965 11 70 00

E-Mail: pubpr@tld.net
http://www.tld.net/users/pubpr/3/

AGRADECIMIENTO

Nuestro profundo agradecimiento a la Junta Administrativa del Recinto de Río Piedras de la Universidad de Puerto Rico, a la Facultad de Administración de Empresas, al Departamento de Gerencia, y a los Comités de Personal de Facultad y de Departamento por el endoso y concesión de una Licencia Sabática al Dr. Jorge J. Oppenheimer Méndez para esta séptima edición.

DEDICATORIA

A mi esposa, Conchita Rinaldi de Soltero, compañera de toda una vida y colaboradora en toda empresa.

Rafael Soltero Peralta

A mi esposa, Dra. Julie Soltero Rinaldi, apoyo incondicional en cada intento de crecimiento y superación, sin cuya inspiración y colaboración no hubiese sido posible este libro.

Jorge J. Oppenheimer Méndez

RECONOCIMIENTO

Nuestro reconocimiento y profunda gratitud a la ***Sra. Edith Méndez****, por su incansable y dedicada labor mecanográfica, a la* ***Sra. Conchita Rinaldi de Soltero****, por su devota y minuciosa revisión de las páginas del libro contra los manuscritos y a la* ***Dra. Julie Soltero Rinaldi*** *por su valiosa colaboración en todos los procesos, de principio a fin.*

Agradecemos, en todo lo que vale, la entusiasta, generosa y desinteresada colaboración de éstas.

ÍNDICE

PREFACIO

Éste es un texto básico de Derecho Mercantil. Está diseñado para un primer curso a nivel de Bachillerato en la Facultad de Administración de Empresas.

En esta séptima edición, actualizada y aumentada, se han introducido innumerables cambios que ajustan el libro al estado actual de la legislación mercantil, al incorporar la *Reforma Mercantil*, las *enmiendas* a la legislación mercantil, el *Derecho Mercantil Internacional* y la interpretación judicial más sobresaliente, con la más reciente jurisprudencia.

Por otro lado, la presente publicación da mayor amplitud a la parte introductoria, en la que se esboza una visión general del Derecho y se expone—aunque sólo a grandes rasgos—el marco jurídico-constitucional en que se desenvuelve la actividad comercial e industrial en Puerto Rico desde comienzo del siglo. Ello explica por qué la introducción al Derecho Mercantil, que en anteriores ediciones se bosquejaba en un solo y brevísimo capítulo, en ésta se toma los primeros cinco.

Los capítulos subsiguientes quedan reservados a la materia particular de la ley mercantil en lo relativo a Legislación y Doctrina Mercantil. Finalmente, como innovación adicional, el libro concluye con el Capítulo 25 sobre *Derecho Mercantil Internacional.* Éste responde a la necesidad, cada vez más imperiosa, de capacitarnos para atender las exigencias del *comercio internacional* y la *globalización de la economía.*

La experiencia docente de ambos autores y de muchos de nuestros compañeros de cátedra con estudiantes que aspiran a ser ejecutivos de empresa, gerentes, especialistas en recursos humanos, en producción, consultores en finanza o banca, profesionales en contabilidad y estadística, cuyas voces podrán llegar a ser determinantes en importantes decisiones gerenciales, demuestra palpablemente que vienen a la asignatura sin siquiera una *noción* del Derecho, ni de la estructura político-constitucional desde donde se dicta y se interpreta la ley y se toman las supremas decisiones que afectan en su médula toda la vida social puertorriqueña.

Este estudio *preparatorio indispensable* es lo que en el lenguaje académico norteamericano se ha dado en llamar "el marco jurídico de los negocios" (*"the legal framework of business"*). Y es a ese aspecto, precisamente, al que cada día se da mayor énfasis en las más acreditadas instituciones universitarias de enseñanza empresarial a nivel internacional.

De un importante estudio hecho en los Estados Unidos bajo los auspicios de la *Fundación Ford*, que culminó en la publicación del libro *Higher Education for Business*,[1] tomamos la recomendación principal que allí se hizo sobre cómo debe ajustarse este curso a las necesidades del mundo moderno:

"En sustitución del 'Derecho mercantil' (tradicional), dice textualmente el informe, "sugerimos que se incluya en el programa de estudios un curso sobre 'el marco jurídico de los negocios', aunque obviamente no tiene que ser éste su título. Tal curso debe encaminarse a familiarizar al estudiante con la realidad de que *todos los negocios han de conducirse dentro del marco que provee el Derecho*, que ese contorno legal suple la base donde se asientan las reglas de conducta de los hombres de negocio, y que en la determinación de las políticas de la empresa mercantil *es esencial un amplio entendimiento* sobre los *efectos y orígenes de las instituciones jurídicas* y *de la función que el Derecho está llamado a cumplir* como un sistema de filosofía social y de *acción social*. Un curso de esa naturaleza podría abarcar tópicos tales como: antecedentes, importancia y papel del Derecho en nuestra sociedad; el sistema jurídico de los Estados Unidos y el modo en que éste opera; la propiedad privada y la contratación como conceptos básicos en un sistema de libre empresa; y la evolución de las actitudes jurídicas hacia los negocios, incluyendo las cambiantes relaciones entre la empresa mercantil y el gobierno."[2]

Los profesores de la asignatura hemos considerado propio—dentro de las necesidades y medios que son peculiares a nuestra realidad puertorriqueña— dar un enfoque que *coincide* con el que la *Ford Foundation* destaca e incluimos en el curso fases tan esenciales como la propiedad, contratos, corporaciones, compraventas, sociedades, agencia, instrumentos negociables, quiebras, préstamos, hipotecas, transportes y, ahora además, la nueva y amplia reforma mercantil y el Derecho Mercantil Internacional. Por considerarlo más juicioso y práctico, y mejor adaptado a nuestros recursos y exigencias peculiares, hemos adoptado una fórmula intermedia o moderada que se traduce en un curso *balanceado*. Uno que, a la vez de recoger, por un lado, los conceptos fundamentales del Derecho, sus estructuras, y su influjo decisivo sobre el individuo y sobre el cuerpo social, por el otro, abarca la reglamentación básica de ese Derecho en las áreas propias de la industria y del comercio, conforme se indicaron anteriormente.

---

[1] Sus autores son Robert A. Gordon y James E. Howell.

[2] Traducido de la página 295 del libro *Higher Education for Business* (1959), precitado.

El presente libro se acoge a ese enfoque y a ese contenido balanceado

Todo su contenido es *indispensable* para *capacitar* al empresario y al profesional de empresas. La norma jurídica dispone que *"El desconocimiento de la ley no exime de su cumplimiento."*[3] Nuestro mundo empresarial está ubicado en un ámbito de Derecho que ningún empresario o profesional de empresas puede desconocer. El propósito de este texto es capacitarlo para desempeñarse exitosamente dentro del marco jurídico en el que nos desenvolvemos. Aspiramos, además, a contribuir a otro logro que se ha destacado como fundamental en el estudio del Derecho Mercantil: la adquisición de "herramientas de razonamiento jurídico" ("tools of legal reasoning").[4]

Confiamos en que habrá de servir a las necesidades del estudiante universitario y a sus profesores. Esperamos, asimismo, que resulte útil como obra de consulta en las oficinas de ejecutivos de empresas y de otros profesionales que asesoran en administración de negocios y en los aspectos principales de la legislación mercantil.

Finalmente, estimamos que esta obra, tan distante como está de agotar la materia de la que trata, pueda, no obstante, ser también de utilidad a los compañeros de la profesión legal en una rama del Derecho, como la mercantil, que merece calificarse de incierta, dispersa y hasta caótica en lo que al estado de la legislación concierne.

Los autores

[3] Código Civil, artículo 2; 31 L.P.R.A. 2.

[4] Reitzel, J. David, Gordon B. Severance, Michael J. Garrison y Ralph D. Davis, *Contemporary Business Law and the Legal Environment*, 5ta. ed. (1994), McGraw- Hill, pág. 9.

PARTE I

INTRODUCCIÓN

Capítulo 1

IDEAS GENERALES SOBRE EL DERECHO

El Derecho y el Derecho Mercantil

El Derecho Mercantil es sólo una parte, aunque importante, del Derecho.

Sus límites precisos no están claramente definidos, ni en la doctrina científica ni en sus propios postulados. Hasta donde sabemos, no lo están en parte alguna del lado occidental.

Pero la regulación de las operaciones mercantiles constituye una realidad social en todos los pueblos. De sus efectos nadie puede sustraerse. Su impacto ineludible se hace sentir, más fuerte aún, sobre aquéllos que en todo lugar se dedican a la industria o al comercio o a ambas cosas. Pero afecta, además, a los que aún esporádicamente participan en alguna operación de negocio.

Por constituir el Derecho un cuerpo integral, a cuyos principios, fundamentos y estructuras está indisolublemente ligado el Derecho Mercantil, se hace indispensable en el estudio de éste adquirir primero las nociones y conceptos básicos de aquél. Esto explica por qué, a diferencia de otros textos en la materia, no comenzamos el nuestro con una definición de Derecho Mercantil, como ha sido tradición hacerlo. Ni intentamos tampoco exponer su naturaleza y contenido hasta que queden expuestos, en sus perfiles generales, el contenido y sustancia del Derecho y su función sobre los individuos y los pueblos.

El Derecho y la Ética

El sentido esencial y más significativo del Derecho no puede captarse en su justa proporción si no se nos presenta adscrito al de otra rama, más abarcadora aún, de la vida social: la *Ética*. En el vasto panorama de las relaciones humanas, la Ética comprende toda *la reglamentación de la conducta*. Decir *ética* es, pues, aludir a reglas de conducta, pero sólo en tanto estén dirigidas a que el bien prevalezca sobre el mal. El Derecho consiste de una parte de esas reglas. Es, por consiguiente, una división de la Ética.

En consecuencia de lo anterior, nuestro punto de partida en este libro tiene que ser el *hombre*, cuyo estudio está comprendido en una de las tres ciencias básicas abarcadoras de todo el conocer científico: *la antropología.*[1]

Hombre, sociedad y ciencias sociales

Todo lo que puede saberse sobre el hombre se estudia en dos fases únicas: 1. la que trata de él intrínsecamente, o sea, como *individuo* o ente orgánico;[2] y 2. la que lo estudia en su vida de relación, como *ente social*. La relación del Derecho con la primera fase es sólo muy indirecta.

En la segunda, el estudio del hombre se enfoca sobre cada una de sus diversas facetas diferenciables, a saber: su Geografía, su Etnografía, su Economía, su Sociología, su Política, su Pedagogía, su Ética, etc... Éstas, por su común denominador (se refieren todas al aspecto social), pertenecen a la categoría de las *ciencias sociales*.[3] Aquí, dentro del amplio marco de las relaciones sociales y, más específicamente, dentro de la esfera reguladora o disciplinaria de la conducta, que corresponde a la Ética, está bien ubicado el Derecho. Su ciencia se llama la ciencia *jurídica*; y también, ciencia del Derecho. La del Derecho *mercantil* viene a ser una entre las diversas ramas o divisiones que integran la ciencia jurídica.

Los problemas sociales y el Derecho

Esto último debe examinarse con más detenimiento. Reiteramos que el Derecho, por ser cuerpo de reglas reguladoras de relaciones sociales, ha de considerarse como ciencia *social*. Que, además, por el fin que esas reglas persiguen, que es *el bien en la convivencia*, su contenido viene a ser una división de la *ética*. Ahora señalamos que el fin último al cual

---

[1] El Derecho mercantil como parte del Derecho, y éste, a su vez, de la Ética, pertenece en efecto a las ciencias *antropológicas*, cuyo objetivo central de investigación es el *hombre*. Por su parte, la *Antropología*, unida a la *Cosmología* (ciencia relativa a las cosas, al *cosmos*) y a la *Teología* (que concierne a lo Divino o trascendente) completan, juntas, el cuadro de conocimientos humanos.

[2] Esta fase excluye todo lo que se refiere a relaciones o convivencia.

[3] En la primera división de las ciencias *antropológicas* que enfoca al hombre como individuo o ente orgánico, se incluyen: de un lado, las que lo estudian en su proceso de evolución *(Geología, Paleontología, Osteología, Odontología)*; y del otro lado las que lo estudian en sus diversos aspectos *biológicos: (Anatomía, Fisiología, Zoología, Genética)*

debe ir encaminada toda regla jurídica o de Derecho es la *justicia* entre los hombres; y que el Derecho es una de las tres ramas en que se divide la Ética. Las otras dos son otros dos cuerpos de reglas, también reguladoras de la conducta humana: las reglas *morales* y las *religiosas*. De aquí se sigue que los tres grupos de reglas: las del Derecho, la Religión y la Moral, constituyen las tres fuerzas reguladoras que operan constantemente sobre el hombre tratando de que su conducta se ajuste y oriente hacia *el bien*. *El bien* que, en el plano de las relaciones, es la *justicia*. En el grado de eficacia con que esas tres fuerzas operen sobre el cuerpo social, podrá el ser humano resolver sus problemas y alcanzar sus aspiraciones.[4]

Carácter coercitivo de las reglas jurídicas

Aunque todas la reglas *éticas* persiguen el fin común que es *el bien*, existe una importante diferencia entre los tres grupos, que debe ser señalada. Mientras las reglas *morales* y las *religiosas* se las impone cada individuo a sí mismo, o sea *voluntariamente*, las del Derecho son *impuestas* a las personas por la autoridad o gobierno constituido en cada país. La observancia de la regla jurídica no es, pues, *voluntaria*, sino *coercitiva*. Obliga con mayor fuerza porque, independientemente del sentido moral o religioso que impulse a cada uno, la regla del Derecho va acompañada de sanciones o penalidades que han de aplicarse a quien no la cumple. Es decir, que al inmoral o ateo, sólo las reglas jurídicas lo forzarán a conducirse bien o a sufrir las consecuencias. Y al que tiene conciencia moral o religiosa, además de sus propias convicciones, lo obligarán también las sanciones jurídicas dispuestas para los que infringen la regla.[5]

No debe asumirse, por lo que hemos dicho, que todas las reglas en cada uno de estos grupos son diferentes de las que se incluyen en cada otro grupo. Por el contrario, una gran proporción de ellas son a la vez reglas *morales, religiosas y jurídicas*. El *no matarás*, por ejemplo, y el *no hurtarás* que están entre los diez mandamientos del cristianismo, son dos de las muchas reglas que también son comunes al orden *moral* y al *jurídico*, si bien el lenguaje en este último es algo diferente; es *mandatorio o coercitivo*, como antes lo hemos calificado.[6]

---

[4] Las imperfecciones del hombre (ignorancia, ambiciones desmedidas, los vicios, la arrogancia, etc...) lo restringen, y hacen más difícil su ascenso hacia planos más altos de convivencia. Y las reglas éticas resultarán menos eficaces cuanto más generalizados y pronunciados estén estos defectos.

[5] Las sanciones jurídicas son *penales* o *civiles*, y estas últimas se imponen por daño comprobado que se inflija aunque no medie infracción de ley.

[6] El riesgo de que en el propósito de mantener un orden, las leyes y otras determinaciones de gobierno puedan resultar abusivas o injustas, es lo que plantea en sus raíces la necesidad de que el poder para gobernar no emane de la voluntad de un individuo, como ocurre en las monarquías absolutas o en las dictaduras. Lo mismo puede suceder en cualquier régimen oligárquico o de grupo. Ese grave riesgo constituye la razón básica para que las sociedades modernas hayan preferido suplantar los sistemas monárquicos obsoletos por monarquías constitucionales, o por gobiernos republicanos, en los que el poder supremo radica—si el sistema es genuino— en la voluntad del pueblo. Se plantea, en resumen, el problema de la *democracia*. ¿No es éste el sistema de gobierno más apropiado para dictar e imponer el orden jurídico; esto es, el Derecho? Aún no se ha descubierto quién puede hacer justicia a un pueblo, ni vele por mantener esa justicia, que el propio pueblo ejerciendo el poder supremo y control sobre los funcionarios en quienes periódicamente ese poder delega. Más adelante elaboramos con mayor amplitud sobre este importante aspecto del Derecho.

En lo que atañe a ese carácter coercitivo, que es elemento indispensable y peculiar de las reglas del Derecho, no ha de entenderse que deban darse por buenas y acatarse como tales, todas las que al poder constituído se le antoje dictar. Al contrario. Para que sea verdadera regla *jurídica* o *de Derecho,* no es suficiente que proceda del poder oficial o que sea impuesta por éste. Ha de concurrir, además, el requisito de *ser justa.* De no tenerlo, faltaría al fin primordial y último del Derecho que es, como tanto se ha repetido, *la justicia.* Sólo cuando tiene este ingrediente es que puede mirarse con respeto una ley, una decisión de un tribunal o junta, un tratado, un reglamento, o cualquier otra clase de norma decretada por autoridad pública. Y es como únicamente puede considerarse *legítimo* regular relaciones humanas con carácter *coercitivo.*[7]

Alcance práctico del Derecho

Pero todo esto que se ha explicado aquí sobre el Derecho es sólo teoría. Su alcance práctico lo podemos captar mejor si nos fijamos al modo en que operan esas reglas *impuestas (las jurídicas)* sobre una situación concreta de relaciones humanas. Consideremos el siguiente caso:

> "Dos vecinos acuden ante un juez para que éste les resuelva una controversia. Es lo que comúnmente se llama *pleito* o *litigio.* El motivo del conflicto es el lindero que divide sus propiedades. Tras escuchar las pretensiones de ambas partes y de examinar las *pruebas* que se le someten, el magistrado determina la línea precisa de la colindancia y fija, sobre el terreno, los puntos que limitan la propiedad de cada uno."[8]

Los matices varios de este sencillo hecho nos revelan *los elementos* que frecuentemente entran en la aplicación del Derecho. Son los siguientes:

Se emite una decisión judicial

Así se llama la declaración del juez al decidir los límites de poder de cada vecino, y que ambos vienen obligados a acatar.

[7] Puede afirmarse, sin lugar a error, que casi todas las normas principales del Derecho tienen su fundamento en los preceptos de la moral y, específicamente, de la moral cristiana.

[8] Éste es un caso típico de relación social para ilustrar la aplicación del Derecho. Está tomado, con poca alteración de lenguaje, de la obra de Adolfo Merkel, *Enciclopedia Jurídica,* traducción de W. Roces, quinta edición (1924), página 15. Las múltiples implicaciones que de tan simple caso se derivan, facilitan el aprendizaje en aspectos fundamentales del Derecho.

La decisión impone un deber u obligación y a la vez reconoce un poder o derecho

Tiene siempre esos dos aspectos. De un lado, *obliga*: obliga a respetar los límites establecidos por ella. Del otro, faculta, proclama un derecho: el que dentro de esos límites tiene cada vecino para ejercer su voluntad y actuar conforme a sus intereses..

En consecuencia de lo anterior, la decisión judicial restringe, a la vez que protege

Los límites fijados por ella operan como *obstáculo* para todo el que pretenda excederse de la esfera que le corresponde; en este sentido *restringe* a toda persona frente al propietario, pero al mismo tiempo brinda *protección* a cada propietario.

Relación jurídica

La relación de vecindad o colindancia, en tanto sujeta a regla dictada por autoridad pública, recibe el nombre de RELACIÓN JURÍDICA. Significa *relación entre personas regulada por el Derecho.*

"Derecho" en sentido subjetivo

En ésta, como en toda relación jurídica, la palabra *derecho*, empleada para significar *poder o facultad amparada por regla jurídica,* se está usando en sentido *subjetivo*, puesto que representa un atributo al *sujeto* o perteneciente a éste, o sea, a la persona.

Derecho en sentido objetivo

A diferencia del significado anterior, cuando la palabra derecho se emplea para referirse a *la masa de reglas dictadas por el poder público para regular, con efecto coercitivo, las relaciones sociales en una comunidad de seres humanos*, se le está usando en sentido *objetivo*. Ya aquí no se trata de atributo del sujeto, sino acción, fuerza o *influjo externo al sujeto* y operando *sobre éste*.

Función o papel del juez

Interviniendo en el caso, y resolviéndolo, el juez actúa como *representante de un interés común* a ambas partes. A ambas partes interesa que la actuación del magistrado haga posible para cada cual un libre desenvolvimiento de voluntad (ejercicio de derecho) y, a la vez, una protección de sus respectivos intereses a que la decisión conduce (protección de esos derechos).

La justicia

Este elemento no puede faltar. Del espíritu con que el juez haya procedido en esta fijación de límites, dependerá que su determinación satisfaga a ambas partes, y de modo duradero. Pero únicamente será así cuando el juzgador proceda *imparcialmente*, aplicando una medida no-arbitraria; esto es, en *armonía con la naturaleza de las cosas y las personas.* La medida que dé base a su decisión ha de poder, además, ser reconocida como *norma* por una y otra parte. En una palabra *ha de ser justa.*

Finalidad de la función del juez

Si la medida sobre la que el juez funda su dictamen es *justa,* su actuación brindará *utilidad;* pero, sobre todo, impartirá *justicia.* Cumplirá así el fin último de la función a que todo juez viene comprometido.

Orden social y libertad

La actuación continuada del juez, impartiendo la justicia en los sucesivos casos que se le someten, contribuirá a proveer las condiciones propicias para una convivencia pacífica y ordenada de las personas involucradas, asegurando a la voluntad de cada uno, y a sus intereses, una esfera de *libre acción.*[9] Siendo esa esfera de libre acción la *justa,* estará contribuyendo a garantizar la *libertad.*

Esos son, en síntesis, los rasgos del ejemplo particular examinado. Si ahora volvemos nuestra mirada a aquella controversia entre vecinos, no ya como un hecho aislado, sino como una de las múltiples relaciones que se dan en la sociedad moderna, encontraremos que ese hecho adquiere una significación que trasciende la mera relación de vecindad sin que su significado esencial y proyección se alteren. Aparecerá entonces el juez, no ya como mero representante de un interés común a los dos vecinos en el caso dado, sino de todos cuantos puedan encontrarse en conflictos semejantes. Representará a toda la sociedad en su amplia dimensión.

Lo verdaderamente distinto, entre el caso simple y el de la sociedad en pleno es que, en ésta no ha de ser el juez quien disponga la norma de justicia en que se va a amparar para emitir el fallo concreto del caso. Esa norma se la suple todo un sistema de preceptos o reglas a las que, con el nombre de *normas jurídicas,* todo juez viene obligado a circunscribir sus actuaciones. Vendrá obligado, entiéndase bien, en tanto la norma pertinente al caso en controversia le parezca *justa.* De no serlo, el juez, cuya función ineludible es la de *impartir la justicia,* podrá incluso invalidarla y dictar la que sea conforme con lo justo.[10]

Estas normas, preceptos, o reglas, dictadas por otra autoridad que no es el juez, no proyectan su eficacia únicamente a través de decisiones judiciales, ni porque surja conflicto o litigio. La proyectan, además, y de modo directo y constante, por la influencia e impacto que continuamente ejercen sobre la conducta de aquellas personas cuya esfera de acción *restringen* a la vez que *garantizan.* Es decir: sobre la conducta de *todos.*

---

[9] Ésta es la base del bien conocido aforismo jurídico: "El derecho de cada uno termina donde empieza el derecho de los demás". Y es la misma linea divisoria que separa la *libertad* del *libertinaje.*

[10] Principio relacionado con la *inconstitucionalidad de las leyes.*

Según el profesor Merkel, el poder *ideológico* (influencia) resultante de esa *eficacia reguladora* de las normas, es lo que constituye *el Derecho,* en sentido objetivo.[11] Nosotros añadimos que esa *eficacia reguladora* constituye *Derecho* en tanto sea, además, *justa.*

Los fines del Derecho

Por lo que va explicado, el Derecho es medio para un fin, que es la *justicia.* Justicia entre los hombres, en las relaciones sociales.

Pero la justicia no puede lograrse sin el supuesto previo de un *orden social,* que ha de establecerse y mantenerse. Y ese orden, que no existe en el estado de naturaleza de las sociedades más primitivas, o que, si pudo existir alguno, tuvo que ser inadecuado, ha tenido que desarrollarse al calor e influjo de las reglas del Derecho. Estas, al igual que el hombre mismo, están también en constante evolución. En el proceso, el orden social *natural* o —si así se puede llamar— el *desorden,* se sustituye, mediante alteraciones, unas veces graduales, otras violentas, por lo que en nuestra "civilización" llamamos "el Orden Jurídico", *el que está erigido y sujeto a un sistema de reglas de Derecho.*

Por consiguiente, *el mantenimiento del orden* es, en términos de prioridad cronológica, el primer objeto del Derecho. Imposible impartir justicia sin que previamente haya *orden.* Por ser supuesto indispensable para que se pueda formular y aplicar la norma de justicia, el orden constituye *un medio* en relación con la justicia misma, que es el fin último, pero no deja de ser en sí un fin en relación con el Derecho, ya que éste es su instrumento. *Orden y justicia* son, pues, dos de los fines del Derecho hasta aquí señalados. Nos toca examinar el tercero y último: el de *fomentar el bienestar general.*

Conciencia social y justicia social

La justicia en el orden social no ha de estar limitada a resolver conflictos de cada dos particulares entre sí. Ha de abarcar también los conflictos masivos, generales o de grupos —pequeños y grandes— que con un interés, unos problemas y otras afinidades que les son comunes, forcejean *colectivamente* en un empeño de mejorar sus condiciones de vida en todos sus diferentes aspectos. Y lo han de lograr en la medida en que hayan desarrollado eso que llamamos *la conciencia social.*

---

[11] El análisis que antecede, sobre lo que significa el Derecho y su relación con la decisión judicial en el conflicto entre vecinos, recoge bien de cerca lo expuesto por el jurista y profesor alemán Adolfo Merkel en su ya citada obra. Al así hacerlo hemos introducido variantes de lenguaje —y aún de concepto— para mayor claridad y para, a nuestro juicio, lograr mayor rigor científico.

Si hemos adoptado esta guía para iniciar una explicación del Derecho en sus elementos esenciales, es porque no hemos encontrado otro método que supere al del profesor Merkel. Sin embargo, mientras Merkel concluye que el Derecho es el *poder ideológico resultante de las reglas jurídicas,* nosotros seguimos sosteniendo que el Derecho consiste de las reglas en sí mismas, sin que esto impida reconocer que de esas reglas emana (por su carácter de regla impuesta o por el sentido de justicia que han de tener), el poder ideológico que el preclaro didacta alemán señala.

Los más frecuentes conflictos de este género se plantean: de un lado, por las demandas de los gremios que representan los diversos intereses ocupacionales y profesionales; del otro, por los que en cada instancia desempeñan las funciones públicas y ejercen algún tipo de autoridad. No se limitan esas demandas, ciertamente, a grupos o sectores ocupacionales, o de interés común seccional. El cuerpo social, como tal, tiene también intereses en común, que suele reclamar y defender.

Esto significa que, organizada la sociedad y establecido un orden jurídico que se proclama para hacer justicia, la autoridad oficial se ve obligada a asumir responsabilidades adicionales en interés de los grupos y del conglomerado social en conjunto. Entre esas responsabilidades se encuentran: la de proveer al pueblo una *legítima* educación; desarrollar hasta el límite las fuentes de riqueza (recursos naturales y recursos humanos), resolver los problemas que colectivamente estorban la subsistencia; elevar hasta lo posible los niveles de vida y, en general, prestar los llamados *servicios públicos* que toda sociedad moderna exige.[12] Añádase a lo dicho el fomento de las bellas artes y los demás aspectos de la cultura. Añádase también el relativamente reciente y poderoso movimiento social *contra la contaminación ambiental*.[13]

Todo lo que antecede se resume en un *tercer* fin a que viene comprometido todo régimen jurídico: *fomentar el bienestar general*. En el Derecho moderno éste viene a ser fin indispensable. Y se explica porque el *bienestar general* es la expresión cabal de la justicia, no ya referida ésta a simple relación entre dos personas, sino al complejo de relaciones a nivel de un pueblo o nación.

Ha de reconocerse entonces que, si bien la justicia es resumen y finalidad esencial del Derecho, éste persigue tres fines precisos: 1. Mantener el orden; 2. Hacer justicia; y 3. Fomentar el bienestar general. Podrá verse ahora más claro que, a la justicia individual o entre particulares, a que se contrajo el Derecho tradicional, tenemos que añadir la *justicia social* que se ha ido incorporando y que se afirma y fortalece en el transcurso de nuestro siglo.[14]

Evolución en el concepto de lo justo

El Derecho, insistimos, será instrumento válido sólo cuando sirva eficazmente a la justicia. Pero cumple este cometido, en su realidad funcional, dependiendo de las *concepciones éticas de las gentes en cada tiempo y lugar*, y especialmente, de los que disponen

[12] Entre los servicios públicos más vitales están: las necesarias y mejores vías de comunicación y su mantenimiento; suministro de agua, energía eléctrica, condiciones sanitarias, hospitales y centros de salud, teléfonos, servicio postal y otros medios de comunicarse.

[13] En Puerto Rico existen organismos creados por ley, encargados de estudiar los problemas de la contaminación ambiental y de adoptar medidas protectoras para la sociedad. Tanto en Europa como en los Estados Unidos se advierte un fuerte impulso hacia el desarrollo de un nuevo *Derecho sobre protección ambiental*.

[14] Aunque desde mucho antes en la Historia se advierten asomos sobre el concepto moderno de la justicia *social*, su realidad avasalladora pertenece a nuestro siglo. Y aún queda buen trecho por recorrer.

del poder para dictar e imponer las reglas. Tómese, por ejemplo, la época en que las leyes establecidas sancionaban abiertamente la institución de *la esclavitud,* bajo la que un ser humano era señalado con el calificativo de *esclavo* y, como tal, podía ser vendido en el mercado como cosa o propiedad, cual si fuera bestia o mercancía. Considérense los tiempos en que el Rey y sus cortesanos ejercían poder absoluto y arbitrario sobre sus *súbditos,* y la plebe, para poder subsistir, se veía forzada a buscar alimentos entre los desperdicios arrojados a los zafacones por la clase opulenta.[15]

Como resultado de las injusticias que de tiempo en tiempo se van acumulando, en la medida en que el cuerpo social se siente afectado, éste va logrando conciencia de sí mismo y de *lo que debe ser su justicia.* En esa proporción y ritmo va desarrollando voluntad para, tarde o temprano, exigirla. La ha exigido y la sigue exigiendo de quienes, teniendo que impartirla, la niegan. Así, numerosas normas de justicia social se han ido encarnando en las leyes y en los precedentes judiciales. La acción popular, además, pudo operar en muchos lugares para expulsar violentamente del poder a quienes, en ostensible arrogancia y abuso de autoridad, persistieron en retrasarla.[16]

Como ejemplo de normas de justicia social que se han ido encarnando en las leyes y en los precedentes judiciales, uno de los principios más fundamentales de nuestro sistema de Derecho es el de *Equidad*. El Tribunal Supremo de Puerto Rico desarrolla magistralmente dicho principio de *Equidad* :

> "La equidad —esto es, aquéllo que es justo— es un concepto operante en la aplicación y en el desarrollo del derecho que tiende a hacer la ley justa, en aquellos casos en que por las circunstancias particulares de un caso específico, la aplicación de la ley puede resultar en una injusticia; esto es *la equidad de una rectificación de la ley* en la parte en que ésta es deficiente por su carácter general."[17]

Los fines inmediatos del Derecho

Aunque los propósitos generales y últimos de un sistema jurídico han sido ya señalados,[18] conviene aclarar que cada norma o medida dictada por el poder público

[15] Hace sólo unas décadas al obrero en Puerto Rico se le requerían largas jornadas de trabajo bajo salarios de hambre y se le perseguía cuando intentaba formar uniones o declararse en huelga. Aún en los días que corren quedan países que no han podido salir del *colonialismo* o del *neo-colonialismo*. Desde las respectivas metrópolis a estos pueblos no emancipados se les imponen leyes que no siempre están inspiradas en el interés colectivo de sus habitantes y que en ningún caso emanan de su voluntad democrática.

[16] Este derecho del pueblo (a demandar la justicia que se le niega) está estrechamente ligado al concepto esencial de la democracia como sistema de gobierno, al cual nos hemos referido antes y nos referiremos nuevamente en subsiguientes páginas de este libro.

[17] *Silva vs Comisión Industrial* (1965) 91 D.P.R. 891.

[18] *orden, justicia y fomento del bienestar general*

contiene en su propio texto el fin o fines específicos que con ella se persiguen. Estos, que podemos llamar *fines inmediatos,* son tan diversos y numerosos como los problemas sociales que se procura resolver. Aquí nos basta apuntar algunos de los más importantes:

Protección a la Persona

Las normas se encaminan a proteger al individuo en: su vida, su libertad,[19] su seguridad, su integridad personal, la inviolabilidad de su hogar, su propiedad,[20] su salud, la pureza del medioambiente en que vive, etcétera.

El Tribunal Supremo de Puerto Rico ha equiparado el derecho al trabajo, es decir, a un empleo, con *el derecho a la vida*: [21]

> "El derecho a un empleo, a devengar ingreso y a tener una vida justa y decente es un principio inalienable al hombre, preexistente a la más antigua de las constituciones conocidas. El destino incierto de la frustrada Sec. 20 de nuestra Constitución, late entre aquellos derechos que aunque no se mencionan expresamente en el texto, el pueblo se reserva frente al poder político creado."
>
> "La convención Constituyente tuvo muy presente expandir el alcance del concepto "vida" como derecho inalienable del hombre."
>
> ".... La palabra 'vida' contiene toda una serie de derechos aparte del de la simple respiración, que no están incluidos necesariamente en la palabra 'libertad'. O sea, de eliminarse la palabra 'vida' de esta frase tan consagrada en la historia de este gran derecho, se estaría haciendo un cambio fundamental en cuanto [a eso], principalmente ahora que se está expandiendo el área de los derechos humanos y ahora que se está reconociendo una segunda carta de derechos a la anterior clásica, tipo siglo XVII, y se están significando como derechos del hombre también en este documento, el derecho a la educación, el derecho al trabajo, el derecho a un nivel adecuado de vida.
>
> Todos estos derechos que abonan y que son necesarios para el debido desenvolvimiento de la personalidad humana están comprendidos fundamentalmente en la palabra 'vida'. *Y es la cláusula de debido proceso de ley, ciertamente, el principal escudo histórico para su defensa. ...*"

---

[19] La *libertad,* en su significado *jurídico,* que es el que aquí nos concierne, *es el Derecho o conjunto de potestades, por el que la persona puede hacer lo que quiera siempre y cuando no perjudique a los demás.* El requisito de no perjudicar a otros es esencial. Si con nuestro acto causamos perjuicio al prójimo intencionalmente, nos salimos del marco de *libertad* que nos corresponde y caemos en *libertinaje.*

[20] La protección que se otorgue al derecho de propiedad *privada* debe estar subordinada al interés colectivo, que es superior.

[21] *Amy Angulo vs. Administración del Deporte Hípico* (1985) 116 D.P.R 414.

Nuestro más alto Tribunal se reafirma en este fundamental principio: [22]

> "La destitución de un empleado público por haber sido convicto de delito grave, a pesar de haber recibido el beneficio de sentencia suspendida, debe estar fundada en la necesidad de proteger el servicio público y no en la mera convicción. De otra manera se lesiona el derecho a un empleo, a devengar ingreso y a tener una vida justa y decente, derechos inalienables del hombre, preexistentes a la más antigua de constituciones conocidas."

Fomento de la economía

Esta área comprende medidas para desarrollar la riqueza nacional, incluso el intercambio comercial con otros pueblos. Específicamente abarca: la creación y fomento de fuentes de producción (en la agricultura, industria, pesquería, minas); el cuido y enriquecimiento de las bellezas naturales; eliminación del desempleo, fijación de normas justas de trabajo, impulso de intercambio comercial, interno y externo; facilidades para el uso apropiado del crédito y la inversión justificada del dinero y otros renglones de capital; reglamentación del cobro de intereses; establecimiento de un sistema monetario y mantenimiento de un adecuado control sobre el mismo; expansión de un sistema de carreteras y su conservación al máximo de eficacia; desarrollo de los más eficientes medios de transportación, de carga y pasajeros (por mar, tierra y aire); mantenimiento de mecanismos efectivos contra prácticas monopolísticas que puedan ser adversas al interés de la sociedad; fijación y cobro de impuestos, entre otros, sobre artículos de importación (aranceles de aduana), al efecto de proteger la producción *doméstica* contra la competencia ruinosa del productor *extranjero*.[23]

---

[22] *Tomasita Hernández Cruz vs. Secretaria de Instrucción* (1986) 117 D.P.R. 606.

[23] Este poder es fundamental: es *indispensable*, particularmente a los pueblos que no han alcanzado pleno desarrollo económico. Mediante él se protegen las empresas de producción y de distribución en su etapa naciente (la más difícil, por estar aún indefensa) contra la competencia ruinosa de las poderosas empresas, ya desarrolladas, del exterior. Éstas, por el sólo hecho del desarrollo ya alcanzado, le llevan tres ventajas a la que aún está en la etapa incipiente: 1) *mayor capital* (que les permiten prolongar el período de la competencia ruinosa por el tiempo necesario hasta ahogar por asfixia la de menos capital); 2) *técnicas más avanzadas* (que les permiten producir a más bajo costo la misma calidad de artículos que sus competidores, o un artículo superior a más bajo costo); y 3) *mano de obra más adiestrada* (que les permiten mayor eficiencia, costos de producción más bajos, o ambas cosas).

No debería haber un sólo puertorriqueño que ignore que Puerto Rico está privado de este *decisivo* poder arancelario; y que esa restricción abusiva es la causa de que no pueda, mientras esté sujeto a ella, desarrollar una economía propia de los puertorriqueños. El impedimento lo imponen leyes del Congreso de los Estados Unidos aprobadas al amparo del Artículo 3 de la Ley de Relaciones Federales con Puerto Rico. (*Puerto Rico-Federal Relations Act),* 1 L.P.R.A. 3, *Fed. Code Ann.*, Sec. 739, 740, 741, 429; 48 U.S.C.A. 738; 19 U.S.C.A. 1202.

Protección de la libre empresa

En este aspecto, las medidas varían de país a país, dependiendo de las concepciones sociales imperantes. Las alternativas en cuanto al grado de intervención del poder público sobre la empresa privada suelen distinguirse en tres categorías principales, a las que se aplican los siguientes calificativos: regímenes de *derecha*, de *izquierda* y de *centro* o moderados. Las variantes a estas tres principales abarcan todo un escalonamiento, desde el ya casi obsoleto sistema de *total manos afuera (o laissez-faire)* por parte del gobierno sobre los negocios de toda clase y sobre la iniciativa particular,[24] hasta el extremo opuesto, en que se elimina por completo la iniciativa y la empresa privada, y el gobierno asume dirección y control absoluto de todas las fuentes de producción y distribución de la riqueza nacional.[25] En el amplio medio entre estos dos extremos, se perciben sistemas —ya en ejecución— que combinan ambas tendencias, bien en proporciones balanceadas, o bien con énfasis en favor de una o de la otra.[26]

En tanto las medidas que se adopten operen con eficiencia para mantener un sistema genuinamente competitivo, y los rendimientos reales al bienestar común lo hagan más apropiado (si no precisamente justo), será irrefutable su justificación como parte de *un orden social de libertad.* Por otro lado, no podría excluirse, aún dentro de tal sistema, cierto tipo de empresas *gigantes* que, por su especial naturaleza, de servicio a la generalidad de los consumidores, por la cuantiosa inversión que requieren, y por su excepcional complejidad técnica, reclaman que se las opere como *monopolios del Estado* para mejor servir al interés y la necesidades públicas.[27]

La determinación con respecto a cuál de estos sistemas puede ser justificable ante el Derecho, es decir, que sea un sistema justo, dependerá en todo caso de cuál sea el que conforme a las realidades del tiempo y lugar rinda, de hecho, mayores ventajas al *cuerpo social.*[28] Entiéndase bien, al cuerpo social considerado en conjunto, y no a determinados individuos o a intereses de grupo.[29]

---

[24] Ya este tipo extremo está superado, aún en los sistemas llamados *capitalistas.* La "libertad de empresa" ha pasado a ser en todo el mundo Occidental un concepto muy relativo subordinado al objetivo esencial del *bienestar general.*

[25] *Socialismo absoluto: economía socializada, etc ...* , que puede darse, teóricamente al menos, con dictadura o sin ella.

[26] La disyuntiva entre la libre empresa, de un lado, y el sistema de economía dirigida y controlada por el poder oficial, del otro, ha planteado universalmente el controversial problema de nuestro siglo, a saber: si ha de sobrevivir *el sistema capitalista,* con su ventaja principal en la *iniciativa privada* y en el esfuerzo superado que el incentivo de mayor lucro o especulación supone, o, por el contrario, si vendrá a ser suplantado por algún tipo de régimen *socialista,* con énfasis éste en la *justicia social.* Sea lo que el futuro depare, lo que más preocupa a todos es que, cualquier sistema de organización económica inspirado en el bienestar general de la sociedad (esencia del *socialismo* frente al *individualismo),* será aceptable a la generalidad de las gentes y de los pueblos, *en tanto se mantenga en todo tiempo subordinado a un régimen jurídico de auténtica libertad*

[27] Aquí entran en juego las nombradas empresas de *servicio público*: teléfonos, energía eléctrica, acueductos y alcantarillado, autobuses, etc.

[28] Usamos la frase *cuerpo social* para significar la sociedad, el pueblo.

[29] Si se quiere evitar error en el análisis, no debe confundirse la libre empresa con la *impunidad del empresario.* En la primera, convergen capital y trabajo como co-partícipes (en plano de igualdad jurídica esencial) para producir la

Lo que sí puede afirmarse desde ahora, es que se advierten notables injusticias en los sistemas capitalistas imperantes y no menos notables abusos contra la dignidad del ser humano y contra la libertad de individuos —y aún de pueblos enteros— por parte de grandes potencias (económicas y militares) que se proclaman defensoras, en uno y otro bando, de las opuestas ideologías en conflicto.

Por la importancia que este conflicto universal reviste, consideramos ineludible en esta breve exposición de filosofía jurídica contemporánea, entrar en el análisis de la relación social básica en que se asienta toda la estructura del capitalismo moderno: la *relación obrero-patronal.*

Análisis de la relación obrero-patronal

La característica principal del vigente sistema capitalista es su organismo clave para la producción y distribución de la riqueza: la *empresa privada* y su mecanismo normativo *accesorio,* la norma de *libre competencia.* La libre competencia, entre empresas que explotan un mismo género de negocios, constituye un supuesto jurídico indispensable al interés de los consumidores, pues es justo que éstos obtengan artículos y servicios a los más bajos precios que esa regla de competencia pueda hacer posible.

Este imperativo de proteger a los consumidores, que de hecho componen el cuerpo social entero, *obliga* al poder público a intervenir para reglamentar la conducta de las empresas. Interviene, en efecto, no obstante el poderío casi insuperable del gran capital. Interviene y las regula, tanto en sus aspectos internos y organizativos como en sus relaciones con el mundo exterior. Pero la reglamentación no se orienta tanto hacia garantizarle al consumidor los más bajos precios. Este objetivo, por defecto propio de las reglas que se establecen, o de su aplicación, suele no alcanzarse. De un modo o de otro, el énfasis de la intervención pública sobre la empresa privada, recae, en nuestro tiempo, en buscar solución a los constantes y serios problemas inherentes a *la relación obrero-patronal.*

Consiste ésta, por un lado, del dueño del capital, a quien también se le identifica como *el patrono.* También se le llama el capitalista o inversionista. Y por el otro lado, al que aporta su trabajo, el trabajador, también llamado *el obrero.* Por ley económica elemental, que hace más ventajosa y, por tanto, inevitable la producción en masa, se crea la gran empresa. Y en ella el obrero no puede encontrarse solo; porque, fuera de las tareas regulares que rinde como empleado, actúa frente al patrono como parte de un cuerpo colectivo; *su*

nueva riqueza. En la segunda, so pretexto de estar ejerciendo la libertad de empresa, el empresario sin escrúpulos opera muchas veces contra intereses legítimos de los trabajadores e incluso contra el de la sociedad. Por el otro lado, ningún régimen jurídico respetable está supuesto a sancionar, a título de libertad, ningún atropello o abuso contra lo que sea derecho *legítimo* del dueño del capital. Ante el evidente conflicto de interés, cabe preguntar: ¿quién determina lo que se ha de reconocer como derecho legítimo del trabajador y el del capitalista? Contestación, a riesgo de posible equivocación: entendemos que no debe ser otro que el *cuerpo social.* Pero éste no dominado por el interés de un sector dado sino con órganos de autoridad que representen todos los intereses envueltos y que, en consecuencia, *garantizan normas y actuaciones que responden principalmente al interés de la sociedad.*

unión, gremio organizado con los otros compañeros de trabajo y bajo un liderato especialmente adiestrado y, a menudo, altamente capacitado.

Las diversas y, a veces numerosas, uniones se integran en *federaciones, confederaciones* o *sindicatos,* que agrupan en sus filas a millares y hasta millones de trabajadores en gigantescas y poderosas organizaciones. De esta suerte, logran fuerza suficiente en *sus luchas* frente al inmensurable poder que el gran capital otorga al patrono dentro del *"orden jurídico" establecido.*

Son esas luchas las que van impulsando las transformaciones en el aspecto económico-social del Derecho y, con éste, las de la sociedad. Las últimas generaciones hemos visto tales transformaciones. Y no obstante, según crecen y se multiplican las reglas de un nuevo y —por demás— dinámico Derecho *Laboral,* es innegable que van aumentando los problemas, temores, incertidumbres y protestas. Y un sentido general de insatisfacción hace estremecer en sus propios cimientos las comunidades más avanzadas de nuestro tiempo.

Los sistemas jurídicos de aquellos países donde se practica el capitalismo —y Puerto Rico se cuenta entre éstos— mantienen medidas y reglas que procuran hacer *respetar,* frente al poder constituído, el *derecho* de cada individuo o grupo particular a poseer, explotar, dirigir y manejar el negocio de su preferencia. Cuando, por excepción de ciertos negocios o de un modo general, el sistema jurídico permite al poder público incautarse *de la empresa privada,* haciéndola pasar al control y propiedad del gobierno, el acto constituye una *expropiación forzosa* de la empresa.[30] El grado y extensión en que tal acción del poder público deba considerarse justificada o no desde el punto de vista de un legítimo interés nacional y humano, es exactamente cuestión culminante de este gran problema que toca las raíces de la civilización contemporánea.

Intervención del poder público sobre la empresa privada

La controversia específica que se plantea en relación con la empresa privada es la siguiente: si resulta *justo* o no que el sistema jurídico instituido deba dar paso franco a la socialización de todas las empresas, así las de producción como las de distribución, con la consecuente eliminación de la empresa privada. Con ello va envuelta también la

---

[30] Esto fué lo que ocurrió con el petróleo en México hace más de medio siglo, y lo que sucedió en Chile con sus ricas minas de cobre y otras empresas; pero, en ambos casos, con el ingrediente especial de encontrarse estas explotaciones en manos de inversionistas extranjeros.

En Puerto Rico han sido *expropiadas* algunas empresas de servicio público como, por ejemplo: la de energía eléctrica (Autoridad de Energía Eléctrica), la de acueductos (Autoridad de Acueductos y Alcantarillados), la de autobuses (Autoridad Metropolitana de Autobuses), entre otras. También, en su momento, se expropiaron algunas centrales azucareras.

Cuando se *expropia* la empresa, no se elimina por eso la relación obrero-patronal. Pero se opera un cambio radical. El patrono viene a ser en tal caso el *cuerpo social* representado por el gobierno o poder público, la masa de los ciudadanos que trabajan en ella pasan a ser los *trabajadores,* supuestamente *al servicio de la sociedad en general* y no al servicio de empresarios privados. Este propósito último, que es primordial en la doctrina, puede estar negado en la práctica.

transformación de la realidad obrero-patronal al efecto de que el patrono sea uno sólo: la sociedad organizada en un gigante consorcio de empresas públicas, en las que quedaría erradicado —para toda persona— el incentivo de *lucro o beneficio especulativo.*

La tesis capitalista *moderada,* que suplanta la de *laissez-faire* o de total manos afuera (evidentemente injusta), concede que es legítima la intervención del poder público en este fundamental problema social. Reconoce que esa intervención debe ser en *medida razonable.* Al rechazar la *socialización* total, por entender que anula la libertad, y particularmente la iniciativa y la ganancia como *estímulo para el esfuerzo en la producción de riqueza,* propugna que las reglas del Derecho deben limitarse a *regular apropiadamente* las empresas privadas, pero sin ir tan lejos como eliminarlas. Concede, además, que esa reglamentación puede abarcar las relaciones externas con el público y con otras empresas, así como las internas entre el dueño o patrono y el cuerpo de trabajadores.

De hecho, en los más adelantados sistemas capitalistas, la tesis *moderada* es la prevaleciente. Las leyes consagran el derecho de los trabajadores a *unionarse,* a *negociar colectivamente,* a *declararse en huelga, montar piquetes,* etc.... Sin embargo, todo el mundo está consciente de que siguen imperando, aún dentro de ese marco progresista, injusticias sociales intolerables: desempleo masivo, desnutrición, mala distribución de la riqueza producida, conflictos socioeconómicos frecuentes, educación deficiente y mal orientada, aumento en la tasa de delincuencia, crisis y depresiones económicas, imperialismo, guerras, colonialismo político y económico, etcétera.

Desde mediados del pasado siglo ya se señalaba, con fundamentos de respetabilidad científica, el conflicto básico inherente a la relación obrero-patronal. Más importante aún, se subraya que, en tanto el elemento de lucro especulativo opere en ella como fuerza estimulante en el quehacer económico, se hará difícil, si no imposible, alcanzar un equilibrio *real* y a la vez *estable* entre el patrono y el gremio de asalariados.

Es significativo que, a través del largo tiempo transcurrido, ambos intereses siguen considerándose mutuamente opuestos. Mediante reglas y mecanismos jurídicos cada vez más sofisticados, las partes en controversia logran entendimientos recíprocos que sólo temporeramente restablecen normalidad a la empresa y que, con intermitencia igual, descubrimos la persistencia de nuevos conflictos que parece nunca encontrarán su fin.

Conflictos de clase y conflictos internacionales

Estos conflictos tienen dividido al mundo de hoy en bandos que parecen irreconciliables. Son causa de guerra. Y mantienen y fomentan un profundo divisionismo interno en cada pueblo. Por ello el sistema obrero-patronal merece serio y riguroso análisis, tomando en cuenta las dos partes que en él concurren.

Primero: es humano y, por tanto explicable, el interés que por regla general impulsa al capitalista o patrono a obtener el máximo posible de ganancia en lo que él considera *su negocio.* Y que, para lograr ese objetivo principal, procure abaratar o reducir al mínimo lo que para él son *costos de producción* de su empresa. Entre esos costos, según su costumbre y en virtud de regla jurídica establecida, están los jornales o salarios de, *sus* obreros y empleados. Su interés de ganar más, unido al de reducir costos como medio lógico de alcanzarlo, le induce generalmente a buscar el modo de pagar salarios a los tipos *más bajos* que le sea dable conseguir. No falta quien, en ese empeño, trascienda hasta los límites de la legalidad. Pero es que, aún dentro del marco legal, los empleados, que perciben esa general tendencia a que se les regatee el salario, tienen precisamente, a la inversa del patrono, el interés natural y humano de que se les pague la *máxima* compensación posible. He ahí el primer motivo de conflicto.

Segundo: es también humano y natural que el patrono *interese* y, en base de ese interés *exija*, que cada trabajador suyo le rinda el máximo de esfuerzo y eficiencia en el trabajo. El esfuerzo aumentado redundará en mejor y mayor producción y, por tanto, en una mayor ganancia. Por su parte, a la gran masa de trabajadores, con excepciones que sólo confirman la regla, les parecerá humano desplegar el mínimo esfuerzo que las circunstancias aconsejen en la labor que cada uno está llamado a rendir. En el ser humano opera también la ley natural de la inercia. He ahí el segundo motivo de conflicto.

En resumen, mientras el capitalista promedio prefiere *pagar menos*, el trabajador quiere *ganar más*; y mientras el capitalista o patrono interesa que su obrero le dé *el máximo de su esfuerzo*, el asalariado promedio tiende a esforzarse *menos*.

Por este doble conflicto de intereses, los países capitalistas empezaron por establecer leyes que llamaron "de salario mínimo". Pero luego —ante la pregunta de ¿por qué no de *salario máximo*?— sustituyeron su título por el de *normas razonables de trabajo*. Pero, por más enmiendas que se le han hecho, su contenido esencial no se altera. Bajo este tipo de medidas, no importa el nombre del estatuto. Las uniones obreras, con sus huelgas, sus piquetes, sus presiones en la mesa del *convenio colectivo*, logran casi invariablemente "mejorar" sus condiciones de trabajo: aumento en salarios, menos horas de faena, paga adicional, taller cerrado, vacaciones regulares, servicios médico-hospitalarios, pensiones por retiro, etcétera.

Pero por un lado obtienen conquistas de este tipo, y por el otro, la empresa, en aparente burla de lo que aquéllas significan, no tarda en subir el precio del artículo o servicio que presta al consumidor. Consecuentemente, es la sociedad la que, a fin de cuentas, paga los vidrios rotos. Y con ella, su núcleo principal: los propios trabajadores. Éstos, al encarecérseles la vida, se ven forzados otra vez a la huelga y al piquete, hasta obtener un *nuevo* convenio colectivo. Así, la masa trabajadora, con cada nuevo convenio, logra aumentar sus ingresos para —en mayor proporción aún— ver enseguida aumentado el costo de su subsistencia. Sus conquistas de hoy, quedan, de hecho, neutralizadas mañana. Y en ese círculo vicioso, que se sigue repitiendo siempre, el cuerpo social es víctima de ese fenómeno económico que se llama *inflación*.

¿Que relación tiene el problema de la inflación, y su causante —conflicto económico de clases— con las crisis y conflictos internacionales? Bajo el siguiente tema pasamos a examinarlo.

Internacionalismo económico versus sistemas económicos nacionales

La inflación viene a ser un aumento tan exagerado en el precio de los artículos y servicios, que coloca al cuerpo social en desventaja con los precios de esos mismos artículos en otros países. Afecta, pues, adversamente las exportaciones, o sea, el comercio exterior, ya que hace difícil primero, e imposible después, mantener la competencia del producto doméstico en los mercados extranjeros. Consecuencia probable de ese deterioro comercial es la necesidad —a veces la inevitabilidad— de devaluar [31] la moneda nacional. Se hace al efecto de que la nación recupere el poder competitivo de sus productos en los mercados del exterior y reducir así, o corregir de un todo, el resultante déficit en su balanza de pagos. [32]

Todo lo anterior es un resumen comprimido del proceso que se deriva *naturalmente* de las economías nacionales bajo el sistema capitalista imperante. El proceso desemboca en lo que llamamos *crisis económicas*, si son graves, y *recesiones*, si son leves o menos graves. Pero no se trata ahora de un mero problema nacional. Los *nacionalismos* económicos, desarrollados y agudizados al calor de los sistemas capitalistas vigentes, están en franca decadencia; algunos, en bancarrota. Ya es una realidad, en cierta medida, y el mundo marcha vertiginosamente hacia el perfeccionamiento de, la globalización, el comercio internacional, es decir, el *internacionalismo económico*. Se confirma, cada día más, que las crisis en el mundo contemporáneo van dejando de ser meras crisis nacionales, para convertirse en verdaderas crisis mundiales.

La crisis es de tal magnitud que el mundo moderno se encamina a suplantar la vieja filosofía y práctica de las *confrontaciones* —las luchas a muerte de nación a nación, mediante guerras comerciales de competencia ruinosa— por la nueva filosofía de *armonización mediante la colaboración internacional*.[33]

Esto significa que ya no funciona la política de restricción a las importaciones, que dio carácter a las tradicionales economías nacionalistas. En éstas cada una ha pugnado por imperar sobre las demás (imperio de la fuerza económica como sostén al imperio de la fuerza militar, con su natural desenlace en la guerra). Ahora se advierte una inclinación contraria: van sobreponiéndose normas de justicia para todos los participantes en virtud de acuerdos multilaterales y mediante organismos internacionales. Estos organismos, sin embargo, todavía se encuentran en etapa embrionaria.

Los resultados de esta nueva tendencia están ya a la vista: se perfila el florecimiento de un régimen internacional de Derecho que gradualmente ha de suplantar el ya desprestigiado y bamboleante imperio del más fuerte. Empieza por el orden económico, automáticamente se proyecta hacia lo *militar*, y concluirá con el nuevo orden *político*. Se percibe la aurora de una nueva Humanidad. Está a punto de nacer un nuevo régimen jurídico universal, el cual se asentará sobre nuevos conceptos básicos respecto a la moneda

---

[31] Consiste en *disminuir el valor relativo de una moneda, respecto del que tengan las unidades monetarias de todos los otros países.*

[32] La balanza de pagos se define como *el balance neto durante cada año u otro período dado, entre el total combinado del dinero y demás valores que salen de un país y el total de esos valores que en igual período entran.* La balanza de pagos generalmente constituye *índice de enriquecimiento o emprobecimiento nacional*, según que la cifra sea positiva o negativa.

[33] El primer paso decisivo en esta dirección lo dieron seis países de la Europa Occidental, al constituir, en marzo de 1957, el Mercado Común Europeo (actualmente conocido como Comunidad Económica Europea). Otra demostración de esta tendencia internacional es la reanudación de relaciones comerciales entre Estados Unidos y China, después de un prolongado periodo de recíproco antagonismo. Ejemplos adicionales son el de Estados Unidos, México y Canadá con el Tratado de Libre Comercio, y el de MERCOSUR.

y al tráfico comercial entre los pueblos. Más importante que todo eso, su instauración habrá de transformar todas las demás fases de la relación humana, así entre naciones como entre individuos. Y puede, inclusive, que de estos radicales y poderosos cambios emerja un nuevo tipo de hombre: el sujeto auténtico para la conducta ética en la convivencia.

Régimen económico internacional en nuestro tiempo; concepto de un mercado común

No estamos afirmando, entiéndase bien, que esto se ha logrado ya, ni que lo habremos perfeccionado mañana. Pero, tras el establecimiento y éxito rotundo del Mercado Común Europeo (ahora, Comunidad Económica Europea) y su poderosa influencia en el comercio internacional, alcanzada desde 1969, se ha operado una radical transformación en los patrones del intercambio económico y comercial entre las naciones más desarrolladas del mundo. Estos cambios inclusive repercuten —y de modo decisivo— sobre los demás pueblos.

A esta realidad de la economía moderna es que se ha hecho imprescindible —no meramente conveniente— la estructuración de un orden jurídico basado en el principio de la *colaboración multinacional,* base indispensable del *internacionalismo económico.* A la expansión de ese ordenamiento por todos los demás pueblos de la Tierra es que hemos llamado *nuevo orden jurídico universal.*[34]

[34] En 1957, Gunnar Myrdal señaló con manifiesto pesimismo, hacia el deterioro cada vez mayor de la situación internacional. Atribuía el fenómeno a dos causas, una de las cuales es la ausencia de un orden jurídico internacional *efectivo.* "La situación internacional", decía él, "es cada vez peor y con menos esperanza de conjurarse, porque apenas contamos con un pálido asomo de lo que pueda llegar a parecer un poder supranacional capaz de realizar para el mundo en general lo que el Estado nacional para la nación en particular. Si, desde un punto de vista, las cada ves más pronunciadas desigualdades obedecen... al juego incontrolado de las fuerzas que operan en el tráfico económico ..., desde otro punto de vista la explicación estriba en la ausencia de un Estado de dimensión mundial que pudiese interferir para aplicar la norma de igual oportunidad." *(Rich Lands and Poor,* capítulo sobre *desigualdades internacionales,* páginas 63-64).

Eso se dijo, repetimos, en 1957. Es dato curioso que el 25 de marzo de ese mismo año fue cuando se firmó el Tratado de Roma que estableció las bases para el Mercado Común Europeo.

Capítulo 2

EL DERECHO Y EL ESTADO

Naturaleza y definición del Estado

El Estado es el más abarcador instrumento del Derecho. Puede definirse como *la sociedad organizada para los fines del Derecho, y en tanto dispone del poder político supremo para regirse por sí misma*. Poder político aquí significa *poder de gobierno*. Cuando la sociedad organizada posee ese poder supremo de gobernarse por sí misma, se dice que es *soberana*. No todos los pueblos gozan de esa máxima autoridad. Por tanto, hay pueblos que no ejercen *su propia soberanía*.

Como no es posible que un pueblo exista sin *gobierno*, todo pueblo o nación que no disponga del poder político supremo, o sea, de su propia *soberanía*, necesariamente se deberá a que está subordinado a la soberanía o gobierno de algún Estado. En tal caso ese pueblo carece de gobierno propio. No está ejerciendo su derecho de *autodeterminación*. Aunque ejerza alguna autoridad *delegada*, sobre asuntos internos, de hecho no *se* gobierna. *Lo* gobiernan. A esos pueblos se les llama, en el lenguaje común —igual que en el científico— posesión, territorio, dependencia, o *colonia*, del Estado a cuya soberanía están sujetos.

En efecto, todo pueblo o nación sobre nuestro planeta es una de dos cosas: o un *Estado* (en el significado propio de la ciencia política) o una *colonia*. En relación con los territorios o colonias sobre los cuales extiende su poder soberano, el Estado toma el nombre de *metrópoli.*[1] Y el poder supremo que en tal caso ejerce sobre el pueblo o pueblos bajo su dominio se llama *poder metropolítico.*

Dominio político y dominio económico

La práctica de ciertos Estados, económica y militarmente poderosos, de mantener bajo su dominio político a otros pueblos, valiéndose de la impotencia militar de éstos, es lo que tradicionalmente se ha llamado *imperialismo.* Todo imperialismo tiene dos aspectos principales: uno, el *político (dominio de gobierno)* que se utiliza como medio; otro el *económico (dominio de los* recursos *naturales del territorio sojuzgado y control monopolístico de su mercado en el que se facilita a las empresas metropolíticas "vaciar" los excedentes de producción).* Estas dos ventajas económicas se utilizan, y en efecto son, el fin principal del imperialismo más discreto.

No ha de deducirse de lo que va dicho que todo lo que sobre las colonias hacen sus metrópolis ha de estar inspirado necesariamente en un propósito perverso de hacer daño a los colonos. Lejos de eso, muchas cosas hacen que resultan — aunque sólo sea incidentalmente— beneficiosas para el pueblo sojuzgado. Pero, a la larga, como acertadamente afirma Myrdal,[2] el balance es siempre perjudicial al pueblo. En el transcurso de la Historia, ningún pueblo sojuzgó a otro, ciertamente, para beneficio del pueblo sojuzgado, sino para satisfacer intereses de la potencia dominante.

Los efectos adversos del colonialismo en el pueblo colonizado pueden ser resumidos en dos fases principales: daño en *lo económico* y daño en *lo cultural.* En cuanto al primero, toda ventaja que, por razón de su dominio supremo, se toma para sí la metrópoli, necesariamente redunda en perjuicio para la población colonial.[3] El segundo es lo que Granda llama "la transculturación". Es cosa muy diferente a la *interacción cultural,* que se da entre pueblos libres y se limita a la influencia legítima, natural y espontánea que recíprocamente ejercen entre sí las diversas nacionalidades. Mientras la interacción cultural es esencialmente *voluntaria,* la transculturación es el deterioro o exterminio de una cultura por la *super-imposición* de otra.

Cuando el colonialismo político cesa, porque la colonia adviene a la soberanía, pero persiste el dominio económico y cultural de la ex-metrópoli sobre la que fue su colonia, el sistema toma el nombre de neo-colonialismo.

[1] Francia fue metrópoli de Argelia, Inglaterra, de la India. Estados Unidos es la metrópoli respecto de Puerto Rico.

[2] Gunnar Myrdal, *Rich Lands and Poor,* páginas 56-58. Refiriéndose a "los lazos económicos y culturales entre la metrópoli y sus dependencias", el eminente sociólogo y economista sueco señala que "ha habido ventajas muy sustanciales para el país dependiente a consecuencia de esos lazos. Pero a la larga del proceso, el vínculo representará normalmente una desventaja económica considerable para el país dependiente, ya que tiende a empeorar las condiciones del intercambio comercial al restringir artificialmente la esfera de mercados donde puede comprar y vender".

[3] No es ni siquiera concebible, en la lógica sencilla de las cosas, que para unas relaciones de trato justo y mutua conveniencia, sea necesario "dominar" o sojuzgar, o mantener bajo régimen de fuerza a ningún pueblo. Tampoco es concebible que ningún ser humano o pueblo, consciente de lo que significa la libertad, pueda estimar que le sea conveniente o ventajoso "rendirla".

La descolonización

Históricamente, aún pasada ya la Edad Media, la descolonización fue siempre un proceso lento y difícil. Todavía después de 1776, en que las trece colonias inglesas de América proclamaron su independencia frente al despotismo del Rey Jorge, y tras que el mundo ibero-americano tomara buena parte del siglo 19 para emanciparse de España y Portugal, muy pocas colonias lograron salir de su estado de servidumbre política hasta bien entrado el siglo 20.

Aún en 1945, al fundarse las Naciones Unidas, el 62 por ciento de la población en todo el planeta vivía en estado de sojuzgación colonial. Sin embargo, en 1972, sólo un dos por ciento restaba por alcanzar su liberación política. Tan notable progreso se debe principalmente a los persistentes y eficaces esfuerzos del organismo mundial.

Su Comité de Descolonización, compuesto por delegados de 24 naciones, ha sido agente catalítico para transformar en *soberanos* (al menos *políticamente*) a numerosos pueblos que por siglos estuvieron padeciendo el bochorno de la humillación política y moral y los perjuicios de la explotación económica. Al organizarse las Naciones Unidas, se sentaron en la mesa de negociación sólo 60 pueblos *independientes*, mientras para 1972 la Organización contaba ya con 133 miembros participantes, en disfrute del factor jurídico común de la *propia soberanía.* En 1998 ese número asciende a 185 naciones soberanas. Ello tiene que acreditarse a la formidable actuación descolonizadora de ese cuerpo internacional.[4]

No obstante, resta mucho por hacer. En 1998 aún quedan dieciocho (18) territorios, incluyendo a Puerto Rico.

Resumiendo: la soberanía es el factor clave que distingue al Estado de cualquier otra escala o tipo de organización política. Se explica que en un orden jurídico bien establecido, todas las porciones que étnica y culturalmente forman parte de un pueblo o nación se mantengan subordinadas al supremo poder del Estado, que es el cuerpo integral al que pertenece cada una de sus partes. Pero la subordinación de una nación grande o pequeña al poder supremo de otra, constituye, por injusta y antinatural, una manifiesta contravención al orden jurídico.

La conclusión que antecede tiene su fundamento en una ley sociológica irrefutable. Es la siguiente: toda integración política debe suponer una unidad cultural entre el sector poblacional a integrarse y el cuerpo principal del Estado. Si existe esa unidad cultural entre el todo y la parte, la integración política podrá permitir una participación efectiva en la soberanía del Estado en la que todos concurrirán en la proporción equitativa que a cada parte corresponde. Por el contrario, si la unidad cultural no existe, la integración

[4] La resolución cumbre de las Naciones Unidas (la 1514), adoptada en 1960 por su Asamblea General, en votación de 89 contra 0 y nueve abstenidos, declara obligación de toda potencia *administradora* (por no llamarla *colonial*), que "sin demora alguna transfiera a los territorios bajo su dominio, la soberanía que hasta ahora han venido ejerciendo sobre ellos." Y que eso debe hacerse no importa las condiciones económicas o el nivel social o educativo de sus pueblos.

política representará siempre, en la acción práctica, una subordinación real del sector cultural menos numeroso, que de hecho queda sujeto a las decisiones del sector cultural más numeroso.[5]

Es decir, lo que en teoría podría aparecer como *integración*, tratándose de dos nacionalidades diferentes, en la práctica jurídica tiene que resultar *necesariamente* en la sojuzgación de la entidad menor por la mayor. Será así aún bajo el sistema más puro de efectividad democrática y aunque a su amparo se disponga una participación de aparente igualdad en el supremo poder del Estado.

Por esa razón, y para distinguir una integración política justificada, de aquélla que, por estar contra la naturaleza, nunca es justificable, se formuló el apotegma jurídico: un pueblo con soberanía propia es un Estado; subordinado a la soberanía de otro, es una colonia.[6]

El Estado y la libertad

El poder político está estrechamente ligado al concepto esencial de la libertad. En la medida en que se ejerza el poder de gobierno sobre el cuerpo social, el individuo experimentará que es verdaderamente libre o, a la inversa, que se le niega la libertad. En esto no caben términos medios, como muchos equivocadamente asumen. No existe tal cosa como *libertad restringida*. Y tampoco es correcto asumir que las personas son *más libres* o *menos libres*, como si se tratara de volumen, peso, estatura o cantidad.

La verdad en este punto es bien sencilla: *o se es libre o no se es*. Quien no es *libre*, necesariamente es *esclavo*. Porque, todo lo que se requiere para que haya *esclavo* es que haya *amo*. Y la disyuntiva es igualmente sencilla: o se vive bajo el poder de un amo, o se vive libre de ese poder. La situación no se altera porque el amo sea más o menos tolerante o indulgente. Aún suponiendo al amo más condescendiente, el esclavo no saldrá realmente de su *esclavitud* hasta que no cese definitivamente todo poder que sobre éste haya venido ejerciendo aquél. Es decir, en tanto no deje de haber amo. Sólo entonces adviene el esclavo a la libertad.[7]

---

[5] Esta ley sociológica es la que muchos puertorriqueños parecen ignorar al plantearse el problema de la que debe ser una *legítima relación política* entre Puerto Rico y los Estados Unidos.

[6] Los Estados Unidos de América por el nombre que tienen y porque a sus divisiones políticas integrantes se les llama "estados" (New York, Mississippi, California, Ohio, Wisconsin, etc.) dan margen a confusión en lo que al vocablo *estado* se refiere. Propiamente hablando, los llamados *estados* de la unión norteamericana, en sus primeros ocho años de existencia *soberana*, fueron *Estados* en el preciso significado que la ciencia política otorga a este vocablo. A partir de 1789, en que se aprobó la Constitución, *federándolos*, suplantando la *confederación*, dejaron de ser tales al perder su soberanía propia, que pasó al cuerpo general de ciudadanos y, representando a éste, el poder central. Así quedaron reducidos a simples provincias o departamentos, con muy limitados poderes de gobierno local. El único Estado verdadero después de 1789 es, por lo tanto, Estados Unidos de América. Una sola soberanía, y no cincuenta, como algunos suponen.

[7] Recuérdese que la libertad, en su sentido jurídico exacto, consiste en *poder hacer cada cual lo que le venga en gana siempre que no perjudique a otro.*

Trasladando el análisis a la esfera más amplia de los pueblos, el principio es idéntico. *Un pueblo es libre o no lo es*. Tampoco hay lugar aquí para grados o niveles distintos. Después de todo, la *libertad colectiva* no es otra que la suma de los seres, *individualmente libres*, que componen el cuerpo social. La razón es también la misma: allí donde existe un poder —externo o interno— capaz de ejercerse, y que en efecto se ejerce, para limitar al cuerpo social general o a cualquiera de sus grupos o individuos, más allá de la línea de lo que constituye *su libertad*, hay sojuzgación Si existe sojuzgación es porque hay amo que sojuzgue. Y para que pueda haber amo, tiene que haber esclavo. El poder público no puede ejercerse *legítimamente* para *negar* la libertad[8], sino para *asegurarla*. Quien viole este principio, se constituye en *amo*, sea un simple individuo, un organismo, o todo un gobierno.

Mirando el reverso de la medalla, es en la esclavitud donde propiamente hay grados. No porque una persona pueda ser *más* o *menos* esclavo de otra, sino porque en la esclavitud caben escalas de actuación injusta o de despotismo. Así, el amo, revestido con el poder público o sin él, puede ser más o menos tiránico, más o menos indulgente. Pero el grado de indulgencia con que actúe sobre su vasallo, lejos de negar la esclavitud, la confirma.

La piedra de toque, pues, para que sepamos en todo tiempo si realmente vivimos en libertad, no es —ni puede ser— el liberalismo o condescendencia del poder constituido. No disfrutamos la libertad porque *se nos permita* hacer esto, o porque *no se nos prohiba* aquéllo otro. Una sociedad es realmente libre si existe una efectiva sujeción de ese poder, llámese gobierno o funcionario, a un *orden jurídico en función*. Y ese orden será auténticamente *jurídico* en tanto el poder supremo de gobierno *—la soberanía—* radique de hecho en el cuerpo social como tal, y no en individuos, entidades o meros grupos, por respetables que éstos nos parezcan.

Pueblo que quiera ser genuinamente libre, ha de hacer valer su libertad frente a todo poder, interno o externo, que intente violarla. Y lo conseguirá sólo ejerciendo por sí mismo el poder político supremo. La soberanía pertenece, por derecho natural y por obligación ineludible e irrenunciable, a la nación como tal, al cuerpo social integral, y no a ninguna de sus partes. Cuando el cuerpo social la recaba de quien la usurpe, y se mantiene en pleno ejercicio de ella, y de ningún otro modo, es que positivamente disfruta su libertad y puede, con éxito, protegerla.

De aquí se sigue, que no son las *formas* de gobierno que se adopten, ni las *cartas de derechos* que en las constituciones se escriban, ni las leyes que se promulguen en papel, lo que ha de asegurarle al cuerpo social su libertad. Es el propio cuerpo de los ciudadanos, por la conciencia que tengan de lo que la libertad significa, y —en base a esa conciencia— por la vigilancia constante para hacerla efectiva, el que ha de procurarse por sí mismo que se la respeten.

El problema práctico, serio y universal que confronta la libertad es, ciertamente, *la indiferencia* del hombre, resultante de la inconsciencia. Indiferencia para velar por ella y hacer el sacrificio que su magna virtud demanda. Demagogia de políticos, ineptitud de

[8] Valdría la pena repasar nuevamente la definición de libertad, en la nota inmediatamente anterior.

educadores, o ambos factores, contribuyen a agudizar la tendencia de mucha gente en nuestro tiempo a no asumir la apropiada responsabilidad social. En efecto, tal es el caso de los que *socialmente irreflexivos,* poco o nada les importa *que los gobiernen.* En lugar de querer sentirse *partícipes del poder supremo* que gobierna, se allanan a *que sea otro* quien los mande. No se *percatan* de que, al hacerlo, están, de hecho, renunciando a la libertad.

El cuerpo social y los abusos del poder

Al cuerpo social del Estado moderno no le es posible, como les fue a las Ciudades-Estado del mundo antiguo, ejercer el poder de modo directo. Por razones obvias, ha de ejercerlo indirectamente, a través de organismos y funcionarios, *electos* unos y *nombrados* los otros.

Siendo así que el pueblo se ve obligado a delegar su inherente potestad de gobierno, ¿qué fórmula ha de seguirse para evitar los abusos del poder por quienes *directamente* gobiernan? Fórmula, ley, o medida que, con alcance absoluto, garantice contra tal riesgo, todavía no se ha descubierto ninguna.

Toda sociedad está en constante amenaza de caer víctima de oportunistas y usurpadores. Pero hemos visto ya que la nación, si quiere mantenerse *libre,* ha de protegerse *ella misma.* Al propio pueblo toca imprimir en su clima social la certeza de que no ha de tolerar abusos de ningún género bajo excusa o pretexto alguno; y que, de ocurrir, la acción abusiva no ha de quedar impune.

Esto nos trae de la mano al problema de lo que representa el poder militar como causa más frecuente y peligrosa para el abuso del poder. En efecto, si el ejército da respaldo a cualquier abuso del poder civil, o toma en sus propias manos el poder supremo de gobierno, el cuerpo social queda en desamparo.

De ahí que, en prevención de que eso ocurra, no es aconsejable más fuerza militar que la de los propios ciudadanos. Organizados "masivamente" y previamente adiestrados, éstos se mantendrán en todo tiempo listos para, cuando surja, repeler cualquier agresión externa. Además, una fuerza policial, bajo estricto régimen civil, apropiada para mantener el orden, completará el cuadro de fuerza física con que ha de contar el Estado.

Por lo demás, bastará una clara conciencia de todos sobre el respeto que cada uno debe a la voluntad suprema del pueblo.[9]

Los derechos del individuo

Después de lo explicado, debe subrayarse la diferencia entre la usurpación del poder político supremo que, por corresponderle al pueblo, éste no tiene más alternativa que reivindicarlo al instante, y los abusos menores de autoridad en el manejo de la cosa pública.

[9] Suiza y Costa Rica ofrecen los más sobresalientes ejemplos de sociedades con un orden democrático estable, sin ejército. La democracia suiza, la más antigua del mundo contemporáneo, tiene cinco siglos de existencia ininterrumpida.

Éstos son de carácter transitorio y no afectan la potestad soberana del cuerpo social. Para contravenir estos excesos de secundario alcance, bastarán resortes legales que la colectividad ha de definir suficientemente como parte del orden jurídico. Y deberán estar disponibles para cuando sea necesario hacer uso de ellos. El residenciamiento, la convocatoria a nuevas elecciones generales, o parciales, el recurso judicial especial, los expedientes sumarios, el recurso de *habeas corpus*, son ejemplos de lo que en esta dirección puede proveerse en la ley fundamental del Estado, para que los tribunales se encarguen de la acción directa en protección de los derechos individuales.

La línea divisoria precisa entre los abusos menores de poder y el ejercicio legítimo de autoridad, es aquélla por la que el poder público, en cada acto de gobierno, ha de abstenerse de restringir la esfera de poder de cada individuo en la convivencia, más allá de lo estrictamente indispensable para lograr el bien común, o sea, la conveniencia o el mejoramiento del cuerpo social.[10]

Por supuesto, nada que pueda ser beneficioso a la comunidad en general podría significar perjuicio real a ninguno de sus constituyentes. Pero si surgiese conflicto inevitable entre la conveniencia de individuos o grupos particulares, y la del cuerpo social general, deberá prevalecer la de éste último. Es éste un principio de Derecho universalmente aceptado, aunque con frecuencia desatendido.

Subordinación del funcionario a la Constitución

El Estado se organiza mediante una ley *fundamental* que se llama la Constitución. A ella deben quedar subordinadas todas las demás leyes y reglas jurídicas que a su amparo se dicten. Esa ley, de jerarquía suprema, se llama también, por razón de su propósito, la *ley orgánica del Estado.* Sólo el cuerpo social está por encima de ella. En cambio, todo funcionario u organismo, público o privado, queda subordinado a ella. Y también las demás leyes que se promulguen.

La Constitución se redacta y se aprueba inicialmente en el seno de una asamblea que deberá ser representación genuina del pueblo. Por la función exclusiva que se le asigna, se denomina Asamblea *Constituyente.* Aprobado el proyecto de la constitución por la Asamblea, se somete en consulta o referendo a la masa electoral, para que ésta, o sea, el propio pueblo, si está de acuerdo con el documento en todas sus partes, lo apruebe con sus votos. Y empezará a regir en la fecha que la propia Constitución disponga.

[10] A propósito de los derechos del hombre frente al abuso del poder oficial, vale recordar la actuación de los nobles ingleses en el siglo XI (año 1066). Tras incontables abusos inferidos por el Rey Juan, invitaron a éste a que les acompañara a una cacería. Lo llevaron lejos, hasta el bosque, y allí, bajo apercibimiento de que no saldría con vida de aquel lugar si se negaba a firmar el documento que le leyeron, se produjo la histórica *Carta Magna*. Otro episodio similar: la gesta del populacho parisiense que abrió por su cuenta e hizo desalojar la prisión de la Bastilla (14 de julio de 1789), con lo que dió comienzo a la Revolución francesa. Otro: la actitud de los miembros del Cabildo de Barcelona cuando, enfrentándose al jefe de gobierno allí le dijeron: "Nos, que valemos tanto como Vos, y todos juntos más que Vos...etc." Es también notable la advertencia que todo ciudadano suizo aprende desde niño que "Suiza no podrá ser invadida en su territorio sino pasando sobre los cadáveres de todos y cada uno de sus ciudadanos."

Si fuese rechazado por mayoría de los votos del pueblo, la Asamblea Constituyente, que no debe disolverse hasta la terminación de todo el proceso, le introducirá aquellas enmiendas que estime necesarias hasta lograr el respaldo del cuerpo electoral en las consultas subsiguientes que sea menester realizar.

Y puesto que la Constitución representa —y debe representar— la voluntad del pueblo, directa y libremente manifestada y ratificada en las urnas, en ella se establecen las normas básicas a que ha de estar sujeto todo el orden jurídico del Estado. Igualmente, los organismos y funcionarios, en todos los escalafones de autoridad, deberán ser seleccionados y ejercerán en todo tiempo sus funciones, conforme a las directivas, mandatos y limitaciones establecidos en la Constitución.

Aprobado el fundamental documento, toda ley que en adelante se promulgue deberá estar en armonía con la Constitución. Por estarlo, se podrá decir que la ley es *constitucional.* Y surtirá sus efectos. Pero cualquier ley que se promulgue contraviniendo algún precepto de la Constitución, se considerará *inconstitucional.*[11] En este caso, cualquier persona o institución, afectada por tal legislación, podrá cuestionar su validez ante el tribunal competente para que, *por inconstitucional,* se declare nula y sin efecto alguno. La inconstitucionalidad de las leyes ha de determinarse siempre por decisión judicial y siguiendo el procedimiento legalmente establecido.

Los derechos civiles

El proceso sobre inconstitucionalidad es una de las piedras angulares en todo sistema de gobierno democrático. Sirve para poner a prueba si los funcionarios encargados de dictar las leyes se mantienen subordinados o no al poder supremo del pueblo expresado en las disposiciones medulares de su ley básica: la Constitución.

Uno de los aspectos más sobresalientes de toda Constitución moderna es su *Carta de derecho del ciudadano.* En ella se establecen todas las limitaciones que el cuerpo social impone a sus funcionarios y organismos a fin de que ninguna ley se apruebe, ni se realice acto oficial alguno, en menoscabo o violación de los derechos que en la propia Constitución se le reconocen al ciudadano. Esos derechos se consideran *inviolables, inalienables, inherentes, fundamentales,* o *esenciales* a su vida, a su integridad física y moral, y a su libertad. Los tratadistas los califican de *inalienables* para significar que ningún ser humano puede ser despojado de ellos sin desvirtuarle su naturaleza y esencia. Su vigilancia constante por el cuerpo social equivale a velar por la libertad y dignidad del individuo y de la sociedad.

En resumen, el respeto a la Constitución es el respeto al cuerpo social, cuyo poder soberano debe ser el único capaz, en estricta norma jurídica, de modificar su propia ley fundamental. Y es juicioso que lo haga cuando, para su justicia y bienestar, lo crea conveniente. Mientras tanto, la Constitución debe ser roca inconmovible e invulnerable. Desde luego, aquí hablamos de la Constitución, en el sentido genuino del vocablo; la que

[11] Con igual sentido se usa el vocablo *anticonstitucional.*

se otorga a sí mismo un pueblo en ejercicio *pleno* de su propia soberanía. Y la que el pueblo mismo hace que todos respeten, así de adentro como de afuera.

Los fines del Estado

Los fines del Estado no han de ser distintos a los de la sociedad que le da cuerpo, personalidad y existencia jurídica real. El Estado, como instrumento jurídico, se constituye precisamente para facilitar el cumplimiento de los fines del cuerpo social. Y servirá adecuadamente a la sociedad si sus fines son los del Derecho; los mismos que ya antes hemos señalado: mantener el *orden*, hacer *justicia* en la convivencia y *fomentar el bienestar general.* El Estado, en su acción de gobierno, sólo tiene que ajustarse a los fines del Derecho. Toda ley que se promulgue, y todo acto oficial, deberá responder a este primordial objetivo. La medida en que se cumpla dependerá, en cada instancia, de la diligencia con que actúen los miembros del cuerpo social. Y si el cuerpo social, investido del poder supremo, no lo ejercita cuando el interés común lo demanda, la sociedad queda a merced de quienes manejan la cosa pública. El orden jurídico en tal caso queda, en su esencia, desvirtuado.

Ciudadanos y súbditos

Sin embargo, el cuerpo social, al cual nos hemos referido tanto, es sólo una abstracción. Es cierto que está compuesto por individuos: seres de carne y hueso. Pero la sociedad como cuerpo no hace nada. Son sus integrantes, esto es, las personas, quienes realmente piensan, sienten y actúan... o dejan de actuar. A veces ni piensan, ni toman la acción apropiada; pero sufren las consecuencias. Por otro lado, son también las personas, individualmente, las que en todo caso han de sentir las consecuencias favorables o adversas en su acción o inacción, como miembros del cuerpo colectivo.

Al igual que en los grupos sociales más reducidos —clubes, asociaciones, partidos políticos, fraternidades— cuyas actividades percibimos más de cerca, no son las entidades ni sus cuerpos abstractos los que operan. Sus acciones colectivas son, propiamente, las de sus individuos constituyentes. Más preciso aún: son las de aquéllos que tomaron alguna iniciativa, que se ocuparon de dar pensamiento a un problema, los que promovieron en asamblea, o fuera de ella, la aprobación de un acuerdo, o hicieron deliberar sobre una propuesta; son en fin, los que en verdad actúan para que una resolución del cuerpo se cumpla. Pero, definitivamente, la acción *social*, no es tal, excepto por lo que haya de acción, pensamiento y sentimiento de sus miembros. Y entre éstos, sólo de *los activos,* en el sentido más directo del vocablo.

Esto es un índice del decisivo rol del individuo en el Estado. Como componente de una fraternidad, al individuo se le llama fraterno; al de una sociedad mercantil se le llama socio; al que está adscrito a un partido político, prosélito, afiliado o partidario. Pero, como miembro del Estado, su nombre es: *el ciudadano.* Así, ciudadano español, ciudadano francés, argentino o norteamericano.

Pero, a diferencia de lo que ocurre con la matrícula en otros grupos sociales, la ciudadanía no se logra por mera designación estatutoria, dispensa de un reglamento o tarjeta de admisión al cuerpo social. Requiere algo más que eso. Tanto la *natural* (por razón de nacimiento), como la *artificial* o *adquirida* (por adquisición en país distinto), constituyen un *status jurídico* por el que la persona queda integrada a un cuerpo social *en posesión y ejercicio de soberanía propia* (*a un Estado*). En su soberanía, éste otorga una participación de igual efectividad y alcance a la de todo otro partícipe. Si así no fuese, habría ciudadanías de distintos niveles. Y no es así. Lo cierto es que no hay más que una distinción entre la ciudadanía *adquirida* y la *natural*, al único efecto de reservar a ésta última la exclusividad para ocupar las posiciones de gobierno de más alto rango. La adquirida es, pues, siempre *inferior*. Por ejemplo, para ser Presidente(a) de los Estados Unidos, la persona *tiene* que haber *nacido* en suelo estadounidense, es decir, *tiene* que ostentar la ciudadanía *natural*. Toda persona con ciudadanía adquirida está, automáticamente, descualificada.

Mediante renuncia personal libremente hecha, la ciudadanía *natural* respecto de un Estado es sustituible por la que se adquiera respecto de otro Estado. Algunos países admiten por sus leyes la *doble ciudadanía* simultánea.

Pero lo fundamental en todo esto es que: *se es ciudadano* si se participa *efectivamente* en la soberanía del Estado a la que tal ciudadanía corresponde. Y la participación ha de ser como elector, como elegido, o de ambas maneras, y en igualdad de condiciones para todos. Por el contrario, si la persona se limita a ser objeto pasivo en el mecanismo jurídico del Estado, esto es, a obedecer las leyes que otros dictan, a no intervenir en la selección de quienes las dictan, y a acatar órdenes de quienes ejercen autoridad pública, sin tampoco participar en la selección directa o indirecta de éstos, el nombre que en estricto sentido jurídico le corresponde es el de *súbdito.*

Por eso es una realidad histórica que en las monarquías tradicionales, donde el soberano es el Rey, y no el pueblo, las personas que integran el cuerpo social son meros *súbditos.* Súbditos del Soberano; por etimología, *sujetos* a su potestad suprema. De hecho y bajo sus leyes, al monarca o rey viven ubordinados. Y ante él se inclinan en abierto acto de sumisión.

En cambio, en las *repúblicas* donde el soberano es el pueblo, los individuos, *constituyentes del Estado, tienen* la categoría de *ciudadanos*; no por el simple hecho de ser uno de tantos en el cuerpo social, o por estar sujetos a sus leyes, sino por ser *partícipes de la soberanía,* en el poder supremo de gobierno.

En las colonias, por ser cuerpos sociales sin soberanía propia, sus integrantes, los colonos, no son *ciudadanos* en la realidad jurídica, aunque la ley de la metrópoli les confiera ese nombre. Al igual que ocurre en múltiples aspectos de la vida colonial, en materia de ciudadanía se tergiversa el sentido del vocablo. Con ello, no sólo se siembra confusión en las mentes ingenuas, sino que se crea base legal aparente para reclutarlos en la milicia y enviarlos a que sirvan como carne de cañón en las guerras de la metrópoli. Cuando el *orden jurídico* está desvirtuado en sus bases, toda acción oficial puede ser "justificada" en nombre de la ley.

Si entendemos el verdadero concepto de la ciudadanía, nos sera fácil percibir que son los ciudadanos los que, en conjunto, poseen, de hecho y de Derecho, el poder soberano del Estado. Ellos constituyen en sí, y conjuntamente, el Estado. Y son los que, individual y colectivamente, tienen la responsabilidad de asegurarse que las medidas y normas que el Estado *imponga*, sean las más favorables en interés del cuerpo social.

Esa participación *real y efectiva* en las responsabilidades públicas es lo único que puede garantizar un legítimo *orden jurídico:* un orden de esencial justicia para todos. Porque, aunque hacer las leyes es función de legisladores —como hemos de explicar más adelante— corresponde a los ciudadanos la excepcional potestad de fijar sus cualificaciones mínimas y seleccionar a los más capaces para que legislen; y, más importante todavía, la de removerlos cuando el interés social así lo demanda. En tanto los ciudadanos retengan el poder supremo de gobierno, todo error de norma, decisión o acción oficial podrá ser corregido.

La ley y las tres ramas o poderes del Estado

Para que el Estado sea de Derecho y no de *fuerza,* el gobierno ha de funcionar por medio de la ley, ajustándose a lo que ésta disponga. Cuando haga falta una ley, no debe perderse tiempo en dictarla y promulgarla. Tiene que ser así porque gobierno que no es *de leyes,* necesariamente es gobierno *de hombres.* Sin normas pre-establecidas de justicia, prevalecerá el capricho en la acción oficial y el discrimen se convertirá en ley. Así de imperfecta es la naturaleza humana.

La ley es norma o regla fundamental de conducta que se estatuye (y *se instituye)* precisamente para evitar la injusticia y el discrimen. De no cumplir esta esencial finalidad, no debe merecer el respaldo ni el respeto de nadie.

No han de dirigirse las leyes, ciertamente, a imponer *uniformidad* donde la ley natural tiene establecida la *diversidad.* Las variantes, por ser características de la naturaleza humana y de los pueblos, son inevitables y persistentes. Pero, partiendo de esa realidad natural, la misión de las leyes jurídicas —a diferencia de las leyes del mundo físico— será la de procurar en la convivencia los tres propósitos ya señalados para todo orden jurídico: mantener eso mismo, el *orden;* hacer *justicia* (dando a cada cual lo que le pertenece —equivale a reconocerle su *derecho*); y fomentar el *bienestar general.*

Y puesto que las leyes jurídicas son instrumento indispensable para los fines del Derecho y del Estado, ha de haber, en todo gobierno bien constituído, tres ramas o poderes, cada uno con una función bien clara y definida respecto de la ley, a saber: 1. El poder *legislativo* que *dicta* las leyes; 2. El *ejecutivo,* que se encarga de *promulgarlas* y *hacerlas cumplir;* y 3. La rama o poder *judicial,* cuya función es *interpretarlas* cuando la justicia del caso así lo requiera y, en todo caso, *aplicarlas* en las instancias específicas de *litigios* o controversias que se llevan a los tribunales.

El organismo que dicta las leyes suele ser identificado con el nombre de Parlamento, Congreso, Asamblea General, Asamblea Legislativa, Cámara de Diputados, etc. Pero, independientemente del particular nombre que en cada gobierno se dé a este cuerpo, también se le da el nombre común y universal de *legislatura.* Su función es la de *legislar,* y comprende el poder de hacer leyes, enmendarlas y derogarlas.

Por tener a su cargo la *administración* de todos los fondos y propiedades públicas y la encomienda de prestar los innumerables servicios que el orden y el bienestar social exigen, la *rama ejecutiva* ha de contar con un personal numeroso, unas estructuras gigantescas y variadas (que, desafortunadamente, a menudo se vuelven burocráticas, lentas e ineficientes), a las que de tiempo en tiempo se le van adicionando nuevas dependencias, instrumentalidades, agencias, juntas y comisiones. Las cambiantes necesidades de toda sociedad moderna así lo exigen. De este modo, la Administración termina por convertirse en una complicada y portentosa maquinaria, constantemente interviniendo e influyendo, de un modo o de otro, en todas las fases de la vida social: desde el cobro de los impuestos hasta la reparación de una vía pública averiada, o el auspicio de unas fiestas patronales; desde la celebración de un referéndum o consulta al cuerpo electoral, hasta la instalación de una nueva planta de energía eléctrica. O, en sentido derogatorio, desde la prosecución de un delincuente hasta la investigación de un desfalco en el uso de los fondos públicos.

En lo alto de esa pirámide de poder administrativo y de influencia oficial, está una persona: el *jefe ejecutivo* del Estado, llámese Presidente o llámese Primer Ministro, asistido de su *gabinete* o de su *ministerio,* según que se trate de un sistema de gobierno *republicano,* caracterizado por el principio de *separación de poderes,* o bien del sistema *parlamentario,* en el que todo el ministerio, incluyendo el *Premier,* se selecciona de entre los miembros del Parlamento. Es decir, de entre los que fueron electos para la función de *legislar* y que, como miembros del Ministerio, desempeñarán, además, las más altas posiciones en la tarea de ejecutar; esto es, de *hacer cumplir las leyes.*

El jefe de la rama ejecutiva, con su cuerpo de consejeros —ministros o secretarios— es el que imprime la orientación a su gobierno, fijando las pautas o guías generales[12] que han de caracterizar a *su administración.*

Pero todo ese complejo administrativo debe tener un fin esencial, superior a todo otro propósito o motivación: *hacer cumplir las leyes.* Lo cual significa que cada funcionario y empleado público se ha de constituir en un *servidor* de la sociedad, en *mandatario* —no en mandante— del poder supremo del pueblo. En un orden jurídico auténtico, *todo* ha de hacerse por mandato y de conformidad con la ley. Con arreglo a ella se fijan, se recaudan y se desembolsan los fondos públicos; se prestan los servicios que por su virtud se ordenan; se eligen o se nombran los funcionarios y demás personas de gobierno; se les compensa, se les reemplaza por otros, e incluso se les jubila, conforme se prescribe en las leyes. Y cada acto de gobierno debe responder al mandato de la ley. Por supuesto, todo lo que aquí se señala ha de tener como base que las leyes representen la voluntad legítima de la sociedad. Y esto sólo puede darse en un sistema democrático auténtico, en un sistema donde la ley sea la voluntad colectiva convertida en norma de conducta.

[12] "Policies" llaman a esto los anglosajones.

Capítulo 3

LAS RAMAS, DIVISIONES Y CLASIFICACIONES DEL DERECHO

El vasto conjunto de normas y principios que integran el cuerpo del Derecho no puede ser estudiado ni entendido en su verdadero alcance, sin recurrir a una clasificación o catalogación de sus diversas ramas o divisiones. La primera y fundamental distinción que debemos conocer es la que divide el Derecho, *conceptualmente,* en:

Derecho "natural" y Derecho "positivo"

Aunque el concepto filosófico del Derecho *natural* era ya conocido por los filósofos de la antigua Grecia, fueron los jurisconsultos romanos los que, con el nombre de *jus naturale,* lo popularizaron, considerándolo como el fundamento del Derecho en su verdadera expresión. Lo definieron como *"las normas de la conducta humana que se armoniza con las fuerzas inherentes del universo".* [1] Al referirse a la misma idea central, hablaban también de un *"Derecho de Gentes" (jus gentium),* identificándolo así con la justicia a que todo ser humano, como tal, tiene derecho. En la Edad Media, desde Vitoria y Ayala hasta Suárez y Gentilis, era frecuente entre éstos y otros notables filósofos de la ley recurrir al Derecho *natural* como base para explicar buena parte de sus doctrinas. Y Hugo Grocio, calificado como el padre del Derecho Internacional, en su renombrada obra

1 Digesto de Justiniano, 1, 2, 2, citado en Wilson— *"Handbook of International Law"* (1927).

El Derecho en la Paz y en la Guerra,[2] lo definía como *el dictado de la razón recta.* "Cualquier acto en discrepancia con la naturaleza racional", proclama Grocio, "conlleva torpeza o insuficiencia moral y, en consecuencia, está prohibido por Dios, autor de la naturaleza" .

Del otro lado está el Derecho *positivo,* el que formulan los hombres, en reglas concretas que dictan y aplican, ajustándose o no a lo que demande la justicia *natural; y* que, por ser hechura de seres humanos, no siempre alcanza el grado de perfección que se da en el reino de la naturaleza. Así, pues, parece lógico concluir que, mientras el Derecho *natural* es el ideal de justicia a que continuamente aspiran las sociedades humanas, el Derecho *positivo* por contraste, es lo realmente alcanzado en cada época y lugar en lo que a reglas de conducta coercitivas concierne. Y estas reglas positivas, en unos aspectos más y en otros menos, tienden a aproximarse o a identificarse con los patrones de verdadera justicia que nuestra propia naturaleza nos está constantemente señalando. Pero, a veces, y en aspectos fundamentales, se quedan muy distantes de lo verdaderamente justo.

El Derecho Romano o ley civil y el Derecho Común anglosajón

Es un hecho histórico que el Derecho moderno que impera en los pueblos de Occidente proviene de dos antiguas fuentes principales: 1. El Derecho civil *(jus civile),* también llamado *romano,* desarrollado en la antigua Roma imperial y republicana; y 2. El Derecho Común *(Common Law),* forjado e impulsado *"desde tiempo inmemorial"* por los primeros pobladores de la Gran Bretaña.

El primero sirvió de base a los sistemas de Derecho prevalecientes hoy en las naciones *latinas* de Europa y América. [3] El segundo ha evolucionado hasta llegar a lo que actualmente es el Derecho en Inglaterra y en los diversos "estados" de la unión norteamericana. Hay que descontar, por supuesto, de estos últimos, a California y Louisiana, pues sus sistemas jurídicos internos siguen teniendo sus raíces en el Derecho español y francés, respectivamente, esto es, en el Derecho *civil,* derivado de Roma.

Sin pretender entrar en un análisis comparativo de los dos sistemas que, por razones histórico-políticas, han influido decisivamente en el Derecho puertorriqueño de nuestros días, bastará aquí con apuntar que: el Derecho *común* inglés se considera *ley no-escrita* debido a que sus normas no fueron nunca *aprobadas* por parlamento o cuerpo legislativo alguno. Se formó en la acumulación gradual y sucesiva de decisiones que durante siglos fueron emitiendo los tribunales. [4] En cambio, el sistema jurídico que nos legó Roma —en el que se funda básicamente el Derecho de nuestra patria—se compone de reglas *escritas;*

[2] *De jure Belli ac Pacis,* publicada en el año 1625.

[3] Italia, Francia, España y Portugal, los pueblos todos de Ibero-América. Y entre estos últimos, Puerto Rico.

[4] Las decisiones judiciales pasaban con el tiempo a convertirse en precedentes *obligatorios* para resolver causas similares subsiguientes. Pero la condición para que se les reconociese ese carácter obligatorio era que hubiesen sido dictadas y observadas *"... whence the memory of man runneth not to the contrary."* Blackstone: *El Derecho Común Inglés.*

esto es, *legisladas,* a las que tienen que atenerse los tribunales al procesar y resolver los casos que a su decisión se someten.

Otra característica diferencial entre ambos sistemas es que el Derecho común de los anglosajones es, en general—en el pasado lo fue mucho más— un sistema de reglas de mayor rigidez y formalismo, mientras que el *civil* es más flexible, menos formalista, y, en consecuencia, más adaptable a la función de hacer justicia. [5]

Desafortunadamente, lo que de este sistema nos queda se contrae a la fase de las relaciones privadas. Y de esa parte de nuestro Derecho podemos sentirnos legítimamente orgullosos.[6] En la fase pública, nuestras leyes son, decisivamente, de raigambre y factura anglo-sajonas.

Derecho sustantivo y Derecho procesal

El propósito esencial de las reglas del Derecho es, como ya dijimos, definir la esfera y fijar los límites dentro de los cuales cada persona *puede* actuar en sus relaciones de convivencia. Para lograrlo, esas reglas prescriben lo que la persona *debe* hacer y lo que *no puede* hacer, so pena de incurrir en falta y quedar sujeta a la sanción correspondiente. De ese modo, cada una de las otras personas, *puede* y *debe* actuar igualmente dentro de una esfera y límites análogos.

De esto se deriva que, en tanto las reglas le indican a cada uno *lo que puede,* le están definiendo sus *derechos* frente a los demás; y en tanto le indican *lo que debe,* le están definiendo sus *deberes* u *obligaciones* con respecto a cada uno de los otros miembros del cuerpo social. Todo esto quiere decir, en palabras más simples, que el fin de las reglas más importantes del Derecho es *definir o declarar los* derechos y las obligaciones de cada cual frente a cada otro.

Pues bien, las reglas jurídicas que cumplen el propósito de decirnos cuáles son, de un lado, nuestros derechos y, del otro, nuestras obligaciones, se conocen como *Derecho sustantivo.* Se les llama así porque ellas constituyen la *substancia* de la reglamentación jurídica. Son básicas para el Derecho, pues determinan lo que en justicia nos pertenece y lo que en justicia pertenece a otros. Mis derechos y obligaciones, si están basados en *lo justo,* deben corresponder con los derechos y obligaciones de mi prójimo.

Mas, no basta con una *masa* de reglas que definan los derechos y las obligaciones recíprocas entre personas. Para que esas mismas reglas tengan el carácter de *coercitivas,*

[5] Un ejemplo del caso: bajo el Derecho Común, un contrato en el que alguien se obligue a transferir o a dar un valor material a otro (dinero o cosa), carece de validez si en lo acordado no aparece *compensada* esa obligación con otro valor material que la otra parte contratante dé o prometa dar a cambio. Esto da lugar a que, aún cuando la intención sea transferir o dar algo gratuitamente, el contrato ha de estipular que se entregó un dólar (por ejemplo) a cambio de lo recibido: de lo contrario, el contrato se considera nulo. En nuestro Derecho Civil, se reconoce expresamente la validez de los traspasos gratuitos cuando ésa sea la intención real de los contratantes, a menos que el traspaso se pretenda hacer en perjuicio de un tercero o en contra del orden público.

[6] 31 L.P.R.A. 7: el Artículo 7 del Código Civil da buena muestra de la flexibilidad que caracteriza nuestro Derecho.

sin lo cual no serían reglas *jurídicas* (serían más bien reglas *morales*), han de estar complementadas con otra *masa* de reglas que constituyen el Derecho *procesal* o *adjetivo*. Este segundo grupo de reglas es indispensable porque son éstas las que dan efectividad o eficacia a las del Derecho *sustantivo*. Especifican los medios, resortes o procedimientos para hacer valer cada *derecho* que pretenda violarse, para reparar el que ya esté violado, y para hacer que se cumpla cada *obligación* por quien no quiera o por quien se demore en cumplirla.

La relación entre ambas divisiones es, pues, una de *medio a fin*. El *procesal* es el medio o instrumento para que se cumpla el *sustantivo* que, en tal sentido, viene a ser el fin. [7]

Las reglas procesales abarcan: 1. La esfera *judicial*, que incluye todos los procesos civiles y penales a nivel de los tribunales; y 2. La esfera *administrativa* que comprende todos los trámites y procedimientos ante agencias y organismos de la Administración.

Una regla importante del Derecho *procesal* es, precisamente, que: en tanto un derecho reclamado esté sujeto a revisión y determinación previa por una agencia administrativa, no procede recurrir al tribunal en solicitud de decisión judicial, *sin antes agotar* el recurso administrativo.

El Derecho escrito y la Equidad ("justicia no-escrita")

Anteriormente nos habíamos referido al Derecho Común o anglosajón como un sistema de reglas *no escritas*. Pero esa afirmación no es exacta. La verdad es que los preceptos de ese sistema no fueron *legislados;* pero, de hecho, fueron escritos en las decisiones emitidas por los jueces al dictar éstos sus sentencias. Además, la síntesis de la doctrina contenida en cada una de esas decisiones judiciales hubo de ser expuesta por los tratadistas y por los comentaristas de cada período histórico abarcado en su desarrollo. En consecuencia, puede afirmarse que, tanto los principios y reglas del sistema romano o civil, como los del inglés y norteamericano, han sido realmente Derecho *escrito:* en un caso, por los *legisladores;* en el otro, por los *jueces*.

Por otra parte, ha de reconocerse que lo escrito, sea en la ley misma o en los precedentes judiciales, no es suficiente para decretar lo que deba considerarse *justo* en las nuevas e imprevistas situaciones de controversia que se van sucediendo en cada comunidad. Las sociedades humanas están sujetas a constante evolución y cambio. Adoptan y desarrollan nuevas concepciones sobre la vida y sobre la conducta sin que se pierda el trasfondo de ciertos principios éticos inmutables en que ha de fundarse toda convivencia. Las

[7] Ejemplo de una regla sustantiva: la que define el *derecho de propiedad* ("el derecho por virtud del cual una cosa pertenece en particular a una persona con exclusión de cualquiera otra.") (Art. 280 del Código Civil). Otra: "nadie podrá ser privado de su *derecho a la libertad* sin el debido proceso de ley". (Art. 7 de la Constitución, L.P.R.A.). Ejemplo de regla procesal: la que establece que en toda *acción civil* el proceso judicial se inicia con la radicación de un escrito llamado la *demanda*,. mientras otra regla nos dice que el primer escrito en las causas *criminales* es una *denuncia* o *acusación*. Otra regla procesal es que ningún juez puede negarse a resolver un caso so pretexto de que no hay ley aplicable.

innovaciones son particularmente frecuentes en el campo de los negocios, donde se van superando las técnicas, en lo físico y en lo social, e introduciéndose nuevas modalidades de reglamentación resultantes de la competencia y de la inventiva humanas.

Por todas estas razones, y porque los jueces no pueden negarse a fallar ningún litigio bajo pretexto de que no haya ley aplicable al caso,[8] surge, en el devenir de los siglos, la *Equidad* o *justicia no-escrita,* como recurso inevitable para que las lagunas, omisiones y deficiencias de la ley estatuida (la escrita), no impidan a los jueces resolver los casos *nuevos* que se les van sometiendo a su decisión.

> "Cuando no haya ley aplicable al caso", dice un precepto cumbre de nuestro Código Civil, "el tribunal *resolverá* conforme a *Equidad,* que quiere decir que se tendrá en cuenta *la razón natural,*[9] de acuerdo con *los principios generales del Derecho* y *los usos y costumbres* aceptados y establecidos." [10]

Los ingleses y los norteamericanos han procurado valerse también de la Equidad como meta para alcanzar verdadera justicia, corrigiendo la insuficiencia de las leyes. Pero no ha de confundirse la Equidad de nuestro sistema jurídico con la *Equity* del sistema anglo-americano. En el nuestro, constituye fuente de Derecho en la última instancia, a fin de que no quede caso alguno sin resolverse una vez se invoca la justicia del tribunal. En el Derecho inglés, la *Equity* tuvo su origen como un recurso de procedimiento que comenzó en la *cancillería* del Rey y terminó dividiendo los tribunales en dos clases: tribunales de *ley* y tribunales de *equidad.* La esencia de aquel sistema dual se explica históricamente así.[11]

La *Equity,* según la entienden los ingleses, surgió por la insuficiencia de la ley para dar remedio adecuado en muchos de los casos que se promovían. En el Derecho inglés primitivo, allá para los primeros siglos después de la Conquista por los normandos,[12] los tribunales no podían conceder compensación por daños recibidos a menos que los decretos emitidos por la Corona proveyeran la particular compensación que se solicitaba. De aquí que los procedimientos en ley eran tan limitados que a menudo se hacía imposible obtener justicia en las cortes del Rey. Y al efecto de que la justicia pudiera lograrse, las personas que solicitaban esos remedios no previstos en los decretos reales se veían forzadas a recurrir ante el propio Rey en persona, y su reclamación iba dirigida a la conciencia del monarca.

---

[8] "El Tribunal que rehuse fallar so pretexto de *silencio, obscuridad* o *insuficiencia* de la ley, o *por cualquier otro motivo,* incurrirá en responsabilidad". Código Civil de Puerto Rico. Artículo 7, 31 L.P.R.A. 7.

[9] La razón natural del juez no es otra cosa, esencialmente, que su sentido de lo justo. ¿No está presente otra vez en esta frase la idea del Derecho "natural", complementando el otro, el *positivo,* el que está escrito en decisiones judiciales y en los artículos de los Códigos y estatutos? ¿No es esta "razón natural" la misma naturaleza racional de que nos hablaba Hugo Grocio desde principios del siglo 17?

[10] Artículo 7 del Código Civil de Puerto Rico, 31 L.P.R.A. 7.

[11] Dillavou, *Principles of Business Law,* 7ma. edición, pág. 115.

[12] Anderson y Kumpf, *Business Law,* 8va. edición, pág. 3.

Éste refería esos casos a su consejero espiritual —el canciller—[13], quien por regla general era un oficial de la Iglesia, y, al otorgar éste el remedio solicitado, se amparaba en el Derecho *canónico* o en el Derecho *civil* (romano).

Por este método fue desarrollándose gradualmente un nuevo sistema de procedimiento con sus nuevas y peculiares reglas, las cuales debían dictarse *conforme a principios de justicia y equidad.* Las acciones judiciales que se traían bajo estas reglas eran clasificadas como acciones *en cancillería* o *en equidad,* en contraste con los litigios *en ley,* que eran ventilados en las cortes del Rey. Andando el tiempo, el número creciente de casos hizo crear *tribunales en equidad* pareados con los *de ley.*

Muchos derechos, no reconocidos en los precedentes judiciales de la ley común, lograron reconocimiento en este nuevo sistema. Por ejemplo, el fideicomiso sobre terrenos (*trusts in land)* fue establecido; así también el derecho a *rescindir* un contrato celebrado mediante fraude. El *interdicto* o *injunction, y* la acción para obligar al *cumplimiento específico* de un contrato, tuvieron su desenvolvimiento al calor de *la cancillería.*

Para que se tenga una idea de la estrechez de la justicia en aquellos tribunales de *ley,* bastaría con señalar que, bajo sus rígidos preceptos, el incumplimiento de un contrato sólo permitía al perjudicado obtener una indemnización en dinero, mientras que la jurisdicción en Equidad le reconocía el derecho a que se cumpliera lo prometido. Otra situación curiosa: si A persistía en invadir terreno perteneciente a B, el remedio que B podía obtener en las cortes del rey era una indemnización en dinero. Le bastaba a A pagar el dinero y podía continuar usurpando la propiedad de B. En cambio, por medio del tribunal de equidad, B podía conseguir que a A se le prohibiera volver a invadir el territorio de B, so pena de ser arrestado y procesado por desacato al Tribunal.

Como es natural que ocurriera, el tiempo —y las reglas del Derecho Civil o Romano— hicieron ver que no era necesario mantener tribunales separados para la *equidad* o justicia *completa, y* ambas jurisdicciones han pasado a la competencia de los mismos magistrados que aplican la ley. Al presente, tanto en Inglaterra como en los "estados" de la unión norteamericana, a los tribunales de jurisdicción general la legislación les reconoce competencia para dirimir casos *en ley* y *en equidad.* Sin embargo, a pesar de esa notable evolución en la dirección correcta, el sistema anglosajón en la esfera de la Equidad todavía dista bastante de la que nos proporciona nuestro Derecho Civil. Tanto es así que entrado ya el Siglo XX (año 1905), nuestro Tribunal Supremo resolvió que:

> "Un sistema de *procedimiento en equidad,* tal como el que se sigue en las cortes de los Estados Unidos y en los tribunales de algunos estados, no puede armonizarse con el sistema de leyes vigentes en Puerto Rico y aplicado en los tribunales del país." [14]

---

[13] El nombre oficial de este funcionario era *"chancellor".*

[14] *Montilla vs. Van Syckel,* 8 D.P.R. 160.

Y más de medio siglo después, en 1962, ratificando que el Tribunal Supremo de Puerto Rico jamás ha considerado como Derecho supletorio de nuestro país "la doctrina general de los tribunales de los Estados Unidos", asumió soberana autoridad judicial en el ámbito de la *equidad* al proclamar que: "...cuando no haya ley aplicable para resolver el caso, el Tribunal Supremo formulará la norma de derecho indispensable para poder fallar el mismo." [15]

Posteriormente, el Tribunal Supremo amplió aún más su aplicación de la teoría de la equidad en la jurisprudencia puertorriqueña. A tales efectos expresó:

> "La equidad —esto es aquéllo que es justo— es un concepto operante en la aplicación y en el desarrollo del derecho que tiende a hacer la ley justa en aquellos casos en que por las circunstancias particulares de un caso específico, la aplicación de la ley puede resultar en una injusticia: esto es, *la equidad es una rectificación de la ley en la parte en que ésta es deficiente por su carácter general.*"[16] (énfasis suplido)

Derecho público y Derecho privado

Todo el cuerpo del Derecho —y en esto no difiere el sistema nuestro del anglosajón— se suele clasificar en dos grandes ramas o sectores: de un lado, el Derecho *público;* del otro, el Derecho *privado.* Hay una explicación para esta importante división. En toda sociedad de seres humanos coexisten dos intereses claramente perceptibles: el general, social o colectivo, o sea, el *interés público; y* el de cada persona o grupo particular, a saber, el *interés individual o privado.* Para el fin esencial del Derecho, que sabemos es *la justicia,* resulta también claro que las reglas jurídicas deben formularse y aplicarse procurando que el interés *individual,* el de cada ciudadano o grupo, sea armonizado —en la medida posible— con el interés de todos, o sea, con el *interés público o social.* Pero, en la práctica, esa armonía no siempre se logra. En tales casos, también en aras de la justicia, se reconoce universalmente que el interés general de la sociedad debe prevalecer sobre cualquier interés privado.

Este criterio diferencial entre unos y otros intereses da lugar a que por las reglas del Derecho se reconozcan, a propósito de su reglamentación, dos tipos de relaciones sociales: las *relaciones públicas* (aquéllas en las que está presente el interés público o colectivo) y las *relaciones privadas* (en que todos los participantes en la relación son sólo individuos o sectores particulares).

---

[15] *Márquez vs. Tribunal Superior,* 85 D.P.R. 559.

[16] *Silva vs. Comisión,* 91 D.P.R. 891 (1965).

La diferencia señalada nos sirve para entender que el Derecho público, como su nombre mismo indica, regula las *relaciones públicas,*[17] mientras el Derecho *privado* regula las relaciones *privadas.*[18] Más adelante en este capítulo nos ocuparemos de las sub-divisiones en una y otra rama del Derecho.

Clasificación de las personas como base de clasificación del Derecho

Por lo que se acaba de explicar, toda relación regulada por el Derecho se considera *pública* o se considera *privada,* según que en ella esté representado el interés colectivo, o que solamente esté envuelto el interés de particulares. Pero para saber si los intereses así representados corresponden a una o a la otra categoría, el Derecho clasifica a todas las personas en personas *naturales* y personas *jurídicas.* Las primeras reciben ese nombre porque se refieren a nosotros, los seres humanos, que surgimos a la vida mediante el proceso biológico, *natural,* de la procreación. Sobre esa base, formamos parte del mundo físico, de la *naturaleza* y, específicamente, de su reino animal-racional.

Contrastando con las personas *naturales,* están esos *entes ficticios* que por la ley se llaman personas *jurídicas.* Son, necesariamente *artificiales,* puesto que existen, como todo artificio, por la inventiva del hombre. Son *incorpóreas,* o abstractas, porque carecen de cuerpo físico. En consecuencia, son también *intangibles.*

Siendo así, ¿cómo se crean estas personas jurídicas? De dos maneras: 1 Por mandato o disposición directa de *la ley* (el Estado, los municipios, la Autoridad de los Puertos, la Universidad de Puerto Rico son ejemplos de esta clase); 2. También se crean por la *asociación voluntaria* de dos o más personas *naturales* que cumplan con los requisitos legales para ser reconocidas *colectivamente* como *una* persona jurídica (Así se constituyen las *sociedades* y las *corporaciones* para hacer negocios; y así también las *asociaciones* para fines no lucrativos. Estos fines no lucrativos pueden ser: fraternales, religiosos, caritativos, cívicos, culturales, profesionales, ocupacionales, deportivos, políticos o cualquier otro, con tal de ser lícitos,[19] y que *no conlleven* el ánimo de ganancia o beneficio especulativo).[20]

¿Qué otras características concurren para que podamos entender a cabalidad lo que son personas *jurídicas*? Como no tienen cuerpo físico, les es forzoso *operar* por medio de las personas *naturales* (éstas actúan para ellas en carácter de agentes, oficiales o empleados de la entidad o empresa colectiva). Otro elemento distintivo es que, para poder identificarlas, toda persona jurídica ha de actuar bajo un *nombre común,* social o corporativo. ¿De qué otro modo se identifica a las personas si no es por su nombre propio? Y bajo ese nombre colectivo la ley reconoce su *capacidad*—también colectiva— para *adquirir derechos* y *contraer obligaciones* a semejanza de las personas *naturales;* pero separadamente de lo que adquieren y contraigan éstas últimas. *Así,*

[17] Se considera "relación pública" aquélla en la que cualquiera o ambas partes en la relación son personas *públicas.*

[18] Se considera "relación privada" aquélla en la que ambas partes en la relación son personas *privadas.*

[19] Ante el Derecho se considera lícito todo lo quc no sea contrario a la *ley* ni a la *moral.*

[20] Es el "profit" del idioma inglés, que en este caso no puede estar presente.

por ejemplo, pueden contratar, adquirir bienes de todas clases, hacer negocios, prestar y tomar a préstamo, contraer deudas, demandar en corte y ser demandadas, etc.

En cuanto a la duración, también tienen su peculiaridad: las personas jurídicas *pueden subsistir indefinidamente,* esto es, más allá de la vida de sus asociados; o bien pueden éstos limitar la duración de la entidad a un *plazo fijo* pre-determinado, si así lo acuerdan sus socios o se especifica en los artículos de incorporación. Finalmente, las personas jurídicas *se disuelven*[21] o extinguen exclusivamente por alguna de las causas especificadas en la ley.

Continuando ahora nuestra clasificación de las personas, y tomando por base las características apuntadas, las personas *jurídicas* se clasifican a su vez en dos categorías: (1) Personas jurídicas *públicas* (las que se crean directamente por la ley y para fines exclusivamente públicos); y (2) Personas jurídicas *privadas* (las que se constituyen por asociación de personas naturales para empresa o propósito *privado)* . A esta segunda clase pertenecen, entre otras, las *sociedades* y *corporaciones* que se dedican a negocios de diverso género, entre éstos, el comercio y la industria. Son, por ello, las que directamente nos interesan en el estudio del Derecho Mercantil. [22] En consecuencia, todas las personas ante la ley son *públicas* o son *privadas;* [23] toda relación, por tanto, es pública o es privada; y todas las reglas del Derecho pertenecen a una de dos categorías: al *Derecho público* o al *Derecho privado.*

Derecho nacional y Derecho internacional

Desde un punto de vista diferente, las reglas de todo el Derecho suelen ser clasificadas en otras dos grandes divisiones: a una se le llama Derecho *nacional;* a la otra, Derecho *internacional.* Para explicarnos esta diferencia basta con recordar que las relaciones humanas son, como lo indica el mismo vocablo: *nacionales* (las que se dan entre personas de un mismo Estado o nación); e *internacionales* (las que se dan entre las naciones o entre personas de diferente Estado o nacionalidad). Pues bien, *la rama del* Derecho que regula las relaciones nacionales correspondientes a determinado *Estado o nación, constituye el Derecho nacional de ese particular Estado.* Y la otra rama, la que rige relaciones *internacionales,* recibe ese mismo nombre: *Derecho internacional.* Es decir, que mientras existe un solo sistema de reglas, denominadas Derecho internacional, abarcando el ámbito universal, cada nación, por su parte, tiene *su Derecho nacional* conforme a su particular idiosincracia y al grado de su desarrollo social, político y cultural.

[21] A base de las características señaladas, una definición completa de persona jurídica podría ser la siguiente: una *entidad abstracta, o persona ficticia, artificial,* intangible, que se crea y existe solamente en contemplación de la ley; que opera por medio de personas naturales, puede perseguir cualquier fin lícito; la ley le reconoce capacidad para adquirir derechos y contraer obligaciones a semejanza de las personas naturales; puede prolongar su existencia por plazo fijo o indefinidamente. Y *se disuelve sólo por causas que permite la ley.*

[22] Existe una tercera división intermedia entre las dos primeras: las cuasi- públicas, o compañías de servicio público. Su distintivo legal es que en ella concurre el interés *privado* del inversionista con el interés público del servicio que se presta.

[23] Las personas *naturales* son, invariablemente, *privadas.* Y si las personas *jurídicas* son, unas *públicas y* otras *privadas,* según se ha explicado, todas las personas se clasifican en *personas públicas* y *personas privadas.*

Derecho internacional público

El llamado Derecho *Internacional* tiene dos fases perfectamente diferenciables y por eso se le divide en *internacional público* e *internacional privado. El primero concierne* a las relaciones públicas de los Estados entre sí y entre un Estado como tal y uno *o más nacionales de otro Estado.* Del *internacional privado* nos ocuparemos en tópico subsiguiente. Y con respecto al *Internacional público,* corresponde señalar que, a diferencia de los Derechos *nacionales,* el Internacional público no cuenta, ni ha contado nunca, con un organismo de gobierno *supra nacional.* Es decir, con una fuerza coercitiva suficiente como para imponer sus reglas y decisiones con la eficacia de que suelen disponer los gobiernos en cada Estado sobre sus nacionales. Si es ésta la verdad del Derecho Internacional, vale preguntarnos: ¿existe en verdad un régimen jurídico internacional con la relativa eficacia alcanzada bajo los sistemas jurídicos en las órbitas nacionales? Entendemos que no. El problema estriba en la dificultad de armonizar *las soberanías nacionales* con una *super-soberanía única* que predomine realmente sobre aquéllas.

Hecha la aclaración precedente, podemos concluir que el Derecho internacional público, aunque *positivo* —por contar verdaderamente con un vasto sistema de reglas, inspiradas casi todas en la justicia, consentidas universalmente, y ratificadas de tiempo en tiempo en cónclaves internacionales— carece, sin embargo, de sanciones efectivas, por lo que sus normas y principios tienen más bien el carácter de un Derecho natural. [24] Y este carácter de *insuficiencia* habrá de subsistir hasta que las Naciones Unidas, o cualquier otra organización internacional que pudiera superarla, alcance una fórmula rectora o mecanismo propulsor que le permita hacer cumplir sus reglas, acuerdos y decisiones. Cuando ese momento histórico llegue, se podrá decir con razón —en Puerto Rico y en otros pueblos del mundo— que el Derecho Internacional Público ha venido a ser una realidad.

Derecho internacional privado

Suele definirse como *el conjunto de reglas reconocidas internacionalmente por las* cuales se determina qué Derecho nacional ha de aplicarse en cada caso de controversia, al efecto de regular relaciones privadas entre nacionales de distintos Estados y hacer posible que se decidan sus respectivos derechos y obligaciones.

De la propia definición se desprende que, para regular relaciones *privadas* entre ciudadanos de diferente nación, no existe propiamente —como ocurre a nivel de las relaciones públicas— una rama del Derecho separada y distinta de los diversos sistemas jurídicos nacionales. Es una realidad reconocida universalmente que ninguna ley o regla de Derecho dictada por un poder *nacional,* puede tener *extraterritorialidad,* esto es, efectividad por sí misma más allá de los límites de la soberanía desde la cual se haya dictado. Por lo tanto, para que esa ley o regla pueda trascender esos límites y operar

[24] Esto se confirma en la definición mejor formulada que hemos podido encontrar entre las numerosas que existen sobre esta rama del Derecho: *"El Derecho Internacional,* según se entiende entre las naciones civilizadas, es el que consiste de aquellas reglas de conducta que, en consonancia con la justicia, la razón las infiere de la naturaleza de esa convivencia que existe entre las naciónes independientes con aquellas definiciones y modificaciones que por consentimiento general se les *incorporen".* Wheat, International Law, D. 23.

positivamente dentro del marco jurisdiccional de otra soberanía, tiene que depender *necesariamente* de lo que en la ciencia jurídica se llama *la reciprocidad* internacional. [25]

El concepto de *reciprocidad entre naciones,* por ser tan fundamental en el plano de las relaciones internacionales, merece ser bien precisado. No alcanza el grado de una imposición u obligación absoluta, como tampoco se reduce a mera cortesía o buena voluntad de los gobiernos concernidos. Propiamente hablando, *"es el reconocimiento que cada nación concede, dentro de sus límites territoriales, a las leyes, órdenes ejecutivas, o decisiones judiciales dictadas por el gobierno de otra nación; lo cual acostumbra hacer tomando en cuenta, de un lado, las obligaciones y conveniencias recíprocas entre los pueblos, y del otro, los derechos de sus ciudadanos o de otras personas que se encuentran bajo el palio de sus leyes."*[26]

Es curioso que, entre los "estados" de la unión americana, existe la práctica tradicional de aplicar, en buena medida, las reglas de Derecho *internacional privado* a los casos litigiosos entre ciudadanos pertenecientes a diferentes "estados". [27]

Parecida situación ocurre en nuestras relaciones privadas con los norteamericanos de los diferentes "estados" y con los nacionales de todos los demás países. El Código Civil de Puerto Rico tiene, entre sus múltiples preceptos, algunas reglas de Derecho *internacional privado.*[28] Y al amparo de ellas, nuestro Tribunal Supremo ha dado su

---

[25] Los anglosajones llaman a esto *comity of nations.* Y al Derecho *internacional privado* le dan también el nombre de *Conflict of Laws.*

[26] Extracto de una opinion del Juez Gray, del Tribunal Supremo de los Estados Unidos, emitida en *Hilton v. Guyot,* 159 U.S. 113 (1895).

[27] En toda relación no regulada por la Constitución federal, los distintos "estados" ocupan la posición de potencias independientes, en estrecha amistad y alianza; tales relaciones se gobiernan por los principios del Derecho internacional privado y por la reciprocidad interestatal, en tanto esas reglas no conflijan con los intereses y la política pública particular de cada "estado". Black, American Constitutional Law (1927), pág. 274.

[28] A pesar de que el Código Civil constituye —en el plano de las relaciones privadas— la expresión sobresaliente de nuestro Derecho *nacional* puertorriqueño, en sus disposiciones *generales* contiene tres artículos de Derecho *Internacional* privado relativos a:

(1) Los derechos de familia y estado civil de las personas (art. 9) *(estatuto personal):*

"Las Leyes relativas a los derechos y deberes de familia, o al estado, condición y capacidad legal de las personas, obligan a los ciudadanos de Puerto Rico, aunque residan en países extranjeros." 31 L.P.R.A. 9.

(2) bienes muebles e inmuebles *(estatuto real)* -Cód. Civil, art. 10:

"Los bienes *muebles* están sujetos a la ley de la nación del propietario; los bienes *inmuebles,* a las leyes del país en que están sitos." 31 L.P.R.A. 10.

(3) formas y solemnidades en los *contratos y otros documentos:*

"Las formas y solemnidades de los contratos, testamentos y demás instrumentos públicos, se rigen por las leyes del país en que se otorgan."

"Cuando los actos referidos sean autorizados por funcionarios diplomáticos o consulares de los Estados Unidos en el extranjero, se observarán en su otorgamiento las solemnidades establecidas por las leyes de los Estados Unidos."

"No obstante lo dispuesto en esta sección y en la anterior, las leyes prohibitivas concernientes a las personas, sus actos o sus bienes, y las que tienen por objeto el orden público y las buenas costumbres, no quedarán sin efecto por leyes o sentencias dictadas, ni por disposiciones o convenciones acordadas en países extranjeros." Código Civil, art. 11, 31 L.P.R.A. 11.

interpretación propia al resolver pleitos entre puertorriqueños y nacionales de otros países.[29]

Divisiones del Derecho público en la esfera nacional

Hecha anteriormente la clasificación de todo el cuerpo de reglas del Derecho en *público y privado,* procede ahora añadir que dentro de la esfera del Derecho *público,* existen tres sub-divisiones o ramas principales, a saber: 1. el Derecho *Constitucional,* 2. el *Administrativo,* y 3. el *Penal* o *Criminal.*

La inevitable relación entre el Derecho Mercantil y estas ramas del Derecho público exige que tengamos una idea general, por lo menos, sobre cada una de estas áreas de reglamentación jurídica.

Derecho constitucional

Su instrumento básico y contenido esencial es la Constitución, considerada como la ley fundamental de un pueblo o nación. Por medio de ella, y conforme a sus preceptos, se organiza o constituye el Estado; y a ella deben quedar subordinadas todas las demás leyes (o estatutos), decretos administrativos y decisiones judiciales.

A diferencia de las otras leyes jurídicas, la Constitución se otorga por acción directa del pueblo; y no será legítimo alterarla o suplantarla sino por igual procedimiento.

En base a las premisas que anteceden, podemos ahora definir el Derecho Constitucional como *aquella rama del Derecho público por cuyas reglas, contenidas en la Constitución, en los usos y* costumbres, y en las interpretaciones que a la Constitución se dé por autoridad competente, se establece gobierno, se distribuyen las funciones entre los organismos y funcionarios que se crean, se definen los poderes públicos y se fijan las limitaciones a que unos y otros han de estar sujetos en el descargo de sus funciones.

---

[29] Algunas de esas decisiones son:

1- Sobre *el estado civil de las personas:*

"... La ley del domicilio es la determinante del estatuto personal." 70 D.P.R. 509 (1959).

"La ley donde se ventila el *litigio (lex fori)* rige en la interpretación y aplicación del estatuto personal de los extranjeros domiciliados en Puerto Rico." 61 D.P.R. 522 (1943).

"Los tribunales de Puerto Rico tienen competencia para decretar el divorcio absoluto entre cónyuges que residan en Puerto Rico aunque el marido sea súbdito español." 8 D.P.R. 580 (1905).

2- *Sobre el derecho de propiedad:*

"Los derechos de un matrimonio domiciliado en Nueva York sobre su propiedad *inmueble* radicada en Puerto Rico, se rigen durante su matrimonio, no por las leyes de Nueva York, sino por las leyes de Puerto Rico". 62 D.P.R. 688.

3- *Formas y solemnidades en contratos y documentos:*

"Un contrato otorgado en Nueva York no necesita estar autorizado ante uno de los comisionados de escrituras de Puerto Rico para que pueda ser inscrito en Puerto Rico." 48 D.P.R. 555 (1935).

Esas funciones se cumplen en relación al cuerpo social y a cada persona particular.

Con respecto a la Constitución y a los poderes que en virtud de ella se ejercen, regulan y restringen, se plantean dos aspectos principales. El primero concierne a la existencia real o simulada de la Constitución; esto es, se cuestiona si, de hecho, en cada tiempo y lugar se respeta o no la Constitución como ley suprema de todo el engranaje jurídico; si se mira como ley, a la que todos, gobernantes y gobernados, han de rendir acatamiento; o si, por el contrario, sólo se hace servir de pantalla con que se pretenda encubrir un régimen de tiranía. El segundo se refiere a las salvaguardas indispensables que en la Constitución se incorporen como medidas para garantizar la libertad y los demás derechos del individuo frente a actos específicos de abuso en el ejercicio del poder público.

Ni el depotismo, ni la arbitrariedad se armonizan con el concepto primario de la Constitución. La forma de gobierno puede ser republicana, parlamentaria, oligárquica, monárquica o como se quiera; todo eso viene a ser asunto secundario si la Constitución —por el respeto que se tenga a la voluntad colectiva que ella encarna— opera con suficiente eficacia para que el *poder público supremo* le sea reservado —en todo momento— al pueblo.

Lo que en el fondo distingue un sistema de gobierno *constitucional* de cualquier otro que no lo sea, es la simple diferencia entre el ejercicio del poder arbitrario, y el que se ejerce con inquebrantable respeto a los principios y normas de la Constitución, bien entendido que ésta represente, de hecho, la voluntad *soberana* del cuerpo social al cual se aplica.

Constitucionalidad de las leyes: Una fase importante del Derecho constitucional es la referente a *la constitucionalidad de las leyes.* Toda ley que se promulgue, cuyas disposiciones conflijan con algún precepto de la Constitución, puede y debe ser declarada *inconstitucional* por tribunal competente mediante querella que al efecto se someta. Tal declaración significa que el estatuto en cuestión queda nulo y sin efecto jurídico alguno. A la inversa, toda ley, cuyo texto armonice con lo ordenado en la Constitución, se considera *constitucional y* deberá surtir efecto según sus términos. Su cumplimiento en tal caso será obligatorio.

Más adelante habremos de señalar —en las instituciones de gobierno que nos rigen— cuál es la realidad *constitucional* que vive el pueblo puertorriqueño.

Derecho administrativo

Se da este nombre a *la rama de Derecho público que comprende las reglas contenidas en estatutos y reglamentos (y sus interpretaciones judiciales) por las que se regulan las relaciones que constantemente se promueven entre instrumentalidades de la rama ejecutiva de gobierno y los individuos o entidades particulares, e incluye, además, todo el conjunto de innumerables reglas, reglamentos, órdenes y decisiones que, bajo autoridad de la ley y dentro del marco de ésta, dictan las juntas, comisiones y otros cuerpos y funcionarios de la Administración, al efecto de facilitar el cumplimiento de las leyes y la* política *pública que por éstas se establece.*

Las relaciones así reguladas son de carácter *público* porque se dan entre individuos o entidades particulares de un lado, y el poder público del otro, representado este último en los organismos y funcionarios administrativos que en ellas intervienen.

Es dificil, si no imposible, trazar la línea divisoria exacta entre el poder legislativo para hacer *las leyes, y* la autoridad administrativa para dictar *reglamentos;* o sea, entre lo que es materia propiamente *estatutaria* o de ley y la que, subordinada a ésta, deba considerarse *reglamentaria.* Unas y otras son reglas jurídicas, y no es nada fácil distinguir una categoría de la otra, fuera de la diversa fuente de donde respectivamente emanan.[30]

Pero está claro que es al poder legislativo a quien corresponde declarar *la politica pública* de la sociedad y fijar los principios y normas cardinales que provean base razonable a una reglamentación de tipo más pormenorizado. El legislador, en su *acto legislativo,* viene obligado a sentar pauta suficiente que sirva de guía o patrón al organismo u oficial ejecutivo encargado de darle cumplimiento. Ha de ser así porque reglamentos que decreten los funcionarios ejecutivos sólo podrán ser válidos *en tanto armonicen con la politica pública que el propio estatuto fije.*

La norma fundamental, a cuyo amparo puede válidamente delegarse poder para dictar reglamentos, es la siguiente:

> "La legislatura, al dictar una ley que sea completa en sí misma y que vaya encaminada a regir asuntos específicos dentro de su jurisdicción, autoriza expresamente a una junta o comisión administrativa, dentro de limites válidos debidamente precisados, que provea reglas y reglamentos para el funcionamiento y más cabal cumplimiento de la ley dentro de los fines generales que en ella se señalan."[31]

Ciertamente, no existe impedimento constitucional para la creación de juntas administrativas a las que se puede facultar para adoptar reglas y reglamentos *dentro de límites determinados* y autorizarlas a velar porque la voluntad legislativa, tal cual se expresa en el estatuto, sea cumplida por las personas a quienes se otorgó el poder de *administrar* su cumplimiento.

> "La función de las juntas no es la de *hacer* ni promulgar la ley. Su encomienda es la de examinar los hechos y hacer conclusiones sobre los mismos, para luego aplicar la ley dictada por la legislatura."[32]

Por otra parte, no es válido ningún estatuto que confiera una delegación de autoridad legislativa irrestricta o vaga , o que no esté sujeta a vallas adecuadas para impedir un desbordamiento del poder que intenta conferir. [33]

---

[30] *Estados Unidos v. Grimaud,* 320 U.S. 506.

[31] *Estados Unidos v. Shreveport Grain & Elevator Co.,* 287 U.S. 77. Si, por ejemplo, el Congreso de los EE. UU. dispone en un estatuto una norma inteligente, por la que, el funcionario u organismo encargado de fijar aranceles de aduana sobre mercancías importadas tenga que regirse, tal acción congresional no es una delegación de poder indebida. Así fue resuelto en *Hampton Jr. & Co. v. Estados Unidos,* 276 U.S. 394.

[32] *Mutual Film Corp. v. Industrial Commission,* 236 U.S. 230.

[33] *Schrechter Poultry Corp. v. Estados Unidos,* 295 U.S. 495.

Por ejemplo, ya el Supremo Tribunal de los Estados Unidos ha resuelto que una ley que autoriza a que todo lo que el Congreso tenga derecho a hacer bajo la cláusula constitucional relativa al *fomento del comercio,* pueda ser llevado a cabo por el Presidente mediante recomendación de una asociación de tráfico mercantil, conlleva una excesiva delegación de poder. Y de tal magnitud, que hace imposible reconocer validez a semejante transferencia de funciones.[34]

Señalando, a la inversa, los límites máximos hasta donde la rama legislativa puede llegar a delegar autoridad en agencias administrativas, el propio Tribunal Supremo dictó un fallo en que reconoce a la Comisión Federal de Comercio *(Federal Trade Commission)* facultad para perseguir toda clase de prácticas ilícitas mercantiles en adición a la de combinaciones monopolísticas.[35]

Sin embargo, en materia de *delitos* la facultad del legislador para delegar es bien restringida, por no decir *nula.* La legislatura carece de autoridad constitucional para delegar en una junta o funcionario ejecutivo el poder para declarar qué acto o qué conducta ha de considerarse un delito u ofensa criminal. La tiene, no obstante, para conferir a una comisión prerrogativa de prescribir obligaciones sobre las que la ley puede operar y por cuyo incumplimiento se le faculta para imponer multas si con ello se logran los fines contemplados en la legislación. Pero debe quedar bien claro que, *donde el estatuto legislativo no provee que la violación de los reglamentos constituirá delito,* los reglamentos serán inadecuados para por sí mismos darle tal calificativo. Y menos aún pare actuar a su amparo,[36] imponiendo penalidades no provistas en la propia ley.

Dentro de la limitada esfera legislativa puertorriqueña, existen numerosas delegaciones a departamentos, juntas, comisiones y otras agencias administrativas, de *poder para reglamentar, procesar y decidir casos dentro de su particular área de autoridad.* Un ejemplo de amplia delegación por parte de la Legislatura se produjo al declarar ésta en la ley que:

> "...el Secretario de Hacienda, con la aprobación del Gobernador, redactará y promulgará de tiempo en tiempo *reglas y reglamentos generales o especiales* que no sean incompatibles con la ley, referentes a los métodos de contabilidad para los fondos y propiedades públicas." [37]

Algunas de las agencias de gobierno o corporaciones públicas que tienen profusa reglamentación vigente en el país son: la Administración de Compensaciones por Accidentes de Automóviles (ACAA), la Administración de Reglamentos y Permisos

[34] *Panamá Ref. Co. v. Ryan,* 293 U.S. 388.

[35] "La Comisión Federal de Comercio", declaró el alto Tribunal, "no se atribuye para sí un poder excesivo si al ejercer sus facultades toma en cuenta valores sociales superiores a los que la letra y el espíritu de las leyes antimonopolísticas ponen de manifiesto." "La extensión de la esfera jurisdiccional de la Comisión (en esa dirección) puede hacer de esta agencia un potente fiscalizador (de prácticas comerciales impropias) en beneficio del consumidor americano." (Información aparecida en el diario *San Juan Star,* edición del 2 de marzo de 1972. El caso al que alude la decisión es el de la poderosa empresa *Speery & Hutchinson Co.)*

[36] *Estados Unidos v. Cohen Grocery,* 255 U.S. 81.

[37] Transcrito de la Ley número 10 del 24 de julio de 1952.

(ARPE), la Junta de Planificación, la Universidad de Puerto Rico y el Fondo del Seguro del Estado, entre otras.

A propósito de las agencias y de los procesos administrativos, el Tribunal Supremo de Puerto Rico hizo importantes pronunciamientos en el caso de *Santos vs. Asociación:* [38]

> "La creación de diversas agencias administrativas y la delegación a éstas de poderes *cuasijudiciales* tuvo el propósito de proveer un sistema adjudicativo económico, rápido y práctico. Su fin último es hallar la verdad y hacer justicia a las partes."
>
> "Se favorece que el proceso administrativo sea ágil y sencillo, y propicie su uso eficiente por las personas legas.
>
> "El debido proceso de ley ofrece también protección contra arbitrariedad administrativa.
>
> "Aunque la norma de debido proceso de ley no tiene en el campo del derecho administrativo la rigidez que se le reconoce en la esfera penal, sí requiere un proceso justo y equitativo que respete la dignidad de los individuos afectados. Ello debido a que el debido proceso de ley encarna la esencia de nuestros sistemas de justicia y comprende elevados principios y valores que reflejan nuestra vida en sociedad y el grado de civilización alcanzado."
>
> "Entre las garantías que conforman el debido proceso de ley se encuentran: la concesión de vista previa, oportuna y adecuada notificación, derecho de ser oído, confrontarse con los testigos, presentar prueba oral y escrita en su favor y la presencia de un adjudicador imparcial. Además requiere que la decisión administrativa sea informada, con conocimiento y comprensión de la evidencia y deben efectuarse determinaciones de hecho y consagrar los fundamentos para la decisión administrativa."
>
> "Una agencia administrativa puede tomar conocimiento oficial de sus propios récords relacionados con litigios previos, interrelacionados entre las mismas partes."
>
> "Viola el debido proceso de ley una agencia administrativa [que], una vez concluida una vista evidenciaria, considere *ex-parte* prueba desconocida para las partes. Solamente cuando la determinación administrativa se fundamenta en el expediente de la vista, se garantiza a las partes la oportunidad de presentar su caso y más importante, la oportunidad de confrontar y refutar la prueba de la parte contraria."
>
> "El derecho a una vista pública no tendría sentido alguno si se permitiera al organismo administrativo fundar su decisión en evidencia recibida sin el conocimiento de las partes, fuera de la audiencia, sin dar a las partes interesadas la oportunidad de rebatirla o explicarla mediante la repregunta o la presentación de otra evidencia en contrario."

[38] *Angel López Santos y otros vs. Asociación de Taxis de Cayey,* 96 C.A. 175.

El Derecho penal y la actividad mercantil

Pasamos ahora a considerar la tercera rama de las tres en que se divide el Derecho Público: el Derecho *penal.*

Los negocios no se rigen, ciertamente, por el Derecho *penal,* pero su seguridad y buen éxito están constantemente amenazados por quienes cometen delito, desde adentro o desde afuera.

El robo y el escalamiento, la falsificación, el falseamiento en las pesas y las medidas, la adulteración en artículos alimenticios y aún de otra índole, el soborno, el abuso de confianza al apropiarse una persona para sí dinero u otros valores que se le confíen, o disponer de esos valores para usos o fines no autorizados; el fraude en la contratación, en las múltiples formas y circunstancias en que puede manifestarse, la usura, y el cobro de precios en exceso de los que por ley se autorizan, son sólo algunos de los *delitos* en que con frecuencia se ven involucrados los comerciantes y las empresas *mercantiles* e *industriales.*

a. Definición del Derecho Penal: Es aquella rama del Derecho público que define los delitos y establece las penalidades que han de imponerse a los que se prueba culpables de haberlos cometido.

b. *Qué es un crimen o delito: Es acto u omisión que se comete o en que se incurre en violación de una ley que lo prohibe u ordena, y por lo cual la ley establece una penalidad que debe ser cumplida por quien se pruebe culpable.*

   Todo delito constituye una ofensa o agravio contra la sociedad. Por ello da lugar a una relación típica de naturaleza *pública,* en la que la parte actora es el *poder público,* representado por un *procurador* o *fiscal,* y la otra parte es siempre el *denunciado* o *acusado.*

c. *Presunción de inocencia:* Una de las reglas más elementales en el Derecho penal es la de todo acusado de delito se presume inocente hasta tanto se pruebe que es culpable. La culpabilidad ha de probarse y, además, sólo mediante el procedimiento adecuado que fije la ley.[39]

   La prueba de culpabilidad tiene que ser de tal grado y suficiencia, que convenza al tribunal *"más allá de toda duda razonable".* No basta, pues, como en los demás procedimientos judiciales, la simple *preponderancia de evidencia.* [40]

d. *Grados de delincuencia:* Los delitos se clasifican en *graves* y *menos graves,* dependiendo del grado de perversión moral que el acto u omisión envuelva. Todo delito que no sea calificado por la propia ley como *grave,* se considera *menos grave.* Las penalidades varían considerablemente de acuerdo con la gravedad del crimen.

---

[39] Esta es una de las garantías básicas establecidas en la Constitución, como uno de los instrumentos esenciales para proteger la libertad individual del ciudadano.

[40] Evidencia *es todo documento, testimonio oral o cualquier otro medio que por sí mismo constituya prueba de un hecho o que aporte elemento de juicio para comprobarlo, aunque sea en unión de otros medios de prueba.*

e. *La ley y los delitos:* Es un principio de Derecho, universalmente reconocido, que ningún acto o conducta del ser humano puede reputarse delito o crimen si no está declarado como tal por la ley.

La potestad de definir lo que constituye delito o crimen es prerrogativa exclusiva de la rama legislativa.

f. *Leyes ex post facto:* Se llama así a *cualquier estatuto o ley dictada por la legislatura en que declare delito e imponga penalidad por algún hecho o hechos ocurridos con anterioridad a dicha legislación y que, por las leyes vigentes al tiempo de ocurrir el hecho, éste no se consideraba delito.* Tales leyes son *nulas e inconstitucionales,* por trascender los límites que la Constitución impone al poder legislativo en protección de la libertad ciudadana. [41]

g. *La responsabilidad criminal:* Para que exista *delito* deben concurrir dos elementos esenciales: 1. El *acto* u *omisión* legalmente prohibido u ordenado; y 2. La *intención criminal.* Consiste ésta en la intención de infligir algún daño a alguien en particular o directamente a la sociedad en general, o a ambos. Pero para ciertos crímenes, como el de *homicidio involuntario* (causado, por ejemplo, por un vehículo de motor que se desplaza a velocidad excesiva), la *negligencia crasa* del conductor del vehículo —si se prueba— sustituye la intención criminal, para así reconocer que, legalmente, el infractor incurrió en delito.

h. *Capacidad para cometer delito.* Como, de acuerdo con lo explicado, se requiere el elemento de *intención* (conciencia de querer hacer el mal) para que el acto dañoso sea considerado *delito,* un loco o demente, cuya desviación mental le impide formar ese tipo de intención, carece de *capacidad legal* para delinquir.

Un niño que aún no ha llegado a los siete años de edad es considerado también, aunque por diferente razón fisiológica, como *incapaz* —legalmente hablando— para cometer crimen. En cambio, alcanzados los catorce años, se le reconoce capacitado pare incurrir en delito, si bien está sujeto —como menor de edad— a consideraciones especiales que no se guardan a delincuentes mayores de edad. Entre las edades de siete a catorce, corresponde al poder público demostrar al tribunal que el adolescente ha alcanzado desarrollo mental suficiente como para justificar que se le pueda sentenciar por delincuente. Los menores, en todo caso de culpabilidad probada, sólo pueden ser obligados a algún proceso especial *disciplinario,* generalmente recluyéndolos en instituciones reformatorias.

i. *La embriaguez:* No constituye excusa para relevar de responsabilidad criminal. Por regla general, el estado de embriaguez al tiempo de cometer delito, sólo puede tomarse en cuenta *como atenuante* para mitigar la pena, *nunca para* exonerar *de*

[41] "*Es ex post facto* aquella ley: (a) que considera delito y castiga un acto que al ser realizado no era punible; (b) que agrava un delito o lo hace mayor de lo que era al momento de ser cometido; (c) que altera las normas de evidencia y exige más prueba o prueba distinta a la exigida por la ley vigente al tiempo de cometerse el delito; (d) o que, en relación con el delito o sus consecuencias, altera la situación del acusado en forma desfavorable para él." *Pueblo v. Pérez Méndez* (1961) 83 D.P.R. 539.

responsabilidad criminal. Sin embargo, tratándose del delito de conducir vehículo a velocidad excesiva, la embriaguez del acusado se torna en factor *agravante; y* aún puede constituir, por sí misma, base de delito, aunque no llegue a inferirse daño a nadie.

j. Delincuencia por persona jurídica: Tradicionalmente las leyes se limitaban a reconocer que sólo las personas *naturales* podían delinquir. Siendo necesario el elemento *intención,* no se concebía posible la comisión de delito por *entes abstractos,* pura ficción de la ley, como son las personas *jurídicas.* En el Derecho penal contemporáneo, la responsabilidad puede ser imputable tanto a las personas *naturales* como a las *jurídicas* (sociedades y corporaciones). Por supuesto, a estas últimas sólo se les puede sancionar mediante imposición de multas u otras penalidades compatibles con su condición de entidades incorpóreas.

Las divisiones del Derecho privado

En páginas precedentes quedó establecido que todo el cuerpo del Derecho nacional se divide en dos partes: (1) Derecho *público* y (2) Derecho *privado.*

Y así como de ahí pasamos luego a clasificar el primero—el Derecho público nacional—subdividiéndolo en tres grandes ramas o sectores,[42] cada uno brevemente explicado, ahora nos corresponde examinar las subdivisiones o ramas de que se compone el Derecho Privado. Ellas son: (1) el Derecho *civil; (2) el* Derecho *laboral*; y (3) el Derecho *mercantil.*

El Derecho Civil

Las reglas del Derecho *civil* abarcan la parte más extensa del Derecho *privado.* Rigen las relaciones privadas de carácter más general y permanente en la sociedad. Específicamente, esas relaciones se agrupan en base a *cuatro conceptos fundamentales* a que está adscrita la vida del individuo en la sociedad : la *familia,* la *propiedad,* la *herencia* y la *contratación general.*[43] *Éstas constituyen las cuatro instituciones en que puede resumirse todo el cuerpo regulador del Derecho Civil.*

Sintetizando más todavía, la legislación *civil* cumple la doble función de, por un lado, mantener y regular *el orden familiar;* por el otro, reglamentar las múltiples relaciones que se derivan del derecho de *propiedad privada.* De estas dos principales se proyectan las otras dos: la *herencia* y la *contratación general.*

42 *Constitucional, Administrativo* y *Penal.*

43 Los contratos *especiales* de la actividad *comercial* e *industrial* están excluídos, por corresponder a la esfera particular del *Derecho Mercantil.*

La supremacía del Derecho *civil* en la esfera jurídico-*privada* es incuestionable. Se advierte fácilmente en la extraordinaria variedad de relaciones que sus preceptos regulan y en los incontables intereses humanos que está llamado a proteger. [44]

Pero, aparte de la importancia que al Derecho Civil ha de reconocerse desde cualquier punto de vista general y humano con que se le mire, la tiene muy particularmente para los estudiosos del Derecho Mercantil y los que, en la práctica profesional, tienen que ver con su aplicación.

En el copioso árbol jurídico que regula el sector de relaciones privadas, la especial legislación *mercantil* representa, no hay que dudarlo, una rama ampliamente proyectada, deslindada por la historia como para alcanzar categoría de *autónoma*. Pero, a pesar de esto, *es inseparable del tronco y raíces del Derecho Civil, sin cuya savia y sostén permanente sería imposible su existencia.*

Así se explica por qué las reglas principales y más numerosas sobre la contratación, que rigen la esfera de la negociación *mercantil* simultáneamente con la vida *civil*, hay que ir a encontrarlas, no en el Código o estatutos del Comercio, sino en el libro IV del Código Civil. Igual señalamiento puede hacerse con respecto a los preceptos fundamentales que rigen las relaciones entre deudores y acreedores, siendo innegable que la fase del crédito en cada negocio mercantil podrá diferir en detalles secundarios del que se da en el negocio civil, pero su naturaleza y rasgos decisivos, en uno y otro caso, son esencialmente invariables.

El concepto de la persona jurídica y sus inherentes postulados primarios, que sirven de base legal a la organización de las más grandes empresas colectivas, así comerciales como industriales, aparecen instituidos por la ley civil. Regula ésta *las sociedades*, las clasifica y les provee un orden jurídico básico que luego *la legislación mercantil especial* se encarga de completar, añadiendo lo que es peculiar, exclusivo o necesario a la vida de *la industria y el comercio.*

Y para no extendernos desde ahora en más explicaciones de lo que aparecerá evidente cuando entremos de lleno en el examen de las instituciones propiamente *mercantiles*, bastará con añadir aquí que las reglas relativas al matrimonio, a ambos cónyuges como co-administradores de los bienes gananciales; a los derechos de cada cónyuge sobre sus bienes

---

[44] "Bajo el influjo de sus leyes se establece la noción de la personalidad, . . . se fija la noción de su capacidad jurídica, . . . Dentro de la familia, las leyes civiles, aún antes de nacer, presumen su existencia, regulan su filiación legítima y garantizan sus derechos futuros; nacido, le protege desde la cuna, haciéndole miembro de la sociedad *familia*, en la cual le atribuyen derechos y le imponen deberes; lo rodean de instituciones bienhechoras durante el tiempo de su inexperta juventud; la ley civil regula la unión de los dos sexos, fundando sobre sus bases legítimas la reproducción de la especie humana; otorga al hombre autoridad y prestigio en la nueva familia por él creada; le asegura el goce exclusivo de determinados bienes, que constituyen su propiedad, forma las condiciones de su desarrollo; perpetúa su personalidad jurídica, a pesar de la limitación de su existencia física y hace, en fin, respetable su voluntad, más allá del sepulcro."

"No hay, pues, legislación alguna que, cual la civil, . . . preste mayores condiciones al desarrollo del hombre, . . . todos los hombres son hijos de familia, son padres o menores o mayores o casados, o personas, en fin, sujetos del derecho; tal es la *generalidad de la vida Civil*, que nadie puede sustraerse a la influencia de los múltiples y naturales aspectos que la constituyen." (*Estudios de Derecho Civil* por don Felipe Sánchez Román, Tomo I, págs. 71-72.)

propios, y sobre los que les son comunes; al grado en que unos y otros bienes pueden quedar afectados por las operaciones mercantiles; al derecho de cada cual para contraer deudas y la consiguiente responsabilidad *civil* por razón de ellas; a la capacidad de la mujer casada para contratar y comprometer los bienes; a las múltiples incidencias que el derecho de propiedad tiene, y a las que el trato jurídico que se da en la vida comercial, en poco o nada difiere del que reciben en la vida civil; al concepto, regulación y elementos que entran en juego en la responsabilidad de reparar o indemnizar por daño cuando, en acto independiente o bajo vínculo contractual, actuamos negligentemente; a las modalidades y formas diversas con que es dable garantizar el cumplimiento de deudas u otras obligaciones contraídas; todas estas reglas y muchas otras, repetimos, tienen que ser buscadas, para que se las encuentre, en el texto fundamental de la legislación *civil.*

Y, más importante aún, siendo todas esas reglas (de común aplicación) parte integral del cuerpo orgánico del ordenamiento *civil,* constituyen, a la vez, parte esencial e indisoluble del Derecho Mercantil. Razón ésta, por demás, para reconocer que no es aconsejable empezar a explicar el contenido específico del Código de Comercio o de leyes exclusivamente aplicables en la esfera *mercantil pura,* sin antes nutrirnos, en el Código Civil, de aquellas normas básicas que gobiernan las *obligaciones* o *deudas,* la persona y la familia, el derecho de *propiedad,* y los *contratos.* Es decir, hemos de beber primero en la fuente primaria del Derecho Civil si aspiramos a asimilar adecuadamente lo que es Derecho particular exclusivo de la actividad mercantil.

El Derecho Laboral

Esta rama del Derecho pertenece a nuestro siglo. La impotencia del obrero para, por sí sólo, individualmente, defender sus intereses frente al poder superior del patrono, le obligan a *unionarse.*[45] El desarrollo vertiginoso de las uniones, sindicatos y federaciones, otorga a la masa trabajadora fuerza bastante para no sólo conseguir mejores condiciones de trabajo en plantas y fábricas, sino —en el plano político— hacer que se enmienden constituciones y se promulguen estatutos y reglamentos, hasta entonces insospechados, cubriendo con sucesivas conquistas todas las fases de la relación obrero-patronal. En el proceso reinvindicador se multiplican simultáneamente los precedentes judiciales en el afán de un nuevo orden jurídico que provea un balance de justicia esencial entre el patrono y el empleado.

Se transforman así, radicalmente, todas las concepciones tradicionales de la economía *capitalista,* con el resultado neto de que el monopolio del poder económico y político, hasta entonces disfrutado con exclusividad por la fuerza patronal, pasa a ser ejercido, a la postre, por la fuerza combinada de la gerencia empresarial y de los líderes sindicales de mayor rango.

Con todo, la llamada "paz industrial" no da señales de alcanzarse. El apetecido *balance de justicia* se quiebra intermitentemente tras la insuficiencia prospectiva de cada convenio colectivo que se firma. Y las luchas sociales se tornan cada vez más agudas. En balance de

---

[45] En páginas anteriores hemos tratado el mismo asunto considerado como problema social general.

cuentas, la masa de consumidores, que virtualmente es la misma masa de los asalariados, queda condenada al fenómeno económico de más trascendencia en nuestra época: *la inflación.*[46]

Entre tanto, nuestra civilización contemporánea ha dado paso a una nueva rama del Derecho *positivo: el Derecho laboral. Sus reglas conciernen a la organización colectiva de los empleados, a su representación ahora fortalecida, ante la gerencia o empresario. Proveen garantías en favor del obrero y de su unión para que los intereses de ambos estén protegidos frente a cualquier abuso del patrono; condenan y penalizan las prácticas impropias y desleales de una y de otra parte; establecen mecanismos para encarar las disputas laborales; regulan, en fin, todo aspecto en la relación obrero-patronal,* de cuyo ordenamiento jurídico está *especialmente* encargado.

Algunas de las más importantes normas de esta particular rama de la ciencia jurídica son las siguientes:

a. *El derecho a unionarse y a estar representados:* El sistema establecido —en Puerto Rico y en los Estados Unidos— garantiza, o procura garantizar, que los empleados de una empresa ejerciten su derecho a organizarse en unión sindical y a exigir del patrono que negocie con la unión, como legítimo representante suyo. No quiere decir esto que la ley obligue al patrono o a la unión a llegar a un entendimiento que resuelva sus conflictos. Por otra parte, es nulo el pacto que reserve al patrono facultad para despedir a un empleado por el hecho de asociarse a una unión. Por ley federal se declara igualmente ilegal un convenio laboral por el que al empleado se obligue a pertenecer a determinada unión, a menos que ambas partes se avengan a *legalizar* el taller unionado conforme a requerimiento del estatuto.

b. *Órganos de gobiernos especiales:* Como instrumentos jurídicos administrativos encomendados de proteger el derecho a unionarse y a la negociación colectiva, el Congreso de los Estados Unidos tiene establecido un organismo en Washington, con sucursal en San Juan: la *Junta Nacional de Relaciones del Trabajo.* El gobierno local tiene otro parecido, en el nombre y en las funciones: la *Junta de Relaciones del Trabajo de Puerto Rico.*

   Estas *juntas* tienen dos encomiendas principales: 1) *determinar,* en cada caso de conflicto entre organizaciones obreras, cuál es la unión legalmente facultada para representar a los trabajadores en la negociación colectiva con su patrono; y 2) *resolver* los conflictos que se promuevan por motivo de *prácticas ilícitas del trabajo,* por parte del patrono o de la unión, en tanto tales prácticas puedan perjudicar los derechos del trabajador o de la empresa.

[46] En opinión de Galbraith, eminente economista y sociólogo norteamericano que dictó cátedra en la Universidad de Harvard, la llamada ley de *libre oferta y* demanda ha dejado de funcionar; y la sociedad—los consumidores—resulta subordinada a la imposición unilateral de los precios que la gerencia todopoderosa y el líder sindical todopoderoso van sucesivamente fijando en espiral interminable inflacionaria. En este punto preciso de la inflación, que el sistema no provee medio de corregir, radica, según Galbraith, la llaga irremediable del régimen económico que nos cobija. (Conferencias dictadas en la Universidad de Puerto Rico, primavera de 1972).

c. *Derecho de la Unión a estar protegida:* Se denominaba "taller cerrado" *aquella empresa cuyo patrono acordaba, con una determinada unión, que no emplearía en sus labores a persona alguna que no fuera miembro de tal unión.* Aunque la ley federal anterior autorizaba expresamente este tipo de compromiso,[47] la vigente lo prohibe.[48] En su lugar, permite solamente lo que esta última legislación llama *taller unionado ("union shop"). Éste, además de requerir el mutuo acuerdo entre la unión y el patrono para establecer el plan, deja libre al patrono para emplear en su empresa a quien él prefiera y, luego de un periodo probatorio no mayor de treinta días, el empleado no podrá permanecer en el empleo si no hace su ingreso en la unión.*

Entre las reglas típicas del Derecho laboral está la que hace posible a un obrero *no unionado* que pague el importe equivalente a la cuota exigida de los que forman la unión, como medio para que él pueda conservar su empleo. Otra regla reconoce que la unión tiene derecho a velar porque a sus miembros no les falte trabajo, a cuyo efecto puede limitar el número de su matrícula.

d. *Exclusividad en la representación colectiva:* Una de las bases esenciales para la eficacia de la negociación colectiva es la exclusividad que ha de reconocerse a toda unión para representar a sus agremiados. Por eso se establece categóricamente que la unión, así como la persona o personas que sean seleccionadas por una mayoría de los trabajadores pertenecientes a una empresa o unidad empresarial, constituyen —para todos los fines legales— la *representación exclusiva* de *todos* los empleados en dicha unidad al efecto de negociar colectivamente respecto a salarios y demás condiciones de trabajo.

Una vez hecha la selección de quienes han de representar el lado obrero, ningún empleado, pertenezca o no a la unión, está legalmente capacitado para contratar con el patrono sobre condiciones de trabajo. A la inversa, cada uno vendrá obligado a actuar por medio de su unión, que lo representa , excepto cuando se trata únicamente de quejas o agravios de índole personal.

Por su parte, la unión vendrá también obligada a representar los intereses de todos los trabajadores de la empresa—asociados o no—y en esas representaciones no le es dable actuar discriminatoriamente, perjudicando a unos empleados mientras favorece indebidamente a otros.

e. *El derecho laboral en Puerto Rico:* En la esfera local, el régimen laboral tiene su punto de partida en la *Ley Taft-Hartley,* del Congreso de los Estados Unidos,[49] cuyas disposiciones están parcialmente extendidas a Puerto Rico por declaración expresa del estatuto. En virtud de esa ley, el salario mínimo federal rige para la empresa puertorriqueña que produce artículos para la exportación; exceptuando, sin embargo, aquellas industrias que —por limitaciones económicas *sujetas a comprobación*— no puedan afrontar el pago.

[47] Ley Wagner, de 1935, conocida también como *National Labor Relations Act.*

[48] La Ley Taft-Hartley, de 1947.

[49] *Ibid. (en etal.)*

Sigue en orden jerárquico *la Constitución,* que crea el Secretariado del Trabajo como parte del gabinete ejecutivo. Establece, además, en su "carta de derechos", tres cláusulas declaratorias, a modo de *bases* del Derecho laboral local, que supone ser las garantías constitucionales de la masa trabajadora puertorriqueña.[50]

Subordinado a ambas piezas legales, está el estatuto local general pertinente a la materia: la *Ley de Relaciones del Trabajo.*[51] Finalmente, hay innumerables *leyes especiales* que se identifican con el nombre genérico de *leyes del trabajo.* Completan el cuadro del Derecho laboral la *jurisprudencia* y la extensa *reglamentación* promulgada por la Secretaría del Trabajo y la Junta de Relaciones del Trabajo. Quede claro, sin embargo, que la porción puramente reglamentaria pertenece, como antes hemos señalado, a la rama del Derecho administrativo, pero no es menos cierto que *se articula* de modo inseparable con la ordenación propiamente *laboral.*

Forzoso es reconocer que el Derecho *laboral* constituye un intento de reforma social de incuestionable mérito. Las reformas sucesivas se han orientado a corregir en el capitalismo tradicional notorias injusticias que ese sistema ha representado para los trabajadores, para la economía nacional y para el bienestar general de cada pueblo concernido. Pero es igualmente cierto que el conflicto real, de intereses opuestos, entre quienes trabajan a salario y quienes dirigen o son dueños de la empresa, resulta poco menos que irreconciliable. Por consiguiente, la reforma no ha llegado aún, según nuestro modo de ver, a las verdaderas raíces del problema.

---

[50] "Se reconoce el derecho de todo trabajador a escoger libremente su ocupación y a renunciar a ella, a recibir igual pago por igual trabajo, a un salario mínimo razonable, a protección contra riesgos para su salud o integridad pesonal en su trabajo o empleo, y a una jornada ordinaria que no exceda de ocho horas de trabajo. Sólo podrá trabajarse en exceso de este límite diario, mediante compensación extraordinaria que nunca será menor de una vez y media el tipo de salario ordinario, según se disponga por ley". (Artículo II, sección 16 de la Constitución de Puerto Rico).

Derecho a negociar colectivamente

"Los trabajadores de empresas, negocios y patronos privados, y de agencias o instrumentalidades del gobierno que funcionen como empresas o negocios privados, tendrán el derecho a organizarse y a negociar colectivamente con sus patronos por mediación de representantes de su propia y libre selección para promover su bienestar." (Artículo II, sección 17 de la Constitución de Puerto Rico).

Derecho a la huelga y a establecer piquetes

"A fin de asegurar el derecho a organizarse y a negociar colectivamente los trabajadores de empresas, negocios y patronos privados, y de agencias o instrumentalidades del gobierno que funcionen como empresas o negocios privados, tendrán, en sus relaciones directas con sus propios patronos, el derecho a la huelga, a establecer piquetes y a llevar a cabo otras actividades concertadas legales."

"Nada de lo contenido en esta sección menoscabará la facultad de la Asamblea Legislativa de aprobar leyes para casos de grave emergencia cuando estén claramente en peligro la salud o la seguridad pública, o los servicios públicos esenciales." (Constitución de Puerto Rico, Art. II, Sec. 18).

[51] Aprobada en 24 de julio de 1952. Se ajustó en sus términos a la Constitución que entró en vigor en 25 de julio de 1952. (Leyes de Puerto Rico Anotadas, Título 29 , según posteriormente enmendada).

El Derecho Mercantil - Su relación con la industria y el comercio - Su existencia autónoma

No es fácil dar una definición del Derecho Mercantil que puedan entender los que no son especialistas en este departamento de la ciencia jurídica. A riesgo de insuficiencia, lo intentamos diciendo:

> *Es aquella rama del Derecho privado cuyas reglas y preceptos regulan las especiales relaciones,*[52] *derivadas de los negocios comerciales e industriales, según definidos éstos por la ley; y contiene, además, reglas adicionales relativas a personas y objetos.*

Concedemos que esta definición es insuficiente porque, ¿cómo define la ley los *negocios comerciales e industriales?* En obsequio a la brevedad, aludiremos a estos dos tipos de negocios calificándolos conjuntamente de *negocios mercantiles.*

Contestando ahora la pregunta, empecemos por reconocer que, en punto tan importante para el entendimiento de todo un orden jurídico, la legislación no es clara, ni en Puerto Rico ni en ninguno de los pueblos de Europa y América donde igual sistema impera. Ni lo ha sido desde su primera codificación por los franceses a principios del siglo pasado.[53]

a. *Realidad en el Derecho Mercantil puertorriqueño:* Según el sistema puertorriqueño —idéntico en este aspecto al español y al francés vigente (y aún al italiano hasta el año 1942)—*los negocios mercantiles* son considerados por la ley como actos diferentes de los *negocios civiles.* Se hace esta diferenciación al efecto de que las reglas del Código de Comercio se apliquen a los primeros —a los *mercantiles—y* las del Derecho civil a estos últimos: a los *civiles.* Además, permite que la regla *civil* aplique en lo *mercantil* únicamente cuando no exista ley ni uso *mercantil* para resolver el caso.

   Debe admitirse que la distinción no se hace por capricho, accidente o empeño de complicar las cosas. Obedece, por el contrario, a razones de orden histórico, por

[52] Recuérdese que, en el Derecho privado que nos rige, todo lo que sea relación privada *general* está recogido por el Derecho Civil; se reservan a otras dos ramas del ordenamiento privado sólo las relaciones que tienen carácter *especial,* que, como se ha indicado , son las *mercantiles* y las laborales.

[53] *Code de Commerce* francés (1807), de la Era Napoleónica. En él se inspiró casi literalmente el primer Código de Comercio español de 1829. En este último se refleja la ambiguedad apuntada que también caracterizó al que se promulgó en España a fines del siglo 19, extendido a Puerto Rico en 1886 y vigente, aunque parcialmente, en la actualidad.

[54]Mientras el *jus civile* se desarrolla en la edad antigua durante el apogeo del imperio romano y como obra de juristas y legisladores, por su parte el Derecho Mercantil, base del que hoy conocemos, se produce y desarrolla durante la Edad Media, por los gremios y corporaciones de comerciantes que en esa época florecieron, como un medio de liberar el tráfico comercial de la rigidez e imprecisión de las instituciones jurídicas germánicas, propias del Derecho Común, prevalecientes durante el largo período del Feudalismo; y de sustraerlo asimismo de las estrecheces ideológicas a que la influencia eclesiástica se empeñaba en mantenerlo. (Rocco, *Principios de Derecho Mercantil,* 1ra. parte, (1931), páginas 9-19. - Jesús Rubio, *Introducción al Derecho Mercantil* (1969), (páginas 132-142).

un lado.[54] Y por el otro, a que, si se analiza desapasionadamente, la operación propiamente *comercial,* tal como se desprende del texto de la legislación *mercantil,* refleja unos rasgos propios que normalmente no se encuentran en las transacciones de la vida común o *civil.*[55]

Los *negocios mercantiles* —que así podemos calificar por su propia naturaleza y no por bautizo de ley— tienen la particularidad de que, siendo negocios de *adquirir artículos y otros valores económicos,* se llevan a efecto (y esto es lo que les da carácter propio) con un doble propósito:

1) *El de transferirlos* (no se les adquiere para retenerlos, ni para consumirlos, sino *para transferirlos* en operación subsiguiente. No se trata, pues, de negocio propio de consumidores).
2) *El de obtener lucro o ganancia* (lo cual no es tampoco típico de consumidores que, como tales, no adquieren con otra finalidad que la del uso o consumo).

Obsérvese que quien compra para *usar* o *consumir,* incurre en un *gasto.* Quien compra para *revender* y le anima, además, el propósito de *procurarse una ganancia,* no está incurriendo en *gasto* al comprar; está haciendo *una inversión.*

He ahí el elemento clave diferencial entre la naturaleza de una operación *civil* y la de una *mercantil.* En él radica la base ideológica sobre la que se han codificado, separadamente, los dos ordenamientos jurídicos. Estos son suficientemente distintos para permitir al *Mercantil* adaptarse mejor a las exigencias sociales que la tecnología económica y financiera ha ido imponiendo al tráfico comercial en la era moderna. Son los mismos imperativos que, en menor grado, empezaron a proyectarse sobre los comerciantes de la Edad Media desde que se sintieron libres para formar sus propios gremios y procurarse para sí mismos una reglamentación particular eminentemente *ocupacional* —diferente en muchos particulares a la del *jus civile.*

En esencia, la operación *comercial* (no la del que *gasta* para *consumir,* sino la del que *invierte* en pos de una *ganancia)* está sujeta, por razones de crédito, de competencia, o por ambas, a unas urgencias o presiones que son extrañas, normalmente, a las operaciones típicas de la vida civil.

A ese factor de *urgencia,* que imprime a la actividad comercial un dinamismo no perceptible en la que está fuera de su esfera, debe añadirse el elemento de *continuismo,* o repetición de operaciones similares, que también son ajenas al tráfico meramente *civil.* Además, y aunque parezca paradójico, resalta también en la mercantil el elemento de constante cambio o innovación que la libre competencia exige de cada competidor en el mercado. Todas éstas, y otras consideraciones más, que huelga señalar en este breve marco de trasfondo jurídico, colocan la explosiva y sensitiva actividad *comercial* sobre un plano tan diferente al de la sosegada convivencia *civil,* que no se necesita de más explicación para lo que *la fuerza de la*

---

[55] No es difícil advertir la diferencia práctica entre los que, para ser regidos por el Código Civil, se reputan negocios *civiles, y* los que, sometidos a la disciplina del Código de Comercio, se catalogan como *mercantiles.*

Historia tiene ya establecido: un Derecho *Mercantil* como rama de perfiles y esfera propios aunque evidentemente encuadrada dentro del Derecho privado.

No obstante lo antes expuesto, la corriente científica de nuestro tiempo, sin negar el carácter propio de la negociación *mercantil,* no estima los señalamientos apuntados como razones válidas para una dualidad de sistemas y de códigos. [56]

b. *El Derecho mercantil en Italia:* La promulgación en Italia del nuevo *Código Civile* de 1942 constituye la mejor confirmación de la tendencia unificadora de nuestra época. En un solo cuerpo legal se encuentra ahora reunida la reglamentación que hasta entonces aparecía separada en los dos códigos, *civil* y de *comercio.* El articulado relativo al sector económico y mercantil en el nuevo ordenamiento italiano, se hace girar, no en torno a un acto comercial de borrosa fisonomía o perfil, ni sujetándolo a que sea un comerciante quien debe realizarlo, sino a lo que se estima centro orgánico y fuerza propulsora, tanto del tráfico masivo de mercaderías como de la producción industrial, y aún de la agrícola: la empresa mercantil. En base a esta nueva concepción del Derecho moderno, se enlazan en una unidad las normas sobre las *personas, operaciones y objetos,* que a su particular naturaleza corresponden.[57]

En el aspecto de *los usos,* el nuevo Código adoptó también una disciplina unitaria, abarcadora de todas las relaciones a que puedan aplicarse, con lo que se eliminó la dicotomía de usos civiles—usos mercantiles [58]

c. *El Derecho mercantil en los Estados Unidos (Business Law):* Incluye las varias ramas del Derecho por las que se determinan los derechos y obligaciones de las personas que participan en las operaciones comerciales.[59] Como su nombre indica, es un *Derecho de los Negocios.* Algunos de sus preceptos han sido recogidos en un Código

[56] "En suma, las llamadas normas mercantiles son normas *generales* dictadas al servicio de una determinada concepción de la política y de la economía que hoy nada justifica. No existe —lo hemos visto repetidamente— un concepto *unitario* de la materia de comercio a la que correspondan principios jurídico-mercantiles propios. La normativa sólo debe responder a lo que exige la problemática del *supuesto* de hecho y a la resolución en justicia del conflicto que de aquél deriva. Hay que movilizar, vivificar —cuando se consideren inertes— las normas del tráfico, para ponerlas de acuerdo con la estructura económica vigente. Pero, a la vez, someter aquéllas que llamamos *mercantiles* a los principios generales y permanentes del ordenamiento nacional. Creo que esto puede —y aún debe— hacerse a través de un Código único de Derecho privado, sin perjuicio de la posibilidad de leyes especiales cuando una materia caracterizada lo exija. Porque del mismo modo que, como tantas veces se repite, la unidad formal no lleve necesariamente en sí la unidad sustancial, tampoco la variedad legislativa la impide. Y es esta unidad sustancial la que en definitiva importa." Jesús Rubio, obra citada (1969), pág. 240.

En otro sitio de la misma obra, página 233: "Lo que parece indiscutible es la tendencia general a la unificación (de *lo civil* y *lo mercantil)* en las naciones de más arraigada tradición dualista."

[57] "No hay ya actos *de comercio* y, por consiguiente, no puede ya haber una contraposición entre acto *civil* y acto *mercantil.* Todos ellos quedaron sometidos a una disciplina constante", ha proclamado Ascarelli, y añade: "En Italia ya no existe un Derecho comercial como Derecho especial o autónomo." (Ascarelli, *Corso de Diritto Commerciale* (1962), págs. 122 y siguientes).

[58] Ascarelli, la misma cita. Véase, además, en la obra citada del profesor Jesús Rubio, página 233, otros autores italianos que confirman sus afirmaciones al efecto.

[59] Anderson, *Business Law,* 9na. edición, (1972), pág. 1.

Uniforme de Comercio *(Uniform Commercial Code)* pero una buena parte de su ordenamiento se mantiene en leyes especiales federales y de los "estados" y también en aquellas áreas remanentes del Derecho *Común anglosajón* que aún no han sido *legisladas* . Las *varias ramas* del Derecho a que se refiere la definición del profesor Anderson, que concuerdan con la concepción anglo-americana del Derecho *mercantil,* son: el Derecho de *Contratación,* el Derecho de *Propiedad* y toda *reglamentación que regula relaciones entre el gobierno y la empresa de negocios,* incluyendo la relación *obrero-patronal.* [60]

d. *El Derecho Mercantil inglés (Law Merchant):* Desde época bien temprana de su desarrollo histórico, ya Inglaterra contaba, al igual que otros países de la Europa continental, con un cuerpo de reglas de Derecho Mercantil sustantivo al que daban el nombre de *Law Merchant.* Este Derecho tenía jurisdicción y tribunales propios, diferentes de los que aplicaban al Derecho Común y aún de aquéllos que actuaban en *Equidad.*

Tanto los jueces de uno como del otro sistema de tribunales, ignoraban las prácticas del tráfico comercial y consideraban a los comerciantes como clase aparte del resto de la sociedad.

Todo esto sucedía porque para aquellos tiempos medievales las operaciones comerciales todavía se celebraban principalmente en determinados mercados y ferias, lo que les imprimía un carácter internacional, ajeno por completo al derecho que se aplicaba en la esfera nacional. Tal circunstancia, unida al desarrollo de las ciudades como centros comerciales y al extraordinario auge tomado por el comercio mismo en algunas de ellas, sirvió de base para que los traficantes de mercaderías, a fin de facilitar sus negocios y protegerse del desamparo en que el Derecho *nacional-feudal* les colocaba, terminaron por organizarse en *gremios ("guilds")* que abarcaban tanto a comerciantes nacionales como extranjeros.

En cada municipio —sede de feria o mercado— florecieron estos gremios que, libres de tradicionales ataduras, y ayudados ya por la tolerancia oficial, se daban a sí mismos sus propias reglamentaciones y leyes. La justicia era adjudicada entre ellos por sus propios jueces, y éstos seguían, para impartirla, *los usos internacionales reconocidos y practicados.*

Pero mientras en los pueblos de la Europa continental este nuevo Derecho especial del Comercio terminó por codificarse al comienzo del siglo XIX, [61] en Inglaterra se mantuvo sin ser codificado. Sin embargo, con el transcurso del tiempo, y por el creciente apogeo y expansión del comercio, fue perdiendo gradualmente su jurisdicción especial y separada, y pasó a ser aplicado por los mismos tribunales que aplican la Ley *común* y que terminaron por incorporarlo al sistema general del Derecho Común inglés. [62]

---

[60] Anderson, *Business Law,* 8va. edición, págs. 63-64.

[61] A este período corresponden el Código de Comercio francés de 1807 y el Código de Comercio español de 1809.

[62] Lusk, *Business Law—Principles and Cases;* 6ta. edición, págs. 10 y 11 (1959).

La base y raíz de muchas reglas contenidas en el *Código Uniforme de Comercio,* promulgado en los Estados Unidos en 1953 y revisado en 1958, se encuentran indudablemente en ese *"Law Merchant"* que los colonizadores en Norte América trajeron de Inglaterra durante los siglos XVII y XVIII.

e. *La Ley Mercantil vigente en Puerto Rico está compuesta de:* 1) Un remanente del *Código de Comercio* de 1886, básicamente el mismo Código de Comercio de España; *2) Estatutos federales de diversa índole,* entre los que se destacan el de Quiebras, aranceles aduaneros y transportación marítima y aérea; 3) Todo el cuerpo del *Derecho de Almirantazgo (Admiralty Law)* vigente en los Estados Unidos y extendido a Puerto Rico por decreto del poder judicial federal.[63] Al así hacerlo se suplantó con él nuestro tradicional Derecho Mercantil marítimo que, por formar parte del Código de Comercio, nos había sido legado también por España. 4) Finalmente, un considerable número de *estatutos locales* que cubren diversas materias *especiales*[64], relativas al comercio y a la industria.

En el caso de *Sociedad de Gananciales vs. Paniagua,*[65] el Tribunal Supremo de Puerto Rico destaca importantes principios relacionados con la aplicabilidad de las disposiciones del Código de Comercio y con la diferencia entre la compraventa mercantil y la civil:

> "Poseer las características de comerciante, por sí solo no es determinante para aplicar las disposiciones del Código de Comercio."
>
> "El elemento que distingue principalmente la compraventa mercantil de la civil es el doble propósito del comprador de revender ulteriormente las cosas compradas y de obtener un lucro. Al faltar esa intención o propósito, la compraventa carece del carácter mercantil que la distingue del tráfico civil."
>
> "El término 'reventa' se define como volver a vender lo que se ha comprado con ese intento."

Para determinar si constituyó o no un acto de comercio el negocio que dio lugar al pleito, el Tribunal Supremo destaca que:

> " . . . nuestro Código de Comercio adopta la *teoría objetiva* que propone que 'el derecho mercantil pasa a ser más bien el derecho propio de una clase de

---

[63]"Algunos preceptos contenidos en este libro Tercero (del Código de Comercio y referentes al comercio marítimo) están en contradicción con las leyes federales, como las de almirantazgo, navegación, etc...' y con las del Derecho marítimo internacional, aceptadas o modificadas por los tribunales de los Estados Unidos o enmendadas por el transcurso del tiempo..." Nota de la Comisión Codificadora a la Edición del Código de Comercio de 1932.

"La Corte Federal de Puerto Rico, actuando como corte de almirantazgo, podrá resolver, cuando fuere necesario, qué preceptos sustantivos de esta legislación son o no aplicables a los casos que se sometan a su jurisdicción. (10 L.P.R.A. 584). Véase, además, el caso de *Cintrón Lastra v. N. Y. & Porto Rico Steamship Co., Fed. Rep. 2nd*, Vol 2, pág 812.

[64] 10 L.P.R.A.

[65] *Sociedad de Gananciales compuesta por Hiram A. Cuevas y Alba Umpierre Aponte vs. Reinaldo Paniagua Diez; Santurce Cangrejeros, Inc.*, 96 C.A. 176.

actos, los actos de comercio, los cuales no son únicamente los realizados por los comerciantes en su carácter de tales.' *Pescadería Rosas Inc. v. Lozada, supra,* pág. 478. En otras palabras, habrá que examinar el acto en sí para determinar la aplicabilidad del Código de Comercio y tener presente que '[l]os factores definitorios de la naturaleza, comercial o civil, de una transacción varían de caso a caso.' *Pescadería Rosas Inc. v. Lozada, supra,* pág. 479. Finalmente, no podemos pasar por alto la norma de que '[q]uien invoque el Código de Comercio tiene la carga de la prueba sobre su aplicabilidad."

Capítulo 4

LA ORGANIZACIÓN POLÍTICA DE PUERTO RICO. SU RELACIÓN CON LOS PODERES DEL ESTADO

Antecedentes históricos

Por el Tratado de Paris, que puso fin a la Guerra Hispano-Americana, Puerto Rico fue cedido por la Corona Española a los Estados Unidos. Fue un acto de fuerza. No hubo margen perceptible para una negociación que tuviera algún asomo de acuerdo justo. La soberanía que desde 1493 había venido ejerciendo sobre nuestro pueblo la nación colonizadora, fue transferida a la potencia victoriosa. [1]

Desde que se firmó el Tratado —10 de diciembre de 1898— Puerto Rico ha permanecido ininterrumpidamente bajo la soberanía de los Estados Unidos. Tras un corto periodo de gobierno militar, el Congreso de ese país extendió a la Isla (año 1900) el primer gobierno *civil.* Lo hizo mediante una *ley orgánica*[2] que estuvo en vigor hasta el 1917. En ese año empezó el segundo periodo constitucional bajo la

[1] El artículo 11 del Tratado lee así: "España cede a los Estados Unidos la Isla de Puerto Rico y demás islas de las Indias Occidentales actualmente bajo la soberanía española." . . . (1 L.P.R.A.16). Los artículos IX, X y XI del mismo tratado ratifican la cesión de *soberanía* sobre Puerto Rico.

[2] Ley Foraker, vigente desde el 1ro de mayo de 1900 (1 L.P.R.A. 1).

dominación norteamericana. El cambio se efectuó por otro estatuto orgánico del Congreso,[3] que estuvo en vigor desde el 2 de marzo de 1917 hasta el 25 de julio de 1952.

El tercer periodo constitucional bajo el dominio de los Estados Unidos es el que ahora vivimos. Se ha extendido desde el año 1952 hasta el presente.

Constitución orgánica de Puerto Rico

Bajo el sistema constitucional vigente, un documento que se titula "La Constitución de Puerto Rico" contiene disposiciones orgánicas por las que existe un gobierno de restrictos poderes locales en la Isla. En estatutos anteriores del Congreso se proveían disposiciones similares para ese fin.[4] El cambio sobresaliente de 1952 consistió en *conceder* un mayor grado de participación puertorriqueña en la determinación de las estructuras de gobierno interno y en la selección de los funcionarios que ejercen el poder "local"; pero el grado de poder, así de las estructuras como de los funcionarios, sigue virtualmente inalterado.[5]

Al amparo de la "constitución" puertorriqueña está constituído el gobierno *local interno* en nuestro país. Pero ese documento no es, en verdad, más que una parte del peculiar sistema constitucional que nos cobija. La verdadera constitución política de Puerto Rico consta de cuatro piezas legales, a saber: 1. La *Ley Pública 600* del Congreso de los Estados Unidos, aprobada el 3 de julio de 1950; 2. La *Ley de Relaciones Federales con Puerto Rico,*[6] del propio Congreso; 3. La *Constitución de los Estados Unidos;* y 4. El documento que específicamente se denomina *Constitución de Puerto Rico.*

En virtud de esas cuatro leyes, y en el orden que su jerarquía les confiere, el Congreso de los Estados Unidos *continúa* ejerciendo el poder político *supremo* sobre Puerto Rico. En subordinación a esa soberanía, y en acatamiento a ella, existe un gobierno local en el país; un gobierno —al estilo de los gobiernos *provinciales*— de poderes delegados y limitados.[7]

---

[3] Ley Jones, efectiva el 2 de marzo de 1917, 64 Stat. 319 (1 L.P.R.A.54).

[4] Por ley del Congreso del año 1947 se había concedido a Puerto Rico la potestad de elegir al Gobernador.

[5] *"The bill under consideration (proyecto del Senado federal S-3336 que se convirtió en la ley pública 600 del Congreso) would not change Puerto Rico's fundamental political, social and economic relationship with the United States." (United States Code, Congressional and Administration Service, vol. 2, 81st. Congress, 2nd session,* 1950, págs. 2682-2683). *"Even after enactment and acceptance by the people of Puerto Rico of Act No. 600 (of Congress), body of existing federal laws would continue to apply to Puerto Rico wherever they were previously applied." Consentino v. International Longshoremens' Assn., 126 Fed. Supp. 420. "In this case the overall authority of Congress to continue extending laws over Puerto Rico under the federal Constitution is ratified, except that Congress has to specify its intention that the law is to be applicable to Puerto Rico, because Puerto Rico no longer falls under the general category of territories as it was before."* (caso pre-citado de Consentino).

[6] *The Puerto Rican-Federal Relations Act*; 25 de julio de 1952.

[7] Aunque la constitución local declare pretensiosamente que el *poder político* del Estado Libre Asociado *emana del pueblo y "se ejercerá* en concordancia con la voluntad de éste", a renglón seguido admite que el poder se ejercerá "dentro de los términos del compacto acordado entre el pueblo de Puerto Rico y los EE. UU. de América." Esto último es confesión oficial de que el poder político local está de antemano restringido y determinado por la *Ley Pública 600 y* la de *Relaciones Federales,* en las que el Congreso cuidó expresamente de *mantener* las limitaciones básicas a que ya venía sujeto Puerto Rico con anterioridad al año 1952.

Hay el agravante, además, consignado expresamente en esas mismas leyes, de que la única participación del pueblo puertorriqueño en el supremo poder que sobre él se ejerce desde Washington, es la de un delegado de nuestro pueblo en la Cámara de Representantes federal —llamado estatutariamente *Comisionado Residente*—con la prerrogativa de *voz*, pero sin *voto*. Con ese grado de "participación" en el organismo que *dicta* las leyes de más alcance, los puertorriqueños pueden ser, y de hecho son, reclutados forzosamente para ir a participar en guerras de la metrópoli, para las que ni a Puerto Rico ni a su gobierno local se le ha pedido siquiera su consentimiento. Cuando se llega a esos extremos en el ejercicio del poder, nada puede extrañar respecto al modo en que se dispone en los demás aspectos de la vida y hacienda de los puertorriqueños.

Un gobierno "local" con poderes delegados

Dentro de ese marco de autoridad puramente local y restringido, una asamblea *legislativa*, compuesta por una Cámara de Representantes y un Senado, cuyos integrantes son electos cada cuatro años por los electores de Puerto Rico, *ejerce* un limitado poder de legislación. Es significativo también que las facultades de este cuerpo siguen estando definidas por el Congreso en la Ley de Relaciones Federales con Puerto Rico, y no por el pueblo de Puerto Rico en "su" Constitución. El artículo 37 de la Ley de Relaciones Federales contiene los poderes legislativos que el Congreso tenía ya delegados, y continúa delegando, en la legislatura local. El lenguaje de dicho artículo, *literalmente idéntico al vigente desde la carta orgánica de 1917*, lee así:

> "La autoridad legislativa que por la presente *se confiere* comprenderá todos los asuntos de carácter legislativo *que no sean localmente inaplicables*, incluyendo el poder para crear, consolidar y reorganizar municipios *hasta donde fuere necesario hacerlo*, y para proveer y revocar las leyes y ordenanzas de éstos; también el poder para *alterar, enmendar, modificar*, o *revocar* cualquiera o todas las leyes y ordenanzas de toda clase que ahora estén en vigor en Puerto Rico, o en cualquiera de sus municipios o distritos, *en tanto tal alteración, enmienda, modificación o revocación sea consistente con las disposiciones de esta ley.*" (énfasis nuestro). [8]

Pero si quedase alguna duda con respecto a las limitaciones a que está sujeto el poder legislativo local en Puerto Rico, véase la sección 3 del artículo VII de la propia Constitución de Puerto Rico, en que se declara:

[8] Obsérvese que, si toda ley de la legislatura local ha de ser consistente con las disposiciones de *"esta ley"*, o sea, con las limitaciones expuestas en la *Ley de Relaciones Federales*, entonces no existe base para que, en el artículo 1_ de la Constitución de Puerto Rico se diga que *"el poder político* del Estado Libre Asociado *emana del pueblo y se ejercerá de acuerdo con la voluntad de éste.* " Lo que dice la Constitución es lo que debería ser, pero no es lo que *autoriza* el artículo 37 de la ley del Congreso citada.

> "Cualquier enmienda o revisión de esta Constitución deberá ser consistente con la Resolución del Congreso de los Estados Unidos aprobando esta Constitución, con las disposiciones aplicables de la Constitución de los Estados Unidos, con la Ley de Relaciones Federales con Puerto Rico, y con la Ley Pública 600 del 81 Congreso adoptada en la naturaleza de un pacto." [9]

De los textos citados aparece claro que el poder legislativo es un poder conferido a Puerto Rico por el Congreso, y no derivado de la voluntad de los puertorriqueños; y que se reduce a la esfera estrictamente local. Por eso, todo lo relacionado con el comercio exterior, impuestos de aduana, tratados comerciales, moneda, transportación marítima, aviación, buques, fletes aéreos y marítimos, comunicaciones externas, salarios y demás condiciones de trabajo en las empresas que producen para la exportación; todo lo relativo al azúcar, quiebras, televisión y radio-emisión, restricciones antimonopolísticas, puertos y aeropuertos, aguas costaneras, emigración e inmigración, extranjería, etc..., queda fuera de su marco de autoridad. Estas áreas, y otras muchas más, el Congreso de los Estados Unidos se encarga de cubrirlas con sus propias leyes, si bien en algunas de ellas, como en salarios —por ejemplo— la Legislatura puertorriqueña legisla con carácter subordinado y hasta se reconoce efectividad a tales leyes en tanto no conflijan con las que el Congreso nos dicta.

Otro tanto ocurre con las ramas *ejecutiva* y *judicial*. Están igualmente subordinadas a los respectivos poderes de Washington. Además, un sistema que se rige básicamente *por leyes* no puede conferir a sus funcionarios o personeros mayor margen de competencia que el que sus propias leyes le otorgan. Si la rama legislativa de un gobierno es la autoridad reguladora, facultada para dictar el cuerpo de normas jurídicas a que ha de estar sujeta toda la vida social del pueblo gobernado, todo otro poder oficial queda forzosamente sometido a esa potestad legislativa, so pena de incurrir en transgresiones de la ley y quedar sujeto a sufrir las sanciones correspondientes.

La realidad constitucional de Puerto Rico es: (1) que los tres poderes del Estado se ejercen sobre el país mediante un sistema de gobierno de dos niveles o, más precisamente, mediante dos gobiernos: el de los Estados Unidos y el de Puerto Rico; (2) que cada uno de esos dos gobiernos ejerce parcialmente cada uno de los tres poderes públicos correspondientes a todo gobierno: el legislativo, el ejecutivo y el judicial; y (3) que la parte del poder que ejerce Estados Unidos en cada una de las tres ramas de gobierno es de *suprema* autoridad, mientras que la parte que ejerce Puerto Rico es de autoridad *subordinada*.

Poder Supremo de la Constitución Federal y del Congreso

El Congreso de los Estados Unidos deriva su autoridad legislativa soberana sobre Puerto Rico de la Constitución federal. Ésta confiere expresamente al Congreso poder "para *disponer* de los territorios y para extender las leyes y ordenanzas que estime

[9] *Documents of the Constitutional History of Puerto Rico* (Edited by Office of Commonwealth of Puerto Rico in Washington, D.C.) (1964) 2da. edición, pág. 189.

procedentes sobre éstos y sobre cualquier *otra propiedad* perteneciente a los Estados Unidos.[10] Fue en uso de ese poder que aprobó la Ley pública 600, en julio de 1950, "con el carácter de un pacto" entre Puerto Rico y los Estados Unidos.[11]

Abogados eminentes han opinado que esta expresión de *pacto* en una ley del Congreso, empleada a modo de base de la relación jurídica entre Puerto Rico y los Estados Unidos, tuvo el efecto de colocar a Puerto Rico en plano de igualdad jurídica con el poder soberano y que, en consecuencia, constituyó un *reconocimiento implícito de soberanía* en el pueblo puertorriqueño. Sin embargo, el Tribunal Supremo de los Estados Unidos[12] y el propio Congreso han seguido considerando, en sus determinaciones concretas, que la soberanía de éste sobre Puerto Rico no ha sufrido alteración alguna, como podrá verse en las páginas que siguen.

Sean cuales fueren los argumentos a favor o en contra de tal tesis, la verdad de nuestra subordinación constitucional se encuentra en la letra clara y expresa del artículo 9 de la Ley de Relaciones Federales. En esta cláusula el Congreso se reservó el poder para extender sus leyes sobre el país sin otra limitación que la de su *inaplicabilidad* a Puerto Rico. Dice así el artículo 9: *"Las leyes estatutarias de los Estados Unidos que no sean localmente inaplicables, excepto por lo aquí previsto o que más adelante se provea de algún otro modo, tendrán en Puerto Rico la misma fuerza y vigor que tienen en los Estados Unidos; siendo excepción a esta regla las leyes de rentas internas"*.[13]

Las leyes son *inaplicables* únicamente por dos motivos: o por su naturaleza (ejemplo: el Congreso aprueba una ley para desarrollar el sistema hidroeléctrico del valle de Tennessee, inaplicable, por tanto, a Puerto Rico), o porque la propia ley así lo disponga. El Tribunal Federal en Puerto Rico ha resuelto precisamente que ninguna parte de la Constitución de los Estados Unidos ni las leyes del Congreso tienen aplicación a Puerto Rico a menos que el Congreso expresamente así lo especifique. Y que cuando el Congreso legisla a favor de los ciudadanos norteamericanos residentes en los distintos estados de la unión o en el distrito de Colombia, los beneficios de esas leyes no se extienden a los puertorriqueños residentes en el país, aún cuando son ciudadanos de los Estados Unidos, a menos que la ley disponga categóricamente que cubre a Puerto Rico. [14]

Pero esa decisión sólo viene a confirmar que el poder del Congreso sobre Puerto Rico es virtualmente absoluto. Le basta con tener la voluntad de ejercerlo, y declarar en el estatuto, que legisla para el país o que nos incluye en sus efectos. Eso no es nada nuevo.

---

[10] Artículo IV, sección 3, párrafo 2 de la Constitución de los Estados Unidos. (1 L.P.R.A. 154). En la traducción al español que aparece en ese texto se omite la palabra "otra" antes de propiedad.

[11] El texto inglés dice *"in the nature of a compact"*.

[12] *Americana of Puerto Rico, Inc.* v. *Kaplus* (1966), CA 3 NJ, 368 F 2nd. 431. Certiorari denegado 386 U.S. 207. Según esta decisión, la corte federal en Puerto Rico no participa del poder judicial que estableció la Constitución de Estados Unidos en su Artículo III, sino que es una corte *territorial* creada por el Congreso en virtud del *poder soberano* que éste tiene sobre los *territorios.*

[13] Ley del Congreso de marzo 2 de 1917, dejada en vigor por la ley 600, también del Congreso, del 3 de julio de 1950; texto transcrito en el artículo 9 de la Ley de Relaciones Federales con Puerto Rico (1 L.P.R.A. 1).

[14] Ramón Murga vs. Secretario de Salud, Educación y Bienestar de los Estados Unidos.

Las decisiones del Tribunal Supremo federal han sido invariables en recalcar el ilimitado poder del Congreso sobre los territorios. Y el *pacto* a que alude la Ley 600 no tuvo otro efecto que el de ratificar la misma realidad jurídica expresada repetidamente y con rotundo lenguaje desde el año 1880:

> "...Todo el territorio comprendido dentro de la jurisdicción de los Estados Unidos no incluido dentro de algún Estado, deberá estar, necesariamente, gobernado por o bajo la autoridad del Congreso... El Congreso puede, no sólo derogar leyes de las legislaturas territoriales, sino que puede legislar directamente para el gobierno local. Está facultado para dar validez a una ley nula de la legislatura local y para decretar nula una ley suya que sea válida. En otras palabras, tiene plena y completa autoridad legislativa sobre el Pueblo de los Territorios y sobre todos los departamentos de los gobiernos territoriales."[15]

El poder del Congreso para gobernar los territorios, dependencias y posesiones "deriva, no únicamente de la cláusula territorial de la Constitución, sino de las necesidades en cada instancia, y de la inhabilidad de los estados para bregar con este género de asuntos".[16]

"En el tratamiento con sus territorios, posesiones y dependencias de los Estados Unidos, esta nación tiene todos los poderes de todas las demás naciones soberanas..."[17]

Al establecer gobiernos para los territorios, el Congreso puede delegar a éstos los necesarios poderes —legislativo, ejecutivo y judicial— siempre y cuando el Congreso se reserve para sí el derecho de anular las decisiones territoriales y retenga el poder supremo de gobernar los territorios.[18]

> "El Congreso puede delegar a los cuerpos legislativos locales amplia autoridad sobre sus respectivos Territorios y sobre zonas que les haya cedido, en tanto en cuanto el Congreso retenga amplia autoridad para revisar, modificar y revocar la legislación local."[19]

Para que se pueda entender que el Congreso ha conferido poder a un gobierno territorial para imponer contribuciones a instrumentalidades o dependencias federales operando en el territorio, la Suprema Corte de los Estados Unidos tiene establecido que tal poder requiere autorización específica por parte del Congreso. En el año 1935 dictaminó precisamente que Puerto Rico no tiene ese poder fiscal sobre los bancos que en el sistema

---

[15] *First National Bank* v. *Yankton County* (1880) 101 U.S. 129; confirmado en 305 U.S. 306 (1938).

[16] *De Lima* v. *Bidwell* (1901) 182 U.S. 1.

[17] *Cincinnatti Soap Co.* v. *United States (1937)* 301 U.S. 308.

[18] *Christianson* v. *King County* (1915) 239 U.S. 356, ratificando otros.

[19] *United States* v. *Sharpnack* (1958) 355 U.S 286.

federal se denominan *nacionales*, aunque la contribución en litigio se basara en el hecho de estar el banco norteamericano haciendo negocios lucrativos en Puerto Rico en competencia con bancos de la localidad:

> "Puerto Rico, una posesión insular, al igual que un territorio, es una agencia del gobierno federal, sin la independiente soberanía comparable a la de un estado y por cuya virtud éstos pueden imponer el pago de contribuciones. El poder de tributación ha de derivar de los Estados Unidos. Pero, al igual que un estado, aunque por distinta razón, una agencia tal no tiene derecho a imponer tributación a una instrumentalidad federal. Un estado, aunque soberano, está impedido de hacerlo porque la Constitución requiere que el estado no interfiera con los poderes otorgados al gobierno federal. Un territorio o posesión no puede hacerlo porque una dependencia no puede hacer tributar *a su soberano.* Cierto que el Congreso podrá consentir a semejante tributación; pero la concesión a la Isla de un poder fiscal general no puede ser interpretado como un consentimiento para ese fin. Nada que no sea una ley del Congreso confiriendo clara y explícitamente el privilegio, podrá ser suficiente." (*Domenech* v. *National City Bank* (1935) 294 U. S. 199).

Nada ha dicho posteriormente el Tribunal Supremo de los Estados Unidos para alterar la regla establecida desde el año 1890, de que "las leyes de las legislaturas territoriales *serán nulas* cuando conflijan con las leyes del Congreso". (*Davis* v. *Beason* (1890) 133 U.S. 333).

La rama ejecutiva

Como ya se ha demostrado, el poder legislativo del Congreso sobre Puerto Rico es virtualmente absoluto. En virtud de sus leyes, las prerrogativas de gobierno local, en sus tres ramas, quedan reducidas a lo que el poder metropolítico quiera y le convenga *tolerar.* Salvo en materia contributiva, en la que el gobierno de Washington *sólo* se ha reservado la formidable palanca reguladora de los impuestos aduaneros,[20] se concede a la legislatura local puertorriqueña lo que puede calificarse de *amplia autonomía fiscal*.[21]

[20] Estos impuestos, también llamados aranceles de aduana—en inglés, *customs duties*—son tributos que por sus leyes impone y cobra un gobierno sobre artículos que se importen del exterior sin a la vez imponerlos ni cobrarlos a artículos similares que se produzcan domésticamente. Su propósito esencial es el de proteger la producción doméstica contra la competencia ruinosa del productor extranjero. De este poder, que se nos tuvo reconocido bajo la Carta Autonómica española, ha estado privado Puerto Rico desde el cambio de soberanía en 1898. Actualmente le está aún prohibido por virtud del artículo 3º de la Ley de Relaciones Federales. El Congreso se ha reservado pare sí este poder, a la vez que tiene autorizado el reembolso al tesoro público local de todo lo que por sus leyes arancelarias se recaude anualmente en nuestros puertos y aeropuertos. (Recuérdese: *"Taxation without representation is tiranny"...)*

[21] Pero ni aún en esto tenemos poder que pueda llamarse *plenario,* porque además de la restricción en materia de aduanas, está la ya señalada por la que no puede nuestra Legislatura imponerle tributo alguno a los bancos *nacionales* de Estados Unidos ni a ninguna otra instrumentalidad federal.

Esta importante excepción a la general limitación que el sistema impone, cumple tres propósitos, además del oficialmente declarado de proveer fondos pare sostener un gobierno local en el país: primero, da oportunidad y excusa, a un sector sustancial de la población, para entretenerse en la *cosa pública* sin que se sientan forzados a demandar los derechos que legítimamente corresponden a una sociedad verdaderamente libre; segundo, sirve a muchas personas para medrar dentro y fuera de la vasta maquinaria burocrática; y sirve, además, para que los partidos políticos que a su sombra se crean y florecen, se alternen en el menguado poder que la metrópoli permite ejercer; y tercero, hace creer a muchos, incluyendo a maestros y a otros profesionales, que Puerto Rico cuenta con autoridad local suficiente para resolver sus problemas sociales y que, si las cosas de gobierno no marchan mejor, no ha de inculparse a los que *de afuera, desde Washington,* ejercen el poder supremo, sino a nosotros mismos, los puertorriqueños.

Hablando en estricto sentido del Derecho, este sistema de *concesiones tributarias* y de las restringidas encomiendas públicas que le son inherentes, da lugar a que Puerto Rico viva, no bajo un régimen de *libertad* —que en aspectos más visibles y superficiales desciende a veces hasta el *libertinaje*[22]— sino bajo un régimen de *tolerancia.*

Dentro de este cuadro general de autoridad subordinada, el poder ejecutivo a nivel local está investido en un Gobernador,[23] electo cada cuatro años por el electorado *en Puerto Rico,* a partir del 1948. (Es mandatorio destacar que no se trata del electorado *puertorriqueño,* puesto que el derecho al voto en Puerto Rico no se limita a los *nacionales,* sino que pueden votar, y en efecto votan, estadounidenses y otros extranjeros de cualquier nacionalidad, con el único requisito, impuesto por la metrópoli, de que sean ciudadanos *norteamericanos.*) Como jefe administrativo local, el Gobernador está asistido de un cuerpo de *Secretarios,* que él mismo selecciona "con el consejo y consentimiento del Senado" puertorriqueño; y que, en relación con la Administración local, opera a modo de gabinete o ministerio. Sus miembros, reunidos o individualmente, están encargados de *asesorar* al Gobernador y de auxiliarlo administrativamente, cada uno dentro de su respectivo *departamento* o *dependencia,* en materia fiscal y financiera (Hacienda pública) y en las ramas de Comercio, Agricultura, Salud y Bienestar, Trabajo, Educación, Justicia, Obras Públicas, Planificación, Servicios Sociales, Fomento Industrial, Fomento Cooperativo, Recreo y Deportes, etc.

En las áreas de servicios públicos directos, el cuadro administrativo se complementa con importantes agencias especiales, tales como la Autoridad de Energía Eléctrica, encargada del desarrollo y la distribución de la energía y luz eléctrica; la Autoridad de Acueductos y Alcantarillados, las de Puertos, Comunicaciones, Carreteras; añádanse las corporaciones públicas, como el Fondo del Seguro del Estado, la Administración de

---

[22] Esta paradoja del libertinaje es explicable en regímenes de este género, en los que, al precio de suprimir la libertad, el gobierno establecido, consciente o inconscientemente, permite a la masa de la población licencias de conducta claramente ilícita que los ignorantes confunden con la libertad. He ahí una explicación pare el alto grado de delincuencia que se registra en Puerto Rico.

[23] Título oficial acostumbrado para el funcionario de más alta jerarquía en los gobiernos provinciales, regionales o coloniales. Históricamente, el gobernador siempre ha sido *un subalterno* en la estructura de gobierno de un Estado.

Compensaciones por Accidentes de Automóviles (ACAA) y la Autoridad Metropolitana de Autobuses, entre otras. Una Comisión de Servicio Público tiene la función de fiscalizar y reglamentar las empresas públicas, tales como las de transportación y carga, entre otras. Hay muchos otros organismos, juntas administrativas y comisiones.

Los tribunales de justicia o rama judicial: aspectos generales

Hasta aquí hemos explicado los organismos y funcionarios que ejercen en Puerto Rico los poderes *legislativo* y *ejecutivo.* La tercera rama de gobierno —el poder judicial— radica en *los tribunales de justicia.* Interpretar las leyes, y aplicarlas en los casos de controversia o litigios, es en síntesis la función que a éstos corresponde. Al hacer sus decisiones y dictar en cada caso la sentencia pertinente, los jueces ejercen uno de los poderes más importantes y delicados en el gobierno de toda sociedad.

Las leyes son interpretadas cuando hay duda sobre su alcance o aplicación.[24] El tribunal no actúa para interpretar la ley hasta que se le somete formalmente el caso en controversia para que lo resuelva. En una buena parte de los casos que se ventilan en los tribunales, el conflicto se contrae a los hechos envueltos, y no a la ley que aplique.

En todo litigio tiene que haber, por lo menos, dos partes: una, que inicia la acción, y otra, que está supuesta a defenderse de ella, y que, de no hacerlo, está sujeta a que se dicte sentencia en su contra.

Casos civiles y criminales

Los pleitos en los tribunales son de dos clases: civiles y penales. Son penales los que se inician por *denuncia o acusación* contra persona que se alega ha incurrido en alguna violación de la ley (infracción, delito o crimen). También se da a éstos el nombre de casos *criminales.* Todos los demás, que siempre envuelven *reclamaciones* —por diversos fundamentos— de unas personas contra otras, se llaman *civiles.*

En los casos *penales,* la parte actora —la que *acusa*— es siempre el cuerpo social organizado para los fines del Derecho. Y la parte a quien se acusa, el *acusado* o *denunciado,* es siempre una persona o entidad jurídica privada a quien se le imputa haber cometido delito. En cambio, en los pleitos *civiles* las partes en cualquier lado de la controversia pueden ser personas privadas o personas públicas, según que se trate de un interés particular o de intereses que afectan a la comunidad en general.

A la parte que toma la iniciativa en las *acciones civiles,* o sea, al reclamante, se le da el nombre de *demandante.* Y *demandado* es aquél contra quien se promueve la acción. El demandante inicia el caso exponiendo por escrito, que radicará en el tribunal, los fundamentos de su reclamación. Esa primera alegación se llama *la demanda.* El primer

[24] "Cuando la ley es clara y libre de toda ambigüedad no debe menospreciarse su letra bajo el pretexto de cumplir su espíritu". Código Civil, Artículo 14; 31 L.P.R.A 14.

escrito que, por su parte, radica usualmente el demandado para defenderse de la demanda, es *la contestación*. Las peticiones al tribunal en el curso del *procedimiento* se llaman *mociones y* pueden partir de cualquiera de los litigantes. Según su naturaleza y circunstancias, las mociones pueden ser orales o escritas. Ningún litigante puede ser representado o defendido en un proceso judicial excepto *por un abogado* o, en casos criminales, *por derecho propio*. Los *menores* de edad y los *incapacitados* necesitan —además— estar representados por alguna persona *capaz* a quien el Tribunal o la ley reconozca con derecho a comparecer en su nombre e interés: un *tutor legal*. El tutor legal complementa la capacidad legal del menor o del incapacitado, pero no lo representa. En el caso de un menor, los padres con patria potestad son los que complementan la capacidad jurídica de éste. Además del tutor legal o de los padres con patria potestad, un abogado representará *profesionalmente* al menor y al incapacitado.

El requisito de un abogado como representación legal profesional no se da, sin embargo, en los foros administrativos con poderes cuasijudiciales, donde pueden representar o defender personas que no sean abogados. Tal es el caso de los procedimientos de *quejas y agravios*, en el campo laboral, en los que ni el árbitro ni las partes postulantes tienen que ser abogados.

Cuestiones de Hecho y de Derecho

Los dos aspectos que en todo caso entran en la consideración y decisión del juez o tribunal son: a. determinación de *los hechos* pertinentes al caso; y b. determinación de *la ley o regla jurídica* que deba ser aplicada pare resolverlo. La *veracidad y pertinencia* de *los hechos* se determinan mediante *la prueba* que cada parte litigante somete en apoyo de sus alegaciones. Las pruebas consisten: 1) del *testimonio* bajo juramento de personas, llamadas *los testigos*; 2) de *documentos fehacientes* que contengan dato o información relativa al asunto del litigio; y 3) de lo que el propio juez pueda observar mediante *inspección ocular* del lugar u objeto relacionado con la controversia.[25]

Una sola prueba, o el conjunto de pruebas, que sostengan la verdad de un hecho, se llama *evidencia*, debido a que no necesita pruebas adicionales para hacer *evidente* el hecho controvertido. Los vocablos *prueba* y *evidencia* suelen usarse indistintamente con similar significado.

Mientras en los casos penales la ley requiere un grado de prueba que convenza al juez de la culpabilidad del acusado *"más allá de toda duda razonable"*, en los pleitos civiles la ley sólo exige *"preponderancia de evidencia"* de aquel litigante que reclame o sea parte actora en el litigio, sin lo cual debe desestimarse su reclamación. [26]

---

[25] Este medio sólo se utiliza cuando el sitio u objeto relativo a la controversia, no siendo posible traerlo al tribunal, tiene pertinencia para la decisión del caso. E1 juez se traslada en persona al sitio correspondiente.

[26] Quien *afirme* la verdad de un hecho tiene que probarlo.

El desacato

Todo tribunal tiene facultad *inherente* —aunque no lo dijese la ley— para dictar reglas y emitir las órdenes necesarias al efecto de mantener el orden durante los procedimientos que en él se ventilan. Infringir cualquiera de estas reglas, desobedecer una orden judicial legalmente expedida, o realizar cualquier acto que menoscabe la dignidad del tribunal o que, desobedeciendo a éste, pueda obstruir los fines de la justicia, constituye motivo para que el culpable sea sentenciado y condenado sumariamente por *desacato*. Los procedimientos en los tribunales se rigen por un sistema de reglas numerosas, y cuidadosamente elaboradas, las cuales se encuentran en la Constitución, en los Códigos de Procedimiento Civil y Criminal, y en las *Reglas de Procedimiento Civil y Criminal*. La presentación y admisión de pruebas están reglamentadas en estatuto aparte llamado *ley de evidencia*.

Jurisdicción y competencia

El término *jurisdicción* significa el poder o autoridad de un tribunal para considerar y decidir los casos o controversias que por la Constitución y por otras leyes se le tiene asignados.[27] La limitación de ese poder por razón del sitio o territorio en que radica el tribunal, fue básicamente eliminada al *unificarse* el sistema judicial que convirtió a Puerto Rico, para todos los fines prácticos, en un solo territorio *jurisdiccional*. [28]

Pero, a pesar de que la reforma judicial eliminó las divisiones territoriales entre los tribunales, salas o secciones de éstos, aún se mantienen las categorías que previamente existían en cuanto al lugar más propio para el juicio. Así lo ha resuelto el Tribunal Supremo y ha añadido que "los tribunales deben velar porque los casos se vean en la sala más conveniente y apropiada, bien trasladándolos, o bien *NO aprobando convenios de sumisión* contrarios a la eficiencia procesal y a la verdadera conveniencia de las partes y los testigos".[29]

Jurisdicción original y apelativa

Un tribunal puede tener jurisdicción *original*, o puede tener jurisdicción *apelativa;* o bien puede estar facultado, según lo especifique la ley de su creación, para ejercer en ambas categorías de autoridad. Si su jurisdicción es *original*, se clasifica como tribunal de *primera instancia* y tendrá autoridad para entender en controversias que por primera vez

---

[27] *Gearheart v. Haskel* (1963) 87 D.P.R. 57.

[28] "El resultado más importante de la nueva orientación procesal contenida en la Ley de la Judicatura fue *eliminar las distinciones jurisdiccionales* mediante la unificación del sistema judicial". *Pueblo* vs. *Tribunal Superior* (1961) 84 D.P.R. 140.

[29] Resuelto en el caso de *Sastre* vs. *Rivera* (1953) 75 D.P.R. 1.

se traen ante la corte. Si su jurisdicción es *apelativa*, tendrá facultad para *revisar* las sentencias dictadas por tribunales de rango inferior.

Desde otro punto de vista, existen tribunales de jurisdicción *general*, a diferencia de otros cuya jurisdicción es *especial*, esto es, *limitada* a sólo cierta clase de casos que específicamente les son asignados por la ley que los crea (como, por ejemplo, una corte para *asuntos contributivos* exclusivamente, o para *asuntos de menores*). Los de jurisdicción *general* están facultados para entender y resolver en toda controversia o litigio que plantee el ejercicio de algún derecho afectado o el incumplimiento de alguna obligación contraída.

Por último, los tribunales se distinguen entre salas *de lo criminal* y salas *de lo civil*. La diferencia está en que, mientras unos jueces presiden salas donde todos los casos que se ventilan son *penales* o criminales, otros son asignados a salas donde sólo se dirimen litigios de naturaleza *civil*. En los Estados Unidos y en Inglaterra existen los llamados tribunales de Equidad a diferencia de los tribunales de Ley; pero en Puerto Rico, al igual que en todos los pueblos latinos, por estar ambas funciones tan entrelazadas al concepto esencial de la justicia, cada tribunal abarca simultáneamente las dos esferas de competencia.

Los funcionarios judiciales

El *juez* es el funcionario de mayor autoridad en todo tribunal de justicia. Es el único con jerarquía para *decretar la justicia*. Ocupa el cargo, según nuestras leyes locales, mediante nombramiento del jefe ejecutivo y el consejo y consentimiento del Senado de Puerto Rico.

Auxiliando la función del juez, todo tribunal tiene un *secretario*, asistido de personal subalterno. Entre sus funciones principales está la de preparar el *calendario* o lista de los casos señalados para cada día de audiencia. También es responsable de los archivos, del orden y conservación de los expedientes de todas las causas que se van procesando, así como de los registros de todas *las radicaciones*, es custodio de los dineros y otros valores que se depositen o consignen judicialmente; en fin, ha de llevar constancia ordenada de todos los procedimientos.

Las funciones más corrientes del *alguacil* son: diligenciar la *citación* de testigos, de los acusados por delito y de los demandados en los pleitos civiles; mantener bajo custodia *al jurado*, velar porque se observe *el debido orden* durante los procedimientos judiciales y en las dependencias del tribunal; diligenciar los *mandamientos y órdenes* del juez y del secretario. Mediante mandamiento al efecto, ejecutará las *subastas judiciales* y hará que se cumplan las *sentencias;* efectuará los *embargos* manteniendo la custodia de los bienes embargados por el tiempo que los mismos se prolonguen.

Los abogados admitidos a *postular* son considerados también por la ley como *funcionarios de la corte*, ya que su misión esencial debe ser la de ayudar al juez a que se logre justicia en las causas que ante él van a representar. Aunque habitualmente los litigantes son los que seleccionan *su* abogado, también puede el propio tribunal, en excepcionales situaciones, encomendarles la representación de una parte en el litigio.

La institución del *jurado* desempeña en Puerto Rico una función mucho más limitada que en los pueblos anglosajones. Por disposición de nuestras leyes locales, el jurado está excluido de entender en los casos civiles; y en los *penales* sólo pueden valerse de él —*por regla general*— los acusados por delito grave.[30] Aún éstos pueden renunciar a ese *derecho constitucional* y acogerse, si así lo prefieren, a que los juzgue el *Tribunal de Derecho*, que es el juez.

El jurado consiste de un cuerpo de ciudadanos que son juramentados ante el tribunal y que, bajo instrucciones pertinentes que del juez reciben, y luego de escuchar la prueba que en *el juicio* se les someta, resuelven por *veredicto* la inocencia o culpabilidad del acusado.

En todo proceso por delito *grave*, o se celebra un juicio *por jurado*, y en ese caso se constituye un *tribunal de los hechos*, además del juez; o, si así lo prefiere el acusado, se prescinde del jurado, y entonces el juez resuelve por sí sólo tanto las cuestiones de *hecho* como las de *derecho*.

Las cualificaciones para servir como jurado, el modo de preparar *la lista* de los jurados que han de servir durante un predeterminado período de tiempo; las reglas y procesos para constituir *el panel* de donde en cada caso se ha de *insacular* (seleccionar) el número preciso (doce) de los que han de integrar el jurado del caso; y todos los demás aspectos relacionados con este instrumento colectivo de impartir la justicia en los casos *penales*, están ampliamente prescritos en la ley.

Sólo nos queda señalar que en la *Corte Federal* la institución del jurado se rige en sus bases funcionales e institucionales por leyes del Congreso. Allí se exige que *todo jurado conozca* el idioma inglés y en él *se exprese* ante el tribunal. Puede utilizarse el jurado para entender y decidir sobre los hechos, tanto en casos *civiles* como *criminales;* en éstos últimos, a pedido del *acusado* y en los casos civiles por diversidad de ciudadanía, el *demandante* puede solicitar juicio por jurado. Y sus veredictos requieren el voto unánime de sus integrantes.[31]

Categorías y autoridad en el Sistema Judicial de Puerto Rico

Existen en el país dos sistemas de cortes de justicia: a) el que, abarcando tribunales de creación local, entrelaza éstos con el Tribunal Supremo de los Estados Unidos y adquiere, por ese hecho, la calificación de *sistema mixto;* y b) el sistema puramente *federal*, compuesto exclusivamente de cortes de los Estados Unidos.[32]

a) *El sistema mixto:* El orden de jerarquía de los tribunales *locales*, establecidos mediante leyes puertorriqueñas, es el siguiente: 1) el Tribunal *Supremo* de Puerto Rico; 2) el Tribunal de Circuito *de Apelaciones;* y 3) el Tribunal de *Primera Instancia* .

[30] En los delitos menos graves, el derecho a ser juzgado ante jurado se limita a ofensas con una penalidad mínima de cárcel fijada en la ley.

[31] En los tribunales locales no se requiere unanimidad para producir un veredicto. Basta con el voto favorable de *nueve* para poder declarar *culpable* al acusado.

[32] En rigor, como el poder judicial más alto en la pirámide que forman ambos sistemas radica en un solo tribunal, que es a la vez *supremo y federal*, ambos sistemas son *federales* en el sentido de predominio para decidir la justicia en los casos de mayor alcance para la vida puertorriqueña.

A tenor con lo dispuesto por leyes del Congreso,[33] ciertas decisiones del Tribunal Supremo local son apelables al Tribunal Supremo de los Estados Unidos. Esa vinculación es lo que da al sistema carácter *mixto.*

Apelaciones ante el Tribunal Supremo de los Estados Unidos. Las sentencias o resoluciones *finales* del Tribunal Supremo de Puerto Rico podrán ser revisadas por el Tribunal Supremo federal en los casos y del modo que se señalan por estatuto del Congreso de los Estados Unidos.[34]

Hasta 1994, el orden de jerarquía de los tribunales *locales,* establecidos mediantes leyes puertorriqueñas, *era* el siguiente: 1) el Tribunal Supremo de Puerto Rico; 2) el Tribunal *Superior,* repartido en nueve demarcaciones geográficas que abarcan todo nuestro territorio; y 3) el Tribunal de *Distrito,* con un número mucho mayor de divisiones y de jueces, pero integrando igualmente la totalidad de nuestro ámbito nacional. A partir de la Ley de la Judicatura de 1994 se produjeron cambios sustanciales en el esquema de nuestro sistema judicial, con el orden jerárquico arriba indicado.

Reforma Judicial: Ley de la Judicatura de 1994, enmendada en 1995

En 1994, mediante la *Ley de la Judicatura,* se hicieron dramáticas reformas en el sistema judicial puertorriqueño.

En Pueblo vs. Cortés[35] se destacan algunas de las más sobresalientes:

> "... Esta ley adoptó un sistema vertical que consiste en un Tribunal de Primera Instancia consolidado, de jurisdicción original con competencia unificada para atender todo tipo de casos y causas, y un Tribunal de Circuito de Apelaciones como tribunal intermedio."

La Ley de la Judicatura de 1994 uniforma ... "los procedimientos ante el Tribunal de Primera Instancia y los mecanismos de revisión de las decisiones del Tribunal de Primera Instancia por el Tribunal de Circuito de Apelaciones, ...".

"... La creación del Tribunal de Circuito de Apelaciones, como tribunal intermedio, se da de forma simultánea con la eliminación de las divisiones de competencia que hasta entonces caracterizaron al tribunal de instancia, es decir, los Tribunales Superior, de Distrito y Municipal. Este cambio estuvo acompañado por una disposición en el sentido de que la

[33] 28 U.S.C.A.; 207 Fed. 2nd 377.

[34] Ley del Congreso 87-189 del 30 de agosto de 1961; 28 U.S.C.A..1258, traducido al españo1 en 4 L.P.R.A. 31. En el mismo volumen aparece el texto completo del estatuto donde se indican los casos del Supremo de Puerto Rico que están sujetos a revisión por el Supremo de los Estados Unidos. Véase este texto transcrito en el Capítulo 4 de este libro, bajo el inciso "6) Subordinación del Supremo de Puerto Rico al Supremo federal".

[35] *Pueblo vs. Cortés,* 97 C.A. 5.

abolición del Tribunal de Distrito seguirá un proceso paulatino, con una duración de ocho (8) años, a partir de la vigencia de la ley. Art. 9.001 de la Ley de la Judicatura de 1994, según enmendada. 4 LPRA sec. 23c. ..."

Aunque la ley dispuso que "...la abolición del Tribunal de Distrito sería paulatina, los efectos de la consolidación de las secciones del Tribunal de Primera Instancia no se hicieron esperar. Así, por ejemplo, ... se dispuso en cuanto a la competencia de los jueces del Tribunal de Primera Instancia que el Juez de Distrito conocería concurrentemente con el Juez Superior, entre otros casos, de toda causa por delito menos grave. Art. 9.103 de la Ley ... 4 LPRA sec. 23k. Además, la ley eliminó todo recurso de apelación ante los Jueces Superiores de sentencias dictadas por los Jueces de Distrito. Al respecto dispuso que sería el Tribunal de Circuito de Apelaciones el cual atendería mediante apelación 'toda sentencia final dictada en casos originados en el Tribunal de Primera Instancia, incluyendo el Tribunal de Distrito durante el proceso de su abolición'. Art. 4.0002 (a) de la Ley ..., 4 LPRA sec. 22k."

A continuación, en el sistema mixto antedicho, cada uno de los tribunales locales en su orden jerárquico, con sus respectivas características y funciones:

1) *El Tribunal Supremo de Puerto Rico.* Es **el único** tribunal puertorriqueño constituido directamente por disposición constitucional.[36] Los demás son creados por estatutos legislativos.

Integrada por un Juez Presidente y seis Jueces asociados, nuestra más alta magistratura podrá funcionar *en pleno,* o dividida en dos *Salas,* compuesta cada una por tres jueces asociados. Las Salas son presididas, respectivamente, por los dos jueces de mayor antigüedad en el Tribunal. El Juez Presidente deberá formar parte de cualquiera de las dos Salas y en cada instancia presidirá la Sala de la cual esté formando parte.

Cuando funciona *plenariamente,* un mínimo de cuatro jueces constituye el *quórum.* Pero la Suprema Corte puertorriqueña no podrá declarar *inconstitucional* una ley si no concurre para ello el voto de una mayoría de los magistrados que integran el Tribunal. Sin embargo, para mantener su *constitucionalidad,* basta con una mayoría de los jueces que intervengan en el caso.[37]

Las decisiones del Tribunal en pleno se adoptarán, salvo en los casos de inconstitucionalidad, por mayoría de los jueces que intervengan. La decisión del Tribunal por una de sus Salas para resolver un asunto en sus méritos deberá adoptarse por mayoría de los jueces que integran la Sala.

[36] "El poder judicial de Puerto Rico se ejercerá por un Tribunal Supremo y por aquellos otros tribunales que se establezcan por la ley." Art. V, sec. 1a. de la Constitución de Puerto Rico; 1 L.P.R.A., artículo V, sec.1.

[37] Resuelto por el propio Tribunal en el caso de *Pueblo* vs. *Méndez* (1961) 83 D.P.R. 539; 4 L.P.R.A. 31. Véase además 4 L.P.R.A., Regla 3.

Por disposición de la propia Constitución el número de jueces que componen el Tribunal Supremo podrá ser variado por ley de nuestra Asamblea Legislativa, pero únicamente *a solicitud* del propio Tribunal. Esta prerrogativa ya ha sido ejercida; a ella se debe que esté constituido actualmente por siete magistrados.

Competencia: El Tribunal Supremo de Puerto Rico es, básicamente, una corte de *apelaciones y revisión. A* pesar de ello, no está excluida de competencia para conocer de casos, *muy especiales,* que por disposición de ley deben ventilarse ante él *en primera instancia.* En sus procedimientos y fallos, así en *lo civil* como en *lo criminal,* podrá abarcar todos los hechos y cuestiones que aparezcan en los autos de la causa, y también los méritos de ésta, para mejor aplicar el Derecho y evitar injusticias y demoras.

En 1995 se enmendó la Ley de la Judicatura[38] en lo referente a la competencia del Tribunal Supremo, el Tribunal de Circuito de Apelaciones y el Tribunal de Primera Instancia.

En lo que respecta a la *competencia del Tribunal Supremo,* dicha Ley dispone:

"El Tribunal Supremo o cada una de sus Salas, conocerán de los siguientes asuntos:

a) *En primera instancia,* de recursos de Mandamus, Habeas Corpus,[39] Quo Warranto, Auto Inhibitorio y de aquellos otros recursos y causas que se determinen por ley. Asimismo, *cada uno de los jueces* de dicho Tribunal podrá conocer en primera instancia de los recursos de Habeas Corpus y Mandamus, pero su resolución en tales casos estará sujeta a *revisión* por el Tribunal Supremo, el cual, siempre que ello fuere *solicitado* por parte interesada dentro de los diez días después que le fuere notificada, revisará la resolución del Juez en cualquier de dichos casos, y dictará la que a su juicio proceda.

b) Mediante recurso de *apelación,* las sentencias finales que dicte el Tribunal de Circuito de Apelaciones en recursos de apelación en casos civiles, en las cuales se haya determinado *la inconstitucionalidad* de una ley, resolución conjunta, resolución concurrente, regla o reglamento de una agencia o instrumentalidad pública, u ordenanza municipal, al amparo de la Constitución de los Estados Unidos o de la Constitución del Estado Libre Asociado de Puerto Rico.

c) Mediante recurso de *apelación,* cuando se plantee la existencia de un *conflicto entre sentencias* del Tribunal de Circuito de Apelaciones en casos civiles apelados ante ese Tribunal.

[38] Enmendó los Artículos 3.002, 4.001, 4.002, 5.002, 5.003, 5.004, 9.004 y 10.003 del Plan de Reorganización Núm. 1 de la Rama Judicial, según aprobado el 28 de julio de 1994, conocido como la "Ley de la Judicatura de Puerto Rico de 1994".

[39] Es un *auto* que expide un tribunal para que se ponga en libertad una persona privada *ilegalmente* de ella. También, para determinar a quién corresponde la potestad y custodia de un menor de edad.

d) Mediante auto de *Certiorari*,[40] a ser expedido *discrecionalmente*, revisará *las demás sentencias o resoluciones finales* del Tribunal de Circuito de Apelaciones.

(1) El recurso de Certiorari ante el Tribunal Supremo para revisar las sentencias en recursos de *apelación* emitidas por el *Tribunal de Circuito de Apelaciones* deberá ser presentado en la secretaría del Tribunal Supremo dentro del *término jurisdiccional* de treinta (30) días contados desde la fecha del archivo en autos de copia de la notificación de la sentencia recurrida.

En aquellos casos civiles en que el Estado Libre Asociado de Puerto Rico, sus funcionarios, alguna de sus instrumentalidades que no fuere una corporación pública o los municipios de Puerto Rico sean parte, la solicitud de Cetiorari para revisar las sentencias en recursos de apelación emitidas por el Tribunal de Circuito de Apelaciones deberá ser presentada en la secretaría del Tribunal Supremo, por cualquier parte en el pleito perjudicada por la sentencia, dentro del *término jurisdiccional* de sesenta (60) días contados desde la fecha del archivo en autos de copia de la notificación de la sentencia recurrida.

(2) El recurso de Certiorari ante el Tribunal Supremo para revisar las sentencias o resoluciones finales del Tribunal de Circuito de Apelaciones emitidas en recursos de Certiorari *en casos por alegación de culpabilidad*, deberá ser presentado en la secretaría del Tribunal Supremo dentro del *término jurisdiccional* de treinta (30) días contados desde la fecha del archivo en autos de copia de la notificación de la sentencia recurrida.

(3) El recurso de Certiorari ante el Tribunal Supremo para revisar las sentencias o resoluciones finales del Tribunal de Circuito de Apelaciones emitidas en recursos de Certiorari del dictamen *en procedimientos civiles de jurisdicción voluntaria*, deberá ser presentado en la secretaría del Tribunal Supremo dentro del *término jurisdiccional* de treinta (30) días contados desde la fecha del archivo en autos de copia de la notificación de la sentencia recurrida.

(4) El recurso de Certiorari ante el Tribunal Supremo para revisar las demás sentencias o resoluciones de finales del Tribunal de Circuito de Apelaciones *en recursos discrecionales* deberá ser presentado en la secretaría del Tribunal Supremo dentro del término de treinta (30) días contados desde la fecha del archivo en autos de copia de la notificación del dictamen recurrido El término aquí dispuesto es de cumplimiento estricto, *prorrogable* sólo cuando mediaren circunstancias especiales debidamente sustentadas en la solicitud de Certiorari.

. . .

[40] El *certiorari* es un auto o mandamiento judicial expedido por un tribunal superior exigiendo de otro inferior que remita al primero copia certificada de las diligencias pendientes en el tribunal inferior, con el fin de revisar errores de procedimiento, de jurisdicción o cuestiones sustantivas, o terminar un caso cuando erróneamente se *rehusa* terminarlo. 32 L.P.R.A. 3491 , págs. 747-748. *Mercado* vs. *Corte* (1951), 71 D.P.R. 789; 72 D.P.R. 244.

g) Mediante auto de certificación a ser expedido discrecionalmente, y sólo en circunstanciasurgentes y a solicitud de parte, podrá traer inmediatamente ante sí para considerar y resolver, *cualquier caso pendiente* ante el Tribunal de Circuito de Apelaciones cuando se plantee la *inconstitucionalidad* de una ley, resolución conjunta concurrente, regla o reglamento de una agencia o instrumentalidad pública, u ordenanza municipal, al amparo de la Constitución del Estado Libre Asociado de Puerto Rico o de la Constitución de los Estados Unidos.

h) Mediante *Recurso Gubernativo*, de una calificación final hecha por un Registrador de la Propiedad, *denegando el asiento* solicitado por el peticionario de conformidad con el término y requisitos dispuestos en la 'Ley Hipotecaria y del Registro de la Propiedad'.

i) Mediante auto de Certiorari, a ser expedido discrecionalmente, de cualquier sentencia o resolución final del Tribunal de Circuito de Apelaciones para la cual *no se hubiera establecido procedimiento específico* en esta Ley de la Judicatura o en alguna ley especial aprobada con posterioridad. En estos casos, el recurso de Certiorari se presentará dentro del término y bajo las condiciones dispuestas por ley para la presentación del recurso equivalente que procedía del antiguo Tribunal Superior.

j) De *cualesquiera otros recursos y causas* que se determinen por *ley especial.*

. . .

La presentación de un escrito de apelación ante el Tribunal Supremo en casos civiles *suspenderá los procedimientos* ante los tribunales inferiores, salvo una orden en contrario expedida *motu proprio* a solicitud de parte por el Tribunal Supremo, y según se dispone en las Reglas de Procedimiento Civil. Cualquier cuestión no comprendida en la apelación podrá continuar considerándose en el Tribunal de Primera Instancia. En casos criminales aplicará lo dispuesto en las Reglas de Procedimiento Criminal.

La presentación de una solicitud de Certiorari ante el Tribunal Supremo *no suspenderá los procedimientos* ante el Tribunal de Circuito de Apelaciones o el Tribunal de Primera Instancia. La expedición del auto de Certiorari *suspenderá* los procedimientos ante el Tribunal de Circuito de Apelaciones y el Tribunal de Primera Instancia, salvo una orden en contrario expedida motu proprio o a solicitud de parte por el Tribunal Supremo.

La presentación de una solicitud de certificación *no suspenderá* los procedimientos ante el Tribunal de Circuito de Apelaciones o el Tribunal de Primera Instancia, pero el Tribunal de Circuito de Apelaciones *no podrá dictar sentencia* en el caso a menos que el Tribunal Supremo deniegue la solicitud de certificación.

Si la sentencia recurrida o apelada, según fuere el caso, dispusiera la venta de *cosas susceptibles de pérdida o deterioro,* el Tribunal de Primera Instancia podrá ordenar que se vendan las mismas y que se deposite su importa hasta que el Tribunal Supremo resuelva el recurso.

Si el Tribunal Supremo determinare que el recurso ante su consideración es uno *frívolo* o que fue presentado para *dilatar* los procedimientos, al denegar su expedición impondrá a la parte promovente, además de las costas, gastos y honorarios de abogado, la sanción económica que estime apropiada. Los dineros procedentes de la imposición de sanciones podrán ingresar al Fondo General del Estado Libre Asociado de Puerto Rico, o *a discreción del Tribunal*, podrán ser asignados a la parte, a la representación legal de la parte recurrida, o a ambos."[41]

2) *El Tribunal Intermedio: Tribunal de Circuito de Apelaciones.*

La Ley de la Judicatura de Puerto Rico dispone:

"Naturaleza y composición del Tribunal de Circuito de Apelaciones: organización

Se establece el Tribunal de Circuito de Apelaciones como *tribunal intermedio* entre el Tribunal Supremo y el Tribunal de Primera Instancia. El Tribunal de Circuito de Apelaciones será *tribunal de récord* . . ."

El Tribunal de Circuito de Apelaciones estará constituído por *una sola sección* con sede en la ciudad de *San Juan* que se compondrá de *treinta y tres (33) jueces*, incluyendo los jueces que pertenecían al Tribunal de Apelaciones derogado por la Ley Núm. 11 de 2 de junio de 1993, y sesionará en las sedes del Tribunal de Primera Instancia según se dispone más adelante.

La Secretaría del Tribunal de Circuito de Apelaciones estará en la ciudad de San Juan. Los escritos iniciales de apelación o Certiorari que se sometan a la consideración del Tribunal de Circuito de Apelaciones, y sus copias, podrán presentarse en la Secretaría del Tribunal de Circuito de Apelaciones *o* en la Secretaría de la sede del Tribunal de Primera Instancia de Puerto Rico *en la cual se resolvió la controversia* objeto de revisión y dicha presentación tendrá todos los efectos de ley. Los escritos posteriores y sus copias se presentarán en le Secretaría del Tribunal de Circuito de Apelaciones.

El Tribunal de Circuito de Apelaciones funcionará en *paneles compuestos de tres (3) jueces* designados por el Juez Presidente del Tribunal Supremo. La competencia territorial del Tribunal de Circuito de Apelaciones se distribuirá según se dispone en el Artículo 4.003 de esta Ley.

. . . Las sentencias, resoluciones y opiniones del Tribunal de Circuito de Apelaciones serán publicables y podrán ser citadas con carácter *persuasivo*, al igual que las decisiones y opiniones de otras jurisdicciones. Las sentencias, resoluciones y opiniones del Tribunal de Circuito de Apelaciones *no constituirán precedente*. El Tribunal de Circuito de Apelaciones funcionará bajo un sistema de rotación periódica de los miembros de los distintos paneles . . . Los jueces permanecerán en un mismo panel por un período no mayor de un (1) año."[42]

[41] Artículo 3.002 de la *Ley de la Judicatura*, según enmendada, Ley 248 del 25 de diciembre de 1995.

La Ley de la Judicatura de Puerto Rico también dispone:

"Competencia del Tribunal de Circuito de Apelaciones: revisión de las decisiones del Tribunal de Primera Instancia

El Tribunal de Circuito de Apelaciones conocerá en los siguientes asuntos:

a) Mediante recurso de apelación de toda sentencia final dictada en casos originados en el Tribunal de Primera Instancia, incluyendo el Tribunal de Distrito durante el proceso de su abolición.

b) Mediante auto de Certiorari, a ser expedido *discrecionalmente,* las resoluciones dictadas por el Tribunal de Primera Instancia *por virtud del procedimiento especial* dispuesto en el Artículo 18.006 de la Ley Núm. 81 de 30 de agosto de 1991, según enmendada, conocida como la 'Ley de Municipios Autónomos del Estado Libre Asociado de 1991.' . . .

c) Mediante auto de Certiorari, a ser expedido *discrecionalmente,* de las resoluciones, determinaciones u órdenes de *la Comisión Estatal de Elecciones,* . . .

d) Mediante auto de Certiorari, a ser expedido *discrecionalmente,* de las sentencias dictadas por el Tribunal de Primera Instancia como consecuencia de una *alegación de culpabilidad,* incluyendo las dictadas por el Tribunal de Distrito durante el proceso de su abolición. . . .

e) Mediante auto de Certiorari expedido a su *discreción,* revisará las resoluciones finales en procedimiento de *jurisdicción voluntaria,* dictadas por el Tribunal de Primera Instancia, incluyendo el Tribunal de Distrito durante el proceso de abolición. . . .

f) Mediante auto de Certiorari expedido a su *discreción,* de *cualquier otra resolución u orden* dictada por el Tribunal de Primera Instancia, incluyendo el Tribunal de Distrito durante el proceso de su abolición. . . .

g) Mediante auto de revisión, a ser expedido *discrecionalmente,* de las decisiones, reglamentos, órdenes y resoluciones de cualquier agencia administrativa, de acuerdo con los términos y condiciones establecidas por la Ley Núm. 170 de 12 de agosto de 1988, según enmendada, conocida como la 'Ley de Procedimiento Administrativo Uniforme del Estado Libre Asociado de Puerto Rico'.

h) Cualquier panel del Tribunal de Circuito de Apelaciones o cualquiera de sus jueces podrá *expedir autos de Habeas Corpus y de Mandamus.*

i) Mediante auto de Certiorari, a ser expedido *discrecionalmente,* de cualquier sentencia o resolución final del Tribunal de Primera Instancia para la cual *no se hubiere establecido procedimiento específico* en esta Ley de la Judicatura o en alguna ley especial aprobada con posterioridad. . . .

j) Cualquier otro asunto determinado por ley especial.

[42] Artículo 4.001 de la *Ley de la Judicatura,*según enmendada, Ley 248 del 25 de diciembre de 1995.

La presentación de un escrito de apelación en un caso en que sólo una solicitud de auto de Certiorari o una solicitud de auto de revisión de una decisión administrativa *no* será motivo suficiente para desestimar; y en tal caso el escrito de apelación se considerará a todos los fines pertinentes como si fuera una solicitud de auto de Certiorari o de auto de revisión de una decisión administrativa debidamente presentada ante el Tribunal de Circuito de Apelaciones, según proceda en el caso. Tampoco será motivo suficiente para desestimar el hecho de que una parte solicite un auto de Certiorari contra una sentencia que es apelable o contra una decisión administrativa que es revisable; y en tal caso la solicitud de auto de Certiorari se considerará a todos los fines pertinentes como si fuera un escrito de apelación o una solicitud de auto de revisión de Certiorari debidamente presentados, según proceda en el caso.

La presentación de una solicitud de Certiorari ante el Tribunal de Circuito de Apelaciones en casos civiles *no* paralizará los procedimientos ante el Tribunal de Primera Instancia. Excepto lo dispuesto en el inciso (f) de este Artículo, la expedición del auto de Certiorari *suspenderá los procedimientos* ante el Tribunal de Primera Instancia, salvo orden en contrario, expedida motu proprio o a solicitud de parte por el Tribunal de Circuito de Apelaciones. En casos criminales aplicará lo dispuesto en las Reglas de Procedimiento Criminal.

La presentación de un escrito de apelación ante el Tribunal de Circuito de Apelaciones en casos civiles *suspenderá los procedimientos* ante el Tribunal de Primera Instancia, salvo una orden en contrario expedida motu proprio o a solicitud de parte por el Tribunal de Circuito de Apelaciones, y según se dispone en las Reglas de Procedimiento Civil. Cualquier cuestión no comprendida en la apelación podrá continuar considerándose en el Tribunal de Primera Instancia. En casos criminales aplicará lo dispuesto en las Reglas de Procedimiento Criminal.

Si la sentencia apelada o la resolución recurrida dispusiera la venta de *cosas susceptibles de pérdida o deterioro*, el Tribunal de Primera Instancia podrá ordenar que se vendan las mismas y que se deposite su importe hasta que el Tribunal de Circuito de Apelaciones resuelva la apelación o el recurso.

Si el Tribunal de Circuito de Apelaciones determinare que el recurso ante su consideración es uno *frívolo* o que fue presentado para *dilatar los procedimientos*, al denegar su expedición impondrá a la parte promovente, además de las costas, gastos y honorarios de abogado, la sanción económica que estime apropiada. Los dineros procedentes de la imposición de sanciones podrán ingresar al Fondo General del Estado Libre Asociado de Puerto Rico o *a discreción del Tribunal*, podrán ser asignados a la parte, a la representación legal de la parte recurrida, o a ambas."[43]

[43] Artículo 4.002 de la *Ley de la Judicatura*,según enmendada, Ley 248 del 25 de diciembre de 1995.

3) *El Tribunal de Primera Instancia.*

La Ley de la Judicatura de Puerto Rico también dispone:

"Competencia del Tribunal de Primera Instancia

El Tribunal de Primera Instancia conocerá de los siguientes asuntos:

a) En lo Civil:

. . .

4) De toda solicitud para poner en vigor las determinaciones de las agencias administrativas, o para impugnar o poner en vigor los laudos arbitrales en cualquier materia.
5) De todo otro asunto civil.
6) De todo asunto que con anterioridad a la vigencia de esta Ley era atendido por el Tribunal Superior, el Tribunal de Distrito y el Tribunal Municipal; disponiéndose que para estos asuntos se habrán de pagar los derechos que por ley se determinen."[44]

a) *El sistema de Cortes puramente federal: 1) La Corte de Distrito de los Estados Unidos* es, en este sistema, el tribunal de primera instancia. Entre nosotros es mejor conocida como la *Corte Federal.* Sus decisiones pueden ser apeladas ante la Corte de Apelaciones de los Estados Unidos para el Primer Circuito, cuya sede está en Boston, *estado* de Massachusetts.[45] A su vez, las decisiones de esta última son revisables por la Corte Suprema federal.

La *Corte Federal* tiene su sede en San Juan. Sus funciones judiciales están repartidas entre los jueces a ella asignados, los cuales, por regla general, actúan separadamente pero para determinados asuntos especiales pueden actuar como *tribunal colegiado.*[46] Son nombrados por el Presidente de los Estados Unidos con el consejo y consentimiento del Senado *federal,* al igual que los fiscales y demás funcionarios que integran esta Corte. Ocupan el cargo *indefinidamente,* en tanto observen buena conducta.[47]

---

[44] Artículo 5.003 de la *Ley de la Judicatura,*según enmendada, Ley 248 del 25 de diciembre de 1995.

[45] Los Estados Unidos y todo el territorio bajo su bandera está dividido, por leyes del Congreso, en once *circuitos* judiciales, cada uno con un Tribunal de Apelaciones facultado pare revisar las decisiones de aquellas cortes de *Distrito* federales ubicadas dentro de su respectiva demarcación territorial. El "distrito de Puerto Rico" está adscrito al Primer Circuito en el cual están comprendidos, además, los estados de Massachussetts, Rhode Island, Maine y New Hampshire.

[46] Véase *Mora v. Mejías,* 115 F. Supp. 610; Anotación en 4 L.P.R.A. 41.

[47] En inglés, *during good behaviour.* 28 U.S.C.A. 134.

Competencia. La Corte de Distrito de Estados Unidos para Puerto Rico, si bien está situada localmente, es una Corte que forma parte del sistema judicial *federal.* Ante ella se ventilan, como en los otros tribunales de ese sistema, casos que surgen bajo la Constitución y las leyes de los Estados Unidos o en los que esté envuelta la diversidad de ciudadanía.[48] En estos casos aplica la *ley* local *de Puerto Rico* cuando el demandante es *no domiciliado en Puerto Rico.* Tiene derecho a solicitar juicio por jurado en *lo civil.* Cuando se plantee una cuestión de derecho *no* resuelta por el Tribunal Supremo de Puerto Rico, el juez federal tiene que paralizar los procedimientos y solicitar un *auto de certificación* al Tribunal Supremo de Puerto Rico para que sea este cuerpo, el *perito* en *derecho civil,* quien establezca la norma jurisprudencial aplicable al caso.

Al igual que ocurre con las otras cortes de Distrito federales, la de Puerto Rico tiene *jurisdicción original* en toda causa *civil* en que la cuantía o valor envuelto en la controversia *exceda* de *diez mil dólares,* excluyendo intereses y costas, y que además se promueva entre:

a) ciudadanos de diferentes estados de los Estados Unidos;

b) ciudadanos de un estado norteamericano y un Estado extranjero o ciudadanos o súbditos de éste; o

c) ciudadanos de diferentes estados de los Estados Unidos y en que Estados extranjeros, o ciudadanos o súbditos de éste, son adicionados como partes.[49]

El término "estado" de los Estados Unidos, según usado en esta disposición, incluye los Territorios, el Distrito de Columbia, y el "Commonwealth" de Puerto Rico;[50] lo cual aumenta a seis, en lugar de tres, las instancias en que se hace posible la *diversidad* de ciudadanía pare conferir jurisdicción a la Corte Federal.

Una corporación—a los efectos de esta jurisdicción—se considera *ciudadana de cualquier estado* bajo cuyas leyes se haya incorporado y, además, ciudadana del *estado* donde tenga su sitio principal de negocios.[51]

---

[48] Véase *United States* v. *Valentine,* Corte Federal Puerto Rico (1968), 288 *F.Supp.* 957.

[49] 28 U.S.C.A. 1332. La sección 41 de la Ley de Relaciones Federales fue derogada por ley del Congreso 91-272 de junio 2 de 1970. Cambió cuantía de $3,000.00 a $10,000.00.

[50] Ley del Congreso 88-439, sec. 1, 78 Stat. 445; 28 U.S.C.A. 119.

[51] "en cualquier demanda directa contra la firma aseguradora bajo una póliza o contrato de seguros, sea ésta incorporada o no, y a cuya acción no se acumule como parte demandada al asegurado, tal firma aseguradora será considerada como ciudadana del "estado" por cuyas leyes esté incorporada la aseguradora o en que ésta tenga su sitio principal de negocios." 28 U.S.C.A. 1332.

Además de los casos en que esté presente el factor *diversidad de ciudadanía,* según se han señalado, el Tribunal federal en Puerto Rico tendrá jurisdicción también para "la naturalización de extranjeros y puertorriqueños".[52]

Jurisdicción exclusiva y concurrente. Aunque dentro del sistema judicial federal, la Corte situada en Puerto Rico está considerada como una *especial* por su condición de corte *territorial,* su jurisdicción es, en casi todos los aspectos, similar a la de los otros tribunales de distrito de los Estados Unidos. Así, por ejemplo, la jurisdicción *exclusiva* que el *Congreso* le tiene asignada a éstos en materias tales como: delitos por violación a leyes federales *(federal crimes),* quiebras, almirantazgo, patentes, derechos de autor *("copyright"),* marcas de fábrica *(trade marks),* competencia desleal *(unfair competition),* monopolios y otros, la Corte Federal en Puerto Rico la ejerce también en igual alcance y con igual carácter exclusivo.[53]

En cambio, sobre otras causas o controversias que tienen *categoría federal* porque surgen de la Constitución de los Estados Unidos o de las leyes del Congreso, o por actuaciones u omisiones de funcionarios federales, la jurisdicción de las cortes de distrito federales no es necesariamente *exclusiva;* lo es en la medida dispuesta por el propio Congreso de los Estados Unidos. Y esto significa que los tribunales del sistema *local* —tanto en los "estados" como en Puerto Rico— tienen jurisdicción *concurrente* con las cortes *federales* en este género de asuntos; o sea, en la medida en que no se les excluya expresa o implícitamente.[54]

Pero la Corte federal en Puerto Rico no es más que un tribunal dentro de un sistema judicial gigante que comprende tribunales *federales de distrito,* esparcidos convenientemente para abarcar todo el territorio bajo la bandera norteamericana.[55] En escala más alta de jerarquía, le siguen los once tribunales del *Circuito de Apelaciones,*[56] numerados desde el 1 hasta el 10, más el que corresponde al Distrito de Columbia. Y, en la cumbre de todo el sistema, el Tribunal Supremo federal.

No corresponde al marco de este libro sobre Derecho Mercantil entrar en pormenores de organización, competencia, etc., de las cortes en tan vasto sistema. Sin embargo, dado el hecho del supremo poder que desde sus tres niveles se ejerce sobre el pueblo de Puerto Rico, nos parece ineludible señalar algunos de sus puntos más sobresalientes.

---

[52] "" . . . para este fin, la residencia en Puerto Rico se contará del mismo modo que si se tratara de residencia en cualquier otra parte de los Estados Unidos." (Dejado en vigor en julio 3 de 1950 por la Ley Pública 600 del Congreso de los EE. UU. Ley de Relaciones Federales, 1 L.P.R.A. 41.)

[53] Moore's Federal Practice, Vol. 1-sección 0.60(1), pág. 601. Sobre Almirantazgo, o leyes marítimas, puede verse la sección 1333 de 28 U.S.C.A. en que la jurisdicción de las cortes federales excluye la de los "estados". Y la sección 1334 que excluye la de éstos también en todo asunto o procedimiento de Quiebra. Sin embargo, en casos relacionados *indirectamente* con marcas de fábrica, competencia desleal, aún con patentes, o contra funcionarios federales, en los que no está envuelta *directamente la aplicación o* interpretación del estatuto federal, la jurisdicción concurrente de los tribunales "del estado" ha sido repetidamente reconocida; lo que equivale a decir que también a los tribunales locales de Puerto Rico les asiste igual facultad. (Obra citada, Vol. I, sección 0.06, pág. 25).

[54] *Whenever a legal right arises and its enforcement does not violate the principle of the sovereign immunity of the United States, and the federal courts do not have exclusive jurisdiction, expressly or impliedly, then any state court, competent to afford an appropriate remedy, has jurisdiction of the subject matter."* (Moore's Federal Practice, Vol. 1, sección 0.6 (6), pág. 25).

[55] Moore's Federal Practice, Vol. 1, pág. 13.

2) La Corte Suprema federal: En el vértice del sistema, como antes indicamos, está la Corte Suprema de los Estados Unidos, con una jurisdicción *original* que, aunque limitada, no deja de ser importante.[57] La más amplia facultad de esta Corte radica, no obstante, en su jurisdicción apelativa. La tiene, no sólo sobre todas las otras cortes federales en todos sus niveles, sino también sobre las decisiones finales en las cortes supremas de los cincuenta "estados", amén de la de Puerto Rico. En cuanto a las sentencias estatales, la facultad revisora del Supremo federal se contrae a los casos en que esté envuelta una *cuestión federal de sustancial alcance.*[58]

Aunque una porción de la jurisdicción apelativa del Tribunal Supremo es *mandatoria,* en el sentido de que la parte perdidosa en la Corte inferior tiene el recurso de apelar *como cuestión de derecho,* en la mayoría de los casos esa facultad *revisionista* resulta *discrecional,* ya que se permite invocarla sólo *mediante petición de certiorari.* Y el alto Tribunal puede, a su *discreción,* conceder o denegar *el Auto.*[59]

3) Los Tribunales de Circuito: En nivel intermedio de jerarquía están las Cortes de Apelaciones de los once *circuitos,* a las que anteriormente aludimos. Cierto que en casos muy excepcionales, se autoriza el derecho de apelación *directamente* desde el tribunal de Distrito a la Corte Suprema, sin tener que pasar *por el filtro* de la Corte del Circuito. Pero es en los Tribunales de Circuito donde por regla general radica el poder apelativo contra las decisiones que emiten las cortes de Distrito. La gran masa de las apelaciones contra lo resuelto a nivel de Distrito va, pues, a las cortes *de Circuito.*

Tomando en consideración que, en la mayoría de los casos, la parte contra quien se dicta sentencia en el Circuito no tiene recurso de *apelación* al Supremo federal, sino que sólo puede intentar *revisión* mediante petición de *Certiorari; y,* añadiendo a eso, que el Supremo concede únicamente un pequeño porcentaje de estas peticiones, el resultado neto es que los tribunales de Circuito vienen a ser realmente las cortes de última instancia en el gran volumen de los casos civiles y penales resueltos por los tribunales federales de distrito.[60]

---

[56] *Circuit Court of Appeals* en el lenguaje jurídico norteamericano.

[57] Esta jurisdicci6n *original* se extiende a "todos los casos que afecten Embajadores, Ministros y cónsules públicos, y aquéllos en que un "estado" sea una parte en la controversia. En todos los otros casos. . . la Corte Suprema tendrá jurisdicción apelativa, tanto en las cuestiones de ley como en las de hecho, con las excepciones y conforme a la reglamentación que el Congreso establezca." (Artículo III, sección 2, párrafo segundo de la Constitución de los Estados Unidos).

[58] Una *cuestión federal* se determina por el texto del primer párrafo de la sección 2, Artículo III de la Constitución de los EE. UU. que dice: "Sección 2.—El poder judicial (federal) se extenderá a todo caso que en derecho y equidad surja de esta Constitución, de *las leyes de los Estados Unidos,* así como de los *tratados* celebrados o que se celebraren bajo su autoridad, a todos los casos que afecten a *embajadores y* otros *Ministros y cónsules* públicos, a todos los casos de *almirantazgo* y jurisdicción marítima; a todas las controversias en que los Estados Unidos *sean parte;* a las controversias *entre dos o más "estados",... y* entre un *"estado"* o sus *ciudadanos y Estados, ciudadanos o súbditos extranjeros."* Véase también a Moore's Federal Practice, Vol. 1, sec. 0.2 (2), pág. 13; sec. 0.6 (3) (página 227 y siguientes).

[59] Esta realidad afecta a Puerto Rico en la medida en que las decisiones de "su" Corte Federal y las del Tribunal Supremo local merezcan ser apelables. Sobre este punto puede verse la obra citada de Moore, Vol. L, sec. 0.02 (2) pág. 13; y también las páginas 227 y siguientes.

Por otro lado, las cortes de Circuito tienen también una importante esfera jurisdiccional al entender en apelaciones procedentes de la mayoría de las agencias administrativas del gobierno federal.[61] Es cierto que las decisiones que se emitan en estas apelaciones son revisables por el Tribunal Supremo. Sin embargo, este recurso suele resultar *académico* ya que, en la mayoría de los casos está limitado igualmente a promoverse mediante petición de Certiorari, que el Supremo concede o deniega *a su mejor juicio y discreción.*

En el nivel básico de hacer justicia en primera instancia, están los tribunales federales *de Distrito.* Su jurisdicción quedó explicada al principio de este tópico al referirnos a la *Corte federal* de Puerto Rico.

4) Tres Cortes Especiales: Hay, además, tres *cortes especiales* en el sistema judicial federal: la Corte de *Reclamaciones (Court of Claims);* la Corte sobre *Impuestos de Aduana (Customs Court); y* la Corte de *Apelaciones sobre Impuestos de Aduana y sobre Patentes (Court of Customs and Patent Appeals).*

La de *Reclamaciones* es principalmente una Corte para enjuiciar en primera instancia reclamaciones *ex-contractu* contra los Estados Unidos, incluyendo reembolso de contribuciones. La *Customs Court* revisa las determinaciones hechas por tasadores y por colectores, en procedimientos de tasación y en la clasificación de artículos importados, así como en la liquidación y cobro de *aranceles de aduana.*[62] La Corte llamada de *Customs and Patent Appeals* tiene jurisdicción apelativa sobre la *Customs Court,* sobre ciertas decisiones de la Oficina de Patentes en casos relacionados con patentes y marcas de fábrica, y también sobre las decisiones de la Comisión Tarifaria *(Tariff Commission).*[63]

En el Distrito de Columbia hay algunas otras cortes especiales.

Finalmente, y formando parte del sistema, están las llamadas *Cortes territoriales* ubicadas en la Zona del Canal de Panamá, Guam, Islas Vírgenes y Puerto Rico.[64]

5) El Congreso crea los tribunales: La Constitución de los Estados Unidos instituye únicamente la Corte Suprema federal.[65] No crea corte inferior alguna. Dentro de los límites

---

[60] Moore, obra y volumen citados, páginas 13 y 256, secs. 0.2 (2) y 0.7 (2) respectivamente.

[61] Esas agencies federales son numerosas. Entre ellas están algunas que, en virtud de leyes del Congreso, ejercen poderes administrativos casi absolutos sobre Puerto Rico. Ejemplos: la Junta de Aeronáutica Civil, la Agencia Federal que regula la radio y la televisión, la que fija los fletes marítimos y decide en toda materia relativa a buques y navegación; la Junta federal sobre salarios y otras normas del Trabajo; la que interviene en los asuntos del comercio exterior (Federal Trade Commission), etc. . . .

[62] Véase 28 U.S.C.A. 1582-1583.

[63] Véase 28 U.S.C.A. 1541-1543.

[64] A pesar de la reforma constitucional del año 1952. "la *Corte Federal* en Puerto Rico, y aún *los tribunales de creación local,* continúan siendo *cortes territoriales"* (Moore's Federal Practice, Vol. 1, sec. 0.4 (3), pág. 65; y sección 0.3 (3-1)

[65] La Constitución de Puerto Rico sigue en este punto la pauta de la norteamericana (1 L.P.R.A. Artículo V, secciones 1-13).

en ella señalados, deja al Congreso la potestad de establecerlas y también la de asignarles sus poderes jurisdiccionales. Puede el Congreso crear, y en efecto tiene creadas, cortes con jurisdicción limitada, concurrente, o exclusiva; y puede asignarles su competencia respectiva en el grado y con el carácter que el Congreso estime propio hacerlo. Por consiguiente, toda Corte federal— y en esto está incluida la de Puerto Rico —exceptuando la Suprema, tiene su origen en estatutos del Congreso. *En esos estatutos únicamente* es donde puede encontrarse definida *su jurisdicción.*

6) Subordinación del Supremo de Puerto Rico al Supremo federal: A pesar de que la ley local de la Judicatura y la propia Constitución de Puerto Rico declaran con gran solemnidad que "El Tribunal Supremo será el tribunal *de última instancia* en Puerto Rico": la sección 1a. de la ley del Congreso 87-189 adicionó una nueva sección—la 1258— al Título 28 del Código de los Estados Unidos, la cual se traduce al idioma español como sigue:

"Sección 1258-Tribunal Supremo de Puerto Rico; apelación; certiorari:

"Las sentencias o resoluciones finales dictadas por el Tribunal Supremo del "Commonwealth" de Puerto Rico podrán ser revisadas por el Tribunal Supremo (de los Estados Unidos) como sigue:

(1) Por *apelación,* cuando sea cuestionada la validez de un Tratado o estatuto de los Estados Unidos y la decisión sea en contra de su validez;

(2) *Por apelación,* cuando sea cuestionada la validez de un estatuto del "Commonwealth" de Puerto Rico sobre la base de ser opuesto a la Constitución, tratados o leyes de los Estados Unidos, y la decisión sea en favor de su validez;

(3) Por certiorari, cuando la validez de un tratado o estatuto de los Estados Unidos sea cuestionada o cuando la validez de un estatuto del "Commonwealth" de Puerto Rico sea cuestionada sobre la base de ser opuesta a la Constitución, tratados o leyes de los Estados Unidos, o cuando cualquier título, derecho, privilegio o inmunidad sea especialmente suscitado o reclamado bajo la Constitución, tratados o estatutos de, o prerrogativa asumida o autoridad ejercitada bajo, los Estados Unidos.[66]

[66] La transcrita ley del Congreso (87-189) fue aprobada el 30 de agosto de 1961 (75 Stat. 417) (28 U.S.C.A. 1258, pág. 332). "La jurisdicción de la Corte de Apelaciones del Primer Circuito para revisar decisiones del Tribunal Supremo de Puerto Rico fue abolida al derogarse la sección 1293 de 28 U.S.C.A. por la propia ley del 30 de agosto de 1961."

Capítulo 5

ANTECEDENTES HISTÓRICOS Y FUENTES DEL DERECHO MERCANTIL

Breviario histórico de nuestro Derecho Mercantil

Ni Roma, Fenicia, Cartago o Egipto, ni los pueblos que les precedieron, conocieron un Derecho Mercantil como disciplina autónoma[1] o separada, si bien incluían en sus sistemas reglas concernientes al comercio.

Después de la caída del Imperio Romano, Europa quedó sumida en las tinieblas del barbarismo imperante. Durante muchos siglos apenas se practicaba el comercio. De otro lado, la estrecha vida rural que caracterizó al Feudalismo no hizo necesario un orden jurídico que disciplinara la esfera de la negociación mercantil.

Renacimiento del comercio e ineficacia del Derecho común

Con el renacimiento de la vida económica europea, en los siglos XI al XIII, resurge la actividad comercial.[2] Fueron las ciudades italianas las que presenciaron el mayor auge

[1] Rocco, *Principios de Derecho Mercantil,* Traducción al español (1931), pág. 6.

[2] Ascarelli, *Derecho Mercantil,* traducción al español por Felipe de J. Tena, Méjico (1940), pág. 4.

en su comercio y las que mayor impulso dieron al desarrollo de un Derecho *especial* que a él se armonizara.

Piza, Amalfi, Venecia y Génova fueron los primeros puertos del mundo. Milán, Bolonia y Florencia, las más importantes plazas mercantiles. Ésta última fue, además, el principal centro bancario y cambiario de la época. Se destacaron también las ciudades Hanseáticas en el septentrión de Europa, Marsella en Francia y Barcelona en España. Aquel florecimiento del comercio hubo de hallarse frente a un insuficiente Derecho privado.[3] Veamos por qué.

Como resultado del dominio *bárbaro* sobre todo el territorio europeo, incluso Inglaterra, un Derecho Común *primitivo* de origen *germánico* suplantó por buen tiempo al antiguo Derecho Romano. Y aunque, a la postre, éste volvió a imponerse, ya estaba mixtificado por la decadencia de la institución pretoriana.[4] Por otro lado, la Iglesia mantenía un tradicional ataque contra la profesión mercantil, acusándola de perseguir *ganancias fáciles,* de promover conducta desenfrenada e inmoral, y *de practicar el cobro de intereses por el uso de dinero prestado.* Según la propaganda eclesiástica, esto era *ilícito,* por ser el dinero capital *improductivo,* y por representar los intereses cobrados *un lucro sin trabajo.* Como es de suponerse, tales prédicas entorpecían el uso del crédito y la expansión natural de las operaciones mercantiles. Y puesto que, a pesar de la difamación, el tráfico comercial pudo adquirir notable fuerza en las ciudades donde se celebraban ferias, y convertíanse éstas en opulentos centros de mercadeo, los comerciantes sintieron la necesidad de un orden jurídico *nuevo* que, en vez de entorpecer, facilitara y fomentara la actividad comercial.

Los gremios y corporaciones, instrumentos del nuevo Derecho

Así se explica que los comerciantes formaran, en cada uno de esos centros, influyentes *gremios* y *corporaciones.* Se deduce, además, el respeto que del poder oficial esos gremios se granjearon; y finalmente, *el derecho que se les reconoció para dictarse sus particulares reglas y establecer sus propios tribunales donde adjudicar "su" justicia.*

Este proceso culminó más tarde en las *ordenanzas,* promulgadas supuestamente por el municipio, o por los propios gremios mercantiles. Las ordenanzas fueron *colecciones de reglas y de interpretación judicial que los cónsules*[5] *aplicaban en los conflictos que surgían y que, por el uso generalizado y aceptado, se habían ido acumulando hasta convertirse en verdaderas compilaciones de ordenación jurídica.* Y lo más importante aún: eran reconocidas internacionalmente.

[3] Rocco, obra citada, pág. 10.

[4] El Pretor era la figura oficial sobresaliente del sistema romano, que daba perfección y adaptación al Derecho para procurar e imponer justicia.

[5] Funcionarios designados por los gremios para resolver los casos.

Las diversas colecciones de ordenanzas y la codificación

Las más sobresalientes entre las primeras de estas *colecciones* fueron el Libro del Consulado del Mar (siglo XIV), los Rooles o Juicios de Olerón (siglos XII, XIII y XIV), y las Leyes o Costumbres de Wisby (siglos XIV y XV). Como, por no existir carreteras ni ferrocarriles, no era nada fácil la comunicación terrestre, fue el comercio *marítimo* el que hizo generalizar estas reglas en las tres órbitas principales del tráfico comercial de la época. La primera correspondió a los mares de Levante;[6] la segunda, a los mares del poniente; y la tercera, a los mares del Norte.[7]

Pero la colección de mayor significado para el subsiguiente desarrollo del Derecho mercantil es la promulgada bajo el reinado de Luis XIV en dos ordenanzas separadas: una dedicada al *comercio y* otra a la *marina,* ambas a fines del siglo XVII. Constituyen el primer ensayo de *codificación* del Derecho Mercantil: tarea precursora del primer código de legislación comercial nacional que un siglo más tarde se habría de promulgar en Francia. A aquella colección hay que acreditarle el mérito de haber reunido y sistematizado las diversas normas contenidas en los estatutos de las ciudades italianas.[8] Pero no representa, en opinión de Rocco, innovación alguna en el carácter de la legislación ya conocida.

El texto que verdaderamente imprime una transformación radical a lo que hasta entonces había sido reglamentación mercantil especial, es el *Code de Commerce* francés de 1807. Con él se introduce por vez primera el elemento objetivo de *acto o negocio mercantil,* y se le hace eje de todo el sistema, suplantando así el anterior concepto subjetivo o de *profesionalismo* que había caracterizado toda la legislación anterior. Con base a ese texto, españoles e italianos formulan el suyo. Y luego éstos últimos, en 1942, a su vez revolucionan en sus raíces todo su ordenamiento mercantil incorporándolo y haciéndolo parte integral de su "códice civile". Fue así como, en Italia, se suplantó el concepto de *acto mercantil* por el de "empresa mercantil" para dar nueva base y proyección al orden jurídico allí vigente.

Pero no se limitó a Italia y España la influencia decisiva de la codificación francesa. El citado Código de 1807 es el que, por mediación de España se vincula de un modo directo —en cuanto a contenido esencial— con las legislaciones mercantiles de la América Hispana. Y, entre ellas, la de Puerto Rico. Esto explica por qué el Código de Comercio español de 1829 se inspira en los mismos postulados del francés y copia literalmente muchos de ellos. Medio siglo más tarde se promulga en España el Código de Comercio de 1885 que la Corona española extiende a Puerto Rico el año siguiente (1886). Este Código, con sus partes tercera y cuarta derogadas virtualmente por ley o decisión judicial norteamericanas, es el que, suplementado por el Código Civil y un contingente de

[6] Redactada a base de la jurisprudencia del Tribunal Consular Marítimo de Barcelona; Rocco, obra citada, página 14.

[7] Álvarez del Manzano, *Curso de Derecho Mercantil,* página 232.

[8] Rocco, obra citada, página 23.

legislación especial —local y federal— componen el cuerpo del *Derecho Mercantil* que opera actualmente sobre Puerto Rico.

Las fuentes del Derecho Mercantil

Cada rama del Derecho tiene sus particulares fuentes. En el área del Derecho público, por ejemplo, la constitución del país, los acuerdos internacionales, los tratados de comercio, la Carta de las Naciones Unidas, las resoluciones que ese cuerpo adopta por su Asamblea General y por otros órganos competentes, son algunas de las fuentes de ese Derecho.

La ley, los usos y costumbres "aceptados y establecidos", y los principios generales del Derecho, están indicados en el Código Civil como fuentes a que ha de recurrirse para dar solución concreta a los litigios que surgen en el sector de las relaciones privadas.

¿Y cuáles son las fuentes del Derecho mercantil? ¿Dónde hemos de acudir si queremos encontrar la regla jurídica aplicable en los conflictos que del comercio y de la industria se derivan?

Si se han de mencionar sólo las que son exclusivas de la materia puramente mercantil, bastará con decir que son tres: el Código de Comercio, las leyes mercantiles *especiales*,[9] y *los usos* del comercio observados generalmente en cada plaza. En rigor, se reducen esencialmente a dos: *la ley mercantil* (general y especial) y la *costumbre mercantil.*

Pero reconociendo que, ni las leyes exclusivas del comercio ni los usos mercantiles son suficientes para cubrir todo problema jurídico en la esfera de esta particular actividad, el propio Código de Comercio establece que, a falta de regla en esas dos fuentes primarias, se aplicarán las del Derecho común, o sea, el Derecho Civil.[10]

[9] "la doctrina más autorizada. . ., desde los autores más antiguos hasta los más recientes, admite de modo unánime que, a pesar de que no resulte expresamente del texto legal , quedan con arreglo a su espíritu equiparadas al Código, en idéntico rango, las *leyes especiales* del comercio. La fuente primordial de las relaciones mercantiles estará constituida, no sólo específicamente por el Código de Comercio, sino en términos genéricos, por las leyes mercantiles." Jesús Rubio, *Introducción al Derecho Mercantil* (1969), página 362.

"La contemplación del campo legislativo mercantil descubre un fenómeno interesante: la abundancia de leyes especiales, que contrasta con la escasez de estas leyes en el Derecho Civil... La razón está en que la insuficiencia de los Códigos pare regir todas las relaciones... cuyo ámbito abarcan, se muestra más claramente en Derecho Mercantil. Los nuevos hechos, necesitados de nueva ordenación jurídica, se producen más rápidamente y en mayor número en la vida mercantil. Los Códigos de comercio nacen para quedar pronto anticuados y es preciso recurrir a la legislación... complementaria..." Garrigues, *Instituciones de Derecho Mercantil,* 5ta. edición (1953), pág. 31.

[10] "Los actos de comercio... estén o no especificados en este Código, se regirán por las disposiciones contenidas en él; y en su defecto por los usos del comercio observados generalmente en cada plaza, y a falta de ambas reglas, por las del Derecho común." Artículo 2 del Código de Comercio; 10 L.P.R.A.1002.

Orden de aplicación de las fuentes

A base de lo expuesto, el orden de aplicación de fuentes en el sector jurídico mercantil parece ser el siguiente: a) la ley mercantil especial aplicable al caso (si la hubiere); b. el Código de Comercio;[11] c. los usos del comercio; d. las reglas aplicables del Derecho Civil.[12]

Las leyes especiales en el Derecho Mercantil vigente.

Las *leyes especiales Mercantiles* son fuente primaria en el orden jurídico-comercial puertorriqueño. Sin perjuicio de explicar más adelante las más sobresalientes, enumeramos aquí por sus títulos algunas de las más importantes y añadimos nota breve de su particular materia cuando ésta no se deduce del nombre. También se suple el dato de si son de aprobación *local* o *federal*. Son las siguientes:

1) Ley federal sobre *aranceles de aduana*,[13] en concordancia con las disposiciones sobre el mismo asunto contenidas en los artículos 3, 9 y 58 de la Ley de Relaciones Federales con Puerto Rico (1 L.P.R.A. 3, 9 y 58, respectivamente).
2) Ley de *Corporaciones Privadas* de Puerto Rico.
3) Ley Uniforme de *Documentos Negociables* de Puerto Rico.
4) Ley de *Bancos* de Puerto Rico.
5) *Ley bancaria* de los Estados Unidos, titulada oficialmente *Ley del Sistema de la Reserva Federal*; (7 U.S.C.A.1).[14]
6) Ley que establece el *Banco Gubernamental de Fomento* de Puerto Rico.
7) Ley de *Quiebras* (federal). (*Bankruptcy Act*, 48 U.S.C.A.734).
8) Ley federal contra los *monopolios*. (Clayton Act) (15 U. S. C. A. 12 – 27; 18 U. S. C. A., 402, 660, 3285 y 369).
9) Ley contra *monopolios* y destrucción del comercio, de Puerto Rico.

---

[11] Por qué anotamos las leyes especiales como fuente de aplicación *anterior* al Código de Comercio, aparece de la norma establecida en el artículo 12 del Código Civil y de la siguiente decisión judicial: "Una ley especial sobre una materia debe prevalecer sobre cualquier otro precepto aplicable que sea de carácter general." *París* vs. *Canety* (1952), 73 D.P.R. 403; 31 L.P.R.A..12, donde pueden verse otras decisiones al mismo efecto.

[12] En páginas posteriores se indican los casos en los que aplican los usos mercantiles antes que el Código Civil y cuándo tienen aplicación después de éste.

[13] 48 U.S.C.A. 738 - 741. También puede verse 48 *Fed. Code Ann.* 739 y 19 U.S.C.A.1202.

[14] La subordinación de la banca puertorriqueña a esta ley, y al sistema por ella creado, es de naturaleza económica más que jurídica. Véase, no obstante, 12 *Fed. Code Ann.* 42; 48 U.S.C.A. 734; Ley Foraker de 1900, 31 *Stat.* 80.

10) Ley federal que regula el *comercio de cabotaje,*[15] llamada en los estatutos federales *Coastwise Shipping Laws,* (48 U.S.C.A. 1486; también 49 U. S C. A. 1301, donde se refiere expresamente a Puerto Rico).

11) Ley de los Estados Unidos sobre *Aeronáutica Civil,* 49 U.S.C.A.1301).

12) Leyes de los Estados Unidos sobre *navegación marítima y comercio* (48 U. S. C. A. 1486; también el Artículo 8 de la Ley de Relaciones Federales; 1 L.P.R.A 8).

13) Código de *Seguros* de Puerto Rico; del 19 de junio de 1957. (26 L.P.R.A.101 seg.).

14) Ley de *pesas y medidas* de Puerto Rico (10 L. P. R. A. 121 seg.).

15) Ley sobre *marcas de fábrica,*[16] de Puerto Rico (10 L. P. R. A. 191 seg.).

16) Ley federal sobre *patentes* para proteger *derechos sobre inventos* (35 U. S. C. A.100).

17) Ley número 75, titulada *"Contratos de Distribución",* de Puerto Rico, por la que se intenta proteger los *derechos de agentes y agencias en Puerto Rico* contra revocaciones abusivas por parte de firmas productoras del exterior.[17]

18) Ley sobre *ventas de mercaderías en lote o a granel,* de Puerto Rico.

19) Ley de *préstamos personales pequeños,* de Puerto Rico.

20) Ley de *censos de manufactura y negocios,* de los Estados Unidos. Por ella se recomienda hacer estos censos al Negociado correspondiente del Departamento de Comercio federal. (13 U.S.C.A.131-132).

21) Ley que regula el *negocio de hoteles,* de Puerto Rico, con el título de Ley de Hosteleros.

22) Ley *federal* que establece y regula el *sistema monetario* de los Estados Unidos, al cual está sujeto el comercio y toda otra operación de negocio en Puerto Rico. (48 U.S.C.A. 755).

23) Ley *federal* sobre *puertos y aeropuertos* (46 U.S.C.A. 866).

En capítulos posteriores se exponen los conceptos y normas de mayor alcance en las materias de *corporaciones, documentos negociables, ventas condicionales, quiebras, contratos de distribución de productos importados;* las *hipotecas* sobre bienes *muebles,* y las de *inmuebles.*

---

[15] *Cabotaje: navegación o tráfico que hacen los buques entre los puertos de su nación sin perder de vista la costa, o sea, siguiendo la ruta de cabo a cabo.* La legislación marítima y la aduanera de cada país suelen alterar sus límites en el concepto administrativo, pero sin modificar su concepto técnico-legal. Esto último es lo que toca a Puerto Rico.

[16] "La Legislatura puede aprobar legislación específica reglamentando el uso de marcas de fábrica en Puerto Rico (en este caso se trataba de un producto de la industria licorera del país), *siempre que no esté en conflicto con la legislación federal sobre la materia." Sucesores de J. Fernández* vs. *Domenech* (1942), 60 D.P.R. 906.

[17] En su exposición de motivos dicha ley, entre otras cosas, dice: "La Asamblea Legislativa de Puerto Rico declara que la razonable estabilidad de las relaciones de distribución (de artículos importados) en Puerto Rico es vital a la economía general del país,... y en el ejercicio del poder policial, considera necesario reglamentar, en lo pertinente, el campo de dichas relaciones, para evitar los abusos que ciertas prácticas ocasionan."

"La ley sobre contratos de distribución fue aprobada con vista del abuso generalizado por "los principales" hacia los concesionarios, y tuvo por objeto poner coto a (esos) abusos... y como tal es parte de un amplio programa contra los monopolios y no contradice ni viola las otras leyes locales y federales contra los monopolios." *Ruiz* vs. *Economics Laboratory, Inc.*, 274 *Fed. Supl.* 14 (1967).

El Código de Comercio

Lo que queda vigente de esta legislación general ya no se puede llamar tal. Es más bien un fragmento de Código. Promulgado en el año 1885, empezó a regir el 1 de enero de 1886. De los cuatro libros en que originalmente se dividía, le quedan escasamente dos. El Primero trata de los *comerciantes y del comercio en general;* el segundo, de los *contratos especiales de comercio.* El tercero, que trataba "del comercio marítimo", ha sido suplantado por las *leyes de almirantazgo federal.*[18] Y el cuarto, que trata de "las suspensiones de pago, de las quiebras y las prescripciones", quedó *en suspenso* en sus dos primeras secciones,[19] y sólo subsiste de él la parte relativa a *las prescripciones.*

Los usos del comercio

Fueron *los usos* la primera fuente del Derecho mercantil. Las leyes mercantiles se han ido fraguando al estímulo de prácticas que los comerciantes repiten. Y que se van tomando gradualmente en estatutos y decisiones judiciales; esto es, en Derecho Mercantil escrito. Pero ni la profusión de estatutos, ni las codificaciones, ni el margen para interpretarlos que al poder judicial se asigna y que, de hecho, ejerce, pudieron descartar la costumbre como fuente viva y constante de reglas rectoras del comercio. Los *usos* no convertidos aún en ley escrita siguen sirviendo para suplir lagunas tanto del *Código de Comercio* como de la legislación especial. Así lo reconoce expresamente el propio texto de la ley al disponer que:

> "Los actos (negocios) de comercio ... estén o no especificados en este Código, se regirán por las disposiciones contenidas en él; en su defecto, por *los usos del comercio* observados generalmente en cada plaza, y a falta de ambas reglas, por las del Derecho común." (Código de Comercio, artículo 2).[20]

El carácter repetitivo de los contratos mercantiles favorece la formación del uso. Por la frecuencia con que se emplean ciertas cláusulas, debido a la contratación *en masa,* que es rasgo universal de la actividad comercio-industrial, llega el tiempo en que se dan por sobreentendidas. Así ocurre, primero, entre los mismos contratantes; luego entre todos los que practican igual ramo de operaciones. Las cláusulas así omitidas terminan por ser aceptadas

---

[18] Véanse sobre este punto las notas marginales en las páginas precedentes.

[19] "Los preceptos de este Título están en suspenso mientras esté vigente la ley federal de Quiebras." Sentencia del Tribunal Supremo de Puerto Rico, *Ex-Parte Coll,* 11 D.P.R. 49.

[20] Sobre el carácter supletorio de los usos como fuente de Derecho, pueden verse además: los artículos 173 y 195 del Código de Comercio, relativos al cumplimiento de obligaciones bajo el contrato de principal y agente (10 L.P.R.A. 1532 y 1554, respectivamente); el artículo 222 del mismo texto legal, en relación con el contrato de depósitos o almacenes, y el 252, respecto de obligaciones en el contrato (10 L.P.R.A. 1622 y 1710, respectivamente).

generalmente como reglas reguladoras del contrato a que correspondan. Así adquieren fuerza jurídica—como uso— de la que sólo puede liberar el pacto expreso en contrario.[21]

El *uso mercantil* puede ser fuente de Derecho meramente para interpretar la voluntad de los contratantes cuando lo escrito o expreso en el negocio pactado no está enteramente claro. Ese tipo de *uso* ha de ser probado al juez que entienda en el caso. Sin embargo, el uso que es fuente de Derecho en sí, no porque meramente sirva para aclarar intención en lo pactado, sino porque supla lo que se omitió pactar y deba entenderse obligatorio como si fuera precepto de ley, *ése no tiene que ser probado judicialmente* porque el juez tiene el deber de conocerlo como parte del Derecho *positivo.*[22]

Usos del Comercio en situación de cuenta corriente:

> "No constituye un 'uso de comercio' o 'uso mercantil' la práctica bancaria en esta jurisdicción, adoptada por la Asociación de Banqueros, a los efectos de que todo valor pagadero en otro banco o sucursal distinto a aquél en que se depositó, se le dé un período de espera de 4 días laborales para ser tramitado el cobro, teniéndose por incobrado dicho valor hasta que el importe del mismo sea efectivamente recibido por el banco en el cual se depositó."
>
> "Uso mercantil", explica la misma decisión, "es fuente dinámica y flexible en la formulación de normas jurídicas mercantiles" y, por consiguiente, una práctica bancaria que no reúne los requisitos de *espontaneidad, generalidad* y *publicidad,* no puede catalogarse de "uso mercantil".[23]

El Derecho Civil como fuente de Regla mercantil

Ahora bien, ¿operan siempre *los usos* con prioridad al Código Civil? De lo dispuesto en el artículo 2 citado, aparece obvia la prioridad que se asigna a los *usos del comercio* sobre lo preceptuado por el Derecho *civil.* Sin embargo, ésa es sólo una verdad parcial, ya que la prioridad se invierte en lo que atañe a las reglas básicas de contratación que constan, casi todas, en el libro IV del Código Civil. Éstas, en consonancia con el artículo 5 del referido Código,[24] tienen precedencia—por ser ley— sobre cualquier costumbre en contrario. Pero

---

[21] La entrega de una goma adicional, la de *repuesto,* con su aro y los instrumentos mínimos indispensables para sustituir en la marcha la llanta averiada, constituye en Puerto Rico un *uso mercantil* que obliga al vendedor en todo contrato de venta de automóvil *nuevo* por quien se dedique a ese negocio. No existe, en cambio tal uso o regla obligatoria cuando la venta de que se trate es de vehículo usado, o de segunda mano.

[22] "Esto establece la diferencia, en sus efectos legales, entre el uso *interpretativo* y el uso *normativo.*" Garrigues, *Instituciones de Derecho Mercantil,* 5ta. edición, página 39.

23 10 L.P.R.A 1002.

[24] "Las leyes sólo se derogan por otras leyes posteriores; y no prevalecerá contra su observancia el desuso, *la costumbre y la práctica en contrario.*" (Artículo 5 del Código Civil, 31 L.P.R.A 5).

además se confirma lo dicho por regla más específica (artículo 81) del Código de Comercio (10 L.P.R.A. 1301):

Reglas que rigen los contratos mercantiles:

> "Los contratos mercantiles, en todo lo relativo a sus requisitos, modificaciones, excepciones, interpretación y extinción, y a la capacidad de los contratantes, se regirán, en todo lo que no se halle expresamente establecido en este Código o en leyes especiales, por las reglas generales del Derecho Común."

No obstante la importancia de los usos como fuente de Derecho Mercantil, no debe perderse de vista el supremo predominio de la ley. Es principio consagrado que sólo se autoriza la aplicación de usos o prácticas mercantiles cuando son necesarias para suplir las lagunas de la ley, esto es, únicamente en los casos en que la ley no supla la regla. A la inversa: en las materias en que el legislador previó y estableció la regla, queda excluída la costumbre y toda otra fuente del Derecho.[25]

Los principios generales del Derecho

No es el Código de Comercio sino el Código Civil el que en su artículo 7, previamente citado, nos dice:

> "El tribunal que rehuse fallar a pretexto de silencio, obscuridad, o insuficiencia de la ley, o por cualquier otro motivo, incurrirá en responsabilidad."
>
> "Cuando no haya ley aplicable al caso, el tribunal resolverá conforme a equidad, que quiere decir que se tendrá en cuenta la razón natural de acuerdo con *los principios generales del Derecho* y los usos y costumbres aceptados y establecidos."[26]

Como en virtud de ese precepto la ley obliga a los tribunales a dar fallo, *sin pretexto alguno*, en todo caso que se les someta, y puesto que puede haber situaciones en que no haya ley ni costumbre aplicables, cuando éstas faltan, los principios generales del Derecho vienen a constituir fuente obligada en la que el magistrado ha de basarse pare dictar su sentencia.

---

[25] Garrigues, obra citada, pág. 41. Sobre la precedencia de los usos comerciales sobre el Derecho Civil, y viceversa, véase también la misma obra en su pág. 45.

[26] Código Civil, artículo7; 31 L.P.R.A. 7.

Esos principios generales no son otra cosa que principios de justicia. Y se encuentran en la ciencia jurídica, o sea, en la doctrina, expuesta por los tratadistas del Derecho: los jurisperitos. Por eso, un connotado comentarista del Código Civil los ha llamado *el Derecho científico*.[27]

Cierto que los propios exponentes y doctrinarios de la materia que estudiamos concuerdan en que las fuentes del Derecho Mercantil son únicamente las cuatro que hemos señalado en los párrafos que preceden. Por consiguiente, los *principios generales* no entran en esa particular categoría. Pero, aunque así sea en estricto sentido técnico, la práctica constante en la tarea de impartir justicia es la de recurrir a la ciencia jurídica y a los postulados básicos de justicia en que toda su estructura conceptual y filosófica se asienta. Esto es así, porque la ciencia "analiza, compara, hace resaltar coincidencias y descubre contrastes, formula axiomas del Derecho, deduce criterios generales, e ilumina, en fin, la conciencia del juzgador, imprimiendo a la decisión de éste la fuerza ideológica y persuasiva que la insuficiencia del Derecho objetivo no puede proveerle".[28] La ciencia sirve, pues, en tales casos como fuente supletoria de la ley y la costumbre; pero sin que pueda confligir con éstas.

Obsérvese, después de lo dicho, que el artículo 7 citado se refiere exclusivamente al orden *civil*, del cual el *MERCANTIL*—sin salirse de él—es sólo una especialidad. Es en el orden *penal* donde la legislación —por ser *naturalmente* restrictiva en favor de los acusados—no reconoce como fuentes de Derecho ni la costumbre ni los principios generales. La ley es—y no podría ser de otro modo—su única fuente.

Principios generales en el Código Civil

Tampoco hemos de pasar por alto que, a través del tiempo, muchos de los principios generales del Derecho han sido recogidos por la ley escrita, incorporándolos como preceptos o guías en la aplicación positiva de ésta. El propio Código Civil contiene entre sus primeros artículos algunos de los que con mayor frecuencia se aplican, a saber:

> "La ignorancia de las leyes no excusa de su cumplimiento."[29]
>
> "Las leyes no tendrán efecto retroactivo, si no dispusieren expresamente lo contrario." [30]

---

[27] Manresa, *Comentarios al Código Civil Español*, Tomo 1 (1907), pág. 79.

[28] La *doctrina científica* no puede ser fuente de Derecho en sentido estricto, porque ella no impone obligatoriedad en grado igual a la ley escrita o la costumbre. Pero los principios de justicia no recogidos en la ley o en las costumbres de un pueblo, constituyen en su esencia el Derecho *natural*, del cual no puede prescindir el Derecho *positivo*.

[29] Código Civil, artículo 2; 31 L.P.R.A.2

[30] Código Civil, artículo 3; 31 L.P.R.A.3

"En ningún caso podrá el efecto retroactivo de una ley perjudicar los derechos adquiridos al amparo de una legislación anterior." [31]

"Son nulos los actos ejecutados contra lo dispuesto en la ley, salvo los casos en que la misma ley ordene su validez." [32]

"Los derechos concedidos por las leyes son renunciables, a no ser esta renuncia contra la ley, el interés o el orden público, o en perjuicio de tercero." [33]

"Las leyes sólo se derogan por otras leyes posteriores; y no prevalecerá contra su observancia el desuso, la costrumbre, o la práctica en contrario."[34]

"La derogación (de cualquier ley) es, o *expresa* o *tácita*. Es *expresa* cuando se declara literalmente por una ley posterior; es *tácita* cuando la nueva ley contiene preceptos que son contrarios o irreconciliables con los de la ley anterior."[35]

"La derogación de una ley derogativa no restablece la primitiva ley derogada."[36]

"Cuando la ley es clara y libre de toda ambigüedad, la letra de ella no debe ser menospreciada bajo el pretexto de cumplir su espíritu." [37]

"Las palabras de una ley deben ser generalmente entendidas en su más corriente y usual significación, sin atender demasiado al rigor de las reglas gramaticales, sino al uso general y popular de las voces." [38]

"Los términos técnicos y las frases usadas en las artes y en las ciencias se interpretarán según el significado y acepción que tengan admitidos por los peritos o maestros en la ciencia, arte o profesión a la cual se refieran." [39]

"Las leyes que se refieren a la misma materia, o cuyo objeto sea el mismo, deben ser interpretadas refiriendo las unas a las otras; por cuanto, lo que es claro en uno de sus preceptos pueda ser tomado para explicar lo que resulte dudoso en otro." [40]

[31] Código Civil, artículo 3; 31 L.P.R.A.3

[32] Código Civil, artículo 4; 31 L.P.R.A.4

[33] Código Civil, artículo 4; 31 L.P.R.A.4

[34] Código Civil, artículo 5; 31 L.P.R.A. 5

[35] Código Civil, artículo 6; 31 L.P.R.A. 6

[36] La misma cita.

[37] Código Civil, artículo 14; 31 L.P.R.A. 14

[38] Código Civil, artículo 15; 31 L.P.R.A. 15

[39] Código Civil, artículo 16; 31 L.P.R.A. 16

[40] Código Civil, artículo 18; 31 L.P.R.A. 18

"El medio más eficaz y universal para descubrir el verdadero sentido de una ley cuando sus expresiones son dudosas, es considerar la razón y espíritu de ella, o las causas o motivos que indujeron al poder legislativo a dictarla." [41]

"La ley civil es igual para todos, sin distinción de personas ni de sexo, exceptuando los casos en que especialmente se declare lo contrario."[42]

"Los bienes muebles están sujetos a la ley de la nación del propietario; los bienes inmuebles, a las leyes del país en que están sitos." [43]

Fuera del Código Civil

Podríamos —saliéndonos del Código Civil— seguir citando *principios generales de Derecho,* entresacándolos de la Constitución, de otras codificaciones, y aún fuera de textos legislativos. Pero a los fines de este estudio, bastará con añadir los siguientes:

"Cuando en una relación jurídica confligen el interés general de la sociedad y el particular de un individuo o grupo, si no fuese posible armonizarlos, prevalecerá el primero sobre el segundo."

"Ninguna persona puede ser privada de su libertad o propiedad, sin el debido proceso de ley."

"En Puerto Rico, donde por disposición expresa de ley no existe la pena de muerte, ninguna persona puede ser privada de su vida, excepto en defensa propia."

Efecto prospectivo o retroactivo de la jurisprudencia

No es permisible que el efecto retroactivo de una ley, ni el de una decisión judicial, afecte en forma alguna derechos adquiridos.

En el caso de *Rexach vs. Municipio,*[44] se destacan importantes principios relativos al efecto *prospectivo* o *retroactivo* de la jurisprudencia:

"Una decisión puede tener, tanto efecto prospectivo como retroactivo. No hay ningún reparo constitucional para que un tribunal de última instancia al anunciar una norma doctrinaria, seleccione si la misma ha de ser retroactiva o prospectiva. *Monclova vs. Financial Credit Corp.* 83 DPR 770, 787, n. 15 (1961). Se trata del ejercicio

[41] Código Civil, artículo 19; 31 L.P.R.A. 19

[42] Código Civil, artículo 22; 31 L.P.R.A. 22

[43] Código Civil, artículo 10; 31 L.P.R.A. 10. Este precepto lo habíamos citado anteriormente en relación con el Derecho Internacional Privado.

[44] *Rexach Construction Co., Inc. vs. Municipio de Aguadilla,* 96 C.A. 172.

> discrecional judicial, fundado en consideraciones de política pública y orden social, puesto que nuestro norte debe ser 'conceder remedios justos y equitativos que respondan a la mejor convivencia social'. *Gorbea Vallés vs. Registrador,* res. el 30 de junio de 1992.

Como criterios rectores para declarar la retroactividad y prospectividad de una determinación judicial, hemos reconocido: (1) el propósito de la nueva regla para determinar si su retroactividad lo adelanta; (2) la confianza depositada en la antigua norma; y (3) el efecto de la nueva regla en la administración de la justicia.

No obstante, en última instancia, la determinación se fundamentará en consideraciones de índole social, a la luz de los hechos y circunstancias particulares de cada caso. *Gorbea Vallés vs. Registrador, supra; Quiles Rodríguez vs. Superintendente,* res. el 2 de noviembre de 1995; *Pueblo vs. Báez Cintrón,* 102 DPR 30 (1974); *Pueblo vs. Cruz Jiménez;* 99 DPR 565 (1971). A fin de cuentas, el darle sólo efectos prospectivos a una decisión está basado en una actitud de mesura judicial tendente a evitar dislocaciones violentas en un sistema económico que se ha estructurado confiando en un estado de la jurisprudencia... *Monclova vs. Financial Credit Corp.,* supra, pág. 787.

La Constitución prohibe expresamente la retroactividad de las leyes, al señalar que no se aprobarían *leyes ex post facto.* Art. II, Sec. 12. Igual prohibición contiene el Art. 3 del Código Civil, 31 L.P.R.A. sec. 3: en ningún caso podrá el efecto retroactivo de una ley perjudicar los derechos adquiridos al amparo de una legislación anterior. Véase *Vázquez vs. Morales,* 114 DPR 82 (1983)."

PARTE II

LEGISLACIÓN Y DOCTRINA MERCANTIL

Capítulo 6

LAS PERSONAS, LA INSTITUCIÓN FAMILIAR, LA RELACIÓN CONYUGAL Y EL DIVORCIO

Reglas básicas relativas a las personas y a su capacidad ante la ley

El nacimiento determina la personalidad y la capacidad jurídica. Es nacido el ser humano una vez viva completamente desprendido del seno materno.[1]

Por la muerte se extinguen la personalidad y la capacidad jurídica. La menor edad, la demencia, la prodigalidad, la sordomudez, la embriaguez habitual, y la interdicción civil son *restricciones* a la capacidad jurídica o legal.[2]

La ley reconoce dos clases de personas: la *natural y* la *jurídica. Natural* es el ser humano. *Jurídica,* la que se constituye por asociación de dos o más personas, es artificial, y sólo se reconoce como persona ante la ley cuando se cumplen los requisitos que para tal fin ésta exige.

Las personas *jurídicas* son *públicas* cuando su constitución y existencia se fundamentan en y persiguen

[1] Código Civil, artículo 24; 31 L.P.R.A. 81.

[2] Código Civil, artículo 25; 31 L.P.R.A. 82.

un interés y unos propósitos que afectan a toda la sociedad, o sea, públicos; y son *privadas*, cuando ese interés y propósitos son esencialmente *privados* o particulares.

Las corporaciones, compañías, o asociaciones, a las que la ley reconoce personalidad jurídica y clasifica como personas jurídicas privadas,[3] sean *civiles, mercantiles* o *industriales*, se rigen por la ley o cuerpo legal que le sea aplicable, por sus cláusulas de incorporación o asociación, y por su reglamento, según la naturaleza de cada una de ellas.[4] Su capacidad civil y / o mercantil se determina por las leyes bajo las cuales se han creado y reconocido. Y, al igual que toda otra persona jurídica, está facultada para, a nombre propio, adquirir y poseer bienes de todas clases, así como contraer obligaciones y ejercitar acciones *civiles* y *criminales*, conforme a las leyes y reglas por las cuales se han constituido.

La institución familiar, célula social básica de la persona y producto de la institución civil del matrimonio

Dejando a un lado todo otro enfoque que se salga del marco puramente legal, y reconociendo la realidad histórica de que el concepto de *la familia* como *institución social*, tiene su base incuestionable en la relación *conyugal o matrimonial*, procede que empecemos por definir el *matrimonio* como punto de partida de las leyes existentes sobre la *institución familiar y* los preceptos sobresalientes que de dicha institución interesan al estudiante del Derecho Mercantil.

"El matrimonio", nos dice el Código Civil en la primera de las cuatro partes en que se divide dicho cuerpo legal,[5] "es una institución civil que procede de un contrato civil en virtud del cual un hombre y una mujer se obligan mutuamente a ser esposo y esposa, y a cumplir el uno para con el otro, los deberes que la ley les impone."

A renglón seguido se dispone que *será válido solamente* cuando se celebre y solemnice con arreglo a las prescripciones de aquélla (la ley), y *sólo podrá disolverse* por la muerte de cualquiera de los dos cónyuges, o, antes de su muerte, en los casos o por las causas expresamente previstos en el propio Código Civil.

Requisitos para la validez del matrimonio

Los indispensables son: a) *capacidad legal* de los contrayentes; b) *consentimiento mutuo* al efecto; y c) autorización y celebración de un contrato matrimonial *mediante las formas y solemnidades* prescritas en *la ley.*[6]

[3] Código Civil, artículo 27; 31 L.P.R.A. 101.

[4] Código Civil, artículo 28; 31 L.P.R.A. 102.

[5] Código Civil, artículo 68; 31 L.P.R.A. 221.

[6] Código Civil, artículo 69; 31 L.P.R.A. 231.

Respecto al primer requisito, es curioso el dato de que la ley no define la *capacidad* del contrayente pare casarse, sino que enumera todas aquellas personas que son incapaces o están impedidas de hacerlo. Son las siguientes: a) los casados legalmente; b) los que no tengan pleno dominio de su razón; c) los varones menores de dieciocho años y las mujeres menores de dieciséis . . . sin perjuicio de situaciones muy especiales que se explican extensamente por la ley en este renglón; d) el menor de edad que no haya obtenido el correspondiente permiso; e) los que adolecieren de impotencia física para procrear; f) el tutor y sus descendientes, con la persona guardada, hasta que no se aprueben definitivamente las cuentas de la tutela, y ésta haya cesado.[7]

Los impedidos, según la ley, para contraerlo son: a) los ascendientes y descendientes por consanguinidad o afinidad; b) los parientes *colaterales* por consanguinidad hasta el cuarto grado (aunque *por dispensa* puede obviarse este obstáculo); c) el padre y madre adoptante y el adoptado; el adoptado y el cónyuge viudo de aquéllos; y aquéllos respecto al cónyuge viudo de éste; d) los descendientes legítimos del adoptante con el adoptado, mientras subsista la adopción; e) los adúlteros que hubiesen sido declarados así por sentencia firme hasta cinco años después de dicha sentencia; y f) los que hubiesen sido condenados como responsables de la muerte de uno de los cónyuges.[8]

Derecho a re-contraer matrimonio: Cuando el matrimonio se disuelve, no importa la causa que motive la disolución, hombre y mujer tienen derecho a formalizar nuevo matrimonio en cualquier tiempo posterior a dicha disolución; bastando, en el peor supuesto, con un certificado médico indicativo de si la mujer se halla o no en estado de gestación.9

Permiso a menores para contraer matrimonio: La edad mínima pare contraer matrimonio, según regla general, es 21 años. Sin embargo, si no media el consentimiento o permiso de las personas que tengan al menor bajo su *patria potestad o tutela,* o el de *un tutor especial* (por nombramiento judicial, mediante solicitud al efecto, en la situación de excepción indicada en la ley), el matrimonio no deberá efectuarse. De lo contrario, se considerará *nulo* por no cumplir con el requisito esencial del *consentimiento.*[10]

Deberes que la ley impone y derechos que reconoce a los cónyuges entre sí

Los cónyuges tienen el deber de *protegerse* entre sí y satisfacer mutuamente sus necesidades en proporción a sus respectivas condiciones y medios de fortuna.

Esta regla, que enmendó en 1976 disposiciones previas del Código Civil, para dar a ambos cónyuges *iguales derechos y obligaciones,*[11] representa un triunfo significativo para

[7] Código Civil, artículo 70; 31 L.P.R.A. 232.

[8] El mismo texto legal, artículo 71. Aunque parezca que estas últimas dos disposiciones relativas al matrimonio están muy distantes de la materia mercantil, en la práctica pueden resultar en muy estrecha vinculación con los derechos de participación en un negocio o con la facultad legal de administrarlo, etc.

[9] Código Civil, Artículo 70-A; 31 L.P.R.A. 232.

[10] Código Civil, Artículo 74; 31 L.P.R.A. 242.

[11] *Ibid.*

el movimiento feminista de liberación en la vida social puertorriqueña. Las reglas que siguen complementan la ya citada en el propósito básico de igualar derechos y responsabilidades de marido y mujer entre sí, en sus relaciones dentro de la familia, y con respecto al patrimonio (bienes gananciales y bienes privativos); así como en lo que concierne al ejercicio del comercio y el modo en que dichos bienes se afectan como resultado de las operaciones y de las deudas que se contraigan. Veamos:

Los cónyuges decidirán, *por común acuerdo,* dónde establecer su domicilio (vivienda de carácter estable) y su residencia (vivienda de carácter transitorio) en la consecución de *los mejores intereses de la familia.*[12]

En lo que se refiere a la administración de bienes conyugales y a la venta, gravamen y otros modos de enajenar dichos bienes o transferir derechos sobre los mismos, el cambio en la legislación reciente es de más notorio alcance. Dicen así las nuevas reglas: *Ambos* cónyuges serán los *administradores* de los bienes de la *sociedad conyugal,*[13] salvo estipulación en contrario, en cuyo caso uno de los cónyuges otorgará mandato para que el otro actúe como administrador de la sociedad.[14]

Las compras que con los bienes del matrimonio haga *cualquiera* de los cónyuges serán válidas cuando se refieran a cosas destinadas al uso de la familia o personales de acuerdo con la posición social y económica de ésta. Y la ley hace claro también que dichas compras podrán hacerse lo mismo pagando el precio en efectivo que tomándolas a crédito.

En cuanto a bienes *inmuebles* (casas o edificios, terrenos, y todo lo que está adherido con carácter permanente al fundo), pertenecientes a la sociedad conyugal, la ley dispone que bajo pena de nulidad, *no podrán ser enajenados o gravados* sino mediante el consentimiento *por escrito* de *ambos* cónyuges.

Y remachando el principio de igualdad de derechos entre marido y mujer en la innovación legislativa, ya el Tribunal Supremo de Puerto Rico dictaminó, en sentencia de 1977,[15] que: "en esta jurisdicción, se han *equiparado* tanto las facultades *administrativas* como las . . . *dispositivas* (las de enajenar o gravar bienes, o comprometerlos mediante deudas en interés personal o de la familia) que sobre los bienes de la sociedad de gananciales tienen los cónyuges.

En el mismo caso ya citado,[16] el Tribunal Supremo, clarificando aún más la regla en cuanto a la igualdad de derechos sobre bienes *inmuebles,* declaró que, a tenor con la

[12] Obsérvese que no se limita a los intereses *exclusivos* de los cónyuges.

[13] O sea, de los bienes que pertenecen a ambos en común, a diferencia de los bienes *privativos,* que son los que pertenecen a cada cónyuge individualmente.

[14] La regla existente antes de 1976 y desde tiempo inmemorial era la de que "el marido será el administrador de los bienes gananciales".

[15] *Aguilú* vs. *Sociedad de Gananciales,* 108 D.P.R. (1977).

[16] El mismo caso citado.

enmienda de 1976, el requisito del consentimiento *escrito* de ambos cónyuges es necesario, no sólo en las *ventas*, sino también en las *compras* de dichos bienes. [17]

Otra ratificación legal del principio de igualdad en la sociedad conyugal: cualquiera de los cónyuges (antes era sólo el marido) podrá representar legalmente a la sociedad conyugal. Más aún: cualquier acto de administración *unilateral* de uno de los cónyuges obligará a la sociedad legal de gananciales (los bienes pertenecientes a ambos conjuntamente) y *se presumirá válido* a todos los efectos legales.[17a] Al decir que *se presumirá válido*, significa que contra esa presunción es admisible prueba en contrario para decidir que tal acto unilateral carece de validez o de eficacia legal. Por ejemplo, si se han otorgado capitulaciones matrimoniales disponiendo de modo diferente sobre quién tendrá la facultad de administrar dichos bienes gananciales; o si, no existiendo tales capitulaciones, hubiese un mandato especial de un cónyuge a favor del otro para ejercer tal facultad administrativa con exclusión del otro cónyuge, entonces, la presunción arriba expresada quedaría inoperante en tales casos específicos.

El divorcio: sus causas; efectos legales que hacen aplicable el derecho mercantil en los derechos de los cónyuges y en la institución familiar

Causas del divorcio en Puerto Rico

Desde el punto de vista del Derecho, podemos decir con satisfacción que Puerto Rico tiene una de las legislaciones más avanzadas del mundo en materia de divorcio, especialmente en lo que toca a las causas que se reconocen legalmente para decretarlo, como es requerido, por sentencia de Tribunal competente, y al modo en que se regulan sus efectos.

Son *once* (11) las diferentes causas que pueden, cada una de por sí, ser base o fundamento para decretar un divorcio en Puerto Rico. A continuación las enumeramos sucintamente, sin entrar en detalles o situaciones de excepción, más propias para el jurista que para el estudiante de las leyes que regulan los negocios mercantiles. Son las siguientes: 1) el adulterio de cualquiera de los cónyuges; 2) la condena de cualquiera de los cónyuges por delito grave que lleve aparejada la pérdida de los derechos civiles; 3) la embriaguez habitual o el uso continuo y excesivo de opio, morfina, o cualquier otro narcótico; 4) el trato cruel o las injurias graves; 5) el abandono de la mujer por su marido o del marido por su mujer, por un término mayor de un año; 6) la impotencia absoluta, perpetua e incurable sobrevenida después del matrimonio; 7) el conato del marido o de la mujer para

[17] Esto se declara así en la propia ley enmendatoria de 1976 ya citada. Y en otra decisión del Tribunal Supremo, también dictada en 1976 (105 D.P.R. 267), se da una explicación del nuevo estado de legislación "que erige a la mujer a una posición de igualdad respecto al gobierno y disposición de los bienes gananciales y representación legal de su interés."

[17a] Código Civil, artículo 93; 31 L.P.R.A. 286.

corromper a sus hijos o prostituir a sus hijas, y la connivencia en su corrupción o prostitución; 8) la propuesta del marido para prostituir a su mujer; 9) la separación de ambos cónyuges por un período de tiempo sin interrupción de más de dos años, en cuyo caso la sentencia que se dicte no declarará a ninguno de los dos cónyuges culpable del divorcio, reconociéndose en tal caso por ley que son inocentes; 10) la locura incurable de cualquiera de los cónyuges sobrevenida después del matrimonio, por un período de tiempo de más de siete años, cuando impida gravemente la convivencia espiritual de ambos cónyuges, y comprobada, a satisfacción en juicio, por dictamen de dos peritos médicos;[18] y 11) el mutuo consentimiento.

En relación con esta última causal, se ha destacado que:[19]

"Constituye históricamente un método sutil para la aceptación parcial del consentimiento mutuo como método para la disolución del matrimonio, la introducción del concepto de ruptura irreparable del vínculo matrimonial como causal única o adicional del divorcio, conjuntamente con la abolición de defensas clásicas a la acción, tales como la colusión y la connivencia."

"En un procedimiento de divorcio en que se alega la mutua decisión de los cónyuges de divorciarse o la consignación de ruptura irreparable de los nexos de convivencia matrimonial, (a) no tienen que mediar partes adversas bastando una petición conjunto [sic], ex parte, de los cónyuges; (b) no tiene que existir una parte inocente y otra culpable; (c) no tienen las partes que expresar las razones de su decisión si ello conlleva, a juicio de las partes, la revelación indeseada de penosos detalles de su vida íntima."

Si uno de los cónyuges no cuenta con recursos suficientes propios para el sustento durante el trámite del proceso de divorcio, el Tribunal ordenará al otro cónyuge que le pase una pensión alimenticia en proporción a los bienes de éste. [20]

Estimamos de importancia, por lo que afecta la vida mercantil, otra regla de 1976 que dispone: Desde el día en que el procedimiento de disolución (del matrimonio) se inicie judicialmente, *no será válida ninguna deuda contraída ni transacción efectuada por cualquiera de los cónyuges sin la autorización del Tribunal, a cargo de los bienes gananciales.*[21]

---

[18] En relación con esta causa, la ley dispone, además, que: el cónyuge demandante vendrá obligado a proteger y satisfacer las necesidades del cónyuge loco en proporción a su condición y medios de fortuna, mientras sea necesaria para su subsistencia;. . . y esta obligación en ningún momento ha de ser menos de 2/5 partes del ingreso bruto . . . que tuviere el cónyuge demandante. (Código Civil, artículo 96; 31 L.P.R.A.)

[19] *Figueroa Ferrer vs. ELA* (1978) 107 D.P.R. 250.

[20] Esta última regla enmienda en dos aspectos la regla existente anterior, mediante leyes de 30 de mayo de 1976 y de junio del mismo año.

[21] Para mayor claridad, lo que esta regla quiere decir no es que tales deudas carezcan de validez legal. Lo correcto es que, no mediando la autorización judicial al efecto, los bienes gananciales no responderán de ellas, y sí los del cónyuge que incurrió en dichas deudas.

Efectos del divorcio en cuanto a los bienes matrimoniales; cuido y patria potestad de los hijos menores

a) *Disolución del vínculo y división de bienes:* El divorcio lleva consigo la ruptura completa del vínculo matrimonial y la separación de propiedad y bienes de todas clases entre los cónyuges. [22]

El Tribunal Supremo estableció que: "Tiene primacía la *preservación del hogar seguro familiar* para beneficio del grupo formado por *madre e hijos sobre* el derecho de propiedad del cónyuge en *los activos* (todos los bienes) de la disuelta *sociedad conyugal.* [23]

b) *Patria potestad y cuidado de los hijos menores de edad después del divorcio:* En todos los casos de divorcio los hijos menores de edad serán puestos bajo el cuidado y *patria potestad*[24] del cónyuge que el Tribunal, en el ejercicio de su sana discreción, considere que *mejor* servirá (valga la redundancia) *"los mejores intereses y bienestar del menor".* Pero el otro cónyuge tendrá derecho a continuar las relaciones de familia con sus hijos, en la manera y extensión que acuerde el tribunal al dictar la sentencia de divorcio, según los hechos particulares de cada caso. [25]

c) *Sobre la paternidad:* Desde 1961 ya se había establecido en Puerto Rico, como norma jurisprudencial, lo siguiente: "Una ley sería injusta si, una vez demostrado que hay un padre, no facilitase los medios de obligarlo a asumir las responsabilidades contraídas con el hijo o hija que engendró." (84 D.P.R. 101) Y complementando ese principio fundamental, en 1978 se confirmó con igual autoridad judicial que nuestra legislación puertorriqueña provee, no uno sino dos remedios distintos (y dos foros) a los fines de determinar la "filiación" o "paternidad"; esto es, para investigar y adjudicar la paternidad: uno, la *acción civil* ordinaria en demanda del reconocimiento, por el padre, del hijo que, debidamente representado, hace la reclamación; y el otro, la *acción penal,* mediante "denuncia" por abandono de menores, también denominado "delito por incumplimiento de pensión alimenticia"[26]

---

[22] 90 D.P.R. 281 (1964).

[23] 107 D.P.R. 655 (1978).

[24] Nombre legal del poder o potestad que se reconoce a los padres sobre sus menores hijos y que está más ampliamente definido en el Código Civil.

25 Complementando lo anterior, la propia ley de 1976 dispone que: el cónyuge que haya sido privado de la patria potestad tendrá derecho a recobrarla si acredita ante el tribunal el fallecimiento del otro cónyuge o que conviene, a los mejores intereses y bienestar del menor, la recuperación de la custodia y patria potestad.

[26] Véase el caso de Pol Selal, 107 D.P.R. 540 (1978); ratificado al año siguiente por el de Díaz Rodríguez, 108 D.P.R. 371 (1979).

d) *Administración de bienes de los hijos bajo patria potestad:* En ausencia de decreto del Tribunal competente que disponga de otro modo, *la administración* de los bienes de los hijos que estén bajo la patria potestad pertenece *a ambos padres conjuntamente* o *a aquél de ellos que tenga bajo su custodia y potestad al menor.* [27]

e) *Facultades y deberes de los padres respecto a sus hijos:* El padre y la madre tienen, respecto a sus hijos no emancipados: 1) el deber de alimentarlos, tenerlos en su compañía, educarlos e instruirlos con arreglo a su fortuna, y representarlos en el ejercicio de todas las acciones que puedan redundar en su provecho; 2) La facultad de corregirlos y castigarlos moderadamente o de una manera razonable. [28]

Emancipación y mayor edad

La ley reconoce tres *status* diferentes en que puede encontrarse la persona a los efectos de determinar sus derechos y deberes: 1. o es *menor de edad no-emancipado;* 2. o es *menor de edad emancipado;* 3. O es *mayor de edad* (emancipado por ser mayor).

Estas tres categorías se confirman al decirnos la ley los cuatro modos de emanciparse las personas, que a la vez representan *cuatro clases de emancipación,* a saber: a) emancipación *por concesión del padre o de la madre* que ejerza la patria potestad; b) emancipación *por el matrimonio; c)* emancipación *por concesión judicial;* y d) emancipación *por la mayor edad.* Las tres primeras clases confieren al menor una emancipación que podríamos llamar *incompleta,* ya que no le confieren a éste la plenitud de los derechos que corresponden al mayor de edad. La propia ley civil se encarga de definir los derechos que se reconocen en cada una de esas clases de emancipación incompleta y de darnos las demás reglas que rigen cada uno de dichos modos de emanciparse.[29] La idea central de la limitación en facultades a que está sujeto el menor de edad emancipado, nos la da el artículo 237 del Código Civil, al disponer que:

> "La emancipación habilita al menor para regir su persona y bienes como si fuera mayor; pero hasta que llegare a la mayor edad no podrá el emancipado contraer promesa u obligación alguna que exceda del importe de sus rentas por un año. Tampoco podrá gravar ni vender bienes inmuebles suyos sin consentimiento de su padre y el de su madre, cuando ambos ejerzan la patria potestad conjuntamente, o el de ellos que la ejerza por sí solo y, en su caso, sin el de su tutor."[30]

[27] Aquí se reafirma una vez más el principio de igualdad conyugal en cuanto a derechos (Estatuto del 2 de junio de 1976).

[28] Código Civil, artículo 153; 31 L.P.R.A.

[29] Código Civil, Artículos 233 al 240; 31 L.P.R.A.

[30] Enmienda al Código Civil por ley del 2 de junio de 1976.

Sobre la mayor edad que, como ya señalamos, otorga la plenitud de los derechos a la persona, las dos reglas básicas vigentes nos dicen: La mayor edad empieza a los *veintiún años cumplidos*. Y añade: El mayor de edad es capaz para todos los actos de la vida *civil* (que incluye la *mercantil*), salvo las excepciones establecidas en casos especiales por la propia ley, tales como los dementes, los sordomudos que no sepan leer ni escribir, los pródigos, al igual que los ebrios habituales, declarados como tales por sentencia firme, etc.[31]

[31] Código Civil, Artículo 247.

Capítulo 7

ACREEDORES Y DEUDORES

Relación entre derecho y obligación

Hemos venido diciendo que las leyes sirven para regular las relaciones entre las personas. Regular las relaciones significa —también se ha señalado— determinar en cada situación el derecho que pueda tener una parte y la obligación que pueda tener la otra. En efecto, la regla jurídica va encaminada a definir el derecho que una persona tenga respecto de otra con la cual está en relación; y, a la inversa, la obligación de ésta con la primera.

En la esfera de los negocios, y como consecuencia de éstos, surge más frecuentemente la necesidad de precisar los derechos que adquiere cada una de las partes frente a la otra, así como las obligaciones que entre sí puedan contraer. En todo orden jurídico es axiomático que, mientras una parte adquiere un derecho, ha de haber otra u otras que necesariamente contraen una obligación. Dicho de otro modo: por cada derecho, una obligación; por cada obligación, un derecho. Esto explica por qué, en la contabilidad moderna, los libros donde se asientan *las cuentas* son de doble *entrada y* cada operación que se realiza conlleva anotar, por un lado, un *debe* y, por el otro, un *haber.* Los contadores llaman también a éste un *activo* (el asiento que se hace *a favor* de quien adquiere *el derecho);* y un *pasivo* (el que se registra respecto de quien contrae la obligación o deuda).

La utilidad principal que derivamos del estudio de las leyes es la de saber, en cada caso, los derechos y obligaciones resultantes de cada particular relación de personas entre sí: relaciones de familia, relaciones de propiedad, relaciones entre causantes y herederos, o de éstos entre sí, etc. Las que más se repiten son las promovidas por los negocios u operaciones mercantiles. Al estudiar el Derecho mercantil, lo que principalmente procuramos es saber los derechos y obligaciones que tienen las personas como partícipes en las relaciones derivadas de operaciones comerciales e industriales. En este estudio observaremos que la regla jurídica (ley, reglamento, decreto judicial, etc.) se refiere unas veces al derecho de una de las partes —y ya eso nos indica cuál es la obligación de la otra, mientras otras veces se refiere a la obligación de esta última— de donde deducimos cuál es el derecho que a la otra debe corresponder.

Clasificación de los derechos

Al explicar el Derecho *mercantil,* tenemos que referirnos a sus particulares *reglas.* Ya hemos dicho que buscamos aprender en ellas, los *derechos* y las *obligaciones* resultantes de las operaciones *mercantiles.* De suerte que, aunque a veces empleamos la palabra Derecho con mayúscula, para referirnos a *las reglas,* también la escribimos con letra minúscula para aludir —como en el presente capítulo— a "los derechos" en sentido de *facultades o poderes de las personas según reconocidos por esas mismas reglas o porque están en armonía con la naturaleza humana.*

Cuando tienen este último significado, los *derechos* se clasifican en: 1. *personales* y 2. *patrimoniales,* según que el poder o facultad lo ejerzamos sobre nuestra propia persona (derechos *personales),* o sobre las *cosas* (derechos *patrimoniales).* Obsérvese que no hemos dicho que los derechos personales los ejercemos sobre las personas, sino *sobre la persona de uno mismo.* Y es porque, con contadas excepciones, nadie puede tener derecho *sobre* los demás, sino *frente* a las demás personas. [1]

Los derechos *personales,* o sea, los que tenemos sobre nuestra propia persona, son muchísimos; pero todos se agrupan en los siguientes tres derechos fundamentales, que también se califican de *inalienables:* a. el derecho *a la vida,* que sirve de base a todos los demás derechos; b. el derecho *a la integridad personal,* que abarca la integridad del *físico* y la entereza *moral,* o sea, la *dignidad;* y c. el derecho *a la libertad.*

Este último comprende aspectos esenciales para el hombre civilizado, que están por encima de la mera subsistencia, y que son indispensables a una sociedad que se tenga por culta. Tales son: la libertad de *culto* (profesar la religión que a cada cual le venga en gana); libertad de *reunión* (reunirse en asamblea y pedir el remedio contra los abusos o agravios);

[1] Existen sólo cuatro casos de *derechos* que se ejercen sobre otra persona: 1. el caso de *menores de edad* y de *incapaces,* sobre quienes ejercen derechos sus padres, tutores o encargados; 2. los *delincuentes,* convictos por delito u ofensa a la sociedad; 3. los *militares;* y 4. los *esclavos,* sobre los que el amo ejerce *derechos* en sentido técnico de la ley, pero no un derecho *natural* que es lo único que constituye derecho legítimo en tan importante aspecto.

libertad contra *registros injustificados* del hogar y de la persona; libertad *de palabra* o de expresión (oral y escrita) y que abarca las modalidades de libertad de *prensa* y de *cátedra*, etc.; y la libertad *económica*. Esta última fase es de vital importancia para los individuos y los pueblos pero es !a que con más facilidad y frecuencia se conculca.

Todos estos aspectos de la libertad están cuidadosamente enumerados en las constituciones más modernas, bajo el título *Declaración de Derechos*. Al referirse a la libertad, algunas personas suelen creer que ésta se divide en dos clases diferentes y separables: la libertad *individual* y la libertad *colectiva*. El error proviene en no advertir que una y otra son sólo facetas de una misma realidad fundamental. Imposible que haya libertad individual sin el supuesto previo de la libertad colectiva. Y vice-versa: no es concebible que un pueblo sea libre si sus individuos componentes no lo son. Todas estas concepciones erróneas sobre la libertad casi siempre provienen de otra equivocación común: la de confundir gobierno de *tolerancia* con gobierno de *libertad*. [2]

Lo que sí es correcto es el señalamiento de que un pueblo puede *estar libre* de ingerencia extraña, esto es, puede no estar intervenida su soberanía nacional y al propio tiempo encontrarse sus ciudadanos privados de sus derechos como individuos por el despotismo de gobernantes internos. El mundo actual nos ofrece ejemplos de esta situación. Puerto Rico, privado como está de su soberanía nacional, es un caso claro de país sin libertad individual ni colectiva. Lo que *parece* libertad individual es, en estricto análisis, *tolerancia*. Como resultado de las limitaciones que *se le imponen*, Puerto Rico no goza de libertad en su comercio, ni en su producción, ni en la determinación de sus leyes principales, aparte de otros aspectos aún más importantes. [3]

Ahora bien, aunque los derechos *personales* son esenciales, como ya se puede deducir de lo explicado, son los derechos *patrimoniales* los que más directamente nos interesan en nuestro estudio del Derecho mercantil. Después de todo, los negocios se realizan sobre cosas y sobre servicios, y con ellos se generan, se adquieren y transmiten derechos *patrimoniales*. A éstos, por tanto, seguimos refiriéndonos.

Se clasifican los derechos *patrimoniales* en dos grandes grupos: a. derechos *reales y* b. derechos de *crédito*. Los *reales*, cuya modalidad más abarcadora es el derecho de *propiedad*, se tienen y se ejercen sobre *cosa determinada:* una casa, un terreno, un traje, un libro. Por otro lado, el derecho *real* tiene la otra característica de que el *sujeto pasivo* u obligado (recuérdese que para todo derecho tiene que existir una correspondiente obligación) *no está determinado*. Frente al derecho del propietario, por ejemplo, está la obligación de *todos* —no de alguien en particular— de respetárselo, sin lo cual no existiría la *propiedad privada*.

Lo contrario ocurre con la otra clase de derechos patrimoniales: los *de crédito*. Es éste *el derecho que tiene todo acreedor a exigir de su deudor o deudores el pago de una deuda o el cumplimiento de cualquiera otra obligación en tanto no sea de cosa determinada*. Este tipo de obligaciones se reduce, en la mayor parte de los casos, a obligaciones de pagar una suma de dinero o de prestar un servicio. Obsérvese que en la obligación de pagar dinero, lo

---

[2] Este tema está analizado en sus raíces en la primera parte de este libro.

[3] Pueden verse ante, todo el capítulo 4.

único que se determina es el *importe*, la *cantidad* a pagarse; pero nunca está determinada *la cosa* sobre la cual pueda ejercerse el derecho. Aún más: en cuanto se determina la cosa y la potestad material sobre ella se alcanza, el *acreedor* deja de serlo para convertirse en *propietario*. Y su derecho de *crédito* automáticamente desaparece, dando paso a un derecho *real*. Mientras el deudor no paga, subsiste el derecho *de crédito*. Tan pronto *paga* y la cosa *se determina*, surge el derecho *real* a favor de quien antes sólo tenía derecho *a cobrar*. [4]

Con el aspecto del sujeto *pasivo* u obligado, surge otro contraste parecido. Mientras en el derecho *real*, como ya explicamos, *todos* vienen obligados a respetar el derecho en quien lo tiene (situación típica de *sujeto pasivo indeterminado)*, en cambio, en el derecho de crédito el sujeto *deudor* ha de estar *determinado*. Pues, ¿quién concibe a un acreedor sin que nadie pueda señalarle la persona específica a quien pueda dirigirse para cobrar? ¿Puede haber *un alguien* llamado acreedor sin que exista otro alguien a quien particularmente aquél pueda exigirle el pago? No. En el sentido jurídico no se puede *ser acreedor de todo el mundo*, como sucede con el derecho del propietario que, por su naturaleza misma, exige que todo el mundo se la *respete*.

En el campo de los negocios, tanto mercantiles como civiles, las personas están continuamente intercambiándose derechos *reales* por derechos de *crédito y* viceversa. Igualmente es frecuente el intercambio de unos derechos *reales* por otros derechos *reales;* y también de unos derechos de *crédito* por otros igualmente de *crédito*. En la permuta se intercambia *cosa* por *cosa*. En la compraventa, *cosa* por *dinero*. Al contraerse una *deuda*, es porque otra persona se constituye en titular de un derecho *de crédito, en* acreedor. Al tomar un pagaré o un cheque, estamos aceptando ser acreedor de quien nos lo libra o nos lo endosa a nuestro favor, o de ambos. Pero en el fondo de toda esta diversidad de operaciones, lo que en cada una se trasmite o adquiere por cada parte no es más que uno de dos derechos: o el de *acreedor* (derecho *de crédito*) o el de *propietario*—pleno o parcial—en sus distintas fases y modalidades (derecho *real)*.

Obligaciones y deudas

El estudio de las reglas relativas a los derechos *reales*, con énfasis en el *derecho de propiedad*, queda asignado al capítulo siguiente de este libro. Lo que de aquí en adelante explicamos en éste se refiere exclusivamente a los derechos de acreedores y su contraparte: las obligaciones de los deudores.

Aunque técnicamente no hay diferencia entre obligación y deuda, conviene aclarar la distinción que en el uso corriente se confiere a estas dos palabras. De acuerdo con la ley,

[4] La palabra *real*, tal como aquí se usa, viene del latin *re* que significa "cosa". Lo real es, pues, lo relativo a la cosa; a la *realidad* de la cosa y no a una mera abstracción como es el derecho a cobrar *algo* que se nos debe. El pago *materializa* el derecho. Claro, esto no ocurre cuando el pago se hace con un *cheque* u otro *papel de crédito*, pues en tal caso lo que se hace es cambiar un crédito por otro, o una forma de crédito por otra diferente, hasta que el acreedor recibe una *cosa* con valor *propio* en satisfacción de lo que se le debe.

toda obligación consiste en *dar, hacer o no hacer.*[5] Lo de *hacer o no hacer* concierne a *servicios,* mientras que lo de *dar* se refiere siempre a *cosas.* Uno sirve a otro, *haciendo* algo o bien comprometiéndose a *no hacer algo.* Pero cuando promete dar, sólo cumplirá su promesa si entrega alguna cosa, lo prometido. De todo esto se deriva que sólo pueden ser objeto de obligación las *cosas* y los *servicios.*

Siendo el dinero una cosa, pero tan singularmente distinta en su naturaleza a todas las demás cosas, conviene aclarar que en el lenguaje corriente de los negocios, cuando nos referimos a las *deudas,* empleamos este término en el restringido significado de *obligaciones de dinero.* En este sentido limitado, una deuda viene a ser una clase de obligaciones, puesto que hay obligaciones de otras cosas que no son dinero, además de las de *servicios.* Cuando en adelante empleemos en este texto la palabra deuda, lo haremos en ese sentido corriente de obligaciones de pagar sumas de dinero; y cuando queramos referirnos a las demás clases de obligaciones, o a unas y otras conjuntamente, usaremos el nombre genérico de *obligaciones.*

Las fuentes de las obligaciones

Las deudas, al igual que todas las demás obligaciones, surgen de: 1. *la ley;* 2. *los contratos;* 3. *los cuasi-contratos;* 4. *los actos negligentes;* y 5. los actos en que media la culpa o intención de hacer daño, o sea, *los delitos.*[6] Son, pues, cinco las *fuentes de las obligaciones.* Podríamos decir, limitándonos al plano del Derecho *positivo,* que toda obligación arranca de la ley. Si no existieran las leyes, no estaría reconocido por regla concreta el derecho, por ejemplo, de los acreedores a exigir de sus deudores el pago de lo que se les debe. Ni se conocería otro respeto al derecho de un propietario o a la vida de un ser humano, que el inspirado por la fuerza. Podríamos hablar entonces de un derecho moral o natural a la vida, a la propiedad, o al cobro de una cuenta. Pero no podría hablarse de un derecho *legal,* que se concibe únicamente cuando existen leyes, organismos que las promulguen, y tribunales y funcionarios que las hagan cumplir.

Pero es que, aparte de que *todo derecho* arranque de las leyes, no surge una obligación *contractual* si dos personas no concurren a ponerse de acuerdo para obligarse entre sí voluntariamente. Y de este acto *voluntario,* que llamamos *contrato,* es que directamente nace la obligación u obligaciones que los contratantes quisieron imponerse. En este sentido es que ha de reconocerse que los contratos son fuente directa de obligaciones o deudas. Igual puede decirse de los *actos negligentes,* que causan daño y *obligan*—a quien los comete— a que el perjudicado sea *indemnizado.* Por otro lado, a quien por virtud de *cobrar lo indebido,* la ley le impone la obligación de *devolverlo,* su acto, llamado *cuasi-contrato,* es lo que en verdad genera el deber legal de restituir a su dueño lo indebidamente cobrado. *La gestión del negocio ajeno sin consentimiento previo ni ratificación posterior del dueño —el otro cuasi-contrato—* obliga, a quien lo hizo, a rendir cuentas, entregar el dinero y todo otro valor recibido, amén de tener que indemnizar por cualquier daño que la gestión no autorizada ocasione al propietario

[5] Código Civil, artículo 1041; 31 L.P.R.A. 2991.

[6] Código Civil, artículo 1042; 31 L.P.R.A. 2992.

o principal. Y, recíprocamente, éste tendrá la obligación de compensar al gestor no autorizado, cuando su gestión resultare *útil* para el dueño.

Las obligaciones que surgen de los *delitos* (pagos de multas, encarcelación, etc.) se rigen por las reglas del Derecho *penal*. Pero es innegable que todo delito constituye *acto,* y que de él surge una obligación llamada *la pena,* que ha de cumplirse por el convicto. Sin embargo, las obligaciones civiles que surgen de delitos o faltas se rigen por las disposiciones del Código Civil (Artículo 1045; 31 L.P.R.A. 2995).

¿Y la ley? ¿Por qué se enumera aparte como una de las cinco fuentes de las obligaciones? Porque de ella emanan obligaciones que directamente impone a las personas sin que tenga que mediar *acto* de éstas para que pueda válidamente exigírseles. Por ejemplo, el pago de contribuciones de todas clases: sobre propiedad, ingresos, importaciones, arbitrios, rentas internas, licencias, etc. Otro ejemplo corriente es la obligación que la ley impone al padre, de alimentar a sus hijos menores de edad, o de pasarles una pensión alimenticia. Otra: la obligación de las empresas de rendir informes periódicos al gobierno respecto de sus operaciones. Podría ser interminable la lista. Otras obligaciones surgidas directamente de la ley irán apareciendo según progrese nuestra explicación sobre el Derecho mercantil. Anticipamos, además, que las reglas principales sobre la contratación habrán de ser expuestas en capítulos subsiguientes. Por ahora nos referiremos en términos generales a *los contratos* como *fuente de obligaciones,* y daremos algunas reglas sobresalientes en cuanto a responsabilidad por *actos negligentes.*

Los contratos como fuente de obligaciones

Contrato es *un acuerdo entre dos o más personas mediante el cual se imponen voluntariamente, entre sí, una o más obligaciones exigibles al amparo de la ley.* [7]

Debe empezarse por distinguir entre un contrato y un mero compromiso de orden social o moral. Las obligaciones que comprenda el primero son, como nos dice la definición, *exigibles al amparo de la ley.* En cambio, un compromiso de carácter social o moral, cuyo incumplimiento no pueda valorarse en dinero a los efectos de obligar a indemnizar los perjuicios que cause, no tiene el apoyo y amparo de la ley para que un tribunal ordene se cumpla. Por consiguiente, no alcanza la categoría de *compromiso jurídico,* que es el efecto sencillo de todo contrato.

La ley reconoce los contratos como fuente de obligaciones, sencillamente porque es la manera de imprimirle eficacia y obligatoriedad *inescapable* a los compromisos entre hombres, siempre que esos compromisos no sean contrarios a las leyes, a la moral, ni al orden público,[8] o imposibles de cumplir.

[7] "El contrato existe desde que una o varias personas consienten en obligarse respecto de otra u otras, a dar alguna cosa o prestar algún servicio." Código Civil, artículo 1206; 31 L.P.R.A. 3371.

[8] "Los contratantes pueden establecer los pactos, cláusulas y condiciones que tengan por conveniente, siempre que no sean contrarios a las leyes, a la moral ni al orden público." (Código Civil, artículo 1207; 31 L.P.R.A. 3372.) Y en otros preceptos añade: "o que imponga obligaciones imposibles", ya que sería absurdo tratar de obligar a que éstas se cumplan.

La contratación es importante en la vida del comercio y de la industria, porque todas las operaciones en estas actividades se llevan a cabo por medio de *compromisos* que tienen categoría jurídica de *contratos. Los contratos son,* sin lugar a duda, *el instrumento jurídico de los negocios.* Si el cumplimiento de los contratos no fuera exigible por ley y mediante recurso al tribunal, no habría estabilidad ni seguridad alguna en los negocios. Es por esa razón que la ley se cuida de reglamentar ampliamente esta materia *contractual,* y por eso los contratos constituyen una de las divisiones más importantes de nuestro estudio.

No nos parece aventurado añadir que las leyes que rigen el comercio, de un lado, y los contratos del otro, constituyen las dos fuentes más importantes de las obligaciones comprendidas en nuestra materia. De hecho, los contratos son el medio más frecuente y corriente por el que dos o más personas se constituyen en la relación de acreedores y deudores; y por el que se transfieren los derechos sobre la propiedad. Equivale a decir que son el medio universal de h*acer negocios.* Los actos negligentes son también fuente importante de obligaciones.

Los actos negligentes o culposos como base de responsabilidad

Ya hemos visto que la ley incluye el acto negligente o culposo como fuente de responsabilidad, significando que *obliga a indemnizar al perjudicado.* El artículo básico en que descansa la doctrina y que sirve de base a toda acción judicial por *daños y perjuicios* dice así:

> "El que por acción u omisión cause daño a otro, interviniendo culpa o negligencia, está obligado a reparar el daño causado " [9]
>
> "La imprudencia concurrente del perjudicado no exime de responsabilidad, pero conlleva la reducción de la indemnización " [10]

Los dos elementos que han de concurrir para que surja responsabilidad de indemnizar son: 1) el acto negligente, o el intencional; 2) que cause *daño a otro.* Está claro que si una persona realiza un acto negligente pero no causa daño a nadie, o sólo se causa daño a sí mismo, no da margen a reclamación de clase alguna.

A menudo se juntan en un mismo acto: a) un *delito,* por el que se incurre en responsabilidad *penal* y b) un daño a la persona o propiedad de un particular, por el que se incurre en la responsabilidad *civil* de tener que indemnizar al perjudicado. En tal caso se dan simultáneamente dos acciones judiciales, independientes una de la otra: *la acción penal,* por la que la sociedad ofendida o agraviada procesa *al delincuente* —violador de la

[9] Código Civil, artículo 1802; 31 L.P.R.A. 5141.

[10] Enmienda por adición al artículo 1802 arriba citado, mediante Ley núm. 28 de 9 de julio de 1956.

ley— para que se le imponga *la pena* correspondiente; y la *acción civil*, por la que el individuo directamente perjudicado por la negligencia temeraria o el acto culposo, reclama ante el tribunal contra el causante del daño para que éste le pague la suma de dinero que corresponda por concepto de indemnización. En la acción penal *el acusado* puede resultar culpable o inocente del delito que se le imputa. En la acción civil *el demandado* puede resultar sentenciado a pagar una indemnización al declarársele responsable del daño causado mediante su culpa o negligencia; o bien puede ser exonerado de toda responsabilidad por encontrársele exento de tal culpa o negligencia. Los dos casos son contra la misma persona, pero se ventilan en dos procesos separados, y la sentencia que se dicte en uno, no debe ser base en modo alguno para decidir la que se dicte en el otro.

La obligación de indemnizar por negligencia abarca también a los que en el cumplimiento de obligaciones previamente contraídas, incurren en dolo o engaño, descuido o morosidad, o de algún modo contravienen a los términos de la obligación contraída.[11] Este tipo de responsabilidad por incumplimiento, que incluye el *cumplimiento tardío*, se da con gran frecuencia en la vida de los negocios y como resultado de la contratación. Definiendo lo que en estos casos constituye *culpa o negligencia del deudor*, la ley nos dice que "consiste en la omisión de aquella diligencia que exija la naturaleza de la obligación y corresponda a las circunstancias de las personas, del tiempo y del lugar". Y añade que "cuando la obligación no exprese la diligencia que ha de prestarse en su cumplimiento, se exigirá la que correspondería *a un buen padre de familia*.[12]

Si un deudor incurre en mora, y su obligación consiste en pagar una suma de dinero, la indemnización a pagarse consistirá en el importe de los intereses convenidos, y no habiendo convenio al efecto, los intereses se computarán al tipo estatuído en la ley para estos casos, o sea, al seis por ciento (6%) al año. Esta regla regirá, a menos que exista pacto entre las partes, mediante el cual se haya fijado tipo diferente.[13]

Otra regla sobre negligencia aplicable a los negocios es que la indemnización por daños abarcará, no solamente el valor de la pérdida sufrida por el acreedor, sino también el de la ganancia que éste haya dejado de recibir. Pero esta norma general queda sujeta a modificación por otros preceptos del Código para situaciones especiales que en ellos se indican.[14]

La legislación *civil* prohibe cobrar intereses sobre intereses vencidos y no pagados, excepto los que se devenguen a partir de la fecha en que sean reclamados *judicialmente*. Para este caso se autoriza a fijarlos al tipo convencional. [15] Por su parte, la ley mercantil expresamente dispone que "los intereses vencidos y no pagados *no devengarán* intereses"; pero permite a los contratantes, mediante pacto específico al efecto, que pacten la *capitalización* de los intereses líquidos y no satisfechos, de modo que, como aumento al

[11] Código Civil, artículo 1054; 31 L.P.R.A. 3018.

[12] Código Civil, artículo 1057; 31 L.P.R.A. 3021.

[13] Código Civil, artículo 1061; 31 L.P.R.A. 3025.

[14] Código Civil, artículo 1059; 31 L.P.R.A. 3023.

[15] Código Civil, artículo 1062; 31 L.P.R.A. 3026.

principal de la deuda, "devengarán nuevos réditos". [16] De no lograrse pacto con ese propósito, la tardanza del deudor en el pago de intereses queda cubierta por la regla general sobre *los efectos de la morosidad* en el cumplimiento de *obligaciones mercantiles.* [17]

La negligencia causante de daño puede estar relacionada con el cumplimiento de deudas o puede ocurrir, como ya se indicó, por acto que nada tenga que ver con otras obligaciones ni con el cumplimiento de las mismas. Pero en uno u otro caso, el importe de la indemnización se fijará tomando en cuenta una serie de factores que sirven de base para medir el daño. Al reclamante le corresponde probar el daño realmente causado [18] y la prueba debe abarcar también esos factores de daño. Así, por ejemplo: la edad de la persona lesionada o fenecida, su estado de salud al ocurrir el accidente, el sueldo o ingreso que tenía por su trabajo, el remanente de vida probable, el sufrimiento físico y mental, el estado físico en que queda el damnificado, los gastos que se le ocasionen por motivo de la acción negligente (servicios médicos, hospital, medicinas, viajes, etc.), las consecuencias probables del accidente. Han de tomarse en consideración también las condiciones económicas prevalecientes, a fin de que la cuantía de la indemnización *venga a ser realmente reparadora.*[19]

Otra fase importante en la rama de negligencia es la que obliga a personas que no cometieron *por sí mismas* el acto negligente, pero a quienes la ley obliga también a indemnizar por la relación que tienen con quien realmente lo cometió. Es lo que se conoce como *responsabilidad vicaria.* El principio está contenido en el artículo 1803 del Código Civil[20] que, por su brevedad, citamos:

> "La obligación que impone la sección anterior (se refiere a la de responder por acto negligente) es exigible, no sólo por los actos u omisiones propios, sino por los de aquellas personas de quienes se debe responder."

Establecida así la norma básica de *responsabilidad por representación,* se señala al padre y a la madre, como responsables solidarios de los daños que causen "los hijos menores de edad que vivan en su compañía." También los tutores, por los daños de menores o de incapacitados que estén bajo su autoridad "y habiten en su compañía". Los maestros o directores de artes y oficios son igualmente responsables por los perjuicios que causen sus alumnos y aprendices "mientras permanezcan bajo su custodia".[21]

---

[16] Código de Comercio, artículo 235; 10 L.P.R.A. 1657.

[17] Código de Comercio, artículo 94; 10 L.P.R.A 1314.

[18] Rivera vs. Martínez, 26 D.P.R. 760.

[19] Sucesión Peraza vs. Marín (1929) 40 D.P.R. 356 y una serie de otros casos, todos los cuales están resumidos en 31 L.P.R.A.

[20] Código Civil, artículo 1803; 31 L.P.R.A. 5193.

[21] *Ibid.*

De todos estos casos de *responsabilidad transferida*, la que más pertinencia tiene en el estudio del Derecho mercantil es la que hace responsable a "los dueños o directores de un *establecimiento o empresa*" por los perjuicios que ocasionen sus *dependientes* (empleados y agentes) *en el servicio* en que los tuvieren empleados, o *con ocasión* de estar desempeñando sus tareas o funciones. [22]

En esa misma línea de ordenamiento jurídico, se impone responsabilidad a "los dueños... de cualquier vehículo de motor destinado al servicio privado de su dueño... por los perjuicios que causen en la operación de los mismos sus *empleados o agentes, debidamente autorizados* para el manejo de dichos vehículos, y *mientras actúen en el desempeño de sus funciones* como tales empleados o agentes *de acuerdo con los términos del contrato de trabajo.*"[23]

Pero esta responsabilidad *por relación* no es tan absoluta como aparece del lenguaje citado del artículo 1803, ya que el propio artículo provee al final la siguiente importante salvedad:

> "La responsabilidad de que trata esta sección cesará cuando las personas en él mencionadas prueben que emplearon toda la diligencia de un buen padre de familia para prevenir el daño."

Cumplimiento o pago de deudas

Examinadas las fuentes de las obligaciones y los efectos *generales* de éstas, continuamos ahora nuestro análisis de la relación entre acreedor y deudor.

De acuerdo con la ley todo deudor está en el deber de cumplir su obligación (pagar), a menos que, por acuerdo del propio acreedor o por otras causas, que la propia ley señala, quede relevado de hacerlo. Y para lograr ese efecto, además de declarar en uno de sus preceptos que *los contratos tendrán fuerza de ley entre los contratantes,* establece las sanciones o responsabilidades ulteriores en que habrá de incurrir el obligado si no cumple debidamente su compromiso. Por eso es vital que sepamos con toda precisión posible *en qué consiste el pago o cumplimiento de una deuda u obligación.* A este fin, nos interesan principalmente las obligaciones que surgen de los contratos, o más exactamente, de los negocios, que son el objeto particular de la materia bajo estudio.

Para determinar si una deuda está debidamente cumplida según lo exige la ley, ha de atenderse a cuatro aspectos de la obligación: 1. *qué* debe pagarse o cumplirse; 2. *quién* debe (o *quién* puede) hacer el pago –y su reverso— a quién debe (o a quién puede) hacerse el pago; 3. *dónde* debe hacerse el pago; y 4. *cuándo* debe hacerse el pago. Las reglas de la ley nos contestan categóricamente cada uno de estos cuatro planteamientos. Al referirse al *qué, quién, dónde, y cuándo* debe hacerse el pago, las reglas enfocan: *objeto, personas* (en el

[22] *Ibid.*

[23] *Ibid.*

lado acreedor y deudor); *lugar* y *tiempo* en que la obligación ha de ser cumplida. Si se cumplen las reglas de la ley en todas estas cuatro fases, la obligación estará debidamente *cumplida*.

Si, por el contrario, se deja de observar siquiera una sola de las reglas en cualquiera de los cuatro aspectos señalados, habrá, ante la ley, *un incumplimiento*. Lo que legalmente puede o deba suceder si ocurre *incumplimiento* en algún punto, queda para examinarse más adelante. Por el momento nos corresponde estudiar las reglas por las que se determine el *cumplimiento* en cada uno de los cuatro aspectos indicados.

Qué debe pagarse o cumplirse

En las obligaciones que nacen de la ley, se estará sujeto a lo que disponga la ley misma. Pero en las que surgen de contratos, que son las que más nos incumben aquí, el deudor deberá entregar *la cosa prometida*. Y tratándose de servicios, deberá prestar *el servicio prometido*. Así de sencilla es la ley y sería injusta si dijese algo en contrario.

a. Obligación de entregar frutos: Bastaría lo dicho en relación con este punto, si no fuera porque hay cosas que producen *frutos*, y también las hay que tienen *accesorios*. Ello deja en pie la pregunta de si el obligado a entregar la cosa *principal* vendrá obligado también a entregar sus *frutos o accesorios* según fuere el caso. La regla que nos da la ley es que "el acreedor tiene derecho a los frutos de la cosa (producidos) desde que nace la obligación de entregarla". [24] Pero como, dicho así, podría interpretarse que el *nacimiento* de la obligación tiene lugar al momento en que ésta se contrae, o sea, al quedar cerrado el compromiso o contrato, vale aclarar que no es así. El derecho del acreedor a los frutos de la cosa comienza "desde el instante mismo en que (por virtud del convenio) debió serle entregada", [25] pudiendo el deudor retener como suyos los producidos con anterioridad a ese instante.

Los frutos que la ley reconoce son de tres clases: *naturales, industriales y civiles*. Se consideran *naturales* los que produce la tierra, y las crías y demás productos de los animales. *Industriales*, los que se producen con el trabajo o industria del hombre y, en mayor amplitud, con ayuda o por medio de los instrumentos que éste ha creado y desarrollado para producir riqueza. Y se da el nombre de frutos *civiles* a *las rentas* o cánones de alquiler y a *los intereses* que produce la utilización del dinero por quien no es su dueño. [26]

1) Pago de rentas: Las rentas, producto de los arrendamientos, están reguladas por el Código Civil en lo relativo a los contratos de arrendamiento de fincas rústicas y urbanas. [27]

[24] Código Civil, artículo 1048; 31 L.P.R.A. 3012.

[25] Manresa, *Comentarios al Código Civil Español* (1950), Tomo 8, pág. 94.

[26] Código Civil, artículos 288 y 289; 31 L.P.R.A. 1141-1142.

[27] Artículos 1436 y siguientes; 31 L.P.R.A. 4032.

2) *En cuanto al pago de intereses:* Existen reglas especiales en la ley cuyo contenido esencial pasamos a exponer:

No toda deuda de dinero devenga intereses.

La materia de intereses nos presenta dos fases principales a estudiarse: a) en qué casos viene el deudor obligado a pagarlos; y b) en los casos en que deba pagarlos, *qué tipo de interés* vendrá obligado a pagar.

La ley respeta el derecho de las personas a tomar acuerdo sobre cualquiera o ambos aspectos, pero a la vez establece limitaciones al ejercicio de ese derecho. Excepto para ciertos casos especiales en que se autoriza expresamente un tipo de interés mayor, la ley tiene establecido que será *ilícito* —o sea, contrario a la ley y a la moral—[28] pactar o cobrar intereses a una tasa mayor de nueve por ciento (9%) anual. Y establece penalidad para el acreedor que la cobre o pacte para cobrarla. También se fija un tipo de interés para cuando, reconociéndose por el estatuto el derecho a cobrar intereses, las partes contratantes han guardado silencio respecto a su pago o al tipo a que deberán computarse.

3) *Intereses durante el plazo de la deuda:* Consideremos el primer punto. ¿En qué caso tendrá derecho el acreedor a que su deudor le pague intereses? Para decidirlo, tres situaciones han de considerarse: a) o existe convenio entre las partes para que *se paguen* intereses; b) o existe convenio expreso de que *no se paguen* intereses; c) o no existe pacto en un sentido u otro.

En el primer caso, el deudor está obligado a pagarlos, puesto que así lo prometió, y el contrato es *ley* entre las partes. La ley aquí no hace sino respetar lo acordado por los contratantes. Si, por el contrario, el acuerdo fue de que *no se pagarían* intereses el deudor no tendrá que pagarlos *durante el plazo de la deuda.* Pero si no pagase a su vencimiento el principal adeudado, entonces la regla varía, como más adelante señalaremos, con respecto al tiempo que dure la mora. (Aún estamos explicando las reglas sobre pago de intereses *durante el plazo de la deuda).*

En el tercer caso, cuando no existe pacto alguno sobre el pago de intereses, el deudor no está obligado tampoco a pagarlos *por el tiempo que dure el plazo de la deuda.* El uso del dinero en ese caso será gratuito hasta que llegue el vencimiento de la obligación, igual que si hubiesen pactado que no se cobraría intereses. En resumen, el acreedor no dispone mas que de un modo para tener derecho a que se le paguen intereses durante el plazo de la deuda: que así se haya pactado expresamente. Y, a la inversa, no tendrá ese derecho, tanto si se guardó silencio sobre ese extremo como si hubo pacto expreso para que no se pagaran.

---

[28] Casos especiales son, por ejemplo, los que contempla la ley sobre *préstamos personales pequeños.*

4) *Intereses durante la mora:* Lo que hemos explicado cubre únicamente el plazo de la deuda. Pero, ¿y si el deudor no paga su deuda al vencimiento y transcurre otro período entre el vencimiento y la fecha en que, de hecho, se hace el pago? Esta segunda etapa, que sólo ocurre cuando el deudor no es puntual en el pago, se denomina en ley el "plazo de *mora*", modo abreviado de decir plazo de *demora.* En materia de intereses debe distinguirse el plazo de *mora* del plazo que se convino para la deuda.

La ley provee que el deudor vendrá obligado a satisfacer al acreedor intereses por todo el tiempo que dure "la mora", *a menos que exista convenio expreso en contrario.* Es decir, que, mientras para el plazo de la deuda tiene que mediar convenio positivo expreso de pagarlos si esto es lo que el acreedor interesa de su deudor, en cambio, para el plazo de la mora ha de existir convenio expreso de que *no habrá que pagar intereses* para que el deudor se considere relevado de pagarlos.

Hasta aquí lo concerniente al primer problema: en qué casos deberá el deudor pagar intereses por su deuda.

5) *Tipo o tasa de interés a pagarse:* Respecto al tipo de interés que el deudor viene obligado a pagar sobre el importe del principal de su deuda, la ley contiene una alternativa sencilla: o las partes contratantes estipulan el tipo que ha de regir, o no lo estipulan. En el primer caso la ley respeta y hace obligatorio lo acordado entre ambas partes a ese efecto, siempre que el tipo que acuerden no exceda del máximo permitido por el estatuto o, en su defecto, por el reglamento oficial vigente, en tanto tal reglamento no conflija con los términos del estatuto habilitador. Es decir, o la propia ley es la que fija esas tasas máximas de interés, o las fija un reglamento promulgado por el organismo oficial al que el legislador delegue dicha función. O bien la ley fija unas y el reglamento del organismo subordinado fija las otras.

Con anterioridad al 1973, la propia ley disponía, de un modo general, ese plafón máximo hasta el cual los contratantes, conforme a su conveniencia y voluntad, podían fijar la tasa de interés a pagarse. Y era su obligación atenerse a lo así acordado, al momento de pagar la deuda. A tenor con la ley vigente en Puerto Rico hasta el año antedicho, el tipo máximo de interés permitido por disposición expresa del propio estatuto, era el nueve por ciento (9%) anual computado sobre el principal de la deuda, si ésta no excedía de $3,000, y ocho por ciento (8%) anual si el principal excedía esa suma.[29] Todo ello salvo en los casos especiales —muy pocos— en que la ley autoriza el cobro de un tipo mayor, según aparece en nota marginal número 28, página 115 que precede.

En el otro caso, o sea, si media el acuerdo entre las partes para que se pague intereses, pero se omite pactar el tipo de interés que ha de devengar la obligación

[29] Código Civil, artículo 1649; 31 L.P.R.A. 4591.

principal, la propia ley disponía, y sigue disponiendo, que regirá el tipo del seis por ciento (6%) anual.[30]

Las partes están en libertad de convenir, si así lo prefieren, un tipo de interés para regir durante el plazo de la obligación y, a la vez, otro tipo diferente para el plazo eventual de la *mora*. O bien pueden acordar un tipo determinado para el plazo de la deuda sin acordar ninguno para *mora*, que es lo más corriente. Y aún les es permitido que, no pactando tipo alguno para el plazo de la deuda, pacten una tasa específica de interés para el caso de incurrirse en mora.

Sea cual fuere la alternativa, el tipo de interés que se pacte para uno y otro período obligará al deudor a su pago según lo pactado, a menos que exceda del máximo permitido por estatuto o por reglamento, dependiendo de cuál de éstos aplique. [31] Sin embargo, de convenirse tipo para el *plazo* sin a la vez convenirlo para la *mora*, regirá para el plazo el pactado, mientras la *mora*, si ocurriese, quedará sujeta a que se pague el *estatutorio*, o sea, el seis por ciento (6%). [32]

6) *La transformación revolucionaria en materia de tasas de interés sobrevenida en los últimos 10 años:* La década 1973-1982 marca un giro histórico impresionante en lo que concierne a tasas de interés. La transformación experimentada abarca, no solamente a Puerto Rico sino a Estados Unidos y, en mayor o menor grado, a todo el mundo occidental. Representa un cambio revolucionario, en intensidad y en inestabilidad, resultante, entre otras causas, de: la dinámica del proceso tecnológico en el último cuarto de siglo, las variantes explosivas en los recientes movimientos que alteraron el control del petróleo en el mundo, y la expansión y re-ubicación de los grandes centros internacionales de poder económico.

Como consecuencia directa o indirecta de tan radicales y significativos cambios, casi toda la legislación puertorriqueña arriba resumida, concerniente a tasas de interés, fue suplantada drásticamente en 1973 al crearse, por la Ley número 1 del 15 de octubre de dicho año, la llamada *Junta Reguladora de tasas de interés y cargos por financiamiento.* Esta Junta[33] fue facultada por ley para "fijar, regular, aumentar o disminuir (mediante reglamento al efecto), los tipos de interés y los cargos máximos aplicables a determinadas transacciones económicas, dentro del marco de cualquier sector, renglón, o actividad económica. [34]

[30] Esta tasa de 6%, por estar prescrita en la ley, suele llamarse "interés legal", y también "estatutorio", para distinguirlo del que *voluntariamente* pactan los contratantes. El que se *pacta*, por ser producto de *convenio*, se denomina *interés convencional*, el cual puede fluctuar entre el cero y el límite permitido, mientras que el interés estatutorio es siempre fijo.

[31] El contrato *a la gruesa y a riesgo marítimo* está expresamente exento de este límite. Código de Comercio, artículo 233; 10 L.P.R.A. 1655.

[32] Código de Comercio, artículo 234; 10 L.P.R.A 1656.

[33] La función y prerrogativas de los miembros de dicha Junta Reguladora son indelegables.

[34] Así está literalmente expresado en el Reglamento Núm. 1 promulgado por dicha Junta Reguladora el 17 de octubre de 1973.

El primer Reglamento promulgado por dicho cuerpo regulador fijó tasas máximas de interés que podían cobrarse o exigirse en diversas clases de operaciones, como en: préstamos hipotecarios; préstamos hipotecarios asegurados o garantizados por la Administración Federal de Hogares (F.H.A.) y/o por la Administración de Veteranos (V.A., por sus siglas en inglés); préstamos comerciales, industriales, y agrícolas en exceso de $3,000, pagaderos a la demanda o en un término no mayor de 180 días; y préstamos comerciales, industriales, y agrícolas en exceso de $3,000 y por un plazo que exceda de 180 días.

En estas primeras tasas de interés fijadas por la Junta Reguladora al comienzo de su actuación, se advierte que mantuvo una política conservadora parecida a la que hasta entonces se había seguido por el estatuto legislativo. Pero de ahí en adelante proliferaron los cambios mediante reglamentos sucesivos. Posteriormente, dicho organismo regulador ha promulgado diversos reglamentos, cada uno suplantando, total o parcialmente, lo decretado en su promulgación anterior. Y en esa cadena de decretos reglamentarios, la Junta alteró tasas máximas de interés en dos direcciones básicamente contrarias, a saber: entre 1973 y 1979 los cambios fueron, en el conjunto general, en línea ascendente, hasta alcanzar límites que sobrepasaron el *21%* anual. Después —de 1979 a 1982—la tendencia de los cambios en tasas de interés tomó un giro diametralmente opuesto, en dirección descendente, hasta bajar al nivel en que hoy se encuentra: el *12%* y que, no obstante ser tan bajo, resulta todavía significativamente alto en comparación con las tasas máximas de 1973. [35]

Para los fines a que está destinado este texto, bastará añadir a lo ya expuesto en cuanto a variaciones en tasas de interés que, además de la Junta Reguladora, también el Departamento de Asuntos del Consumidor,[36] tiene un historial de acción reguladora similar en años recientes. Lo tiene en relación con otro tipo de operaciones no menos importantes para la vida comercial de Puerto Rico. Nos estamos refiriendo a los efectos de otra ley reciente de nuestra Asamblea Legislativa por la que el D.A.C.O. fue autorizado a reglamentar, y tiene actualmente bajo su reglamentación, este aspecto de tasas de interés máximo a ser pagado sobre la porción del precio que se deja aplazada en determinadas compras de artículos de comercio, industria, etc. A continuación la lista de algunos de dichos grupos de artículos, por los cuales D.A.C.O. permite cobrar el tipo de interés máximo sobre el precio aplazado en compraventa de: vehículos

[35] Estas cifras extremas que aquí ofrecemos (sobre el 21% en 1979 y el 12% en 1982) no corresponden a las fijadas por la Junta Reguladora puertorriqueña. Corresponden más bien a la llamada "tasa preferencial" o "prime rate". Éste es el nombre que se le da a la tasa de interés que en cada fecha o período dado han cobrado los poderosos bancos de Nueva York a las grandes empresas a las que les suplen normalmente el financiamiento que necesitan y a las cuales dan trato de *clientes más favorecidos.*

[36] Su sigla: D.A.C.O.

de motor; mobiliario y enseres para el hogar; enseres eléctricos para el hogar; muebles, maquinaria y equipo industrial, comercial, agrícola y de construcción; y material eléctrico comercial, entre otros.

Curioso dato es que, si bien en ciertos renglones, recién enumerados, hay un máximo de interés autorizado, lo cierto es que, en la práctica, y debido a los tecnicismos envueltos en la determinación de la cifra definitiva de dicho máximo, el límite anual *real* que se paga se eleva un considerablemente, hasta un 10% o más adicional. Por ejemplo, en promedio, un *13%* anual aproximado, *se eleva a un 23%* anual. Conclusión inevitable: el máximo expresado en el reglamento oficial resulta ser *nominal* y, por tanto, *falso.*

Otra importante acción oficial que se hizo efectiva mediante ley de 1980, es la que autoriza a los bancos depositarios de dinero en cuentas corrientes, a que paguen intereses al depositante sobre el importe efectivo en dichas cuentas. En la larga historia del desarrollo bancario, jamás se había llegado a una práctica de esta índole.

En cuanto a depósitos bancarios, debe saberse que es regla actual reconocer unas categorías altas no sujetas a reglamentación. En tal sentido, los depósitos en banco de $50,000 en adelante, y por disposición de la Junta de la Reserva Federal, quedan fuera de la reglamentación de dicha Junta. Y aquellos depósitos que no alcanzan los $50,000, sí están reglamentados. La Regla, llamada "Q", limita el pago de intereses a las cuentas de ahorro y los certificados de depósito. Esta reglamentación proviene de la gran depresión de los años '30 y parte del '40 en que se hizo imperativo tomar medidas drásticas frente a la grave presión de aquella crisis. Esto explica, entre otras medidas, la creación de las Asociaciones de Ahorro y Préstamos, difundidas en todo el territorio norteamericano y dependencias, incluyendo a Puerto Rico.

Pero la avalancha de reglamentación y de variantes, que han venido afectando los tipos de interés a pagarse en numerosas y diversas clases de situaciones, ha cobrado una marcada tendencia de marcha hacia atrás. En 1980 se creó una nueva agencia oficial en Washington, a la que se dió el nombre de Comisión Desreguladora[37] y a la que se encomendó la función de ir eliminando toda reglamentación vigente en que se fijen diferenciales en tasas de interés. Y se señaló el año 1984 como límite para derogar toda esa diversidad de reglamentación excesiva.[38] A la Comisión Desreguladora se le encomendó también que tomara las medidas apropiadas para que se fuera eliminando el Reglamento "Q". Se perseguía además el propósito de ir creando nuevos

[37] "Deregulation Committee", en inglés.

[38] En carta circulada por el Contralor de la Moneda y Administrador de los Bancos nacionales de EE.UU., fechada 20 de octubre de 1982, y *dirigida a todos los ejecutivos* de los bancos nacionales, se requirió de dichos bancos la eliminación "de todos los diferenciales en las tasas de interés en cuanto a todas las categorías de depósitos y cuentas, ..." dentro de un plazo que no debería pasar de enero 1 de 1984.

instrumentos de ahorro en adición a las asociaciones de ahorro y préstamos y los *certificados de depósito.* Tal parece que en las esferas de la metrópoli se fue reforzando la convicción de que la excesiva reglamentación de los últimos diez años en materia de tasas de interés podría ser causa determinante de que esas tasas se mantuvieran excesivamente altas, contribuyendo a que se impidiera o retrasara la solución de la grave crisis económica que persistía en muchos pueblos de Occidente.

No puede pasarse por alto que el Código de Comercio contiene cinco reglas especiales e importantes relativas al pago de intereses:

Los préstamos (aunque sean mercantiles) no devengarán intereses si no se hubiesen pactado por escrito.[39]

El recibo del principal de la deuda por el acreedor, sin reservarse expresamente el derecho a los intereses pactados o debidos, extinguirá la obligación del deudor respecto a los mismos.[40]

Las entregas a cuenta, cuando no resulta expresa su aplicación, se imputarán en primer término al pago de intereses por orden de vencimiento y después al principal (capital).[41]

El recibo del principal (de la deuda) por el acreedor, sin reserva alguna respecto a los intereses, extingue la obligación del deudor en cuanto a éstos.[42]

El recibo del último plazo de un débito, cuando el acreedor tampoco hiciere reservas, extinguirá la obligación en cuanto a los plazos anteriores.[43]

7) *La usura, el usurero y los intereses usurarios:* Ahora nos corresponde examinar las consecuencias legales de que entre acreedor y deudor se pacte y/o se cobren intereses en exceso del tipo máximo fijado en el estatuto o en el reglamento aplicable, según el caso. Tal actuación, lo mismo si ocurre *pactándolo, o cobrándolo, o ambas cosas,* constituye —sólo en cuanto al acreedor—un *delito,* al que se da el nombre de *usura.* Al acreedor que lo realiza se le llama *usurero,* con mayor motivo si lo hace *habitualmente.* Y los intereses que así se pacten y/o cobren, se califican de *usurarios.*

Aparte de las penalidades que apareja tal acción por ser *delito,* y que aquí no interesa considerarlas por ser materia que pertenece a la rama del Derecho *Penal,* y no al Mercantil, sí importa señalar que, según la ley *civil,* el acreedor en tal caso queda impedido de cobrar cantidad alguna por concepto de *intereses.* Y

---

39 Código de Comercio, artículo 232; 1O L.P.R.A. 1654.

40 Código de Comercio, artículo 236; 1O L.P.R.A. 1658.

41 *Ibid.*

42 Código Civil, artículo 1063; 31 L.P.R.A. 3027.

43 Código Civil, artículo 1050; 31 L.P.R.A. 3014.

en cuanto al *principal* adeudado, el deudor sólo vendrá obligado en tal caso a reembolsarle tres cuartas partes de su importe, mientras que la cuarta parte restante deberá ser entregada al Tesoro público. [44] El delito de *usura,* por razones obvias, no es fácil de probar en la mayor parte de los casos. Pero también es obvio que el poder público en Puerto Rico no ejerce la debida diligencia para procesar a los delincuentes consuetudinarios de *la usura,* que se han convertido en una de las llagas de la sociedad.

b. *Obligación de entregar los accesorios.* Hasta aquí por lo que toca a la obligación de entregar frutos cuando sólo se pacta la entrega de la cosa principal. Recuérdese que los frutos pueden ser *naturales, industriales* o *civiles;* y, acabamos de dar las reglas, entre estos últimos, para el pago de intereses por el uso del dinero.

Por lo que se refiere a los *accesorios,* otra regla de la ley civil nos dice que "la obligación de dar cosa determinada comprende la de entregar *todos sus accesorios,* aunque no hayan sido mencionados.[45] Pero esta obligación subsidiaria está sujeta, como es de suponerse, a: 1) que esos accesorios existan y estén en la contemplación de los contratantes al prometerse la cosa principal; 2) que no medie pacto expreso en contrario y 3) que *el uso* (en cuanto a accesorios), si existe, puede suplir la omisión de pacto sobre el particular en tanto no se oponga a la ley.

Quién debe hacer el pago

El *deudor*. Por eso se llama así: porque *debe.* Lo que aquí interesa preguntarnos es si el pago *puede* ser hecho por otro que no sea el deudor y considerarse *válido* ante la ley. Es válido, no importa quién lo haga. Puesto que lo que se contempla en justicia es que el acreedor quede satisfecho en su derecho a recibir lo que se le debe, ¿qué más da que otra persona sea quien le pague? No sólo se reconoce validez en ese pago cuando el tercero lo hace por encomienda, autorización expresa, o asentimiento implícito del deudor, sino aún contraviniendo a la voluntad expresada de éste. Por otro lado, no debe perderse de vista que la deuda es del deudor y no del tercero. Por ello, la ley, diseñada para la justicia, reconoce también el derecho del tercero, que pagó sin ser suya la obligación, de reembolsarse del deudor lo que hubiese pagado, pero solamente *hasta donde el pago le resulte útil al deudor.*

A quién debe hacerse el pago es la cuestión que correlativamente surge respecto del lado acreedor. Y como es al acreedor a quien se le *debe*, a él corresponde que se le pague. Pero surge aquí otra vez la interrogante relativa a si, efectuándose el pago a tercera persona que no sea el acreedor, aún así podría ser válido ante la ley. Si quien recibe el pago está previamente autorizado por el acreedor para recibirlo; o, faltando autorización previa, el

---

[44] Esta materia de intereses, que rige tanto para la vida *civil* como para la *mercantil,* puede verse más detalladamente en 31 L.P.R.A 4591-4599.

[45] Código Civil, artículo 1050; 31 L.P.R.A. 3014.

acreedor ratifica o aprueba ese pago aunque sea *a posteriori*, no cabe duda de que será válido y que así lo reconoce la ley. Ahora bien, sin mediar la autorización previa ni la ratificación, el pago hecho a persona que no sea el acreedor no se reconocerá válido *a menos* que *resulte útil al acreedor* y hasta el monto en que realmente le sea útil. [46]

Dónde debe hacerse el pago

Existiendo pacto entre los contratantes respecto al sitio para el pago, la entrega de la cosa o dinero adeudado deberá efectuarse en el lugar convenido. A falta de un acuerdo sobre este punto, la ley suple la omisión cubriendo dos situaciones que, para lograr justicia, se estiman diferentes: a) tratándose de obligaciones de entregar *cosa determinada* (un automóvil, una mesa, un televisor, una mercancía específica), la entrega deberá hacerse en el lugar donde se encontraba el objeto al tiempo de constituirse la obligación.[47] En cambio, b) para las obligaciones de cosa *indeterminada*, como son las de entregar *dinero* (en estas sólo se determina la cantidad, una cifra), la ley establece que la entrega deberá hacerse en el domicilio del deudor. [48]

Pero recuérdese que estas dos reglas sólo tienen aplicación cuando las partes no acuerden el sitio de entrega, pues su voluntad, expresada en el pacto o aún fuera de él, debe prevalecer. Aquí la ley es sólo supletoria, para cuando no haya pacto al efecto.

Cuándo deberá hacerse el pago para que la obligación se entienda cumplida

Para determinarlo el Código Civil tiene establecidas las siguientes reglas: a) si se ha convenido entre las partes *un plazo o una fecha de vencimiento*, deberá efectuarse el pago en la fecha pactada o al vencimiento del plazo estipulado. b) No habiéndose pactado plazo ni fecha, pero, conviniéndose una condición de la cual ha de depender el cumplimiento de la obligación, la entrega de la cosa o la prestación del servicio deberá hacerse al ocurrir la *condición pactada. c)* No habiéndose pactado fecha, plazo, ni condición, por la que se determine el vencimiento, ha de presumirse que no hubo intención de *aplazar*, y entonces la entrega o cumplimiento deberá efectuarse *inmediatamente;* esto es, tan pronto queda hecho el contrato. d) Finalmente, existen dos situaciones de excepción a las tres reglas anteriores: puede darse el caso de que no se hubiere convenido plazo, fecha, ni condición para cumplir el contrato, pero que de los términos o cláusulas de éste se desprenda que hubo la intención de ambas partes para fijar un plazo y no lo fijaron. O puede ocurrir que de la naturaleza misma de la obligación convenida resulte que debió fijarse un plazo para ella y no se hizo, por olvido o por lo que fuese.

[46] Por ejemplo: si usted paga a B mil dólares y A es el verdadero acreedor pero A, a su vez, debe a B ochocientos dólares, que no le paga a pesar de estar vencida esa otra deuda, el pago de los mil dólares a B es válido *hasta ochocientos dólares,* aunque A se opusiera al mismo. El balance de $200 constituye *un pago indebido*, y debe devolverse. (Código Civil, artículo 1117; 31 L.PR.A.)

[47] Código Civil, artículo 1125; 31 L.P.R.A. 3175.

[48] *Ibid.*

En cualquiera de estas dos eventualidades, el tribunal determinará, en recurso judicial al efecto, la fecha en que deba pagarse o cumplirse.[49] Un acuerdo de última hora podría, por supuesto, evitar las inconveniencias de un pleito, pero si no se logra ese acuerdo, caería el caso bajo las dos primeras reglas de ley señaladas. [50]

A los efectos de que no quede caso sin su regla respectiva para determinar cuándo es exigible el cumplimiento de una obligación o el pago de una deuda, estimamos útil añadir las siguientes reglas de la legislación mercantil: [51]

e) "No se reconocerán términos de gracia... que bajo cualquier denominación, difieran el cumplimiento de las obligaciones *mercantiles,* sino los que las partes hubieren prefijado en el contrato, o se apoyaren en una disposición terminante de Derecho". (Obsérvese que esto excluye "los usos" en cuanto a vencimiento de deudas *mercantiles.)*

f) "Las obligaciones que no tuvieren término prefijado por las partes o por las disposiciones de *este Código,* serán exigibles a los diez días después de contraídas, si sólo produjeren acción ordinaria, y al día inmediato si llevaren aparejada ejecución." (Obsérvese que esta regla podría excluir, para las obligaciones *mercantiles,* la discreción judicial que, por la regla cuarta, tiene vigencia para obligaciones civiles. [52]

Consecuencias del incumplimiento

Bajo el tópico anterior estudiamos los preceptos por los cuales podemos determinar en cada caso si una obligación o deuda ha sido *cumplida o pagada* conforme lo exige la ley. Casi es innecesario detenernos en cuanto a las consecuencias legales del *cumplimiento,* pues parece claro que, hecho el pago o cumplida la obligación, para el deudor se extingue su obligación, cesando —frente a su acreedor— toda responsabilidad ulterior. No podría ser de otro modo porque el acreedor fue satisfecho en su acreencia y el deudor descargó la obligación que se había impuesto. Y en cuanto a ambos, la relación jurídica mantenida por la obligación contraída, queda disuelta y cabalmente *extinguida* por razón del *pago o cumplimiento.* Ese precisamente es el fin que busca la ley: que las obligaciones *se cumplan.* Así se explica que, entre las normas básicas del Código está *que toda obligación debe ser*

[49] Un préstamo sin plazo convenido sería un buen ejemplo en que aplicaría esta cuarta regla, pues por su naturaleza todo préstamo debe conllevar acuerdo de un plazo para devolver lo prestado.

[50] Las cuatro reglas aludidas aparecen dispersas en los artículos 1066, 1078 y 1081 del Código Civil; 31 L.P.R.A. 3041, 3061 y 3064, respectivamente.

[51] Código de Comercio, artículos 92-93; 10 L.P.R.A. 1312-1313.

[52] Véase la regla identificada con la letra (d).

cumplida, excepto las que sean contrarias a las leyes, a la moral, al orden público, o aquéllas cuyo cumplimiento sea imposible.[53]

Ahora nos toca examinar *los efectos legales del incumplimiento.*

El principio básico general es que quien deje de cumplir sus obligaciones legalmente contraídas incurrirá en responsabilidad, a menos que el incumplimiento sea causado por *fuerza mayor.* La fuerza mayor es lo que los ingleses llaman *"acts of God"*, frase que describe adecuadamente aquellos sucesos contra los cuales resulta impotente la voluntad del hombre. Una inundación, un terremoto, un huracán, una enfermedad grave, un accidente, en tanto hacen *imposible* que el deudor cumpla lo que prometió dar o hacer, son ejemplos de esa fuerza mayor que lo *releva* de su obligación, *temporera o permanentemente,* según la naturaleza del compromiso y las circunstancias de cada caso.

La regla civil que exonera al deudor de responder en los casos fortuitos o de fuerza mayor merece citarse literalmente:

> "Fuera de los casos expresamente mencionados en la ley, y de los en que así lo declare la obligación, *nadie responderá* de aquellos sucesos que no hubieran podido preverse, o que previstos, fueran inevitables." [54]

El acto del poder público puede ser causa para exonerar de responsabilidad por fuerza mayor. Una detención indebida de mercancías por funcionarios de aduana, exime a la empresa porteadora por el retraso en la entrega, según decisión del Tribunal Supremo de España.[55] Y en caso resuelto por la Corte Suprema de los Estados Unidos se establece la

---

[53] Los contratantes pueden establecer los pactos, clásulas y condiciones que tengan por conveniente, siempre que no sean contrarios a las *leyes,* a la *moral,* ni al *orden público.* (Código Civil, artículo 1207; 31 L.P.R.A. 3372).

Y en otra regla: "No pueden ser objeto de contrato *las cosas o servicios imposibles."* (Código Civil, artículo 1224; 31 L.P.R.A. 3422).

"También quedará liberado el deudor en las obligaciones de hacer cuando la prestación resultare ilegal o *físicamente imposible."* (Código Civil, artículo 1138; 31 L.P.R.A. 3193).

En el caso de Buena Vista Dairy, Inc. vs. Aponte (1979), 108 D.P.R. 657, nuestro Tribunal Supremo ratificó la regla del Código de Comercio citada en el párrafo *f* sobre el plazo de diez días para hacer exigibles las obligaciones en que no tenga prefijado por las partes, o por disposición de ley, el plazo de su vencimiento. Sostuvo, sin embargo, el Tribunal que en dicho litigio se trataba de un contrato *mercantil* de *compraventa* de leche, en el que se había pactado expresamente que se realizaría una líquidación diaria de las compras de dicho artículo, y que el acreedor por el precio de la leche, o sea, el vendedor, tenía el derecho a cobrar su acreencia cuando así decidiera hacerlo, no viniendo obligado a aguardar un tiempo determinado para exigir su pago. (Código de Comercio, artículos 92-93; 10 LPRA 1312-1313).

[54] Código Civil, artículo 1058; 31 L.P.R.A. 3022. No existiendo regla diferente en el Código de Comercio, entendemos que ésta misma rige para las obligaciones mercantiles.

[55] Puede verse la cita en Manresa, *Comentarios al Código Civil Español,* Tomo 8, pág. 220, donde se comenta el artículo 1105 del Código Civil español, literalmente exacto al 1137 del nuestro; 31 L.P.R.A. 3192 .

doctrina básica de que "si un contratante se obliga en el contrato a una obligación cuyo cumplimiento es posible, estará obligado a cumplirla, a menos que el cumplimiento sea impedido luego por *acto de Dios o del otro contratante, o por efecto de la ley*".[56]

Pero *cuando no media la fuerza mayor,* ya hemos indicado que el obligado incurre en responsabilidad si deja de cumplir su obligación en cualquiera de los cuatro aspectos contemplados por la ley para considerarla cumplida. Esto quiere decir que tendrá que: 1) *indemnizar o* compensar al acreedor por los daños que ocasione su incumplimiento, incluyendo el pago de intereses; 2) puede ser obligado, además, al *cumplimiento específico* de la obligación u obligaciones contraídas, o de la parte de ellas que dejó de cumplir. (Para todo ello, el acreedor tiene el recurso de demanda ante los tribunales); 3) o bien puede el acreedor, si así lo prefiere, limitar su acción a que se le pague la indemnización, renunciando a la segunda parte de su reclamación, relativa al cumplimiento específico. [57]

En otras palabras, o el acreedor exige, si así lo prefiere, el cumplimiento del contrato más la indemnización por los daños realmente causados, o se limita a exigir solamente la indemnización. En uno u otro caso, si para lograrlo se ve precisado a recurrir a los tribunales, la compensación podrá abarcar también los gastos que motive el litigio incluyendo una suma para los honorarios del abogado que lo represente en los procedimientos.

Las diversas clases de obligaciones

Por razón de su diversa naturaleza y por las múltiples modalidades a que dan lugar los términos y condiciones a que pueden quedar sujetas, la ley reconoce toda una variedad de clases y subclases en las deudas u obligaciones, y establece reglas particulares aplicables a cada una. Así vemos que las divide en *individuales* o *colectivas; puras o condicionales, contingentes o no-contingentes, a plazos, alternativas, solidarias o simples, divisibles o indivisibles,* con condición *suspensiva* o con condición *resolutoria.* Procede explicar lo esencial en cada división.

Deudas individuales y colectivas

Todas las deudas se clasifican en individuales y colectivas. Como su nombre indica, son *"individuales" aquéllas en que sólo una persona, individualmente, se obliga a favor del acreedor.* Por el contrario, se da el nombre de *"colectivas" a aquéllas en que se obligan dos o más personas en una misma deuda.* Las consecuencias de una y otra clase ante la ley se pueden advertir por lo que más adelante explicamos. En primer lugar, las deudas *individuales* no se subdividen. En cambio, las *colectivas,* también llamadas *mancomunadas,* se subdividen en *deudas simples* y *deudas solidarias.* Lo que esta distinción significa lo vemos en los siguientes párrafos.

---

[56] *Burr vs. Columbus,* 249 U.S. 415.

[57] Código Civil, artículo 1077; 31 L.P.R.A.. 3052.

Deudas simples y deudas solidarias

Cuando se trata de deudas *individuales*, el alcance de responsabilidad por parte del deudor no tiene complicación alguna, pues siendo un solo individuo el obligado, sobre él y sobre nadie más recae todo el peso de la deuda. La situación legal es simple en esos casos porque no surge el problema de si se reparte o no la carga de pagar entre los deudores, como es lógico que surja cuando se trata de deudas colectivas. Veamos lo que ocurre con éstas. Puesto que en ellas son dos o más los que se obligan, es indispensable determinar si cada deudor es responsable ante el acreedor por sólo una parte de la deuda, o si, a la inversa, *cualquiera* de los deudores viene obligado a pagar la totalidad de la misma.[58] En el primer caso la obligación es *simple;* en el segundo, *solidaria.*

Ahora bien, ¿cómo ha de saberse —cuando dos o más personas se constituyen en deudores de otra— si la obligación de cada una se ha de considerar *simple* o se ha de considerar *solidaria?* La ley en esto es categórica. Para que se entienda que es *solidaria,* ha de convenirse *expresamente* que la deuda se constituye en ese carácter; de lo contrario se asumirá que es *simple.*

> "La concurrencia de dos o más... deudores en una sola obligación", nos dice el Código, "no implica que cada uno de ellos..., deba prestar íntegramente las cosas objeto de la misma. Sólo habrá lugar a esto cuando la obligación expresamente lo determine, constituyéndose con el carácter de *solidaria.*"[59]

Y para que no quede duda, enseguida reafirma: "Si del texto de las obligaciones... no resulta otra cosa... la deuda se presumirá dividida en tantas partes como...deudores haya, reputándose... deudas distintas unas de otras". [60]

El acreedor —tratándose de deuda solidaria— puede dirigir su reclamación contra cualquiera de los deudores solidarios o contra todos ellos simultáneamente. La reclamación entablada contra uno no será obstáculo para *posteriormente* dirigirla contra los demás mientras no resulte cobrada la deuda por completo. [61]

Si el acreedor, acogiéndose al derecho que le da esta regla, demanda en corte *a uno* de sus deudores *solidarios,* y obtiene sentencia contra éste que le obliga a pagar el importe total adeudado, ¿significa ese pago, *individual y completo,* que los demás deudores quedan relevados de su parte proporcional en la deuda? De ningún modo. Quedan relevados ante el acreedor, cuyo crédito fue íntegramente satisfecho, pero no así respecto del deudor que pagó y a quien, por ser *solidario,* se le impuso pagar un total de deuda en la que otros

---

[58] Decimos *cualquiera* y no *cada uno* de los deudores porque al acreedor no le asiste más derecho que el de cobrar una sola vez lo que se le debe, y no tantas veces como deudores se hayan comprometido en la deuda a favor de él.

[59] Código Civil, artículo 1090; 31 L.P.R.A. 3101.

[60] Código Civil, artículo 1091; 31 L.P.R.A. 3102.

[61] Código Civil, artículo 1097; 31 L.P.R.A. 3108. Puede verse, además, el caso de *Cintrón y Aboy vs. Solá,* 22 D.P.R. 262.

compartirían con él la obligación. En efecto, para hacerle justicia al deudor que, por la vía judicial o voluntariamente, se vio forzado a pagar completo, éste tiene derecho, según la ley, a *repetir* contra cada uno de sus co-deudores solidarios, para que éstos le restituyan *la parte proporcional que respectivamente corresponde, más los intereses del anticipo.*[62]

Para no extendernos excesivamente en este tópico, resumidamente señalamos que, según puede haber *responsabilidad solidaria* en cuanto a deudores de una misma obligación, así también puede estipularse la solidaridad respecto de *acreedores* que lo sean de un mismo derecho de crédito.[63] Los efectos legales en cuanto a éstos están cubiertos en seis artículos consecutivos del Código Civil.[64]

Tampoco es posible que concluyamos esta particular materia sobre *responsabilidad solidaria,* sin aludir a un precepto de la *Ley Uniforme de Documentos Negociables* que, por ser *ley importada*[65] (no *adaptada)* y extraña, por tanto, a *nuestro* sistema jurídico nacional, contiene una flagrante contradicción con la regla arriba expuesta de que *la solidaridad no se presume* y que, para serlo, ha de expresarse en la obligación misma. Y puesto que, siendo ley *especial,* su claro texto (aplicable *exclusivamente* a documentos de crédito de su especialidad) tiene que prevalecer sobre la regla general del Código Civil (Artículo 1090), procede que la transcribamos aquí literalmente:

> "Salvo según se disponga en contrario en el instrumento, dos (2) o más personas que tengan la misma responsabilidad en un instrumento bien sea como firmantes, librados, aceptantes, endosantes anómalos serán responsables solidariamente en la capacidad que firman."[66]

Deudas puras y deudas condicionales

Desde otro punto de vista, las obligaciones se dividen en *puras* y *condicionales.* Se denominan *"puras" aquellas deudas que no dependen, en cuanto a su cumplimiento, de condición alguna.* Y *condicionales,* las que se encuentran en el caso contrario. En sentido básico, la condición puede establecerse para uno de dos propósitos: o para *adquirir algún derecho* al ocurrir la condición, o *para perder* alguno ya adquirido. En uno u otro caso, sus efectos dependerán del suceso, fecha, o acontecimiento que constituye la condición.[67]

Lo que no reconoce la ley es que el cumplimiento de la condición convenida haya de depender de la voluntad exclusiva del deudor, pues en tal caso la obligación, así condicionada, *será nula.* Igualmente se reputan *nulas* las obligaciones sujetas a condición

---

[62] Código Civil, artículo 1098; 31 L.P.R.A. 3109.

[63] Código Civil, artículo 1090; 31 L.P.R.A. 3101.

[64] Código Civil, artículos 1091-1096; 31 L.P.R.A. 3102-3107.

[65] Ley núm. 176 del 31 de agosto de 1996, Artículo 2; 19 LPRA 516(a).

[66] Código Uniforme de Comercio de Estados Unidos, del cual se adoptó en Puerto Rico la referida norma, 19 L.P.R.A. 516 (a)

[67] Código Civil, artículo 1067; 31 L.P.R.A. 3042.

imposible, o a condiciones contrarias a las buenas costumbres, o que estén prohibidas por la ley.

Por otro lado, se considerará válida y eficaz en Derecho la condición que ha de depender de *la suerte;* y también la que dependa de la voluntad de un tercero.[68]

En las obligaciones *recíprocas,* la facultad de cualquiera de las partes de dejar sin efecto la obligación u obligaciones que a ella correspondan, está implícita para el caso de que la otra no cumpliere las que a ésta incumben. El perjudicado en tal caso podrá escoger entre exigir el cumplimiento o el cese de la obligación, con resarcimiento, además, de daños y abono de intereses, en cualquiera de las alternativas que optare.[69]

Condicionales de condición contingente y de condición no-contingente

Sabido ya que las obligaciones *condicionales* son las que dependen en su cumplimiento de alguna condición, nos corresponde ahora señalar que las condiciones a que se sujeten por pacto o por ley pueden ser *contingentes* o *no-contingentes.* La diferencia entre una y otra radica en que *"la contingente" es aquella condición que puede ocurrir o puede no ocurrir;* mientras que *"la no-contingente" es la que ha de suceder de todos modos.* [70] Pero el Código, a pesar de reconocerlo así en sus preceptos, da el nombre de *condicionales* solamente a aquellas obligaciones sujetas a "la incertidumbre" de "si ha de llegar o no el día" en que pueda exigirse su cumplimiento; o sea, exclusivamente las de "condición *contingente*". A las otras, en lugar de llamarlas "no-contingentes", les da el nombre común de obligaciones *a plazos.*[71] Y luego pasa a encasillar las reglas separadamente para una y para las otras. Como en la esfera de los negocios, particularmente los *mercantiles,* es tan frecuente el pacto *aplazando* el cumplimiento de obligaciones, sean éstas de dinero, servicios, u otras cosas, es conveniente anotar las reglas de aplicación más corriente en las que están sujetas *a plazo.*

Si la obligación civil no señalare *plazo,* pero de su naturaleza y circunstancias se dedujere que hubo la intención de concederlo al deudor, los tribunales fijarán la duración del mismo. En cambio, las *obligaciones mercantiles* que no tengan plazo prefijado por las partes o por el Código de Comercio, *"serán exigibles a los diez días después de contraídas, si sólo produjeren acción ordinaria, y al día inmediato si llevaren aparejada ejecución."* [72]

Siempre que en las obligaciones se designe un término para su cumplimiento se ha de presumir que se establece en beneficio de ambas partes en la negociación; a menos que de

[68] Código Civil, artículo 1068; 31 L.P.R.A. 3043.

[69] Esta regla es aplicable a cualquier acción del acreedor por causa de incumplimiento de su deudor, conforme señalamos anteriormente.

[70] *Amy vs. Registrador* (1914) 21 D.P.R.123; citado en relación con el artículo 1066 del Código Civil; 31 L.P.R.A. 3041.

[71] Código Civil, artículo 1078; 31 L.P.R.A. 3061.

[72] Código de Comercio, artículo 93 (10 L.P.R.A. 1313); Código Civil, artículo 1081 (31 L.P.R.A. 5127).

lo expresado en el convenio o de otras circunstancias relacionadas con el mismo, resultare el propósito de fijarlo a favor de una o de la otra. [73]

El deudor perderá el derecho que se le concedió a utilizar un plazo si, después de contraída la obligación, queda insolvente; a menos que otorgue *garantía inmediata* para la deuda. También perderá el derecho al plazo si deja de otorgar al acreedor las garantías a que se comprometió al contraer la deuda. [74]

Obligaciones alternativas

Cuando a un deudor se le concede opción para que, a su libre elección, cumpla una entre dos o más obligaciones que se indican en el convenio o contrato, dichas obligaciones toman el nombre de *alternativas,* aparte de cualquier otra calificación que por otros motivos pueda dárseles.

Quien esté obligado *alternativamente* a diversas prestaciones, sean éstas de servicios, de dinero u otras cosas, tiene que cumplir *enteramente* una de ellas. Y no puede legalmente obligar al acreedor a que acepte un cumplimiento parcial de unas y de otras *aún cuando tal combinación pudiese representar mayor utilidad o beneficio para el acreedor conforme a los valores del mercado.*

Cuando el acuerdo entre acreedor y deudor confiere alternativas para el cumplimiento, debe asumirse que el derecho a elegir entre ellas corresponde al deudor. El acreedor no tendrá esa potestad a menos que expresamente así se acordase.

Nunca habrá derecho a elegir prestaciones imposibles o ilícitas, aunque fuesen éstas incluidas en el acuerdo; ni tampoco las que, siendo posibles y lícitas, no estén comprendidas entre las alternas a elegir según lo pactado.

Si el acuerdo entre las partes confiere alternativas al deudor, pero sólo una de ellas fuese *realizable,* éste no quedará relevado de cumplirla por el hecho de que su facultad de elección quedase así anulada. [75]

Cuando, *por la culpa del deudor,* desaparezcan las diversas cosas incluidas en la alternativa de cumplimiento, o se hiciese imposible ese cumplimiento, bien se trate de obligaciones de *dar,* o bien de *hacer o no hacer,* el acreedor tendrá derecho a que se le indemnice por los daños.

---

[73] Código Civil, artículo 1080; 31 L.P.R.A. 3063.

[74] Si, habiendo prestado las garantías, éstas disminuyen por actos suyos propios, o se destruyesen por caso fortuito, el deudor deberá sustituirlas por otras nuevas e iguales.

Otra regla sobre *plazo,* de constante aplicación: si el plazo de una deuda está convenido por días que se contarán desde fecha determinada, el de la fecha quedará excluído y se contará desde el siguiente.

[75] Código Civil, artículo 1087; 31 L.P.R.A. 3084.

Condiciones suspensivas y resolutorias

Independientemente de otros efectos que pueda tener o con qué otros fines puedan las partes acordarla, la condición que se señale en cualquier obligación puede tener, además, uno de dos propósitos: a) o *que la obligación no deba empezar a cumplirse hasta que ocurra la condición,* y en este caso se llama condición *suspensiva;* o b) lo contrario, *que* comenzado ya, o pendiente de comenzar, el cumplimiento de la obligación acordada, *la ocurrencia de la condición sirva para que la deuda u obligación cese y se extinga,* relevando así al deudor de su ulterior cumplimiento a partir del momento en que la condición ocurre. En este último caso la condición se llama *resolutoria,* ya que tiene el efecto de *resolver* (extinguir) la obligación.[76]

Por ejemplo: la compañía X se compromete a pagar a sus empleados los gastos médicos que tengan mientras sean empleados de la empresa. Tan pronto un empleado cesa como tal, simultáneamente cesa la obligación de la compañía sufragarle los gastos médicos. Aquí, la condición de que el empleado cese en su empleo es ejemplo de condición *resolutoria.* La cesantía del empleado *extingue* la obligación que la empresa se había impuesto.

Por otro lado, la condición en un contrato de compraventa dirigida a que el comprador no pague el precio de la mercancía vendida mientras ésta no le sea entregada, es ejemplo de condición *suspensiva.* La obligación de pagar el precio queda *en suspenso* hasta que se cumpla la condición: la entrega física de la mercancía.

En los contratos de seguro y en los de fianza, siempre se establecen obligaciones de pagar indemnizaciones o cantidades de dinero prometidas por diversos conceptos. Y esas obligaciones quedan sujetas unas veces a condiciones *suspensivas,* y otras, a condiciones *resolutorias.*

La ocurrencia de la condición *suspensiva,* en su fondo, da lugar a la *adquisición* de algún *derecho* que de ella se hacía depender, mientras que la ocurrencia de la condición *resolutoria* da lugar a la *pérdida* o anulación de un derecho que se venía disfrutando hasta que la condición ocurre.[77]

Obligaciones divisibles e indivisibles

Se considera *"indivisible" aquella obligación de entregar cosa que, por su naturaleza, no sea propio fraccionarla sin perder sustancia o valor, y cualquier otra que no sea susceptible de cumplimiento parcial.* La divisibilidad ha de decidirse en cada caso por sus propios méritos.

En las obligaciones *indivisibles* en que entran dos o más deudores, tan pronto cualquiera de ellos deje de cumplir lo que prometió estará obligado a indemnizar al acreedor por los daños que su incumplimiento cause. Por otro lado, aquéllos que hubiesen estado dispuestos a cumplir su parte en el compromiso, no tendrán que indemnizar sino con la parte

[76] *Amézaga vs. Agudo* (1947) 67 DP.R 6. Obsérvese que, mientras la condición *"suspensiva"*, al ocurrir, hace *nacer* la obligación, la *"resolutoria" extingue* o cancela la obligación.

[77] Código Civil, artículo 1067; 31 L.P.R.A. 3042.

proporcional que a cada uno corresponda en el valor de la cosa o servicio objeto del compromiso. Como en las obligaciones *divisibles* la distribución de responsabilidad está de antemano explícita en cuanto a cada uno de los deudores concurrentes,[78] la responsabilidad del cumplimiento, siendo independiente y separable para cada partícipe, es susceptible de ser descargada por cada uno sin que la conducta de los otros, en cuanto a la suya, deba ofrecer impedimento.

En las obligaciones con *cláusula penal,* el tribunal reajustará equitativamente la penalidad acordada cuando el deudor hubiese cumplido *parcialmente* su obligación.[79]

En las obligaciones de dinero que produzcan intereses, *no podrá estimarse hecho el pago en abono al capital, mientras no estén cubiertos los intereses.* [80]

Los modos de extinguirse las deudas

Al extinguirse una deuda u obligación cesa la responsabilidad legal del deudor. Correlativa y simultáneamente termina el derecho del acreedor. Es importante, pues, examinar los distintos modos por los cuales se extinguen las obligaciones. Son de dos categorías: *modos generales,* que son once, y *modos especiales,* que son tres. Los primeros son, por el orden en que los consideraremos: el *pago,* la *dación en pago,* la *consignación,* la *condonación,* la *compensación,* el *mutuo disenso,* la *novación,* la *prescripción,* la *recisión,* la *confusión* y la *rehabilitación* por efecto de la quiebra (llamada en nuestro Derecho "cesión general de bienes").

El pago o cumplimiento

El primero y más corriente modo de cancelarse una deuda es el *pago* o cumplimiento. Mientras una deuda no haya sido pagada subsiste la relación entre acreedor y deudor, a menos que se extinga por alguna de las otras causas dispuestas en la ley. El pago, no hay duda, extingue esa relación, restituyéndola a como era antes de contraerse la deuda. Para determinar si una obligación ha sido cumplida, ha de atenderse a las diversas reglas del Derecho que ya examinamos bajo epígrafe anterior de este mismo capítulo,[81] por lo que no es preciso repetirlas aquí. Pero sí hemos de añadir algunas que nos sirven para mejor entender esta particular área de nuestra materia.

El pago que se haga *de buena fe* a quien sea tenedor del documento donde conste el crédito, libera al deudor de toda responsabilidad en el mismo.[82]

---

[78] Piénsese, por ejemplo, en deudas de dinero.

[79] Código Civil, artículo 1108; 31 L.P.R.A. 3113.

[80] Código Civil, artículo 1127; 31 L.P.R.A. 3177.

[81] Véanse los incisos "B- Clasificación de los Derechos" al "F – Los actos negligentes o culposos como base de responsabilidad.

[82] Código Civil, artículo 1118; 31 L.P.R.A. 3168.

A menos que el pacto entre acreedor y deudor exprese otra cosa, el cumplimiento de una obligación debe hacerse de una vez y por entero. Esto significa que al acreedor no se le puede obligar a recibir las cosas o los servicios fraccionadamente o por entregas parciales o sucesivas si en el convenio no se dispuso ese modo de cumplir lo pactado. Sin embargo, si la deuda tiene parte líquida, mientras queda otra parte aún sin liquidarse, el deudor tiene derecho a que se le acepte el pago de la porción líquida, sin aguardar a la liquidación del resto. Igualmente, al acreedor le asiste el derecho de exigir el abono de la *primera,* sin perjuicio de su derecho, oportunamente, a lo *segundo.*

En aquellos casos en que la calidad y otras circunstancias de la cosa a entregarse o del servicio a prestarse, no se hubiesen expresado, el acreedor no tendrá derecho a exigirlos de la calidad más alta, como tampoco el deudor vendrá obligado a servirlos en la calidad más baja.[83] Se impone la condición media razonable.

En las deudas de dinero, el pago deberá efectuarse en la clase de moneda pactada, si es que hubo pacto alguno al efecto. De no haberlo, o siéndole imposible al deudor entregarlo conforme al pacto, vendrá obligado a efectuarlo en moneda de curso legal en Puerto Rico.[84]

El pago que haga el deudor a su acreedor después que un tribunal le ha ordenado que se abstenga de hacerlo, no podrá ser reconocido como válido.[85]

Es igualmente importante la regla de que la entrega al acreedor de *documentos de crédito,* como modo de enjugar el pago de deudas, no constituye un *pago* en el sentido estricto de la ley. Tal entrega producirá el efecto de descargar al deudor sólo cuando los documentos en cuestión sean en su día *pagados* (la ley emplea el término *realizados);* o cuando, por la culpa del acreedor, se hiciesen *incobrables.*[86] Esta regla es aplicable, por ejemplo, cuando un acreedor recibe un cheque *en pago* de lo que se le adeuda. El cheque en sí mismo, o su entrega física al acreedor, no constituye tal pago, pues el acreedor no ha de quedar satisfecho en su derecho como tal acreedor hasta que el banco contra el cual se giró lo haga efectivo o lo acredite a la cuenta de fondos pertenecientes a quien lo presentó al cobro o al depósito. Y si eso es así con respecto a cheques, que constituyen el documento de crédito más simple en su mecanismo y contenido, con más razón ha de aplicarse a cualquier documento de crédito como lo señala la regla que comentamos .

La dación en pago

Consiste, como su nombre indica, en *"dar en pago" cosa o servicio distinto a lo prometido,* lo cual no puede legalmente hacerse si no es *con el consentimiento del acreedor.* El *pago* no puede consistir, como ya se señaló, más que de la cosa o servicio prometido. Si, con el

[83] Código Civil, artículo 1122; 31 L.P.R.A. 3172.

[84] En tanto Puerto Rico no tenga su propio sistema monetario, estará sujeto a que la legalidad de la moneda en el cumplimiento de deudas se determine por quienes ejerzan el poder oficial a este efecto; actualmente, el Congreso de los Estados Unidos, por medio de sus leyes. Antes del 10 de diciembre de 1898, lo fue el gobierno español, pero se autorizó el cuño de moneda puertorriqueña.

85 Código Civil, artículo 1119; 31 L.P.R.A. 3169.

[86] Código Civil, artículo 1124; 31 L.P.R.A. 3174.

consentimiento del acreedor, se da o sirve otra diferente, recibe el nombre de *dación en pago.* Si no media el consentimiento del acreedor es imposible este modo de extinguirse las obligaciones.[87]

La consignación

Es otro modo que se le reconoce a un deudor para poder liberarse de su deuda, pero sólo en situaciones excepcionales que la propia ley señala. Consiste en depositar en el tribunal correspondiente el dinero o cosa objeto de la deuda, dejándolo a disposición del acreedor. Sólo procede en cinco casos específicos autorizados expresamente por el Código, a saber:

a) cuando el acreedor *se niega* a recibir el pago. b) cuando el acreedor está *ausente,* o se desconoce su paradero, y no ha dejado persona encargada para recibirlo. c) cuando el acreedor se encuentra *incapacitado* para recibir el pago y no hay persona conocida encargada para recibirlo o legalmente autorizada para representarlo. d) "cuando varias personas pretenden tener derecho a cobrar" lo adeudado o e) cuando se haya extraviado el documento que acredita la obligación, haciéndole imposible al acreedor devolverlo al deudor. [88]

El deudor, antes de consignar en Corte, deberá notificarlo así a las personas a quienes intenta pagarles, esto es, a los interesados en que la obligación se cumpla. De no hacerlo así, no quedará liberado de la deuda. Y como la consignación es una *forma indirecta de pago,* la ley la considera *ineficaz* si, al hacerla, el deudor no cumple estrictamente con las reglas que regulan el pago o cumplimiento.

El acto material de la *consignación* no puede realizarse si no se acompaña con un escrito explicativo en el que se indique el ofrecimiento de pago hecho al acreedor y la negativa de éste a recibirlo, o alguna de las otras causas señaladas que justifican la consignación. También se dirá el hecho de haberse anunciado previamente al interesado el propósito de *consignar.* Hecha *la consignación,* deberá también ser *notificada* a las personas interesadas. Si hubiere gastos en la consignación, serán por cuenta del acreedor siempre que el deudor la hubiese hecho *justificadamente.*

Hecha la consignación, el acreedor o quien lo represente, podrá retirar el objeto o dinero depositados, dándose por satisfecho, si ese fuese el caso. O bien puede reclamar, ante el propio tribunal, lo que a su derecho crea corresponde. Éste resolverá de acuerdo con las alegaciones y la prueba como si se tratase de cualquier otra controversia judicial. De una manera o de otra, *la consignación* —si representa lo que debió pagarse directamente—producirá finalmente el descargo de la deuda, y por eso constituye un modo diferente de extinguir obligaciones. Se limita a obligaciones de dinero o de entregar cosa mueble.

[87] "El deudor de una cosa no puede obligar a su acreedor a que reciba otra diferente, aún cuando fuere de igual o mayor valor que la debida." Igual regla aplica para las obligaciones de hacer (Código Civil, artículo1220; 31 L.P.R.A. 3407).

[88] Código Civil , Artículo 1130; 31 L.P.R.A. 3180.

La condonación

Equivale a *la renuncia o perdón de la deuda* y puede ser parcial o total. Se funda en que el derecho de un acreedor es renunciable, a menos que sea en perjuicio de tercero.

La condonación puede ser expresa o tácita; y en todo caso se rige por las reglas que regulan las *donaciones.* Como la *condonación* opera para perdonar el pago de la deuda, puede darse lo mismo en obligaciones *unilaterales* que en las *recíprocas.*

No debe pasarse por alto que "la *condonación* de la deuda *principal,* extinguirá las obligaciones *accesorias;* pero la de éstas deja subsistente la primera".[89]

La compensación

Un modo frecuente de extinguirse las deudas en la vida mercantil es *la compensación.* Pero sólo puede darse en las obligaciones recíprocas. Veamos un ejemplo: Si A debe mil dólares a B, y estando pendiente esa deuda, esas mismas personas hacen otro negocio entre sí por el que B resulta adeudando quinientos dólares a A, se habrá establecido entre ambos una situación de deudas recíprocas de la misma naturaleza: dinero. Si, además de eso, pasa tiempo suficiente para que ambas queden vencidas, se completará un caso perfecto en que funciona la *compensación* para extinguir deuda de un lado y del otro. Ya A no le tendrá que pagar los mil dólares a B, sino sólo quinientos. La deuda de B se extinguirá *totalmente* por ser la más pequeña, mientras la de A se extinguirá *parcialmente,* o sea, hasta donde alcanzaba la deuda menor.

Todo esto quiere decir que cuando dos personas, comerciantes o no, por razón de diversos negocios u operaciones sucesivas que hagan entre sí, se constituyen recíprocamente en acreedores y deudores, sus obligaciones se extinguirán *automáticamente* por la *compensación.*[90] Esto es, se compensan mutuamente una con la otra hasta el importe de la menor, quedando obligado por el balance aquél que tenga la deuda mayor. Si las deudas son de igual cantidad, quedarán extinguidas ambas *totalmente.* Pero no ha de olvidarse que *la compensación* sólo tiene lugar cuando: a) hay deudas recíprocas; b) son de igual naturaleza (como cuando dos personas se deben dinero entre sí); y c) tienen que estar ambas vencidas.

Al decir que la extinción en este caso es *automática,* significamos que no tiene que mediar acuerdo entre las partes para que las deudas queden mutuamente compensadas y, en consecuencia, extinguidas.

Otro requisito de ley para que proceda la *compensación* es que los créditos en cuestión sean *líquidos* y *exigibles.*[91]

---

[89] Código Civil , Artículo 1144; 31 L.P.R.A. 3204.

[90] Código Civil , Artículo 1149; 31 L.P.R.A. 3221.

[91] *Fuentes vs. Aponte* (1944) 63 D.P.R. 194. Esta decisión se ampara en el artículo 1150 del Código Civil; 31 L.P.R.A. 3222.

El derecho de *compensación* no puede ser renunciado en perjuicio de acreedores del renunciante. Si el que debe ejercitarlo no lo hace, o lo renuncia, su derecho pasa a sus acreedores.[92]

El mutuo disenso

Mutuo disenso quiere decir mutuo *desistimiento. Desistimiento* proviene de *desistir.* Significa esto, por lo tanto, que cuando dos personas tienen deudas recíprocas, pueden desistir mutuamente de sus respectivos derechos. Mejor dicho, pueden mutuamente desistir de reclamar sus respectivos créditos y, por consiguiente, se extinguen sus respectivas deudas. Pero el *mutuo disenso* sólo puede tener lugar en deudas recíprocas en que no concurran todos los requisitos que dan lugar a la cancelación automática mediante la *compensación.* En otras palabras, si las circunstancias del caso permiten que opere la *compensación,* ésta excluye el *mutuo disenso.* Aquélla es *automática;* éste, *convencional,* porque requiere el acuerdo de las partes.

Para que pueda darse el *mutuo disenso* las obligaciones recíprocas han de ser de distinta naturaleza, como cuando A le debe a B una suma de dinero, y B le debe a A una determinada mercancía o un servicio. O bien pueden las deudas ser de igual naturaleza y que una de ellas o ambas no estén vencidas; o, si vencidas ambas, que una por lo menos no sea líquida. En cualquiera de estos casos, el *mutuo disenso* puede tener lugar si ambas partes se ponen de acuerdo para desistir mutuamente de sus respectivos derechos. Si no media acuerdo a ese fin, no habrá *mutuo disenso.* El mutuo desistimiento equivale al *perdón simultáneo* de deudas recíprocas cuando éstas no pueden extinguirse por la *compensación.*

La novación

Novación es un derivado de *nuevo.* Aplicado a las deudas, consiste *corrientemente* en sustituir una deuda ya existente por otra *nueva* cuando así lo acuerdan las partes. La novación no tiene que abarcar la totalidad de la deuda. Puede recaer sobre cualquier aspecto esencial de la misma. La sustitución puede ser: a) variando la cosa o servicio que haya sido objeto de la obligación primitiva, o sus condiciones principales; b) sustituyendo la persona del deudor; o c) sustituyendo la persona del acreedor.[93]

Para que la *novación* pueda sustituir una deuda existente por otra diferente, sólo puede tener lugar de dos maneras: a) que así se exprese terminantemente en el convenio de novación, o b) no habiendo pacto expreso al efecto, que la obligación sustituta sea de todo *punto incompatible* con la originalmente contraída.

Cuando la *novación* tenga por propósito sustituir un nuevo deudor por el que estaba previamente obligado, la ley no requiere ni el consentimiento ni la notificación *al deudor* primitivo, ya que tal alteración no habría de perjudicar a éste. Sin embargo, el *consentimiento* del acreedor para tal fin es indispensable, pues éste sí podría ser perjudicado por perder

---

[92] *Vicenty vs. Vázquez* (1906) 11 D.P.R. 289.

[93] Código Civil , artículo 1157; 31 L.P.R.A. 3241.

un deudor de más responsabilidad moral o de mayor solvencia económica que el sustituto.

La *novación* de la obligación *principal* deja también sin efecto y, por tanto, extinguidas las obligaciones *accesorias* adscritas a aquélla. Pero si cualquiera de *las accesorias* se constituyó para utilidad o provecho de terceras personas, la extinción de la obligación principal no arrastrará consigo la extinción de las accesorias si *los terceros* no concurren con su consentimiento a la cancelación de éstas. [94]

La prescripción

Si, habiendo vencido una obligación o deuda, transcurre *sin interrupción* el período de tiempo prefijado a este fin por la ley, sin que la deuda se pague, ésta se extingue. También se extingue, naturalmente, el derecho del acreedor a cobrarla. Quiere decir esto que *las deudas y los derechos caducan.* Y a eso se le llama en Derecho, *prescripción.*

Dice el Código en uno de sus preceptos básicos: [95] "De la manera y con las condiciones determinadas en la ley", se extinguen por la *prescripción* "los *derechos* y las *acciones*" (para reclamarlas).

Esta regla de la ley descansa en el principio de que el acreedor debe ser diligente en el ejercicio de su derecho. Y si demuestra no serlo en el grado exigido por la ley, debe perderlo. Se presume que un acreedor descuida o abandona su derecho cuando, ya vencida una obligación, deja pasar el término de ley sin siquiera *gestionar* que se pague lo que se le adeuda. A ese fin las reglas jurídicas establecen varios plazos de diversa duración para que sirvan de base a la *prescripción de los derechos* conforme a la naturaleza particular de ciertas obligaciones. A estos plazos se les da el nombre de *plazos especiales de prescripción.* De otro lado, aquellas obligaciones a las que no se asigna en la ley un determinado plazo *especial,* se rigen, en cuanto a su *prescripción,* por un *plazo general.* Hay establecido un plazo *general* para las obligaciones de naturaleza *civil,* que es de *quince años.*[96] Es curioso que el Código Civil establece tres años para las acciones de naturaleza *mercantil.*

---

[94] Código Civil , artículo 1161; 31 L.P.R.A. 3245.

[95] El texto, literalmente transcrito, declara:

"Por la prescripción se adquieren, de la manera y con las condiciones determinadas en la ley, el dominio y demás derechos reales." "También se extinguen del propio modo por la *prescripción* los derechos y las acciones, de cualquier clase que sean." Código Civil, artículo 1830; 31 L.P.R.A. 5241. Aplicada esta regla en *González vs. Sucesión Roque,* 17 D.P.R. 459.

[96] Las acciones *personales* "que no tengan señalado término *especial* de prescripción, (prescriben) a los *quince* años". Código Civil, artículo 1864; 31 L.P.R.A. 5294.

"Por el transcurso de *tres* años prescriben las acciones para el cumplimiento de las obligaciones siguientes:

1-...

2-...

3-...

4- La de abonar... a los mercaderes el precio de los géneros vendidos a otros que no lo sean. o que, siéndolo, se dediquen a distinto tráfico." Código Civil, artículo 1867; 31 L.P.R.A. 5297.

Adviértase que hemos empleado con toda intención la frase de *naturaleza mercantil* para que no se entienda que nos referimos a obligaciones *mercantiles* según definidas como tales por la legislación especial del comercio. Las ventas de los comerciantes a personas que no lo sean caen, sin duda, dentro de la demarcación del comercio aunque la ley las clasifique como operaciones *civiles* a los fines de su reglamentación jurídica.

Aunque las leyes, tanto la civil como las mercantiles, establecen plazos o términos para que los derechos de los acreedores *caduquen* o prescriban, a la vez estatuyen el medio para que esos plazos *se interumpan,* por *manifiesta diligencia* del acreedor o por confesión del propio deudor de que está obligado. Por ejemplo: se vence una deuda hoy, y el acreedor tiene por ley cinco años para exigir su pago. Pero no hace gestión alguna de cobro hasta cinco años y un día después de vencida. En tal caso, habrá perdido su derecho *por prescripción.* Si, por el contrario, gestiona, mediante carta al deudor remitida un día antes de cumplirse los cinco años (o por cualquier otro medio que él pueda probar), que se le pague el importe de lo que se le debe, el plazo quedará *interrumpido.* Y según la ley, los cinco *ininterrumpidos* años tendrán que volver a contarse a partir de la última fecha en que se gestionó el cobro. [97]

"La prescripción de las acciones *se interrumpe"*—según el lenguaje literal del Código— "por su ejercicio ante los *tribunales,* por reclamación *extrajudicial* del acreedor y por cualquier acto de *reconocimiento* de la deuda por el deudor." [98]

De lo que va dicho debe quedar en claro: a. que para que un plazo de prescripción sea efectivo, tiene ese plazo que transcurrir *sin interrupción;* b. que si el acreedor hace gestión de cobro ante el tribunal o directamente ante el deudor, entonces el plazo *se interrumpe;* c. que igualmente *se interrumpe* si el deudor realiza cualquier acto de *reconocimiento de la deuda.* Y Que en todos estos casos d. el *plazo de prescripción* tiene que empezar a contarse de nuevo, a partir de la última gestión de cobro que hizo el acreedor o de la fecha del reconocimiento expreso de ella por el deudor.

Veamos ahora algunos de los plazos de prescripción *especiales* asignados a obligaciones y créditos que son corrientes en la vida de los negocios: a. el más extenso de estos plazos, el del crédito hipotecario,[99] prescribe a los veinte años;[100] b. el del crédito por rentas, a los cinco

---

"El mercader" a que se refiere el inciso 4 de esta sección equivale a "comerciante." *Dávila vs. Torres,* 58 D.P.R. 881.

"La prescripción de tres años de esta sección, no se aplica a *comerciantes* que trafican en los mismos géneros..., aunque uno trafique al por mayor y el otro al detal." Entre éstos, "prescribe a los 15 años" (el mismo caso arriba citado).

[97] "La *prescripción de las acciones...* puede interrumpirse por su ejercicio ante los tribunales, produciendo esa interrupción el resultado de que el término prescriptivo empiece a contarse de nuevo desde la fecha en que cesa la interrupción." *Sucesión Gorbea vs. Portilla* (1934), 46 D.P.R. 288; *De Jesús vs. De Jesús* (1927) 37 D.P.R.152.

[98] Código Civil, artículo 1873; 31 L.P.R.A. 5303.

[99] Se llama *crédito hipotecario* el de un acreedor cuyo derecho está garantizado *con hipoteca,* esto es, garantizado con una cosa específica, que le responderá de lo que se le debe si, al vencimiento, el deudor no paga; pero sujeta esa *responsabilidad real* a ciertas formalidades a que no están sujetos otros modos de garantía de cosa. Sobre las formalidades requeridas para las hipotecas y otros extremos, puede verse *infra,* el Capítulo 13, Epígrafe C, El Contrato de Hipoteca.

[100] Código Civil, artículo 1864; 31 L.P.R.A. 5294.

años;[101] c. los salarios, a los tres años;[102] d. los que derivan de servicios profesionales, tres años;[103] e. por las obligaciones que surgen de la culpa o negligencia, un año.[104] Todos estos términos prescriptivos se encuentran en el Código Civil..

En la legislación *mercantil* se destaca el plazo de tres años para las acciones procedentes de pagarés, giros o libranzas, cheques, letras de cambio "y demás documentos de giro o cambio".[105]

Como en las operaciones *mercantiles* suelen pactarse plazos de *un año o más breves* para pagar sumas de dinero o cumplir otro género de obligaciones, es importante el término prescriptivo que para estos casos señala el Código Civil al declarar que: "Por el transcurso de cinco años prescriben las acciones para exigir el cumplimiento de... cualesquiera... pagos que deban hacerse por años o en plazos más breves."[106]

Esta materia de *prescripción* ha dado lugar a tanta controversia judicial que nos parece propio insertar aquí algunas decisiones sobresalientes. Pero lo hacemos en notas marginales al calce para no prolongar innecesariamente el texto principal.[107]

---

[101] Código Civil, artículo 1866; 31 L.P.R.A. 5296.

[102] Código Civil, artículo 1867; 31 L.P.R.A. 5297.

[103] *Ibid.*

[104] Código Civil, artículo 1868; 31 L.P.R.A. 5298

[105] Código de Comercio, artículo 946; 10 L.P.R.A. 1908.

[106] Código Civil, artículo 1866; 31 L.P.R.A. 5296. Esta regla de prescripción está ratificada en *Kuinlam vs. Melẽndez* (1904) 6 D.P.R. 231.

[107] *Jurisprudencia sobre prescripción:*

a) "La prescripción de tres años que fija el Código de Comercio para la extinción de las acciones en cuanto a pagarés, sólo es aplicable a los *pagarés de comercio,* no a los pagarés en general." *Banco vs. Rodríguez* (1938) 53 D.P.R. 174. También *Rosaly vs. Alvarado* (19ll) 17 D.P.R. 109.

b) A un pagaré no mercantil, no le es aplicable el término de tres años de prescripción que para el cobro señala el artículo 946 del Código de Comercio, sino el de quince años establecido por el artículo 1865 del Código Civil; 31 L.P.R.A. 5295. *Gómez vs. Guerra* (1931) 42 D.P.R. 877.

c) En relación con los efectos de la prescripción: "se presume que los pagarés expedidos a la orden son documentos *mercantiles* que surgen de operaciones de *comercio*, salvo prueba en contrario." *Vãzquez vs. Laíno* (1915) 23 D.P.R. 235.

d) "La circunstancia de que un banco sea uno de los otorgantes de un pagaré a la orden, no determina necesariamente la naturaleza *mercantil* del documento." *Banco vs. Rodríguez* (1938) 53 D.P.R. 174.

e) "Si *la prescripción* no ha sido alegada debidamente en la corte sentenciadora. no puede serlo por primera vez en apelación." *Catoni vs. Martorell* (1928) 38 D.P.R. 328.

El plazo de prescripción más breve estatuído en la legislación *mercantil* es el relativo al cobro de fletes, portes, gastos a éstos inherentes, el cobro del pasaje, etc., que se declaran prescritas "a los seis meses de entregar los efectos que los adeudaron." Código de Comercio, artículo 947; 10 L.P.R.A. 1909.

Las acciones que no tengan un plazo determinado en el Código de Comercio para que queden prescritas, se regirán a ese efecto por las disposiciones del Derecho común. Código de Comercio, artículo 940; 10 L.P.R.A. 1902.

Los términos fijados en el Código de Comercio para el ejercicio de las acciones procedentes de los contratos mercantiles serán *fatales*, sin que contra ellos se dé restitución.[108]

Pero las acciones que no tengan especificado en dicho Código un plazo determinado para reclamar judicialmente, se regirán por lo que se disponga en el Código Civil a tal efecto.[109]

Diferenciándose un tanto de lo que puede constituir causa para la interrupción de las acciones de naturaleza *civil*, las que interrumpen las *mercantiles* son: a) la *demanda en corte* u otro cualquier género de *interpelación judicial* hecha al deudor; b) el *reconocimiento* por éste de su obligación o deuda; o c) la *renovación del documento* en que se funde el derecho del acreedor. [110]

Pero la *interpelación judicial* no resulta efectiva para interrumpir el plazo prescriptivo, si el demandante desistiere de ella, o permitiese, por inacción, que caduque dicho procedimiento, o la demanda sea desestimada.

Interrumpido el plazo de prescripción, por alguno de los medios señalados, empezará a contarse nuevamente, si mediare un *reconocimiento* de la obligación, desde el día en que se haga. Si la interrupción ocurre por la renovación, desde la fecha del nuevo documento de título. Y si en dicho documento se prorrogase el plazo del cumplimiento de la obligación, entonces se recomenzará a contar desde que tal prórroga haya vencido.

La responsabilidad de los agentes de bolsa, corredores de comercio o intérpretes de buques, en las obligaciones en que ellos intervengan por razón de su oficio, prescribe a los tres años.

Las que pueda tener un socio contra la sociedad, o viceversa, prescriben por igual período, contado, según los casos, desde que el socio sea separado o excluído, o desde que la sociedad sea disuelta. Pero para que este último plazo corra, se requiere por ley que se inscriba en el registro mercantil la separación del socio, su exclusión, o, en su caso, la disolución de la sociedad.

Y el derecho a percibir los dividendos o pagos que se acuerden por razón de utilidades o capital sobre la parte o acciones que a cada socio corresponda en el haber social, prescribirá a los cinco años contados desde el día señalado para comenzar su cobro.[111]

En cambio, la acción contra los socios administradores o gerentes de corporaciones o sociedades, caduca a los cuatro años, contados desde que, por el motivo que fuere, cesen en sus funciones administrativas.

[108] Código de Comercio, artículo 939; 10 L.P.R.A.1901.

[109] Código de Comercio, artículo 940; 10 L.P.R.A.1902.

[110] Código de Comercio, artículo 941; 10 L.P.R.A.1903.

[111] Código de Comercio, artículo 943; 10 L.P.R.A.1905.

En otro orden de actividades, las acciones relativas al cobro de portes, fletes, los gastos a ellos inherentes al de la contribución de averías comunes, prescriben a los seis meses de entregar los efectos o carga que origine la deuda. [112]

Finalmente, por el transcurso de *un año* prescriben las acciones que surjan por servicios, obras, suministro de provisiones, efectos o dinero, destinados a construir, reparar, apertrechar o avituallar buques, o mantener su tripulación. Y el plazo se contará desde que se haga la entrega de los efectos o dinero o desde el vencimiento de los plazos estipulados para su pago.

De especial interés en este análisis, por ser evidencia ratificadora de la plena vigencia de dichos plazos de prescripción de las obligaciones *mercantiles* son tres decisiones dictadas por tribunales a *nivel federal,* que hacen referencia a, y aplican, términos prescriptivos de los que acabamos de reseñar, a saber:

a) "Como quiera que el barco descargó la mercancía en Puerto Rico, es la prescripción de seis meses de esa jurisdicción la aplicable a la reclamación por averías gruesas interpuestas por el dueño en New York cuya prescripción de seis años para contratos en general, quedó modificada por cláusula en el sentido de que ninguna demanda podría iniciarse después de expirado el plazo de prescripción concedido por las leyes del lugar en que correspondiera radicarse la acción."[113]

b) "Cualquier reclamación por fletes por transporte en camión, devengados y no satisfechos con anterioridad al 10 de abril de 1978, seis meses antes de que la demanda por infracción del contrato fuera interpuesta, está prescrita."

3) "Se devuelve el caso (originado en Puerto Rico) al tribunal de instancia para determinar si el demandante en la acción sobre infracción de contrato, probó que se le debía cantidades por concepto de transporte de carga en vagones de remolque, devengadas entre el 10 de abril de 1978 y el 10 de octubre del propio año."

La rescisión

Es más propio hablar de la *rescisión de un contrato* que de la *rescisión de una deuda u obligación.* Son los contratos los que propiamente *se rescinden.* Pero como el contenido esencial de todo contrato es la obligación u obligaciones pactadas en el mismo, la rescisión *del contrato* equivale a la rescisión de *los compromisos o deudas en él contraídos.*

[112] 10 L.P.R.A. 1909.

[113] Las tres decisiones resumidas en los párrafos que anteceden aparecen en 10 L.P.R.A. 1909. Y fueron dictadas en los respectivos casos que a continuación se indican:

a) La de este párrafo: *A. Bottacchi S.A. vs. Phillip Bros. Latin American Corporation,* 410 F. Suppl. 375 (1976).

b) *Lavi Trucking Inc. vs. Sealand Service, Inc.,* 650 F. 2nd. 371 (1981).

c) *Ibid.*

La rescisión se define como *un remedio concedido por la ley a los contratantes y aún a terceros, para obtener la reparación de los perjuicios que les causa un contrato, aunque sea válido, haciendo que se repongan las cosas al estado anterior a la celebración de aquél.* [114]

Produce la ineficacia del contrato a que se aplica; en consecuencia, extingue la obligación u obligaciones que por virtud de éste habían sido impuestas. A diferencia de la *acción de nulidad,* que se basa en *vicio* del contrato, la de la *rescisión* puede darse aunque éste tenga perfecta validez y cumpla todos los requisitos de ley. Y ello es así porque la razón esencial aquí no concierne a *defecto* del contrato, sino al *perjuicio* que causa el contrato si se deja que surta sus efectos.

Pero no cabe la rescisión sino en los casos que la ley expresamente determina.[115] Veamos —por lo menos— dos de los contratos que se dan en el comercio y que por el Código Civil se declaran *rescindibles:* [116]

a. los celebrados en *fraude de acreedores,* cuando éstos no puedan de otro modo cobrar lo que se les deba.
b. los que se refieran a *cosas litigiosas* cuando hubiesen sido celebrados por el demandado sin conocimiento y aprobación de las partes *litigantes* o de la autoridad judicial competente.

Son igualmente *rescindibles* "los pagos hechos en estado de insolvencia por cuenta de obligaciones a cuyo cumplimiento no podía ser compelido el deudor al tiempo de hacerlos."[117]

Como la *rescisión* obliga a devolver las cosas objeto del contrato, con sus frutos, e igualmente obliga a devolver el precio con sus intereses, sólo podrá llevarse a efecto cuando el que la reclame pueda y esté dispuesto a devolver aquéllo a que por su parte estuviese obligado. Tampoco procede la *rescisión* cuando las cosas objeto del contrato a rescindirse se encuentren en poder de terceras personas que, al adquirirlas, no lo hicieron de mala fe. Cuando tal cosa ocurre, al perjudicado le queda el recurso de reclamarle al causante del daño la indemnización que por este concepto corresponda.

Por otra parte, si el tercero que adquirió las cosas enajenadas *en fraude de acreedores,* lo hubiese hecho de mala fe —o sea, enterado oportunamente del propósito fraudulento— será él mismo quien tendrá que indemnizar a los perjudicados (los acreedores defraudados) por los daños que el traspaso les hubiese ocasionado, a menos que le sea posible devolver a éstos las cosas fraudulentamente traspasadas. [118]

---

[114] Manresa, *Comentarios al Código Civil Español,* Tomo 8, Vol. II, pág. 545.

[115] "Los contratos válidamente celebrados pueden rescindirse en los casos establecidos por la ley." Código Civil, artículo 1242; 31 L.P.R.A. 3491. Esta regla debe relacionarse con el inciso 5 del artículo que le sigue, el 1243; 31 L.P.R.A. 3492.

[116] Código Civil, artículo 1243; 31 L.P.R.A. 3492.

[117] Código Civil, artículo 1244; 31 L.P.R A. 3493.

[118] Código Civil, artículo 1250; 31 L.P.R.A.

Se presume celebrado en fraude de acreedores todo contrato por el que el deudor transfiera bienes *gratuitamente* aunque en el convenio de traspaso *se haga figurar un precio.* Igual presunción producen los traspasos que se hagan mediante precio u otro valor cierto, por personas contra las cuales se haya dictado sentencia que les obligue a pagar, o que estén sujetas a *mandamiento de embargo sobre sus bienes.*[119]

La acción de rescisión es *subsidiaria:* lo que significa que no podrá ejercitarse sino cuando el perjudicado por el contrato que se intenta rescindir carezca de todo otro recurso legal para obtener la indemnización por los perjuicios que el cumplimiento habría de causar.[120] La ley concede cuatro años para instar la acción *rescisoria.*[121]

La confusión

Tratándose de modos de extinguir obligaciones, hay *confusión cuando se reúnan en una sola persona los caracteres de acreedor y deudor, con respecto a la misma deuda.*[122]

¿Cómo puede ocurrir tal cosa? Tomemos este ejemplo: un hijo le debe dinero a su padre; y estando pendiente la deuda, el padre muere, dejándole sus bienes. Aquí hay un caso claro de *confusión,* ya que entre los bienes de la herencia dejada por el padre está el crédito de éste contra el hijo. Y el hijo, como heredero, pasa a ser acreedor de la misma obligación en que él era deudor hasta el momento de morir su padre. Al convertirse el hijo en *acreedor y deudor a la vez de sí mismo,* la obligación —al igual que el derecho— tienen que extinguirse; ya que una persona no puede, como deudor pagarse a sí mismo ni tampoco es concebible que, como acreedor, se cobre a sí misma. Para ello, siendo acreedor y deudor de sí mismo, deja de ser las dos cosas.

---

[119] Código Civil, artículo 1249; 31 L.P.R.A.. Añadimos a continuación precedentes judiciales en relación con los traspasos fraudulentos:

a) "El remedio adecuado para dejar sin efecto un traspaso fraudulento no es la acción *de nulidad* sino la *de rescisión...*" *Nine vs. Avilés* (1938) 53 D.P.R. 494.

b) Cuando un deudor por sentencia traspasa sus bienes dejando a su acreedor por sentencia imposibilitado de cobrar su crédito, procede la *acción rescisoria* para rescindir el traspaso hecho por el deudor en fraude del acreedor; y aunque la acción rescisoria tiene el carácter de *subsidiaria,* no por eso carece de los elementos de *acción principal...* completamente independiente de cualquier otra acción." *Morales vs. Arce,* 18 D.P.R. 545

c) Verificada una venta *en fraude de un crédito,* el acreedor tiene derecho a solicitar *la rescisión* de dicha venta independientemente de la cuantía de la enajenación que se rescinde." *Santini vs. Burgos* (1926) 34 D.P.R. 869.

"El *incumplimiento por una parte,* de las cláusulas de un contrato, releva a la otra de toda responsabilidad por las obligaciones en él contraídas, *sin que tenga necesidad de pedir la rescisión...* del mismo, que tampoco procedería por este fundamento." *Portela vs. P.R.A. Tobacco* (1903) 4 D.P.R. 30.

[120] Código Civil, artículo 1246; 31 L.P.R.A. 3495.

[121] Código Civil, artículo 1251; 31 L.P.R.A. 3500.

[122] Código Civil, artículo 1146; 31 L.P.R.A. 3495.

En el campo de los negocios algo parecido ocurre cuando A le debe, digamos, diez mil dólares a la empresa B. Estando esa deuda pendiente de vencerse, A compra todo el negocio de B, negocio que, por pacto expreso, incluirá todo el activo y el pasivo de éste. En la enumeración de los pasivos transferidos a A, deberá aparecer el débito de éste a favor de su anterior acreedor. Pasó a ser A —comprador de todo el activo y pasivo comprendidos en la operación— el acreedor en una obligación de la cual fue deudor hasta que se cerró la operación de traspaso. Dejó de ser *acreedor* a la vez que dejó de ser *deudor,* ya que la relación quedó automáticamente disuelta, esto es, cancelada por *confusión.*

Cuando las obligaciones están garantizadas con fianza, la *confusión* que favorezca al deudor principal o la que extinga el crédito del acreedor principal, aprovecha igualmente a los fiadores. Pero, al contrario, la que pueda recaer sobre éstos no extingue la obligación afianzada.[123]

Extinción de deudas por quiebra y rehabilitación: cesión general de bienes

La quiebra es materia reglamentada ampliamente por legislación *federal.* Está tratada separadamente en el capítulo 20 de este libro: *La quiebra en su sentido legal y comercial.* Allí se explica lo relacionado con *la rehabilitación del deudor* como un incidente en el procedimiento judicial de quiebra. Aquí enfocamos la rehabilitación sólo como un modo de extinguirse las deudas.

La rehabilitación (en el texto de la ley, *"discharge",* o sea, el descargo o liberación de deudas) del deudor es uno de los propósitos principales del estatuto sobre quiebras. Pero solamente se otorga esa rehabilitación al deudor que se conduce con manifiesta honradez. Tres requisitos han de concurrir para otorgarla: a. que el deudor, previa su adjudicación *en quiebra,* haga entrega general de sus bienes para que sean distribuidos legal y equitativamente entre sus acreedores; b. que el deudor *no haya sido* encontrado culpable de *fraude* a sus acreedores; y c. que cumpla, durante el procedimiento, con todas las órdenes válidas del tribunal, de suerte que a éste se le facilite hacer cumplir la ley.

Si se reúnen estos tres requisitos, el deudor tiene derecho a ser *rehabilitado.* La rehabilitación —como modo de extinguir deudas— *consiste en que la Corte lo declara legalmente relevado de toda aquella porción de sus deudas que sus bienes, reducidos a su valor líquido en el mercado, no alcanzaron a cubrir.* [124]

De no otorgarse *la rehabilitación,* ya sea porque el deudor no la solicita o porque no se cumplen los requisitos de ley para obtenerla, el deudor sólo quedará liberado de la parte de deudas que alcanzó a cubrir con los bienes entregados. Pero el remanente del débito *subsistirá.* Y el deudor seguirá siendo responsable de pagar su importe. En ese caso se producirá sólo una extinción parcial de deudas lograda mediante el *pago,* que representa

---

[123] Código Civil, artículo 1147; 31 L.P.R.A. 3496.

[124] "Habiéndose cumplido los requisitos de la Ley de Quiebras, el quebrado tiene derecho a *la rehabilitación;* es un derecho que tiene, como a menudo se ha dicho. . . ," *Willoughby v. Jamison, 308 U.S. 588.*

la entrega que hizo de los bienes. Pero, en la proporción que éstos no cubran para *saldar,* la *cesión general* de bienes no opera como modo de extinguirlas.

Esto viene a significar, en resumen, que una *cesión general de bienes* del deudor a sus acreedores, hecha fuera del procedimiento judicial *de quiebra,* no tendrá otro efecto que el señalado por nuestro Código Civil cuando declara: "El deudor puede ceder sus bienes a los acreedores en pago de sus deudas. Esta cesión, *salvo pacto en contrario,* sólo libera a aquél de responsabilidad por el importe líquido de los bienes cedidos."[125]

Y luego añade que los convenios que sobre el efecto de la cesión se celebren entre el deudor y sus acreedores se ajustarán a las disposiciones del Código señaladas en la parte XVII, sobre Concurrencia y Prelación de Créditos.[126] Por lo demás, y puesto que es muy improbable que los acreedores consientan en lo contrario sin recurrir al procedimiento judicial de la *quiebra, la cesión general de bienes por la vía extrajudicial* no surte el efecto de la *rehabilitación* del deudor. Por tanto, la cesión por esa vía no extingue generalmente otras deudas que las que cada acreedor consienta individualmente en dar por canceladas. Esto último vendría a equivaler a una *condonación* en masa.[127]

Los modos especiales de extinguirse las deudas

En adición a los once modos *generales* que hemos señalado, hay tres *modos especiales* de extinguirse las deudas y obligaciones: a) por la *muerte o incapacidad del deudor;* b) por *la pérdida del objeto* adeudado; y c) por el *cumplimiento de la condición resolutoria.*

Llamamos modos *especiales* a éstos, porque extinguen obligaciones por vía de excepción más que por regla general, como lo hacen el *pago,* la *novación,* etc..

a. *La muerte o incapacidad del deudor,* por ejemplo, no extingue en todos los casos sus obligaciones —ni el derecho de sus acreedores— excepto las *personalísimas,* como la de prestar algún servicio en que el factor personal fue considerado al contraerla. Pero si se trata de entregar cosas, la muerte o incapacidad del obligado no debe ser impedimento para su entrega, que puede efectuarla un heredero u otra persona autorizada. En cuanto a deudas de dinero que deje una persona a su muerte, se extinguen solamente si el fenecido no dejó fondos u otros bienes con qué responder de ellas. Habiendo dejado bienes, éstos responden a los acreedores del fenecido

[125] Código Civil, artículo 1129; 31 L.P.R.A. 3179.

[126] La parte XVII del Código Civil, sobre Concurrencia y Prelación de Créditos, incluye los artículos 1811-1829; *31 L.P.R.A. 5171-5214.*

Véase, además, el Capítulo 21 de este libro: *Concurrencia y prelación de créditos.*

[127] ". . . La petición de rehabilitación *no puede tramitarse separadamente o aparte del procedimiento de la quiebra,* siendo ella la liberación que un deudor puede recabar incidentalmente con la entrega de sus bienes al síndico para que se distribuyan equitativamente entre sus acreedores." *In re Schwartz,* D.C.N.Y, 16 Fed. Supp. 993, confirmado en el Tribunal de Circuito de Apelaciones, 89 F. *2nd.* 173.

con prioridad a los herederos y legatarios. Y en todo caso el derecho de los unos y de los otros está subordinado al derecho superior del poder público a cobrar las contribuciones adeudadas, incluyendo la adicional que se impone por razón de la herencia misma.

b. *la pérdida del objeto* prometido extingue la deuda en aquellos casos de obligación de dar cosa específica y determinada y en que concurran, además, dos requisitos adicionales: 1) que la pérdida ocurra sin culpa del deudor; y 2) antes de haberse constituido éste en mora. [128] Aún faltando cualquiera de esos requisitos, si la obligación es de entregar cosa insustituible, la pérdida hará extinguir la obligación *original,* ya que sería imposible cumplirla. Pero subsistirá otra: la de *indemnizar,* conforme al valor de la cosa desaparecida y al daño real que represente la pérdida.

c. En el tercer modo especial —*cumplimiento de la condición resolutoria*— la extinción tiene lugar porque el efecto legal que se persigue en toda condición *resolutoria* es que, al ocurrir la condición, se extinga la obligación que a aquélla estaba sujeta. Y, naturalmente, éste viene a resultar también un modo *especial* de extinción de deudas porque no todas las obligaciones que se contraen contienen condición resolutoria.

Los modos de garantizar el cumplimiento de deudas

Los acreedores pueden ser garantizados en el cobro de sus créditos contra el incumplimiento de sus deudores. A ese fin se reconocen por ley tres modos de aseguramiento: la fianza, la hipoteca y la prenda. Pero como cada uno de estos constituye un convenio o contrato distinto al de la obligación principal, y debido también a la importancia que para los acreedores tienen estas *garantías,* su estudio lo posponemos para considerarlo en capítulo aparte.[129]

Concurrencia y prelación de créditos

Toda la reglamentación jurídica que hemos examinado en este capítulo supone la relación simple entre un deudor y un acreedor. Pero la realidad en la vida social es que un deudor puede tener simultáneamente dos o más, o muchos acreedores. También ocurre que un mismo acreedor puede serlo a la vez de diversos deudores. Esta *pluralidad* de deudas y créditos se intensifica precisamente en el campo del comercio y de la industria, donde cada empresa puede —en un mismo día— registrar en su *diario de operaciones* decenas, centenas y hasta miles de débitos y créditos relativos a sus particulares acreedores y deudores.

---

[128] Código Civil, artículo 1136; 31 L.P.R.A. 3191.

[129] Véase el Capítulo 14, *Los contratos de garantía: fianza, hipoteca, prenda y refacción.*

Tal multiplicidad de cuentas de la empresa mercantil, con sus acreedores de un lado, y sus deudores del otro, no ofrece problema especial en Derecho respecto del acreedor que tiene *muchos deudores,* puesto que en ello sólo va envuelta su diligencia en cobrar a éstos según se vayan venciendo los créditos. Lo demás se reduce a la norma, más administrativa que de orden jurídico, de no exagerar la concesión de crédito más allá de lo que su activo corriente y los recursos financieros de la empresa puedan justificar.

Lo que verdaderamente plantea problemas jurídicos y administrativos de suma importancia para el empresario mercantil y para su empresa, es el problema de la multiplicidad de *acreedores* de un mismo deudor. Esos acreedores, por tener derecho a cobrar a su vencimiento el importe de lo que a cada uno se adeuda, pueden precipitar una *suspensión de pagos* (bien sea porque la empresa deudora carece del necesario efectivo en dinero que permita efectuarlos según se van venciendo, o por haberse agotado la capacidad financiera de la firma para tomarlo a préstamo, o procurárselo de otro modo). Cuando esto ocurre, sea por razón de incapacidad administrativa o por falta de previsión en la organización inicial de la empresa o en su desarrollo ulterior, se habrá creado la crisis. Todo lo cual nos trae a considerar, en el plano jurídico, *"la concurrencia y prelación de créditos."*

Quiere decir, que tan pronto los acreedores empiezan a advertir dificultades para cobrar sus cuentas, y que la empresa deudora no cuenta con activo suficiente para pagarlas, los más diligentes se apresurarán a demandar judicialmente y a gestionar el embargo de bienes de la firma deudora, en un intento de asegurar que la sentencia que obtengan en su día pueda ser satisfecha con los bienes embargados. Otros acreedores, en protección de su derecho, tratarán de hacer lo mismo. La firma deudora, acosada de ese modo por sus acreedores, buscará refugio legal en el trámite judicial de una quiebra, a la cual va a enfrentarse inevitablemente si aguarda a que los propios acreedores se decidan a solicitarla. En uno u otro caso, que supone la insolvencia[130] de la empresa deudora, sea ésta de individuo, de sociedad o corporación, las reglas de la Ley sobre *concurrencia y prelación de créditos* son las que han de aplicársele para una distribución equitativa de su haber entre los acreedores y para que, entregados al tribunal todos sus bienes, la firma deudora pueda solicitar y obtener la *rehabilitación.* En el Capítulo 20 de este libro, sobre *Quiebra,* y en el capítulo 21: *Concurrencia y prelación de créditos,* damos explicación elaborada sobre esta particular materia referente a acreedores múltiples y sus derechos en caso de liquidación de la firma deudora dentro y fuera del procedimiento judicial de quiebra.

[130] Una persona es insolvente según la ley de quiebras, "cuando el conjunto de sus bienes, excluyendo cualquier propiedad que haya traspasado, transferido, ocultado o removido, o permitido ocultar o remover, con la intención de defraudar, estorbar o demorar a sus acreedores, no sean suficientes tasados en su valor razonable ("at a fair value"), para pagar sus deudas." 11 U.S.C.A. 1 (19).

Capítulo 8

LA PROPIEDAD Y LOS DEMÁS DERECHOS SOBRE ELLA

Concepto del derecho de propiedad y de la posesión

Todas las cosas *corporales* e *incorporales*[1] que pueden ser objeto de *posesión* o de *dominio*, caen dentro del concepto legal de *propiedad*.

Por supuesto, de lo anterior se deduce que hay cosas que no pueden ser objeto de posesión o dominio por persona o entidad particular o pública. Tales son el mar y sus playas, las aguas y riberas de los ríos, la atmósfera y el aire que de ella respiramos. Estas cosas, por ser de uso común e indispensables para todos, están excluidas del concepto *propiedad*. Nadie puede apropiárselas sin causar perjuicio universal e irreparable.

Todas las demás cosas, susceptibles de *pertenecer* a persona o entidad, pública o privada, pueden ser objeto de propiedad. De aquí que la propiedad puede ser *privada* o puede ser *pública*, como más adelante nos la va a distinguir la propia ley.

[1] El Código Civil, en su artículo 258 (31 L.P.R.A. 1027), da la definición de las cosas *corporales* y de las *incorporales* según las entiende la ley.

Ahondando un poco más en el concepto, advertimos que las cosas pueden constituir *propiedad* porque sean objeto de dominio particular de alguien (ente público o privado) sin que por ello estén sujetas necesariamente a la posesión material de persona alguna. Esto se puede ver más claro cuando pensamos en las cosas *incorporales,* que son nuestra propiedad, pero sobre las cuales es inconcebible toda idea de posesión física. Pero lo mismo puede ocurrir con las cosas corporales, a pesar de tener éstas un cuerpo físico y de poder quedar sujetas a la posesión material de determinada persona. Sabemos, por ejemplo, que se puede tener dominio o posesión sobre una casa, una finca, una mesa, etc., sin que su dueño o representante legal las esté *ocupando.* Igualmente sabemos que la patente sobre un invento no es cosa que pueda nadie echarse al bolsillo ni guardarse en baúl o gavetero como puede hacerse con objetos materiales. Ambos ejemplos, los primeros de cosas *tangibles,* y el segundo de cosas *intangibles o incorpóreas,* constituyen objeto de propiedad o dominio. Pero la prueba de tal dominio y de quién sea el verdadero propietario no depende de quién tenga materialmente la cosa; ha de hacerse depender de un registro, o de un documento, o de otros medios probatorios que, ante el Derecho, superan la mera circunstancia de una posesión física.

La piedra de toque que es decisiva en el derecho de propiedad es *la potestad legal para transferir lo que nos pertenece.* Hay cosas que son de uno mismo, pero son *intransferibles,* por su naturaleza. Así, un ser humano no puede legalmente transferir a otro su reputación *moral,* a pesar de ser *su* reputación. Pero las leyes no le pueden impedir que venda, ceda, regale, o de otro modo *traspase,* una marca de fábrica, el *prestigio comercial* de su nombre propio o el de su empresa mercantil, o la *franquicia* que se le tiene otorgada para explotar reconoce derecho de propiedad sobre aquellas cosas, tangibles o intangibles, *que estén en el comercio de los hombres.*[2]

Otro ángulo esencial en el concepto de la propiedad es que, no obstante la relación innegable del *dueño* con la *cosa* que le pertenece, las reglas del Derecho no están dictadas para regir esa relación entre la cosa y el propietario sino la de éste con todas las otras personas. Por virtud de las reglas jurídicas, el dueño excluye a toda otra persona de que ejerza dominio sobre lo que es suyo. La relación jurídica es, ciertamente, con las otras personas a quienes él, como propietario, por un lado excluye, pero por el otro puede por derecho transferir todo o parte de sus potestades sobre la cosa, incluyendo la de ponerlas en posesión de ella según crea conveniente acordarlo.

El derecho de propiedad representa, pues, en el último análisis, la potestad esencial del dueño de excluir, respecto de ella, a todo otro humano que con él no la comparta como condueño, copropietario o condómine, que para el caso son equivalentes. Ese derecho o potestad de excluir a otros no significa que esté obligado a excluirlos; por el contrario, le faculta, si así lo prefiere, para permitirle a éstos ejercer sobre la cosa cualquier parte o porción de sus potestades, sin que por ello se menoscabe su condición de dueño . Finalmente, y por lo que acabamos de decir, su potestad de excluir sólo se termina cuando

---

[2] "La palabra *bienes* es aplicable en general a cualquier cosa que puede constituir riqueza o fortuna." Código Civil, artículo 252; 31 L.P.R.A. 1021.

se transfiere su dominio o derecho de dueño a otro; con lo que ejercita la última potestad que tiene como dueño: la de *enajenar* la propiedad, o la de *destruirla.* Pero cuando transfiere deja de ser el titular o propietario que excluye, y se convierte en otro de los que el nuevo dueño tiene derecho a excluir.

Esto explica la razón de la ley civil al definir la propiedad como *"el derecho por virtud del cual una cosa pertenece en particular a una persona con exclusión de cualquier otra".* [3]

Ese carácter exclusivo —y excluyente— de la propiedad es el que permite al dueño ejercer toda una esfera de facultades o poderes diversos sobre cada objeto de su pertenencia. Así por ejemplo, al *propietario* se le reconocen dos potestades básicas: la de *gozar* y la de *disponer* de la cosa, sin más limitaciones que las establecidas en las leyes.[4] De esas dos prerrogativas fundamentales se deriva toda una serie de poderes que se diferencian entre sí según la naturaleza de la cosa y el estado en que ésta se encuentre. Cada uno de esos poderes constituye un *derecho,* susceptible de *transferirse* o de *retenerse,* conforme lo prefiera su dueño.

El derecho de *gozar* de lo que es nuestra propiedad conlleva el derecho de *uso* si se trata de cosa *no fungible.* En cambio, si es *fungible,* no se tiene el poder de *usarla,* pero sí el de *consumirla.* Por otro lado, el poder de *gozar* la cosa poseída implica el de *transformarla, mejorarla, reducirla, ampliarla, embellecerla, agruparla* a otras unidades de la misma o diferente especie, y también el de *explotarla,* con o sin otros artefactos, mecanismos, instrumentos o máquinas, para derivar de ella nuevas riquezas, en actividad *industrial, comercial* o *de otro género* lucrativo. Todo ello, según ya dijimos, conforme a la naturaleza de cada cosa..

El mismo derecho de gozar lo que nos pertenece, conlleva el de *hipotecarla,* por ejemplo, o *pignorarla,* con lo cual el propietario logra, bajo dos formas distintas, que se le facilite dinero a préstamo, en la cantidad y bajo las condiciones particulares en que se encuentre la cosa, así como por la solvencia moral del prestatario. Las operaciones de *hipotecar* o *pignorar* la propiedad se identifican también como derecho a *gravarla,* todo lo cual se explica con mayor amplitud en un capítulo posterior de este libro.

El propietario tiene también el derecho a *prestar* la cosa; a ceder su uso, total o parcialmente, gratuitamente o mediante compensación de dinero, por otro objeto, o a cambio de algún servicio; todo ello bajo las condiciones adicionales que estime conveniente acordar con el cesionario, prestatario o arrendatario.

Finalmente, y sin que se entiendan limitados los derechos de propiedad a lo aquí reseñado genéricamente, el poder del dueño de *disponer* de lo que es suyo incluye el de *canjearlo* o *permutarlo, donarlo, venderlo, aportarlo* en cuanto a su uso o dominio *a una sociedad* o *a empresa corporativa,* a llevar a efecto toda clase de contratos sobre su pertenencia. Y aún comprende el derecho a *destruir* la cosa, siempre que no perjudique derechos de terceros, ni que su acción sea contraria al orden público.

---

[3] Código Civil, artículo 280; 31 L.P.R.A. 1111.

[4] *Ibid.*

La posesión

Y puesto que estamos hablando de los derechos del propietario, no es posible pasar por alto su derecho de *posesión.* El propietario es siempre poseedor de la cosa que es suya. Por lo tanto, aún cuando la tenga transferida materialmente —prestándola o arrendándola, digamos— nunca deja de tener la *posesión legal* mientras continúe siendo dueño de ella. Esto es así cuando la *posesión física esté* temporeramente en otras manos. Quiere decir, en otras palabras, que la posesión legal es únicamente la del dueño, o a lo sumo, la del que, sin serlo, la tiene materialmente *en concepto de dueño* y actúa sobre ella como si lo fuera.

Para entender correctamente el concepto de *propiedad,* es de suma importancia esta distinción entre la *posesión legal,* que es consustancial con el dominio, y la mera *posesión material.* La primera sólo se transfiere cuando la propiedad pasa de un dueño a otro; la segunda es susceptible de ser transferida a otras personas para que éstas disfruten o usen temporeramente la cosa que no es suya mientras el dueño sigue reteniendo la *posesión legal* de ella. La retiene por la mera razón de ser su propiedad y no la de otro. Veamos esta diferencia de conceptos a la luz de situaciones concretas.

Cuando un empleado opone resistencia a cualquiera que intenta invadir la propiedad confiada a él por su propietario-patrono, lo único que hace es protegerla contra la usurpación de extraños, sin que exista intención por su parte de ejercer derecho de dominio o de dueño sobre la propiedad así defendida. Igual imagen ofrece el inquilino o arrendatario al ejercer potestad y disfrute de la cosa que se le ha cedido en arrendamiento. En uno y otro caso hay un claro reconocimiento del derecho *supremo* del propietario que puso en sus manos el terreno, la casa, o lo que sea, otorgándole carácter de *encargado* o de *arrendatario.* Estos, por su parte, aún manteniendo contacto físico con la cosa y ejerciendo derechos efectivos sobre ella, no lo hacen con intención de *tenerla* o *poseerla* como propia, sino como cosa ajena.

Dicho de otro modo: el propietario tiene o *posee* la cosa porque es suya; y esa tenencia, que es simbólica —porque puede ir acompañada de la posesión física o existir independientemente de ésta— constituye su *posesión legal.* En cambio, el no propietario de la cosa, que la tiene sin ser suya, y cuya tenencia sólo puede ser física o material, nunca puede ser reconocido como dueño de ella, a menos que la ocupación material de la cosa vaya acompañada de la intención de considerarla y retenerla como dueño. En este último caso, la intención del *poseedor,* unida al abandono de su derecho por parte del propietario, puede llegar a producir la transferencia legal del título de dueño *al poseedor real y constante de la cosa.* Abandono aquí significa que el propietario no ejercite a tiempo su derecho de *reivindicar* la propiedad[5] durante el plazo que marca la ley, contando desde que se inició la posesión de otro sobre ella, y unida esa posesión a la intención de éste de hacerla suya.

Lo anteriormente expuesto nos trae de la mano a lo que en Derecho se llama *prescripción del dominio y de los otros derechos reales* (recuérdese la *prescripción* de los derechos de

[5] "El propietario tiene acción contra el tenedor y el poseedor de la cosa para *reivindicarla.*" Código Civil. art. 280; 31 L.P.R.A.

acreedores). Esa posesión en concepto de dueño[6] *sin serlo,* a que nos hemos venido refiriendo, es la única que puede operar para, con el transcurso del tiempo marcado en la ley, extinguir el derecho de propiedad en una persona y hacer que *nazca* (o se adquiera) en otra. *Prescripción extintiva* se llama a lo primero; *prescripción adquisitiva* a lo segundo.[7]

Relación del Gobierno con la propiedad

Con respecto a la autoridad pública, la propiedad privada tiene dos aspectos principales: a. de un lado, la obligación de protegerla en beneficio del propietario contra invasores o usurpadores que con sus actos demuestren no reconocerla, y estorben al propietario en su libre goce, uso y disfrute;[8] y b. el derecho a expropiarla de su dueño "por causa justificada de utilidad pública o beneficio social y mediante el pago de una justa compensación que se fijará en la forma provista por ley".[9]

En tanto el Estado o sus dependencias autorizadas no ejercitan el derecho de *expropiación* que por ley se les reconoce, los individuos y empresas privadas "tienen la libre disposición de la propiedad que legítimamente hubiesen adquirido sin más restricciones que las establecidas por la ley. [10]

El propietario de un terreno es dueño de su superficie y de lo que está debajo de ella y puede hacer en él las obras, plantaciones y excavaciones que le convengan, si bien está limitado por las servidumbres que sobre el predio estén legalmente establecidas, así en atención a un interés público como en protección de algún interés privado.[11]

Clasificación de los bienes con relación al derecho de propiedad

Corporales e incorporales

Ya nos hemos referido a las cosas *tangibles,* que nuestra legislación civil llama *corporales* porque tienen cuerpo físico, y a las *intangibles,* que identifica como *incorporales* porque carecen de él.

---

[6] La posesión (para la prescripción del dominio y demás derechos reales) ha de ser en concepto de dueño, pública, pacífica y no interrumpida." Código Civil, art. 1841; 31 L.P.R.A.

[7] "Por la prescripción se *adquieren,* de la manera y con las condiciones determinadas en ley, el *dominio y* los demás *derechos reales."* Código Civil, artículo 1830; 31 L.P.R.A.

[8] Código Civil, art. 375; 31 L.P.R.A.

[9] Ambos aspectos están atendidos en el artículo 282 del Código Civil; 31 L.P.R.A. En la Constitución se declara a este mismo efecto: "No se *tomará* o *perjudicará* la propiedad privada para uso público a no ser mediante el pago de una justa compensación y de acuerdo con la forma provista por ley." Carta de Derechos, Artículo II, Sección 9, Constitución del Estado Libre Asociado de Puerto Rico; 1 L.P.R.A. Artículo II, Sección 9.

[10] Código Civil, art. 276; 31 L.P.R.A.1084.

[11] Código Civil, art. 284; 31 L.P.R.A. 1115. Para una explicación sobre las servidumbres, véase al final de este mismo capítulo "Servidumbres y otros gravámenes", epígrafe H.

Las primeras —las *corporales*— se definen como *aquellas cosas que se manifiestan a nuestros sentidos y que tienen un cuerpo, ya sea animado como en el caso de los animales y las plantas, o inanimado porque así se dice de los que no tienen uida.*[12] Las *incorporales* son *las que no se manifiestan a los sentidos y cuya existencia se concibe por el entendimiento.*[13] De estas últimas se puede dar como ejemplo el *derecho* de cualquier *acreedor* respecto de su deudor; una *franquicia;* una *marca de fábrica;* un derecho de *patente sobre invento;* los *derechos hereditarios;* cualquier *servidumbre* como, digamos, el derecho que se nos reconozca de pasar por una finca que no nos pertenece.[14]

Bienes muebles e inmuebles

Las cosas son *inmuebles* por su propia naturaleza o por el destino u objeto al cual se aplican, conforme se especifica en las leyes.

Son bienes *inmuebles por su propia naturaleza* las cosas que no pueden moverse por sí mismas ni ser trasladadas de un lugar a otro.[15] Así por ejemplo: las tierras, edificios, casas, establos y demás edificaciones. Por estar adscritos a un fondo o *inmueble* se reconocen también como *inmuebles* los árboles, plantas, frutos mientras están pendientes de recolectarse; cualquier derecho constituído sobre propiedad inmueble; y toda otra cosa que esté *fija en un inmueble con carácter de permanencia* y de tal manera que no pueda separársele sin deterioro del objeto.[16]

También las cosas *muebles* lo son por su propia naturaleza o porque la ley así las califica. Se reputan *bienes muebles* todas las cosas que, siendo susceptibles de apropiación, no están comprendidas en la categoría de inmuebles. Los muebles también se les conoce porque son *cosas susceptibles de trasladarse por sí mismas—como en el caso de los animales—o de ser trasladadas o removidas sin deterioro o menoscabo del inmueble al que pudieren estar fijadas.*

Por disposición de ley, se consideran asimismo bienes *muebles,* entre otros, los derechos de los acreedores contra sus deudores; las rentas o pensiones (aún cuando graviten sobre cosa inmueble); las acciones judiciales cuyo fin sea cobrar dinero o reclamar bienes muebles que lo sean por su naturaleza, aún cuando el derecho que se reclama esté garantizado con *hipoteca;* las reclamaciones de indemnizaciones por perjuicios; las acciones y participaciones en el capital de empresas mercantiles, aún cuando éstas posean bienes inmuebles.[17]

---

[12] Código Civil, art. 258; 31 L.P.R.A. 1027.

[13] *Ibid.*

[14] Consiste en el derecho que se le asigna a una finca o terreno *(predio dominante)* para que las personas que, con relación a ella, transitan hacia o desde la vía pública, puedan hacerlo pasando por otro predio contiguo llamado *predio sirviente.*

[15] Código Civil, art. 261; 31 L.P.RA. 1041.

[16] El mismo texto, artículo 263; 31 L.P.R.A. 1043.

[17] Las acciones y participaciones de capital social a que aquí se refiere se consideran *bien mueble* en relación con los miembros o socios de la empresa colectiva y sólo *durante el tiempo de la existencia de ésta;* pues, al disolverse la sociedad o corporación, el derecho de cualquier socio o accionista a reclamar división de inmuebles o participación en éstos, constituye una acción *real y* se considera bien *inmueble.* Código Civil, art. 268; 31 L.P.R A. 1064.

Bienes fungibles y no fungibles

Ésta es una subdivisión de los bienes *muebles*, ya que a los inmuebles no se les aplica debido a la naturaleza de éstos.

Se consideran *fungibles* "aquéllos de que no puede hacerse el uso adecuado a su naturaleza sin que *se consuman*".[18] Los *no fungibles* son los que se encuentran en la situación contraria.

Clasificación del derecho de propiedad

Propiedad pública

Desde el punto de vista de quien la posea, la propiedad puede ser *pública* o *privada*. La primera puede ser de *dominio* público o de *uso* público porque, perteneciendo en ambos casos al Estado o a alguna de sus dependencias, se dan dos situaciones distintas: o todos tenemos derecho a usar y disfrutar de ella y se llama "de dominio público",[19] o su uso y disfrute se limita a servir a funciones puramente *oficiales*. En este caso tiene un carácter *privativo* en uso de una agencia oficial, como si fuera propiedad *privada*, pero perteneciente a, y en beneficio del, cuerpo colectivo. Entonces se denomina *de uso público*.

Propiedad privada

De otro lado, la propiedad *privada* es la que pertenece a los *particulares*, sean éstos personas *naturales* (individuales), o personas *jurídicas* (empresas colectivas que toman la forma de *sociedades* no incorporadas o de *corporaciones* privadas), con o sin un fin de lucro.

Propiedad plena y menos plena y otros derechos reales

Desde otro punto de vista, el derecho sobre la propiedad se clasifica en: a. propiedad *plena* o entera (también dominio pleno), que conlleva la totalidad de los derechos del propietario (uso, disfrute y potestad de enajenar o de otro modo disponer de la cosa); b. propiedad *menos plena*, que se limita al dominio o derecho del propietario, pero excluído éste del uso o disfrute de la cosa que, en ese caso, aprovecha a otro que no es su dueño (también se le conoce como *nuda propiedad)*; c. el derecho de *uso y disfrute* de la cosa por quien no sea su dueño, no incluye el derecho de *dominio* que sigue perteneciendo a otro. (En Derecho el disfrute toma alternadamente los nombres de "usufructo", "uso", "habitación", según la naturaleza de la cosa y el alcance específico del *disfrute* conferido al no propietario); y d. el derecho a ciertas *servidumbres*. [20]

---

[18] Código Civil, art. 270; 31 L.P.R.A.1066.

[19] Una carretera, una plaza de recreo, un parque público (31 L.P.R.A.1081).

[20] Código Civil, artículo 281; 31 L.P.R.A. 1112. Más adelante se explica el significado y clases de servidumbre. Puede verse el epígrafe H al final de este capítulo.

El derecho de accesión

El derecho de propiedad sobre los bienes *corporales,* trátese de *muebles* o de *inmuebles,* lleva consigo el derecho de *accesión. Significa éste que el propietario tiene derecho a todo lo que su propiedad produzca, se le una o incorpore,*[21] *ya sea por procesos de la naturaleza o por medios artificiales o por combinación de ambos.*

Como ya habíamos anticipado anteriormente, nuestras leyes reconocen tres clases de frutos,[22] cada una de cuyas divisiones fue oportunamente explicada. Ahora corresponde añadir aquí que el *simple poseedor,*[23] no tiene derecho a hacer suyos los frutos de lo que posee. Éstos *deben ser devueltos* al propietario juntamente con la cosa reclamada por él, *a menos que la posesión hubiese sido tenida de buena fe.*[24]

Comunidad de bienes

El derecho de propiedad sobre una cosa puede ser *individual,* o puede tenerse *en comunidad.* Es individual o simple cuando la cosa o el derecho de propiedad pertenece a una sola persona, natural o jurídica. Hay *comunidad de bienes* cuando la cosa o derecho pertenece en forma *indivisa* a dos o más personas (que por este hecho se llaman *condueños, copropietarios, condómines* y también, según la ley, "*comuneros*"). La comunidad subsistirá sólo en tanto la cosa o el derecho permanece indiviso.[25] Una vez se realice la división, cada uno pasa a ser propietario *único* de lo que era su *parte,* y queda disuelta la *comunidad.*

El condueño tiene, en principio, los mismos derechos que el dueño. La diferencia real estriba en que "el ejercicio del derecho del primero está limitado por los derechos de los demás condueños". [26]

La proporción que a cada condómine corresponde en la propiedad común se presume igual a la de cada uno de los otros, a menos que se pueda probar una participación distinta. De un modo o de otro, los beneficios que cada uno reciba y las cargas que a cada cual se impongan, se repartirán en proporción a sus respectivas porciones.[27] Cada condueño está obligado a contribuir a los gastos para conservar la cosa o derecho que le es común.

Los condueños podrán participar en el disfrute de la propiedad común, pero en todo caso cada uno lo hará conforme a la naturaleza y al uso que a la cosa corresponda. Además,

[21] Código Civil, artículo 287; 31 L.P.R.A.1131.

[22] *naturales, industriales* y *civiles* (Código Civil, artículo 288; 31 L.P.R.A.1141).

[23] El que ocupa la propiedad sin derecho a ocuparla (Código Civil, artículo 274; 31 L.P.R.A.1082).

[24] Se considera *poseedor de buena fe* al que posee como si realmente fuera el propietario pero en virtud de un título defectuoso e ignorando que es defectuoso. Código Civil, art. 293; 31 L.P.R.A. 1146.

[25] Código Civil, art. 327; 31 L.P.R.A. 1272.

[26] Hernández vs. Felici (1906), 11 D.P.R. 408.

[27] Código Civil, art. 327; 31 L.P.R.A. 1272.

en ese ejercicio la ley no faculta a ninguno a perjudicar el interés y el derecho que a los otros copartícipes asiste para servirse igualmente de la cosa.

Es regla importante en toda comunidad de bienes que ninguno de los condóminos podrá, sin obtener el previo consentimiento de los demás, "hacer alteraciones en la cosa común" aunque pudiese alegarse y probarse que esas alteraciones habrían de redundar en mayor utilidad o ventaja para todos. [28]

El derecho que cada condueño tiene a la plena propiedad de la porción que le corresponde en la cosa común, le confiere, como a todo propietario individual, una participación proporcional en los frutos que aquélla rinda, así como en cualquier otra utilidad o incremento que "por accesión" se derive del objeto común.

La administración de los bienes en comunidad, así como el modo de usarlos y disfrutarlos, estarán siempre sujetos a lo que acuerden los condóminos. Pero debe quedar bien claro que ningún acuerdo entre ellos será obligatorio ni válido si está en conflicto con las reglas de la ley relativas a esta materia. Por otra parte los acuerdos que, en armonía con la ley, puedan adoptar, tampoco serán válidos si no se toman por partícipes que representen, no la mayoría en número de personas sino una mayoría en el valor total o conjunto de intereses comprendidos en el derecho o cosa común.

Como es de suponerse, cuando sea imposible obtener ese tipo de consenso mayoritario, se podrá recurrir al tribunal para que éste disponga lo procedente según las circunstancias. También es propia la vía judicial cuando el acuerdo mayoritario que se adopte habría de redundar en grave perjuicio para los intereses comunitarios. En tales situaciones críticas, la ley autoriza que el tribunal tome la decisión pertinente al caso, incluso la de nombrar un administrador,[29] cuyas responsabilidades quedarán en tal caso sujetas a la supervisión y fiscalización de la corte.

El derecho de propiedad *plena* que cada condueño tiene en cuanto a la porción que le pertenece, le da el derecho correlativo—que todo propietario tiene—para ceder, vender, donar o de cualquier otro modo *enajenar* su parte en la comunidad; e igualmente para hipotecarla, transferirla por arriendo o para sustituirse por otra persona en su uso o disfrute. Es lógico que los terceros o cesionarios que así adquieran estarán sujetos a las mismas limitaciones que el comunero que les transfirió su participación.[30]

Veamos ahora cómo puede *disolverse* la "comunidad". A ese efecto hay una alternativa a considerar: o la cosa es *divisible por su naturaleza,* o no lo es. Aunque en ningún caso se puede obligar a ningún partícipe a que permanezca en *comunidad,* la disolución es distinta según que la cosa sea o no *divisible.* Si lo es, cada comunero tiene el derecho, incluso recurriendo al tribunal, a que la cosa común se *divida*. En tal caso, él o los partícipes que lo

[28] Código Civil, art. 331; 31 L.P.R.A. 1276.

[29] Código Civil, art. 332 seg.; 31 L.P.R.A. 1277-1415.

[30] Aquí la ley establece el *derecho de retracto,* del cual se trata en otra parte de este libro (Código Civil, artículos 1411-1415; 31 L.P.R.A. 3921-3925).

interesen recibirán su parte correspondiente mediante la partición física que corresponda, bien por acuerdo amistoso fuera del tribunal, bien por decreto de éste. La cosa no se considera *divisible* cuando de hacerse la división resultaría "inservible" para el uso a que se destina.[31]

Respecto de las *diferencias legales entre comunidad de bienes y sociedad,* véase el capítulo de este nombre.

Además de las reglas *generales* de nuestro Código Civil sobre esta importante materia de "comunidad de bienes", importa señalar aquí que existe una reglamentación especial, extensa y pormenorizada, aplicable a los edificios llamados "condominios" en el lenguaje popular de Puerto Rico, que la ley denomina "propiedad horizontal". Esa legislación especial es del 1958.[32] Nos limitamos a señalar la norma determinante allí establecida de que la ley será aplicable a edificios o casas de *apartamientos* cuyo dueño, o condueños si fuesen más de uno, "declaren expresamente su voluntad de someterlo (la propiedad) al régimen establecido en esta ley, haciéndolo constar por escritura pública e inscribiendo ésta en el Registro de la Propiedad".[33]

Adquisición y transferencia de la propiedad

La propiedad se adquiere: 1. por la *ocupación;* 2. por *accesión;* 3. por regalo o *donación;* 4. por *herencia* (también llamada *sucesión*); 5. por ciertos *contratos traslativos del dominio,* específicamente por compraventa, permuta, o cesión bajo diversas condiciones; 6. por la *ley;* y 7. por la *prescripción.*

Los *demás derechos reales* se adquieren y se transmiten por los mismos modos enumerados, excepto los dos primeros —la ocupación y la accesión—que sólo se dan para *adquirir* el pleno dominio o propiedad de la cosa pero que, por su esencia misma, no pueden ser modos de *transferir* propiedad.

Por la ocupación

Son adquiribles únicamente las cosas corporales apropiables y que, además, carezcan de dueño. Los casos más corrientes de adquirir por este medio son los animales silvestres, que pueden ser objeto de caza, y la pesca, en los mares y en los ríos, donde sucesivamente se van reproduciendo nuevos ejemplares, permitiendo *ocupar* (posesionarse) de lo que aún no es propiedad de nadie. También nos habla la ley "del tesoro oculto", como cosa adquirible por ocupación y las "cosas muebles abandonadas". Pero estas particulares situaciones ocurren tan excepcionalmente, y son tan ajenas a nuestro estudio, que no se justifica detenernos en ellas.

[31] Código Civil, art. 335; 31 L.P.R.A. 1288.

[32] Ley núm. 104 del 25 de junio de 1958, según posteriormente enmendada; 31 L.P.R.A. 1291-1293.

[33] 31 L.P.R.A 1291.

La accesión

Fue ya examinada en este mismo capítulo.[34]

La donación

Equivale a lo que en el lenguaje usual llamamos *regalo.* Ciertamente, no son las donaciones las que dan carácter o perfil a la actividad mercantil, ya que ésta se desenvuelve esencial y constantemente en operaciones orientadas hacia el lucro y la especulación. Por eso nos limitamos aquí a señalar su concepto jurídico y algunas normas que estimamos útiles a todos, incluyendo a los hombres de negocios.

Se define la donación como *acto de liberalidad* por el que una persona *transfiere gratuitamente la propiedad sobre una cosa o algún otro derecho, en favor de otra que lo acepta.* [35] El elemento de la *aceptación* es indispensable porque sin ella el acto unilateral no obliga al *donante.* Ello implica que éste tiene derecho legal—aunque no necesariamente el moral—a retirar su oferta o declaración en tanto la misma no haya tenido la aceptación del *donatario.* Es más, tratándose de donación de cosa inmueble, la aceptación ha de hacerse por escritura pública, bien sea la misma en que se otorga el donativo, o en otra separada. [36] En cambio, la donación de cosa mueble *podrá* hacerse verbalmente o por escrito; pero cuando se hace verbalmente, la entrega ha de ser *simultánea,* sin lo cual no surte efecto.

La donación es susceptible de transmitir derechos distintos a distintas personas sobre la misma cosa. Por ejemplo, se puede hacer donación de la *nuda* propiedad a una persona; y del *usufructo, uso o disfrute* del mismo objeto, a otra u otras distintas.

Un precepto legal sobre esta materia, que debe ser conocido por quienes dirigen o administran negocios o empresas, es el que se refiere a las donaciones que de tarde en tarde se hacen en *fraude de acreedores.* "Se presumirá siempre hecha en fraude de acreedores," nos dice la ley, "la donación en que al hacerse, el donante no se reservó bienes bastantes para pagar las deudas anteriores a ella."[37]

La herencia (Derecho de Sucesiones)

Es otro modo de transferirse la propiedad. *Por la herencia o sucesión se transmiten los derechos y también las obligaciones del fenecido a sus herederos.* Se da también el nombre "sucesión" a las propiedades y todo otro derecho, así como a las deudas, que la persona deja a su muerte. O sea, que incluye, no sólo el activo y pasivo del *causante* o fenecido a la

[34] Véase el inciso "D - El Derecho de Accesión".

[35] Código Civil, Artículos 558 y 571; 31 L.P.R.A.1981 y 2006, respectivamente.

[36] *Santiago* vs. *Rodríguez,* 72 D.P.R. 266, (1951), refiriéndose al artículo 575 del Código Civil. También pueden verse los casos reportados en 58 D.P.R. 70 y 30 D. P.R. 846.

[37] Código Civil, Artículo 585; 31 L.P.R.A. 2030.

fecha de la defunción, sino además los débitos y créditos que se adicionen con posterioridad al fallecimiento por ser "inherentes" al caudal hereditario y a su liquidación. [38]

El modo en que se transmite la herencia y las proporciones específicas en que ésta se ha de distribuir, se determinan por el testamento del causante, si es que éste dejó uno que sea válido. Y, no dejándolo, por las disposiciones de la ley a ese efecto. En el primer caso, la transferencia toma el nombre de "sucesión *testamentaria*". En el segundo, *herencia* o *sucesión legítima*. Por supuesto, para que el testamento sea eficaz en Derecho, no sólo ha de cumplir con la ley en cuanto a su forma y contenido, sino que, además, ha de instituir uno o más herederos, ya que de otro modo no cumpliría su fin esencial: el de poder ser medio de transmitir la herencia.

La *sucesión legítima,* además de ser supletoria o alterna de la *testamentaria,* es la que, por las reglas dispuestas directamente en la ley, *sirve para transmitir la herencia a los parientes más cercanos del causante que no hace testamento o, si lo hizo, resulta ineficaz según las leyes.*

La *sucesión* se transmite de todos modos, ya que, aún en el caso extremo de que no haya herederos instituidos por testamento, ni tampoco parientes cercanos al difunto (para que tengan derecho a la herencia como "herederos legales"), el activo neto hereditario pasará en tal caso al tesoro público, según el mandato expreso de la ley.[39]

En la herencia que se transmite por testamento (no en la que se transmite por ley), *puede haber,* además de herederos, otros beneficiarios del caudal, que se denominan *legatarios.* Mientras el heredero "hereda", porque recibe una parte, no definida de antemano, del activo neto del caudal hereditario, en cambio el legatario recibe únicamente lo que se llama "un legado", que se limita siempre a cosa especifica o suma de dinero predeterminada por el testador. Esta distinción no impide que, en la participación que al heredero ha de tocarle, pueda por testamento ordenarse que determinada cosa le sea adjudicada "como parte" de lo que ha de corresponderle como participación en el "neto" de la herencia, una vez que ésta sea liquidada.

Los herederos suceden (o heredan) a su *causante* por razón de su muerte y sólo a partir de la fecha de su defunción. Esto quiere decir que ninguna persona tiene "herencia", ni parte de ésta, ni derecho hereditario efectivo, con anterioridad a la muerte del causante. Lo cual no es tampoco impedimento para que "en vida" se puedan hacer *donaciones* a los futuros herederos hasta un máximo legalmente fijado. Tales donaciones pre-muerte pueden tener carácter de "anticipos de la herencia" que, a los fines de la *contribución sobre herencia* (la que se impone al ocurrir el fallecimiento, y por razón de éste, sobre el *activo neto relicto),* se han de computar como parte de la porción que legítimamente corresponda al heredero.

Como ya hemos indicado, la herencia se transmite *por testamento* o *por ley.* Toda persona tiene derecho a hacer *testamento,* no importa la cuantía de sus bienes, excepto los menores de *catorce años* [40] (obsérvese que hemos dicho *catorce)* y los mentalmente incapaces al

[38] El mismo texto legal, artículo 601; 31 L.P.R.A. 2083.

[39] Código Civil, artículo 607; 31 L.P.R.A. 2089.

[40] Sólo el testamento *ológrafo* requiere que sea mayor de edad (Código Civil, art. 6337; 31 L.P.R.A.2161.

momento de otorgarlo. La ley define el testamento como *"acto por el cual una persona dispone para después de su muerte de todos sus bienes, o de parte de ellos".* [41]

Es importante la disposición legal de que el testamento es un acto "personalísimo"; [42] o sea, que sus disposiciones y mandatos no pueden delegarse ni dejarse a la decisión de otras personas; y menos aún la designación de quiénes han de ser herederos, ni la determinación de las proporciones en que haya de dividirse el neto de la herencia.

Lo que sí puede legalmente hacer un testador es delegar por testamento la facultad de distribuir físicamente la herencia, intervenir o dirigir su liquidación, pagar a los acreedores, cobrar a los deudores, convertir en metálico, hasta donde sea necesario, los bienes de la herencia que no lo sean. Esto último puede y debe hacerse como medio de facilitar el pago a los acreedores del causante y distribuir el neto sobrante entre los herederos y legatarios conforme lo disponga la voluntad testamentaria. Estas funciones son las propias de quien, en materia de sucesión testamentaria, se llama "el albacea".[43]

Aunque la legislación en este aspecto señala una serie de *clases de testamentos*44 por razón de su *forma,* estimamos diferencia fundamental la que confiere derecho a un testador para que escriba por sí mismo su testamento y lo retenga en sobre cerrado y sellado, manteniendo a toda otra persona en desconocimiento de su contenido hasta después que él muera. Éste es el *ológrafo.* O, si así lo prefiere, se le faculta para que declare su "última voluntad" *abiertamente,* en escritura pública, ante notario y testigos, a quienes pone de manifiesto sus determinaciones testamentarias. Éste es el testamento *abierto.* Sea de un modo, o sea de otro, la ley exige requisitos y formalidades en uno y otro caso que, de no cumplirse, harían *nulo* el testamento.

En cuanto al contenido de los testamentos, no puede ignorarse la norma fundamental de que, con testamento o sin él, la ley le tiene asignadas de antemano, a ciertos parientes más allegados al causante, unas participaciones hereditarias que el testador no puede legalmente ignorar y con las cuales no puede confligir lo que se disponga por testamento.[45] *Estos parientes más allegados, ascendientes y descendientes del causante hasta cierto grado, y su viudo o viuda,* son los que la ley denomina "herederos forzosos". Su participación mínima en la herencia, establecida en la ley con carácter de obligatoriedad (por eso se llaman herederos *forzosos),* no puede ser—por efecto de testamento—impedida ni alterada *adversamente* en perjuicio del heredero *forzoso.* Antes bien, cualquiera de éstos, por disposición testamentaria, puede ser *mejorado* con cargo a los otros bienes hereditarios que, por ese hecho, toman el calificativo de "porción de *libre disposición".* Esto se refiere al derecho del testador de disponer libremente de ese margen o excedente en favor de alguno

---

[41] Código Civil, artículo 616; 31 L.P.R.A.2121.

[42] Código Civil, artículo 619; 31 L.P.R.A.2124.

[43] Código Civil, artículo 814; 31 L.P.R.A.2511.

[44] Según la ley, el testamento puede ser: *común, especial, militar, marítimo,* hecho *en país extranjero, ológrafo, abierto, cerrado, mancomunado* (que se define con ese nombre para declararlo nulo) y sus diversas reglas están en los artículos 625 al 667 del Código Civil; 31 L.P.R.A. 2141-2222.

[45] Código Civil, Art. 735; 31 L.P.R.A. 2361.

de los mismos herederos forzosos, de otro u otros que él instituya como herederos testamentarios, y aún de terceras personas que no tengan el carácter de *herederos y* que no pueden ser otros que los *legatarios.*

Aparte de estos principios, que consideramos básicos en materia de herencia o sucesión, y sin implicar que no pueda haber otros en la ley igualmente fundamentales, no creemos pertinente a este texto de "Derecho Mercantil" seguir ampliándole con otros señalamientos que son de orden puramente *civil.* La reglamentación *sustantiva* del Código, por sí sola, sin mencionar la complementaria que en la esfera *procesal* tiene en las *reglas de enjuiciamiento civil,* es a tal punto profusa y pormenorizada, que su exposición, aún a nivel de principios, llenaría muchas páginas adicionales sin llegar a agotarla.

Pero sí cumple a nuestra asignación particular, como *materia mercantil,* destacar de entre todo ese vasto ordenamiento jurídico sobre *sucesiones,* un punto que se relaciona directamente con los derechos de acreedores múltiples y que, por ese solo hecho, cae de lleno dentro del área particular del *comercio* y de la *industria.* Es el siguiente: en la liquidación de una herencia, en la que haya pluralidad de acreedores, se presenta un cuadro de problemas jurídicos sobre *prioridades* o *preferencias entre éstos,* que resulta muy análogo al de la liquidación de cualquier empresa mercantil, ya se tramite esa liquidación como parte de un proceso judicial de *quiebra* o fuera de éste. En ese cuadro, los protagonistas pueden ser, y frecuentemente son: de un lado, *comerciantes, industriales,* o ambos, en carácter de *acreedores* o *deudores; y* del otro, *los herederos,* como *sucesores* del causante.

La liquidación de una herencia, con acreedores y deudores múltiples, se asemeja aún más a la liquidación de una empresa mercantil cuando esa empresa en liquidación es una sociedad, incorporada o sin incorporar. Se da entonces una mayor semejanza porque en la sociedad, incorporada o no —a diferencia de la empresa individual— están los socios o accionistas, que ocupan exactamente la misma posición jurídica respecto de acreedores y deudores, que la que ocupan los herederos respecto de unos y otros. O sea, que en uno y otro caso, los socios o accionistas, al igual que los herederos, tienen sus derechos subordinados al derecho preferente de los acreedores sobre el caudal común. Por lo tanto, socios y herederos no tienen derecho a participación alguna en ese activo sino del "neto" o *sobrante* después de pagar, o proveer para el pago, a todos y cada uno de los acreedores.[46]

---

[46] Código Civil, artículos 746, 981, 982 y 986; 31 L.P.R.A. 2372, 2818 y 2823, respectivamente.

"Los acreedores particulares del heredero no podrán mezclarse en las operaciones de la herencia aceptada por éste a beneficio de inventario hasta que sean pagados los acreedores de la misma y los legatarios, pero podrán pedir la retención o embargo del remanente que pueda resultar a favor de herederos." Código Civil, artículo 988; 31 L.P.R.A.2825.

También es importante la regla de que "el legado hecho a un acreedor no se imputará en pago de su crédito, a no ser que el testador lo declare así expresamente". Código Civil, artículo 795; 31 L.P.R.A.2484.

En la liquidación de una herencia, los derechos de acreedores múltiples pueden quedar sujetos a las reglas sobre *preferencia y prelación de créditos* (Código Civil, artículos 1828, 1035 y 1037; 31 L.P.R.A.5210, 2931 y 2933, respectivamente), expuestas en un capítulo posterior de este libro.

Transferencia de la propiedad mediante contrato

El modo más corriente de transferir y adquirir la propiedad de las cosas es *la contratación.* Y es el que más nos atañe como estudiantes de Derecho Mercantil o como profesionales en las distintas áreas que afectan la actividad *comercial* e *industrial.* Vale recordar que los contratos son el instrumento jurídico de los negocios.

El que más se destaca entre los contratos *traslativos del dominio* es la *compraventa.* En cada compraventa—y en el comercio se realizan por millares diariamente —una parte *vende y transfiere* propiedad, mientras otra *compra y adquiere* propiedad. Por la *permuta* ambas partes *transfieren* recíprocamente, y ambas simultáneamente *adquieren,* propiedad. A cualquier otra transferencia del dominio que no pueda catalogarse como compraventa o como permuta, por la particularidad de las condiciones a que se sujete el contrato, ha de dársele el nombre genérico de *cesión* o *traspaso de propiedad.*

Pero, conforme ya lo hemos advertido antes, son tan importantes las reglas sobre la contratación como parte del ordenamiento jurídico del comercio y la industria, que no procede tratar de ellas como cosa incidental o accesoria a otras materias, sino que corresponde examinarlas con todo detenimiento en capítulo aparte. Igualmente podemos ahora decir sobre la compraventa, permuta y cesión, que serán estudiadas en capítulo separado.

Transferencia por prescripción

Por la *prescripción del dominio* y de los demás derechos *reales,* se transfiere la propiedad y los derechos sobre ella. Constituye, pues, un modo de *perderla* alguien en favor de otro que *la adquiere.*[47] Para que este último la adquiera, ha de estar en posesión de la cosa por el tiempo y bajo las demás condiciones exigidas por la ley para que opere la *prescripción.* La posesión que puede culminar en que el poseedor se convierta en dueño, dejando de serlo quien antes lo era, no puede ser la de un arrendatario, usuario, u otro cesionario cualquiera que la ocupe por mera tolerancia o consentimiento del propietario. Ha de ser *posesión en concepto de dueño;* es decir, que sin serlo *legalmente,* el poseedor actúe, con respecto a la cosa poseída, con el entendimiento de que él, y sólo él, es su *dueño.* Además, la posesión que dé derecho a la prescripción ha de ser *pública, pacífica y no interrumpida.*

Ese tipo de posesión—*con los cuatro ingredientes señalados*—más el lapso de tiempo que para cada caso de prescripción exige la ley se haya estado *poseyendo,* constituyen los dos elementos básicos que han de concurrir para que por *prescripción* se pueda transferir la propiedad de *su legitimo dueño* al que sólo ha sido su *poseedor.*

En cuanto al factor tiempo, o sea, el que ha de transcurrir para que la posesión se convierta en dominio o derecho de dueño, la ley divide la *prescripción* en dos clases: la *ordinaria* y la *extraordinaria.* Y también señala *plazos diferentes de posesión* según se trate de bienes *muebles* o de *inmuebles.* Veamos lo específicamente preceptuado a estos efectos.

---

[47] Código Civil, artículo 1830; 31 L.P.R.A. 5241.

a. *Prescripción ordinaria:* Para ésta, la ley exige menos tiempo que para la extraordinaria, tanto en muebles como en inmuebles. Pero para conceder ese plazo menor, requiere que la *posesión,* además de los cuatro ingredientes señalados *(en concepto de dueño, quieta, pública* e *ininterrumpidamente),* reúna dos adicionales: que esa posesión se acompañe *con la buena fe* y con *un justo título.*[48] Si *los seis* requisitos se cumplen en la *posesión,* los plazos de prescripción respecto de *inmuebles* son: diez años *entre presentes* y veinte años *entre ausentes.*[49] Esto quiere decir que el *no-dueño* ha de estar *poseyendo* durante un plazo u otro, según el caso, y si su posesión se ajusta a los seis requisitos exigidos por ley, automáticamente pasa a ser dueño. Y el anterior habrá perdido su derecho como tal. Ahora bien, tratándose de bienes *muebles,* el plazo es aún más corto: tres años.[50] Además, en cuanto a éstos, bastará *la buena fe* sin que sea necesario un *título.* O sea, que cinco, de los seis requisitos, son suficientes para que se traslade el dominio de cosa *mueble.*

b. *Prescripción extraordinaria:* En ésta varían el *plazo* y los *requisitos* de la posesión. Entiéndase bien: no han de variar los cuatro primarios o fundamentales (posesión *en concepto de dueño, quieta, pública* e *ininterrumpidamente),* sino los últimos dos, que para la prescripción *extraordinaria* se suprimen. Tampoco se hace distinción, para fijar plazo, entre *presentes* y *ausentes.* La regla para *inmuebles* se expresa con este lenguaje específico: *"...prescriben... el dominio y demás derechos reales* sobre los bienes *inmuebles* por su *posesión no interrumpida durante treinta años,* sin necesidad de *título* ni *buena fe, y* sin distinción entre *presentes* y *ausentes".*[51] Luego se hace excepción de determinada clase de *servidumbres* que no viene al caso mencionar aquí.

En cuanto a bienes *muebles,* "la *posesión no interrumpida de seis años, sin ninguna otra condición"* produce la prescripción del dominio, que en este caso será prescripción *extraordinaria* porque *no se exige buena fe ni título alguno.*[52] Cuando aquí el Código emplea la frase "sin ninguna otra condición", no está excluyendo los cuatro requisitos que son indispensables para toda posesión *prescribible:* que sea *en concepto de dueño, pública, pacífica y no interrumpida,* y sin los cuales no puede darse *prescripción* de clase ninguna.

No hemos de prolongar innecesariamente esta breve exposición sobre la prescripción como modo de transmitirse, perderse y adquirirse el dominio sobre muebles e inmuebles. De entre las restantes normas que rigen esta materia, estimamos suficiente señalar, sin más explicación: 1) que la legislación reconoce tres maneras de *interrumpirse* la posesión;[53] 2) que *la buena fe del poseedor* consiste en la *creencia de que la persona de quien recibió la cosa*

[48] Código Civil, artículo 1840; 31 L.P.R.A. 5261.

[49] Código Civil, artículo 1857; 31 L.P.R.A. 5278.

[50] Código Civil, artículo 1855; 31 L.P.R.A. 5276.

[51] *Ibid.*

[52] *Ibid.*

[53] "La posesión se interrumpe, para los efectos de la prescripción, *natural o civilmente".* También por "cualquier reconocimiento expreso o tácito que el poseedor hiciere del derecho del dueño (Código Civil, artículos 1843 y 1848; 31 L.P.R.A. 5264 y 5269, respectivamente) La interrupción *natural* tiene lugar cuando se cesa en la posesión por más de un año; la civil, por la citación judicial al poseedor.

era dueña de ella y podía, por ese hecho, transmitir su dominio;[54] y 3) que es *título justo* aquél *que legalmente sea suficiente para transferir el dominio o derecho real de cuya prescripción se trate.*[55]

Adquisición de la propiedad por subasta

Otra forma de adquirir una propiedad es mediante *pública subasta.*

En el caso de *Cooperativa vs. Registrador*[56] se destacan importantes principios relativos a este procedimiento:

> "El acreedor ejecutante podrá concurrir como *postor* o *licitante* a todas las subastas, en cuyo caso, de obtener *la buena pro* en el remate, se le abonará, total o parcialmente, el importe de su crédito al precio ofrecido por él."
>
> "El hecho de que el acreedor *rematante* tenga la oportunidad de satisfacer la totalidad o parte de la oferta con su crédito, no quiere decir que no tenga que pagar el remanente adeudado en el acto de subasta, tal como se le exige a los demás postores."
>
> "Cuando un *licitador* se niega a pagar el importe de su postura después de habérsele adjudicado la buena pro, el alguacil tiene la facultad de promover otra subasta o de, en el mismo acto de subasta, tener por no hecha la oferta y adjudicar los bienes al que le sigue en cuantía."
>
> "El acreedor ejecutante que interese comparecer a cualquiera de las subastas en calidad de postor deberá: 1) *participar* en la puja del inmueble mediante la proposición de una oferta, tal como lo haría cualquier licitador; 2) *igualar o superar* con su oferta el tipo mínimo establecido; y 3) en caso de obtener la buena pro, *satisfacer la diferencia* entre la postura ofrecida y el importe de su crédito más los intereses. Si el acreedor no cumple con el primer requisito, se entenderá que no ejerció su derecho a participar en la subasta como postor y no podrá ser considerado como tal. Si el importe ofrecido no iguala o excede el tipo mínimo, al postor no le podrá ser adjudicada la buena pro. Si a pesar de comparecer expresamente como postor, mediante una oferta que iguale o exceda el tipo mínimo, no pagara el remanente adeudado en el acto de subasta, *se tendrá sin efecto* el remate que le concedió la buena pro y se podrá celebrar una nueva subasta."
>
> "Si el acreedor no interesa comparecer a la subasta en calidad de postor, éste tiene aún oportunidad de recobrar su crédito mediante la adjudicación en su favor del bien inmueble."

---

[54] Código Civil, artículo 1850; 31 L.P.R.A. 5271.

[55] Código Civil, artículo 1852; 31 L.P.R.A. 5273.

[56] *Cooperativa de Ahorro y Crédito La Sagrada Familia vs. Registrador de la Propiedad*, 97 C.A. 15.

"El acreedor podrá hacer suya la propiedad sin tener que ofrecer una postura en los actos de subasta, si concluída la tercera subasta, la misma se declarara desierta. Por este medio, al acreedor se le ofrece la prerrogativa de participar en la ejecución del inmueble, no como otro postor o rematante, sino como un mero adjudicatario. Para ejercer esta prerrogativa, el acreedor deberá solicitar la adjudicación del inmueble dentro de los diez días siguientes a la celebración de la tercera subasta."

El Registro de la Propiedad y los inmuebles

El Registro de la Propiedad tiene por objeto la inscripción de los actos y contratos relativos al dominio y demás derechos reales sobre bienes inmuebles. Constituye medio legal de *publicidad* para que los derechos, allí consignados formalmente, sean conocidos por todos los que tengan interés en informarse de ellos, y para que terceras personas a quienes puedan o deban afectar adversamente, estén impedidas de alegar desconocimiento de su existencia y de otros particulares que en el Registro aparezcan inscritos.

Esto último, dicho a la inversa, significa que aquellos títulos de *dominio* o de otros *derechos reales* que no consten debidamente inscritos o anotados en el Registro, no perjudicarán a tercero. Por su propia naturaleza y por los fines a que está consagrado, el Registro de la Propiedad tiene que ser una institución *pública,* de acceso a todo el que quiera o deba llegarse hasta él, como la manera cierta "de averiguar el estado de los bienes inmuebles y cualquier otro derecho real allí anotado e inscrito." [57]

Todo el territorio nacional puertorriqueño está dividido en diversas demarcaciones geográficas llamadas "distritos", en cada una de cuyas cabeceras está situada una oficina del Registro de la Propiedad, con su personal y equipo, a cargo de un funcionario de reconocida capacidad legal y con el título de *Registrador de la Propiedad.* Cada oficina de éstas se conoce comúnmente como *el Registro.*[58]

En cada Registro se inscribirán los títulos de *propiedad y* de otros *derechos reales,* relativos a las *fincas* situadas dentro de su respectiva circunscripción territorial. Si una finca se extiende sobre la circunscripción de dos o más Registros, tendrá que ser inscrita en todos ellos.

Nuestra anterior legislación *hipotecaria,* que rigió durante el largo período desde 1893 hasta 1980, había quedado ya obsoleta en medida significativa. Muchas de sus disposiciones requerían revisión. Y tras estudio prolongado a profundidad, fue suplantada en 1980 por

[57] Artículo 546 y 547 del Código Civil, 31 L.P.R.A. 1872 y 1873.

[58] Tan fundamentales son el derecho de propiedad y los derechos reales sobre la misma, que las calificaciones que hacen los Registradores de la Propiedad son revisables, mediante Recurso Gubernativo, solamente ante nuestro más alto foro judicial.

el estatuto que actualmente rige la materia. En el mismo año entró en vigor el nuevo reglamento que la complementa.[59]

Los principios cardinales sobre hipotecas *inmobiliarias* no han sido alterados; ni podrían serlo. Tanto en la ley anterior, como en la hoy vigente, siguen siendo los mismos que ya habían sido reconocidos judicialmente desde el 1904.[60] Son dos: uno, *la seguridad del crédito territorial, y* el otro, *la publicidad confiable de las operaciones que se inscriben en el Registro correspondiente a bienes inmuebles,* a fin de que, en cada momento dado, pueda conocerse *el verdadero estado legal de la propiedad.*

La idea central es que, quien de buena fe contrate en relación con propiedades *inmuebles,* no deba sufrir perjuicio en sus derechos por poder confiar en la certeza y garantía que el inmueble objeto de la obligación puede brindarle.

Actos y contratos inscribibles

Los más frecuentes contratos y operaciones que pueden ser objeto de inscripción en el Registro de la Propiedad son: los *títulos* por los que se reconoce legalmente y se transfiere *el dominio* sobre *inmuebles* (terrenos, edificios, casas, etc.) y otros *derechos reales* que se impongan sobre los mismos; y también los que constituyan, reconozcan, modifiquen, o extingan derechos *reales* tales como: *hipotecas, embargos, servidumbres, usufructo,* y determinados *derechos de uso* sobre las propiedades.

Para poder obtener una inscripción de los títulos o derechos *reales* que más arriba se indican, tales derechos o títulos, o las obligaciones o restricciones correlativas que a dichos títulos o derechos correspondan, han de estar consignados en *escritura pública* formalizada ante notario o, dependiendo de lo que específicamente se trate, en *decreto judicial* o *administrativo* expedido por autoridad oficial debidamente facultada al efecto.

Es norma fundamental que *la inscripción* de un título o derecho sobre propiedades, tanto con relación a *inmuebles* como *muebles,* no es necesaria, como muchos equivocadamente creen, para que el derecho del verdadero dueño como tal sea legalmente reconocido y para que le sea permitido el disfrute normal y el ejercicio efectivo del mismo.

Lo único que hace *imperativa* y *conveniente* la *inscripción* es que, mientras el derecho sobre la cosa, mueble o inmueble, permanezca sin inscribirse, ésta *no* puede utilizarse como medio para *garantizar deudas* (hipotecas), ni puede el propietario o titular del derecho valerse del Registro para *dar a conocer públicamente* sus derechos reales ni las *modificaciones* a los mismos. En fin, que el propietario queda privado del beneficio del *crédito territorial,* así como de asegurar sus derechos frente a *terceros* de buena fe a quienes el Registro no les provee, sin la apropiada inscripción, la información que esos *terceros* necesitan.

---

[59] La vigente Ley Hipotecaria y del Registro, y su Reglamento, están publicados en edición de 1981 por la editorial "Equity de Puerto Rico".

[60] *Roca vs. Banco Territorial y Agrícola* (1904), 6 D.P.R.164.

Función principal del Registrador

La función más importante que la ley asigna al Registrador es, aparte de la de *inscribir,* y con relación a eso mismo, la de *calificar cada* escritura pública o mandamiento judicial que se radique en el Registro, al efecto de determinar si el documento es o no inscribible por haberse cumplido o no con los requerimientos de ley en cuanto a *formalidades* y otros aspectos de su contenido, y decidir, bajo su responsabilidad, si *aprueba, suspende temporalmente,* o *deniega* su inscripción o anotación en el Registro. Tratándose de escrituras, el Registrador puede pasar juicio también sobre la *capacidad de los otorgantes* a base de lo que sobre ese aspecto indique la propia escritura. En todo caso, los Registradores deben, como norma general aconsejable, interpretar la ley hipotecaria y su reglamento en forma liberal al efecto de que sus determinaciones básicas *faciliten,* en lugar de *entorpecer* o *demorar injustificadamente* las transacciones o negociaciones relacionadas con la inscripción. Deberán dar atención preferente a la sustancia de los derechos envueltos que a los tecnicismos o detalles teóricos que puedan levantarse.[61]

No debe perderse de vista el principio de que, bajo las disposiciones de nuestro Derecho *inmobiliario,* los Registradores *no* están llamados a *declarar, reconocer, negar, ni determinar en definitiva* derechos que a él le pudiesen parecer dudosos o controversiales entre las partes envueltas; pues, como ya sabemos, esa es función *exclusiva e indelegable* de los tribunales. Al Registrador sí le incumbe enjuiciar la legalidad de los documentos que se le presentan, en lo que concierne a sus requisitos formales, la autoridad de quienes los dictan y ordenan, la capacidad de los otorgantes y la validez del procedimiento que los promueve pero, aún respecto a estos particulares, hacerlo sólo en base a lo que en el propio documento aparezca. Un Registrador no puede, por ejemplo, cuestionar la legitimidad de una determinación de hecho de un tribunal, ni sustituir su criterio por el del tribunal en cuanto a tal determinación.[62]

Los *defectos* que, conforme a las normas arriba expuestas, el Registrador pueda advertir en los documentos que se presenten para su inscripción, la ley los divide en: *subsanables* e *insubsanables.* Cuando se percibe *defecto,* sea de una o de la otra categoría, es deber del Registrador comunicarlo por escrito a la parte interesada, para que recoja el documento y procure subsanar la falta dentro del término de ley si la misma es *subsanable;* y en el caso contrario, haciéndole saber oficialmente que ha denegado su inscripción, por motivo de defecto *insubsanable.* De ser subsanada la falta *subsanable* anotada y notificada, la inscripción es mandatoria. Y, lo mismo cuando deniega la *inscripción, anotación* o *cancelación* que se le solicite, como cuando sólo notifica un defecto *subsanable,* el Registrador está en el deber de hacer constar, en la notificación al interesado, el fundamento o fundamentos en que se ampara para su determinación.

El recurso judicial para revisar la negativa de un Registrador se llama "recurso gubernativo".

---

[61] *Arroyo vs. Registrador* (1962) 86 D.P.R. 362.

[62] *Postigo vs. Registrador* (1968) 96 D.P.R. 546.

En el caso de *Rodríguez vs. Registrador*[63] se destacan importantes principios sobre la *función calificadora del Registrador*, la *extensión de la calificación* de documentos notariales, la *notificación de faltas*, la *corrección de éstas*, las *faltas que constituyen impedimento para la registración* y los *documentos complementarios*, entre otros:

> "La *función calificadora* del Registrador de la Propiedad instrumenta el principio de legalidad que gobierna el ordenamiento inmobiliario registral. Su finalidad estriba en que sólo pueden tener acceso al Registro los títulos que reúnan los requisitos establecidos por las leyes."
>
> "La calificación de los documentos notariales comprenderá: 1) las formas extrínsecas de los documentos presentados; 2) la capacidad de los otorgantes; y 3) la validez de los actos y contratos contenidos en los documentos."
>
> "La Ley Hipotecaria y del Registro de la Propiedad exige al Registrador que en el ejercicio de su función calificadora notifique *por escrito* todas las *faltas* que surjan del título presentado."
>
> "El Registrador de la Propiedad puede efectuar más de una notificación sobre la calificación del título presentado, siempre que la misma se efectúe dentro del término de sesenta días a contarse desde la última notificación, es decir, mientras *no* haya *caducado* el *asiento de presentación*. En estos casos será preciso incluir en la última notificación una enumeración de las nuevas faltas, además de las faltas previamente señaladas."
>
> "En ocasiones las faltas notificadas se corrigen mientras está vigente el asiento de presentación; en otras, las faltas notificadas se corrigen una vez caducado el asiento de presentación. En este caso la nueva presentación del documento surtirá sus efectos desde la fecha del nuevo asiento de presentación, que dará comienzo al trámite registral; corresponderá al Registrador calificar el documento presentado para determinar la corrección de las faltas notificadas motivadas por el primer asiento de presentación."
>
> "El Registrador de la Propiedad tiene la obligación de incluir en su calificación todas las faltas que surgen del título presentado. No obstante, está facultado a formular faltas que como resultado de una calificación previa de un título fueron omitidas, en caso de presentarse nuevamente dicho título."
>
> "No se inscribirá un título cuando concurren cualesquiera de las *faltas que impiden su registración*: 1) las que causan la inexistencia del acto o contrato a registrarse o la nulidad o anulabilidad de éste o del documento presentado; 2) las que se originan de obstáculos del Registro; 3) las que se fundan en disposiciones de ese subtítulo; y 4) el no presentar los documentos complementarios necesarios o no acreditarse el cumplimiento de las formalidades exigidas por las leyes."

[63] *José D. Rodríguez Morales y otros vs. Registrador de la Propiedad, Sección de Barranquitas,* 97 C.A. 14

"La facultad del Registrador de la Propiedad para solicitar la producción de documentos entrados *se limita a estas tres situaciones:* 1) cuando por ley o por reglamento así se requiera para la inscripción de un documento; 2) cuando del documento presentado al Registrador surja causa para creer que pueda ser inválido; y 3) cuando el propio documento no refleje su entera validez."

"La finalidad de los documentos complementarios es complementar aquellos aspectos necesarios para viabilizar la inscripción del documento principal que es aquel documento público en que se funda inmediatamente el derecho de la persona a cuyo favor habrá de practicarse la inscripción.

"Una escritura de venta judicial requiere la presentación de los siguientes documentos complementarios certificados para la registración: 1) sentencia, 2) orden, 3) mandamiento de ejecución, 4) edicto, 5) acta de subasta y 6) cualesquiera otros que el Registrador estime necesarios para la debida calificación del documento."

"La escritura pública de venta judicial no se considera un documento expedido por autoridad judicial. El carácter oficial de la comparecencia del alguacil al otorgamiento de la escritura no es suficiente para adscribirle a ésta la cualidad de documento judicial. De ahí que el Registrador calificará la escritura pública de venta judicial dentro del ámbito de la calificación de documentos notariales."

"La calificación de documentos notariales avalados por un trámite judicial, le impone al Registrador de la Propiedad una mayor prudencia y limitación en el ámbito de su función calificadora, ya que el ámbito de la calificación de documentos avalados por un trámite judicial pretende evitar la intromisión del Registrador en asuntos que corresponde evaluar únicamente a los tribunales."

"La calificación registral de una escritura de venta judicial comprende el examinar la validez de la venta del inmueble en subasta pública al ejecutarse una hipoteca por la vía ordinaria. El Registrador calificará la escritura de venta judicial, observando, entre otras, las disposiciones contenidas en la Ley Hipotecaria sobre ejecuciones de hipotecas, entre las que se encuentra el precio de tasación en la escritura de constitución de hipoteca, independientemente de la vía ejecutiva que hayan seleccionado los acreedores."

"Si al calificar una escritura de venta judicial el Registrador deniega el asiento solicitado, por surgir del documento causa para creer que pueda ser inválido, aquel interesado en recurrir contra la denegatoria final de inscripción del título presentado, podrá acudir vía recurso gubernativo ante el Tribunal Supremo de Puerto Rico, previa presentación de un escrito de recalificación ante el Registrador."

"Habida cuenta de que la calificación registral es un acto de jurisdicción voluntaria, cuando el Registrador de la Propiedad deniega la inscripción de una escritura de venta judicial porque el aviso y acta de subasta consignan un tipo mínimo inferior al pactado por los contratantes en la escritura de constitución de hipoteca, la parte interesada puede instar un procedimiento judicial de nulidad del proceso de subasta y venta judicial."

Servidumbres y otros gravámenes sobre la propiedad

No es posible tener un concepto preciso sobre el derecho de *propiedad,* ni de un *derecho real,* sin tener alguna noción, por lo menos, de lo que significan *las servidumbres.* Éstas constituyen, de un lado, *una limitación del derecho de propiedad* (considerada esa limitación como una entre otros *gravámenes,*64 que pueden establecerse sobre la propiedad); y del otro, *una ampliación* o *expansión del derecho sobre la que es "nuestra" propiedad, trascendiendo fuera de los linderos de ésta y otorgando algún poder de utilización, uso o disfrute sobre otra contigua que no nos pertenece.*

Si la servidumbre *nos afecta adversamente* porque representa *limitación* al derecho sobre *nuestra propiedad o,* si por el contrario, *nos favorece* porque es ampliación de ese derecho sobre la propiedad *ajena,* dependerá de si está constituida para uno o para el otro propósito.

Con esa idea central en mente, se nos hará fácil entender la definición que *esboza* la ley cuando nos dice: *"la servidumbre es un gravamen impuesto sobre un inmueble en beneficio de otro perteneciente a distinto dueño."*[65] También la veremos clara cuando añade que la propiedad *inmueble* a cuyo favor está establecida la servidumbre se llama *predio dominante,* mientras el inmueble que la soporta se conoce como *predio sirviente.*

Pero no debe pasarse por alto que una servidumbre no tiene que establecerse necesariamente *en favor* de la cosa inmueble en sí (en cuyo caso aprovecharía a quienquiera venga a poseer el inmueble), sino que también es susceptible de que se constituya en beneficio *de una o más personas determinadas,* las cuales, al cesar en su *personal* disfrute, dejan el predio *sirviente liberado* de tal gravamen.[66]

De lo anterior se desprende que las servidumbres que afectan la tierra se considerarán *"reales" (si están constituidas para que las disfrute el propietario o poseedor de una finca sobre otra finca vecina y siempre en beneficio de la primera);* o se considerarán *"personales" (cuando estén inseparablemente unidas a la persona beneficiaria de modo que terminan con el fallecimiento de ésta).* Las *reales* se llaman también *prediales* porque se establecen a favor del *predio*—sea cual fuere su dueño—y no de persona alguna en particular.

No obstante lo anteriormente dicho, las *servidumbres* son *inseparables del inmueble* a que activa o pasivamente están adscritas. Y por ello *constituyen siempre un gravamen sobre la propiedad sirviente,* del cual no se relevan mientras por algún medio legal la servidumbre no se extinga.

---

[64] Un gravamen *es una carga o limitación establecida sobre una propiedad* que a la vez representa un *derecho real* para alguien que no es su propietario. Una deuda hipotecaria, un embargo, una servidumbre, son ejemplos corrientes de *gravámenes* que pueden afectar a una propiedad.

[65] Artículo 465 del Código Civil, 31 L.P.R.A. 1631.

[66] Código Civil, art. 466; 31 L.P.R.A. 1632.

Refiriéndonos ahora a otro aspecto, las servidumbres *se instituyen* por acuerdo o convenio entre los propietarios de los respectivos predios, o por efecto directo de la ley. Las primeras se califican de *voluntarias;* las últimas, de l*egales.*

Además de estas dos clasificaciones básicas, el Código hace otras importantes clasificaciones[67] en las cuales no nos es dable entrar en este "resumen de Derecho *civil"* aplicable a la vida *mercantil.* Sin embargo, procede destacar aquí que, mientras algunas servidumbres se adquieren en virtud de *título* o *documento traslativo* del derecho, y también por la *prescripción,* en cambio hay servidumbres que sólo pueden adquirirse por título; y el título puede ser una *sentencia* de tribunal o un *contrato* o un *documento de reconocimiento* voluntario. [68] También debe señalarse que, reconocido el derecho a una servidumbre, voluntariamente o por ley, deben entenderse concedidos todos los derechos necesarios para su uso o aprovechamiento.[69]

Finalmente, estimamos conveniente apuntar los *modos de extinguirse las servidumbres,* que son: [70]

1. por reunirse en la misma persona la propiedad del predio dominante y la del sirviente (*confusión* del derecho y de la obligación)
2. por no usarse durante veinte años (*prescripción*)
3. por el estado de *deterioro tal* a que lleguen los predios que hagan imposible su uso (*imposibilidad física*)
4. por *llegar el día* o *cumplirse la condición* a que fue condicionado el uso de la servidumbre *(cumplimiento de condición resolutoria)*
5. por renuncia del dueño del predio dominante (*renuncia de un derecho*)
6. por convenio entre ambos propietarios para cancelarla (*contrato)*

---

[67] Otras clases de servidumbres son: *continuas* o *discontinuas; aparentes* o *no aparentes; positivas* y *negativas.* Desde el punto de vista del objeto sobre el cual recaen pueden ser: servidumbres *de paso, de agua o acueducto, de luces y vistas, de medianería,* etc.

[68] Un contrato mediante el cual el dueño de una finca permite que se construya sobre ésta una instalación de acueducto con carácter de *servidumbre* a cambio de que el propio acueducto le servirá agua gratis a su casa, constituye *título* suficiente para adquirir (el dueño del acueducto) "servidumbre de acueducto" *aunque el contrato no se hiciese constar en escritura pública. Álvarez vs. Municipio* (1932) 43 D.P.R. 421.

El mero permiso concedido por un propietario para pasar por su finca o su tolerancia de que el paso se realice, no es bastante para dejar establecida una *servidumbre de paso* que sólo se puede adquirir en virtud de título. *Goenaga vs. O'Neill* (1962) 85 D.P.R. 170.

Presumiéndose toda propiedad *libre de cargas* mientras no se prueba lo contrario, una vez que el demandante en una acción judicial para impedir el uso de una servidumbre (acción negatoria) establece que él es el dueño de la propiedad afectada, es al demandado a quien incumbe probar la existencia de la servidumbre a la cual él pretende tener derecho. *Ramos vs. Viejo* (1946) 66 D.P.R. 642.

[69] Entre esos derechos está la facultad del dueño del predio *dominante* para "hacer a *su costo* en el predio sirviente las obras necesarias para el uso y conservación de la servidumbre, *pero sin alterarla, ni hacerla más gravosa.* (Código Civil, artículo 479; 31 L.P.R.A. 1671).

Y por la parte del dueño del predio *sirviente,* está la obligación de "no menoscabar en modo alguno" el uso de la servidumbre constituída (Código Civil, artículo 481; 31 L.P.R.A. 1673).

[70] Código Civil, artículo 482; 31 L.P.R.A. 1681.

Marcas de fábrica, patentes y sus efectos respecto al derecho de propiedad

Siempre que no conflija con lo estatuido por el Congreso norteamericano, la Asamblea Legislativa de Puerto Rico puede aprobar legislación específica que reglamente el uso de marcas de fábrica en nuestro país.[71]

La ley original sobre esta materia se promulgó en Puerto Rico en 1923, fue enmendada en 1952 y posteriormente en 1991.[72] Y en ella se dispuso que: para obtener la inscripción de marcas de fábrica en tierra puertorriqueña, han de cumplirse los siguientes requisitos indispensables:

a. —que se radique en el Departamento de Estado una solicitud escrita dirigida a dicho funcionario en la que se especifique: nombre, domicilio, oficina principal de negocios y ciudadanía del solicitante; b. —la clase de mercancía a que pertenece la marca, con la descripción detallada de los artículos de comercio comprendidos en dicha clase y para los cuales se ha adoptado dicha marca de fábrica; c.—una descripción de la propia marca, si así lo prefiere el solicitante o lo requiriese el Secretario de Estado y en todo caso mediando la aprobación de dicho funcionario, quien tiene potestad pare decidir la manera de aplicar o fijar la marca a los artículos de comercio a que corresponda; y el período de tiempo, si lo ha habido, durante el cual la marca ha sido usada en Puerto Rico; d.—se acompañará también un facsímil de la marca, pegado en papel grueso, firmado por el solicitante o la persona que él designe para gestionar el registro de la marca; y el número de facsímiles sueltos que exija dicho funcionario; y e.— una declaración jurada de que el derecho sobre la marca pertenece a la firma peticionaria y no a persona o firma otra alguna.[73]

Otras disposiciones del estatuto

En otros apartados de la ley se indican: a) seis tipos de marcas de fábrica que no son registrables; b) la prohibición de registrar una marca de fábrica que sea idéntica a otra ya registrada, o tan parecida que pueda dar lugar a confusión o engaño a los compradores; c) los requisitos a cumplirse para el traspaso de marcas de fábrica a persona distinta de la que ya aparece dueña en el registro o esté pendiente de serlo.[74]

Sobre el certificado de registro

Los certificados de registro de marcas de fábrica se expedirán bajo el gran Sello de Puerto Rico, firmado por el Secretario de Estado. Se inscribirán en libros especialmente destinados a ese efecto y que constituyen el registro de tales certificados. Los ejemplares

---

[71] Esta norma jurisprudencial se dictaminó en un caso específico, relacionado con la industria licorera. *Sucesores de J. Fenández vs. Domenech,* Tesorero de Puerto Rico (1942) 60 D.P.R. 906; 10 L.P.R.A.191.

[72] 10 L.P.R.A. 171 *et. seq.*

[73] 10 L.P.R.A. 171 (b) y 171 (c).

[74] 10 L.P.R.A. 171 (c), 171 (g) y 171 (h).

de marcas, y los de manifestaciones y afirmaciones archivados con ellas, constituirán prueba fehaciente en cualquier litigio en que las referidas marcas sean objeto de controversia.[75]

Duración del derecho de marca registrada

Todo certificado de registro permanecerá en vigor por término de diez años contados desde su fecha; pero no así en el caso de marca previamente registrada en país extranjero, pues ésta cesará de tener validez registral en Puerto Rico el día en que tal marca cese de estar protegida en el país extranjero. En ningún caso durará su vigencia por más de diez años, a menos que sea renovada conforme a las disposiciones estatutarias al efecto. [76]

Obligación de indemnizar al dueño de una marca de fábrica

El registro de una marca de fábrica bajo las disposiciones de la ley en Puerto Rico, constituye evidencia *prima facie* de un derecho de propiedad. Por lo que, toda persona que sin contar con el consentimiento del dueño, reproduzca, fabrique, copie o imite cualquier marca de fábrica y la adhiera a mercancía que sea de iguales características a las comprendidas en el registro, o a membretes, signos, impresos, paquetes, envolturas, u otros objetos que se usen en, o en conexión con, la venta de mercancías de iguales o parecidas características a las comprendidas en el registro, y lo haga en el comercio de Puerto Rico, estará sujeta a acción judicial por daños, cuya cuantía fijará el tribunal conforme a las circunstancias pertinentes del caso.[77]

Los estatutos del Congreso de EE.UU. concernientes a marcas de fábrica rigen con carácter complementario en Puerto Rico

En un caso iniciado en Puerto Rico y llevado en revisión judicial a tribunal de apelación en Estados Unidos, se resolvió que Puerto Rico tiene poderes iguales a los de los estados de la metrópoli para promulgar legislación relativa a marcas de fábrica.[78] En la sentencia se dictaminó también que "los derechos que la legislación (puertorriqueña) concede a los que inscriben *localmente* (sus *marcas)* son *adicionales* a los que otorga el registro *federal"*.

Un buen ejemplo de competencia desleal por imitar marca de fábrica ajena

En un litigio en donde la prueba demostró que el demandado continuó sus negocios a base de imitar lo más posible la marca y la rotulación de la bolsa de café usada por la

[75] 10 L.P.R.A. 171 (j) y 171 (k).

[76] 10 L.P.R.A. 171 (p).

[77] 10 L.P.R.A. 171 (w).

[78] *Topp-Cola Company* vs. *Coca-Cola Company*, 314 Fed. 2nd. 124 (1963).

demandante, y que lo hizo con el fin de aumentar sus ventas con indebido aprovechamiento de la *plusvalía* (prestigio ganado en el concepto público sobre el producto ya conocido en un mercado) de la demandante, creó suficiente confusión en el público consumidor como para establecer un caso de *competencia desleal.*[79]

Valor persuasivo en Puerto Rico de interpretación dada por tribunales y comentaristas norteamericanos en esta materia

En controversia judicial relacionada con marcas de fábrica, y en la que hubo necesidad de interpretar preceptos de la ley local —adoptada de un antiguo estatuto de EE.UU.— nuestro Tribunal Supremo dictaminó que la interpretación dada por tribunales y comentaristas estadounidenses a la disposición legal en controversia es admisible en nuestra jurisdicción puertorriqueña, no con efecto definitivo o mandatorio, pero sí como elemento *orientador* o *persuasivo.*[80]

En esta misma sentencia, la opinión contiene un resumen del origen y estado del derecho sobre *propiedad industrial* en esta jurisdicción, específicamente refiriéndose al alcance del derecho de propiedad que una marca de fábrica otorga por el hecho de estar registrada y por el carácter genérico o descriptivo de las palabras con que se implementa dicho registro.

Abandono parcial de una marca de fábrica

Nuestro Tribunal Supremo, en el caso arriba citado de *Garriga Trading* vs. *Century Pack,* resolvió que: "El propietario de una marca de fábrica inscrita puede descontinuar el uso de la misma para ciertos productos y mantenerla en cuanto a otros sin que ello entrañe que ha abandonado el uso de la marca." Aún en el caso de abandono total, ello no obliga al Estado a inscribirla a nombre de otro, hasta que su significado especial para el público se haya perdido, y esfumado el peligro de confusión, según lo establecido en dicha jurisprudencia, o haya mediado falta de uso por cinco (5) años.[81]

Algunas nociones sobre Patentes de Invención en jurisdicción puertorriqueña

El vocablo "patente" tiene diversas acepciones. La única que aquí nos incumbe es la que afecta los derechos de un inventor sobre la cosa inventada. Por eso la calificamos con la frase: *Patentes de Invención.* ¿Qué significado y alcance tiene en este sentido?

Podemos definirla en su esencia con la siguiente expresión: Es un documento expedido por autoridad gubernamental legalmente facultada al efecto, en el que se otorga el privilegio de exclusividad en el derecho de *propiedad industrial* a favor del inventor de

[79] *Cooperativa Cafeteros* vs. *Colón Colón* (1964) 91 D.P.R. 372.

[80] *Garriga Trading Co., Inc.* vs. *Century Pack Corp.* (1978) 107 D.P.R. 519.

[81] 10 L.P.R.A. 171 (g).

determinada cosa o artefacto conforme a la descripción, y por el lapso de tiempo que el propio documento acredite.

A diferencia de lo que ha hecho respecto a marcas de fábrica, el gobierno local en Puerto Rico no tiene una legislación propia ni un organismo gubernamental establecido para expedir por sí mismo certificados de patentes de invención en su origen. Aparte de que las circunstancias y exigencias de tal servicio podrían hacerlo innecesario, los elevados costos de técnicos, equipo especializado y otros factores, son determinantes de que dicho servicio esté limitado a un sencillo registro de patentes de invención que, reconocidas previamente por la Oficina de Patentes en Washington, y mediante el pago de los derechos correspondientes, hacen extensivas, en territorio puertorriqueño, las garantías y protección que el inventor puede tener dentro del ámbito de nuestra jurisdicción local, por efecto de la legislación de Estados Unidos sobre esta materia.

En efecto, bajo la ley local,[82] se autoriza el registro en la oficina correspondiente del Departamento de Estado en Puerto Rico, de las copias certificadas expedidas por la Oficina de Patentes del Gobierno en Washington en las que se acredite el registro en dicha oficina, de impresos, patentes, marbetes, o marcas de fábrica siempre que, con respecto a estas últimas, se cumplan los requisitos de publicación que requiere la ley[83], y siempre, además, que no estén en conflicto con alguna marca ya registrada en Puerto Rico. A ese efecto, se ordena al Secretario de Estado que expida el correspondiente certificado *de registro* bajo el Gran Sello de Puerto Rico.

[82] 10 L.P.R.A. 171a.

[83] 10 L.P.R.A. 171 e (b).

Capítulo 9

4/7/10

LA CONTRATACIÓN - REGLAS GENERALES

Importancia de los contratos

Ya nos habíamos referido anteriormente a los contratos como una de las cinco fuentes de obligaciones o deudas.[1] De las cinco fuentes dijimos que la *ley* y los *contratos* son las que tienen mayor relación con nuestro estudio de Derecho Mercantil. Este capítulo y otros que le siguen los dedicamos a analizar el contrato en sus fundamentos y a indicar las reglas principales que regulan las relaciones contractuales.

Definíamos el *"contrato"* como *un acuerdo entre dos o más personas mediante el cual* se imponen voluntariamente, y entre sí, una o más obligaciones exigibles al amparo de la *ley.* [2] El contrato *no es otra cosa* que la expresión de *un compromiso legalmente exigible.* Cuando una persona se compromete a dar alguna cosa o a prestar algún servicio, deberá cumplir su obligación. Esto es moral y es legal.

En tal caso la ley no cumple otra función que la de sancionar el principio ético de que *los compromisos deben*

[1] Véase ante, Capítulo 7—*Acreedores y Deudores.*

[2] "El *contrato* existe", dice el Código *"desde que una o varias personas consienten en obligarse respecto de otra u otras, a dar alguna cosa, o prestar algún servicio."* Código Civil, artículo 1206; 31 L.P.R.A. 3731.

toda obligación es exigible en ley.

ser inviolables. Solamente la *imposibilidad física, la fuerza mayor,* o *la ilegitimidad* del convenio pueden relevar al obligado de cumplir su parte en un contrato. Cuando lo que se promete es *contrario a la ley, a la moral* o *al orden público,* entonces su cumplimiento no es exigible, ya que la ley no puede sancionar el desorden, la inmoralidad, ni la ilegalidad. [3] Y eso es lo que puede hacer ilegítimo un compromiso.

De lo expuesto se deduce que los contratos tienen una importancia vital en los negocios. La actividad *comercial* e *industrial* y todo lo que se pueda calificar de *negocio* se desenvuelve a través de *acuerdos, convenios o compromisos que, jurídicamente,* toman el nombre *de contratos.* Toda operación mercantil es, en sí, un contrato, aunque no todo contrato entrañe una operación mercantil. Por lo tanto, hablar del comercio y de la industria es referirse a su contenido esencial: los contratos. Según puede afirmarse que el Derecho mercantil no existiría si no hubiera comercio ni industria, igualmente es correcto afirmar que estas dos actividades no hubieran pasado de su etapa incipiente si las reglas de la ley no imprimieran carácter de *exigibles* a las *promesas,* convirtiéndolas en *contratos.*

La parte más abarcadora de este curso está dedicada a examinar los dos tipos de reglas contractuales existentes: las *generales,* aplicables a todo contrato —incluyendo a los comerciales— y las *especiales,* aplicables *singularmente* a los *negocios mercantiles.*

A quiénes obligan los contratos

Los contratos sólo obligan legalmente a *las partes contratantes* (que para eso dieron su consentimiento); y también a *sus herederos,* pero —en cuanto a éstos— sólo en la medida en que las obligaciones del contrato sean transmisibles a ellos, según la ley. De acuerdo con la regla establecida en este punto, ni los derechos ni las obligaciones de un contrato se transfieren a los herederos de un contratante fenecido, si son *intransmisibles* por una de tres causas: por su *naturaleza,* por *pacto,* o por alguna *regla de la propia ley que lo impida.*[4] Por otra parte, aún sin mediar una de esas causas, cualquier heredero puede eludir las obligaciones contractuales procedentes de su causante siempre que, a su mejor conveniencia, decida *repudiar,* y oportunamente repudie, la participación que pueda corresponderle en los bienes de la herencia.

En cuanto a beneficios o derechos que puedan ser pactados en un contrato en favor de *terceras personas*—que no son ni los contratantes ni sus herederos —serán reclamables siempre que se haga saber al obligado la aceptación del derecho o beneficio antes de que la cláusula beneficiosa sea revocada.[5]

[3] "Los contratantes pueden establecer los pactos, cláusulas y condiciones que tengan por conveniente, siempre que no sean contrarios a las leyes, a la moral, ni al orden público." Código Civil, artículo 1206; 31 L.P.R.A. 3731.

[4] Código Civil, art. 1209; 31 L.P.R.A. 3374.

[5] La validez del pacto a favor de tercero está sujeta a la condición de que éste hubiese hecho saber su aceptación al obligado antes de que haya sido revocada dicha estipulación." *Ramírez Ortiz v. Gautier Benítez* (1963) 87 D.P.R. 497.

Elementos esenciales del contrato

ptos. mínimo

De acuerdo con la ley, no puede existir contrato si no concurren *tres elementos* que, por ser *indispensables*, se califican de *esenciales:* 1. el *consentimiento* de las partes contratantes; 2. el *objeto* o materia del contrato (cosa o servicio); y 3. la *causa* o consideración, que equivale a la justificación legalmente exigida para que nadie deba resultar obligado por un contrato si no existe una razón o causa justa para que así quede obligado.[6]

Bajo los epígrafes subsiguientes examinamos y discutimos las reglas sobresalientes relativas a cada uno de estos elementos, ya que son determinantes de que exista o no exista contrato; y, por lo tanto, de que las partes envueltas queden o no obligadas bajo el mismo.

Reglas sobre el consentimiento

Cómo se manifiesta el consentimiento

Siendo el contrato un acuerdo entre personas que se imponen *voluntariamente* una o más obligaciones entre sí, es imposible que pueda existir contrato sin el requisito del *consentimiento.* La primera regla que anotamos es, pues, que no existe contrato si no media el consentimiento de los contratantes.

De esta regla se desprende que el contrato ha de ser siempre un *acto voluntario* de cada una de las partes que contratan. La manifestación de esa voluntad o deseo de los contratantes es lo que constituye su respectivo consentimiento. Y ya esto nos trae a la segunda regla. Según la ley, el consentimiento se manifiesta "por el concurso de la *oferta* y la *aceptación*".[7] Es decir, que mientras de un lado alguien *ofrece,* del otro, debe haber alguien que *acepte.*

Todos sabemos que para llegar a un acuerdo, sea sobre un *negocio* o de otra índole, una persona tiene que empezar por proponerle *algo* (esa es *la oferta)* a otra. Esa oferta o propuesta puede ser aceptada tal como se hizo, o bien puede modificarse para convertirse en una *contraoferta,* equivalente en ley a *una nueva oferta,* pero partiendo de quien recibió la primera. Y así sucesivamente puede cada parte seguir añadiendo nuevas condiciones a la oferta o contraoferta del otro, o rechazar parte de ellas, o en cualquier forma proseguir introduciendo enmiendas a la última propuesta de la otra parte, hasta que finalmente ocurre una de dos cosas: o no se ponen de acuerdo y tienen que desistir de la negociación, o ésta alcanza la *aceptación incondicional* que hace uno de los contratantes a la última propuesta o contraoferta recibida. En este último caso el consentimiento ha quedado

[6] "No hay contrato sino cuando concurren los requisitos siguientes: 1) consentimiento de los contratantes; 2) objeto cierto que sea materia del contrato; 3) causa de la obligación que se establezca." Código Civil, artículo 1213; 31 L.P.R.A..3391.

[7] "El consentimiento se manifiesta por el concurso de la oferta y la aceptación sobre la cosa y la causa que han de constituir el contrato." Código Civil, art. 1214; 31 L.P.R.A. 3401.

perfeccionado; y si están presentes, además, *causa y objeto*, el contrato existe y obliga,[8] salvo en aquellos *casos de excepción* en que pudiera exigirse algún requisito adicional, como más adelante habremos de precisar.

Elementos del consentimiento

Desde que ambas partes se ponen de acuerdo, por regla general queda hecho el contrato. Entonces se dice que hay *conjunción de voluntades*. A esto los ingleses le han puesto el nombre de *"the meeting of the minds"*.

Pero para que el consentimiento prestado sea válido ante la ley, deberán concurrir dos factores o elementos indispensables en cada uno de los contratantes: la *capacidad* y la *voluntad*. No se puede *consentir legalmente* si la persona o contratante *no sabe* a lo que está consintiendo *(capacidad)*. O si, sabiendo, *no quiere* consentir (voluntad) y *se le coacciona* para que consienta. Si falta esta segunda condición, el contrato dejaría de ser un acto *voluntario*, a cuyo cumplimiento la ley no podría legítimamente obligar.

Por lo tanto, para que el consentimiento y, en consecuencia, el contrato sean válidos, cada contratante *debe saber* sobre lo que está contratando y, además, *ha de querer* obligarse en el contrato. De aquí la regla de que la *capacidad* y la *voluntad* son *dos elementos* que deben reunirse en cada contratante al prestar su respectivo consentimiento.

La capacidad y voluntad son requisitos pero q- el consentimiento sea válido

Contratación por representante

Tan necesario es el consentimiento de cada contratante en todo contrato, que *nadie tiene derecho* a contratar "a nombre de otro" sin estar por éste autorizado o sin que, por efecto de la ley, tenga su representación legal. De no tener esa *autorización o representación*, o si teniéndola, se consiente a un contrato bajo términos o condiciones distintas de las que fueron *consentidas*, entonces el contrato será *nulo*, a menos que la persona en cuyo nombre se otorgue lo *ratifique* antes de ser revocado por el otro contratante.[9]

Consentimiento en los contratos por correspondencia

En este punto es notorio el conflicto entre la ley *civil* y la *mercantil*. Según la primera, "la aceptación (del contrato) hecha por carta no obliga al que hizo la oferta *sino desde que llegó a su conocimiento*." [10] Según la segunda, "los contratos que se celebren por correspondencia, quedarán perfeccionados *desde que se conteste aceptando la propuesta o las condiciones con que ésta fuere modificada*."[11]

---

[8] "Los contratos se perfeccionan por el mero consentimiento y desde entonces obligan a cumplir lo pactado y a sus naturales consecuencias." Código Civil, art. 1210; 31 L.P.R.A. 3375.

[9] Puede verse repetido este mismo principio en los artículos 1211, 1605, 1610 y 1792 del Código Civil; 31 L.P.R.A. 3376, 4426, 4442 y 5105, respectivamente.

[10] Código Civil, artículo 1214; 31 L.P.R.A. 3401.

[11] Código de Comercio, artículo 85; 10 L.P.R.A. 1305.

Ésta es una de las incidencias en nuestro orden jurídico que obliga a conocer la distinción entre contratos *civiles* y *mercantiles*. Nosotros recogemos aquí ambas reglas porque unos y otros son *negocios*.

La comunicación por telégrafo o cablegrama queda sujeta, en los *contratos mercantiles*, a la misma regla *mercantil* arriba transcrita siempre que se cumplan los requisitos especiales que para ese medio exige el Código de Comercio.[12]

Contratos mercantiles por teléfono

Mientras la ley *civil* guarda silencio sobre este extremo, la regla especial del comercio establece que "los contratos mercantiles hechos por conferencia oral telefónica serán válidos y producirán las consecuencias de los contratos verbales".[13]

Capacidad para contratar

Decíamos en párrafo anterior, y como segunda regla de las que examinamos, que en cada contratante deben reunirse los requisitos de *capacidad* y *voluntad* para que su consentimiento en el contrato sea válido. Uno y otro aspecto están reglamentados por la ley, la cual enumera las personas que se consideran incapaces para contratar y aquéllas a quienes la ley limita su capacidad en cuanto a determinados contratos o por determinado tiempo. Todas las demás son, por lo general, capaces para contratar.

Según el Código Civil, "no pueden prestar consentimiento (en los contratos): a. los *menores* de edad *no emancipados;* b. los *locos* o dementes; c. los *sordomudos que no sepan escribir.*[14] A estas tres clases generales deben añadirse: d. los *pródigos* y e. los *ebrios habituales*[15] y f. los *concursados*.[16]

Bajo las leyes de Puerto Rico la persona alcanza su *mayor edad* cuando ha cumplido los veintiún años. Y ello le otorga la *plena capacidad* para todo acto no prohibido por la ley, incluyendo el de *contratar;* esto es así si no adolece de alguna otra clase de incapacidad. Sin embargo, antes de haber cumplido los veintiún años, el menor puede ser *emancipado;* o sea, *autorizado legalmente* para ejercer ciertos derechos, entre ellos el de *contratar*.

a. *La emancipación de menores de edad* —después que han alcanzado cierta edad mínima fijada por ley— *es la institución jurídica* por la cual el legislador procura acoplar la

---

[12] Código de Comercio, art. 82; 10 L.P.R.A. 1302.

[13] Ibid.

[14] Código Civil, artículo 1215; 31 L.P.R.A. 3402. Véase también Código Civil, artículo 168; 31 L.P.R.A. 662 (1) y (2).

[15] Código Civil, artículo 168; 31 L.P.R.A. 662 (3).

[16] "La declaración de *concurso* (quiebra) *incapacita al concursado* para la administración de sus bienes..." "Será *rehabilitado* en sus derechos terminado el concurso, si de la calificación de éste no resultase causa que lo impida." Código Civil, artículo 1814; 31 L.P.R.A. 5174.

Puede verse, además, el artículo 7 del Código de Comercio, [10 L.P.R.A. 1007 (2)], que incapacita a los declarados en quiebra para ejercer el comercio "mientras no hayan sido *rehabilitados*, etc...."

capacidad legal de las personas a su *capacidad natural.* Constituye la fórmula de flexibilidad suficiente para que, si la persona se ha desarrollado mentalmente con mayor rapidez de lo usual, demostrando que *sabe* bastante para que se le *faculte* legalmente a regir por sí misma su *persona y bienes,* podrá así obtenerlo. A este fin se dispone que la emancipación se alcanza por uno de tres medios (aparte de la mayoría de edad): 1) por autorización del *Tribunal* Superior; 2) por autorización del *padre,* o en su defecto, de la *madre,* hecha ante notario mediante escritura pública; y 3) por el *matrimonio.* La edad mínima para ser *emancipado* un menor, es por regla general, dieciocho años; pero si es por virtud del *matrimonio* de *menores,* se dan casos, por excepción, en que ese mínimo podría bajar a dieciséis, y aún a catorce años.

1) *Efectos de la emancipación:* La emancipación que automáticamente se opera por razón del *matrimonio,* libera al menor para todo acto, *excepto para hipotecar* o *enajenar bienes inmuebles, o para tomar dinero a préstamo,* a cuyos fines necesita el consentimiento de su padre, en su defecto, el de la madre y, cuando proceda, el de su tutor.[17]

La emancipación por concesión judicial, que *sólo es permisible* cuando el menor es huérfano de padre y madre, tiene por efecto que al menor se le faculta —y así debe decretarlo el tribunal— para actuar con igual capacidad que si fuera un mayor de edad, sin limitación alguna.[18] Como esto es así, para que proceda tal decreto, el menor ha de revelar "aptitud bastante para el manejo y administración de sus bienes"; y, además, que "consienta en ser emancipado."

La emancipación por *decisión* (no concesión) *judicial,* puede darse aún sin ser huérfano el menor, el cual puede lograrla por este medio *aún contra la voluntad de los padres,* a solicitud propia o de un pariente.[19] Este tipo de autorización por la Corte tiene el siguiente efecto: habilita al menor para regir su persona y bienes como si fuera mayor, pero, en tanto no llegue a su mayoría, estará impedido de contraer obligación o deuda que exceda del importe de sus rentas por un año. Tampoco podrá vender, hipotecar o de otro modo gravar bienes *inmuebles propios* sin el consentimiento de su padre o, faltando éste, el de su madre, o el de su tutor.[20]

La emancipación otorgada en escritura pública por el padre o la madre, podrá concederse para uno de dos propósitos legales: o para que el menor rija por sí mismo su persona y administre sus bienes, o para el solo efecto de administrar sus bienes. En uno u otro caso queda sujeto a que no podrá comprometerse en exceso de sus rentas anuales, ni vender o gravar *sus inmuebles,* a menos que consienta el padre, la madre o el tutor, conforme se ha señalado para la emancipación *por decisión judicial.*

[17] Código Civil, artículo 239; 31 L.P.R.A. 931.

[18] Código Civil, artículo 246; 31 L.P.R.A. 955.

[19] Código Civil, artículos 234 y 235; 31 L.P.R.A. 912 y 913.

[20] Código Civil, artículo 237; 31 L.P.R.A. 915.

La *emancipación*, una vez otorgada, es *irrevocable*. Y para que afecte a *terceros*, debe ser *anotada* en el Registro Civil.

2) *Capacidad de menores de edad no emancipados:* Después que el menor ha logrado uso de razón, la ley no le prohibe contratar, ni tampoco considera *nulo* o *ilegal* el contrato que haga. Todo el propósito de la ley es proteger a los menores de edad por su ignorancia, contra los engaños, la mala fe o el abuso de cualquier mayor de edad que, al contratar con él, pretenda tomar ventajas de su general desconocimiento. Para cumplir esa finalidad, no hay que impedirles contratar, ni considerar *nulos* sus contratos; basta con calificarlos de *anulables*.[21]

Significa esto que el contrato será válido y eficaz para todo efecto legal, pero susceptible siempre de que se pueda *anular* (por eso es sólo *anulable* y no *nulo* en su inicio) *a instancias —exclusivamente— de un representante del menor,* y aún del *menor mismo* al llegar éste a la mayoría de edad, pero *nunca* a instancia de la persona *mayor* que con él contrató. La persona mayor está impedida de pedir la nulidad del contrato pretextando que la otra parte era un menor de edad, ya que esa circunstancia a quien únicamente se supone que perjudica es al menor.[22]

Por otro lado, si *un menor* hace un contrato que es cumplido satisfactoriamente por la otra parte, de modo que *el menor* recibe todo el beneficio que le corresponde bajo el mismo, tal menor no podrá luego impugnar el contrato so pretexto de que él era menor de edad al hacerlo; y tal excusa no le valdrá para dejar de cumplir las obligaciones que contrajo a favor del otro contratante.

b. *La locura como causa de incapacidad para contratar:* Pasando ahora de la menor edad a la *locura* o *demencia* como otra de *las causas* de "restricción a la capacidad *civil*", [23] empezamos por anotar que la incapacidad del demente no siempre es absoluta, ya que se le reconoce derecho a contratar "en periodo de lucidez". Desde luego, tal condición de lucidez debe ser comprobada satisfactoriamente si no se quiere correr el riesgo de nulidad del contrato.[24]

---

[21] "Un acto *nulo* no produce ninguno de los efectos jurídicos que se proponía y es insubsanable . . . " " . . . un acto *anulable* produce los efectos que se proponía mientras no se anule y puede generalmente ser *confirmado o subsanado* por la persona que podría invocar el vicio o defecto de dicho acto." *Millán vs. Caribe Motors,* (1961) 83 D.P.R. 494. Véase también *Schwartz vs. Tribunal* (1952) 73 D.P.R. 856.

[22] Hasta cuatro años después de llegar a la mayoría de edad confiere la ley al contratante que es menor no emancipado para reclamar la nulidad del contrato. *Del Valle Ríos v. González* (1967) 94 D.P.R. 357.

[23] Éste es el calificativo que da la ley a: la menor edad, la demencia, la sordomudez, la prodigalidad y la embriaguez habitual. Véase el Código Civil, artículo 25; 31 L.P.R.A. 82.

[24] Celebrado un contrato por persona después de haberla declarado incapaz la corte, bastará la simple presentación del decreto judicial al efecto, para obtener la nulidad del contrato. *Sucesión Cabrera v. Aponte* (1921) 29 D.P.R. 938.

La declaración judicial de incapacidad por enajenación mental es prueba *prima facie* de la incapacidad, pero esta prueba puede ser destruída por otra "que demuestre que en realidad la persona declarada incapaz estaba en el pleno dominio de sus facultades mentales *cuando se celebró el contrato.*" (*Ibid.*)

Desde el punto de vista técnico o psiquiátrico, el contratante puede ser considerado *loco* y, sin embargo, puede tener capacidad mental suficiente, según decisión del Tribunal Supremo, para darse cuenta de una determinada transacción." En casos civiles, por tanto, la norma a seguir para determinar su *capacidad para contratar* es si el contratante gozaba de capacidad suficiente para darse cuenta de la transacción que realizaba, considerándola en todos sus aspectos."[25] *Capacidad suficiente,* bien entendido, *al momento de celebrar el contrato.*

1) *Contratación en estado de embriaguez:* Es notorio que la ley no incluye entre los *incapaces para contratar* a los que están bajo los efectos del licor. El *estado de embriaguez* en que se encuentre una persona puede, ciertamente, ser de diversos grados de intensidad hasta rayar en el grado extremo de la *inconsciencia.* Esto implica que puede llegar a quedar privada del dominio de sus facultades mentales aunque sólo sea temporeramente. Entre un estado tal y la demencia, apenas podría reconocerse diferencia significativa en lo que a capacidad contractual se refiere. Nos parece que esto explica la definitiva posición asumida por el Tribunal Supremo cuando, desde hace más de medio siglo, resolvió que:

> "Es nula y sin ningún valor la venta hecha por una persona que, al hacerla, está tan intoxicada y deprimida en sus facultades que mentalmente se encuentra incapacitada para otorgar una escritura." [26]

c. *Incapacidad de los sordomudos:* Únicamente los sordomudos *que han aprendido a escribir* tienen la capacidad requerida por la ley para consentir válidamente en un contrato. Por esto ha quedado establecida la doctrina judicial de que: "La sordomudez, acompañada por el analfabetismo, constituye una incapacidad mental absoluta que produce *la nulidad,* igualmente absoluta, *e inexistencia* del consentimiento y del *contrato.*"[27]

A poco menos de un cuarto de siglo para el nuevo milenio, hasta el 1976, existía *limitación contractual en la mujer casada.* Finalmente, en ese histórico año, la Legislatura de Puerto Rico equiparó a la mujer y al hombre en todos sus derechos, incluyendo los contractuales. Por ello, en Puerto Rico se reconoce la:

d. *Capacidad contractual de ambos cónyuges, como co-administradores de la Sociedad Legal de Gananciales:* Cuando hombre y mujer contraen matrimonio en Puerto Rico, por regla general,[28] se crea lo que se llama "la sociedad de gananciales". Por virtud de ésta, los bienes que el matrimonio adquiera podrán ser de dos clases: unos se considerarán *privativos,* que son *los pertenecientes a cada cónyuge individualmente;* y

---

[25] La doctrina completa se encuentra en el caso de *Rivera v. Sucesión Diaz* (1949) 70 D.P.R.181.

[26] *Valentín v. Torres* (1919) 27 D.P.R. 809.

[27] *Ríos v Tribunal Superior* (1954) 77 D.P.R. 79.

[28] *Antes del matrimonio, si* los contrayentes convienen expresamente en que han de mantener una completa separación legal de sus bienes respectivos durante el matrimonio, se constituirá entonces lo que en ley se llama *"capitulación matrimonial"* o *"régimen de separación de bienes".* En tal caso no se reconocerán otros bienes que los *privativos.* Código Civil, artículos 1267-1278 (31 L.P.R.A. 3551-3562) y artículos 1327-1333 (31 L.P.R.A. 3711-3717).

los otros, *gananciales,* o sea, *los pertenecientes a ambos cónyuges conjuntamente,* y que por este hecho reciben también el nombre de bienes *matrimoniales* o *conyugales.*

1) Se reconocerán *gananciales:*

   a) los bienes que adquieran los cónyuges, individual o conjuntamente, por su *trabajo* durante el matrimonio.

   b) *los frutos,* incluyendo rentas e intereses, que durante el matrimonio produzcan los bienes *gananciales.*

   c) *los frutos,* incluyendo rentas e intereses, que durante el matrimonio produzcan los bienes *privativos.*

   d) *todos* los que se adquieran durante el matrimonio a cambio de bienes *gananciales.*

   e) *las expensas útiles,* hechas en los bienes peculiares de cualquiera de los cónyuges mediante anticipaciones de la sociedad o por la industria del marido o de la mujer.[29]

   f) *las edificaciones* (estructuras) construidas durante el matrimonio en suelo propio de *uno* de los cónyuges, abonándose el valor del suelo al cónyuge a quien pertenezca.[30]

2) Se reconocerán *privativos:*

   a) los que, por pertenecer exclusivamente a cada cónyuge desde *antes* del matrimonio, son *aportados* a éste individualmente por cada uno.

   b) los que cada cónyuge adquiera individualmente durante el matrimonio por *herencia, regalo* u otro *título gratuito.*

   c) los que obtenga cada uno a cambio de bienes *privativos.*

Vicios del consentimiento

pto. exámen

Con arreglo a las limitaciones que enseguida indicaremos, podemos decir, como principio general, que es *nulo* el consentimiento prestado en un contrato por *error, dolo, violencia o intimidación.*[31] Son, pues, *cuatro* los llamados *vicios del consentimiento.* Pasamos a continuación a explicar el significado y alcance legal de cada uno, anticipando que dos de éstos, el *error* y el *dolo,* afectan el elemento *capacidad* en el contratante, mientras que la *intimidación* y la *violencia* afectan su *voluntad.*

a. *El error en los contratos:* El *error* y el *dolo* pueden ser causa de *nulidad* del contrato. Cuando una persona presta su consentimiento por error, o sea, *por desconocer o ignorar la realidad sobre la cual está contratando,* es justo que la ley considere *viciado* ese consentimiento, y por tanto, nulo el contrato. Pero no todo *error* debe anular un

[29] Código Civil, artículo 1304; 31 L.P.R.A. 3644.

[30] *Ibid.*

[31] Código Civil, artículo 1217; 31 L.P.R.A. 3404.

contrato, pues las equivocaciones pueden ser *de sustancia* o pueden, por el contrario, ser meramente *superficiales.* Por ello, con acierto establece el Código que para invalidar el consentimiento, el error deberá recaer: 1) sobre *la sustancia de la cosa* que fuere objeto del contrato; o 2) sobre cualquiera de *las condiciones principales* que hubiesen dado motivo para celebrarlo.[32]

El simple error de cuenta, así como otros *que no afecten la sustancia,* sólo darán lugar a su corrección o subsanación, pero no invalidarán el contrato.

b. *El dolo:* Es equivalente a *engaño.* Existe—según definición literal de la ley— cuando "con *palabras o maquinaciones insidiosas de parte de uno de los contratantes, es inducido el otro a celebrar un contrato que, sin ellas, no hubiera hecho".* Cuando el dolo es empleado por ambas partes contratantes, este vicio no produce la nulidad del contrato. Además, para que la produzca, ha de ser, al igual que en el error, de carácter *grave.*

Si no es *grave,* se califica entonces por la ley como *incidental;* y en ese caso sólo da lugar a que *el que se valió del dolo* tenga que indemnizar al perjudicado por los daños que por su engaño infiera.

c. *La intimidación:* La *intimidación* es equivalente a *amenaza.* Existe, según la ley, *cuando se inspira a uno de los contratantes el temor racional y fundado de que* ha de sufrir algún mal inminente en su persona o en sus bienes, o en la persona o bienes de su cónyuge, ascendientes o descendientes.

Han de tomarse en cuenta los factores de edad, sexo y otras condiciones de la persona supuestamente amenazada en la contratación para determinar en justicia si realmente ha existido el acto legal de la intimidación, como para que deba anularse el contrato sobre esa base. La intimidación empleada por terceros invalida igualmente el contrato.

d. *La violencia:* Hay un caso de *violencia* cuando para arrancar el consentimiento en un contrato se emplea sobre el contratante un grado o tipo de *fuerza* que sea *irresistible.*[33] Aquí ya no se trata meramente de amenaza, sino de *acción física,* pero, además, ésta ha de alcanzar grado *irresistible.* Y a semejanza de la regla para *intimidación,* en la violencia hay causa de nulidad, no importa que sea una *tercera persona* quien la emplee.

Debe aparecer claro ahora que la intimidación y la violencia se consideran *vicios del consentimiento* en los *contratos* porque una y otra impiden que *la voluntad* del contratante se manifieste libremente. No importa quien las ocasione, su empleo *anulará* el contrato. En cambio, el *dolo* tiene que haber sido causado por uno de los contratantes para que sea motivo de *nulidad contractual.*

---

[32] Código Civil, artículo 1218; 31 L.P.R.A. 3405. El *error* en cuanto a persona sólo invalidará el contrato cuando ese factor ha sido decisivo al contratar.

[33] Código Civil, artículo 1219; 31 L.P.R.A. 3406.

Objeto y causa en los contratos

pto. examen

Al principio de este capítulo decíamos que los contratos, para que existan y sean reconocidos ante la ley, han de reunir tres elementos esenciales: *consentimiento* de los contratantes; *objeto* (la cosa o servicio a que todo contratante se obliga); y *causa* o justificación *legal* para que el contratante se obligue válidamente en el contrato. Hemos examinado ya las reglas relativas al primero de esos requisitos: el *consentimiento.* Ahora procede explicar los otros dos, que consideramos aquí conjuntamente por la relación de interdependencia a que están sujetos.

Para que se pueda ver mejor lo que es *objeto* y lo que es *causa,* tomemos un ejemplo de los que son más frecuentes en los negocios: un *intercambio de valores.* Si A vende, digamos, un televisor a B por $500, ¿qué constituirá *causa* y qué se habrá de tener como *el objeto* de transacción? Sencillo, porque lo que es *objeto* para uno será precisamente la *causa* para el otro. Para cada contratante, el *objeto* en el contrato será *aquéllo que cada cual se obliga a entregar.* En cambio, *la causa* será, *para cada uno, lo que ha de recibir del otro.* Aplicando la regla legal al ejemplo dado, para A el *objeto del contrato* es el televisor (lo que al vender él dió o prometió dar); y *la causa,* para él, serán los $500 que como precio recibe o espera recibir de B. A la inversa, para B, que compra, el objeto será los $500 dólares que entrega o promete entregar, mientras que *la causa,* para él, será el televisor que recibe o espera recibir de A.

En resumen: para cada contratante el *objeto* del contrato es lo que, según convenido, se obliga a entregar; y *la causa* es lo que, por el propio pacto, cada uno tiene derecho a recibir. Este derecho *a recibir* es lo que ante la ley *hace justificable* que se haya dado o *prometido dar.* El principio de justicia envuelto en este problema de *causa,* en los contratos, es que nadie debe ser obligado a dar cosa o prestar servicio, aunque lo prometa, si no ha de ser a cambio de *algo* que reciba, bien sea este *algo* un valor *material* o un valor de orden *espiritual* o *sentimental,* como más adelante explicaremos. En los contratos de *intercambio de valores materiales,* bajo ese principio, la causa tiene que ser, pues, el valor *material* que cada cual recibe o ha de recibir de la otra parte contratante.

Los ingleses llaman a la *"causa"* en los contratos, *"consideration".* Este vocablo posiblemente expresa mejor el sentido jurídico a que se refiere este elemento, imprescindible en todo contrato. *¿En consideración a qué* es que me obligo en cualquier contrato que hago? La contestación a esta pregunta nos indicará, en cada caso, lo que en su verdadera esencia constituye eso que en el lenguaje técnico de los contratos llamamos *causa.*

Lo explicado resulta claro para los contratos que, como en el ejemplo ofrecido, implican un intercambio de valores materiales, o sea, los de obligaciones recíprocas. Esos contratos son los que se dan a diario en la vida comercial.[34] Pero no está de más examinar la otra

[34] A éstos, la ley les llama *contratos onerosos,* y también *bilaterales.* En ellos, "se entiende por *causa,* para cada parte contratante, la prestación o promesa de una cosa o servicio por la otra parte." Código Civil, artículo 1226; 31 L.P.R.A. 3431.

clase de contratos: aquéllos en los cuales la obligación es de un solo lado, llamados por ese hecho contratos *unilaterales.* En éstos, una de las dos partes contratantes recibe, o ha de recibir, de la otra *algo gratuitamente.* Para esta clase de contratos, que nunca tendrán carácter *mercantil,* el *objeto* será *siempre* la cosa o servicio que (gratuitamente) se da o se presta. Y *la causa* será, según lo especifica el Código Civil, "la mera liberalidad del bienhechor." [35]

Esto quiere decir que cuando una persona se compromete gratuitamente en un contrato a favor de otra, la *causa* o *razón legal* de la obligación que se impone ya no podría ser lo que recibe o ha de recibir de la otra parte, pues de ésta no ha de recibir nada. Siendo así, la *causa* hay que localizarla en el propio obligado. Y tendrá que serlo su *buena voluntad, su generosidad,* la satisfacción que recibe al procurarle un bien al otro contratante. Se constituye, pues, el obligado en *bienhechor. Y* la causa, para la obligación que voluntariamente se impone, no puede ser otra cosa que su *liberalidad.* Aplicando esta misma idea esencial en cierto contrato gratuito, nuestro Tribunal Supremo resolvió que "prueba del afecto y la gratitud de una persona hacia un pariente por éste haberla cuidado y atendido, es causa suficiente para un contrato". [36]

Explicado lo que es *objeto* y lo que es *causa,* veamos ahora las reglas más importantes relacionadas con uno y otro elemento de los contratos.

En cuanto al objeto del contrato

Ya queda indicado que *el objeto* es requisito esencial de todo contrato, y así debe constar como primera regla. Luego está en orden destacar que pueden ser objeto de contrato todas las cosas que no estén fuera del comercio de los hombres (las que son susceptibles de apropiación); y también los servicios que no sean contrarios a las leyes o buenas costumbres. En resumen, las *cosas apropiables* y los *servicios lícitos.*

---

[35] *Ibid.,* última cláusula del artículo.

[36] *Sucesión Gómez v. Colón* (1944) 63 D.P.R. 104.

Otra decisión del Supremo que consideramos digna de ser citada en relación con *la causa* en los contratos *gratuitos:* "Una donación... hecha en escritura pública...(aparentando ser dos contratos de compraventa) en la que existe divergencia entre la apariencia del acto (las compraventas) y su contenido real (la donación, escondida tras las compraventas), es *válida* cuando su *causa verdadera* fue "la mera liberalidad del bienhechor." *Hernández Usera v. Secretario de Hacienda* (1962) 86 D.P.R. 13.

Este ingrediente *espiritual* de generosidad en las obligaciones gratuitas es lo que los *anglosajones* parece no han podido todavía entender para traducirlo a regla jurídica en función. Por eso ellos no conciben que, en contratos para *gratuitamente* transferir cosa o prestar servicio, la escritura del contrato omita decir que el *bienhechor* recibe *un dólar de* manos del beneficiario; con lo cual dan a entender que la liberalidad no existe para ellos o que, si existe, no puede ser causa legal del contrato. Increíble: *ha de entregarse un dólar* (cosa material) al donante para que no falte "consideration" al contrato y éste pueda ser exigible.

Más lamentable aún es ver que, a estas alturas de nuestro desarrollo histórico existan abogados-notarios en Puerto Rico que ignoren o finjan ignorar nuestro Derecho civil nacional y, acogiéndose al barbarismo anglosajón aprendido en el "Common Law", consignen en sus escrituras el requisito del dólar (como representación de causa en contratos gratuitos), como si entre nosotros no existiesen otros valores que los puramente materiales. Peor aún, como si no tuviéramos en nuestro propio Código la regla jurídica perfecta que se conforma con los valores de nuestro ser puertorriqueño y de nuestra estirpe hispánica: los valores del espíritu.

En tercer término debe señalarse que en los contratos de entregar *cosa*, ésta debe estar suficientemente *determinada* o ser *determinable*, de modo que al momento de tener que entregar no haya de constituir impedimento la indeterminación, vaguedad o incertidumbre respecto de lo que realmente deba entregarse. Igual norma, en principio, ha de observarse cuando la obligación de que se trate sea la de prestar servicios. La *determinación* de *cosa* supone que debe precisarse la clase, calidad, color, peso, número y cualquier otro factor que pueda servir para identificar la que en el convenio nos obligamos a entregar. Sin embargo, si la cantidad u otros factores no aparecen debidamente definidos en el contrato, tal deficiencia no afectará la existencia de éste, "siempre que sea posible *determinarlo* sin necesidad de nuevo convenio entre los contratantes."[37]

Aunque es legítimo contratar sobre las cosas *futuras*, y que éstas pueden ser objeto de contrato en la categoría de cosas *determinables*,[38] debe aclararse que esta regla no aplica a la *herencia futura*, sobre la cual no se reconoce validez al contrato.

En cuanto a la causa del contrato

Ya hemos dicho, como primera regla, que la *causa*, al igual que el *consentimiento* y el *objeto*, es requisito legal y elemento *indispensable* de todo contrato. Los contratos *sin causa*, según expresamente ordena la ley, no producen efecto alguno. Igual ineficacia resulta de aquellos contratos en los que concurre una *causa ilícita*.[39]

Es de excepcional importancia la regla de que la *causa* en los contratos *se presume*. Esta presunción significa que la validez del contrato no se puede cuestionar porque los contratantes no se cuidaron de expresar la *causa* de la obligación u obligaciones pactadas, o porque intencionalmente no la declaran. Es decir, mientras el objeto tiene que expresarse porque sería imposible saber a qué se obligó un contratante, en cambio, *la causa* puede quedar *silenciada* en el pacto. Esto no ha de interpretarse nunca como equivalente a reconocer validez a un contrato *sin causa*. Imposible. La causa tiene que existir; sin ella no existe contrato.[40] Pero basta que, de hecho, *exista*. No tiene que decirse o expresarse en el convenio, como es regla exigirlo con respecto al *objeto*.

Además de presumirse que *la causa* existe, y que no tiene que ser probada a menos que se niegue su existencia, también es regla de ley que se *presume ser lícita* en tanto el obligado no pruebe lo contrario.

Teniendo en cuenta que todo contrato en que un deudor transfiera o enajene propiedad *gratuitamente* se presumirá celebrado *en fraude de acreedores*, estimamos de significativo alcance la doctrina establecida por nuestro Supremo Tribunal al resolver:

[37] Código Civil, artículo 1225; 31 L.P.R.A. 3423.

[38] Piénsese, por ejemplo, en el contrato por el que se vende o se promete la cosecha futura; o sobre los frutos aún no recolectados; o los que comprometen la producción de una fábrica por X tiempo. Código Civil, artículo 1223; 31 L.P.R.A. 3421.

[39] *Se entiende ilícita la causa* "cuando se opone a las *leyes* o a la *moral*." Art. 1227 del Código Civil; 31 L.P.R.A. 3432.

[40] Un contrato en el cual no media causa es inexistente o nulo con nulidad absoluta, y no produce efecto jurídico alguno como tal." *Guzmán v. Guzmán* (1955) 78 D.P.R. 673. Puede verse la doctrina repetida en otros casos: 80 D.P.R. 491 y 80 D.P.R. 615 (1958). Código Civil, artículo 1227; 31 L.P.R.A. 3432.

"En las enajenaciones en que el vendedor recibe el precio en el acto del otorgamiento de la escritura, si el notario no da fe expresa y claramente de que la entrega del precio se hizo ante él, el contrato tendrá la presunción de haber sido otorgado a *título gratuito...* , a menos que se pruebe que el precio fue entregado. [41]

Formalidades en los contratos

¿Requieren los contratos alguna clase de *formalidad* para que se reconozca su validez legal y ser, por tanto, obligatorios?

Antes de contestarnos esta pregunta, debemos aclarar que cuando aquí hablamos de *formalidades en los contratos* nos referimos a *las formas o maneras diversas de dar expresión o poner de manifiesto lo verbalmente acordado por los contratantes:* el contrato. Una carta, por ejemplo, firmada y remitida por alguno de los contratantes, y la contestación, también firmada, pueden constituir *la forma* en que se haga constar el contrato. Por eso se puede señalar ese escrito como una *formalidad*—de las más simples—a que puede sujetarse un contrato.

Cualquier otro documento firmado conjuntamente por los contratantes, con testigos o sin ellos, ofrecería un mayor grado de *formalidad.* Si las partes concurren ante un notario para ante él firmar el documento donde consignaron lo convenido, le estarían imprimiendo un grado superior de *formalidad.* Si todavía interesan *más formalidad,* el documento a firmarse ante notario puede ser una "escritura pública", con todas las "formalidades" que por ley se requieren para esta expresión de excepcional formalismo. Y si, además de todo eso, la escritura es llevada a un registro público para su *inscripción,* y que todo el mundo pueda enterarse así de ella, se estará dando *el máximo de formalidad* de que es susceptible un contrato o cualquier otro acto jurídico.

Y ahora, después de explicar lo que pueden ser las distintas *formalidades o grados de formalidad* a que podría sujetarse un contrato, reiteramos la pregunta: ¿Exigen las leyes alguna o algunas de estas *formas* de expresión para que se reconozca validez y fuerza obligatoria a los contratos?

La contestación básica es que *por regla general no se necesita formalidad de clase alguna para que el contrato sea válido y exigible.* El consentimiento puede ser prestado en cualquier *forma.* Lo que realmente importa es que se preste. Y eso puede hacerse, y generalmente se hace, *verbalmente.* A veces, en contratos sencillos, no se hace necesario ni que medien las palabras, porque de los actos de los contratantes se puede deducir su voluntad de consentir en el contrato. Así ocurre diariamente en ciertos contratos rutinarios que se repiten constantemente, como cuando compramos un periódico, o nos montamos en un autobús, o entregamos el dinero para que se nos dé—sin decir palabra—el boleto con que entramos a un cine o a otro espectáculo cualquiera. En todos esos casos, y en muchos otros similares, la voluntad de contratar de ambas partes se pone de manifiesto de una manera *tácita,* esto es, por nuestros actos, sin que medie siquiera una expresión verbal. Y todos esos contratos

[41] *Santini Fertilizer Co. v. Burgos* (1926) 34 D.P.R. 869.

son válidos y obligan. Obligan con igual fuerza legal que si se elevaran a escritura pública o fuesen *inscritos* en un registro. De ellos a veces se derivan reclamaciones de millares de dólares por concepto de *indemnización;* y en no pocos casos se dictan sentencias obligando a pagarlas.

En la vida comercial una considerable porción, si no la mayor parte, de los contratos se llevan a efecto mediante acuerdos verbales. En las tiendas donde el consumidor se sirve por sí mismo, opera regularmente el contrato por *consentimiento tácito.* Es cierto que en empresas comerciales bien organizadas, puede alguna forma escrita ser observada en operaciones corrientes, pero se hace casi siempre para los efectos de la *contabilidad;* más no por exigencia de ley para reconocer validez al contrato. Y cuando la transacción se hace sobre base de crédito, es corriente que se nos requiera que firmemos alguna *forma* impresa como constancia de la deuda contraída y el concepto de donde ella deriva. Aquí el documento firmado tampoco tiene por fin dar validez al contrato, sino más bien proveer a la empresa un medio de prueba para exigir el pago si, a su vencimiento, el deudor no cumple. Aunque muchas veces se cruzan cartas, o se requiere firmar *órdenes,* o se condiciona la entrega de mercadería a que el comprador firme lo que llamamos "un conduce", y se utiliza una variedad de otras formas impresas, casi siempre se hace todo esto para evitar luego dudas sobre lo acordado o cumplido por las partes contratantes. No se hace, pues, por exigencia legal, sino por la conveniencia administrativa o la del cliente.

La realidad descrita cubre, por lo menos, las operaciones menudas con el consumidor y, por regla general, la contratación *civil.* Hemos explicado todo esto, porque comúnmente se tiene la idea de que un contrato es *un documento* donde se escriben las condiciones del mismo. En Derecho, ése es un error imperdonable. El documento en todo caso no es otra cosa que un medio de prueba del contrato; ya que el contrato en sí, como lo hemos definido antes, es el convenio o acuerdo entre los contratantes. Ese convenio puede ser elevado a documento escrito, pero puede también, como ya se ha explicado, manifestarse *verbalmente* o, sin mediar palabras. Puede manifestarse *implícitamente.* Y la ley, por regla general, no exige otra cosa, repetimos, que el acuerdo de las partes, sin importar la forma en que ese acuerdo se manifieste. [42]

Pero si la *no formalidad* en la contratación es sólo la *regla general,* se debe a que la ley establece *excepciones* para ciertos contratos. Y en éstos la forma de expresarse el consentimiento puede ser requerida como condición esencial para su validez. De tal suerte, que si en esos casos de excepción no se observan las formalidades exigidas por ley, el contrato no surte efecto alguno.

Ejemplo de estas excepciones es el contrato de *fianza,* tan corrientemente utilizado para garantizar deudas *mercantiles* y de otro género. La fianza ha de hacerse *por escrito* y ha de estar *firmado el documento* por el fiador o fiadores. Sin ello no se les puede exigir que paguen cuando, al vencimiento, el deudor principal no lo hace. Otro ejemplo es el contrato de *hipoteca,* que ha de otorgarse en *escritura pública* ante notario, y además, debe *inscribirse en el Registro de la Propiedad* para que pueda afectar a *terceros,* propósito esencial en toda *hipoteca.*

[42] "Los contratos serán obligatorios, *cualquiera que sea la forma en que se hayan celebrado,* siempre que en ellos concurran las condiciones esenciales para su validez." Código Civil, artículo 1230; 31 L.P.R.A. 3451.

La *compraventa condicional* es otro de los contratos que requieren formalidad específica para que los fines esenciales del *vendedor condicional* puedan tener validez legal. De cada uno de estos contratos, tan usuales en la vida del comercio y de la industria, nos ocuparemos más ampliamente en capítulos subsiguientes.

Pero antes de concluir aquí con este aspecto de *las formalidades en los contratos,* está en orden referirnos a ciertos contratos que se enumeran en la ley para requerir que se hagan *constar en escritura pública,* pero sin exigir esa formalidad como *requisito esencial* para su validez. Para tales contratos, muchos de los cuales son de incuestionable interés para la vida comercial e industrial, el Código provee la siguiente solución práctica en caso de no haberse cumplido la formalidad al tiempo de hacerse el contrato:

> "Si la ley exigiere el otorgamiento de escritura u *otra forma especial* para hacer efectivas las obligaciones propias de un contrato, los contratantes podrán compelerse recíprocamente a llenar aquella forma desde que hubiese intervenido el consentimiento y demás requisitos necesarios para su validez." [43]

Para no prolongar innecesariamente el texto principal de este libro, enumeramos en nota *marginal,* los seis grupos de contratos a que se aplica la regla anterior. [44]

En lo que atañe a contratos *mercantiles,* la misma regla de *informalidad* parece ser la prevaleciente, excepto lo que pueda implicarse del artículo 82 del Código de Comercio (10 L.P.R.A. 1302) para contratos "cuya cuantía exceda de *trescientos dólares*": "Serán válidos y producirán obligación y acción en juicio los contratos *mercantiles, cualquiera* que sean *la forma y el idioma* en que se celebren , la clase a que correspondan y la cantidad que tengan por objeto, con tal que su existencia conste por alguno de los medios que el Derecho civil tenga establecidos. Sin embargo, la declaración de testigos no será por sí sola bastante para probar la existencia de un contrato cuya cuantía excede de *trescientos dólares,* a no

[43] Código Civil, artículo 1231; 31 L.P.R.A. 3452.

[44] Deberán constar en documento público:

1- Los... contratos que tengan por objeto la creación, transmisión, modificación, o extinción de *derechos reales* sobre bienes *inmuebles.*

2- Los arrendamientos de estos mismos bienes por seis o más años; aquéllos en los que se anticipe la renta por tres o más años; y los que, sin tener esas condiciones, tengan convenio de las partes para que se inscriban; todo ello, siempre que deban perjudicar a tercero.

3- La cesión, repudiación y renuncia de los derechos hereditarios o de los de la sociedad conyugal.

4- El poder general para pleitos y cualquier otro que deba presentarse en juicio, o que tenga por objeto un acto o contrato redactado o que deba redactarse en escritura pública, o haya de perjudicar a tercero.

5- El poder para administrar bienes.

6- La cesión de acciones o derechos procedentes de un acto consignado en escritura pública.

Código Civil, artículo 1232; 31 L.P.R.A. 3453.

concurrir con alguna otra prueba." [45] ¿Y qué otra prueba podría complementar las *declaraciones verbales* o *testificales* si no es la de alguna constancia *escrita* u *otra* formalidad semejante?

Interpretación y cumplimiento de los contratos

El cumplimiento, por un contratante, de sus obligaciones *contractuales* puede ser *voluntario* o puede ser *forzoso.*

Si cumple *voluntariamente,* la relación jurídica creada por el contrato se disuelve, ya que sus obligaciones en tal caso quedan extinguidas por *el pago.* Habiéndose cumplido los fines del contrato, no queda razón natural ni legal para que éste subsista.

Pero *si no hay* cumplimiento *voluntario* por parte del contratante, la otra parte tiene derecho—salvo cuando para el incumplimiento ha mediado la fuerza mayor u otro impedimento legal—a *forzar* al obligado a que le cumpla. [46] Para ello recurrirá con una demanda ante el tribunal de justicia correspondiente. Antes de iniciar el trámite, el acreedor o demandante deberá cerciorarse de que su deudor en el contrato tiene bienes o propiedades sobre los cuales pueda hacerse efectiva, en su día, la sentencia que a su favor ha de dictarse. Le convendrá constatarlo porque, si no los tiene, podrá obtener siempre una sentencia, pero ésta resultará inefectiva en tanto el deudor-demandado no adquiera bienes con qué satisfacer el importe de la misma. Mientras no los adquiera, el derecho del demandante permanecerá en suspenso, ya que las leyes protegen a toda persona para que no sea encarcelada por *deudas.*

En resumen, el acreedor en todo contrato, al llegar el vencimiento y negarse su deudor a cumplirle, se encontrará siempre con una de dos posibilidades: o su deudor tiene medios para pagarle o no los tiene. Si no los tiene, el acreedor no podrá hacer efectivo su derecho hasta que el deudor adquiera *medios* para cumplirle. Si los tiene, el acreedor, al recurrir al tribunal en demanda de su derecho, podrá obtener (y ya esto es parte del Derecho *procesal)* que la Corte ordene el *embargo* de bienes del deudor en cantidad suficiente para responder del importe que por sentencia se ordene pagar a su favor.

El propósito sencillo del embargo es que, llegado el momento de *ejecutarse* la sentencia, los bienes *embargados* al deudor deberán ser vendidos en *subasta pública,* y con el producto de la venta se satisfará al demandante-acreedor el importe a que tenga derecho por la sentencia. Si, después de satisfacer el derecho del acreedor en la cantidad fijada judicialmente, sobrase algún dinero del producto de la subasta, se devolverá al deudor o demandado.

[45] Código de Comercio, artículo 82; 10 L.P.R.A. 1302. La exigencia formalista de esta regla se encuentra ratificada en: *A. Gelabert y Cía. v. Hernández,* 31 D.P.R. 834 (1923); y *Loíza Sugar Company v. Baquero y Cía.,* 29 D.P.R. 863 (1921).

[46] Véase el Capítulo 7 sobre *Acreedores y Deudores.*

El acto por el cual el Tribunal *se incauta* (toma posesión) de bienes del deudor o demandado para hacer responder a éste de sus obligaciones como resultado del litigio, es lo que en Derecho se llama *el embargo.* Si el embargo es de *bienes muebles,* se efectúa posesionándose materialmente de ellos el funcionario correspondiente de la Corte: el *alguacil,* quien los retendrá o los transferirá a la persona particular que, bajo su responsabilidad, seleccione para su custodia.[47] Si los bienes objeto de embargo son muebles y se dejan permanecer en la posesión del demandado, no existe embargo, aunque haya una apariencia formal u otra actuación o intento de realizarlo por parte del funcionario judicial.

En cambio, el embargo de *bienes inmuebles* es radicalmente distinto. Tiene lugar mediante *anotación* del mismo *en el Registro de la Propiedad,* con lo que se da conocimiento público de que los bienes así embargados están afectos o responsabilizados al cumplimiento de la sentencia dictada, o a la que en su día pueda dictarse, según el momento en que se hace el embargo.

El embargo, en una u otra forma, podrá tener lugar, bien al momento de ir a ejecutarse la sentencia por ser ésta ya *firme e inapelable* (y en tal caso al embargo se le llama *embargo ejecutivo),* o bien se decreta y tramita al momento del inicio del pleito, o en cualquier tiempo después de comenzado el litigio. Éste último se llama *embargo preventivo.* Como su nombre indica, tiene el propósito de *prevenir o proteger* al demandante —por la duración más o menos larga del pleito— contra cualquier posible traspaso u ocultación de bienes por parte de un demandado inescrupuloso cuando, sabiéndose perdido ante la inminencia de una sentencia desfavorable a él, se empeña en defraudar a su acreedor.[48]

El cumplimiento de los contratos no puede dejarse al arbitrio de uno de los contratantes.[49] Una vez el contrato se perfeccione, por haberse prestado el consentimiento, o haberse cumplido las formalidades en los casos excepcionales en que legalmente se exige, los contratantes quedarán obligados al cumplimiento de lo expresamente pactado y también a las consecuencias que, según la naturaleza de lo acordado, sean conformes a *la buena fe, los usos y la ley.* [50]

---

[47] En ese *status* los romanos decían que los bienes "están en *custodia legis*", o sea, en custodia bajo el poder de la ley, significando que quedaban *amparados* en protección del derecho del demandante para que no se burlara su sentencia.

[48] Desde el mismo instante en que el acreedor radica su demanda en la que reclama que se le cumpla el contrato, puede acompañar una solicitud a la Corte para que, conjuntamente con la notificación de la demanda al deudor-demandado, se le notifique también a éste la orden del tribunal, embargando *simultáneamente* bienes que puedan responder de la sentencia a dictarse oportunamente contra el demandado. Cuando el acreedor opta por esta clase de embargo (el *preventivo),* como aún no ha probado su caso ante el tribunal, la ley exige que preste una *fianza.* Ésta se exige como requisito indispensable en esta clase de embargo, de modo que con ella se garantice al demandado la indemnización que pueda corresponderle por el daño que el embargo le ocasione, si posteriormente resulta que fue viciosa o injustificada la reclamación instada por el demandante.

Sin embargo, cuando el crédito reclamado por el acreedor-demandante consta en documento auténtico (reconocido ante notario u otro funcionario legalmente autorizado), o cuando el crédito ha sido ya reconocido por sentencia, entonces el demandante tendrá derecho al embargo *preventivo* sin necesidad de prestar fianza. Como se ve, el embargo *ejecutivo* nunca requiere fianza. 32 L.P.R.A. 892 y 896. Reglas de procedimiento civil (1979), Reglas 56.4 y 51.

[49] Código Civil, artículo 1208; 31 L.P.R.A. 3373.

[50] Código Civil, artículo 1210; 31 L.P.R.A. 3375.

Hasta aquí nos hemos referido al *cumplimiento de los contratos* en su más estricto sentido. Pero el cumplimiento de todo contrato, sea *voluntario* o sea *forzoso,* como ya se ha explicado, va estrechamente relacionado con su *interpretación.* No fue, pues, capricho que enlazáramos, bajo un mismo epígrafe, ambas fases de su ordenamiento jurídico. Mal puede cumplirse un contrato si el cumplimiento no se ajusta a la correcta interpretación que sus cláusulas demanden. Esto nos trae de la mano *a las reglas de interpretación de los contratos* a fin de conocer lo que debe ser un apropiado cumplimiento de los mismos.

Por regla general, un contrato que es claro en sus términos no necesita ser interpretado. Al cumplirlo, los contratantes se atendrán a lo que literalmente digan sus cláusulas. [51]

Pero como la norma o guía fundamental en la interpretación de los contratos no puede consistir en las palabras que se empleen al consentir en el pacto, no basta —en una correcta interpretación— atenerse exclusivamente a la claridad de los términos con que esté formulado el convenio. Hay que buscar siempre, más allá de ellos, lo que haya podido ser la verdadera intención de las partes contratantes. Por lo tanto, la norma interpretativa básica que nos provee el Código se expresa en una oración que no deja margen de duda en cuanto a la intención del legislador: "Si los términos de un contrato son claros y no *dejan duda sobre la intención de los contratantes,* se estará al sentido literal de sus cláusulas".[52]

Claridad en el lenguaje y claridad de intención han de coincidir para que el sentido literal expresado rija el cumplimiento del contrato. De no coincidir, tendría que ser porque hay discrepancia entre *las palabras* y *la intención.* Y si así fuese, la intención prevalecerá sobre aquéllas, según lo subraya el propio Tribunal Supremo, ratificando el sentido esencial del precepto legal arriba transcrito. [53]

Las demás reglas para interpretar los contratos giran alrededor de la que acabamos de explicar. Así por ejemplo: si lo esencial en la interpretación es determinar la intención real de los contratantes, esa determinación se hará atendiendo—no ya meramente a lo que pueda decir crudamente el contrato, sino—"a los actos de éstos (de los contratantes), *coetáneos y posteriores* al contrato". [54] Si en el convenio se emplean palabras que puedan tener distintos significados, se les dará el alcance que concuerde mejor con la naturaleza y propósito del contrato. Y en todo caso se entenderán en el sentido que fuese más adecuado para que surtan efecto; pues no es lógico suponer que en un contrato se empleen palabras con intención de que no produzcan algún resultado.

En la interpretación de los contratos, al igual que de las leyes, no han de tomarse sus cláusulas aisladamente al buscar su sentido o alcance. Por el contrario, se interpretarán "las unas en relación con las otras", de modo que a las *dudosas* se les pueda atribuir el sentido que resulte del *conjunto de todas.* Y si, utilizando los anteriores resortes, aún subsiste

---

[51] Código Civil, artículo 1233; 31 L.P.R.A. 3471.

[52] *Ibid.*

[53] "*La intención de las partes* es el criterio *fundamental* dispuesto en el Código Civil para fijar el alcance de las obligaciones contractuales. " *Merle v. West Bend Co.* (1969) 97 D.P.R. 403. Código Civil, artículo 1233; 31 L.P.R.A. 3471.

[54] *San Miguel Fertilizer Corp. v. Puerto Rico Drydock* (1967) 94 D.P.R. 424; Código Civil, artículo 1234; 31 L.P.R.A. 3472.

ambigüedad, de modo que ni las cláusulas del contrato ni los actos de los contratantes revelan claramente la intención de éstos, el uso o costumbre del país podrá también tomarse en cuenta para suplir cualquier omisión de cláusulas que ordinariamente sean insertadas en el contrato bajo consideración.

El marcado sentido de justicia en todas estas reglas se pone aún más manifiesto cuando la ley penaliza al contratante que sea responsable de la ambigüedad en la redacción del texto de cualquier cláusula. A las cláusulas obscuras no debe darse una interpretación que pueda favorecer *a quien ocasionó la obscuridad.*[55]

No obstante todo lo anteriormente expuesto, puede ocurrir que se haga imposible resolver las dudas aún cuando se atienda a las reglas de interpretación que se han señalado. En tal caso, ¿qué regla podrá darnos la clave para disponer de un contrato cuya ambigüedad subsiste? Para contestar a tan decisiva interrogante, ha de distinguirse entre dos situaciones que pueden darse: o las dudas recaen sobre circunstancias secundarias o *accidentales* del contrato, o recaen sobre la esencia u objeto principal de éste. En el primer caso, las dudas se resolverán en favor de la *máxima reciprocidad de intereses* si el contrato es de *obligaciones recíprocas;* y de la *transmisión mínima de derechos o intereses,* si el contrato de que se trata es uno *gratuito* o *unilateral.*

En el segundo caso, en que está afectado por incierto el objetivo principal del contrato, y se hace imposible precisar cuál fue la intención o voluntad de los contratantes, *"el contrato será nulo".*[56] Obsérvese que a través de toda esta reglamentación jurídica sobre interpretación de los contratos, el legislador empieza con "la intención" de los contratantes y termina con eso mismo, declarando NULO el contrato si—a pesar de todas las reglas para esclarecerlo—aún no se hace posible determinar la intención en cuanto al propósito principal perseguido por las partes.

Rescisión y nulidad de los contratos

Cuando hablábamos de los *modos de extinguirse* las obligaciones, señalamos *la rescisión como uno de esos modos.* Pero también aclaramos que lo jurídicamente susceptible de rescindirse son *los contratos,* y que rescindido *un contrato* quedan automáticamente extinguidas las obligaciones del mismo.[57] Ahora nos corresponde añadir algunas reglas importantes relativas a la rescisión y nulidad en materia de contratación.

El derecho de dar por extinguidas las obligaciones de un contrato se entiende implícito en los contratos de obligaciones recíprocas para el caso de que uno de los obligados en el contrato no cumpliese las que a él correspondan bajo el mismo.[58]

[55] Código Civil, artículo 1240; 31 L.P.R.A. 3478.

[56] Código Civil, artículo 1241; 31 L.P.R.A. 3479.

[57] Código Civil, artículo 1247; 31 L.P.R.A. 3496.

[58] Código Civil, artículo1077; 31 L.P.R.A 3052. Puede verse aplicada esta regla (sobre resolución de obligaciones recíprocas en caso de que uno de los obligados no cumpliere lo que le incumbe) en *Municipio v. Vidal* (1945) 65 D.P.R. 370.

La *rescisión* obliga a la devolución de las cosas que fueron objeto del contrato con sus frutos. Y tratándose de sumas de dinero ya entregadas, éstas tendrán que devolverse con los intereses que se hayan devengado. Por consiguiente, sólo están aptos para pedir la rescisión los que se encuentren en condiciones de devolver lo que por esta regla se les exige.

No procede la *rescisión* del contrato cuando las cosas objeto del mismo han pasado legalmente a terceras personas que las hayan adquirido de buena fe. Y recuérdese que la buena fe se presume, por lo que, quien alegue haber mediado mala fe, tendrá que probarlo. Pero siendo el caso que las cosas hayan pasado válidamente a terceras personas, y habiendo visto por la regla anterior que, no siendo posible su devolución, tampoco procedería la acción *rescisoria,* la ley da el remedio alterno de poder reclamar indemnización por daños causados contra aquél de los contratantes que los causó.[59]

Visto lo que significa la *rescisión de un contrato,* y habiendo examinado también la diferencia entre contrato *nulo* y contrato *anulable,* [60] conviene en este punto señalar por qué, habiendo tres situaciones jurídicas diferentes, se dan sólo dos tipos de acciones judiciales: *la rescisoria* y *la de nulidad.* Recuérdese que se da el calificativo de *nulo* a un contrato que no produce ningún efecto jurídico porque sus defectos son *insubsanables. Nulo* aquí equivale a inexistente, aunque el Tribunal Supremo parece haber establecido que hay cierta diferencia.[61]

Sea como fuere, ni el *nulo* ni el *inexistente* son convalidables, en tanto que el contrato *anulable* produce los efectos que se proponía mientras no se *anule,* y puede llegar a ser *convalidado.* Recuérdese el caso de los contratos hechos por menores de edad *no emancipados.* No obstante la diferencia entre el contrato *nulo* y el *anulable* la acción judicial en uno y otro caso se encamina a que el tribunal declare su *nulidad.* Es por eso que ambos procedimientos se dan bajo un mismo nombre: *acción de nulidad de contrato,* a diferencia de la *acción rescisoria.* Ésta última no se funda en defectos del contrato, subsanables o no subsanables, ni tampoco entra en juego si el contrato es convalidable o no. La *rescisión* no tiene que ver con los elementos intrínsecos del contrato (necesarios para su validez) ni con los vicios que puedan afectar esos elementos. Siendo el contrato válido en sí mismo, *la rescisión tiene que ver con el daño que en sus efectos causa si se cumple, o con los daños que se deriven de su incumplimiento.* Esta característica distintiva de los contratos *rescindibles* aparece clara del Código porque, si bien éste no los define directamente, así se deduce de sus varios preceptos, particularmente cuando estatuye que "los contratos *válidamente celebrados* pueden *rescindirse* en los casos establecidos en la ley". [62]

La *acción rescisoria* no podrá ejercitarse en tanto el perjudicado cuente con algún otro recurso legal adecuado para que sea justamente indemnizado por el perjuicio. El plazo

---

[59] Código Civil, artículo 1247; 31 L.P.R.A 3496.

[60] Puede verse la explicación ante. Código Civil, artículo 1252; 31 L.P.R.A. 3511.

[61] Si en un contrato concurren todos los elementos esenciales aunque en forma *viciosa,* por mediar el dolo, o por ser falsa la causa, no podrá sostenerse que el contrato es *inexistente* sino, en todo caso, su nulidad. *Agostini v. Phillipi* (1910) 16 D.P.R. 663. Código Civil, artículo 1217; 31 L.P.R.A. 3404.

[62] Código Civil, artículo 1242; 31 L.P.R.A. 3491.

prescriptivo para las acciones de *rescisión* y *nulidad* de contratos es de cuatro años; pero a contarse partiendo de circunstancias diferentes según el caso de que se trate.[63]

Incumplimiento del contrato y sus efectos

Si cualquiera de las partes contratantes dejase de cumplir su obligación u obligaciones en el contrato al vencerse las mismas, ¿cuál será el efecto de su incumplimiento ante la ley? Para contestar a esta pregunta han de considerarse separadamente dos situaciones: o el incumplimiento es motivado por *fuerza mayor,* esto es, por causas ajenas a la voluntad del obligado o, por el contrario, no media tal fuerza mayor, y entonces el incumplimiento se atribuye a la *falta de debida diligencia* por parte del contratante llamado a cumplir.

En el primer caso, o sea, cuando hay por medio *fuerza mayor o impedimento físico,* el deudor no incurre en responsabilidad por haber dejado de cumplir en tiempo. *La fuerza mayor o impedimento* puede a su vez ser de dos clases: *permanente o transitoria.* Si fuese *permanente,* quedará el obligado descargado definitivamente de su obligación. Recuérdese el principio de que no puede obligarse a nadie a cumplir *lo imposible.* Si, por el contrario, el impedimento es *transitorio* y, cesando más tarde la causa de incumplimiento, la obligación puede ser cumplida (aunque tardíamente), entonces el otro contratante podrá escoger entre desistir del contrato o insistir en que se le cumpla. Y en caso de que el asunto promueva controversia judicial, el tribunal deberá resolver en favor de una u otra parte, dependiendo en última instancia de los hechos o circunstancias que se prueben en el litigio.

En la segunda situación, cuando el contratante deja de cumplir su compromiso en el contrato por *falta de la debida diligencia de su parte,* el otro contratante tendrá uno de dos caminos a escoger: por un lado puede exigir el cumplimiento *forzosamente, como* ya se explicó antes en este mismo capítulo.[64] Pero si ya ha perdido interés en que se le cumpla el contrato —como suele ocurrir si se trata de mercancía comprada que ha bajado de precio o ha pasado de moda, o cuando el comprador se vio precisado a adquirirla oportunamente de otra fuente —podrá por otro lado— *desistir del cumplimiento del* contrato y limitarse a exigir la *indemnización* que corresponda por el perjuicio que el incumplimiento le haya ocasionado.

Tratándose de obligaciones de dinero, cuando no pueda de otro modo determinarse el valor del daño por la demora en el pago, el infractor vendrá obligado a satisfacer *intereses* a razón del seis por ciento anual por el tiempo transcurrido después del vencimiento. Por supuesto, pagará intereses en adición a la suma *principal adeudada.* A la inversa, cuando se pueda determinar el daño ocasionado por el pago tardío y su valor exceda del importe de los intereses, estará obligado a pagar *la cuantía correspondiente al daño sin que entonces tenga que abonar intereses.*

---

[63] "Los casos establecidos en la ley", de los que habla esta regla, aparecen principalmente en los artículos 1243 y 1077 del Código Civil; 31 L.P.R.A 3492 y 3052, respectivamente.

[64] Sobre las reglas relativas al cumplimiento *forzoso,* llevando el caso, si necesario fuera, a los tribunales, e incluyendo además la reclamación para que se indemnice por el daño que la tardanza en cumplir ocasione, puede verse antes, en este capítulo.

Preferencia y prelación de créditos en relación con contratos.

Como todo contrato es un acuerdo por el que se establecen una o más obligaciones legalmente exigibles; y como las obligaciones así contraídas no representan otra cosa en Derecho que deudores en un lado del contrato y acreedores en el otro, de esto resulta que la contratación está estrechamente ligada con los problemas sobre *preferencia y prelación de créditos.* Y puesto que la contratación se da con mayor intensidad en la vida mercantil, es en esta actividad donde con más frecuencia entran en juego las reglas para clasificar a los acreedores y darles categorías, o prioridades, entre sí, respecto de su derecho a cobrar.

Esas *prioridades* que la ley otorga a los acreedores son las que dan lugar a que a unos se les distinga como acreedores *comunes* y a otros como *preferidos,* y también a que, entre los *preferidos,* se reconozca que unos tengan *prelación o mejor derecho* que otros.

Ahora bien, todos estos problemas sobre preferencia o prioridad de unos acreedores sobre otros sólo surgen cuando un mismo deudor tiene dos o más acreedores (éstos pueden ser numerosos) y los bienes del deudor *—que sean embargables—*podrían *no ser suficientes* para satisfacer a todos los acreedores el importe total de sus respectivos créditos. Porque, si los bienes del deudor alcanzan para pagar íntegramente a todos, ¿a qué preocuparse por dar *preferencia* a unos sobre los otros?

En los casos de quiebra o concurso, en que la *insolvencia del deudor*[65] se exige por ley como requisito indispensable para dar curso al procedimiento, suelen aplicarse más a menudo las reglas sobre preferencia o prioridad entre acreedores de un mismo deudor. Esas reglas determinan en tales casos si el acreedor cobra completo lo que se le debe, si pierde todo derecho a cobrar, o si sólo cobrará una parte de su acreencia.

Pero las reglas específicas de la ley para determinar y resolver todo eso, están expuestas en este texto, en el capítulo sobre *Concurrencia y Prelación de Créditos.* Para entonces, el lector se encontrará en posición de entenderlas mejor.

Los contratos mercantiles en general

Nuestro ordenamiento jurídico privado, cuyas dos legislaciones principales son el Código *Civil y* el Código de *Comercio,* hace distinción entre *contratos y otros actos civiles,* de un lado, y *contratos y otros actos mercantiles,* del *otro.*

Esta dicotomía se establece al efecto de que se apliquen en general— las reglas del Derecho *civil* a los primeros y las del Derecho *mercantil* a los últimos.[66] Se asignan entonces las normas *generales* del Derecho *civil* como cuerpo *supletorio* para regir, además, aquellos casos de carácter

[65] Puede verse a ese efecto el capítulo sobre *Concurrencia y Prelación de Créditos.*

[66] Puede verse ante.

comercial e *industrial* en que las *leyes* o los *usos mercantiles* no suplan la regla particular que pudiese corresponderles. [67]

Pero esta diferenciación en las leyes, aplicables a una y otra área de las relaciones *privadas,* supone una regla en la ley misma en la que se definan, con precisión siquiera aproximada, los límites de ambas demarcaciones jurisdiccionales. Esa regla legal delimitadora no existe. No existe a pesar de que en los preceptos de una y otra legislación se tratan los *negocios civiles* y los *mercantiles* como materias *distintas* y *separadas* sujetas a regímenes jurídicos *diferentes.*[68] La mera existencia de dos Códigos comprueba suficientemente la realidad señalada. Como consecuencia de esa realidad, la frontera entre el Derecho mercantil y el Derecho civil se sigue manteniendo tan incierta y borrosa como lo fue desde que se promulgó el Código de Comercio en 1886 y posiblemente desde antes.

Los tratadistas españoles de la rama mercantil han dedicado en sus libros innumerables páginas, tratando de entresacar de esa incertidumbre legislativa una doctrina delimitante en la que pudiese confiarse, sin que hasta ahora hayan podido lograrlo. La dificultad principal en esto surge porque el Código de Comercio, no sólo omite *definir* los límites precisos de su alcance regulador, sino que en sus propias reglas, al definir la mercantilidad de los contratos llamados *accesorios, incurre* en contradicciones tales que se hace imposible deducir de ellas una pauta general segura sobre lo que pueda formularse y sostenerse una doctrina *delimitadora* científicamente confiable.

No es misión de este texto entrar en esa controversial e impráctica porfía. Pero pecaría de insuficiente esta resumida exposición del Derecho *mercantil puertorriqueño,* si no hubiésemos apuntado, por lo menos, la existencia de tan crónica e injustificada ambigüedad legislativa. Igualmente ineludible es que, en este capítulo sobre *normas generales de contratación,* incluyamos las que, según el Código de Comercio, diferencian los contratos *civiles* de los *mercantiles* y disponen el modo de regularse estos últimos.

El único precepto legal que ofrece alguna base para deducir lo que en general constituye un *contrato mercantil* en Puerto Rico es el siguiente: "Serán reputados *actos* (los contratos son *actos) de comercio* los comprendidos en este Código y cualesquiera otros de naturaleza análoga".[69] ¿Cuáles son los contratos comprendidos en el Código? ¿Cuál es la *naturaleza,* perceptible en esos contratos, que les da carácter propio y los distingue de los que, no siendo *mercantiles,* tendrían que reconocerse como contratos *civiles?* ¿Y cuáles los análogos? La contestación a estas tres preguntas es lo que nos permite tener una idea, aunque vaga, sobre los límites hasta donde se extiende el Derecho Mercantil. Las relaciones sociales abarcadas dentro de esos límites constituyen lo que en la doctrina científica se llama "la materia mercantil". Es imprescindible que tratemos de señalarla a la luz de la propia ley que la cobija y la rige.

A la primera pregunta: ¿cuáles son los contratos *comprendidos* en el Código de Comercio? Son los siguientes: 1. la compraventa mercantil; 2. la permuta mercantil; 3. el contrato de

---

[67] Código de Comercio, artículo 81; 10 L.P.RA. 1301.

[68] Código de Comercio, artículos 2, 81 y 82 (10 L.P.RA. 1301 y 1302); y Código Civil, artículo 1561 (31 L.P.R.A4316). Véase, además, el caso de *Mir Suau y Cía v. Secretario de Hacienda* (1956) 79 D.P.R. 340.

[69] Código de Comercio, artículo 2; 10 L.P.R.A. 1002.

compañía o sociedad mercantil; 4. el de comisión o agencia mercantil; 5. el préstamo mercantil; 6. el transporte mercantil; 7. el depósito o almacenaje mercantil; 8. la fianza mercantil; 9 el de *cuentas en participación* (o negocios a partir ganancias); y 10. *las cartas-órdenes* de crédito.

A la segunda pregunta: ¿Qué circunstancias peculiares le dan naturaleza común a esos contratos, de modo que sirvan para distinguir los contratos *mercantiles* de los *no mercantiles?* El Código contesta diciéndonos cuándo se considerará mercantil cada uno de esos diez contratos. Y entre los factores requeridos para reconocerles *mercantilidad* aparecen los siguientes: a. en algunos de ellos exige que *uno* de los contratantes *al menos,*[70] sea comerciante; b. en otro exige que *ambos contratantes* sean comerciantes;[71] c. en una tercera clase —como en la fianza mercantil y en la compraventa mercantil— no exige la intervención de comerciante alguno; d. respecto del negocio en sí, en algunos exige que concurra el ánimo de lucro, [72] o que constituya por sí *una operación mercantil;*[73] o que sea causa o consecuencia de, o para, *atender* una operación *mercantil;*[74] o que el contrato tenga por objeto *un acto u operación de comercio,*[75] o que su finalidad sea "asegurar el cumplimiento de un contrato *mercantil.*[76]

Respecto de las cosas sobre las cuales se contrata, la *mercantilidad* del negocio puede reconocerse, según el Código, "si las cosas se destinaren a *actos de comercio*" [77]; o si el contrato tiene por objeto *"mercaderías* o cualesquiera *efectos de comercio*"; [78] o, simplemente, si *las cosas son "objeto de comercio"* [79]; y en el contrato de compraventa se hace imprescindible que las cosas objeto del contrato sean *bienes muebles,* sin lo cual no se le reconoce *mercantilidad* al pacto.

Después de los señalamientos que se dejan expuestos, ¿cómo es posible deducir un criterio racional que, tomando todos los contratos *comprendidos* en el Código de Comercio, nos indique con aproximada certeza *la naturaleza* y caracteres peculiares que los distinguen? ¿Y cómo, sin tener base cierta en un criterio tal de afinidad entre esos contratos, puede aspirarse a determinar qué contratos —no comprendidos en el Código— podrán considerarse *mercantiles por analogía?*

---

[70] Este requisito lo exige siempre para los contratos de depósito, préstamos y comisión mercantil, pero para el transporte mercantil sólo lo exige en algunos casos.

[71] Como en las cartas-órdenes de crédito (Código de Comercio, artículos 549-554; 10 L.P.R.A. 1851-1856), derogada en la actualidad.

[72] Este requisito lo requiere la ley en los contratos de compraventa, sociedad o compañía y el de cuentas en participación. Código de Comercio, artículos 243, 264; 10 L.P.R.A. 1701 y 1731.

[73] Esto se exige como requisito alterno en el depósito mercantil. Código de Comercio, artículo 221; 10 L.P.R.A. 1621.

[74] Éste se señala como alternativa para el depósito mercantil. *Ibid*

[75] Éste se requiere para la comisión mercantil. Código de Comercio, artículo 162; 10 L.P.R.A. 1521.

[76] Éste se exige para la fianza mercantil. Código de Comercio, artículo 349; 10 L.P.R.A. 1821.

[77] Éste se inserta en el préstamo mercantil. Código de Comercio, artículo 229; 10 L.P.R.A. 1651.

[78] Éste se requiere para el transporte mercantil. Código de Comercio, artículo 267; L.P.R.A. 1771.

[79] Éste se exige como factor alterno en el depósito mercantil. Código de Comercio, artículo 221 (2); 10 L.P.R.A. 621 (2).

A pesar de esta insuficiencia de la ley, nos parece apropiado apuntar que de sus preceptos se desprenden dos clases indiscutibles de contratos mercantiles. De un lado, pueden agruparse todos aquellos *negocios de adquirir artículos, servicios u otros valores económicos, con el ánimo de transferirlos y de obtener lucro o ganancia en la transferencia.* A esta clase—que en la doctrina suelen conocerse como "mercantiles *principales*"— pertenecen la compraventa y la permuta y, por analogía, los contratos *de cambio y de empresa.*[80]

Los contratos mercantiles de la otra clase, llamados accesorios, se podrían definir como *aquéllos que, no teniendo en sí mismos los ingredientes de la mercantilidad* (como ocurre con los principales), *se llevan a efecto para facilitar, o por ser necesarios a, una operación principal de comercio o industria.* A esta categoría subsidiaria pueden corresponder los *préstamos,*[81] *almacenajes, transportes, comisión o agencia, fianzas, cuentas en participación, cuenta corriente,*[82] sociedad o compañía, y *cualesquiera otros de naturaleza análoga,* según la frase empleada por el propio Código.[83]

Definidos y clasificados del modo indicado, se hace fácil percibir que puede haber contratos *mercantiles por analogía.* Podrían calificarse así *aquéllos que guarden semejanza estrecha con los que hemos catalogado de accesorios, e igualmente con los que por su propia esencia, constituyen operaciones principales de comercio, fueren o no comerciantes los que los ejecuten.* Pero es forzoso admitir que los preceptos legales vigentes sólo se aproximan de un modo muy general al criterio doctrinario de mercantilidad aquí esbozado. [84]

Finalmente, ¿por qué reglas se rigen los contratos mercantiles en Puerto Rico? En lo que se refiere a sus *requisitos, modificaciones, excepciones, interpretación* y *extinción, y a la capacidad de los contratantes,* se regirán, en todo lo que no se halle expresamente establecido en el *Código de Comercio o en leyes especiales,* por las reglas generales del *Derecho común,* o sea, por el *Derecho civil.*[85] Y en todos los demás aspectos, cuando no exista disposición aplicable en los textos de *ley mercantil* mencionados, se regirán también *"por los usos del comercio* observados generalmente en cada plaza." [86]

---

[80] Todo valor económico es una de tres cosas: cosa, servicio o dinero. La compraventa envuelve esencialmente cambio de *cosa* por *dinero;* la permuta, *cosa por cosa;* el contrato de *cambio, dinero* por *dinero,* y el de *empresa, servicios* por *dinero.* Pero sólo se considerarán mercantiles, unos y otros, cuando se adquiera, no para consumir o usar lo adquirido (cosa, servicio o dinero), sino —en forma igual o distinta—transferirlo y procurar un lucro en la transferencia. 10 L.P.R.A. 2321-2338 y negocio de cambio de cheques, 10 L.P.R.A. 2505-2518.

[81] "Un préstamo no es necesariamente una transacción mercantil. Su naturaleza depende del carácter de la transacción misma, conforme lo revelen las circunstancias concurrentes." *Banco de Puerto Rico v. Rodríguez* (1938) 53 D.P.R. 451.

[82] "Una cuenta corriente es un contrato mercantil que está regulado por el Código de Comercio." *F. Carrera y Hno. v. Aquino* (1942) 60 D.P.R. 143.

[83] Código de Comercio, artículo 2; 10 L.P.R.A 1002.

[84] Código de Comercio, artículo 81; 10 L.P.R.A 1301.

[85] Primer párrafo del artículo 2 del Código de Comercio; 10 L.P.R.A 1002.

[86] El único artículo de la ley mercantil que con exactitud se ajusta al criterio de contrato *mercantil accesorio* señalado por nosotros es el que define las *fianzas mercantiles:* "Será reputado mercantil todo afianzamiento que tuviere por objeto asegurar el cumplimiento de un contrato mercantil, aún cuando el fiador no sea comerciante." Código de Comercio, artículo 349; 10 L.P.R.A 1821.

Capítulo 10

EL CONTRATO DE COMPRAVENTA

Definición de la compraventa

Comenzamos en este capítulo el examen de las reglas sobre los distintos contratos *mercantiles,* o sea, los que se llevan a efecto en la vida *comercial* e *industrial* y que forman la parte más importante de este texto de Derecho mercantil.

Si un contrato es, como ya hemos dicho, un acuerdo entre dos o más personas por el que se contraen una o más obligaciones exigibles al amparo de la ley, el de *compraventa* es uno por el cual una de las partes contratantes, llamada *vendedor,* entrega o se compromete a entregar a la otra parte, llamada *comprador,* uno o más objetos determinados, transfiriéndole al comprador el título o derecho de propiedad sobre tal o tales objetos, a cambio de una suma de dinero, llamada *precio,* que el comprador entrega o promete entregar al vendedor.[1]

La compraventa puede ser de bienes *muebles* o de *inmuebles,* y aún de *créditos* y *otros derechos intangibles.*[2] Esto

[1] La definición que nos da el Código Civil dice: "Por el contrato de *compraventa* uno de los contratantes se obliga a entregar cosa determinada, y el otro a pagar por ella un precio cierto, en dinero o signo que lo represente." Artículo 1334; 31 L.P.R.A 3741.

[2] El derecho sobre una patente, una marca de fábrica, el prestigio comercial de *un punto,* o de una firma, pueden ser objeto de compraventa. Código Civil, Artículo 1065; 31 L.P.R.A 3029.

es, un acreedor puede transferir su derecho como tal, gratuitamente o mediante un precio. En este último caso está realizando una *venta de crédito.* Los créditos que devengan intereses son los que frecuentemente se transfieren por venta . Como incentivo para el que compra, se utiliza lo que se llama en estas operaciones "un descuento". El *descuento* puede ser en el tipo de *interés* o en el *principal* de la deuda. En todo caso la compraventa se reduce esencialmente a un intercambio de *cosa* por *dinero.*

Importancia de la compraventa

Siendo el comercio un intercambio de riqueza, la *compraventa* tiene por necesidad que jugar un papel de suma importancia en la vida comercial, tanto dentro de cada nación como en el tráfico internacional. En efecto, cuando aún no se había inventado *la moneda,* los individuos y los pueblos se intercambiaban sus riquezas mediante el *trueque, canje o permuta;* o sea, cambiaban o canjeaban unas *cosas* por otras cosas. La invención de la moneda, que hacía más fácil el intercambio de las cosas, aunque ya de un modo indirecto en vez de directo como en el trueque, trajo consigo el contrato de *compraventa.* Éste vino a suplantar, en la mayor parte de los casos, las operaciones que hasta entonces sólo se hacían valiéndose del trueque o permuta.

A poco de inventada la moneda, se pudo advertir que era más fácil encontrar personas que estuviesen dispuestas a dar dinero por el objeto que se deseaba vender, ya que esa cosa podría interesarles, tanto para su propio uso como para revenderla a otros que la necesitaran y obtener así una ganancia. Esa alternativa les ofrecía mayor ventaja que la de buscar un comprador que, además de interesarle el objeto que se le ofrecía, poseyera también el preciso objeto que interesaba a quien le proponía el canje.

Por eso la compraventa no tardó en generalizarse y se convirtió en el medio usual y universal de intercambiar riqueza. Ese desarrollo e importancia se acentúa aún más en la era moderna, particularmente después de la revolución industrial que, con el auxilio de la máquina, dio lugar a la especialización y a la enorme producción *en masa.* Todo ello intensificó la necesidad del intercambio. Hoy, el *comerciante* y el *industrial* realizan su actividad valiéndose de la *compraventa* como el contrato que principalmente les sirve de instrumento para perseguir el lucro a que está dedicada la empresa. Y toda otra operación tiene el carácter de accesoria.

Cuándo es mercantil la compraventa

Ya hemos aclarado antes que la ley distingue entre contratos *civiles* y *mercantiles* al propósito de aplicar el Derecho *civil* a los primeros y el *mercantil* a los últimos. Correspondiendo a esa dualidad, la compraventa puede ser *civil* o puede ser *mercantil.* A la compraventa mercantil le aplican las leyes mercantiles en primer término así como, en ciertos aspectos, los usos del comercio. En aquellos aspectos no cubiertos por las leyes y usos mercantiles, queda sujeta a la legislación civil. Esto hace imprescindible que indiquemos cuándo, según la ley, se considera *mercantil* el contrato de compraventa.

Esta pregunta nos la contesta categóricamente el Código de Comercio del siguiente modo:

> "Será *mercantil* la compraventa de cosas muebles para revenderlas, bien en la misma forma que se compraron, o bien en otra diferente, *con ánimo de lucrarse en la reventa."*[3]

Cuatro elementos merecen destacarse en esa breve, pero significativa definición: 1) La compraventa mercantil ha de ser, según la ley puertorriqueña, de cosas *muebles;* [4] 2) el que compra ha de hacerlo con el *propósito de revender* lo que compró; [5] 3) el que compra ha de tener, al comprar, el *ánimo de obtener una ganancia;* [6] y 4) la frase "bien en la misma forma en que se compraron o en otra diferente", que no tiene otra finalidad que la de incluir la actividad *industrial* en la esfera de reglamentación del Derecho *mercantil.*

¿Qué hacen los industriales o manufactureros sino *cambiar la forma de las cosas,* mientras los comerciantes se limitan a revender *la misma cosa* o mercancía que compran, casi siempre sin introducir cambio alguno en ellas? Piénsese que la empresa *industrial,* a diferencia de la que es puramente *comercial,* adquiere mediante compra las *materias primas* para *transformarlas* en artículos *elaborados o semielaborados.* O adquiere, en otros casos, materias o artículos semielaborados para convertirlos en artículos *terminados* y así *revenderlos.* En todo caso, el *industrial* hace su ganancia, no meramente interponiéndose o intermediando

---

[3] Código de Comercio, artículo 243; 10 L.P.R.A. 1701. Ratificado en *Waterman Export Corp. v. Valdejully* (1963) 88 D.P.R. 499.

[4] Los *inmuebles* están excluídos. En este punto nuestro Código de Comercio está obsoleto. Para el año 1886 en que se puso en vigor este cuerpo de legislación, los juriperitos que formularon esta regla entendían que, siendo el comercio una actividad de *circulación de riqueza,* los bienes *inmuebles* tenian que considerarse excluidos de tal actividad, ya que, según ellos, toda circulación supone movimiento y, por tanto, sólo los bienes *muebles* podrían ser objeto de *circulación.* Su concepción en este punto pecaba, como puede fácilmente constatarse, de superficialismo. Porque, aceptando que el comercio sea esencialmente una actividad de circulación de riqueza, hay que convenir también en que, para que haya circulación de riqueza no es indispensable la movilidad de los objetos sino la movilidad o transferibilidad de los *derechos* sobre los objetos y ésa puede darse también sobre bienes *inmuebles.* Así, pues, la compra de tierras o casas con el fin de *revenderlas* y *ganar,* no difiere esencialmente de la compra de telas, enseres o zapatos, igualmente para revenderlos y obtener lucro. Esto explica porqué, tanto en la doctrina moderna como en las legislaciones mercantiles que a ésta se ajustan, *los inmuebles* pueden ser objeto de compraventa mercantil con idéntico fundamento que los bienes *muebles*. Código de Comercio, artículo 243; 10 L.P.R.A. 1701.

[5] Esto es lo que caracteriza la función propia del comerciante. Adviértase, sin embargo, que según aparece de la propia definición que comentamos, basta con que se compre animado por el propósito de revender, aunque luego no se pueda o no se quiera revender por cualquier causa, como suele ocurrir con ciertas mercancías que los comerciantes, de hecho, pierden porque no pueden salir de ellas (se dañan, pasan de moda, etc.). *Ibid.*

[6] Ha de existir ese *ánimo de lucrarse* al momento de hacerse la compra para revender, aunque luego resulte, como sucede a muchos comerciantes, que posteriormente tengan que revender con pérdida. Y aún puede darse el caso de que no se les haga posible lograr la *reventa. Ibid.*

entre quienes le venden y quienes le compran, sino sometiendo lo comprado a un *proceso de transformación* —cambio de forma— para luego *revender* lo que compró *así transformado.* En resumen, el comercio es actividad de simple mediación o interposición entre *quienes producen* (y venden lo producido) y *aquéllos que consumen* (y para ello compran lo que satisface a *las necesidades* de los consumidores). *La industria,* por su parte, es eso mismo, más el ingrediente de la *transformación* entre lo que se compra y lo que se revende. Pero en uno y otro caso, impera el factor de *interponerse* entre quienes *venden* y quienes *compran.* Y, además, el *ánimo de* lucrarse o ganar en la reventa.

En la permuta, donde se intercambia cosa por cosa; en los contratos llamados *de cambio* (dinero por dinero) y *de empresa* (en éste el *empresario* adquiere servicios de artistas, o de otras personas excepcionalmente adiestradas, para *transferirlos al público* en plan de procurarse un *lucro o beneficio).* En todos estos contratos de intercambio pueden concurrir los mismos ingredientes señalados para la compraventa *mercantil,* y con ello alcanzan la categoría de contratos *mercantiles principales.* En unos y otros, al igual que en *la compraventa,* está presente la realidad esencial de que se adquieren unos valores económicos (cosa, dinero o servicios) con el propósito de *transferirlos* y procurarse una *ganancia* en la transferencia. Eso es lo puramente *comercial.* Y lo *industrial* queda abarcado cuando, tratándose de cosas (aquí ya no tienen que entrar en juego el dinero y los servicios como objeto de interposición), se añade el elemento del *cambio de forma* entre lo que *se adquiere* y lo que *se transfiere.*

En nuestra jurisdicción aplica la regla de *gestión accesoria* o *complementaria* a la compraventa mercantil que se reputa como un acto mercantil principal. Por ejemplo: un comerciante que se dedica a la compraventa de bienes muebles (acto mercantil principal), compra un camión (gestión accesoria o complementaria) para transportar dichos bienes muebles. La compra del camión, por no haberse realizado con el propósito de reventa, es un acto mercantil bajo la regla de la gestión accesoria o complementaria. [7]

Compraventas que no son mercantiles ante la ley

Aunque la actividad comercial que más se ofrece a nuestros ojos es la del público consumidor que acude a los establecimientos mercantiles a hacer sus compras, estas operaciones están específicamente excluidas de la reglamentación especial del Derecho mercantil. No ha de asumirse por ello que las ventas que hacen los comerciantes a los consumidores en todas partes del planeta no sean parte de la actividad que llamamos *comercio.* Asumir tal cosa representaría un desconocimiento de lo que es verdad elemental en la ciencia de la economía política y, peor todavía, un error de lo que es el comercio en el significado más común de esa palabra. Cuando el Código nos dice que "no se reputan *mercantiles* las *compras de efectos destinados al consumo,*[8] todo lo que está persiguiendo es excluir de una reglamentación *especial* —como es la del Derecho *mercantil—* toda una masa de operaciones de tipo *general.* Y no hay razón jurídica alguna para que éstas deban ser excluidas del régimen del Derecho *civil.*

[7] *Buena Vista Dairy, Inc. v. Aponte* (1979) 108 DPR 657.

[8] Código de Comercio, artículo 244; 10 L.P.R.A. 1702

Recuérdese que el Derecho civil es ordenamiento diseñado, como ya hemos dicho, para regir las relaciones privadas *de carácter general.* Y a esa misma categoría corresponden las de cada consumidor al hacer sus compras para el consumo aún cuando la otra parte en la relación sea el comerciante que le vende.

Otras ventas que según el Código no se han de considerar mercantiles, y permanecen, por tanto, en la esfera de la reglamentación *civil,* son las ventas de "labradores" y "ganaderos" de los frutos o productos de sus cosechas o ganados; las que hagan los artesanos en sus talleres de los objetos por ellos fabricados; y las reventas que pueda hacer cualquier consumidor de cualesquiera objetos que adquirió para el consumo.[9]

Obligaciones del vendedor

En cada *compraventa,* como en todo contrato *oneroso,* cada contratante asume obligaciones: unas, porque voluntariamente ha convenido contraerlas; otras, porque, de acuerdo con la naturaleza del contrato, la ley se anticipa a imponérselas, aunque sobre éstas el convenio guarde silencio. Como las obligaciones que convengan v*oluntariamente* pueden variar conforme a los deseos de ambos contratantes y a las circunstancias de cada caso, no sería práctico ocuparnos de ellas en este libro. Pero sí es inevitable que nos refiramos, aunque someramente, a las que *por la ley* se le imponen tanto al *vendedor* como al *comprador.*

Empecemos por las del *comprador.* Son tres: 1. *entregar* el objeto u objetos vendidos; 2. *cuidar de la cosa* vendida mientras no llegue el momento de hacer la entrega; y 3. *Responder* al comprador por *vicios o defectos* tanto en el *físico* de la cosa como en el *título o derecho* sobre la misma. Esta última obligación se llama de *"saneamiento".* Todo esto requiere mayor explicación.

Sobre la obligación de entregar

El deber del vendedor de *entregar* al comprador *el objeto vendido* se rige por las mismas reglas referentes al pago o cumplimiento de las obligaciones.[10] Se entiende entregada la cosa vendida cuando es puesta "en poder y posesión" del comprador. [11] Sin embargo, en las ventas que se hacen por escritura pública, el otorgamiento de la escritura equivale a la entrega de la cosa objeto del contrato, a menos que de la propia escritura resulte claramente que haya sido otra la intención de los contratantes. Tratándose de bienes *incorporales,* la escritura pública—si la hubiere—será determinante de la entrega conforme a la regla anteriormente expuesta. En defecto de que así sea, la entrega consistirá en poner al comprador en poder de los títulos de pertenencia.[12]

[9] Código de Comercio, artículo 244; 10 L.P.R.A.1702.

[10] La obligación legal de entregar la cosa vendida se encuentra en el artículo 1350 del Código Civil; 31 L.P.R.A. 3801.

[11] Sobre lo que constituye "entrega" en la compraventa, véase *Segarra v. Viuda de Lloréns* (1970) 99 DPR 60.

[12] Código Civil, artículo 1353; 31 L.P.R.A. 3813.

Es de particular importancia la regla de que "el vendedor no está obligado a entregar la cosa vendida si el comprador no le ha pagado el precio" o no se ha convenido un plazo para pagarlo.[13] Sin embargo, la regla mercantil es que "si no se hubiese estipulado el plazo para la entrega de las mercancías vendidas, el vendedor deberá tenerlas a disposición del comprador dentro de las veinticuatro horas siguientes al contrato."[14] Y se añade más adelante que "puestas las mercaderías a disposición del comprador", o depositándose judicialmente si el comprador se niega a recibirlas, "empezará para el comprador la obligación de pagar el precio" (de contado o a plazos según lo convenido).[15]

En lo que se refiere a los *gastos de entrega* de la cosa vendida, serán por cuenta del vendedor y los de su transportación, estarán a cargo del comprador, salvo que medie acuerdo para una u otra cosa disponiendo de otro modo.[16] Ésa es la regla general. En las ventas *mercantiles*, los gastos de entrega de los géneros serán por cuenta del vendedor *hasta ponerlos, pesados o medidos a disposición del comprador, a no mediar pacto expreso en contrario*. Y luego, para mayor claridad se añade: "Los de su recibo y extracción fuera del lugar de la entrega, serán de cuenta del comprador.[17]

Obligación de guardar la cosa vendida

La obligación es, propiamente dicho, la de *cuidar el objeto vendido hasta que llegue el acto de la entrega*. Este deber no tiene lugar cuando la entrega de lo vendido tiene que efectuarse inmediatamente después de prestado el consentimiento en el contrato, y así se hace. En todo otro caso el vendedor tiene, por ley, la responsabilidad de guardar o cuidar de la cosa en tanto no la entregue. Las condiciones o el grado de cuidado con que ha de descargarse esa responsabilidad dependerán en primer término de lo que al efecto se haya pactado. Pero la ley, previsora para cuando los contratantes no toman acuerdo sobre este extremo, dispone que el vendedor la guardará en tal caso "con la diligencia propia de un buen padre de familia".[18]

---

[13] Esta regla es la establecida para compraventas civiles. Código Civil, artículo 1355; 31 L.P.R.A. 3815.

[14] Código de Comercio, artículo 255; 10 L.P.R.A. 1713. Si la distancia y los medios disponibles de entregar exigen mayor tiempo, las veinticuatro horas deberán extenderse — según nuestra opinión — como el plazo para tener las mercancías disponibles para ser transportadas hacia el sitio de destino fijado en el contrato.

[15] Código de Comercio, artículo 257; 10 L.P.R.A. 1715.

[16] Código Civil, artículo 1354; 31 L.P.R.A. 3814.

[17] Código de Comercio, artículo 256; 10 L.P.R.A. 1714.

[18] "El obligado a dar alguna cosa lo está también a conservarla con la diligencia propia de un buen padre de familia." Código Civil, artículo 1047; 31 L.P.R.A. 3011. Véase también el artículo 249 del Código de Comercio, 10 L.P.R.A. 1707.

Obligación de saneamiento

Aunque el contrato guarde silencio sobre este particular, el vendedor está, por ley, obligado al "saneamiento de la cosa objeto de la venta."[19] En virtud de esta obligación, el vendedor responderá al comprador: 1) de la posesión legal y pacífica de la cosa vendida; 2) de los vicios o defectos ocultos que tuviere. [20]

La regla anterior significa que, a menos que los contratantes acuerden lo contrario, el comprador tiene derecho a que la cosa que se le entrega en venta esté libre de reclamaciones válidas por personas que pudiesen tener sobre ella mejor derecho que el vendedor, o que tuviesen algún derecho sobre el objeto por el que se restrinja el título que el comprador se propuso adquirir al hacer el contrato. En resumen, el comprador debe estar garantizado por el vendedor de que ha adquirido un título válido y completo sobre la cosa comprada,[21] salvo pacto diferente.

Pero el saneamiento no se limita a la limpieza y validez del título de propiedad. Abarca también protección contra *vicios o defectos* en el físico de la cosa comprada. El vendedor responderá, nos dice la regla legal, "por los defectos ocultos que tuviere la cosa vendida, si la hacen impropia para el uso a que se la destina", o si disminuyen considerablemente ese uso. [22] En cambio, por los defectos manifiestos o visibles no será responsable.[23] Sin embargo, si el comprador es un experto que, por razón de su oficio o profesión, está supuesto a conocerlos, el vendedor no será llamado a responder de ellos, aún cuando los defectos no se perciban a simple vista. De otro lado, el desconocimiento por parte del vendedor de que la cosa vendida tuviese *defectos no visibles* no le releva de responsabilidad.

En cuanto a las consecuencias legales, la ley da opción al comprador para que escoja entre desistir del contrato, devolviéndosele lo que ya había pagado o, mediante el juicio de peritos, reajustar el precio, rebajándolo a la proporción que corresponda según la naturaleza y alcance del defecto.

La ley requiere que el comprador radique su reclamación por vicio oculto dentro del término de cuatro días cuando la compraventa es mercantil, contados a partir del momento de la entrega.[24] El término se refiere a defecto en la *cantidad o calidad*, a menos que en el momento de la entrega se haga el reconocimiento, en cuanto a cantidad y calidad. En los casos de *vicios internos*, el término es de treinta días siguientes a su entrega.[25] En los casos de compraventa

[19] Código Civil, artículo 1350; 31 L.P.R.A. 3801.

[20] Código Civil, artículo 1363; 31 L.P.R.A. 3831.

[21] La responsabilidad del vendedor de este particular aspecto no será exigible hasta que se dicte sentencia y ésta sea firme —condenando al comprador a la pérdida de la cosa adquirida o de parte de la misma. Así lo declara el artículo 1369 del Código Civil; 31 L.P.R.A. 3837.

[22] Código Civil, artículo 1375; 31 L.P.R.A. 3843.

[23] Las ventas mercantiles tienen reglas que cubren diversas alternativas, incluso para responder el vendedor de vicios o defectos aparentes. Código de Comercio, artículos 251 a 254, 10 L.P.R.A. 1709-1712.

[24] Código de Comercio, artículo 254; 10 L.P.R.A. 1712.

[25] Código de Comercio, artículo 260; 10 L.P.R.A. 1718; *Service Auto Supply Co. of Puerto Rico v. Harte and Company, Inc.*, 533 Fed. 2nd 23.

civil el término para reclamar vicios ocultos o defecto es de seis meses.[26] No se responde de los defectos manifiestos o a la vista, ni los ocultos, cuando el comprador es un perito.[27]

El derecho a reclamar vicio es renunciable si no media dolo de parte del vendedor.[28] Los seis meses que se computan a partir de la entrega son de carácter prescriptivo.[29] Cuando existe conexión factual entre el defecto observado y reclamado por el comprador dentro del término de seis meses y un segundo defecto observado, se puede considerar continuidad en la situación y, por tanto, la reclamación no estará prescrita, aunque haya transcurrido un término mayor de seis meses.[30] El plazo de seis meses se cuenta, no desde la fecha de perfección del contrato sino desde el día que se interrumpieron las gestiones de inteligencia entre las partes.[31] La interrupción hace que el término de seis meses comience a contar de nuevo.

Obligaciones del comprador

Independientemente de cualesquiera otras que las partes puedan acordar en el contrato, la ley impone al comprador dos obligaciones: 1. *pagar el precio* y 2. *recibir el objeto comprado*.

Pago del precio

El comprador está obligado a pagar el precio de la cosa vendida en el tiempo y lugar fijados en el contrato. De no haber mediado pacto sobre estos particulares, el pago deberá efectuarse en el lugar y al tiempo en que se haga entrega de la cosa vendida.[32]

Si entre la entrega de la cosa y la fecha en que se haga el pago transcurre tiempo, el comprador vendrá obligado a pagar intereses sobre el importe del precio en los siguientes casos: a. cuando así se haya convenido; b. cuando la cosa vendida y entregada produce frutos o renta; y c. cuando el comprador se constituye en *mora* conforme a las reglas de la ley.[33] El tipo de interés a pagarse en tales casos será el convenido; y en su defecto, el legal o estatutario.

El pago del precio deberá hacerse en dinero o signo que lo represente. Podrá hacerse mediante cheque u otro documento de crédito siempre que así lo acepte el vendedor. Si no media el consentimiento de éste en cuanto a la forma del pago, deberá pagarse en

---

[26] Código Civil, artículo 1373; 31 L.P.R.A. 3841.

[27] Ibid.

[28] Código Civil, artículo 1374; 31 L.P.R.A. 3842.

[29] Código Civil, artículo 1379; 31 L.P.R.A. 3847.

[30] *Betancourt v. W. D. Schock Corp.*, 907 Fed 2nd 1251

[31] *Ferrer v. General Motors Corp.* (1971) 100 DPR 246 y *Casa Jaime Corp. v. Castro* (1963), 89 DPR 702.

[32] *Waterman Export Corp. v. Valdejully* (1963) 88 DPR 499.

[33] Código de Comercio, artículo 259, 10 L.P.R.A. 1717, en concordancia con el 1390 del Código Civil, 31 L.P.R.A. 3872. Véase, además, el caso de *Waterman Export Corp.*, precitado.

dinero, y específicamente, en la moneda de curso legal en Puerto Rico. El pago con cheque *no releva* de deuda al comprador hasta que el cheque se hace efectivo en el banco contra el cual se expide.

Recibir la cosa

La otra obligación del comprador, según dijimos, es la de *recibir el objeto.* Recibir la cosa comprada es, a la vez, un derecho y una obligación. Como *obligación,* lo es porque el no recibir la mercancía u objeto comprado podría, en muchos casos, ocasionar dificultades y daños al vendedor, tales como gastos de almacenaje, retransportación, conservación de los objetos, que muy bien se traducirían en pérdidas injustificadas para éste último. Por otro lado, si el comprador rechaza la mercancía vendida, y el vendedor se ve precisado a retenerla en su poder, no solamente estaría éste faltando a su obligación de entregar, sino que perdería el derecho a cobrar el precio. Y ello equivaldría a dejar sin efecto el contrato por la voluntad de una de las partes, lo cual es contrario a la ley y a la justicia.

Por lo tanto, si el comprador se niega a recibir los objetos vendidos, éstos deberán ser *consignados* en el tribunal *si el vendedor desea conservar su derecho a cobrar el precio.* Ese derecho del vendedor a *consignar* se funda precisamente en la obligación del comprador de *recibir lo comprado.*[34]

Reclamaciones del comprador por incumplimiento del vendedor

Pero el derecho del comprador a que se le entregue la cosa o mercancía prometida, y no otra, le otorga ciertas alternativas a ese derecho cuando el vendedor no cumple su obligación de entregar lo prometido. Examinemos esas alternativas que, a su vez, constituyen otros derechos que se reconocen al comprador.

Si la venta se hace a base de muestras o determinada calidad ya conocida en el comercio, el comprador no podrá rehusar el recibo de los géneros contratados si los entregados fuesen conformes a la muestra o a la calidad prefijada en el contrato.[35] Por implicación, sí podrá negarse a recibirlos cuando no se conformen a la muestra o a la calidad prefijada.

En caso de que el comprador se negase a recibirlos, el remedio que ofrece la ley es que se nombren peritos por ambas partes, los cuales decidirán si los géneros son o no de recibo.

Si los peritos resuelven que los géneros son de recibo, la venta se considerará consumada y, por tanto, obligatorio su recibo por el comprador. Y de insistir en negarse, vendrá obligado a indemnizar por el daño que su incumplimiento ocasione al vendedor.

---

[34] Del artículo 1394 del Código Civil, 31 L.P.R.A. 3876, se infiere que si el comprador, antes de vencer el término fijado para la entrega de la cosa, no se ha presentado a recibirla, el vendedor tiene derecho a resolver (dejar sin efecto) la compraventa.

[35] Código de Comercio, artículo 244; 10 L.P.R.A. 1703.

En el caso contrario, la ley ordena *que se rescinda* el contrato, pero sin perjuicio de la indemnización a que, a la inversa, tiene derecho el comprador.[36]

En la otra alternativa, esto es, tratándose de compras de géneros que no se tengan a la vista ni puedan identificarse por calidad conocida en el comercio, la ley le reserva al comprador la facultad de examinarlos y de rescindir *libremente* (a su mejor conveniencia) el contrato si los géneros no le son aceptables.

Igual derecho de rescisión le asistirá al comprador si por pacto expreso en el contrato se reservase la potestad de ensayar el género contratado.

Pero eso sí, el comprador viene obligado a resolver una cosa u otra dentro del plazo pactado y, a falta de pacto, dentro de un plazo razonable que podrá fijarle el vendedor, mediante requerimiento que deberá hacer al comprador, luego que éste haya podido examinar la mercancía, o ensayarla, según sea el caso.

La regla de la ley va tan lejos en estas posibles alternativas de hecho, como para dictaminar que, si el comprador, actuando ya como dueño, dispone de toda o parte de la mercancía entregada, tal acción equivaldrá a la aceptación tácita e irrevocable de lo entregado y a la consumación del contrato.[37]

Cuando el vendedor no entrega los efectos vendidos, dentro del plazo pactado, el comprador tiene derecho: o a pedir el cumplimiento del contrato o a rescindirlo. Y en uno u otro caso, le asistirá también el de que se le indemnice por los perjuicios que la tardanza ocasione.[38]

Es de aplicación frecuente en el tráfico mercantil de artículos, la regla relativa a los casos de entrega parcial de la cantidad pactada. En tales casos, habiéndose pactado la entrega de cantidad determinada en un plazo fijo, el comprador no estará obligado a recibir una parte, ni aún bajo promesa de entregar el resto. Pero si aceptase la entrega parcial, quedará consumada la venta en cuanto a la porción de la mercancía recibida, quedando siempre a salvo el derecho del comprador a pedir, por el remanente, el cumplimiento del contrato, o su rescisión, conforme a la regla del artículo 247 arriba expuesta.

Si el comprador, sin justa causa, rehusa o demora el recibo de la mercancía comprada, el vendedor tendrá derecho a pedir el cumplimiento o la rescisión del contrato, según elija, pero ha de depositar judicialmente los efectos vendidos si se decide por exigir que se le cumpla el contrato.[39] Los gastos que origine el depósito en tal caso, correrán por cuenta de quien haya dado motivo para requerirlo.

---

[36] El Código mercantil añade que "si alguna de las partes se niega al nombramiento del perito, o lo demora injustificadamente, transcurrido el plazo convenido, o a falta de convenio a tal efecto, después de un plazo prudencial, que deberá fijarse mediante requerimiento notarial, la otra parte podrá solicitar de la autoridad judicial competente la designación de uno o más peritos, y el dictamen de éstos será decisivo a los efectos de la controversia. Artículo 245 del Código de Comercio." (10 L.P.R.A. 1703)

[37] Código de Comercio, artículo 246; 10 L.P.R.A. 1704.

[38] Código de Comercio, artículo 247; 10 L.P.R.A. 1705.

[39] Código de Comercio, artículo 250; 10 L.P.R.A. 1708.

En lo que toca al *plazo* dentro del cual el comprador puede reclamar legalmente contra el vendedor por defecto en la cantidad o calidad de las mercancías recibidas *enfardadas* o*embaladas*, la regla del Código,[40] es que tiene cuatro días desde que las recibe y, siempre que la avería no proceda de caso fortuito, vicio propio de la cosa, o fraude.

En interpretación dada a ese precepto, un alto Tribunal Federal resolvió que: "la ley de Puerto Rico, que requiere que el comprador establezca la acción por incumplimiento del contrato de compraventa dentro de los cuatro días de haber recibido la mercancía, no es de aplicación a los contratos en que la venta se hace mediante muestra."[41]

Ventas con pacto de retro y el derecho al retracto

El retracto, aplicado al contrato de compraventa, *consiste en el derecho del vendedor o de un* tercero a recuperar la cosa vendida mediante la devolución del precio y dentro de cierto plazo después de hecha la venta, cumpliendo además cualesquiera otras condiciones que la ley o el propio contrato le impongan.

El retracto legal

Nuestras leyes reconocen dos clases de *retracto:* el *legal* y el *convencional.* El primero es el que la ley misma le reserva a ciertas personas que de algún modo están vinculadas con la cosa vendida o dada en pago.[42] Así, por ejemplo, entre las personas a quienes la ley reconoce derecho al *retracto,* están: los copropietarios o *comuneros,* los *colindantes, coherederos y consocios*. Respecto de estos cuatro grupos, el retracto significa que, siendo copartícipes en unos bienes o valores que les pertenecen en común, si cualquiera de ellos vende a tercera persona su participación en la cosa o negocio común, los copartícipes restantes tienen derecho, individual o conjuntamente, a recuperar, del tercero que compró, la porción que le había sido vendida. La ley en esos casos no hace sino reconocer el mejor derecho que tienen los propietarios o copartícipes más antiguos, sobre el de un extraño o recién llegado a la comunidad, al terreno colindante, a la herencia o a la sociedad, según el vínculo de que se trate.

Otro caso, y muy frecuente de retracto legal, es el que le reserva la ley a los contribuyentes morosos, cuya propiedad el gobierno les vende en subasta pública a fin de cobrar—del precio que se obtenga—el importe de las contribuciones adeudadas y no pagadas. Como en las subastas se vende la propiedad al mejor postor, la ley concede hasta un año—contando a partir de la adjudicación en subasta—para que el contribuyente que fue moroso recupere su propiedad, si es que adquiere medios, dentro de ese año de gracia.

[40] Código de Comercio, artículo 254; 10 L.P.R.A. 1712.

[41] Código de Comercio, artículos 248 y 254; 10 L.P.R.A. 1703 y 1712, respectivamente; *Service Auto Supply vs. Harte y Co.*, 533 Fed. 2nd 23 (1976).

[42] "El retracto legal es el derecho de subrogarse, con las mismas condiciones estipuladas en el contrato, en lugar del que adquiere una cosa por compra o dación en pago." Código Civil, artículo 1411; 31 L.P.R.A. 3921.

Pero para ello ha de reembolsar al adjudicatario o comprador el importe del precio que éste pagó en la subasta, más intereses durante el tiempo transcurrido a razón del *doce* por ciento anual.

El retracto convencional

Es el que voluntariamente pactan vendedor y comprador al hacer el contrato. Las compraventas en que se incluya ese pacto especial se denominan "ventas con pacto de retro", significando que se ha pactado *retrovender* (o vender hacia atrás) la cosa comprada dentro de cierto plazo convenido y mediante la devolución del precio y otras condiciones que las partes tengan a bien estipular. [43]

El *pacto de retroventa*, como puede verse, otorga al vendedor el privilegio de recuperar la cosa vendida, de la cual ha tenido la intención de no desprenderse sino temporeramente. Pero ese privilegio le va a imponer tres obligaciones que la ley establece a favor del comprador, a saber: a) reembolsar al comprador el precio de la venta; b) pagar los gastos del contrato y cualquier cargo legítimo en que se haya incurrido para la venta; y c) reintegrar los gastos necesarios y útiles en que el comprador incurriese *en la cosa vendida.*

La venta de propiedad inmueble *con pacto de retro* tiene rasgos parecidos a los de un préstamo garantizado con hipoteca. Y de hecho puede hacerse con ese mismo propósito.[44]

Formalidades en la compraventa

Ya habíamos señalado que por regla general los contratos no requieren *formalidad* alguna para que surtan efecto y sean legalmente obligatorios. Y que, sólo en casos excepcionales, se exige alguna formalidad para que se reconozca su validez. El contrato de compraventa cae en la primera de estas categorías. En la práctica comercial, la masa de las compraventas que ordinariamente se hacen no se sujetan a formalidad de clase alguna. "La venta se perfeccionará entre comprador y vendedor, y será obligatoria para ambos, si hubieren convenido en la cosa objeto del contrato, y en el precio, aunque ni la una ni el otro se hayan entregado.[45] Después que haya la conformidad de las partes en cuanto a la cosa y el precio y se haga promesa de vender y comprar, los contratantes tendrán derecho a reclamarse recíprocamente el cumplimiento del contrato.[46]

[43] "Tendrá lugar el retracto convencional cuando el vendedor se reserve el derecho de recuperar la cosa vendida..." mediante el compromiso de devolver el precio y reembolsar ciertos gastos específicos en la ley. Código Civil, artículo 1396; 31 L.P.R.A. 3901.

[44] La misma ley así lo considera bajo circunstancias especiales que en ella se señalan. Véase al efecto el artículo 1410 del Código Civil; 31 L.P.R.A. 3915.

[45] Código Civil, artículo 1339; 31 L.P.R.A. 3746.

[46] Cumplida una condición suspensiva contenida en una promesa de compraventa, nace inmediatamente un contrato de compraventa perfecto. *Meléndez v. Jiménez Realty Inc.* (1970) 98 DPR 892.

En la compraventa de *inmuebles* existen reglas sobre *formalidad* en el contrato que deben conocerse. La generalidad de las personas tienen la idea errónea de que los edificios, las casas y los terrenos no pueden ser vendidos *legalmente* si no es mediante el otorgamiento de escritura pública y con todas las solemnidades que la ley exige para esta clase de documentos. El hecho de que tal formalidad se practique usualmente no significa que así lo requiera la ley para reconocer la validez del contrato. La compraventa de bienes *inmuebles*, como son los que acabamos de mencionar, sigue la regla general de los contratos de que *no es necesario llenar formalidad alguna para que éstos sean válidos y obligatorios.*

Pero, además del principio señalado, debe saberse: l. que, si bien la compraventa de inmuebles es válida y obligatoria aunque no se llene formalidad en el contrato, la ley incluye entre los contratos que *deberán* constar en escritura pública aquéllos que tengan por propósito la creación, *transmisión*, modificación o extinción de *derechos reales* sobre bienes *inmuebles;*[47] 2. que toda compraventa de inmuebles es *transmisión* de derecho *real* sobre el *inmueble* que se vende; 3. que si la ley—como en el caso de compraventa de inmuebles—exige otorgamiento de escritura u otra formalidad, *los contratantes pueden compelerse recíprocamente a otorgarla.* [48] De lo anterior se deduce que el comprador puede exigir del vendedor, y éste no tendría base legal para negarse a ello, que le otorgue la correspondiente escritura pública en la que se dé constancia de la venta del *inmueble* a favor del comprador.

La escritura pública *sí es indispensable,* también, para que el comprador pueda *inscribir* su derecho de dueño en el Registro de la Propiedad. Y no vale para ello ninguna otra clase de documento acreditativo o formalidad que una sentencia de tribunal competente. Aún la escritura pública no será bastante para que el comprador pueda lograr que su derecho se inscriba en el Registro si la propiedad en cuestión no aparece inscrita previamente en éste; o en caso de no existir la previa inscripción, si no se acompaña el *decreto judicial* apropiado, en el que se acredite ser dueño de la propiedad quien en la escritura aparezca como vendedor.[49]

Los gastos de otorgamiento de escritura en la venta de inmuebles serán por cuenta del vendedor, y los de su copia y otros posteriores a la venta relacionados con dicha formalidad serán de cargo del comprador, *salvo pacto en contrario.*[50]

Las reglas que acabamos de examinar sobre *formalidades* en los contratos de compraventa aplican por igual a las compraventas *civiles* y a las *mercantiles;* excepto las que conciernen a *inmuebles,* que siempre son *civiles.* Pero en la vida comercial existe una compraventa de tipo especial, de uso muy común, llamada "compraventa condicional",

---

[47] Código Civil, art. 1232; 31 L.P.R.A. 3453.

[48] Código Civil, art. 1231; 31 L.P.R.A. 3452.

[49] El trámite ante el tribunal para comprobar el título de propiedad de cualquier persona sobre un inmueble se llama un expediente de dominio. En ese trámite el interesado debe probar, a satisfacción de la corte, que él por sí solo, o conjuntamente con otros que le precedieron como dueños, han estado en posesión del inmueble, quieta, legal e ininterrumpidamente, durante no menos de treinta años. Código Civil, artículo 1841, 31 L.P.R.A. 5262, y artículo 1859, 31 L.P.R.A. 5280.

[50] Código Civil, artículo 1344; 31 L.P.R.A. 3751.

que se aparta de la regla general en cuanto a formalidad se refiere. Por la importancia de esta clase especial de compraventas, discutimos sus rasgos principales en el epígrafe que sigue.

Personas que no pueden adquirir por compra

En primer lugar, no podrán comprar, ni tampoco vender, las personas a quienes la ley no reconoce capacidad para obligarse, conforme ya quedó expuesto cuando nos referíamos a los incapaces para contratar.[51]

Ahora debemos añadir que el marido y la esposa no podrán venderse bienes recíprocamente, a menos que su matrimonio haya quedado sujeto al régimen de separación de bienes, o cuando se haya decretado judicialmente esa separación. Tampoco podrán adquirir por compra, ni directamente ni a través de intermediario, y ni aún con ocasión de subasta pública, aquellas personas que en carácter de agentes, mandatarios o administradores, tuviesen a su cargo la propiedad o bienes objeto de la venta. [52]

Permutas civiles y mercantiles

La permuta es un contrato por el cual una de las partes da o se obliga a dar una cosa a cambio de otra que recibe o se le promete por el otro contratante. Como en la permuta cada una de las partes ocupa la posición del vendedor en la compraventa, sin que medie la circunstancia del precio, las mismas reglas que rigen las obligaciones del *vendedor* son aplicables a ambas partes en el contrato de *permuta.* Por eso huelga repetirlas.[53]

Ley especial de ventas a plazos y compañías de financiamiento

Las ventas de mercancías *al por menor a plazos* y las *compañías de financiamiento* que se dedican al negocio de financiar dichas ventas, quedaron sujetas, a partir del año 1964, a una ley especial bajo el título de "ley de ventas a plazos y compañías de financiamiento".[54]

Dicha ley requiere que esta clase de contratos se haga por escrito, y sujetos a requisitos adicionales con el propósito principal de proteger lo más posible—contra las malas

---

[51] Código Civil, artículo 1346, L.P.R.A. 3771, y artículo 1215, 31 L.P.R.A. 3402.

[52] "Igual prohibición rige para tutores, albaceas y funcionarios públicos, respecto a las ventas de bienes pertenecientes a los pupilos; de bienes hereditarios confiados al albaceazgo; o a bienes y derechos objeto de litigio, en que el abogado interviene profesionalmente en representación del interés de alguna de las partes litigantes." Código Civil, artículo 1348; 31 L.P.R.A. 3773.

[53] Código de Comercio, artículo 264; 10 L.P.R.A. 1731; en concordancia con el artículo 1431 del Código Civil, 31 L.P.R.A. 3984.

[54] Aprobada el 19 de junio de 1964, según posteriormente enmendada. 10 L.P.R.A. 731-793.

prácticas de firmas vendedoras poco escrupulosas—al público consumidor que se suple de mercancías mediante el uso del crédito. Para proveer esa protección, la propia ley procura mantener bajo control las empresas comerciales y firmas financiadoras que venden y a la vez proveen financiamiento en las ventas de mercancías a plazos. El control principal se ejerce, no sólo mediante la formalidad y las condiciones especiales del contrato, sino sujetando dichas empresas a reglamentación, investigación, fijación de tasas de interés y de otros gastos inherentes a dichas ventas a plazos. A este propósito el estatuto crea un organismo administrativo especial llamado Junta Reguladora del Crédito en ventas al por menor a plazos y de compañías de financiamiento. [55]

Enmiendas posteriores a 1972

a) *En lo que se refiere a "definiciones ":* Por ley de 4 de marzo de 1976, según posteriormente enmendada en 1989 y en 1994, se introdujeron enmiendas sobre el significado de "mercancías" para incluir en este concepto, y dentro del marco especial del estatuto relacionado con este epígrafe, "todos los bienes *muebles, excepto los que se vendan con el propósito de reventa* ".[56]

El término incluye mercancía que a la fecha de la venta o posteriormente haya de ser fijada a un inmueble en forma tal que venga a formar parte de éste, sea o no susceptible de separarse de dicho inmueble. [57]

El término *"vendedor al por menor"* fue enmendado para que incluya "al *emisor de una tarjeta de crédito* y al *acreedor hipotecario* en hipoteca sobre bienes *muebles"*.

Ampliando considerablemente el concepto de "comprador al por menor", la ley enmendatoria lo redefine así: Significa " toda persona que compre mercancía, obtenga servicios, dinero en efectivo o valor equivalente de un vendedor al por menor bajo un contrato de venta *al por menor a plazos*...incluye a un deudor bajo un contrato de *financiamiento de prima de póliza de seguros* y al *asegurado en dicha póliza,* a un deudor hipotecario *mobiliario* (en que la hipoteca gravita sobre bienes *muebles*), y a un *portador de una tarjeta de crédito"*.

En proporción correspondiente a la expansión que se dió al "comprador *al por menor"* y a su correlativo *vendedor,* era imperativo que, con todo ese enfoque nuevo de quienes son participantes en las ventas a plazos al pormenor y en los financiamientos de las mismas, se modificara también el "contrato de venta al por menor a plazos". [58]

Dos términos nuevos que recoge la ley enmendada, y que también son definidos en ella, son: "Plan de *cuentas rotativas y tarjetas de crédito"* y esta última frase, tan corriente actualmente: *"tarjetas de crédito"*, como concepto separado del "Plan"

[55] El texto completo de esta legislación puede verse en 10 L.P.R.A 731. *et seq.*

[56] Ésta y las siguientes enmiendas sobre "definiciones" y otros aspectos que aquí señalamos pueden verse en 10 L.P.R.A. 731 en adelante.

[57] 10 L.P.R.A. 731 (1)

[58] 10 L.P.R.A. 731 (6)

relacionado con tales "tarjetas". A continuación explicamos en qué consisten ambas cosas según la indicada ley de 1976.

b) *Plan de cuentas rotativas y tarjetas de crédito:* Con anterioridad a la enmienda de 1976, la ley se limitaba a definir un llamado *plan de cuentas rotativas* (sin mencionar siquiera las "tarjetas de crédito" en ese nombre). Y lo definía diciendo: "significa un contrato entre un vendedor al por menor a plazos y un comprador al por menor, en el cual se establecen los términos" de tal contrato; *plan* que deberá comprender *ventas* (al por menor y a plazos) *sucesivas* en las que, según acuerdo expreso de ambas partes al contratarse "el plan", "el vendedor *no habrá de retener el titulo de propiedad,* ni un gravamen (como en el caso de los créditos hipotecarios) sobre la mercancía vendida". El balance adeudado, termina diciendo la definición, por el comprador "es pagadero a plazos en cierto período de tiempo y conforme a los términos del contrato"; y el cargo por servicio de crédito habrá de computarse *mensualmente,* en base al balance adeudado por el comprador.[59]

Es precisamente la ley enmendatoria del 4 de marzo de 1976, la que define, por primera vez en nuestra legislación sobre este "plan-contrato", lo que se entiende por "tarjeta de crédito". Y lo hace, diciendo que significa "cualquier instrumento u objeto conocido como *tarjeta de crédito,* placa, libro de cupones o por cualquier otro nombre,[60] *expedido con o sin el pago de* un cargo por quien la recibe, para el uso del tenedor en la obtención a crédito de dinero, bienes, servicios, o cualquier otra cosa de valor en el establecimiento del emisor de la tarjeta de crédito o en cualquier otro establecimiento" .

Conocidos, pues, los dos elementos básicos que entran en *el plan* ("plan de *cuentas rotativas y tarjetas de crédito"),* será fácil entender la definición que, sobre este *plan* enmendado, nos da la ley vigente, a saber:

"Plan de cuentas rotativas y tarjetas de crédito" significa un contrato entre un vendedor al por menor a plazos *o un emisor de tarjetas de crédito* y un comprador al por menor a plazos o (en el caso alterno) un emisor de tarjetas de crédito (sin que necesariamente tenga que ser también "vendedor al por menor a plazos") y un comprador al por menor, en el cual (plan-contrato) se establecen (debería decir "se acuerdan") los términos o condiciones de las transacciones a ser hechas periódicamente en consonancia con dicho contrato; o un contrato para el uso de una tarjeta de crédito, según el cual ni el vendedor (a plazos) ni el emisor de dicha tarjeta de crédito, retienen título o gravamen sobre la mercancía adquirida por el comprador."

Y a renglón seguido añade lo que resulta igual en ambas definiciones, o sea, que: "El balance adeudado por el comprador es pagadero a plazos en cierto período de tiempo y conforme a los términos del contrato. El cargo por financiamiento

[59] 410 L.P.R.A. 731 (19)

[60] Recuérdese que: "en el lenguaje de la ley el nombre no es lo que determina la cosa, sino la realidad de lo que la cosa sea". Pero no es menos cierto que el nombre, si responde a lo que es la cosa en sí, ayuda a identificarla. 10 L.P.R.A. 731 (22).

habrá de computarse mensualmente en relación con (tomando por base) el balance adeudado por el comprador.[61]

c) *Requisitos de contenido, y el idioma a usarse, en estos plan-contratos:* En la sección 742, concerniente a los *requisitos del contrato,* leyes enmendatorias, de los años 1972-73 y 76, modificaron en numerosos aspectos lo que legalmente se exige que contengan estos contratos de ventas a plazos al por menor y los que atañen a su financiamiento.[62] Se pormenoriza a tal extremo en esta fase de las enmiendas a la ley, que no sería recomendable pretender la redacción de un contrato cualquiera, bajo la legislación vigente en la materia, sin tener al frente el texto completo de la propia sección 742 según enmendada.

Y por enmienda de 1979,[63] relativa a la sección 741 del propio estatuto, se exige que: "Todo contrato de venta al por menor a plazos se ofrecerá (supuestamente por la empresa vendedora) *redactado en el idioma español o inglés, a opción del comprador.*" Sin duda, esto último, en claro propósito de proteger, más que a nadie, al consumidor puertorriqueño.

d) *Derechos y deberes de comprador y vendedor:* En protección también del *comprador al por menor,* contra posibles abusos de las empresas que venden al público consumidor, la ley se enmendó en 1976 al efecto de que la parte vendedora en estos contratos "está impedida de acelerar, a su solo arbitrio y sin causa razonable, el vencimiento de toda o parte de la suma adeudada bajo el contrato, a menos que medie incumplimiento por parte del comprador. A tal fin, la propia cláusula dispone que ningún contrato de este género contendrá acuerdo o disposición alguna que pretenda otorgar tal facultad de aceleración por parte del vendedor.

En cambio, por lo que toca al comprador, éste sí podrá acelerar el vencimiento de toda o parte de la suma adeudada bajo el contrato siempre que medien circunstancias específicas señaladas en el referido precepto enmendado.[64]

---

[61] En el caso de *Santiago v. Sears Roebuck* (1974) 102 DPR 515 se distinguen tres clases de "tarjetas de crédito", empleando el lenguaje siguiente:

"Tarjeta de crédito multilateral: es un contrato de crédito expedido por una compañía que se dedica incidental o primordialmente a dicha actividad y ofrece a sus suscriptores la extensión de crédito en diversos establecimientos pertenecientes a terceros con quienes ha contratado a tales efectos."

"Tarjeta de crédito *bilateral:* es un contrato de crédito mediante el cual una compañía le extiende crédito, en su propio establecimiento o establecimientos, y bajo determinadas circunstancias, al tenedor de la misma."

"Tarjeta de crédito" (sin calificativos), en el derecho puertorriqueño, es un contrato de crédito *atípico, sui géneris, bilateral,* en que hay *prestaciones mutuas* — causa —, las que, violadas, dan lugar a una acción *ex contractu* (derivada de un contrato) o, bajo las circunstancias apropiadas, a una acción por daños y perjuicios." (Código Civil, artículos 1802 y 1803; 31 L.P.R.A. 5141 y 5142).

La causa de daños y perjuicios *ex contractu* surge del artículo 1054 del Código Civil; 31 L.P.R.A. 3018.

[62] 10 L.P.R.A. 742.

[63] Ley número 60 de 4 de junio de 1979; 10 L.P.R.A. 741.

[64] 10 L.P.R.A. 749.

e) *Junta Reguladora de tasas de interés y cargos por financiamiento:* Las facultades para fijar tasas de interés y cargos por financiamiento, delegadas en virtud de la sección 773 del estatuto que rige esta materia, fueron transferidas a la Junta Reguladora de Tasas de Interés y Cargos por Financiamiento.[65] En esta particular función, que la excluye de las otras tareas y responsabilidades, esta nueva Junta suplanta la que, con el nombre de "Junta Reguladora del Crédito en Ventas al por Menor a Plazos y de Compañías de Financiamiento", ejercía y sigue ejerciendo los menesteres públicos relativos al contrato específico a que se refiere su nombre.[66]

f) *Limitación respecto a cargos por financiamiento:* En ningún contrato de venta *al por menor a plazos* podrán incluirse cargos por financiamiento mayores de los que permitan los reglamentos de la Junta,[67] a tenor con lo dispuesto en la sección 773 de la ley. [68] Añadiendo que: el cargo por financiamiento incluirá todos los cargos incidentales a la investigación y otorgamiento de un contrato y para la extensión de crédito bajo el mismo. Pero todo eso estará siempre sujeto a la limitación de que: no se cobrará, recibirá, reservará, o contará ningún cargo, gasto o exacción adicionales a los autorizados por el estatuto en sus preceptos pertinentes.[69]

Posteriormente, mediante la ley número 69 de 1989, se incorporó en 10 L.P.R.A. 746:

> "En los certificados de mercancía o de crédito se podrá exigir el pago de un cargo por financiamiento, a tipos (de interés) que no excederán los dispuestos por la Junta Financiera".

Crédito por pago anticipado: De indiscutible interés para el comprador en todo contrato de compra a plazos y al por menor, es la sección 754 de la ley bajo estudio, por la economía que para él representa—si puede hacerlo—, pagar con anticipación al vencimiento de la deuda. Dice así dicha regla:

> "No obstante lo que se disponga en contrario en el contrato, todo comprador podrá saldarlo en su totalidad en cualquier momento, antes del vencimiento del plazo final del balance diferido de dicho contrato."

¿El efecto beneficioso? También lo especifica la regla:

"Si así lo hiciere, recibirá un reembolso o crédito por concepto de los cargos por financiamiento atribuible a los plazos pagados por adelantado; y si el contrato incluyere una suma para seguro recibirá un reembolso o crédito adicional en virtud del pago anticipado, independientemente de que el vencimiento anticipado del balance diferido hubiere sido causado por su propio incumplimiento."[70]

[65] 10 L.P.R.A. 998a y siguientes.

[66] 10 L.P.R.A. 771.

[67] Aquí se refiere a la Junta antes mencionada.

[68] 10 L.P.R.A. 773.

[69] Ley número 78 del 31 de mayo de 1972, enmendatoria de la sección 750.

[70] Ley del 31 de mayo de 1972; 10 L.P.R.A. 754.

h) *Disposiciones sobre el seguro en estos contratos:* Ya por la ley enmendatoria de 1972, y luego de 1976, la regla básica en cuanto al seguro en este tipo de plan-contrato era que: "Ningún seguro será indispensable para la concesión del crédito", con la salvedad de tres casos específicos y sólo en lo que atañe al seguro de la *propiedad,* a saber: "En el caso de contratos de venta de *vehículos de motor, embarcaciones,* y de *equipo y maquinaria* para la industria de la *construcción* o *agrícola,* podrá exigirse un *seguro de propiedad,* proveyéndose en el contrato un espacio para la firma del comprador y un encasillado para figurar la cantidad correspondiente." De convenirse por ambas partes la inclusión del *seguro de crédito,* el contrato ha de indicar el tipo de seguro y el costo de cada cubierta.[71]

También se disponía ya en la propia ley que el contrato deberá indicar si los seguros, convenido su costo en el mismo, habrán de ser obtenidos por el *comprador-tenedor* o por el *vendedor.*[72] Y que la cantidad, si alguna, incluida para tales seguros, no habrá de exceder el monto de las primas aprobadas por el Comisionado de Seguros.

Pero, por ley posterior del año 1976,[73] la primera oración del inciso (3) (d) de la referida sección 742 fue enmendada por adición y lee así: Que el contrato deberá especificar "(d) La cantidad, si alguna, incluida para seguros, indicando el tipo de seguro y el costo de cada cubierta *a opción del comprador.*"[74] Todo lo cual converge al propósito básico de brindar mayor protección al comprador, según señalábamos al principio de este epígrafe.

i) *Negocio de financiamiento de primas de pólizas de seguros:* Cuando se trata de negocio de financiamiento de primas de pólizas de seguros, el Comisionado de las Instituciones Financieras dispondrá cuándo y cómo se puede acelerar el vencimiento de toda la suma adeudada bajo dicho contrato. La mora no puede ser menor de quince días ni mayor de tres meses. El abono no conlleva la condonación del resto de los plazos atrasados ni de la deuda.[75]

j) *Otros casos:* En los otros casos también se les permite la aceleración del vencimiento de toda o parte de la suma adeudada: 1. Cuando falte en el pago de tres plazos consecutivos; 2. Cuando falte al pago de uno o más plazos vencidos, si en dos o más ocasiones anteriores había dejado de pagar dos o más plazos consecutivos y en dichas ocasiones se había rehabilitado totalmente en el pago de los plazos vencidos; 3. Cuando hace abono parcial y continúa pagando con puntualidad tres pagos consecutivos, pero con mora del balance.[76]

---

[71] 10 L.P.R.A. 742 (3) (d).

[72] 10 L.P.R.A. 744 (a).

[73] 10 L.P.R.A. 742.

[74] 10 L.P.R.A. (3) (d).

[75] 10 L.P.R.A. 749 (b) (4)

[76] 10 L.P.R.A. 749 (b) (1), (2), (3).

Ley especial sobre compañías de inversiones[77]

Naturaleza de los negocios a que se dedican las compañías de inversiones y porqué se incluyen en este capítulo

Parece incongruente que en este capítulo, en que examinamos las reglas sobre un contrato, específicamente, el de COMPRAVENTA, dediquemos todo un epígrafe al estudio de "compañías de inversiones", lo cual elude a la empresa o entidad dedicada a un tipo de negocios y no al negocio o a la naturaleza de los contratos que ella realiza.

Esta aparente desviación de lo que debe ser el contenido inalterable de reglamentación jurídica sobre *compraventas,* hace indispensable que empecemos por adelantar ciertas definiciones claves para el mejor entendimiento de la materia que examinamos.

Lo primero que requiere clarificarse es, como lo indica el subepígrafe arriba, la naturaleza o esencia de los negocios a que suelen dedicarse las llamadas "compañías de inversiones". Y en su segundo artículo,[78] el estatuto mismo nos dice: "Cuando en esta ley se emplea el término "compañías de inversiones", éste significa cualquier *entidad emisora,* que esté o se repute estar principalmente dedicada, o se proponga dedicarse, al negocio de inversiones, reinversiones, o al *comercio,*[79] *de valores mobiliarios,* y posea, o se proponga adquirir valores de inversión con un valor de más de noventa por ciento del valor total del balance del activo que reste de dicha compañía de inversiones después de deducir los valores mobiliarios que tenga del Gobierno de los Estados Unidos, del Estado Libre Asociado de Puerto Rico y de las subdivisiones políticas, organismos, agencias, o autoridades de los mismos, y el dinero en efectivo.[80]

Precisando aún más el significado jurídico de una compañía *de inversiones* en Puerto Rico, la ley añade el importante dato de que: tales compañías, aquí, "en ningún momento podrán tener menos de *once accionistas con derecho a voto".* Y que: "No más del 50 por ciento de sus valores con derecho a voto podrá ser en cualquier cantidad controlado por menos de seis de los tenedores de tales valores."

En otro orden de ideas, pero que aportan elementos de juicio adicionales para entender lo que, en verdad, es una *compañía de inversiones* en nuestro país y bajo nuestras leyes, se establece la regla de que: toda compañía de inversiones deberá hacer ofertas de sus valores al público en general cuando sus valores en circulación (que no sean obligaciones a corto plazo) sean poseídas para beneficio de más de cien personas.[81]

---

[77] Su nombre oficial es Ley de Compañías de Inversiones de Puerto Rico. 10 L.P.R.A. *et seq.*

[78] 10 L.P.R.A. 662.

[79] Aquí "comercio" tiene la insoslayable implicación de "compra para revender con ánimo de lucro en la reventa", como se explicó anteriormente. Código de Comercio, artículo 243, 10 L.P.R.A. 1701; 10 L.P.R.A. 881 (j) (1)-(6).

[80] Tal como se emplea en este artículo, el término valores de inversión incluye todos los valores excepto los del gobierno de Estados Unidos, del de Puerto Rico, y de las subdivisiones políticas, organismos o autoridades de los mismos. Esta aclaración aparece añadida a renglón seguido de la definición que antecede. 10 L.P.R.A. 881 (l).

[81] 10 L.P.R.A. 663.

Puesto que la definición arriba transcrita empieza refiriéndose (para dar el factor clave, esencial, de lo que se entiende por *compañías de inversiones),* a que tales compañías tienen que ser "emisoras", conviene revisar el alcance preciso de lo que "emisora" quiere decir en dicha definición. Y tanto así, que la propia ley nos suple también el significado de *emisora* con la siguiente explicación: "significa *toda compañía* que *emita, o se proponga emitir,* algún *valor mobiliario* (lo que ya se ha definido con la simple palabra de "valores"),[82] o que tenga *en circulación* alguno de esos *valores* emitidos por ella." [83]

Si de la propia ley se desprende que las *compañías de inversiones* tienen que, *obligatoriamente, ser emisoras de valores, o tener en circulación valores* de los *que ellas mismas emiten, no* puede quedar resquicio de duda de que lo esencial en *los negocios* de estas compañías *de inversiones* es que, como *emisoras de valores,* son *productoras* de una *mercancía especial* a la que se da el nombre de "valores"; que, además, como entidades que *ponen en circulación* esa misma *mercancía especial,* su negocio consiste en *la venta, con fines de lucro,* de dicha *mercancía* o producto; con lo cual se puede afirmar que, lo que en síntesis está en juego, es la producción, venta, y reventa, de una mercancía que se denomina "valores".

En conclusión definitiva, las *compañías de inversiones* no son otra cosa que *industriales* y *comerciantes,* que operan en contrato de *compra para revender la mercancía* producida por ellas mismas, y que no excluye la *recompra* y la *reventa* de la propia *mercancía* así producida. Y esta realidad jurídica fundamental es lo que nos da base para incluir este epígrafe en el capítulo único en que corresponde hacerlo: *la compraventa.* Pero sin olvidar que, mientras en la compraventa de mercancía *corriente,* la ganancia se determina por la diferencia entre el *precio* más bajo en el costo de la cosa comprada y el *precio* más alto a que la cosa es vendida, tratándose de *valores* la ganancia puede, y suele, estar determinada por la diferencia entre el tipo de interés a que se adquiere *el valor* y el tipo más alto de interés a que dicho *valor* se transfiere.

Modos especiales de precisar el monto del "valor" que ha de reconocerse al activo de las compañías de inversiones

Sobre este particular aspecto, la ley contempla *tres* clases de *activos diferentes* para establecer *tres* maneras *diferentes* de determinar el "valor" respectivo de los mismos, a saber:

a) Si se trata de los *valores mobiliarios cotizados corrientemente en el mercado y poseídos por la compañía a la terminación del último trimestre fiscal precedente,* su *valor* será el fijado por la cotización bursátil al final de dicho trimestre;

[82] Puede verse lo que significa "valores", en el epígrafe *Ley especial sobre compañías de inversiones,* en este mismo capítulo, y también en el capítulo sobre el *Código Uniforme de Comercio,* en este mismo texto. 10 L.P.R.A. 881 (l).

[83] 10 L.P.R.A. 881 (g).

b) Si se trata de *otros valores mobiliarios y otros bienes que la compañía posea al final del último trimestre fiscal precedente*, el *valor* será el que la junta de directores de la empresa les asigne, *razonablemente y de buena fe*, al final de dicho trimestre; y

c) Tratándose, por último, de *valores mobiliarios y otros bienes, adquiridos después de expirado el último trimestre fiscal precedente*, el *valor* será el importe del costo de los mismos.

Inscripción de este género de compañías y naturaleza o tipos de negocios a que cada una ha de dedicarse

Toda *compañía de inversiones* organizada privadamente, o que se cree al amparo de las leyes de Puerto Rico, *está obligada a inscribirse* a tenor con las disposiciones del estatuto que las rige. Para ello, ha de solicitarlo formalmente al Secretario de Hacienda de conformidad con los requisitos vigentes que dicho funcionario prescriba. Y se considerará inscrita a partir de la fecha en que se le expida oficialmente el certificado de inscripción.

Pero para que tal inscripción se logre, ha de preceder, por parte de la autoridad pública, una "adecuada investigación", en las mejores fuentes disponibles, por las que se compruebe "la reputación, responsabilidad, e idoneidad de las personas" que han de asumir el manejo y control de la empresa, a fin de que se pueda *estimar "probable"* que los negocios de ésta han de realizarse *honesta y eficientemente* conforme al espíritu y requerimientos del estatuto.[84]

Por otra parte, y a los efectos de que en la inscripción de cada compañía de inversiones haya constancia oficial de la naturaleza y tipo específico del negocio o negocios a que la empresa ha de dedicarse, la ley exige que en la solicitud de inscripción se indique a cuál o a cuáles, de entre los siguientes negocios, habrá de aplicarse la actividad de la compañía.

Requisitos para compañías inscritas de inversiones

"(e) dentro de un año de la fecha de inscripción, y en todo momento de ahí en adelante, invertir por lo menos un sesenta y siete por ciento (67%) del valor de su activo total, menos el dinero en efectivo, en los valores de Puerto Rico que determine el Comisionado de Instituciones Financieras mediante reglamentación que emita al respecto. En caso que, debido a la comprobada escasez de tales valores, fuere imposible a cualquier compañía inscrita de inversiones el cumplimiento de este requisito, el Comisionado de Instituciones Financieras, a petición de parte interesada, si determinase que ello es necesario y conveniente al interés público, podrá autorizar, mediante resolución administrativa, a dicha compañía que limite su inversión en tales valores a no menos de cincuenta por ciento (50%) del valor de su activo total, menos dinero en efectivo, durante el término de un año a partir de la fecha de aprobación de dicha resolución administrativa."[85]

[84] 10 L.P.R.A. 665.

[85] Ley 18 de 20 de enero de 1995, Artículo 2; 10 L.P.R.A. 666 (e).

A lo anterior debe añadirse que también ha de precisarse, como definición del negocio o negocios a que se dedicará la compañía, que ésta se propone operar dentro de una de las dos clasificaciones descritas en el artículo 2, inciso (b) de la ley;[86] esto es, que ha de operar como compañía de inversiones *diversificadas,* o como una de inversiones *no-diversificadas* de conformidad con la descripción que el propio precepto legal nos da sobre cada una de dichas categorías.

Obligaciones que por ley se requiere a las compañías de inversiones

Se enumeran, en el mismo orden en que aquí las indicamos, las siguientes:

- mantener su oficina *principal* en Puerto Rico;
- celebrar sus asambleas anuales de accionistas en Puerto Rico;
- dos de sus directores, por lo menos, serán residentes en Puerto Rico;
- el presidente de la empresa, o el presidente de la junta de directores, o un vice-presidente, y, en cualquiera de dichas alternativas, además, el secretario o sub-secretario de la compañía, han de ser residentes de Puerto Rico;
- dentro del año siguiente a la inscripción, y en todo tiempo de ahí en adelante, invertirá por lo menos un *20 por ciento de su activo,* computado sobre el total de su valor, menos el *dinero en efectivo,* en: valores mobiliarios del Pueblo de Puerto Rico o garantizados por éste, sus municipios, organismos o autoridades, o bien computado sobre otros valores que se indican en el artículo 6 del estatuto que examinamos.[87]

Además de las aquí señaladas, se exige también de toda compañía de inversiones que rinda los informes que minuciosamente se describen en el artículo 12 de la ley que rige esta materia.[88]

Prohibición de alteraciones en las normas de inversión

La prohibición a que se refiere este epígrafe representa comprobación adicional de la rigidez con que la ley contempla las actuaciones de estas *compañías de inversiones,* con la mira puesta en proteger el interés público. Estamos refiriéndonos ahora a la regla por la cual se declara que:

> "A menos que esté autorizada por una mayoría de sus tenedores votantes de *valores en circulación, y* por el Secretario de Hacienda, ninguna compañía inscrita de inversiones (que son precisamente las que por esta ley se rigen), se apartará de ninguna norma fundamental consignada en la solicitud de inscripción, ni cambiará la naturaleza de su negocio para dejar de ser una *compañía de inversiones."*

---

[86] 10 L.P.R.A. 662 (b).

[87] 10 L.P.R.A. 666 (e).

[88] 10 L.P.R.A. 671.

Si cualquier compañía lo hiciera, en contravención manifiesta a la letra del estatuto, el Secretario de Hacienda, por iniciativa propia o a requerimiento de parte, emitirá orden en la que declare que tal empresa ha cesado de ser compañía de inversiones, y que su inscripción como tal quedará sin efecto a la fecha de hacerse efectiva dicha *orden*. Ésta se hará publicar en un periódico de circulación general en el país.

Violaciones y sanciones

Entre las actuaciones que se declaran ilegales, y que se consideran violaciones al estatuto que rige sobre las compañías de inversiones, merecen destacarse como sobresalientes: a) que una persona, a menos que medie regla del Secretario de Hacienda que lo permita, o una orden de dicho funcionario requiriéndolo, destruya intencionalmente, mutile o altere cuentas, libros u otros documentos cuya existencia y conservación se requieran por la ley; o que b) haga alguna declaración falsa sobre hechos o datos que deban informarse en la solicitud de inscripción, o en petición, informe, cuenta, registro u otro documento que se suministre o que deba conservarse conforme a lo dispuesto en la ley a tales efectos; o que omita consignar algún hecho necesario, y que, por acto u omisión, conduzca a error sustancial.[89]

Subsiguientes disposiciones en el propio estatuto conciernen a los procedimientos y reglamentos para encausar a los infractores que en tales actos delictivos incurran, y las penalidades a que, según la prueba pertinente en cada caso, los convictos han de quedar sujetos.[90]

Código Uniforme de Comercio

El Código Uniforme de Comercio ha sido adoptado por los cincuenta y un (51) estados de los Estados Unidos. Este Código define el contrato de compraventa en la Sección 2-204 (1):

> "Un contrato para la venta de mercancías se hará en forma suficiente que muestre pacto, incluyendo la actuación de ambas partes que reconozca la existencia de tal contrato".

El Código Uniforme de Comercio sigue la misma norma que el de Puerto Rico, que exige que el contrato que exceda de cierta cantidad tiene que constar por escrito. La diferencia estriba en que el Código Uniforme de Comercio [sección 2-201 (1)] le impone el requisito formal escrito cuando excede de $500.00, mientras que en Puerto Rico cuando es de $300.00 o más.[91]

[89] 10 L.P.R.A. 673 y 674.

[90] 10 L.P.R.A. 680-681.

[91] 10 L.P.R.A. 1302.

La definición del contrato de compraventa se diferencia de la del Código de Comercio de Puerto Rico. La sección 2-106 (1) define la *compraventa* como "el traspaso de título del vendedor al comprador a cambio de un precio."

Mercancía se define en la sección 2-105(1): "*Mercancía* significa toda cosa (incluyendo mercancías especialmente manufacturadas) que sean movibles al momento de identificación con el contrato de venta."

Nuestro Tribunal Supremo,[92] se ratifica en sostener la definición del Código de Comercio,[93] de *reventa* y *lucro*, como elementos esenciales de la compraventa mercantil.

Cobro del precio

El término prescriptivo para la acción de cobro del precio de venta, en casos de compraventa mercantil, presenta una *excepción* al principio general de que los términos prescriptivos de acciones mercantiles son más cortos que los de acciones equivalentes de naturaleza civil.[94]

El Código de Comercio[95] nos refiere al Código Civil en los casos en que el Código de Comercio no establezca el período prescriptivo.

El Código de Comercio no fija un término prescriptivo para el cobro del precio de la venta, por lo que le aplica el término de quince (15) años establecido por el Código Civil.[96]

Vicio oculto en compraventa mercantil

Prescripción de Acción Judicial

El término de treinta (30) días que establece el Código de Comercio[97] representa un plazo de denuncia. Es un término fatal, o sea, de caducidad. La denuncia no tiene que cumplir requisito alguno de forma, pero tiene que hacerse dentro del término de treinta (30) días. Una vez efectuada la denuncia en tiempo, el término para radicar la demanda en los tribunales es de seis (6) meses.[98]

[92] *Ramallo Brothers Printing, Inc. v. Ramis* (1993) 93 JTS 84.

[93] Código de Comercio, artículo 243; 10 L.P.R.A. 1701.

[94] 10 L.P.R.A. 1302.

[95] Código de Comercio, artículo 940; 10 L.P.R.A.1902.

[96] Código Civil, artículo 1864 (31 L.P.R.A. 5294); *Ramallo Brothers Printing, Inc. v. Ramis* (1993) 93 JTS 84.

[97] Código de Comercio, artículo 260; 10 L.P.R.A. 1718.

[98] Código Civil, artículo 1379 (31 L.P.R.A. 3847); *Julesrud v. Peche* (1983) 115 DPR 18.

Incumplimiento de contrato

En la compraventa mercantil, cuando se entrega una cosa específica, distinta de la pactada, opera la figura de cosa diversa. En este caso, se puede ejercer la acción de incumplimiento de contrato dentro del ancho plazo prescriptivo correspondiente,[99] que es de cuatro (4) años,[100] tanto en los casos civiles como en los mercantiles.[101]

En los casos civiles, el derecho a resolver lo establece el artículo 1077 del Código Civil; 31 L.P.R.A. 3052.

Confiscación de cosa en venta condicional

En la época actual los vendedores condicionales son perjudicados en los casos en los que se confisquen los vehículos de motor cuando transportan drogas o son utilizados en actos criminales. El vendedor pierde la causa de acción de poder reposeer el vehículo y sólo le queda la acción judicial en cobro de dinero,[102] en contra del comprador, por el balance adeudado.[103] Aunque en los contratos de ventas condicionales el vendedor retiene un título formal de propiedad hasta que el bien se haya pagado en su totalidad, el comprador del bien es, en términos legales y prácticos, el dueño del vehículo.[104] No le queda otra alternativa al vendedor condicional que exigir la prestación de un seguro de cuenta.

En las ventas condicionales el comprador se considera como un verdadero dueño de los bienes comprados, pero en un dominio sujeto a desaparición por medio de la resolución, o sea, por el acaecimiento del suceso que constituye la condición del contrato.[105] El cedente no queda liberado[106] de la obligación de la entrega y saneamiento.[107]

El dolo y el financiador

El financiador está sujeto a la nulidad del contrato en los casos de nulidad por error sustancial o engaño doloso, que vician el consentimiento en su origen y afectan la perfección misma del contrato.[108] La causa de acción no es del hecho objetivo del defecto en el objeto

[99] *Julesrud v. Peche* (1983) 115 DPR 18.

[100] Código Civil, artículo 1251; 31 L.P.R.A. 3500.

[101] *Julesrud v. Peche* (1983) 115 DPR 18.

[102] 10 L.P.R.A. 36.

[103] *General Accident Insurance Co. v. Estado Libre Asociado de Puerto Rico* (1994) 94 JTS 140.

[104] *Ibid.*

[105] *Berríos v. Zambrana* (1989) 123 DPR 317.

[106] 10 L.P.R.A. 749 (f).

[107] 10 L.P.R.A. 742 (5); *Berríos v. Zambrana* (1989) 123 DPR 317.

[108] *Ibid.*

del contrato, lo que da la causa de acción del saneamiento, sino una subjetiva dolosa, de callar dolosamente una condición que afecta ambos momentos del contrato. Por ejemplo, en el caso de Marquez v. Torres, se calló dolosamente la condición de enfermedad contagiosa del ganado. El dolo surgió al procurar el consentimiento y al cumplir entregando un objeto enfermo, por lo que el doloso tiene que responder en daños y perjuicios.[109]

En nuestra jurisdicción existe el dolo por silencio, que consiste en callar sobre una circunstancia importante respecto al objeto del contrato.[110]

El tenedor de buena fe y la compañía financiadora

La defensa de tenedor de buena fe no se aplica por el estrecho nexo ("close-connectedness") entre los contratos de venta condicional y de préstamo, cuando la entidad financiera mantiene una relación estrecha con el cedente o con la transacción misma, sin el status del tercero.[111]

La doctrina de subrogación en los contratos de venta condicional

Cuando se cede un contrato de venta condicional, el cesionario queda subrogado en los derechos del cedente y asume, a su vez, las obligaciones que éste tuviera para con el comprador condicional al momento de la cesión.[112] Esto quiere decir que se entregó un producto defectuoso y, si el cedente quiebra o desaparece, la financiadora (cesionaria) tiene que cumplirle al cedido como si fuera la vendedora. Al tomar el documento sujeto a los vicios que el mismo pueda tener, responde de cualquier garantía que, por ley o por contrato, el vendedor (cedente) venga obligado a responder en favor del comprador (cedido), hasta el momento mismo de la transferencia del contrato.

---

[109] *Marquez v. Torres* (1982) 111 DPR 854.

[110] *Ibid.*

[111] *Berríos v. Zambrana* (1989) 123 DPR 317, 336-337.

[112] *Universal v. Tribunal Superior* (1954) 77 DPR 574.

Capítulo 11

EL CONTRATO DE AGENCIA O COMISIÓN MERCANTIL

Concepto, definición e importancia

El contrato entre principal y agente recibe en nuestra legislación comercial el nombre de "comisión mercantil". También se denomina "contrato de agencia". El *principal* es el que otorga el poder a la otra persona, que se llama *agente* o *comisionista;* también "representante" cuando la relación tiene carácter indefinido o de relativa permanencia. Si se trata de un agente de fábrica o de algún producto especial sobre el cual se tiene la agencia exclusiva, también se le da el calificativo de *distribuidor.* Pero todos estos nombres no son sino maneras distintas de identificar, según el alcance de sus funciones delegadas, a quién se encarga de hacer negocios por cuenta y en interés de otro.

La raíz y esencia de esta relación, por la que se delega en otra persona alguna tarea, servicio o negocio, se encuentra en lo que el Derecho civil designa con el nombre de *mandato.* Por el contrato de *mandato*—dice la ley civil— "se *obliga una persona a prestar algún servicio o hacer alguna cosa, por cuenta o encargo de otra.*"[1] De esta definición se desprende que todo contrato que haga una persona para

[1] Código Civil, artículo 1600; 31 L.P.R.A. 4421.

procurarse algún servicio de otra, cae dentro del concepto y demarcación general del *mandato.* Jurídicamente, dentro de ese amplio marco, están comprendidos los contratos que la legislación civil llama "arrendamiento de servicios", de *empleo* (resultante de la relación obrero-patronal); y también el que ahora más nos interesa como materia de este capítulo: el de *principal y agente,* que en la esfera estrictamente *comercial* toma el nombre especial de *comisión mercantil.*

Las reglas básicas reguladoras de cada una de esas modalidades del *mandato* se encuentran en el Código Civil. Y las contenidas en el Código de Comercio sobre *comisión mercantil* vienen a ser complementarias de aquéllas. En resumen: el ordenamiento jurídico-civil del *mandato* es, a la vez, en sus principales aspectos, ordenamiento de la relación entre principal y agente. Y ha de ser así porque, en el fondo, todo principal es un *mandante;* y todo agente o comisionista es un *mandatario.* Igualmente, todo patrono es un mandante y todo empleado es un mandatario.

Diferencias legales entre agente y empleado

Ahora bien, ¿qué distingue la relación de *principal y agente* de la de *patrono y empleado?* ¿En qué se diferencia un *agente* o comisionista de un *empleado* o de otra persona que, sin ser agente, presta algún servicio a su mandante? Para responder a estas preguntas hemos de tener en cuenta dos factores: la naturaleza del servicio a que el mandatario se obliga y el modo en que se le compense por sus servicios.

a. *Respecto a la naturaleza del servicio*: El servicio del agente o comisionista ha de consistir siempre en *hacer contratos para su principal o comitente.* No es así la del empleado, quien bien puede servirle a su *patrono* haciendo contratos en interés y representación de éste (como en el caso del dependiente de tienda, que hace ventas al público consumidor). Pero también sus servicios pueden ser en cualquier otro trabajo o tarea que no sea la de contratar. A base de esta primera distinción, los mandatarios que no están llamados a hacer contratos con terceros en interés del mandante no serán nunca *agentes.* Siempre mantendrán su condición de *empleados,* no importa la forma en que se le compensen sus servicios por el mandante. En cambio, aquellos mandatarios cuya encomienda es la de contratar para su mandante tendrán la calificación de *agentes* o de empleados, según el modo en que se les compense, que es el segundo factor diferencial.

b. *Respecto al modo en que se compensa al mandatario:* Asumiendo que el mandatario cumpla su cometido *haciendo contratos para su mandante,* se considerará *agente* o se tendrá por *empleado,* dependiendo de que su paga la reciba a base de *unidades de trabajo,* en cuyo caso será un *agente,* o que se le remunere a base de *unidades de tiempo,* y entonces será un *empleado.* Pero nunca debe olvidarse que esta diferencia sobre el modo de compensar sólo aplica para distinguir entre el empleado que hace *contratos* para su patrono y el agente que, en todo caso, los hace para su principal.

El agente representa a un principal, pero es libre no va a la oficina -- no tiene beneficios.

Explicado lo anterior, puede ahora definirse el contrato de agencia como *aquél por el cual una de las partes, llamada "agente", gestiona o se compromete a gestionar, a cambio de una comisión o gratuitamente, uno o más negocios o contratos en interés y por cuenta de la otra parte, llamada "principal", mediante el previo consentimiento de éste o con su ratificación o aprobación posterior.*

La *importancia* de este contrato no puede ser desatendida en este texto de Derecho Mercantil. Es muy usual en Puerto Rico, donde muchas personas y empresas se dedican a hacer negocios en el país como agentes de productores o comerciantes del exterior, particularmente de los Estados Unidos, con los cuales realizamos alrededor de un ochenta y cinco por ciento (85%) de nuestro comercio exterior. La utilidad del contrato de agencia consiste en que vence diversas dificultades a la empresa y al hombre de negocios y es factor decisivo en la ampliación y desarrollo de las actividades comerciales.

Por ejemplo, un comerciante o industrial utiliza a un agente para que le haga determinados negocios en atención a alguna de las siguientes circunstancias:

la falta de tiempo del principal para por sí mismo hacer el negocio; la mayor habilidad del agente para llevarlo a efecto; la imposibilidad o la inconveniencia para el principal de trasladarse a sitios distantes donde la operación ha de realizarse; un mejor conocimiento por parte del agente de las condiciones especiales de la plaza mercantil donde se han de realizar las operaciones delegadas; la conveniencia de ampliar la capacidad productiva de la empresa, al expandir por medio de agentes su radio de operaciones, etc.

Modos de formarse este contrato

Por regla general los contratos se perfeccionan ante la ley mediante la prestación del consentimiento por ambas partes contratantes como paso previo indispensable para entonces ambas partes actuar o cumplir de acuerdo con lo convenido o consentido. Aunque la relación de principal y agente puede lograrse siguiendo ese proceso ordinario, en la *agencia* se da la peculiaridad de que puede formarse por otros dos modos diferentes. En consecuencia, puede afirmarse que son *tres* los modos de formarse este contrato: 1. mediante el previo consentimiento de ambas partes para luego ejecutar la gestión acordada; 2. mediante la gestión previa del negocio por parte del agente, y la ratificación o aprobación posterior por parte del principal al negocio ya gestionado; y 3. por autorización previa del principal para que se haga el negocio y, sin que el agente manifieste de palabra su disposición a gestionarlo, se limite a llevarlo a cabo de conformidad con lo autorizado por el principal.

Formalidades - Regla general

De lo que acabamos de explicar se infiere claramente que el contrato de agencia, sea *civil* o *mercantil,* no requiere *por regla general* ninguna *formalidad* para que obligue a las partes. La ley va aún más lejos cuando declara que el mandato —léase *contrato de principal y agente—* puede ser *expreso* o *tácito.*[2] Se quiere decir con ello que *el expreso* es *el que se hace por escrito o de palabra,* que implica un consentimiento previo de ambas partes. Y el *tácito es aquél en que la aceptación, por cualquiera de los contratantes, se deduce de los actos de éstos.*[3]

Casos excepcionales que exigen formalidad

Como excepciones a la regla general ya explicada, existen ciertos casos especiales en que el agente o apoderado debe recibir la encomienda con la *formalidad* de la escritura o documento público. Así por ejemplo, los poderes especiales que deban presentarse en juicio; el poder para *administrar* bienes; y cualquier otro que se otorgue autorizando al agente a representar a su principal en un contrato redactado o que deba redactarse en *escritura pública.* También deberán formalizarse de igual manera aquellos otorgamientos de poder para representar al principal en contratos que hayan de perjudicar a *tercero.*[4]

Cuándo es mercantil este contrato

Sobre este particular el texto literal del Código de Comercio lee así:

> "Se reputará *comisión mercantil* el *mandato* cuando tenga por objeto un acto u operación de *comercio* y sea comerciante o agente mediador de comercio el comitente o el comisionista."[5]

Nuestro comentario general sobre la *mercantilidad* de los contratos o negocios y, en particular, respecto de los contratos de comercio *accesorios,* como lo es el de agencia o comisión mercantil, aparece en capítulo anterior[6] y a él nos remitimos.

Esfera de responsabilidad del agente

Un agente, cuando actúa como tal, representa intereses que no son suyos y en relación con ellos no puede hacer lo que le plazca. Sus actuaciones deben obedecer a la norma de protección, hasta el máximo posible, de ese interés ajeno que se le ha confiado.

---

[2] Código Civil, artículo 1601; 31 L.P.R.A. 4422.

[3] *Ibid.* También el artículo 1618 del propio Código Civil; 31 L.P.R.A. 4461. Además, la ratificación de este mismo principio del consentimiento tácito, por parte del principal, puede verse en el artículo 167 del Código de Comercio; 10 L.P.R.A. 1526

[4] Código Civil, artículo 1232; 31 L.P.R.A.3453.

[5] Código de Comercio, artículo 162; 10 L.P.R.A.1521.

[6] Véase antes, Capítulo 9.

He aquí porqué la ley establece la limitación básica de que el agente estará sujeto a las instrucciones que le dé su principal en el desempeño de su encomienda.[7] En ningún caso podrá el comisionista proceder contra disposiciones expresas de su comitente. De hacerlo, será responsable de los daños que su infracción ocasione. Idéntica responsabilidad se le impone si en el descargo de su encomienda mediase malicia o abandono que pudiese también perjudicar a su principal.

Para que no tenga excusa, en lo no previsto expresamente en las instrucciones dadas por el comitente, la ley le ordena que consulte, siempre que la naturaleza del negocio a realizar lo permita. Y en aquellos casos en que la confianza de su principal induce a asumir que lo autorizan a actuar a su mejor criterio, "hará lo que dicta la prudencia y sea más conforme al uso del comercio, cuidando del negocio como propio."[8]

El poder de un agente o comisionista, como el de cualquier otro mandatario, puede ser *general,* o puede ser *especial.* El primero comprende todos los negocios de su principal o comitente, mientras el otro sólo abarca uno o más negocios que se le especifican. Pero para que en efecto abarque todo negocio del principal, no basta con una encomienda fraseada en términos generales; porque si así se hiciera, el poder conferido no abarcará más que los actos propios de una administración de los bienes de una persona o de una empresa. La ley en este punto precisa la regla exigiendo que "para transigir, enajenar, hipotecar o ejecutar

cualquier otro acto (incluye contratos) de riguroso dominio, se necesita un mandato expreso." Es decir, que el poder que se confiera especifique por sus nombres estas transacciones.[9]

Resumiendo: el agente o comisionista no tendrá derecho a realizar para su principal o comitente ningún contrato, negocio u operación fuera de los que el principal le hubiese encomendado. Si lo realizara, o si al realizar alguno de los que le encomendó, se apartara de las instrucciones recibidas de éste, incurrirá en responsabilidad por el daño que su exceso o infracción produzca, *a menos que el principal ratifique lo hecho por el agente, o que,* al traspasarse los límites del poder conferido, *la encomienda se cumpla de una manera más ventajosa para el principal que la señalada por éste en sus instrucciones.*[10]

En otros términos: al agente se le autoriza legalmente a comprometer a su principal dentro de un marco de poder que está determinado por las encomiendas específicas que se le hacen y por las instrucciones o condiciones a que, según se le indique, deberá ajustarse en el descargo de las encomiendas. Mientras el comisionista o agente se mantenga dentro de ese marco, su principal queda obligado por sus actuaciones, y aquél, relevado de responsabilidad. Pero cuando se sale de ese marco, y en la medida en que se salga, sin obtener la ratificación de su mandante, al comisionista le tocará asumir las consecuencias legales de sus ejecutorias como si el negocio fuera suyo y no del principal.

---

[7] Código de Comercio, artículo 172; 31 Código Civil, artículo 1610 (31 L.P.R.A. 4442).

[8] Código de Comercio, artículo 173; 10 L.P.R.A.1532.

[9] Código Civil, artículo 1603; 31 L.P.R.A.4424.

[10] Código Civil, artículo 1606; 31 L.P.R.A. 4427.

Otra regla importante en este aspecto es que, sin la autorización de su principal, el agente no deberá realizar *para su beneficio* negocios de igual naturaleza que aquéllos que gestiona para su representado.

Obligaciones del agente

4/19/10

Además de las que voluntariamente acuerden imponerse las partes contratantes al comprometerse mutuamente, la ley impone ciertas obligaciones a cada uno de ellos que pueden considerarse como la vértebra de la relación contractual entre ambos y respecto a los terceros con quienes el agente contrata. Veamos las que de esas obligaciones corresponden a este último:

1. *cumplir la encomienda;* esto es, realizar la gestión o gestiones contractuales que convino o aceptó llevar a cabo en interés de su principal, y concluir la que empezó a evacuar;[11]
2. *rendir cuenta detallada de sus operaciones;* y, con relación a sus libros, cuenta especificada y justificada de las cantidades de dinero y otros valores que reciba en el curso de su encomienda;[12]
3. *reintegrar* al comitente *el sobrante* de dinero u otros valores que resulten a su favor;
4. *pagar intereses* sobre las cantidades que aplicó a usos propios y sobre las que quede debiendo si se constituye en mora;[13]
5. *observar las instrucciones* del principal y *consultarle* en lo que en ellas no fue previsto;
6. *suplir los fondos necesarios* al cumplimiento de la encomienda si se pactó que los anticipara y conforme a lo pactado;[14]
7. *observar las leyes y reglamentos* respecto a la negociación u operaciones que se le confían;
8. *indemnizar* al principal *por los perjuicios* que el incumplimiento de las obligaciones precedentes ocasionen a éste.[15]

---

[11] Código de Comercio, artículo 170 (10 L.P.R.A.1529); y Código Civil, artículo 1609 (31 L.P.R.A. 4441).

[12] Código de Comercio, artículos 181 y 183; 10 L.P.R.A. 1540 y 1542.

[13] Código Civil, artículo 1615; 31 L.P.R.A.4447.

[14] Código de Comercio, artículo 169; 10 L.P.R.A. 1528.

[15] Código de Comercio, artículos 166, 170, 174-177 y 183 (10 L.P.R.A. 1525, 1529, 1533, 1534, 1535, 1536 y 1542). Y en el Código Civil, artículo 1609 (31 L.P.R.A. 4441).

Obligaciones del principal

La ley impone al *principal* deberes que pueden ser resumidos como sigue:

1. Cumplir todas las obligaciones que el agente o comisionista contraiga respecto a terceros, siempre que los compromisos se hayan contraído dentro de los límites del mandato y conforme a las instrucciones dadas; o, faltando este requisito, siempre que el principal ratifique expresa o tácitamente lo hecho por el agente.[16]
2. Anticipar al agente o comisionista, si éste lo pide, las cantidades necesarias para cumplir la encomienda, salvo lo que se pactó en contrario.
3. Reembolsar al agente esas cantidades si éste las hubiese anticipado, incluyendo los intereses.
4. Indemnizar al agente de cualquier perjuicio que sufra en el cumplimiento de la encomienda, siempre que no medie culpa o imprudencia por parte de éste.
5. Pagar al agente o mandatario la comisión cuando así se ha convenido; o en los casos que proceda, aún faltando convenio.[17]

Las reglas de la ley sobre el pago de comisión merecen una consideración especial, por lo que las examinamos bajo el epígrafe que sigue.

Reglas sobre el pago de comisión

Correspondiendo a los deberes que por ley o por convenio tiene el agente o comisionista bajo este contrato, parece justo que tenga el derecho a cobrar una *compensación.* Su trabajo persigue utilidad o beneficio para el principal. La compensación en este caso se suele llamar *comisión,* y de ahí deriva el nombre—exclusivo de la esfera comercial—de *contrato de comisión.* Ello no implica que sólo conlleve pago de *comisión* cuando la agencia sea *mercantil,* ni que deba ser necesariamente *gratuito* cuando se ciñe al marco de la vida *civil.* Pero las reglas sobre el pago de comisión tienen su variante según que el contrato corresponda a una u otra esfera de las relaciones sociales. Veamos primero las reglas en lo civil:

> "A falta de pacto en contrario, el mandante (agencia) se supone gratuito" empieza diciéndonos la regla *civil,* y a renglón seguido añade:
>
> "Esto no obstante, si el mandatario (agente) tiene por ocupación el desempeño de servicios de la especie a que se refiere el mandate, se presume la obligación de retribuirlo".[18]

[16] Código Civil, artículo 1618; 31 L.P.R.A. 4461.

[17] Código Civil, artículo 1602; 31 L.P.R.A. 4423.

[18] *Ibid.*

Este último supuesto se refiere claramente a los casos en que el principal se vale de un agente *habitual,* esto es, una persona o firma dedicada a servicios de agente o corredor de negocios.

Pero las reglas que más nos interesan como parte del Derecho *Mercantil* son las que conciernen al pago de comisión en la esfera *comercial.* "El comitente estará obligado", declara el precepto pertinente del Código, "a abonar al comisionista el *premio de comisión,* salvo pacto en contrario."[19] Obsérvese que la presunción cuando no hay pacto al efecto, opera *adversa* o *favorablemente* para el comisionista, según que el contrato entre principal y agente sea *mercantil* o *civil.* De todo ello sacamos en resumen que el principal viene obligado a pagar comisión a su agente en cualquiera de los tres casos siguientes:

1. Cuando así se ha pactado entre las partes contratantes.
2. Cuando, no mediando pacto al efecto, el negocio que se encomienda al agente es *mercantil.*
3. Cuando, faltando el pacto y no siendo tampoco *mercantil* la operación que se encomienda al agente, éste se dedica habitualmente a operaciones de agencia o corretaje.

En cualquier otro caso el servicio que preste el agente será gratuito.

El otro lado del problema sobre el pago de comisión es el que se relaciona con la cuantía a pagarse. Naturalmente, este problema sólo se da en los casos en que haya que pagar comisión, según se ha señalado en el párrafo anterior. Sobre esto la regla es bien sencilla. Si se ha pactado la cantidad que ha de pagarse, ésa será la que el principal tendrá que pagar. Pero, "faltando pacto expresivo de la cuota, se fijará ésta con arreglo al uso y práctica mercantil de *la plaza donde cumpliese la comisión.* [20]

Responsabilidades del principal y del agente respecto a terceros

El principal debe cumplir, respecto a los terceros con quienes el agente contrata, todas las obligaciones que éste haya contraído dentro de los límites del mandato.[21] Pero los terceros no están siempre en el caso de saber si existe un principal y, menos aún, el nombre de éste, cuando el agente ha hecho el contrato en su propio nombre y no descubre que está actuando en interés de otro. Esto nos trae a cuestionarnos si los agentes o comisionistas están libres para desempeñar la comisión contratando a nombre propio o si, al contrario, vienen obligados a hacer los contratos a nombre de su mandante.

---

[19] Código de Comercio, artículo 195; 10 L.P.R.A.1554.

[20] *Ibid.*

[21] Código Civil, artículo 1618; 31 L.P.R.A. 4461.

Tanto la ley *civil*[22] como la *mercantil* dejan la alternativa abierta para que los agentes desempeñen su gestión contractual como estimen que mejor pueda resultar para los intereses que representan. "El comisionista podrá desempeñar la comisión contratando en nombre propio o en el de su comitente", declara categóricamente el Código de Comercio.[23]

Y ambas legislaciones nos indican las consecuencias legales de una y otra forma de actuar. La *mercantil*, que es la más completa en este punto, dispone que cuando el comisionista contrata en nombre propio, quedará obligado de un modo directo, como si el negocio fuese suyo, con las personas con quienes contrate, las cuales no tendrán acción contra el *comitente*, ni éste contra *aquéllas*, quedando a salvo siempre las que respectivamente correspondan al *comitente* y al *comisionista entre sí*. [24]

A la inversa, si el comisionista contrata a *nombre del comitente*, el contrato y las acciones derivadas de él producirán su efecto entre el comitente y la persona o personas que contraten con el comisionista; pero quedará éste obligado con las personas con quienes contrató si el comitente negase la encomienda y el comisionista no prueba que se le había conferido. [25]

Modos de terminarse la agencia. Renuncia del agente.

El mandato se acaba, nos dice la regla *civil:* 1. por su *revocación;* 2. por *renuncia del mandatario* o agente; 3. por la *muerte, interdicción civil, quiebra* o *insolvencia* de *uno* o del *otro*. Nosotros añadimos que también concluye por *terminarse* el *negocio* o *encomienda* que constituya el objeto de la delegación.

El derecho de todo agente o comisionista a renunciar la encomienda o gestión en él delegada, se funda en el principio de que nadie viene obligado a trabajar o prestar servicio a otro contraviniendo a sus propios deseos. En el fondo, consagra ese principio el derecho a la libertad. Pero como en el ejercicio legítimo de la libertad nadie tiene tampoco derecho a perjudicar a otro por culpa o negligencia, la regla de la ley consagra simultáneamente: de un lado, el derecho absoluto del agente a renunciar; y del otro, la obligación por su parte de responder por los daños que la renuncia cause, salvo que ésta sea causada por fuerza mayor.

> "El mandatario *puede renunciar* al mandato poniéndolo en conocimiento del mandante. Si éste sufriere perjuicios por la renuncia, deberá indemnizarle de ellos el mandatario, a menos que funde su renuncia en la imposibilidad de continuar el mandato sin grave detrimento suyo (del mandatario)". [26]

---

[22] Código Civil, artículo 1608; 31 L.P.R.A. 4429.

[23] Código de Comercio, art. 163; 10 L.P.R.A.1522.

[24] Código de Comercio, art. 164; 10 L.P.R.A.1523.

[25] Código de Comercio, art. 165; 10 L.P.R.A.1524.

[26] Código Civil, artículo 1627; 31 L.P.R.A. 4485.

Y, en justicia para el principal, a la regla básica anterior se añade que, aunque el agente o comisionista renuncie por causa justa, deberá continuar la gestión comenzada hasta que el principal haya podido tomar las medidas de rigor en protección de sus intereses.

Confirmando las normas señaladas, que son comunes a la agencia *civil* y a la *mercantil,* el Código de Comercio se limita a enfatizar que: por la muerte del comisionista o por quedar éste inhabilitado para el desempeño de la gestión encomendada, "se rescindirá el contrato." [27] Equivale a decir que esas causas son motivo válido para "la renuncia" a que se refiere la legislación *civil.*

Revocación de la agencia por el principal

Correspondiendo al derecho absoluto de todo agente a *renunciar* su mandato, sin perjuicio de las responsabilidades que la renuncia pueda irrogar, la ley vigente hasta el año 1964 reconocía igual derecho absoluto del principal a revocar la agencia o encomienda conferida; y *en cuanto a éste, también con la responsabilidad de indemnizar por los perjuicios que la revocación conllevase.*

Y si al agente se le reconocía tan excepcional prerrogativa para no vulnerarle su *libertad,* al principal se le otorgaba otro tanto para no infringir *el principio de confianza delegada* en que se funda toda delegación de autoridad o de ajenos intereses. De aquí la regla *civil* básica de que:

> "El mandante puede revocar el mandato *a su voluntad,* y compeler al mandatario a la devolución del documento en que conste el mandato. [28]
>
> La regla *mercantil otorgaba* igual licencia al *comitente* al decir que la encomienda conferida podía ser revocada "en cualquier estado del negocio", bastando la notificación al efecto y dejando a salvo únicamente las consecuencias legales de las gestiones practicadas por el *comisionista* antes de notificarle la *revocación.* [29]

hasta

La ley 75 de 1964

Pero al amparo de reglas tan justas como sencillas, diseñadas para contratantes de buena fe y de conducta limpia, no era posible que funcionaran empresas exóticas, dominadas por la avaricia y dirigidas desde el exterior por oficiales o propietarios carentes de todo escrúpulo. Ante "el creciente número de casos" en que esas empresas se dieron a la tarea de eliminar, *sin causa justificada,* a las firmas puertorriqueñas distribuidoras de

[27] Código de Comercio, artículo 198; 10 L.P.R.A.1557.

[28] Código Civil, artículo 1624; 31 L.P.R.A. 4482.

[29] Código de Comercio, artículo 197; 10 L.P.R.A.1556.

sus productos en nuestro territorio en carácter de agentes o concesionarios, o que, sin eliminarlas totalmente, *les mermaban y menoscababan* el alcance de las relaciones y las condiciones favorables de los negocios que aquí representaban, la Asamblea Legislativa de Puerto Rico sintió la necesidad de aprobar la controversial Ley número 75 de 1964. Fue enmendada dos años después para hacerla aún más efectiva, con el declarado propósito de poner coto a "las revocaciones" *injustas y evitar los abusos* que tales prácticas han venido ocasionando a los *agentes y empresas distribuidoras en el país.*

La esencia de esa nueva ley se encuentra en su artículo 2, derogatoria de algunos de los preceptos citados de nuestros códigos. En él se dispone que *"ningún principal o concedente podrá dar por terminada" la relación resultante de un contrato de distribución, ni realizar directa ni indirectamente acto alguno en menoscabo de la relación establecida, ni negarse a renovar dicho contrato a su vencimiento normal, excepto por justa causa.*[30] *A renglón seguido añade que, de no existir justa causa para la revocación, menoscabo de la relación o para la negativa a renovar el contrato, el principal quedará sujeto a la acción judicial correspondiente y obligado a indemnizar los daños que cause.*

La cuantía de los daños que cause la revocación real o virtual del comitente se ha de fijar tomando en cuenta:

1. la *inversión total* hecha por el distribuidor; 2. *los inventarios* de mercancías y equipo; 3. lo que dicha ley llama *"la plusvalía"* y que se refiere al *prestigio comercial* atribuible al negocio de distribución levantado o desarrollado por el agente o concesionario; y el equivalente a los beneficios obtenidos en la distribución del producto en cuestión durante los últimos cinco años o, si no llegasen a cinco años, cinco veces el promedio de los beneficios anuales.[31]

Estas disposiciones básicas se declaran *efectivas* aún cuando los contratos dispongan otra cosa y los derechos resultantes de ellas "no pueden renunciarse" por considerarse afectado el *orden público.*

Aplicabilidad de la Ley 75 al Estado

El contrato de distribución puede afectar al gobierno del Estado Libre Asociado de Puerto Rico y a sus corporaciones. Se establece como justa causa para la terminación del contrato de distribución, la acción de privatizar un programa, servicio o empresa del gobierno central o corporación pública.[32]

---

[30] Ley de Contratos de Distribución; 10 L.P.R.A. 278a.

[31] Artículo 3 de la Ley 75 arriba citada; 10 L.P.R.A. 278 *et seq.*.

[32] Ley 468 de 12 de agosto de 1994, artículo l; 10 L.P.R.A. 278a-2.

Interpretación de conformidad con las leyes del Estado Libre Asociado de Puerto Rico

"Los contratos de distribución a que se refiere el presente Capítulo se interpretarán de conformidad con, y se regirán por las leyes del Estado Libre Asociado de Puerto Rico, siendo nula toda estipulación en contrario.

Se considerará igualmente en contravención a la política que informa este Capítulo, y por ende nula e inexistente, toda estipulación que obligue a un distribuidor a dirimir, arbitrar o litigar fuera de Puerto Rico, o bajo leyes o reglas de derecho foráneas, cualquier controversia que surja en torno a su contrato de distribución."[33]

Presunción de menoscabo

"(b) se presumirá, salvo prueba en contrario, que un principal o concedente ha menoscabado la relación establecida en cualquiera de los siguientes casos:

(1) Cuando el principal o concedente establece en Puerto Rico facilidades para la distribución directa de mercancía o la prestación de servicios que previamente han estado a cargo del distribuidor;

(2) cuando el principal o concedente establece una relación de distribución como uno o más distribuidores adicionales para el área de Puerto Rico, o cualquier parte de dicha área contrario al contrato existente entre las partes;

(3) cuando el principal o concedente rehusa u omite servir injustificadamente al distribuidor las órdenes de mercancía que éste le envía, en cantidades razonables y dentro de un tiempo razonable;

(4) cuando el principal o concedente unilateralmente y en forma irrazonable varía, en perjuicio del distribuidor, los métodos de embarque, o la forma o condiciones o términos de pago por la mercancía ordenada.

(c) No se estimará que constituye justa causa la violación o incumplimiento, por parte del distribuidor, de cualquier disposición incluida en el contrato de distribución fijando cánones de conducta, o cuotas o metas de distribución, por no ajustarse a las realidades del mercado de Puerto Rico en el momento de la violación o incumplimiento por parte del distribuidor. El peso de la prueba para demostrar la razonabilidad del canon de conducta o de la cuota o meta fijada recaerá sobre el principal o concedente."[34]

---

[33] 10 L.P.R.A. 278b-2.

[34] 10 L.P.R.A. 278a-1.

Prescripción de causa de acción

El término prescriptivo para entablar demanda es de tres (3) años contados desde la terminación del contrato o del acto de menoscabo.[35] Este término es prescriptivo y no de caducidad. Puede ser interrumpido por producto defectuoso, o si el cedente quiebra o desaparece. La financiadora tiene que cumplir como si fuera la vendedora. Al tomar el documento sujeto a los vicios que el mismo pueda tener, responde de cualquier garantía por la que, por ley o a virtud del contrato, el vendedor (cedente) venga obligado a responder en favor del comprador, hasta el momento mismo de la transferencia del contrato.

Impugnación de la Ley Núm. 75

La Ley 75 que comentamos fue impugnada judicialmente como "inconstitucional" en varios casos. Llevado uno de ellos en apelación ante el Tribunal de Circuito de Boston, *se sostuvo la inconstitucionalidad* basada en que la Ley 75 "dió lugar a una *modificación retroactiva de las disposiciones contractuales* entre el principal y el agente al establecerse que "un fabricante (el mandante) no puede dar por terminado" ni negarse a renovar el contrato de distribución en la fecha del vencimiento, excepto por "justa causa".[36] Apelada esta decisión ante la Corte Suprema de los Estados Unidos, *fue revocada* y se ordenó al Tribunal de Primera Instancia no pasar juicio sobre el caso hasta que el Tribunal Supremo de Puerto Rico emitiera opinión sobre la frase "justa causa" usada en la Ley 75.[37] Debe reconocerse que esta revocación y orden del *Supremo federal* constituyen una expresión de respeto a nuestra Corte Suprema en torno a *legislación local*.[38]

Dos decisiones del Tribunal Supremo de Puerto Rico después que el Supremo de Estados Unidos reconoció la validez y legitimidad de la ley 75 de 1964

Después de lo resuelto en 1970 por el Tribunal Supremo norteamericano en el caso puertorriqueño de *Fornaris vs. Ridge Tool Co.*, según explicado bajo el epígrafe anterior y en sus notas al calce, dos decisiones de nuestro Tribunal Supremo, dictadas ambas en

[35] 10 L.P.R.A. 278d.

[36] *Fornaris v. Ridge Tool Co.* (1970) *F 2nd.* 563. *Pacheco v. National Western Life Insurance Co.* (1986) 640 F. Supp. 900.

37 91 *S. Ct.* 156 (1970)

[38] En su sentencia, el Tribunal Supremo norteamericano dijo, entre otras cosas, lo siguiente: "Las relaciones de los tribunales federales respecto a Puerto Rico han promovido a menudo problemas delicados. Se trata de una Comunidad con un cuerpo de leyes *todavía* permeadas de la tradición hispánica. Al revocar decisiones de tribunales puertorriqueños, las cortes federales se inclinaban a interpretar las leyes de Puerto Rico conforme a la tradición jurídica anglosajona, *con lo cual dejaban poco margen para reconocer los rasgos sobresalientes de la cultura hispánica.* De esa experiencia acumulada vino a producirse un pronunciamiento de esta Corte al efecto de que un tribunal puertorriqueño no deberá ser revocado en su interpretación de la legislación local a menos que pueda sostenerse que su decisión es inescapablemente equivocada. Véase *Bonet v. Texas Co.*, 308 U.S. 463, 471."

1978, ratificaron la doctrina de validez y legitimidad de la Ley número 75 de 1964. En dichas decisiones nuestro alto Tribunal se expresó como sigue:

> "Es el propósito de las secciones 278 a 278d de este título[39] el proteger a los intermediarios puertorriqueños que representan un producto o un servicio en los distintos niveles de la cadena de distribución."[40]

En el segundo caso, ratifica y amplía el mismo principio diciendo: "Es el propósito expreso de las secciones 278 a 278d de este título el remediar los perjuicios causados por las prácticas abusivas de manufactureros que eliminaban arbitrariamente (en Puerto Rico) a los distribuidores tan pronto éstos creaban un mercado favorable a sus productos y servicios.[41]

La aplicabilidad de la Ley de Puerto Rico a los contratos de distribución por agentes en nuestro territorio es irrenunciable

La irrenunciabilidad a la política pública establecida por la Ley 75 de 1964 sobre contratos de *distribución* está enunciada en forma diáfana y cierra la puerta a cualquier duda que pudiera surgir acerca de la validez de la selección, por acuerdo de las partes contratantes, de jurisdicciones o leyes aplicables a dichos contratos. Por consiguiente, cualquier acto que implique la intención de colocar un contrato de distribución fuera de la esfera de acción de ese estatuto es nulo y sin ningún efecto; y así debe considerarse la cláusula de un contrato que, en 1974, estipula la sumisión del mismo a la jurisdicción de las leyes de Massachusetts para ser regido e interpretado a la luz de dichas leyes.[42]

En otro caso de 1975, ya el Tribunal Supremo de Puerto Rico se había expresado en términos similares:

> "Usualmente son válidas las cláusulas de un contrato en que las partes escogen (en su contrato) la ley aplicable para la interpretación del mismo cuando la jurisdicción seleccionada tiene contactos sustanciales con la naturaleza y eficacia del contrato; mas dichas cláusulas son ineficaces cuando chocan contra consideraciones fundamentales de orden público del foro en que se aplican las disposiciones del contrato."[43]

[39] Se está refiriendo a los dos artículos pertinentes del estatuto 75 de 1964.

[40] *J. Soler Motors v. Kaiser Jeep International* (1978) 108 D.P.R. 134.

[41] *San Juan Mercantile Corp. v. Canadian Transport Co.* (1978) 108 D.P.R. 211.

[42] *Pan American Computer Corporation v. Data General Corporation* (1979) 467 Federal Supplement 969.

[43] *Walborg Corporation v. Tribunal Superior* (1975) 104 D.P.R. 184.

Y en 1976 otro tribunal norteamericano de alto nivel, en grado de apelación, ratificó la supremacía de la ley puertorriqueña en esta particular materia sobre la de cualquier jurisdicción estatal de los Estados Unidos, al decretar que:

> "Toda vez que la ley de Indiana frustraría el propósito fundamental expresado en la Ley de Contratos de Distribución de Puerto Rico (y por los hechos del caso y la política pública declarada en dicho estatuto puertorriqueño), *la ley de Puerto Rico es la aplicable, no obstante haber las partes convenido en escoger la ley de Indiana.*" [44]

La Ley Núm. 21 sobre representantes de ventas

Esta ley[45] le da un remedio al *representante de ventas* en los casos de contrato, en el que se le ha concedido *exclusividad* en un territorio o mercado definido en Puerto Rico.

La ley prohibe la terminación unilateral del contrato, a menos que medie *justa causa.*[46]

Se considera *justa causa* para la revocación del contrato, el incumplimiento o violación de los términos del contrato, por parte del representante de ventas, cuando éste celebra contrato más oneroso que lo dispuesto en la encomienda recibida. Tal conducta perjudicaría los intereses del principal o concedente, quien sería excluído del mercado por no estar en condiciones competitivas.

Cuando *no medie justa causa,* los daños siguen los mismos criterios,[47] para cuantificarse, que los discutidos bajo las disposiciones de la Ley 75. Además, establece una compensación *alterna,*[48] *adicional* a esta antedicha, también por concepto de daños cuando no existe justa causa para la terminación del contrato pero independiente de la otra. Esta indemnización alterna no será mayor de un cinco por ciento (5%) del volumen total de ventas del producto o servicio, por el tiempo que estuvo en el mercado en Puerto Rico.

La ley establece un *remedio interdictal provisional* para impedir que se le ocasione daños irreparables al representante de ventas en lo que se resuelve el caso en sus méritos.[49]

Los derechos bajo este contrato, al igual que a tenor con las disposiciones de la Ley 75, son *irrenunciables*[50] y prescriben a los tres (3) años, contados a partir de la terminación del contrato de representación o del acto de menoscabo, según sea el caso.[51]

---

[44] *Southern International Sales v. Potter* (1976) 410 Fed. Supp. 1339 .

[45] Ley Núm. 21 del 5 de diciembre de 1990; 10 L.P.R.A. 279-279h.

[46] 10 L.P.R.A. 279a.

[47] 10 L.P.R.A. 279c.

[48] 10 L.P.R.A. 279d.

[49] 10 L.P.R.A. 279e.

[50] 10 L.P.R.A. 279g.

[51] 10 L.P.R.A. 279h.

Capítulo 12

CONTRATO DE PRÉSTAMO

Definiciones en este contrato. Su importancia.

Ni la ley *civil* ni la *mercantil* definen el préstamo como tal. Se explica esta omisión porque, dividiéndose el *préstamo* en dos clases—*préstamo simple* y *comodato*— se da la definición de cada una del modo siguiente: *si una de las partes entrega a la otra una cosa no fungible para que la use por cierto tiempo y se la devuelva,* el préstamo se llamará *comodato.* Pero *si lo que una parte entrega a la otra es dinero u otra cosa fungible, con condición de que se le devuelva otro tanto de la misma especie y calidad,* el contrato conserva el nombre de *préstamo simple.*[1]

Préstamo simple y comodato

El *simple préstamo* puede ser *gratuito* o puede ser *retribuido.* Y si la cosa prestada es dinero, la retribución suele tener lugar mediante pacto para el pago de *intereses.* En cambio, el *comodato* tiene que ser *gratuito porque de lo* contrario, pierde su esencia y se convierte en arrendamiento.

Vale recordar que *son cosas fungibles aquéllas que se consumen o extinguen al mismo ritmo en que se van usando,* como ocurre con el dinero, los alimentos, el combustible.

[1] Código Civil, artículo 1631; 31 L.P.R.A.4511.

Y *son no fungibles aquéllas que el mero uso no extingue, sino que permanecen, sin disminuir en su esencia y a lo sumo se deterioran mediante el uso y por el transcurso del tiempo.* Esta diferencia ha de tenerse en cuenta al examinar el concepto del préstamo.

Si tomo prestado, por ejemplo, *un libro,* estoy supuesto a devolver el mismo libro que se me prestó. El hecho de haberlo usado mientras disfrutaba de su lectura no disminuye ni afecta la integridad del libro. No estoy autorizado a devolver un pedazo o remanente del libro sino el libro completo. En cambio, si me prestan cien dólares, al darles uso, los empleo, me desprendo definitivamente de ellos, bien gradualmente en diversos pagos o de una sola vez en un pago único. De un modo o de otro, no se me hará posible devolver los mismos billetes o monedas que recibí en *préstamo* sino *otros* que representan igual valor. El propósito primordial del préstamo es el disfrute, goce o utilización del objeto por el prestatario. Pero el dinero, el azúcar y la gasolina se utilizan *gastándolos;* en cambio, una herramienta, un automóvil, una casa o una finca se utilizan y *subsisten;* se desgastan, ciertamente, pero su desgaste es muy lento o no hay desgaste alguno, salvo en circunstancias excepcionales.

De la diferencia señalada resulta que quien recibe en préstamo *dinero u otra cosa fungible,*—ya estamos en zona de préstamo *simple*— adquiere derecho de *propiedad* sobre lo prestado y *lo gasta.* En consecuencia, está obligado a devolver al acreedor otro tanto de la misma especie y calidad.[2] Por el contrario, quien recibe en préstamo *cosa no fungible,* sólo adquiere *el uso de ella,* ya que es *el comodante*—el que presta—quien conserva la *propiedad* de la cosa prestada, así como el derecho a sus *frutos.* Por otra parte, si el que adquiere el uso de la cosa prestada ha de estar obligado a pagar por ese uso alguna retribución o emolumento, el contrato deja de ser comodato[3] y, como antes dijimos, pasa a ser un *arrendamiento de cosa* [4] o *alquiler.*

Con lo explicado, podemos ahora dar una definición del *préstamo* que comprende ambas modalidades: *es un contrato por el cual una de las partes, llamado "prestador"* (si lo hace habitualmente y cobrando intereses se llama *prestamista*), *entrega a la otra parte,*[5] *llamada "prestatario", uno o más objetos determinados para que éste los use o disfrute y los devuelva pasado algún tiempo, siendo en algunos casos gratuito y en otros retribuido, y que obliga al prestatario a devolver el mismo objeto si se trata de cosa no fungible, o a restituirle otro de la misma especie y calidad, si es fungible.*

---

[2] Código Civil, artículo 1644; 31 L.P.R.A.4571.

[3] Código Civil, artículo 1632; 31 L.P.R.A.4521.

[4] "Arrendamiento de cosa" hemos dicho, porque en Derecho existe también el *arrendamiento de servicios* (Código Civil, artículo 1432; 31 L.P.R.A.4011)

[5] Adviértase que no hemos usado la frase "se obliga a entregar", porque si empleáramos tal lenguaje estaríamos definiendo el contrato de *promesa de préstamo,* muy diferente en su esencia al de *préstamo propiamente* (Código Civil, artículo 1433; 31 L.P.R.A.4012).

Importancia de los préstamos

La importancia del contrato de préstamo en la vida moderna y, sobre todo, en la esfera de los negocios, no debe subestimarse. En todo tiempo se sirvió el hombre del dinero y de la cosa ajena mediante mutuo acuerdo y con el compromiso de devolver aquéllo que recibió con carácter de préstamo. Pero en la era moderna, cuando el uso del crédito pasa a sitio predominante en la masa total de las operaciones, y cada día se acentúa más la contratación con aplazamiento del pago, casi puede decirse que el financiamiento total o parcial, con dinero ajeno, ha venido a constituir la regla del tráfico mercantil, mientras los pagos *de contado* han pasado a ser la excepción. El extraordinario auge de la banca comercial e industrial, la proliferación inusitada de las empresas de financiamiento en todos los niveles y modalidades de la negociación, y la explotación de este mismo negocio por las multimillonarias compañías de seguro, estas tres fuerzas operando simultáneamente en todas las sociedades de mediano y pleno desarrollo económico, han convertido el tráfico del dinero, a través del préstamo, en la más formidable palanca de la actividad mercantil en todo el planeta.

En este particular aspecto, para bien o para mal respecto de los otros valores esenciales de la cultura, Puerto Rico no se ha quedado a la zaga. Desde fines del siglo pasado, cuando se puso en vigor el Código de Comercio vigente, la reglamentación en materia de intereses sobre dinero adeudado, particularmente a través del *préstamo y* del *aplazamiento del precio* en las compraventas, así como la legislación especial que regula el financiamiento a lo largo del presente siglo, dan testimonio elocuente del lugar prominente que en el ordenamiento jurídico puertorriqueño ha venido ocupando esta fase de nuestra actividad económico-social.[6]

Cómo se distingue el "préstamo" del "arrendamiento"

Por lo que tienen en común estos dos contratos, conviene examinar la diferencia entre ambos, y ello nos dará una imagen, aún más clara, de lo que es verdaderamente un préstamo.

Un contrato de *arrendamiento es aquél por el cual una de las partes, llamada "arrendador", cede al otro contratante, llamado "arrendatario" o "inquilino" una cosa mueble o inmueble, para que éste la disfrute mediante el pago de un canon o renta y la devuelva pasado algún tiempo.* Es esencial en este contrato que haya la obligación de pagar un precio por el uso o disfrute temporal. A este precio se da el nombre de *renta, canon de arrendamiento, o precio de alquiler.*

De la definición dada se desprende que el arrendamiento se parece al préstamo en el propósito que ambos contratos persiguen de ceder o transferir a otra persona el goce o disfrute temporero de una cosa. También se asemeja en la obligación de restituirla al cedente

[6] Las reglas de la ley para facilitar la negociabilidad de los llamados "documentos de crédito negociables", que se discuten en capítulo posterior, han sido factor adicional en el desarrollo del crédito como instrumento para intensificar los negocios.

pasado algún tiempo . Pero se diferencia del *préstamo- comodato*: 1) en que, siendo no fungible la cosa que se cede en ambos contratos, en el de *arrendamiento* tiene que mediar la obligación de pagar una *renta* por el uso, mientras en el comodato el uso tiene que ser *gratuito*. Y difiere del *préstamo simple*: 2) en que la cosa cedida en este contrato siempre es *fungible*, mientras la del arrendamiento tiene que ser *no fungible*. Además, en el *simple*, el uso puede ser gratuito o puede ser *retribuido*, según se convenga, mientras en el arrendamiento ha de mediar siempre la *retribución o renta* como compensación por el uso, sin lo cual deja de ser *arrendamiento* para ser un *comodato*.

De lo explicado debemos sacar la conclusión de que el comodato, por ser esencialmente gratuito, nunca puede lograr la categoría de contrato *mercantil*. Su reglamentación jurídica tiene forzosamente que encontrarse en el Derecho *civil* y queda, pues, excluído de nuestro estudio. El *arrendamiento*, que es contrato *retribuido*, podría (al menos en teoría jurídica, y en cuanto puede servir para facilitar operaciones de naturaleza jurídico-mercantil), entrar en la categoría de contrato *mercantil accesorio*. Sin embargo, en la realidad del Derecho positivo puertorriqueño, toda la reglamentación fundamental sobre este contrato se encuentra en el Código Civil.

El préstamo que verdaderamente inyecta excepcional vitalidad a la vida *comercial* e *industrial* es el que la ley llama *simple* y que nosotros, precisando aún más, identificamos como *préstamo de dinero*. A este particular tipo de préstamo se refieren principalmente las subsiguientes páginas de este capítulo.

Cuándo es mercantil el préstamo

Se reputará mercantil el *préstamo*, nos dice el Código de *Comercio*, cuando concurran las circunstancias siguientes: 1. que alguno de los contratantes sea comerciante; 2. que las cosas prestadas se destinen a actos de comercio.[7] El Tribunal Supremo de Puerto Rico, en sentencia del 1961, estableció que una sola de esas circunstancias no es suficiente para que el préstamo tenga *naturaleza mercantil*, siendo indispensable que concurran las dos.[8]

No obstante la aparente claridad del precepto que comentamos, resulta curiosa la diversidad de criterio del Tribunal Supremo, demostrada en dos casos resueltos anteriormente, ambos en relación con pagarés a la orden. En 1926 sostuvo que en Puerto Rico, dada la tendencia general de los estatutos sobre la materia, "la corte se inclina a creer que un pagaré expedido a la orden constituye por sí una *operación mercantil*. [9] Nueve años más tarde, siguiendo más de cerca el precepto del Código, resolvió que:

> "El carácter mercantil de los pagarés a la orden no se determina por la mera cualidad de ser comerciantes las personas que en ellos se interesan como librador,

[7] Código de Comercio, artículo 229; 10 L.P.R.A. 1651.

[8] *Luengo v. Fernández* (1961) 83 D.P.R. 636. Véanse además los casos de: *Cintrón v. Fernández* (1915) 22 D.P.R. 483; *Barceló y Cía. v. Olmo* (1935), 48 D.P.R. 247 y *Kuinlam v. Meléndez* (1904) 6 D.P.R. 231.

[9] *Barros v. Padial* (1926) 35 D.P.R. 258.

endosante, o tenedor, sino por la circunstancia *esencial* de proceder de *operaciones mercantiles.*" [10]

Más de dos décadas después de establecer los criterios antedichos, nuestro Tribunal Supremo se reitera en ambos requisitos del préstamo mercantil, en el caso de *Pescadería Rosa Inc. v. Lozada.*[11]

Podemos ver que en el préstamo es preciso que se dé el requisito *subjetivo* (requisito del sujeto): que sea comerciante por lo menos una de las partes, y el *objetivo*: que requiere en forma copulativa que se refiera a acto de comercio.

En nuestro Código Mercantil están entremezcladas la regla subjetiva y la objetiva.

Para considerar si un acto es o no mercantil se debe considerar su finalidad, su conexión con el tráfico mercantil, su habitualidad, su atención al valor permutable de las cosas.[12]

El préstamo puede ser civil pero, si para reconocer el mismo se suscribe un pagaré, este último es un instrumento negociable mercantil. El préstamo civil no lo priva de su carácter mercantil.[13] Ésta es la misma posición de la Ley de Instrumentos Negociables.[14]

Devolución o pago de lo prestado

Todo préstamo simple tiene como objeto una de tres cosas: *dinero, títulos o valores,* y *especie.* Si el objeto prestado fuese en especie, el deudor deberá devolver igual cantidad en la misma especie y calidad, salvo estipulación diferente. Si se hubiese extinguido la especie debida, vendrá obligado a devolver su equivalente en dinero.

Cuando el préstamo sea de *títulos o valores,* el prestatario estará obligado a restituir otros tantos de la misma clase y en condiciones idénticas, a menos que se hubiese pactado de otro modo. De haberse extinguido los de la clase y condiciones prestados, el deudor deberá devolver *sus equivalentes.*

Y cuando el préstamo consista de *dinero,* el prestatario pagará devolviendo una cantidad igual a la recibida, de acuerdo con el valor legal que tuviese la moneda al tiempo de hacerse la devolución. Sin embargo, de haberse pactado la especie de moneda en que ha de efectuarse el pago de la cantidad prestada, el cambio de valor que se registró operará en favor o en contra del prestador, según sea el caso.[15]

---

[10] *Blondet v. Grau* (1935) 47 D.P.R. 863. Véanse además nuestros comentarios sobre el principio de la *mercantilidad* de los contratos y la ambigüedad de nuestra legislación en ese aspecto, Capítulo 9, epígrafe K.

[11] Pescadería Rosa Inc. v. Lozada (1985) 116 DPR 474.

[12] Ley de Instrumentos Negociables, Ley Núm. 176 de 1996, Sección 2-102 (a) *et seq.* (19 L.P.R.A. 503 *et seq.*).

[13] *Barros v. Padial* (1926) 35 D.P.R. 258.

[14] Ley de Instrumentos Negociables, Ley Núm. 176 de 1996, Sección 2-102 (a) *et seq.* (19 L.P.R.A. 503 *et seq.*).

[15] Código de Comercio, artículo 230; 10 L.P.R.A. 1652.

Casi es innecesario recordar la regla básica aplicable al pago de toda deuda de dinero, proceda ésta de operaciones *civiles* o *mercantiles,* entre las cuales están los préstamos, y es al efecto de que el pago de deudas de dinero deberá hacerse en la especie pactada. Y no mediando el pacto o siendo imposible entregar la especie convenida, se hará en moneda de curso legal en Puerto Rico[16] que, como todos sabemos, es la norteamericana.

De otra parte, si lo prestado es cosa fungible que no sea dinero, el deudor viene obligado a devolver una cantidad igual a la recibida, que sea, además, de la misma especie y calidad, aún cuando se haya registrado una alteración en su precio.[17]

Pago de intereses en los préstamos

A riesgo de incurrir en repetición de reglas sobre intereses, señaladas anteriormente como aplicables a deudas de dinero *en general,*[18] conviene dar aquí todas las que son importantes en relación específica al pago de intereses en *los préstamos.*

El contrato de préstamo de dinero constituye al prestatario en deudor de la cantidad que recibió prestada. En el mundo de los negocios esa cantidad se denomina *el principal* de la deuda, la cual debe ser pagada al vencimiento del plazo convenido entre las partes. Mientras tanto, el prestatario usa, disfruta o dispone del dinero que tomó prestado. Siguiendo la misma regla fundamental ya estudiada en cuanto al pago de intereses por deudas de cualquier género, el deudor o prestatario deberá pagar intereses sobre el principal adeudado *siempre que así se haya convenido expresamente.*[19] En tal caso estará obligado a pagarlos desde que se contrae la deuda hasta la fecha de su vencimiento.

De no haber convenio expreso para el pago de intereses durante el plazo fijado a la deuda, el prestatario no estará obligado a pagarlos. Sin embargo, en este caso, una vez vencida la obligación del préstamo, se impone por ley—aunque no medie pacto al efecto—la obligación de pagar intereses *por mora* durante el tiempo que transcurra desde el vencimiento hasta la fecha en que realmente se efectúa el pago, *a menos que se hubiese pactado lo contrario.*

En cuanto al tipo de interés a pagarse, así durante el plazo del préstamo como durante el plazo de la mora, regirán las mismas reglas aplicables a las deudas en general.[20] Debe señalarse en este punto que en los préstamos a la gruesa y a riesgo marítimo, la ley permite que se pacte cualquier tipo de interés sin límite de clase alguna.[21]

---

[16] Código Civil, artículo 1124; 31 L.P.R.A. 3174.

[17] Código Civil, artículo 1645; 31 L.P.R.A. 4572.

[18] Véase Capítulo 7, epígrafes G y H, y Capítulo 9, epígrafe I.

[19] Código Civil, artículo 1646 (31 L.P.R.A.4573). Código de Comercio, artículo 232; (10 L.P.R.A. 1654). Este último artículo exige que "Los préstamos no devengarán intereses (entiéndase por el plazo estipulado) si no se hubiere pactado por escrito."

[20] Puede verse el Capítulo 7, epígrafe G.

[21] Código de Comercio, artículo 233; 10 L.P.R.A.1655.

En recientes leyes especiales aprobadas por nuestra Legislatura se advierte una evidente tendencia a consagrar prácticas bancarias y de otras entidades financiadoras, de cobrar cantidades diversas, en exceso del interés pactado, bajo la designación de "comisión", "gastos de cierre", "gastos administrativos" y otros nombres parecidos. Pero todo ello viene a constituir una violación a la regla mercantil de que "se reputará *interés* toda prestación pactada por el acreedor" (o exigida por éste aunque no se pacte).[22]

A la luz de este sencillo pero significativo precepto, el tipo de interés máximo fijado en la ley (8% y 9% anual, según la cuantía del principal envuelto), respecto del cual se declara expresamente *ilegal* el pacto sobre intereses en exceso de dicho máximo,[23] resulta una restricción ilusoria por inoperante.

La tasa de interés o cargos que fija la Junta [24] prevalecerá sobre lo dispuesto por el Código Civil. Esta Junta Reguladora de Tasas de Interés y Cargos por Financiamiento establecerá por reglamento qué tipo de interés se puede cobrar y la indemnización por pago no vencido de préstamos. Debe armonizar condiciones del mercado prevalecientes y a la misma vez proteger al deudor contra la imposición de cargos excesivos.

Los deudores morosos deberán satisfacer en forma automática, sin la intimación, el pago de intereses computados a partir de la fecha de su vencimiento al interés pactado o, en su defecto, el legal. [25]

Estimamos de sumo interés e importancia, en esta materia de intereses, la decisión reciente del Tribunal Supremo de Puerto Rico que declara: "En esta jurisdicción una corporación estará exenta de las disposiciones de la Ley de Usura."[26] Sea que el estatuto sobre usura así lo dispone, o sea interpretación requerida por su ambigüedad, cabe la pregunta: ¿por qué? Si la usura es práctica condonable, y si se considera delito cuando el individuo incurre en ella, ¿por qué se convierte en acto válido cuando dos o más personas se escudan tras el velo corporativo para cometer la misma acción delictiva?

En 1965 entró en vigor en Puerto Rico una ley titulada "Ley de *Préstamos Personales Pequeños*" al efecto de regular de un modo especial el negocio de préstamos en cantidades no mayores de seiscientos dólares.[27]

Según posteriormente enmendada, "Préstamo personal pequeño" significará un adelanto de dinero en efectivo de tres mil dólares ($3,000) o menos, pagadero en plazos mensuales, en cantidades sustancialmente iguales, que incluyan la amortización del principal y el monto del cargo anual de intereses.

---

[22] *Ibid.*

[23] Código Civil, artículo 1649; 31 L.P.R.A. 4591. Véase también la Ley Núm. 5 del 17 de agosto de 1933.

[24] 10 L.P.R.A. 998 (g).

[25] Código de Comercio, artículo 234; 10 L.P.R.A.1656.

[26] *Mill Factors Corp. v. Registrador* (1967) 97 D.P.R. 379.

[27] Ley Número 106 del 28 de junio de 1965; 10 L.P.R.A. 941.

En virtud de esta ley, ninguna persona puede dedicarse a este particular negocio sin haber obtenido previamente una licencia del Secretario de Hacienda autorizándole a ese propósito; y las personas que obtengan este tipo de licencia estarán limitadas a no explotar negocio otro alguno sin autorización expresa de dicho funcionario.

Dentro de las diversas reglas sobre control y fiscalización de este género de préstamos y de los concesionarios autorizados para explotarlo, está la que concierne al tipo de interés a cobrarse en estas transacciones con la masa del público. A los *prestamistas* autorizados bajo esta ley, se les permite expresamente contratar y recibir un cargo (interés) anual de 20% sobre la cantidad de cualquier préstamo de dinero cuyo importe no exceda de *trescientos dólares;* más un 7% anual *adicional* sobre cualquier cantidad en exceso de los trescientos dólares y hasta el máximo de seiscientos dólares permitido para esta clase de préstamos *pequeños.*

Cuando los prestatarios en estos *pequeños* préstamos tienen que atrasarse—por una u otra razón—en el pago de cualquier plazo, la firma prestamista está facultada para cobrarle *cinco por ciento* del importe del plazo atrasado si el período de la demora excede de *diez días.* De modo que, pagando su plaza atrasado a los once días del vencimiento, el tipo de interés autorizado en este caso representa un cargo por intereses equivalente a un 165 % anual aproximadamente.

Respecto de la obligación de pagar el interés legal o estatutorio en acciones judiciales para el cobro de dinero en préstamos y otros modos de obligarse, aplica de un modo especial la Regla 44.4 (e) de Procedimiento Civil. [28]

Las Reglas de Procedimiento Civil determinan el interés legal y su aplicabilidad en Puerto Rico. En lo que a *sentencias* respecta, dictaminan que: [29]

"(a) Se incluirán intereses al tipo que fije por reglamento la Junta Financiera de la Oficina del Comisionado de Instituciones Financieras y que esté en vigor al momento de dictarse la sentencia, en toda sentencia que ordena el pago de dinero, a computarse sobre la cuantía de la sentencia desde la fecha en que se dictó la sentencia y hasta que ésta sea satisfecha incluyendo costas y honorarios de abogado. El tipo de interés se hará constar en la sentencia.

La Junta fijará y revisará periódicamente la tasa de interés por sentencia tomando en consideración el movimiento en el mercado y con el objetivo de desalentar la radicación de demandas frívolas, evitar la posposición irrazonable en el cumplimiento de las obligaciones existentes y estimular el pago de las sentencias en el menor tiempo posible.

[28] Regla 44.4 (e) de las de Procedimiento Civil de 1979, según posteriormente enmendada.

[29] Regla 44.3 de las de Procedimiento Civil de 1979, según posteriormente enmendada. Además, Comisionado de Instituciones Financieras, 7 L.P.R.A. 2001 a 2020.

(b) El tribunal también impondrá a la parte que haya procedido con temeridad el pago de interés al tipo que haya fijado la Junta en virtud del inciso (a) y que esté en vigor al momento de dictarse la sentencia desde que haya surgido la causa de acción en todo caso de cobro de dinero y desde la radicación de la demanda, en caso de daños y perjuicios, y hasta la fecha en que se dicte sentencia a computarse sobre la cuantía de la sentencia, excepto cuando la parte demandada sea el Estado Libre Asociado de Puerto Rico, sus municipios, agencias, instrumentalidades o funcionarios en su carácter oficial. El tipo de interés se hará constar en la sentencia."

Las ventas a crédito, mediante convenio de pagar el precio en plazos mensuales que han de cubrir intereses y amortización del principal adeudado, dan lugar a que se firmen contratos escritos o documentos de pagaré que suelen ser financiados por la misma firma vendedora o por cualquier otra empresa financiadora, que a veces es subsidiaria de aquélla. En cualquiera de estas alternativas, el financiamiento de la obligación aplazada tiene la misma naturaleza de un préstamo. Por eso nos parece pertinente referirnos a la práctica de muchas firmas vendedoras que en estos financiamientos de precio aplazado se aprovechan de la ignorancia del público consumidor para cobrar intereses excesivos, en violación del máximo permitido por ley. Considérese, a propósito de estas bien conocidas transacciones, la siguiente decisión del Tribunal Supremo de Puerto Rico:

> "El procedimiento de cobrar inicialmente el tipo máximo de interés sobre la totalidad del precio aplazado en una venta a crédito seguida del financiamiento de la obligación del comprador —principal que luego va disminuyendo mediante pagos periódicos— *en efecto constituye un pago de intereses usurarios.*" [30]

Si se ha de cumplir la ley, a las partes contratantes no les está permitido calcular intereses totales a pagar por cómputo que resulte en exceso del tipo máximo estatutario. En consecuencia del principio anterior, constituye un incuestionable acto de *usura* toda computación (que se haga) con intención de cobrar intereses en los préstamos a pagarse por mensualidades que, si bien no exceden del máximo estatutario computado sobre el principal del préstamo, sí lo habrán de exceder al basarse en el balance adeudado en cada disminución del principal que el pago mensual vaya produciendo. Así lo tiene declarado también el Tribunal Supremo en otra importante decisión.[31]

Por ley de nuestra Legislatura, efectiva el 18 de junio de 1969, y como medida de emergencia por la escasez de dinero en el país, se aumentó el tipo máximo de interés permitido, a un 10% anual, en lugar del 8 y 9% que había venido rigiendo desde la década

---

[30] *Monclova v. Financial Credit Corp.* (1961) 83 D.P.R. 770.

[31] *International General Electric Co. v. Buscaglia* (1946) 66 D.P.R. 258.

del 1930.[32] Un año después, por ley del 8 de junio de 1970, se autorizó al Banco Gubernamental de Fomento para que, por medio de su Junta de Directores y con el consentimiento del Gobernador, emita "reglas fijando el tipo o tipos de interés permisibles.[33]

Nuestro Código Civil establece[34] interés legal sobre intereses vencidos. Pero exige la reclamación judicial:

> "Los intereses vencidos devengan el interés legal desde que son judicialmente reclamados, aunque la obligación haya guardado silencio sobre este punto.
>
> En los negocios comerciales se estará a lo que dispone el Código de Comercio, Título 10, subtítulo 2."

La regla mercantil vigente[35] dispone, en lo que a intereses compuestos respecta:

> "Los intereses vencidos y no pagados no devengarán intereses. Los contratantes podrán, sin embargo, capitalizar los intereses líquidos y no satisfechos, que, como aumento de capital, devengarán nuevos réditos."

Nuestro Tribunal Supremo se ha manifestado en repudios del *anatocismo* en nuestra jurisdicción.[36]

Intereses compuestos

Los intereses vencidos devengan el interés legal sólo desde que son judicialmente reclamados, aunque el documento de la obligación haya guardado silencio sobre este punto.[37]

---

[32] 33 L.P.R.A.1754, derogada; ahora 10 L.P.R.A. 998 (a).

[33] Esta autorización al Banco Gubernamental de Fomento para emitir reglas fijando tipos de interés máximo permisibles, se condicionó a que su Junta de Directores hiciera un estudio "abarcador" por el que se revele "que los niveles comparables de tipo de interés en los Estados Unidos... y en Puerto Rico, presentan diferencias y fluctuaciones a tal grado que pueda anticiparse razonablemente que hay el riesgo de que se detenga o se reduzca el volumen de capital que se invierta en Puerto Rico procedente de los Estados Unidos." Ésta y otras disposiciones que contiene dicha ley podían verse en 33 L.P.R.A. 1754, ahora está a cargo de la Junta Reguladora de Intereses, 10 L.P.R.A. 998 (a).

[34] Código Civil, artículo 1062; 31 L.P.R.A. 3026.

[35] Código de Comercio, artículo 235; 10 L.P.R.A. 1657.

[36] *Rodríguez v. Sucesión Pirazzi* (1963) 89 DPR 506, 547.

Costas v. Llinás and Co. (1946) 66 DPR 730.

[37] Código Civil, artículo 1062; 31 L.P.R.A.3026.

Lo anteriormente dicho significa que los intereses vencidos y no pagados no devengan nuevos intereses, como erróneamente podría suponerse. Cualquier pacto en contrario que pretenda infringir esta regla es nulo, salvo únicamente lo que dispone el Código de Comercio en el sentido de que, no obstante la regla anterior, los contratantes *podrán "capitalizar* los intereses líquidos y no satisfechos que, como aumento de capital, devengarán nuevos réditos." [38]

Aunque a primera vista parezca *contradictoria*, esta regla mercantil que, a manera de excepción, autoriza a cobrar intereses sobre intereses devengados, es radicalmente diferente a que, al pactar inicialmente el préstamo, cuando se entrega la cantidad que se está prestando, ya se esté comprometiendo el prestatario a pagar intereses sobre intereses. Esto último es lo que la ley no puede consentir, pues facilitaría al prestador sin escrúpulos valerse de la necesidad del prestatario para cobrarle intereses indebidamente. Lo que la regla señalada permite es que, una vez se acumulen intereses *líquidos* (o sea, vencidos y no pagados), y no estando el deudor en condiciones de pagarlos , obtenga del acreedor la prórroga que necesite y, a cambio de esa prórroga, el prestatario *consienta* en añadir, al principal de la deuda, la cantidad de intereses no satisfechos para que éstos queden *capitalizados; esto es, incorporados al principal inicial para que, de ahí en adelante, puedan devengar nuevos intereses.*

Garantías para la devolución del préstamo

Es frecuente que una persona le confíe dinero a otra en calidad de préstamo descansando simplemente en la buena fe y honradez del prestatario a quien conoce como persona cumplidora de sus compromisos. Pero en la vida comercial es más corriente que, al concederse dinero a préstamo, se haga con alguna garantía, de modo que, si el prestatario o deudor no paga la deuda a su vencimiento, el acreedor o prestador tenga algún otro medio para cobrar su crédito.

Aún en el caso de que el deudor tenga propiedades, es corriente exigir alguna garantía, ya que un prestatario inescrupuloso podría hasta disponer de sus propiedades durante el plazo del préstamo y encontrarse el acreedor que su deudor no tiene bienes de donde cobrar cuando llegue el vencimiento de la obligación. Lo mismo podría ocurrir, aún mediando la buena fe del deudor, si por negocios u operaciones desgraciadas que haga, éste pierde por embargo y subasta los bienes con que contaba para pagarle a su prestador.

En la vida mercantil, tratándose de empresas y firmas de reconocida solvencia económica, los bancos y empresas financiadoras suelen obviar el requisito de garantías colaterales en respaldo del dinero que prestan a sus clientes, pero solamente en operaciones de préstamo *a corto plazo*, llamados *préstamos comerciales.* Se considera *corto,* en el lenguaje financiero puertorriqueño, un plazo que no exceda 180 días. Corrientemente, los préstamos *comerciales* fluctúan desde 30 hasta 120 días. Y generalmente se hacen para facilitar al

[38] Código de Comercio, artículo 235; 10 L.P.R.A.1657.

comerciante o industrial una operación principal de comercio. De ahí el nombre de "préstamos comerciales". Repetimos que los que llevan este nombre no suelen requerir la prestación de una *colateral* o garantía, que dé al acreedor mayores seguridades de cobro que la solvencia y la reconocida buena fe del deudor.

Fuera de las dos situaciones básicas que se dejan explicadas, si el que prestó dinero quiere evitar las contingencias y riesgos ya apuntados, la práctica comercial exige que el prestatario aporte alguna garantía en adición al mero compromiso escrito que personalmente contrae. A este fin suele utilizarse alguna de *tres formas jurídicas de garantizar* —también conocidas como *contratos de garantía*. Éstos se emplean, no ya únicamente para garantizar deudas en préstamos de dinero, sino deudas procedentes de cualesquiera otras operaciones o contratos, tanto en la esfera *civil* como en la *mercantil*.

Estos tres contratos para garantizar el cumplimiento de deudas son: la *fianza*, la *hipoteca* y la *prenda*.[39] Aunque los tres tienen frecuente uso en los negocios de alguna importancia basados en el *crédito*, la *hipoteca y* la *prenda* son los de más general aceptación cuando se trata de obligaciones a largo plazo (un año o más). La importancia que estos contratos *de afianzamiento* tienen en la esfera de los negocios, requiere que sean tratados en capítulo aparte y en el lugar apropiado.[40] Hemos hecho referencia a ellos en esta exposición sobre el *préstamo*, por la estrecha relación que tienen con este contrato.

[39] En la agricultura se usó también, y con mucha frecuencia, el préstamo *refaccionario*, en el que entran en la garantía los frutos y las plantaciones de la finca objeto de *refacción*. 5 L.P.R.A. 164-180, derogada en 1996. Ahora, Ley Núm, 24 de 19 de septiembre de 1996, artículo 17.

[40] Puede verse el Capítulo 14.

Capítulo 13

ALMACENAJES, TRANSPORTES SEGUROS Y EL CONTRATO DE CUENTA CORRIENTE

Contrato de depósito o almacenaje

En qué consiste

El contrato de *depósito* o *almacenaje* es aquél por el que cual una de las partes, llamadas *depositante*, entrega a la otra, llamada *depositario (almacenista* si posee almacén y se dedica "al negocio de almacenaje de bienes como actividad comercial"),[1] uno o más objetos determinados para que éste los guarde o custodie y los devuelva al vencimiento del plazo convenido, o antes, si el depositante así lo requiere.

El *depositario* es la persona que "mediante un resguardo de almacén, carta de porte u otro documento de título, reconoce tener la posesión de bienes y pacta entregarlos.[2]

El propósito esencial de la operación es la guarda, custodia y conservación de la cosa depositada. No existe contrato de depósito hasta tanto se entreguen las mercaderías u objetos que han de ser guardados.[3] El mero

[1] 19 L.P.R.A. 1402 (j)

[2] 19 L.P.R.A. 1402 (a)

[3] Código de Comercio, artículo 223, 10 L.P.R.A. 1623.

convenio o compromiso para hacer un depósito o almacenaje podrá considerarse *promesa de depósito*, pero no será un depósito propiamente hasta que se realice la entrega de la cosa al depositario. Precisamente, es un tipo de contrato llamado *real*, porque no existe hasta que se *entregue* la cosa.

El *consignatario* es "la persona designada en una carta de porte como aquélla a quien o a la orden de quien la carta promete entrega."[4]

El *emisor* es "un depositario que emite un documento, salvo que en relación con una orden de entrega no aceptada significa la persona que ordena al poseedor de los bienes que los entregue. El emisor incluye cualquier persona por quien un agente o empleado representa actuar en la emisión de un documento si el agente o empleado tiene autoridad real o aparente para emitir documentos, aunque el emisor no haya recibido bienes o que los bienes hayan sido descritos erróneamente o que el agente o empleado haya violado sus instrucciones en algún otro aspecto." [5]

El depósito. El almacenaje. ¿ Mercantil o civil?

El *depósito*

Tres requisitos han de ocurrir para que deba reconocerse que el *depósito* es *mercantil*: a) que las cosas depositadas sean objetos de comercio; b) que el depósito se haga como causa o consecuencia de alguna operación *mercantil*; y c) que el depositario sea *comerciante*.[6]

La legislación mercantil, al fijar estos requisitos, añade como alternativa al segundo, "que el depósito constituya por sí una operación mercantil". Nosotros hemos suprimido con toda intención esa condición sobre mercantilidad, porque no concebimos cómo un contrato de depósito podría, *por sí mismo*, constituir un *acto de comercio*. A lo sumo puede alcanzar categoría de contrato mercantil *accesorio*, por razón de estar vinculado a operaciones mercantiles *principales* y, si se quiere, por ser negocio habitual y lucrativo de quien lo practica.

El *almacenaje*

Para fines de *almacenaje*, la ley no distingue entre mercantil o civil.

Actualmente el contrato de almacenaje tiene *un único requisito*, subjetivo (en el sentido del sujeto), para que exista: que el *almacenista* se dedique al negocio de almacenaje de bienes como actividad comercial, según se indicó previamente.[7]

---

[4] 19 L.P.R.A. 1402 (b)

[5] 19 L.P.R.A. 1402 (g)

[6] Código de Comercio, artículo 221; 10 L.P.R.A. 1621.

[7] 19 L.P.R.A. 1402 (j).

Obligaciones de los contratantes

Las del *depositario* son: a) *guardar* la cosa del contrato; b) *restituirla;* y c) *indemnizar* al depositante por la pérdida o daños que sufra la cosa por motivo de culpa o negligencia del depositario o almacenista.[8]

La responsabilidad de guardar y conservar la cosa *depositada* ha de cumplirse conforme a las condiciones que se estipulen en el contrato. Faltando pacto sobre este aspecto, regirá el principio civil de que el obligado a entregar una cosa deberá guardarla con la diligencia propia de un buen padre de familia. Pero en la legislación mercantil se precisa que el grado de cuidado en la custodia y conservación deberá ser el "que un hombre razonablemente cuidadoso ejercería bajo circunstancias similares".[9]

Y en uno de sus preceptos generales, declara que "el depositario está obligado a conservar la cosa del objeto del depósito, *según la reciba,* y a devolverla con sus aumentos, si los tuviere, cuando el depositante se la pida.[10] Lo mismo aplica para el almacenista, que viene obligado a devolver los bienes "al serle requerido".[11]

Por otra parte, el depositario no podrá hacer uso de la cosa depositada sin permiso del depositante, siendo responsable de indemnizar por la violación de esta regla.

La obligación de restituir o devolver la cosa depositada ofrece una particularidad muy interesante. Y es que, aunque se haya pactado entre los contratantes un plazo para el depósito, el depositante, como dueño que es la cosa, retiene siempre el derecho a retirarla en cualquier momento, independientemente del tiempo transcurrido.[12] Esto nos enseña que el plazo en el contrato de depósito de señala *en beneficio del depositante,* y ese beneficio es renunciable, puesto que al depositante puede representarle más provecho recuperar anticipadamente lo que es suyo. Y además, porque, siendo el depositante dueño de la cosa: no se le puede privar de su uso y disfrute por el empeño de dar cumplimiento a un plazo de almacenaje.

Eso sí, el retiro de los objetos antes de transcurrir el plazo estipulado, impone al depositante la obligación de pagar la indemnización estipulada para tal caso en el contrato. Y en efecto de estipulación sobre el particular, vendrá obligado a pagar lo que corresponda al perjuicio realmente sufrido por el depositario o almacenista.

En la práctica comercial los dueños de almacén tratan de evitar litigios de esta clase, señalando de antemano en el contrato, la cantidad que deberá abonar el depositante si retira las mercancías depositadas con anterioridad al vencimiento del plazo acordado. Por su parte, el almacenista o depositario está facultado por ley para devolver los objetos del depósito antes de vencerse el plazo estipulado, cuando el almacén amanece ruina o exista otro motivo justo para así hacerlo.

[8] 19 L.P.R.A. 1454 (1) y (2).

[9] 19 L.P.R.A. 1454 (1).

[10] Código de Comercio, artículo 224; 10 L.P.R.A. 1624.

[11] 19 L.P.R.A. 1456 (4).

[12] Código de Comercio, artículo 224; 10 L.P.R.A. 1624. Además, 19 L.P.R.A. 1456 (4).

En lo que respecta a la *obligación de indemnizar*, el depositario puede ser compelido a hacerlo cuando el daño proceda de su culpa o negligencia. En cambio, si la destrucción o averías en los objetos del depósito son causados por fuerza mayor, vicio o defectos propios de la cosa misma, o por circunstancias ajenas a la voluntad del depositario, entonces los daños que tales causas se deriven, serán por la cuenta del depositante. Sin embargo, el depositario no queda relevado de responsabilidad, aún en tales casos, si no hizo por su parte lo necesario para reducir el daño o remediarlo, avisando, además, al depositante que se manifieste.[13]

En lo que al *almacenista* respecta, la ley determina de igual forma que "salvo pacto en contrario, no será responsable por los daños que no pudieran haberse evitado"[14] mediante el cuido que "un hombre razonablemente cuidadoso ejercería ...".

La ley provee para limitar los daños mediante una disposición que limite el monto de la responsabilidad.[15] También establece que se podrán incluir disposiciones para la presentación de reclamos y para incoar acciones fundamentadas en el depósito.[16]

Cuando ambas partes son comerciantes, no se produce el fenómeno de reclamación recíproca:

> " Un comprador en el curso ordinario de negocios de bienes fungibles vendidos y entregados por un almacenista que también está en el negocio de comprar y vender tales bienes toma los mismos libre de toda reclamación bajo un resguardo de almacén aunque el mismo se haya negociado debidamente."[17]

Las *obligaciones* que la ley impone al *depositante*[18] son: 1) pagar el precio del depósito; 2) reembolsar al depositario los gastos legítimos en que incurra éste para la conservación de la cosa depositada, salvo pacto diferente; 3) indemnizarle por los perjuicios que ocasione el depósito y por retirar la cosa antes de vencido el plazo del contrato si éste fuere el caso; y 4) retirar la cosa depositada al vencimiento del plazo convenido o de la prórroga que el mutuo acuerdo lo extendiese.

El depositante pagará al depositario el precio convenido en el contrato. De no mediar acuerdo sobre la cantidad, se pagará el precio que corresponda según las prácticas y usos mercantiles de la plaza en que se constituya el depósito.[19] Esto es así cuando se trata de un depósito comercial, porque si es de naturaleza *civil*, y no se conviene nada sobre el precio,

---

[13] Código de Comercio, artículo 224; 10 L.P.R.A. 1624.

[14] 19 L.P.R.A. 1454 (1).

[15] 19 L.P.R.A. 1454 (2).

[16] 19 L.P.R.A. 1454 (3).

[17] 19 L.P.R.A. 1455.

[18] Código Civil, artículo 1679; 31 L.P.R.A. 4681.

[19] Código de Comercio, artículo 222; 10 L.P.R.A. 1622.

se considerará gratuito[20] y, por consiguiente, no habrá obligación de pagar precio alguno, a menos que el depositario se dedique habitualmente al negocio de depósito. En este caso resulta implícita la obligación legal de pagarlo.

En lo que se refiere a la conservación de los objetos del depósito, es regla que el depositante está obligado a indemnizar al depositario "de todos los perjuicios que se le hayan seguido del depósito."[21] Y como protección a este derecho, se faculta al depositario o almacenista a retener en prenda o garantía la cosa depositada hasta el completo pago de lo que se le deba por razón del depósito.

Conversión del depósito en otros contratos

El contrato de depósito es fácilmente convertible en un préstamo, en uno de comisión o agencia, o en cualquier otro contrato, si en lo pactado entre los contratantes se autoriza al depositario a *disponer* de la cosa objeto del depósito. En efecto, la ley dispone que "siempre que, con asentimiento del depositante, *dispusiere* el depósitario de las cosas que fueren objeto de depósito, ya para sí o sus negocios, ya para operaciones que aquél le recomendare, cesarán los derechos y obligaciones propios del depositante o depositario, y se observarán las reglas y disposiciones aplicables al *préstamo, a la comisión o al contrato que en substitución del depósito hubieren celebrado*.[22]

La explicación de la regla que precede es sencilla. Debe recordarse que el propósito primordial de todo contrato de depósito es la guarda o custodia de la cosa. Por lo tanto, cualquier otro uso o aplicación que se haga de ella desvirtúa la esencia del depósito, y deja de serlo para convertirse en otro conforme al uso o destino que se dé a la cosa. Piénsese por ejemplo, en que luego de A entregarle a B un automóvil para que se lo guarde en calidad de depósito, B es designado por A para que le sirva de agente vendedor en los negocios de su empresa; y para facilitar a B sus gestiones como tal agente, A le autoriza a que se sirva del automóvil según lo estime necesario a sus obligaciones como agente. Resulta claro que el fin original de guardar el vehículo queda suplantado por un pacto nuevo que viene a formar parte del contrato de *principal y agente*, dejando sin efecto lo que en su inicio fue un *depósito*.

Si se autoriza el uso de cosa *fungible*, el depósito deja de existir y surge la figura jurídica del *préstamo*. Si, por el contrario, la cosa cuyo uso se autoriza es *no fungible* y su uso es *gratuito*, se constituye en *comodato*. Si su uso es *retribuido*, se trata de un *arrendamiento* o *alquiler*.[23]

---

[20] Código Civil, artículo 1660; 31 L.P.R.A. 4641.

[21] Código Civil, artículo 1679; 31 L.P.R.A. 4681.

[22] Código de Comercio, artículo 227 (10 L.P.R.A. 1627); Código Civil, artículo 1667; 31 L.P.R.A. 4662.

[23] Código Civil, artículo 1668; 31 L.P.R.A. 4663.

Resguardos de almacenes de depósito y reglamentación de almacenes

El negocio de almacenaje y la relación de empresas depositarias con los clientes del comercio y de la industria a quienes principalmente sirven, están reglamentados de un modo especial por la *Ley de Resguardo de Almacén y otros.*[24]

Esta ley regula básicamente la relación entre el almacenista y los depositantes, dando especial énfasis a la formalidad del contrato que es, precisamente, lo que la ley llama *resguardos de almacenes de depósito.*

Aunque el estatuto que comentamos no requiere que estos *resguardos* se ajusten a un modelo determinado alguno, sí exige en su contenido nueve renglones diversos de condiciones o términos que se consideran indispensables, puesto que se hace responsable al depositario o almacenista ante cualquier persona que resultare perjudicada en virtud de la omisión "de cualquiera de las condiciones que por este capítulo se requieren." [25]

Los resultados tienen dos categorías, según la forma en que estén redactados, respecto al beneficiario de los bienes en depósito: unos se consideran *negociables* y los otros, *no negociables.*[26] Pertenecen a la primera clase aquéllos en que se haga constar que las mercaderías en depósito serán entregadas *al portador, o a la orden de persona nombrada* en el resguardo. Si, por el contrario, lo que se dice en éste es que han de ser entregadas al depositante o a determinada persona nombrada en el documento, será *no negociable.*

Esta distinción no puede ser ignorada porque la responsabilidad de indemnizar por daños que pudiere causar la omisión de alguna de las nueve condiciones que debe incluirse en los resguardos, *es sólo exigible* tratándose de resguardos *negociables.* [27]

El tercero de buena fe frente a la falsificación o alteración de resguardos de almacén

> "Cuando se completa sin autoridad un espacio en un resguardo de almacén negociable, un comprador por valor y sin conocimiento de la falta de autoridad podrá tratar la inserción como autorizada. Toda otra alteración no autorizada dejará el resguardo exigible contra el emisor de acuerdo con sus términos originales." [28]

Comercio Internacional. Subordinación jurídica.

La Ley de Resguardo de Almacén y otros está subordinada a los tratados firmados por los Estados Unidos, a la legislación federal y a los reglamentos federales.[29]

---

[24] 19 L.P.R.A. 1401-1653.

[25] 19 L.P.R.A. 1452.

[26] 19 L.P.R.A. 1601, 1404 (1) y (2).

[27] 19 L.P.R.A. 1452-1453.

[28] 19 L.P.R.A. 1458.

[29] 19 L.P.R.A. 1403.

Contrato de transporte

El transporte puede ser *de carga* o *de pasajeros*.

El contrato de transporte *es uno por el cual una de las partes, el consignador* (antes llamado), *entrega o se compromete a entregar a la otra parte, llamada porteador, uno o más objetos para que éste los traslade de un sitio a otro*. Las mercaderías u otras cosas transportadas toman el nombre de *carga*. La persona a quien van dirigidos los objetos de la transportación, sea el mismo cargador o un tercero, se llama *consignatario*.

Consignador y porteador

Obsérvese que la ley llama *consignador*, [30] no al que transporta la carga sino al que la suple, para que la otra parte, el *porteador*, [31] la traslade al lugar pactado. En este punto, la ley se aparta de la terminología corriente, pues en el lenguaje común es *cargador* quien lleva una carga. En cambio, la legislación da ese nombre precisamente a la otra parte contratante.

La transportación de mercancías u otros objetos puede tener lugar por vías terrestres, marítimas o aéreas. También, por vías fluviales; pero dado el tamaño de nuestros ríos, esta última es insignificante. En cambio, nuestra condición de *isla* hace imperativo un tráfico marítimo y aéreo con el exterior[32] de proporciones excepcionales que corre parejo con la misma importancia que el insularismo de nuestros *transportes* comerciales.

2. Responsabilidad por pérdidas en la transportación

Si las pérdidas o averías en la mercancía transportada son consecuencia de la negligencia o culpa del porteador o de sus empleados al manejar o bregar con los bultos, el porteador vendrá obligado a indemnizar al consignatario por los daños que representen tales pérdidas o averías.

En cambio, si se demuestra que las pérdidas sobrevienen porque el cargador cometió engaño en la carta de porte o porque hubo descuido en el embalaje de los bultos, o por mediar fuerza mayor o accidente que no proceda de la negligencia del porteador o de sus empleados, será el cargador, el dueño o el consignatario de los objetos transportados — según el caso — quien habrá de sufrirlas.[33]

Como parte del cumplimiento de sus responsabilidades, el porteador está obligado a verificar la descripción de los bienes, el "contenido alegado", el "peso, carga y conteo del embarcador" y el manejo de la mercancía entregádale.[34]

---

[30] 19 L.P.R.A. 1402 (1) (c).

[31] 19 L.P.R.A. 1501 (2).

[32] 19 L.P.R.A. 1402 (1) (h).

[33] 19 L.P.R.A. 1509; Código de Comercio, artículo 280.

[34] 19 L.P.R.A. 1501.

La regla sobre la pérdida de la mercancía a tenor con la ley local[35] no le permite a un porteador pactar en un contrato mercantil de transporte su exoneración de toda responsabilidad que pueda tener como transportador terrestre bajo las disposiciones del Código de Comercio de Puerto Rico.[36] Por todo lo contrario el remitente o cargador en el transporte terrestre asume los riesgos de pérdidas por caso fortuito, fuerza mayor o naturaleza y vicio propio de las cosas,[37] pero el peso de la prueba recae sobre el porteador, quien tiene que probar que la pérdida ocurrió por esta razón. Pero, aún en estos casos, el porteador responde si no tomó las precauciones que adoptaría diligentemente o debido a otra forma de negligencia de su parte.[38] Esta negligencia puede consistir, por ejemplo, en que permita que le roben el camión con la mercancía.[39] Las cláusulas de relevo de responsabilidad no tienen validez alguna para relevar de su responsabilidad al porteador. Cuando medie dolo, la responsabilidad por los daños es irrenunciable.[40] El Tribunal Supremo llama cláusulas nulas e ineficaces a aquellas cláusulas de absoluto relevo de responsabilidad por negligencia, por ser contrarias al interés público, plasmado en el Código Mercantil.[41]

Los terceros que son lesionados por la descarga de la mercancía solamente pueden recobrar del porteador en los casos en que medie negligencia y no del cargador.[42]

El porteador público es un asegurador de los bienes que se le han confiado.[43] Solamente se releva de su responsabilidad en las situaciones antes discutidas. Las pérdidas por fuego son por cuenta y cargo del porteador, por no considerarse como fuerza mayor o caso fortuito.[44]

En Puerto Rico la responsabilidad bajo el contrato de transporte y el extranjero está reglamentada por la ley federal Harter.[45] Esta ley provee compensación por daños por concepto de angustias mentales sufridas como consecuencia de la pérdida de mercancía. Estamos frente a jurisdicción concurrente establecida por la ley federal precitada. La ley Harter dispone que la responsabilidad del porteador no termina cuando la mercancía es descargada sino que la misma se extiende hasta que ocurra una entrega apropiada. Ésta puede efectuarse mediante entrega *constructiva* o *real*. Para que se entienda que existe la

[35] 27 L.P.R.A. 1002 (m); 10 L.P.R.A. 1771, 1777-1780 y 1783-1795.

[36] *Waco Export Co. v. Expreso Meteoro*, precitado.

[37] 19 L.P.R.A. 1509 (1); *Waco Export Co. v. Expreso Meteoro*, precitado.

[38] *Ibid.*

[39] Código Civil, artículo 1055; 31 L.P.R.A. 3019.

[40] *Waco Export Co. v. Expreso Meteoro*, precitado.

[41] *Waco Export Co. v. Expreso Meteoro*, precitado.

[42] *Vélez v. García Comercial* (1972) 100 DPR 645.

[43] *Morales Mejía v. Met Park and War Co.* (1962) 86 DPR 3.

[44] *Vidal v. Am. R.R. Co.* (1920) 28 DPR 204.

entrega *real* se tiene que recibir la posesión o control físico. La *constructiva* se efectúa mediante notificación, a la cual se le tiene que añadir un tiempo razonable para recogerla. Esto es lo que la ley denomina *entrega apropiada.*[46]

Además, es aplicable la ley federal "Carriage of Goods by Sea Act" (C.O.G.S.A.),[47] que establece el mínimo de $500.00 como daños.

La ley federal le impone responsabilidad al porteador por daños, por culpa al cargar, custodiar o entregar mercancía y declara nulo cualquier acuerdo para exonerar al porteador de dichas obligaciones.[48]

Para imponer daños por pérdida de plusvalía, futuros negocios o reputación comercial por el envío tardío de la mercancía para la época de Navidad, requiere su conocimiento de la necesidad de enviar la mercancía a tiempo.[49]

Se debe poner al porteador en condición de conocimiento de las circunstancias que ameriten la concesión de daños por concepto de angustias mentales y del valor de la mercancía, a los efectos de que conozca el riesgo monetario que conlleva la pérdida de la misma.[50]

Toda acción fundamentada en el contrato de embarque ("bill of landing") es materia de ley federal.[51] En el incumplimiento de un contrato de embarque, existe jurisdicción marítima concurrente entre los tribunales federales y estatales. Si la acción es en contra de la nave, es *in rem*, en cuyo caso la jurisdicción es exclusiva federal.[52]

El propósito de la cláusula "saving to suits", le asegura al demandante la obligación del foro si interesa un remedio estatal.[53]

Los tribunales estatales no están limitados al derecho de naturaleza marítima . Estos pueden poner en vigor legislación estatal que no contravenga los principios del derecho marítimo federal, pero sin que se entienda que se puede aplicar otro derecho que no sea el mismo derecho sustantivo que se hubiera aplicado bajo la jurisdicción federal del almirantazgo.[54]

Toda reclamación a la luz del contrato de embarque ("bill of landing") es materia que está regida por el Derecho marítimo federal.[55] Es interesante que esta indicación surge del artículo 111, sección 2, Cl, 1 de la Constitución de los Estados Unidos. Es de la propia

[46] *Soto et als v. Caribe*, 96 JtS 66.

[47] 46 U.S.C.A. 300.

[48] *Soto v. Caribe*, precitado.

[49] *McKernin and Co. v. U.S. Lines*, 416 F Supp. 1068 (1976).

[50] *Soto v. Caribe*, precitado.

[51] *León v. Transconex Inc.* (1987) 119 DPR 103.

[52] *Ibid.*

[53] *Ibid.*

[54] *Ibid.*

[55] *León v. Transconex, Inc.*, precitado.

Constitución *ex proprio vigore* que surge el derecho sustantivo, así como la jurisdicción sobre la materia. Esta jurisdicción de los tribunales es una concurrente entre los tribunales federales y estatales.[56]

Las acciones relativas al cobro de contratos de flete se rigen por el artículo 947 del Código de Comercio y prescriben a los seis meses.[57] En lo que respecta a la prescripción, el derecho marítimo federal —por ser de creación de los tribunales de almirantazgo— no tiene estatutos de prescripción para las diversas acciones que surjan del mismo, excepto cuando la acción se basa en alguna ley especial. Los tribunales aplican en estos casos la doctrina en equidad de *laches*. Para la aplicación de la doctrina de *laches*, los tribunales suelen tomar como base el término de prescripción análogo de la legislación local. Pero el término de seis meses no obliga a los tribunales; es un elemento a considerar entre otros al determinar si la tardanza constituyó *laches* o no. Puerto Rico tiene facultad para legislar en materias marítimas a diferencia de los estados en los Estados Unidos. El periodo prescriptivo de aplicación es de seis meses.[58]

Obligaciones legales de los contratantes

En el *transporte*, como en los demás contratos, las partes contraen determinadas obligaciones: unas, por acuerdo voluntario entre ellas; otras, porque la ley se las impone como consecuencia del contrato según la naturaleza de éste e independientemente de lo que en el pacto se estipule. Los deberes que legalmente se imponen al porteador son los siguientes:

a. *trasladar* los objetos hasta el sitio a que son destinados según lo convenido;

b. *entregar* los objetos transportados en el lugar específico y a la persona designada en el contrato a ese efecto;

c. tener el necesario *cuidado* de los objetos mientras estén en su poder durante la transportación y hasta que los mismos sean entregados al consignatario;

d. *indemnizar* al consignatario por las pérdidas o averías que sufran los objetos de transporte atribuibles a su negligencia o a las de sus agentes o empleados.

El derecho a reclamación contra el porteador por virtud de su cuarta responsabilidad aquí anotada, impone al consignatario una diligencia tan perentoria, que procede conocer los términos precisos de la regla legal establecida. Si las señales del daño o avería se conocen por la parte exterior de los bultos, sólo se admitirá la reclamación "en el acto del recibo"

---

[56] *Ibid.*

[57] *Mortensen and Fange v. San Juan Mercantile Corp.* (1987) 119 DPR 345.

[58] *Ibid.*

de las mercaderías. Si el daño o avería se encontrase en las mercancías *al abrir los bultos*, la reclamación deberá hacerse "dentro de las veinticuatro horas siguientes al recibo" de ellas.[59]

Se reconoce la *ausencia de responsabilidad* por la entrega de buena fe de bienes, a tenor con el resguardo o la carta de porte.[60]

Hecho el pago del *precio* del transporte, o transcurridos los plazos que arriba se indican, se pierde toda reclamación contra el porteador por razón del estado en que se entreguen los objetos.

Formalidades en el contrato de transporte

Si por algunas disposiciones en el Código de Comercio surgiese duda respecto de la *formalidad* que pudiera requerirse para perfeccionar este contrato y hacer exigible el cumplimiento de sus condiciones, esa duda se acrecienta más con la declaración siguiente:

"Los títulos *legales* del contrato entre el cargador y porteador, serán las *cartas de porte*, por cuyo contenido se decidirán las contenciones que ocurran sobre ejecución y cumplimiento, sin admitir más excepciones que las de falsedad y error material en su redacción."[61] Sin embargo, toda la vaguedad o incertidumbre que puedan reflejar esta y otras reglas, queda disipada ante otro precepto que expresamente admite otras pruebas sobre la existencia y eficacia del contrato:

> "*En efecto de la carta de porte*, se estará al resultado de las pruebas jurídicas que haga cada parte en apoyo de sus respectivas pretensiones, conforme a las disposiciones generales establecidas en este código *para los contratos de comercio*".[62]

La ley determina asimismo que: "Toda alteración no autorizada o compleción de un espacio en una carta de porte la deja ejecutable de acuerdo con sus términos originales."[63]

En cuanto al contenido de la *carta de porte* o *conocimiento de embarque*, que es lo mismo, el cargador podrá exigir del porteador; y este último podrá igualmente exigirlo del primero, que dicho documento se redacte haciendo constar: a) los nombres y domicilio del *cargador, porteador y consignatario* o, en cuanto a este último, que los efectos se entregarán *al portador* de la *carta*; b) designación y *descripción de los efectos*, expresando su calidad genérica, su peso y las marcas o signos exteriores de los bultos en que están contenidos; c) *el precio* de transporte; d) *fecha* de la expedición y *lugar de entrega* al porteador; e) *lugar* y *plazo* de entrega al *consignatario*; y f) la *indemnización*, si alguna se conviene, con que habría de responder el porteador en caso de tardanza.

---

[59] Código de Comercio, artículo 284; 10 L.P.R.A. 1788.

[60] 19 L.P.R.A. 1554.

[61] 19 L.P.R.A. 1502, 1504 y 1505 (1); Código de Comercio, artículo 280;10 L.P.R.A. 1784.

[62] Código de Comercio, artículo 272; 10 L.P.R.A. 1776.

[63] 19 L.P.R.A. 1506; Código de Comercio, artículo 272.

Según la práctica en Puerto Rico, en las transportaciones *terrestres*, la hoja de recibo de los objetos transportados, que suelen hacérseles firmar al comprador o consignatario, se denomina *el conduce*. Esta hoja es de incalculable utilidad en el tribunal si surge litigio sobre la naturaleza y condiciones de las cosas transportadas al tiempo en que las mismas son recibidas.

En caso de reclamos conflictivos ante un depositario, la ley establece un procedimiento para obligar a reclamantes adversos a litigar entre sí.[64]

Los seguros mercantiles

Naturaleza y definición del contrato

Las distinciones técnicas y doctrinarias entre los seguros civiles y los *mercantiles* quedaron barridas de nuestro ordenamiento jurídico, al aprobarse en 1957 esa extensa pieza de legislación llamada *"el Código de Seguros."*[65] Con ella quedaron derogadas todas las disposiciones hasta entonces existentes en nuestros códigos *civil* y *mercantil*.

Siendo ésta la realidad jurídica cuando se reescribe este capítulo, ¿por qué insistimos en referirnos en él a los seguros *mercantiles* en lugar de enfocar *los seguros en general*, sin calificativo que limite su concepto? La respuesta es sencilla. Lo hacemos así, porque, siendo éste un texto de *Derecho mercantil*, nos interesan las reglas del Derecho en tanto regulan negocios *comerciales e industriales*. Por ello, al referirnos a las reglas generales de la contratación, recurrimos al Código Civil, porque es en este texto legal donde tales reglas se encuentran, pero reconociendo también que su general aplicación no nos impide que califiquemos esas reglas — en tanto aplicables a *contratos o negocios mercantiles* — como parte del Derecho mercantil puertorriqueño. Por idéntico razonamiento tenemos que considerar el *Código de Seguros* hoy vigente, como fuente y parte integrante de nuestra rama jurídico-mercantil, aplicable, entre otros, a los seguros que son propios y habituales de la *industria* y del *comercio*, aunque a la vez tenga aplicación a las demás clases de seguro.

Definición de seguro

El *seguro es un contrato por el que una de las partes contratantes,* llamada *"asegurador", se obliga a indemnizar o a proveerle un beneficio específico o determinable, a la otra parte, llamada "asegurado" o "beneficiario", al producirse un suceso incierto y dañoso previsto en el convenio.*[66]

El *seguro* tiene por finalidad esencial proteger a una persona contra riesgos o siniestros que puedan ocurrirle en su físico o en sus bienes. En el caso de muerte o incapacidad, proteger con indemnización a quien, designado como *beneficiario* en el contrato, se considera perjudicado por tal suceso.

[64] 19 L.P.R.A. 1653.

[65] Código de Seguros de Puerto Rico; 26 L.P.R.A. 101.

[66] 26 L.P.R.A. 102.

Las partes en este contrato se denominan: *asegurador, asegurado* y *beneficiario*. Los dos últimos pueden fundirse en la misma persona, según la naturaleza del aseguramiento. Mientras el contrato de fianza protege contra el incumplimiento de un deudor, el de seguro brinda protección contra toda otra clase de riesgos o daños que puedan sobrevenirle al *asegurado* o al *beneficiario*.

Pero hay una clase de seguro, el *de vida,* en que la protección nunca es para el propio asegurado sino para familiares o allegados, a quienes el asegurado designa en el contrato como *beneficiario*. Se exceptúan de esta regla los casos de pólizas de seguro de vida *dotal,* en las que el propio asegurado se reserva para sí el derecho a cobrarla *en vida* siempre que sobreviva al plazo señalado en el contrato. En los demás casos, el seguro se hace, por regla general, también para beneficio del propio asegurado, quien puede ser persona natural o persona jurídica.

El seguro y la ciencia actuarial

El negocio de seguros, que se lleva a cabo mediante gigantescas empresas corporativas, así como por asociaciones mutuas y cooperativas, se funda en la *ley natural de probabilidades*. Las poderosas compañías de seguros que hacen negocios a través de múltiples países, tienen millares y hasta millones de asegurados, de distintas nacionalidades. Utilizan las estadísticas y formulan tablas de mortalidad probable, y de otros riesgos y siniestros, para determinar la cantidad exacta a que se deba ascender la *prima o cuota* que ha de pagar cada *asegurado,* según el lugar, la naturaleza y frecuencia del riesgo o siniestro contra el cual se asegura. Lo importante es que, la acumulación de esas cantidades múltiples, aportadas al fondo común de la empresa, deberán alcanzar a cubrir las indemnizaciones conforme se vayan sucediendo, además del margen de ingreso adecuado para cubrir gastos de administración necesarios, y un beneficio o rendimiento correspondiente al capital invertido en el negocio.

Aunque las compañías de seguros existen primordialmente para proteger a otros contra riesgos, pérdidas y siniestros de todas clases, ellas quedan a salvo de perder, ya que todo el negocio descansa sobre bases absolutamente científicas. En su monumental sistema están previstas todas las contingencias, a fin de proteger a los demás, pero sin perder de vista la protección de su propio interés. La ciencia relacionada con el mecanismo, estadísticas, cómputos y demás fases del negocio de los seguros de toda clase se llama *ciencia actuarial;* y los que la profesan se llaman *actuarios*.

Las infinitas modalidades del seguro

El seguro puede ser *mutuo* o *a prima fija*. El *de prima fija* es el más corriente, que todos conocemos. Toma ese nombre porque, mediante cómputos *actuariales,* se requiere de cada asegurado que pague una *prima fija uniforme,* fijada en el contrato mismo con anterioridad a la ocurrencia del siniestro a que el seguro corresponde. Del otro lado, en el *seguro mutuo,* los asegurados se asocian para constituirse en *sus propios aseguradores*. Y en el lugar de pagar *primas fijadas por anticipado,* se comprometen a pagar *cuotas* — o cantidades en *participación* — cada vez que ocurre la pérdida o siniestro objeto del seguro a cualquiera de los asociados al sistema. Con el conjunto de esas cuotas así aprobadas, se provee para satisfacer la indemnización correspondiente al beneficiario damnificado *en cada caso que se vaya sucediendo,* más un recargo necesario para atender a los gastos de administración que sean estrictamente indispensables a un servicio eficiente.

Pero aparte de la distinción señalada entre el seguro *mutuo* y el seguro *a prima fija,* los seguros se clasifican en atención a *la naturaleza del objeto asegurado;* y también por razón del riesgo específico contra el cual quiere el asegurado protegerse.

Por *la naturaleza del objeto,* los seguros se clasifican en dos divisiones fundamentales: seguros de *personas* y seguros de *cosas.* El que recae sobre personas comprende las diversas modalidades del seguro *de vida,* los *de accidentes, incapacidad* y, en resumen, el seguro contra cualquier daño o pérdida que pueda sufrir un individuo *en su persona.*

De otra parte el seguro de cosas o propiedades comprende variantes múltiples según los diversos riesgos imaginables: incendio, terremoto, huracán, robo, pérdida, colisión, responsabilidad pública, etc.

La clasificación, según los riesgos, comprende los ya mencionados y muchos otros que no es preciso enumerar aquí porque son tantos y tan variados, como se le ha ido ocurriendo a la mente humana, los diversos riesgos y daños a que pueden estar sujetas las personas, las cosas y las empresas. Naturalmente, las *primas* que pagan los asegurados se fijan y se van reajustando, en proceso dinámico y no estático. De este modo su importe en cada caso y en cada época guarda relación directa con el alcance del daño o pérdida, la frecuencia con que tales daños ocurren, según las más recientes estadísticas utilizables, y el importe de la indemnización que cada asegurado espera o tiene derecho a recibir según lo convenido en el contrato.

Fiscalización de los seguros y de las empresas por el gobierno

La legislación puertorriqueña en esta materia, tan vital para el estímulo, la seguridad y el desarrollo del comercio y la economía en todas sus fases, no se limita a proveer un cuerpo de reglas, que en este caso es literalmente calificable de *voluminoso.* Va mucho más allá y establece unas estructuras oficiales de carácter permanente y con autoridad gubernamental y administrativa para supervisar, fiscalizar y reglamentar todos los negocios de seguros que se hacen y mantienen dentro del territorio nacional puertorriqueño, así como las empresas que a este particular servicio social y comercial se dedican. Constituye, ciertamente, nuestro Código de Seguros, un esfuerzo de incuestionable alcance para dotar a Puerto Rico de una legislación de vanguardia en la materia.[67]

[67] No obstante lo arriba indicado, es lamentable señalar que el formidable estatuto incurre en la imperdonable falla de no proveer los resortes jurídicos apropiados al efecto de estimular y fomentar con carácter preferente el desarrollo de *empresas de seguros puertorriqueñas,* a base de capital *propio,* y en número, diversidad y capacidad suficientes como para gradualmente ir desplazando todas o por lo menos parte de las empresas aseguradoras del exterior. Una economía propia y un genuino interés nacional puertorriqueño así lo justifican. Sin embargo, en el Código de Seguros no se advierte precepto ni intención alguna de *puertorriqueñizar* la multimillonaria actividad aseguradora, de la que el país no ha pasado de ser, hasta ahora, más que *dócil y pasivo tributario.* ¿Cuánto dinero se va del país entre el total de *primas* que se pagan constantemente y las *indemnizaciones* que, de tarde en tarde, se nos devuelven?

El negocio de seguros se lleva a cabo principalmente por grandes corporaciones. Requiere grandes inversiones y reservas de dinero suficientes para responder en un momento dado de indemnizaciones que pueden ser muchas y cuantiosas. Han de responder estas empresas por siniestros que, inclusive, pueden sucederse dentro de un período relativamente corto. Por otra parte, son tantos los ciudadanos y empresas afectadas por el negocio de seguros y a merced de la responsabilidad de las compañías aseguradoras, que se ha sentido la necesidad y conveniencia en todo país civilizado, de mantener la función *fiscalizadora oficial* a que antes aludimos sobre los negocios y actuaciones de estas poderosas corporaciones.

Entre otras cosas, se les exige que presten fianzas adecuadas con qué garantizar el cumplimiento de sus compromisos con los asegurados, y se vigila que mantengan un estado de solvencia material y moral en protección del interés de éstos. Por medio de exámenes de capacitación especial, licencias y otros resortes de fiscalización, se procura que los *agentes* y *corredores de seguros* sean personas capacitadas en esta particular línea de contratación y observen la conducta apropiada en su función de mediadores entre aseguradores y asegurados. El *corredor* viene obligado a representar al *asegurado,* al *agente* y a la *compañía aseguradora.*

La oficina de gobierno a la que se tiene asignada la tarea principal y directa de fiscalizar y mantener control del negocio de seguros en el país, está a cargo del "Comisionado de Seguros de Puerto Rico". Responsable directamente al Gobernador, aunque adscrita su agencia al Departamento de Hacienda, este funcionario tiene la alta encomienda de hacer cumplir la ley en nuestro territorio nacional en todo lo concerniente al ramo de seguros.[68]

Sin pretensión de señalar los múltiples poderes específicos que por el estatuto se le confieren, el Comisionado tiene autoridad para investigar operaciones, transacciones, cuentas, archivos, documentos y capital de cada asegurador autorizado a hacer negocios en Puerto Rico. Y esa autoridad la puede ejercer con la frecuencia que él estime prudente. A los aseguradores del país los debe someter a investigación por lo menos una vez cada tres años. Pero en lo que atañe a aseguradores *extranjeros,* la investigación ha de *circunscribirse* a las operaciones que realicen *en Puerto Rico.*

Presidida por el Comisionado de Seguros, existe también una "Junta Consultiva de Seguros", compuesta de seis miembros, cuyas función, como su nombre mismo lo indica, es de carácter *consultivo* y *asesor.*[69] Está encargada esta Junta de dos tareas principales: estudiar y hacer recomendación sobre cualquier asunto específico *que el Comisionado le someta;* y, por iniciativa propia, investigar e informar al Comisionado sobre cualquier práctica *en el negocio de seguros* que sea contraria al *interés público,* incluyendo las prácticas en el funcionamiento de la oficina del propio Comisionado.

El Tribunal Supremo ha determinado que: "Una aseguradora a la que se le presenta una reclamación tiene que hacer la investigación pertinente a los hechos por los cuales se

[68] Código de Seguros de Puerto Rico; 26 L.P.R.A. 201-203.

[69] Código de Seguros de Puerto Rico; 26 L.P.R.A. 232.

reclama, notificar al asegurado el ajuste o valorización de la pérdida y resolver la reclamación dentro del término máximo de 90 días desde la presentación de la reclamación." [70]

Requisitos de forma en el seguro

El contrato de *seguro*, como el de *fianza*, es también un contrato *formal*, ya que no basta con el consentimiento para su validez legal, sino que se requiere que conste *por escrito*.

El documento formal en que se consignan las condiciones de un contrato de seguros se llama "la póliza". No es necesario, para que exista y sea obligatorio el contrato de seguro, que la póliza haya sido entregada al asegurado, pero ha de constar en alguna forma el consentimiento de los contratantes y las condiciones del aseguramiento, para que la relación contractual sea legalmente reconocida.

El Código de Seguros provee para un "resguardo provisional" que "se utiliza para hacer obligatorio el seguro *temporalmente*," en tanto se expide formalmente la póliza. *El resguardo*, según palabras textuales del estatuto, "podrá ser oral o escrito". Pero la obligación del asegurador de entregar una *póliza* al asegurado no puede soslayarse bajo pretexto alguno. Las palabras textuales del Código a este propósito son terminantes:

"Toda póliza *deberá* ser *enviada* por correo o entregada al asegurado o a la persona con derecho a ella *dentro de un período razonable de tiempo* desde la fecha en que el asegurado solicitó su expedición."[71]

Y a renglón seguido se añade que, de no hacerlo así, una vez pagada la primera prima, la omisión del asegurador "se considerará como una expedición y entrega de la póliza de la clase y en la cuantía solicitada."

Regla sobre interés asegurable

Una de las reglas más importantes en materia de seguros es la de considerar *ilegal* que una persona se constituya en *asegurado* de un objeto (*cosa* o *persona*) sobre el cual no tenga, al tiempo de contratarse el seguro, un *legítimo interés asegurable*".[72]

Interés asegurable significa que ha de haber entre el *asegurado* y el *objeto del seguro* una relación tal que haga al asegurado tener más interés en la conservación de dicho objeto que el cobro de la póliza de seguro que sobre él se establezca. De no existir ese interés *superior* en conservar el objeto asegurado, la perspectiva de recibir una indemnización podría inducir a personas inescrupulosas a destruir por sí mismas el objeto a fin de cobrar

[70] Código de Seguros de Puerto Rico, artículo 27.162 (1); 26 L.P.R.A. 2716; *Comisionado de Seguros de Puerto Rico v. Antilles Insurance Company*, 98 C.A. 39.

[71] Código de Seguros de Puerto Rico; 26 L.P.R.A. 232.

[72] Código de Seguros de Puerto Rico; 26 L.P.R.A. 232.

la póliza. Si la ley permitiera tal cosa, en lugar de ser el seguro un contrato de *protección contra riesgos*, se prestaría a ser utilizado como *instrumento de destrucción, especulación* y *fraude*.

De aquí que no es permisible que una persona pueda legalmente asegurar a su favor la propiedad perteneciente a otro. En cambio, el propietario sí tiene un interés *asegurable* sobre la cosa que es su propiedad, pero aún el propietario carece de él si el seguro se otorga con promesa de indemnizar por un valor igual o mayor que el que tenga realmente la propiedad. Tampoco puede una persona asegurar la vida de otro asignándose la póliza a su propio favor como beneficiario, a menos que la relación suya con el asegurado represente el interés asegurable que se requiere como indispensable.[73]

El *interés asegurable*, según el texto de la ley, abarca cualquier interés *económico real, legítimo y sustancial* en la conservación y seguridad del objeto del seguro, contra *pérdida, destrucción, deterioro* o *perjuicio pecuniario*.

A pesar de la limitación que esta regla supone, todavía se dan casos en que, por no existir un *suficiente* grado de interés *asegurable*, individuos de baja estrata utilizan el seguro para destruir, por un lado, y cobrar indemnizaciones aseguradas, por el otro. No son pocos los casos que se reportan de personas que obtienen una póliza por cantidad mayor del verdadero valor de la propiedad que aseguran, para luego incendiar la propiedad o destruirla por otros medios, resultando luego que la póliza representa un valor mayor al que pudiera haber logrado su dueño al vender la propiedad destruida.

En tales casos, a pesar de existir un interés *asegurable por la relación existente entre la cosa y su propietario*, la cantidad *excesiva* consignada en la póliza neutraliza o desvirtúa el verdadero *interés asegurable*. Con ello queremos implicar que, además de la relación necesaria entre el asegurado y el objeto del seguro, también ha de haber la necesaria correlación entre el *valor* del objeto asegurado y el *importe de indemnización* que se consigne en la póliza. Si no concurren estos dos requisitos, faltará, ante la ley, la condición de interés asegurable *real*, sin el cual el seguro no es válido.

La cuenta corriente mercantil

Definición y caracteres distintivos

La "cuenta corriente" *es un contrato por el cual dos o más personas acuerdan servirse mutuamente, o una en favor de la otra y a su conveniencia, artículos de su negocio u otros valores económicos, con el entendido de que, periódicamente, en fechas o plazos previamente acordados, o en cualquier momento si no ha mediado pacto al efecto, se liquidarán los créditos respectivos y será reclamable, por quien lo tenga a su favor, el saldo que resulte de la compensación de unos créditos contra los otros.*

[73] Código de Seguros de Puerto Rico; 26 L.P.R.A.1107.

Este contrato no está regulado de un modo expreso por ninguna legislación puertorriqueña. Por tanto, sólo puede ser considerado, entre los contratos *mercantiles*, "por analogía" a los enumerados en el Código.[74] En este caso la *analogía* se da con relación al contrato de *compraventa*. Eso es, en esencia, la cuenta corriente: un contrato abarcador de ventas en serie. Su peculiaridad consiste en que se acumulan en un solo contrato dos, o más, o múltiples *operaciones de venta* para ser pagadas conjuntamente en un solo pago aplazado cuando "la cuenta" *se liquida*. Por consiguiente, salvo por esta forma particular de pago, todas las reglas que rigen la compraventa son reguladoras también del contrato de cuenta corriente en tanto le sean aplicables. También tienen *analogía* con el *préstamo*.

Pero, a diferencia de la compraventa, el contrato de *cuenta corriente* deja de ser *principal* para convertirse en *accesorio*, con el carácter especial de *preparatorio* del contrato principal, que es la compraventa propiamente hablando. Y es preparatorio, porque se limita a facilitar la adquisición de artículos y otros valores económicos, eliminando las inconveniencias de pagos múltiples e inmediatos con cada entrega que se hace de mercaderías o con cada prestación de servicios. Aquí aparece su analogía con el *préstamo*. En ocasiones, puede servir la cuenta corriente para cancelar el pago en sí por virtud de *compensación* de los créditos de un contratante contra los de otro.

No puede calificarse de contrato *principal* porque no se basta a sí mismo para cumplir su finalidad: necesita de contratos *sucesivos* de compraventa o de prestación de servicios. La obligación de las partes bajo la cuenta corriente viene a surgir después de haberse servido los artículos *comprados*, o de prestarse los servicios. Y para que éstos sean servidos o prestados, tiene que reiterarse el consentimiento especial del contratante en cada entrega o prestación que hace a la otra parte. Todo ello imprime a este contrato el carácter adicional de *real*, en contraste con los contratos *consensuales*, que se perfeccionan, como la compraventa, por el mero consentimiento, sin que sea necesario llenar formalidad o hacer entrega de cosa alguna.

Finalmente, el de cuenta corriente puede ser contrato *expreso* o *tácito*, como frecuentemente ocurre en la práctica comercial.

Su carácter mercantil

La cuenta *corriente* no es peculiar de la vida *comercial*, si bien se da con mucho mayor frecuencia en ésta, donde la repetición de operaciones similares entre las mismas partes ofrece precisamente la base sobre que se asientan *las cuentas* que periódicamente podrán liquidarse. Por si se trata de una cuenta corriente por la que el comerciante suple entregas de mercancía al consumidor, su carácter *accesorio* al de compraventas civiles — que no otra cosa son las que realizan los comerciantes cuando venden al público *consumidor* — mantendrá la operación en la categoría de contrato *civil*. En cambio, cuando la cuenta

[74] Código de Comercio, artículo 2; 10 L.P.R.A. 1002.

[75] Véase ante, Capítulo 10, *El contrato de compraventa*, epígrafe C.

corriente facilita operaciones de *compraventa mercantil*, como ya se ha definido ésta en el capítulo de ese nombre,[75] entonces deberá considerarse *mercantil*, y se regirá en primer término por las reglas aplicables del Código de Comercio.[76]

Modos de extinguirse la cuenta corriente

Este contrato se extingue por las mismas causas que determinan la extinción de las obligaciones en general, en cuanto le son aplicables: pago, novación, cumplimiento de la condición resolutoria, etc.

Pero, además, y de un modo muy particular, se extingue por la *liquidación*.[77] *La liquidación* — acompañada del saldo de la cuenta — puede calificarse como una modalidad del "pago o cumplimiento", pero no deja de tener su carácter propio, ya que puede exigirse *en cualquier momento,* salvo pacto o uso en contrario. En este punto, la cuenta corriente se aparta de la norma general de que la voluntad de una sola parte contratante no puede disolver o extinguir las obligaciones legalmente contraídas. Pero ello se debe a que la cuenta corriente, como la sociedad o la relación de agencia, es un contrato basado en la confianza entre las partes. Y este principio de confianza se violentaría si las partes no estuvieran en libertad para exigir el saldo que arroje la liquidación y para dar por terminado el contrato en cualquier momento, respetando desde luego, las prestaciones ya ejecutadas hasta ese momento.

Nuestro Tribunal Supremo reconoció desde hace muchos años el vínculo contractual *especial* que surge de la *cuenta corriente* al declarar que "la conformidad y aprobación de una cuenta corriente por las partes constituye entre ellas un vínculo jurídico que sanciona esta sección". La decisión se refería especialmente al artículo 1230 del Código Civil,[78] que establece:

> "Los contratos serán obligatorios, cualquiera que sea la forma en que se hayan celebrado, siempre que en ellos concurran las condiciones esenciales para su validez."

[76] "Una cuenta corriente es un contrato *mercantil* que está regulado por el Código de Comercio." *F. Correa y Hno. v. Aquino* (1942) 60 DPR 193.

[77] "Las cuentas corrientes se entienden siempre liquidadas, pues su liquidación depende de una simple operación aritmética." *Blanco López y Co. v. Torres,* 25 DPR 700.

"El acreedor de una cuenta corriente no está obligado a practicar una liquidación de la misma con intervención y conformidad del deudor para poder reclamar judicialmente el saldo insoluto. Requiere solamente una simple operación aritmética." *Giménez v. Alfonso,* 29 D.P.R. 322.

[78] *Blanco López y Cía v. Torres* (1917) 25 DPR 700. La decisión menciona el artículo 1245 del Código Civil de 1911, que corresponde al 1230 (31 L.P.R.A. 3451). Véase la nota marginal bajo el título *Cuenta corriente.*

La cuenta corriente bancaria

Conviene advertir, antes de cerrar este capítulo, que la llamada *cuenta corriente* resultante de los depósitos de dinero en los bancos, no tiene relación alguna con el contrato que hemos discutido aquí. Tampoco es siquiera una modalidad del contrato de cuenta corriente mercantil a que nos hemos referido. No debe perderse de vista que la cuenta corriente bancaria no es propiamente un contrato de cuenta corriente, sino uno de *depósito en cuenta corriente*, para diferenciarlo del depósito bancario en *cuenta de ahorro* y de otros tipos de depósito. Ello implica que mientras estas cuentas *bancarias* se rigen por las reglas del *contrato de depósito* y por las leyes y reglamentos sobre *bancos*, el contrato de *cuenta corriente* está sujeto, *por analogía*, a las reglas mercantiles arriba expuestas en este capítulo.[79]

Se puede constituir hipoteca sobre bienes inmuebles para garantizar el pago de la cuenta corriente. [80]

En caso de ejecución de hipoteca, la ley hipotecaria *exige* que se presente el saldo final objeto de la ejecución. [81]

---

[79] "En derecho mercantil", nos dice jurisprudencia de nuestro Tribunal Supremo, "una *situación de cuenta corriente* no tiene los efectos de un *contrato de cuenta corriente*".

"La *situación de cuenta corriente* es, en esencia, un simple *uso contable* que en nada afecta la relación jurídica entre personas que contratan entre sí" y, por consiguiente, resulta algo "muy distinto al contrato de cuenta corriente".

Y precisando esa situación más concretamente, el dictamen de dicha jurisprudencia puntualiza que: "el contrato de cuenta corriente se caracteriza por la existencia de un pacto que, a base de la recíproca concesión de crédito, aspira a mantener unidos los elementos integrantes de la cuenta, sin posibilidad de que sus partidas puedan ser hechas efectivas hasta el cierre y liquidación previstos, y determinantes del saldo final reclamable". Véase el caso de *Buena Vista Dairy, Inc. vs. Aponte* (1979) 108 DPR. 657.

[80] 30 L.P.R.A. 2616.

[81] 30 L.P.R.A. 2707 (IV)

Capítulo 14

LOS CONTRATOS DE GARANTÍA: FIANZA, HIPOTECA Y PRENDA

Ideas generales sobre los contratos de garantía

La *fianza*, la *hipoteca* y la *prenda* tienen por objeto garantizar, cada uno en forma distinta, el cumplimiento de alguna obligación o deuda. Por medio de cualquiera de ellos se puede *asegurar* toda clase de obligaciones[1].

Se sabe que una obligación puede constituirse con garantía o sin ella, dependiendo de que el acreedor la exija o se abstenga de requerirla. Su decisión dependerá en cada caso de la confianza que le inspire quién habrá de ser su deudor, la solvencia económica de éste, la ventaja comercial que pueda derivar de su liberalidad, y otros diversos factores que suelen tomarse en cuenta en la vida de los negocios y en las relaciones humanas. Entre todos esos factores, la mayor o menor duración del plazo de la deuda y la solvencia moral y económica del deudor, son los dos casi siempre determinantes para que se exija o se excuse el requisito de garantía. Esto es así especialmente en la esfera de operaciones estrictamente *comerciales*. De hecho, es frecuente, tanto en el comercio y la banca como en transacciones de otro género, que al deudor se le exija algún tipo de garantía que proteja mejor el derecho del acreedor a cobrar en su día lo que se le debe.

[1] Código Civil, artículos 1721 y 1760; 31 L.P.R.A. 4871 y 5005.

El monumental crecimiento que día a día experimenta el *uso* y el *abuso* del *crédito*, va progresivamente ensanchando la necesidad, utilidad e importancia de los contratos que sirven para garantizar deudas.

A pesar de existir *tres* contratos de garantías, como se ha dicho, un deudor *garantiza* el cumplimiento de su obligación o deuda valiéndose de alguno de dos medios fundamentales: 1) o con alguna *cosa* de su propiedad o 2) consiguiendo que *otra persona*, que no sea ni el *acreedor* ni el *deudor*, se comprometa a pagar en caso de que éste no lo haga a su vencimiento. Cuando se garantiza con cosa específica, se dice que la garantía es *real*. Pero si la garantía prestada consiste en el compromiso escrito de otra persona, el afianzamiento se considera *personal*.

La garantía *real* (o de *cosa determinada*) se puede llevar a efecto mediante uno de dos contratos diferentes: el de *prenda*, o el de *hipoteca*. La garantía *personal*, en cambio, sólo puede llevarse a cabo por medio de *un contrato*, llamado *fianza*. En las páginas subsiguientes de este capítulo examinamos las principales reglas sobre la *fianza*, la *prenda* y la *hipoteca*.

El contrato de fianza

Su definición

Llamamos "fianza" *al contrato por el cual una persona, denominada "fiador", se obliga por escrito y con su firma, a cumplir una obligación o pagar una deuda de otro en el caso de que éste no la pague a su vencimiento*[2]. En un mismo contrato de *fianza* pueden concurrir a garantizar uno o más fiadores. En uno u otro caso, su compromiso es con el *acreedor*. El fiador viene a ser un deudor en segundo turno y sujeto siempre a la condición de que el obligado principalmente en la obligación no la cumpla al quedar ésta vencida.

El contrato de fianza es siempre *accesorio*, pues no puede existir si no es para garantizar una obligación *preexistente*[3], a la que se da el nombre de obligación *principal*. La del fiador es, en su esencia, *accesoria*, así en lo *civil* como en lo *mercantil*.

Fianzas simples y fianzas solidarias

Debemos ahora distinguir entre las *dos clases de fianza* que la ley reconoce: la fianza *simple* y la fianza *solidaria*. A la categoría de *solidaria* pertenece aquélla en la que, obligándose el fiador con carácter *solidario*, así se hace constar expresamente en el documento de fianza. En el caso contrario se considera que es *simple*.

¿Qué consecuencias jurídicas tienen estos términos en el aseguramiento? En la fianza *simple*, el fiador o fiadores no pueden ser obligados a responder por el deudo principal sin

---

[2] El Código Civil define con gran sencillez este contrato usando el siguiente lenguaje: "Por la fianza se obliga uno a pagar o cumplir por un tercero, en el caso de no hacerlo éste." Artículo 1731; 31 L.P.R.A. 4893..

[3] Código Civil, artículo 1723; 31 L.P.R.A. 4873.

que previamente se haya hecho *la excusión de bienes* del deudor[4]. Esta frase significa que en la *fianza simple* al fiador no podrá legalmente exigírsele el pago hasta no haberse comprobado que el deudor principal carece de bienes; o que, los que tiene, no alcanzan a cubrir el importe de la deuda. El propósito de la regla es que, teniendo el deudor principal propiedades o dinero con los que pueda responder a su acreedor, no ha de obligarse al fiador *simple* a que pague por aquél[5]. (Se conoce como *excusión* el procedimiento judicial para obtener el paga a expensas de un deudor principal.)

Cuando, por el contrario, la fianza es *solidaria*, no procede exigir *la excusión de bienes*. Bajo esta clase de garantía, no importa que el deudor tenga bienes con los cuales responder de su obligación. El acreedor tiene derecho a exigir del fiador el pago de la misma una vez que, ya vencida la deuda y requerido el deudor para que pague, éste se niega a hacerlo. En la práctica lo que se hace —cuando el deudor principal no paga— es entablar la acción judicial contra ambos, fiador y deudor principal, dentro del mismo pleito. Es innecesario explicar por qué la fianza *solidaria* resulta mucho más conveniente al acreedor que la simple.

Fianza de dos o más fiadores

Cuando se presta una fianza con dos o más fiadores a favor de un mismo deudor y por una misma deuda, la obligación a responder de ella ante el acreedor se divide entre todos. En tal caso no se podrá reclamar de cada fiador sino la parte proporcional que le corresponda satisfacer; salvo que, para lograr un efecto contrario, se haya estipulado expresamente *la solidaridad*[6] de los fiadores *entre sí.*

La *solidaridad* a la que se refiere esta regla no debe confundirse con la del fiador que se obliga *solidariamente con el deudor principal*, que fue ya explicada en el epígrafe anterior. Ahora se trata de la solidaridad que por pacto puede *establecerse cuando, habiendo más de un fiador, se busca que la responsabilidad de éstos ante el acreedor no tenga que ser distribuida*, sino que *cada cual por sí solo responda del total adeudado al acreedor principal*. En otras palabras, si la fianza prestada por los dos o más fiadores no se pacta con expresión de *solidaridad entre ellos*, el acreedor no tendrá más derecho que cobrar a cada uno *la parte proporcional* de la deuda. Si, en cambio, se hubiese pactado que la obligación de los *cofiadores entre sí* será *solidaria*, entonces el acreedor podrá reclamar *a cualquiera de ellos* el importe *total* de la deuda, tal como ocurre con codeudores *principales* en cualquier deuda solidaria[7].

---

[4] "El fiador no puede ser compelido a pagar al acreedor sin hacerse antes excusión de todos los bienes del deudor." Código Civil, artículo 1729; 31 L.P.R.A. 4891.

[5] "La excusión no será necesaria: 1) cuando el fiador haya renunciado expresamente a ella; 2) cuando se haya obligado solidariamente con el deudor; 3) en caso de quiebra o concurso del deudor; y 4) cuando éste no pueda ser demandado judicialmente dentro de Puerto Rico." Código Civil, artículo 1730; 31 L.P.R.A. 4892.

[6] Código Civil, artículo 1736; 31 L.P.R.A. 4898.

[7] "El beneficio de división contra los co-fiadores cesa en los mismos casos y por las mismas causas que el de *excusión* contra el deudor principal." Código Civil, artículo 1736; 31 L.P.R.A. 4898.

Ahora bien, en toda fianza prestada por dos o más fiadores de un mismo deudor y por una misma deuda, aquél de ellos que la pague en su totalidad podrá reclamar de cada uno de los otros la parte que proporcionalmente corresponda a éstos satisfacer. Y si se diese el caso de que alguno de ellos estuviese insolvente, la parte de la obligación correspondiente a éste recaerá sobre todos los demás, también distribuida *proporcionalmente*.

La triple relación que surge

Por lo que ya se ha explicado, es fácil advertir que en toda deuda *garantizada con fianza*, se dan *tres* relaciones jurídicas *separables*:

a. relación *entre* el *acreedor principal* y el *deudor principal*, por la cual el primero puede exigir del segundo el pago de la obligación principal convenida;
b. una segunda relación *entre* el *acreedor principal* y el *fiador*, por la cual el primero puede exigir del segundo el pago de la deuda cuando, al vencimiento, el deudor no paga, sea porque no quiere pagar o porque no tiene con qué pagar (y en esta disyuntiva entra en juego que la fianza sea simple o sea solidaria); y finalmente,
c. una tercera relación *entre el fiador que tuvo que pagar* y *el deudor principal*. Por virtud de esta relación, el primero puede exigir del último *el reembolso* de todo lo que pagó, más *intereses* por el tiempo en que el fiador estuvo privado de él, e incluso las *partidas de gastos* en que él incurrió para la reclamación de su derecho. En otras palabras, tiene que hacerse *restitución completa al fiador* por parte del *deudor principal*, cuando por falta de pago al acreedor, el fiador se ve en la obligación de hacerlo.

Cuándo es mercantil la fianza

Como ya antes señalamos en relación con el problema de la *mercantilidad de los contratos en general*, el de *fianza* es quizás el único que, entre los *accesorios*, tiene correctamente definido el rasgo particular que debe imprimirle carácter mercantil a este contrato. Será reputado así, nos dice el lenguaje del Código, "todo afianzamiento que tuviere por objeto asegurar el cumplimiento de un contrato mercantil, aún cuando el fiador no sea comerciante."[8]

A propósito de las fianzas *mercantiles*, resulta raro que nuestra ley las presuma *gratuitas* y que requiera pacto expreso al efecto para que se puedan considerar *retribuidas*[9]. Esto es raro porque el principio normativo en materia de contratación es que, cuando el contrato es *mercantil*, se presume *retribuido* y, por tanto, para que pueda considerarse *gratuito*, deberá pactarse que será gratuito. En el de *fianza*, según hemos señalado, la regla mercantil dispone exactamente todo lo contrario. Pero para las empresas fiadoras esta contradicción no perjudica porque les basta, como es su práctica, hacer constar, no sólo el compromiso de

---

[8] Código de Comercio, artículo 349; 10 L.P.R.A. 1828.

[9] Código de Comercio, artículo 351; 10 L.P.R.A. 1823.

tener que pagar un precio por la fianza sino la cantidad específica que ha de pagarse y/o la que se ha cobrado ya al expedirse el *contrato.*[10]

Formalidad en el contrato de fianza

Bien sabido es que los contratos no requieren, por regla general, ninguna *formalidad* para que se reconozca su existencia y sean obligatorios según sus términos. La fianza es precisamente una de las excepciones a esa regla general.

"La fianza no se presume", nos dice por su parte el Código Civil, "debe ser expresa y no puede extenderse a más de lo contenido en ella"[11]. Pero la legislación *mercantil* es aún más rotunda: "El afianzamiento mercantil deberá constar por escrito, *sin lo cual no tendrá valor ni efecto.*"[12]

El contrato de fianza es, pues, esencialmente *formalista*, tanto el *civil* como el *mercantil.* Uno y otro requieren que sea por escrito y que esté firmado por el fiador o fiadores, según el caso. Y esta exigencia de la ley en cualquier clase de fianza es tan rigurosa, que la misma regla jurídica se encarga de no reconocer *validez* a nada que no conste explícitamente en el documento mismo de la fianza: "... no puede extenderse a más de lo contenido en ella", según la regla *civil* arriba transcrita.

Esta última disposición dió lugar a otra regla de interpretación de las fianzas, al efecto de que toda fianza debía ser interpretada *restrictivamente*[13]. Pero más tarde, en dos decisiones posteriores, el Tribunal Supremo suplantó esa doctrina por la contraria: "En esta jurisdicción", afirmó en sus sentencias, "las fianzas *no son de interpretaciones restrictivas.*"[14]

Prórroga al deudor sin el consentimiento del fiador

Es harto frecuente que un acreedor, en actitud generosa, conceda a su deudor una o más prórrogas o extensiones del plazo, para que el obligado pueda con mayor comodidad pagar su deuda. Esa práctica de condescendencia es muy propia del espíritu puertorriqueño. Sin embargo, cuando la deuda está garantizada con fianza, el acreedor debe tener cuidado con ésto de conceder prórroga al deudor, ya que la ley categóricamente

---

[10] A propósito de la *retribución* o *precio pactado* en las *fianzas*, es interesante y justa la protección que la ley brinda a las empresas fiadoras al disponer que, en las fianzas que se prestan para garantizar contratos de tiempo continuado e indefinido, pactada la retribución que ha de recibir la fiadora, la fianza subsistirá por todo el tiempo que dure el contrato principal, no importa cuánto pueda prolongarse, "hasta que se cancelen definitivamente las obligaciones que nazcan de él, a no ser que por pacto expreso se hubiera fijado plazo a la fianza." Código de Comercio, artículo 352; 31 L.P.R.A. 1824.

[11] Código Civil, artículo 1726; 31 L.P.R.A. 4876.

[12] Código de Comercio, artículo 349; 10 L.P.R.A. 1821.

[13] *Battle v. Pereyó* (1947) 67 DPR 662.

[14] *A.L. Arsuaga Inc. v. La Hood Const. Co.* (1964) 90 DPR 104. Y en el de *Cristy y Sánchez v. E.L.A.* (1961) 84 DPR 235.

establece que la concesión de prórroga al deudor *sin el consentimiento del fiador, releva a éste* de su obligación.[15]

Derecho del fiador a reembolsos

Cuando, por incumplimiento del *deudor*, el *fiador* se ve precisado a pagar por él, la ley reconoce su derecho a *recobrar* lo que pagó y otros *desembolsos* que hizo en virtud de una deuda que *no era suya*. En tales casos, el fiador *se subroga*, por el pago hecho, en los derechos que el *acreedor* tenía contra el deudor. Importa, pues, saber cuáles son esos derechos y los demás renglones de reembolso que se le reconoce legalmente al *fiador*. El texto de la regla emplea la palabra *indemnización* para referirse a las diversas partidas que deben reembolsarse al fiador que paga por el deudor.

"La indemnización comprende: a) la cantidad total de la deuda; b) los intereses legales de ella desde que se haya hecho saber el pago *al deudor, aunque la deuda no produjese esos intereses para el acreedor*; c) los gastos ocasionados al fiador después de que éste ponga en conocimiento del deudor *que ha sido requerido para el pago*; y 4) los *daños* y *perjuicios* que *realmente* se ocasionen al *fiador* por razón de haber pagado por el deudor."[16]

Derecho del fiador contra el deudor antes de pagar por su fiado

Lo antes expuesto podría dar la impresión de que el derecho de un fiador ante el deudor no surge hasta que, vencida la deuda, el deudor no paga. Eso es lo que casi siempre ocurre cuando el deudor deja de pagar y el fiador se ve obligado a hacerlo por él al vencerse la deuda. Pero la ley, con acierto previsor, reconoce situaciones en que un fiador, aún antes de tener que pagar por su fiado, pero en inminente riesgo de la reclamación que le espera, tiene derecho a proceder contra el deudor principal. Esas situaciones son, entre otras: 1) que el fiador se vea demandado *judicialmente* para el pago; 2) que la deuda haya llegado a hacerse *exigible* por estar vencida; 3) cuando, habiéndose obligado el deudor a *relevarle de la fianza* dentro de plazo estipulado y, vencido dicho plazo, no da los pasos para *relevarlo*; y 4) en el caso de sobrevenir procedimientos de *quiebra, concurso e insolvencia.*[17]

En cualquiera de estas alternativas, el remedio que la ley le provee al fiador es que su acción contra el deudor la dirija, ya para obtener que *se le releve de la fianza*, o ya para que *se le otorgue garantía* "que lo ponga a cubierto de los procedimientos del acreedor y del peligro de *insolvencia* en el deudor".

[15] "La prórroga concedida al deudor por el acreedor sin el consentimiento del fiador extingue la fianza". Código Civil, artículo 1750; 31 L.P.R.A. 4955.

[16] Código Civil, artículo 1737; 31 L.P.R.A. 4911. Y puede verse, además, la aplicación de esta regla de reintegro al fiador "solidario", distinguiéndolo del *codeudor* solidario, en *Carr v. Nones* (1970) 98 DPR 236.

[17] Código Civil, artículo 1742; 31 L.P.R.A. 4916.

La extinción de las fianzas

Las fianzas se extinguen por la aceptación de bienes por el acreedor en pago de la deuda.[18] Ya hemos visto que, por la prórroga concedida al deudor por el acreedor sin el consentimiento del fiador[19], la obligación del fiador se extingue al mismo tiempo que la del deudor, y por las mismas causas que las demás obligaciones[20].

Las obligaciones se extinguen por pago o cumplimiento, por la pérdida de la cosa debida, por la condonación de la deuda, por la confusión de los derechos del acreedor y deudor, por la compensación y por novación[21].

El contrato de hipoteca

Concepto y definición

Por medio de una *hipoteca* se sujeta *directa e inmediatamente una o más cosas determinadas,* quienquiera sea su dueño, *al cumplimiento de una deuda* a fin de *asegurar* en su día *el cobro de su importe*. El acreedor así asegurado se llama *acreedor hipotecario*. Su deudor: *deudor hipotecario*. Y el crédito garantizado de ese modo se identifica con igual calificativo. Aunque una regla específica del *Código Civil*[22]2 restringía la garantía hipotecaria únicamente *a bienes inmuebles y derechos reales*, una ley especial del año 1927[23] derogó la limitación para añadir que "*toda propiedad mueble* estará sujeta a *gravamen de índole hipotecaria*" de acuerdo con las disposiciones contenidas en ella.

Es condición esencial del *contrato de hipoteca* que, vencida la obligación que garantiza, puedan ser *enajenadas* (vendidas en subasta) *las cosas hipotecadas* a fin de *pagar al acreedor*. La hipoteca, al igual que la fianza y la prenda, pueden servir para asegurar *toda clase de obligaciones*, aún las *condicionales*. El acreedor no puede *apropiarse* de la *cosa hipotecada*, y menos *disponer de ella*. A diferencia de la prenda, en que la cosa *pignorada* ha de ser *entregada físicamente al acreedor* para que esa posesión material sea lo que le brinde *garantía*, la *hipoteca* tiene la ventaja para el deudor de que éste puede retenerla, usarla y disfrutarla durante la vigencia del contrato, y aún enajenarla en cualquier tiempo, *sin perjuicio* de la garantía constituida a favor del *acreedor hipotecario*. Ello explica que, mientras en la prenda la cosa dada en garantía tiene que ser bien mueble, la *hipoteca* puede constituirse indistintamente sobre *muebles* y sobre *inmuebles*, o sobre ambos simultáneamente.

---

[18] Código Civil, artículo 1748; 31 L.P.R.A. 4953.

[19] Código Civil, artículo 1750; 31 L.P.R.A. 4955.

[20] Código Civil, artículo 1746; 31 L.P.R.A. 4951.

[21] Código Civil, artículos 1110-1161; 31 L.P.R.A. 3151- 3251.

[22] Artículo 1773; 31 L.P.R.A. 5041.

[23] "Ley Hipotecaria de Propiedad Mueble", de 3 de junio de 1927 (30 L.P.R.A. 1871-1886), actualmente derogada y suplantada por la del 19 de septiembre de 1996 (19 L.P.R.A. 2001-2207).

Si son dos o más las cosas que se sujetan a una misma hipoteca, cada una de ellas garantiza solamente una porción determinada del crédito. En tal caso, el deudor tiene derecho a que la carga hipotecaria se vaya extinguiendo a medida que se satisfaga la parte de deuda de que cada cosa responda especialmente. Una misma propiedad puede ser *hipotecada más de una vez* sin que tengan que extinguirse primero las anteriores.

La hipoteca es un contrato esencialmente *formalista*, como más adelante hemos de examinar detalladamente. El requerimento legal ineludible de que se sujete a *documento escrito*, con requisitos adicionales *de forma y contenido*, y que, además, sea *inscrita en registro público*, constituye el medio jurídico indispensable para que el acreedor a quien intenta garantizar, pueda tener *asegurado su derecho frente a terceros*.

Con estas ideas elementales, podemos ahora definir la *hipoteca*. *Es un contrato por el cual, al cumplirse previamente ciertas formalidades de ley, incluyendo su inscripción en el registro público correspondiente, se establece un gravamen o derecho preferente sobre propiedad específica — inmueble o mueble — cuyo propietario pasa a ser, en tal caso, el "deudor hipotecario" a favor de otra persona llamada "acreedor hipotecario", con el fin de garantizar a éste un crédito determinado o indemnizable por incumplimiento de cualquier obligación o pérdida señalada, y el cual gravamen, derecho preferente o interés termina al quedar satisfecha la obligación o indemnización.*

La hipoteca se extiende a las *mejoras* que se hagan a la cosa hipotecada, a los *frutos pendientes* cuando se vence la obligación con ella garantizada, incluyendo en tales frutos las *rentas*. Dependiendo de la naturaleza inmueble o semoviente del objeto hipotecado, se extiende también a las *accesiones naturales*. Finalmente, si se conceden o se deben al propietario *indemnizaciones por el seguro de los bienes hipotecados*, o por virtud de *expropiación forzosa* de tales bienes por parte del poder público, tales *indemnizaciones* concurrirán igualmente a *incrementar la garantía hipotecaria*.[24]

Las hipotecas sobre bienes *inmuebles* se regulan por la Ley Hipotecaria y del Registro de la Propiedad, que entró en vigor en 1980, según posteriormente enmendada, y que suplantó la que regía hasta entonces y que data de fecha tan lejana como el 1893. Dicha legislación, puesta al día para acoplarse a las necesidades del momento histórico que vivimos, esté complementada por un reglamento, ajustado también a las circunstancias del momento actual.[25] Las disposiciones del Código Civil sobre la materia de hipotecas inmobiliarias son principios generales que sirven de fuente supletoria en la interpretación de las disposiciones de la nueva ley y de su reglamento.

Mercantilidad del contrato hipotecario

Aunque no existe disposición o regla en nuestras leyes de la que pueda inferirse intención legislativa alguna de considerar la hipoteca como *contrato mercantil*, en rigor científico y doctrinario no cabría diferenciarlo en este punto del contrato de *fianza*, cuya finalidad esencial es igualmente garantizadora del cumplimiento de alguna obligación *principal*.

---

[24] Código Civil, artículo 1776; 31 L.P.R.A. 5044.

[25] Ley Hipotecaria y su Reglamento, 30 L.P.R.A. 831 *et seq*.

De suerte que, si el *afianzamiento*, como le llama el Código de Comercio, merece reputarse *mercantil* cuando tenga por objeto "asegurar el cumplimiento de un contrato *mercantil*, aún cuando el fiador no sea comerciante", ¿qué lógica podría amparar que una *hipoteca*, con ese mismo propósito, no deba ser reputada dentro de igual categoría jurídica?

Puede que el problema resulte académico en este caso, pero siempre queda en pie que la *hipoteca*, como la *fianza*, es siempre *accesoria* de una obligación *principal*. La obligación principal puede consignarse o no *en un pagaré*, que en este caso se llama *pagaré hipotecario*. Y el *pagaré hipotecario* podría estar expedido *a la orden de persona nombrada* o *al portador*. Si todo esto es correcto —y no hay duda que lo es— la siguiente decisión del Tribunal Supremo dejará siempre un interrogante en cuanto al *carácter mercantil de pagarés hipotecarios* expedidos al portador o a la orden:

"El carácter *mercantil* de los *pagarés a la orden* no se determina por la mera cualidad de ser comerciantes las personas que en ellos se interesan como librador, endosante o tenedor, sino por la circunstancia esencial de proceder de *operaciones mercantiles*."[26]

A base del precedente transcrito, un *pagaré hipotecario* a la orden (igual sería al *portador*) será considerado mercantil si el mismo procede de una *operación* mercantil; pongamos por caso, de un *préstamo mercantil* o de una *compraventa mercantil* con precio *aplazado*.

Además de lo anterior, que concierne al acto inicial del libramiento de *pagarés hipotecarios*, no puede pasarse por alto que los *créditos hipotecarios*, con *pagarés* o sin ellos, son transferibles, como expresamente lo reconoce el Código Civil.[27] ¿No plantea el ejercicio de este derecho el problema de si la cesión de *créditos hipotecarios*, como parte de *operaciones mercantiles*, envuelve la *accesoriedad mercantil* que pudiera requerir la aplicación de norma o precepto también *mercantil*?

Sea cual sea la respuesta a estas preguntas, lo que para nosotros tiene innegable importancia es el hecho de que los *créditos garantizados con hipoteca* constituyen fase esencialísima del tráfico *comercial* e *industrial*. Más aún, que en el campo *bancario* y *financiero*, y en toda transacción que complete el factor *crédito*, los documentos crediticios hipotecarios tienen un grado superlativo de *negociabilidad* y, en consecuencia, sirven mejor como propulsores del comercio en particular y de toda actividad económica en general que los *simples* documentos de crédito. Ello explica por qué la hipoteca no podía marginarse en nuestro estudio del Derecho Mercantil.

Requisitos y formalidades en las hipotecas

Ya hemos consignado el principio básico de que la *hipoteca* es un contrato rigurosamente *formalista*. Por ser este aspecto tan decisivo a la existencia misma de la garantía que se persigue, se impone que elaboremos lo suficiente en las reglas que lo condicionan.

---

[26] *Blondet v. Garau* (1935) 47 DPR 863.

[27] Artículo 1777; 31 L.P.R.A. 5045.

En primer lugar, se establecen como *requisitos esenciales a la hipoteca*: a) que se constituya para asegurar el cumplimiento de una obligación *principal* (éste rige igualmente para la fianza y la *prenda*); b) que la cosa hipotecada pertenezca en propiedad a quien *la hipoteca* (éste rige también para la cosa dada *en prenda*); c) que quien constituye *la hipoteca,* igual que para la *prenda,* pueda *disponer libremente de la propiedad* a hipotecarse, o esté legalmente autorizado para hacerlo.

En segundo lugar, es también requisito *indispensable* que, al tiempo de vencerse la obligación, las cosas hipotecadas estén disponibles para que, vendiéndolas en *subasta* o *entregándolas,* el *acreedor hipotecario* pueda *cobrar* lo que se le *debe.*

En tercer lugar, es indispensable que el documento en que se constituya la garantía hipotecaria sea una *escritura pública* — si se trata de *hipoteca* sobre *bienes inmuebles.*

En cuarto y último lugar, para que la *hipoteca* quede *válidamente constituida,* es *indispensable* que la escritura o documento en que se constituya, sea *inscrito* en el Registro de la Propiedad.[28]

Un deudor que se compromete a garantizar su deuda con hipoteca queda obligado a colocar al acreedor en condiciones de que pueda *inscribirla en el Registro,* a fin de que quede válidamente constituido el gravamen a su favor.[29]

Segunda y subsiguientes hipotecas

La ley reconoce, según dijimos, el derecho del propietario a gravar una misma propiedad, sea mueble o inmueble, con *dos* o *más hipotecas.* Ejercitar ese derecho, como es fácil entender, dependerá en todo caso de que el valor real en el mercado de la cosa hipotecada guarde relación con la cuantía de la deuda o deudas que se pretendan garantizar con ella. Lo que en cualquier caso debe importarle al *acreedor hipotecario,* sea en primera, segunda o tercera *hipoteca,* es que los gravámenes ya existentes, más la suma de las *deudas hipotecarias anteriores* que gravan la propiedad, más la suya propia, representen un valor neto inferior al que razonablemente pueda obtenerse en pública subasta, si por incumplimiento del deudor hipotecario fuese necesario recurrir a la acción judicial para *ejecutar* la *hipoteca* o *hipotecas* constituidas.

Además de esa precaución, todo acreedor que aspire a quedar garantizado adecuadamente con una segunda o subsiguiente *hipoteca,* deberá saber que una propiedad sobre la que pesan dos o más hipotecas, responderá de cada una de éstas en el orden en que los contratos hipotecarios fueron *presentados para su inscripción* en el Registro de la Propiedad. Por la importancia decisiva que tiene el turno de las presentaciones, la ley requiere que todo asiento de presentación se haga con especificación del día, hora y minuto en que cada documento quede formalmente presentado. No es, por consiguiente, la fecha del documento en que se otorgue la

---

[28] Código Civil, artículo 1774; 31 L.P.R.A. 5042.

[29] *Capó v. Sucn. Riveras Zayas* (1934) 47 DPR 642.

hipoteca, ni tampoco la fecha de la inscripción de la hipoteca lo que va a asegurar prioridad de derecho frente a otros título de *acreedores hipotecarios inscritos,* sino el *momento preciso* en que cada uno de éstos fue *presentado para su inscripción.* La regla del tercero hipotecario establece que: *"Primero en Registro, primero en Derecho."* El tercero hipotecario, cuando media buena fe, excluye al tercero civil.

Ejecución sumaria y el pleito ordinario

Vencido y no satisfecho el crédito *hipotecario,* en todo o en parte, o en el plazo o plazos de sus intereses que, según convenio expreso en la escritura, hagan *ejecutable* la deuda, el procedimiento judicial para su cobro puede ser: a) *o el pleito ejecutivo hipotecario sumario,* que provee y regula la propia *ley hipotecaria;* o b) *el recurso ordinario,* que se tramita con sujeción al Código de Enjuiciamiento *Civil*[30] y a las Reglas de Procedimiento Civil de 1958, según posteriormente enmendadas.

Por qué se utiliza el recurso ordinario: La práctica más corriente es la de utilizar este último, o sea, *el pleito ordinario.* Intervienen *tres* razones fundamentales para esta preferencia:

1) La primera, que consideramos principal: que el ejecutivo *sumarísimo,* establecido por la propia ley hipotecaria, es de *extraordinario rigor técnico.* Esto lo comprueba la incontable lista de sentencias dictadas por el Tribunal Supremo que declaran *nulos* los procedimientos de *ejecución sumaria* por no haber cumplido *estrictamente* con las reglas que gobiernan ese trámite.

2) Segunda: que a consecuencia de anularse la subasta y la sentencia dictada a favor del acreedor en el ejecutivo sumario, al deudor le asiste el derecho a que se le devuelva el inmueble ejecutado, *más el valor de los frutos* que haya producido *durante el tiempo en que el deudor fue privado de él* (que pueden ser 20 años). Y de no ser posible la devolución, entonces el propietario tiene acción para *resarcirse del daño* que la deficiente ejecución de la hipoteca, *así anulada,* le haya ocasionado.[31]

3) Y tercera: que en el ejecutivo *sumario,* la reclamación ha de ser justamente por lo adeudado en la hipoteca objeto de la ejecución, sin que pueda haber *errores,* ni se puedan incluir otros *fundamentos de deuda* que, en el pleito ordinario, podrían ser *acumulables.* Además, en el *sumario* la reclamación tiene *que limitarse a la propiedad hipotecada,* sin que le sea dable al reclamante recurrir contra *otros bienes del deudor.*[32] El recurso de *ejecución ordinaria* no tiene ninguna de estas limitaciones o riesgos.

---

[30] Ley de 9 de marzo de 1905, 32 L.P.R.A. 1 *et seq.*

[31] *Ríos v. Banco Popular* (1959) 81 DPR 378.

[32] Reglamento Hipotecario, artículo 168; 30 L.P.R.A. 1089.

Requisitos para la ejecución en pública subasta

El Tribunal Supremo interpreta la Ley Hipotecaria en el caso de *Rodríguez Morales v. Registrador*:[33]

La Ley Hipotecaria fija uno de los requisitos para la constitución de la hipoteca.[34] Cataloga el precio de tasación en la escritura de constitución de hipoteca como *indispensable* para la tramitación de la ejecución de una hipoteca, tanto por la vía ejecutiva sumaria como por la vía ordinaria. Destaca[35] la necesidad de que se incluya el precio de tasación en la escritura de constitución de hipoteca, al establecer:

"La subasta se celebrará el día, hora y sitio indicado en el edicto, ante el alguacil que actúe ante la Sala del Tribunal Superior que entienda en el procedimiento *sin que le sea lícito a este funcionario desviarse de los términos y condiciones de subasta señalados por el tribunal en su orden de venta.*

Servirá de tipo para la subasta en este procedimiento el precio en que hayan tasado la finca los contratantes en la escritura de constitución de hipoteca y no se admitirá oferta alguna inferior a dicho tipo. Si no produjere remate ni adjudicación la primera subasta, en la segunda que se celebrare servirá de tipo las dos terceras (2/3) partes del precio pactado. Si tampoco hubiere remate ni adjudicación en la segunda subasta, regirá como tipo de la tercera subasta la mitad del precio pactado.

Si se declarase desierta la tercera subasta se dará por terminado el procedimiento, pudiendo adjudicarse al acreedor la finca dentro de los diez (10) días siguientes, si así lo estimare conveniente, por la totalidad de la cantidad adeudada si ésta fuere igual o menor que el monto del tipo de la tercera subasta, y abonándose dicho monto a la cantidad adeudada si ésta fuere mayor. *Todas las subastas deberán ser acordadas por el tribunal y celebradas según lo antes previsto.*

Durante algún tiempo, el precio de tasación pactado en la escritura de constitución de hipoteca se utilizó como tipo mínimo únicamente para la ejecución de créditos hipotecarios por la vía sumaria. Esta situación fue modificada al interpretarse el fiel cumplimiento del mandato legislativo [que] requiere la previa tasación acordada por las partes en la escritura de hipoteca para servir de tipo mínimo en toda subasta de un inmueble, irrespectivo de la vía que elija el acreedor ejecutante. *Ponce Federal Savings v. Gómez,* 108 D.P.R. 585, 590 (1979). Esta norma tendría efecto prospectivo, aplicándose a los procedimientos de ejecución de hipoteca por la vía ordinaria que se iniciasen a partir del 28 de marzo de 1979. *Fed. Nat'l Mortg. Assoc. v. Registrador,* 112 D.P.R. 242, 243 (1982); *Ponce Federal Savings v. Gómez, supra,* págs. 591-592. En la actualidad el precio de tasación que rige como tipo mínimo para la celebración de la primera subasta pública en ejecución de un crédito hipotecario, independientemente de la vía ejecutiva que hayan seleccionado los acreedores, opera por disposición expresa de la Ley Hipotecaria, 30 L.P.R.A. secs. 2701 y 2721.

---

[33] *José D. Rodríguez Morales y otros v. Registrador de la Propiedad,* 97 C.A 14.

[34] Ley Hipotecaria, Artículo 179; 30 L.P.R.A. 2575.

[35] Ley Hipotecaria, Artículo 221; 30 L.P.R.A. 2721.

La vía judicial ordinaria para el cobro de créditos hipotecarios se rige por las Reglas de Procedimiento Civil, 32 L.P.R.A. Ap. III, y determinadas secciones de la Ley Hipotecaria, 30 L.P.R.A. sec. 2701. Claramente el Artículo 221 de la Ley Hipotecaria, *supra*, aplicable al procedimiento ejecutivo ordinario, hace imperativo que sirva como tipo mínimo en la primera subasta el precio en que hayan tasado la finca los contratantes en la escritura sobre constitución de hipoteca, a la vez que prohibe terminantemente cualquier postura inferior al precio de tasación pactado para la primera subasta También señala que no le será lícito al alguacil desviarse de los términos y condiciones contenidos en la orden de venta expedida por el tribunal para la celebración de la subasta pública. La Regla 51.3 (b) de las de Procedimiento Civil, *supra*, provee en cuanto a la orden de venta:

'(b) En las sentencias que se dicten en juicios sobre ejecución de hipotecas y otros gravámenes se ordenará que el demandante recupere su crédito, intereses y costas mediante venta de la finca sujeta al gravamen. *Al efecto se expedirá una orden al alguacil disponiendo que proceda a venderla para satisfacer la sentencia, en la forma prescrita por la ley para la venta de propiedad bajo ejecución y si no se encontrase la finca hipotecada o si el resultado de su venta fuese insuficiente para satisfacer la totalidad de la sentencia, entonces el alguacil procederá a recuperar el resto del dinero o remanente del importe de la sentencia sobre cualquier otra Propiedad del demandado, como en el caso de cualquiera otra ejecución.' "*

El derecho de subrogación real del acreedor hipotecario

Nuestro más alto Tribunal ha resuelto que "vencida una obligación hipotecaria asegurada, el propietario del bien hipotecado no es acreedor a la indemnización por riesgo sino el acreedor hipotecario en virtud de la figura de la subrogación real." y determinó que "el pago erróneo hecho por la aseguradora no extinguió la obligación."[36]

Esto significa que el deudor hipotecario, cuando asegura el inmueble, *no* es el beneficiario de la póliza de seguro sino que lo es el acreedor hipotecario, por efecto de subrogación en los derechos que tenía el deudor hipotecario.

El acreedor hipotecario como tercero hipotecario

Al acreedor hipotecario no se le puede oponer la nulidad de los contratos que sean oponibles al deudor hipotecario.

Un inmueble deja de pertenecer al patrimonio ganancial al momento en que el acreedor hipotecario lo ejecuta y adquiere su titularidad. Esa ejecución lo extrae de la masa patrimonial y su posterior adquisición por uno de los ex-cónyuges no le devuelve su naturaleza ganancial.[37]

---

[36] *Eagle Star Insurance Co. of Puerto Rico v. La Esperanza Sugan Plantation Corporation*, 98 C.A. 41; Ley Hipotecaria, artículos 160 y 161.

[37] *González Cruz vs. Quintana Cortés*, 98 C.A. 52.

Aún cuando se reconoce que dicho ex-cónyuge "actuó fraudulentamente y de mala fe al sustraer el bien inmueble del caudal común ganancial en liquidación, no procede decretar la rescisión del contrato por fraude de acreedores ya que el acreedor hipotecario adquirió el inmueble en virtud de la ejecución de su crédito hipotecario mediante trámite judicial presumido válido, no participó del plan para defraudar a la ex-esposa y tampoco obró fraudulentamente al venderlo al ex-esposo.[38]

Sí existe causa de acción por *daños y perjuicios* en contra del ex-cónyuge que actuó fraudulentamente y de mala fe. "Al disolverse el matrimonio, el ex-esposo como copropietario del inmueble en una comunidad en liquidación, tenía la obligación de conservarlo para entregarlo a la ex-esposa llegado el momento. ..."[39]

El contrato de prenda

Conforme ya habíamos anticipado, el contrato de *prenda* —semejante a los de *hipoteca* y *fianza*— tiene por objeto garantizar el cumplimiento de una obligación. Y su medio de garantizar es *una cosa* física, igual que en la *hipoteca*. Pero señalábamos también que, a diferencia de lo que ocurre en ésta, en el de prenda *la cosa ha de entregarse al acreedor o a tercera persona,* y la tendencia o control físico de ella constituye *el medio de garantizar la deuda.*

Definición

El contrato de "prenda" *es uno por el cual el propietario de una cosa mueble la entrega al acreedor o a un tercero de común acuerdo, para que uno u otro la retenga en garantía del cumplimiento de una obligación principal y la devuelva una vez ésta sea cumplida.*

El acreedor garantizado con *prenda* se llama *acreedor pignoraticio.* Al deudor en ese caso se le da igual calificativo. Y la acción de éste dando la cosa en prenda se llama *pignorar* la cosa. Por último, el vocablo *prenda* se aplica, tanto *al contrato* que lleva ese nombre, como *al objeto* mismo que se entrega en *garantía.*

La *prenda,* al igual que la *hipoteca* y la *anticresis,*[40] son derechos reales de garantía. En el caso de la prenda, se requiere la transferencia de la posesión del bien mueble garante a manos del acreedor. Una vez pagada la deuda, el acreedor tiene que restituirla como la recibió, y esto significa que no puede usarla ni transferirla. Tiene que conservarla con diligencia. No puede hacer actos que menoscaben la prenda sino que tiene que protegerla y asegurarla.[41]

[38] *Ibid.*

[39] *Ibid.*

[40] "Por la *anticresis* el acreedor adquiere el derecho de percibir los frutos de un inmueble de su deudor, con la obligación de aplicarlos al pago de los intereses, si se debieren, y después al del capital de su crédito." Código Civil, artículo 1781; 31 L.P.R.A. 5061.

[41] *Eastern v. Roig,* 96 JTS 6.

Cuando se da la novación modificada por pago de un tercero, quien se subroga en los derechos del acreedor primitivo, no se afecta la obligación principal ni la prenda.[42]

Formalidad

Ninguna. Mientras en la *fianza* y la *hipoteca* el documento y otras *formalidades son indispensables*, el contrato de prenda se perfecciona y es obligatorio desde que hay la entrega física de la prenda al acreedor o al tercero, según se acuerde.

Y tan desprovisto de *formalismo* es este contrato, que aún cuando *la prenda* consista en un *pagaré a la orden, garantizado con hipoteca,* la entrega de tal *pagaré*, como garantía *colateral, da existencia* al contrato de prenda *sin que sea necesario endosarlo.*[43]

Derechos y deberes de las partes contratantes

Bajo el contrato de *prenda*, el acreedor no está facultado para usar la cosa *pignorada* sin autorización del dueño. Si faltase a esta limitación, el propietario podrá exigir que el objeto sea *depositado*.

En tanto no se tenga que *expropiar* el objeto *pignorado*, el deudor sigue siendo su dueño. Pero no podrá pedir que se le restituyan, mientras no pague la deuda, los intereses que correspondan según disponga el contrato o la ley, y los gastos que el incumplimiento ocasione.

Si la *prenda* consiste en un *documento de crédito* que produce *intereses*, y puesto que éstos pertenecen por derecho al dueño del crédito, que es el deudor *prendario, el acreedor prendario* está facultado por ley para compensar *con esos intereses* los que a él se le adeuden; y cualquier excedente (sobre los que realmente se le deban), podrá aplicarlo en abono del *principal adeudado.*[44]

El acreedor *pignoraticio* está obligado a conservar la *prenda* con la diligencia propia de un buen padre de familia, para lo cual se le hace responsable de su pérdida o deterioro. Pero, por otro lado, si la conservación bajo condiciones apropiadas le impone incurrir en *gastos*, tendrá derecho a que se le *reembolsen*.

Finalmente, el acreedor garantizado con *prenda* tendrá derecho a valerse de ésta para cobrar lo que se le debe, bajo las condiciones que se explican en el siguiente párrafo.

Subasta de la cosa pignorada

Todo acreedor, garantizado o no, tiene derecho a que se le pague al vencimiento de la obligación. *La prenda,* como se ha explicado, es uno de los contratos que sirven para *garantizar* que el acreedor cobre. Por tanto, si vencida la deuda, el acreedor no es satisfecho

---

[42] *Ibid.*

[43] *Acevedo v. Domenech* (1938) 52 DPR 460.

[44] Código Civil, artículo 1767; 31 L.P.R.A. 5026.

en *su crédito*, la ley le faculta para que, *en la presencia de un notario*, proceda a vender *en subasta pública* la cosa *pignorada*. Al acto de la subasta deberá citarse al deudor y dueño de *la prenda*. Si en las primeras *dos subastas* no se consigue adjudicarla por precio que cubra las cantidades adeudadas, el acreedor podrá considerar suya la cosa, *mediante carta de saldo a favor del deudor*.[45]

Los establecimientos que se dedican a prestar dinero con garantía de alguna *prenda* —conocidos comúnmente como *casas de empeño*— están sujetos a requerimientos de *licencia* por parte de la autoridad pública. También se les exige que lleven un *libro registro*. Y en cuanto a la subasta de las cosas *empeñadas*, se dispone que el *prestamista* podrá en ellas *concurrir como licitador*, "hacer postura y ser *comprador*". Dependiendo de la clase de artículo que se haya de vender en la subasta, se impone la restricción de que la venta de ciertas cosas podrá verificarse en cualquier fecha *después de treinta días de venderse el plazo convenido para "la redención" del objeto pignorado*, mientras que otros objetos no podrán ser subastados hasta pasados *seis meses* de vencida la obligación *pignoraticia*.[46]

[45] Código Civil, artículo 1771; 31 L.P.R.A. 5030.

[46] Las disposiciones sobre *casas de empeño* aparecen en el Código de Comercio, artículos 223-229; 10 L.P.R.A. 511-517.

Capítulo 15

LEYES ESPECIALES SOBRE AGENCIAS DE COBRO, MONOPOLIOS, PRÉSTAMOS PERSONALES PEQUEÑOS Y NEGOCIOS AMBULANTES

Ley especial sobre agencias de cobro

Naturaleza y propósito de las agencias de cobro y ley que las regula

Por disposición expresa de la ley, se reconoce como "agencia de cobros" a cualquier persona, natural o jurídica, dedicada al negocio de cobrar, como un servicio para otro, cualquier cuenta, factura o deuda. En esta calificación está incluida también toda persona que, fingiendo con su nombre no ser una agencia de cobro, suple a su clientela sistemas de cobro y cartas circulares en las que se inste al deudor a efectuar sus pagos, bien directamente al acreedor o a la tal agencia de cobros fingida.[1]

La ley reguladora de esta materia en Puerto Rico es la número 143 del 27 de junio de 1968 enmendada por otra del 30 de junio de 1975. [2] El propósito de esta legislación,

[1] 10 L.P.R.A. 981 (a).

[2] *Ibid.*

según expresado en decisión de nuestro más alto Tribunal, es el de "extender protección a los deudores". Y precisando aún más sobre el mismo punto añade que uno de los objetivos del aludido estatuto es el de "suprimir en todo lo posible el riesgo previsible del daño a tercero por las malas prácticas, la conducta ofensiva y violenta, el abuso y los atropellos de los cobradores de cuentas".[3]

Visto en el ángulo doctrinal, el contrato típico de una agencia de cobros, con los diversos acreedores que constituyen su clientela, no es otra cosa que un contrato de servicios, auxiliar del contrato principal que dió base a la cuenta. Por caer el deudor en morosidad, requiere la palanca más efectiva de la agencia de cobros para que no se siga demorando el pago y, en el peor de los casos, surja la imposibilidad definitiva de su cobro.

Con ese enfoque, será fácil advertir que las cuentas por cobrar que se encomiendan a una agencia de cobros pueden ser resultantes de cualquier contrato principal o de cualquier otra fuente de obligaciones. Y, puesto que las más corrientes son las que surgen de negocios u operaciones mercantiles, la conclusión esencial es que el contrato, bajo el cual las agencias de cobro prestan sus servicios a los acreedores, constituye un *contrato mercantil auxiliar*. Y esto explica por qué no puede eludirse la consideración, en este libro, de la ley especial que rige este tipo de *contrato mercantil auxiliar*.

Licencia que se requiere

Lo anteriormente expuesto nos indica claramente que, en protección de derechos fundamentales del ser humano, contra abusos y malas prácticas de cualquier agente o agencia de cobros, se hizo necesaria una supervisión, un seguimiento y una reglamentación y procedimientos, incluso judiciales, por parte de una agencia pública debidamente facultada para esas *funciones*. A tal fin, la ley encarga al Secretario de Hacienda la responsabilidad máxima en el ejercicio de éstas.

Y en esas *funciones*, lo primero que se exige de estas *agencias de cobro* es que, para poder operar en Puerto Rico como tales agencias, han de proveerse primero de una licencia, sin la cual estarían impedidas legalmente de hacerlo. Ninguna persona, nos dice la sección 981c, inciso (a) del estatuto regulador de esta materia, podrá operar una agencia de cobros en territorio puertorriqueño sin haber *previamente* obtenido una licencia expedida por el Secretario de Hacienda.[4] Se requiere, además, una licencia para cada oficina que se establezca; que la misma se fije en lugar visible, en todo local de negocio autorizado a cada agencia. Toda licencia expira cada año y tiene que ser renovada. Además, es *intransferible*.

Toda esta materia está profundamente reglamentada por la oficina correspondiente del Departamento de Hacienda, atendiendo a los requerimientos que a tal efecto contiene el propio estatuto.

---

[3]*Martínez v. Chase Manhattan Bank* (1979) 108 D.P.R. 515.

[4]*Ibid.*

Entre esos requerimientos de la ley están los siguientes:

a) que el Secretario de Hacienda haga las *investigaciones necesarias* sobre la *responsabilidad financiera, integridad, experiencia, reputación, carácter,* y *aptitud general del solicitante.* Y esa investigación puede incluir a todo el *personal empleado por,* o *asociado con* el peticionario.[5]

b) Otro requisito de ley para asegurar el cumplimiento estricto de ésta por parte de las agencias de cobro es que, para poder obtener licencia, y retenerla, tienen que prestar una fianza por la cantidad de $5,000.00, la que se exige como medio de garantizar el fiel desempeño de las obligaciones contraídas respecto al recibo, manejo y transferencia de dinero obtenido en el cobro de cuentas. La licencia queda automáticamente revocada si deja de estar en vigor la fianza. Se requiere una fianza para cada licencia concedida, aún tratándose de una misma agencia de cobros. El monto de la fianza puede ser aumentado a juicio del Secretario cuando éste estime que la garantía de la fianza prestada deja de ser satisfactoria. Si el poseedor de la licencia deja de aumentar la fianza como se le ha requerido oficialmente, su inacción opera automáticamente como una revocación de licencia, a menos que se le conceda una prórroga.[6] La autoridad del Secretario llega al punto de que, "podrá revocar una licencia por cualquier fundamento que le faculte a denegar una solicitud para la misma", y por violación de cualquiera de las disposiciones del estatuto que examinamos.

Por otro lado, y para no proveer excusa alguna cuando la agencia de cobros es privada de la licencia, la ley provee que, en relación con contratos existentes, ninguna revocación o renuncia hecha de cualquier licencia menguará ni afectará las obligaciones derivadas de contratos válidos existentes entre la agencia de cobros y las terceras personas con quienes contrate.

Agente residente

Toda agencia de cobros que preste servicios en Puerto Rico ha de tener un agente residente en esta jurisdicción. Se mantendrá informado por escrito al Secretario de Hacienda su designación y los cambios que se sucedan para sustituirlo, así como el lugar o dirección donde ubique y los cambios en cuanto al mismo.

El propósito es que a ese residente se le puedan y deban notificar los emplazamientos judiciales o administrativos, toda clase de avisos o notificaciones, órdenes y resoluciones de tribunales o de agencias de gobierno.[7]

---

[5] 10 L.P.R.A. 981 (e).

[6] 10 L.P.R.A. 981 (f).

[7] 10 L.P.R.A. 981 (h).

Prácticas expresamente prohibidas a las agencias y agentes de cobros

En el proceso de ley correspondiente[8] se enumeran trece renglones de prácticas que le son prohibidas a las agencias de cobro y a quienes a ellas sirven. Algunas de éstas, a modo de ejemplo, son:

a) realizar gestiones de cobro de cuentas sin estar previamente autorizado por escrito por el cliente;

b) iniciar procedimientos judiciales contra un deudor, a nombre del cliente sin previa autorización escrita para hacerlo;

c) no remesar la porción de dinero cobrado correspondiente al cliente, dentro de los 30 días de haberse efectuado el cobro;

d) dejar de devolver al cliente, cuando éste lo solicite, todo documento o escrito relacionado con cuentas y bajo las situaciones indicadas en la ley;

e) retener dinero en exceso del importe pactado previamente como pago por servicio prestado;

f) usar, o amenazar con usar, violencia física en la gestión para cobrar una cuenta;

g) cobrar o exigir del deudor el pago de cargos adicionales sobre la cantidad adeudada, etc.

Reglamento, penalidades y revisión de las decisiones que haga el Secretario de Hacienda

Las reglas pertinentes a este epígrafe se encuentran en el Código de Comercio.[9]

Legislación para prevenir monopolios y combinaciones monopolísticas

Al igual que en los Estado Unidos y en muchos otros países, existe en Puerto Rico una Ley contra Monopolios y contra toda clase de combinaciones que persigan fines monopolísticos.[10] El propósito principal de este género de legislación es el de proteger al público consumidor y a los propios competidores entre sí contra prácticas que restrinjan el comercio o encarezcan los costos de productos y mercancías en perjuicio de los consumidores. Dada nuestra condición política, es explicable que la propia ley vigente en los Estados Unidos sobre esta materia rija también sobre el pueblo puertorriqueño.[11]

[8] 10 L.P.R.A. 981 (p).

[9] 10 L.P.R.A. 981 (a)–(s).

[10] Ley 77 del 25 de junio de 1964; 10 L.P.R.A. 257 *et seq.*

[11] *Sherman Antitrust Act,* enmendada por la *Ley Clayton;* por otra que creó el *Federal Trade Comission* (Comisión Federal reguladora del tráfico comercial); otra llamada *Ley sobre Embarques* (*Shipping Act*), etc. (*Anderson's Business Law,* 7ma. ed.).

Un monopolio se justifica, por vía de excepción, cuando las circunstancias geográficas, poblacionales y económicas, o cuando la naturaleza del servicio a prestarse o del producto a venderse, son tales, que una comunidad queda mejor servida por un monopolio que por empresas industriales y comerciales en lucha competitiva.[12] Pero por regla general, ni la ley positiva de nuestro país, ni la política pública, ni la doctrina universal, ni la ciencia económica, favorecen los monopolios.

Casos de excepción que están generalmente reconocidos son: las empresas ferrocarrileras; algunas categorías de las de autobuses; la de energía eléctrica, la de acueductos y alcantarillados, gas fluido; aerolíneas, transportación marítima, por ejemplo. Estos casos de excepción se conocen como *monopolios naturales* y suelen crearse *por jurisprudencia*.[13]

Nuestra ley local antimonopolística dispone, entre otras cosas, que: todo contrato, combinación en forma de *trust* o en otra forma, o conspiración para restringir *irrazonablemente* los negocios o el comercio en el territorio de Puerto Rico o en cualquier sector de éste, se declaran ilegales. Y quien haga contratos, o se comprometa en tales combinaciones o conspiraciones, incurrirá en delito y estará sujeto a las penalidades que la propia ley especifica.[14] Y a reglón seguido añade que: los métodos injustos de competencia, así como las prácticas o actos injustos o engañosos en los negocios o en el tráfico comercial e industrial se declaran también ilegales. Una Junta especial, presidida por el Secretario de Justicia y con la colaboración de la Oficina de Asuntos Antimonopolísticos de dicho Departamento, provee los reglamentos, mecanismos administrativos y judiciales, y toda gestión legal necesaria para hacer que se cumplan los propósitos antimonopolísticos de la ley.[15]

Complementando el régimen antimonopolístico ya existente en 1972, otro estatuto posterior[16] provee para que la Oficina de Asuntos Monopolísticos esté facultada para radicar y tramitar *querellas administrativas* en el Departamento de Asuntos del Consumidor (D.A.C.O.), al efecto de *prevenir, evitar* y *detener violaciones* de tipo monopolístico, según se ha explicado aquí en párrafos precedentes. En tales casos, tanto dicha Oficina de Asuntos Monopolísticos como la parte querellada tendrán derecho a la revisión judicial en el Tribunal Apelativo de Puerto Rico.[17]

Después de toda esta relación de leyes, mecanismos, reglamentos y organismos, diseñados y requeridos para evitar los abusos de los monopolios contra la libre y sana competencia, y en protección de los legítimos intereses del consumidor y de los propios comerciantes e industriales para garantizarles un juego de limpia y razonable competencia,

---

[12] *Protane Gas Co. de Puerto Rico vs. Ramos* (1967) 95 DPR 419.

[13] *Ibid.*

[14] 10 L.P.R.A. 258.

[15] 10 L.P.R.A. 259.

[16] 10 L.P.R.A. 259 (c).

[17] 10 L.P.R.A. 259 (g).

nos vemos en el deber ineludible de señalar que todo ese complejo de reglamentación antimonopolística, incluyendo la que se dicta desde Washington, resulta una burla de mal gusto en el ámbito colonial de Puerto Rico cuando, nos consta como hecho irrefutable, que por otras leyes del propio Congreso de los Estados Unidos, la protección a nuestros productores domésticos puertorriqueños, a nuestros comerciantes, con muy contadas excepciones, y a toda la masa de consumidores abarcados en la población total de Puerto Rico, resulta un mito. Un verdadero mito, a consecuencia del poder absoluto que se ejerce desde Washington a partir de 1898 mediante el control total del poder tarifario o aduanero que se ejerce sobre Puerto Rico, y por el cual nuestro gobierno local está impedido de proteger al productor y al comerciante puertorriqueño contra la competencia ruinosa de la poderosa empresa industrial, comercial y agrícola de los Estados Unidos. Eso, por un lado. Por el otro, y para asegurar el monopolio del mercado puertorriqueño en beneficio casi exclusivo del agricultor, manufacturero, y distribuidor norteamericano, la prohibición absoluta impuesta a nuestro gobierno local para que no seamos nosotros los que mediante aranceles de aduana, regulemos la entrada, al mercado local, de productos y mercancías provenientes de otras partes del planeta, reservándose el Congreso, para sí mismo, ese otro instrumento de control sobre el intercambio comercial de Puerto Rico con otros pueblos del exterior, explica por qué se nos niega también el derecho a concertar tratados comerciales con otros gobiernos.[18] ¿Resultado neto de toda esta restricción de incuestionable matiz colinialista? Que la leyes anti-monopolísticas, diseñadas en la colonia para impedir o detener todo monopolio indeseable y toda clase de prácticas abusivas monopolísticas, no alcanzan, por falta de poder político necesario, a impedir o detener el cuasi monopolio total de la producción y distribución de lo que se consume en Puerto Rico debido al control que, para esa producción y distribución, ejercen las gigantescas y privilegiadas empresas de la metrópoli y las subsidiarias de éstas que operan dentro del territorio sojuzgado.

Préstamos personales pequeños

Definición de este tipo de préstamo, su naturaleza civil y ley que los rige

A partir de 1965, se institucionalizó en Puerto Rico un tipo de préstamos personales en relativamente baja escala, con máximo de tres mil dólares ($3,000) y con la finalidad de servir a una masa de consumidores de bajos recursos, único nivel social que, por necesidad extrema se ve forzado a pagar tasas de interés tan altas que ninguna otra clase social se inclina a hacerlo salvo en situaciones demasiado excepcionales. A este tipo de préstamos de baja cuantía se le dió el nombre de *préstamos personales pequeños* y se le fijó el límite máximo de principal ya indicado y la tasa de interés a pagarse.

[18] Para un análisis más abarcador y más claro sobre los efectos económicos del poder de una metrópoli sobre sus colonias y, específicamente, sobre Puerto Rico, revísese el epígrafe B del Capítulo 2 de este libro.

Para completar las líneas básicas de esta *especial* clase de *préstamos pequeños*, el texto mismo de la ley que autorizó dió la siguiente definición de ellos: "Préstamo personal pequeño", para los fines de este estatuto, "significa un adelanto en efectivo de $3,000 o menos, pagadero en plazos mensuales, en cantidades substancialmente iguales, que incluyan la amortización del principal y el monto del cargo anual." [19]

Consideramos propio recordar que pueden ser *objeto de comercio* las *cosas* y los *servicios* y que, entre las *cosas, el dinero* como tal puede ser objeto de operaciones mercantiles. Los bancos comerciales, por ejemplo, que toman y reciben cantidades de dinero por el que pagan un tipo de interés más bajo, y transfieren ese dinero, o parte de él, y cargan un interés más alto, son comerciantes traficando con esa *mercancía* que llamamos *dinero.* Y entre ese tráfico bancario y el que opera con otras cosas y servicios, no existe diferencia sustancial alguna en contemplación de la ley.

Debe recordarse, además, que las ventas a los consumidores que hacen los comerciantes en el tráfico de mercaderías y servicios, no son consideradas como *operaciones mercantiles* en el sentido técnico de la ley.[20] Idéntica regla aplica al dinero como objeto de operaciones mercantiles. Por tanto, la verdadera operación *mercantil,* tanto en el negocio de los bancos comerciales, como en el que realizan los establecimientos autorizados para prestar dinero bajo esta ley de *préstamos personales pequeños,* es la de *adquirir el dinero a un interés inferior, con ánimo de transferirlo* a un tipo de interés más alto, y lucrarse en la transferencia. Pero el préstamo de transferencia sólo será *mercantil* si el adquiriente lo toma *con el mismo ánimo de transferir el dinero nuevamente*; mientras que, si la transferencia es al consumidor, el préstamo es *civil.* Y esto significa que, al interpretar la ley que rige esta clase especial de préstamos, si hubiese que recurrir a otro texto legal que deba suplir lo que falte o esté ambiguo en el estatuto especial, esa luz complementaria hay que buscarla en el Código Civil y no en el de Comercio.

Comerciantes en el negocio de préstamos personales pequeños

De lo expuesto en el epígrafe anterior, se deduce que las *empresas* (de individuos, sociedades o corporaciones) que se dedican al negocio de *préstamos personales pequeños* son comerciantes en el sentido cabal del Código de Comercio. Lo son, no por los préstamos que hacen al consumidor, a quien le facilitan el dinero en pequeña cantidad y a un interés muy alto, sino por las operaciones que esas mismas empresas tienen que efectuar para adquirir ese dinero a un interés más bajo; o porque, aún haciéndolo con dinero propio, el servicio que esas empresas tienen que mantener, y que *adquieren de todo el personal* que en su negocio de préstamos pequeños colaboran, constituye la *mercancía* que esas empresas *producen* y que *revenden* al público con una *ganancia* en esos préstamos que al público

---

[19] 10 L.P.R.A. 942 (7).

[20] No olvidemos que, según nuestro Código de Comercio, al definir la *compraventa mercantil* lo hace con gran claridad diciéndonos que: "Es mercantil *la compra* de bienes (muebles) *para revenderlos,* bien en la misma forma en que se compraron o en otra diferente, *con ánimo de lucrarse en la reventa.*" Y se ratifica añadiendo: que no se consideran *mercantiles* las ventas a los *consumidores.* Código de Comercio, artículos 243-244; 10 L.P.R.A. 1701-1702.

consumidor facilitan. Por consiguiente, esas empresas o *concesionarios*, como el estatuto especial los llama, ejercen el *comercio* o la *industria*, bien como traficantes en una mercancía que se llama dinero, o bien como productores de un servicio de préstamos, en pequeñas cantidades, a los clientes que lo solicitan. Es por ello que esta materia no puede quedar fuera de consideración en un texto de Derecho Mercantil puertorriqueño. Y aunque los préstamos al *consumidor* no son precisamente el factor determinante en el carácter *mercantil* de estas empresas, y aunque el estatuto especial que examinamos toma su nombre del contrato que hace la empresa con el consumidor (como si sólo se tratara de un negocio *civil*), lo cierto es que la reglamentación legal contenida en la llamada *Ley de Préstamos Personales Pequeños* cubre abarcadoramente a la empresa como tal, desde la *licencia* que ésta tiene que obtener para poder ejercer legalmente este particular tipo de negocio, y la fiscalización gubernamental a que está sujeta, hasta las múltiples obligaciones que tiene que cumplir en relación con la operación del mismo, y las penalidades a que está abocada por las violaciones de ley o reglamento en que incurra. No estamos exagerando al decir que las reglas provistas en relación con la empresa como tal son notoriamente más numerosas que las propiamente alusivas al contrato de préstamo al consumidor. Los señalamientos resumidos que completan este epígrafe, así lo confirman.

Requerimiento de licencia para poder funcionar

Ninguna persona, declara taxativamente la ley que examinamos,[21] *se dedicará al negocio* de prestar cantidades de dinero de $3,000 o menos, ni contratará, cargará ni recibirá, directa o indirectamente, en relación con cualquier préstamo de esta clase, cargo alguno en concepto de intereses, compensación, gastos (de operación), o por consideración otra alguna, que en su totalidad sean mayores que lo permitido bajo las leyes de Puerto Rico, *sin antes haber obtenido una licencia* expedida por el Secretario de Hacienda de Puerto Rico.

Este funcionario es el que, por disposiciones legales expresas, tiene a su cargo todas las prerrogativas y responsabilidades de velar porque la ley reguladora de toda esta materia se cumpla estrictamente.

Pero para que se pueda expedir licencia a los efectos indicados, ha de radicarse *solicitud bajo juramento* que contenga todos los datos que por ley y reglamento se exigen, y pagarse los cargos correspondientes para obtenerla. Después de lo cual, y mediante las investigaciones que el Jefe de Hacienda considere necesario hacer sobre la experiencia, responsabilidad financiera, carácter y aptitud general del peticionario, si aparece que la concesión de la licencia solicitada habría de redundar en beneficio público, que existe base razonable para asumir que el negocio se administrará conforme a las reglas del estatuto regulador, y que el peticionario cuenta con el activo líquido disponible determinado por ley, se le expedirá la licencia.

Cada licencia expedida contendrá la dirección del establecimiento en que se llevará a cabo el negocio y el nombre de la empresa o del individuo que ha de asumir la responsabilidad en el mismo. Se fijará en sitio visible del local autorizado oficialmente para operar el negocio. Y, muy importante: será *intransferible*. La ley requiere que se exija a cada concesionario una licencia para cada local o sitio de operaciones que separadamente se establezca, y por cada local de operaciones se exige anualmente el pago de derechos en cantidad proporcionada a la suma global que represente el total de préstamos en cartera que, el 31 de diciembre de cada año, tenga la oficina principal y cada una de las sucursales pertenecientes a la empresa concesionaria en el territorio de Puerto Rico, conforme a las *clasificaciones* o *categorías* en el volumen de préstamos que el propio estatuto provee.[22]

Previa notificación y audiencia al concesionario, el Secretario de Hacienda podrá revocar cualquier licencia otorgada, si comprueba la omisión o comisión de cualquiera de los hechos o motivos que la propia ley señala para justificar la revocación.[23]

Inspecciones anuales por autoridad de gobierno

Una vez anualmente, por lo menos, representantes autorizados del Departamento de Hacienda tienen mandato de ley de examinar los préstamos, libros y *récords* de cada oficina o establecimiento al que se haya otorgado licencia. Para lo cual, el Secretario o sus representantes autorizados tienen libre acceso a las oficinas o lugar de los negocios a ser investigados, y a los archivos y bóvedas de la empresa concesionaria. Podrán, además, requerir la comparecencia de personas y examinarlas bajo juramento en todo aspecto que concierna o sea pertinente a la investigación a efectuarse en cada caso.

Récords e informes referentes a los préstamos

Cada persona o empresa concesionaria bajo la ley que examinamos viene obligada a proveer y mantener todos aquellos *récords* de préstamos que se efectúen dentro del marco empresarial que rige esta materia, de modo que permitan a los inspectores de Hacienda determinar si la empresa concesionaria está cumpliendo con los propósitos y reglas del estatuto. También se les requiere que conserven dichos *récords* por periodo no menor de cuatro (4) años desde la última entrada consignada en ellos. La contabilidad de cada empresa se ajustará a los principios generalmente aceptados y reconocidos, y deberá contener la información que por el Secretario de Hacienda se requiera.

También deberá someter cada empresa concesionaria, en abril de cada año, los informes que el Secretario de Hacienda les exija.

Cargos que podrán ser cobrados a los prestatarios

Por ley se autoriza a cada empresa concesionaria a contratar y recibir una tasa de interés fijada por ley.

Además del cargo por intereses, se autoriza en este tipo especial de préstamos, cobrar un cargo adicional *por demora* o atraso en la devolución de lo prestado. Hay demora, cuando el pago se atrasa por término mayor de diez días desde el vencimiento de los plazos. En tal caso, se autoriza el cobro de un recargo que no deberá exceder del cinco por ciento

[21] 10 L.P.R.A. 943.

[22] 10 L.P.R.A. 946 (c).

[23] 10 L.P.R.A. 948.

(5%) del importe del plazo atrasado; y dicho cargo no podrá cobrarse más de una vez respecto al mismo plazo. También señala la ley la cuantía del recargo que se permite cobrar cuando se difiere el pago de todos los plazos pendientes, no vencidos aún, por uno o más meses completos. Pero no fue hasta 1979 cuando se aprobó una enmienda a la ley, por la cual se reconoce derecho a la empresa concesionaria en estos *préstamos personales pequeños*, a cobrar un cargo aparte por el costo de un *seguro de vida de crédito*, o *de incapacidad de crédito*, que garantice el remanente no saldado del préstamo cuando ocurre la muerte o incapacidad del prestatario.[24] Pero debe quedar claro que la enmienda relacionada con el cargo por el seguro que acabamos de reproducir aquí, y una numerosa lista de reglas que complementa la misma, sólo permiten a la empresa concesionaria incluir dicho cargo *por seguro* cuando el prestatario da su consentimiento para que tal seguro forme parte del contrato sobre el préstamo, ya que la ley lo deja "a opción de éste". También le da opción para seleccionar al asegurador y obtener el seguro o consentir en que el concesionario lo obtenga.

Formalización por escrito de cada préstamo

Una de las disposiciones más importantes de esta legislación sobre préstamos pequeños es la que exige a la empresa prestadora que entregue al prestatario, en cada contrato de préstamo que se convenga entre las partes, el documento en donde consten todos los términos acordados para el mismo. Específicamente, la fecha en que se entrega el dinero prestado, o el adelanto que se haga en efectivo, el monto de cada uno de los cargos a cobrarse por la firma prestadora, el monto total de la obligación contraída por el prestatario, la escala de pagos periódicos a efectuarse, o una descripción de dichos pagos, la clase de garantía que asegura el préstamo, el nombre y dirección de la oficina autorizada, y transcripción literal del texto completo de la citada sección 954 (d) sobre *el seguro*. También se exige que la empresa dé un recibo por todo el pago en efectivo que se haga en abono a la deuda del préstamo.

Prohibición de emplear violencia o amenaza en los procedimientos de cobro. Penalidades

Cualquier empresa prestadora bajo la legislación que examinamos, o representante suyo, que recurra a la *amenaza física* o al uso de *presiones sicológicas extremas*, con el propósito de facilitarse el cobro del préstamo a deudores morosos, incurrirá en violación de ley y estará sujeto a las sanciones para tal fin provistas.

En cuanto a esa, o cualquiera otra de las violaciones a lo que ordena el estatuto bajo examen, el Secretario de Hacienda está autorizado a imponer y cobrar multas administrativas desde $100 y hasta un máximo de $1,000 por infracciones a las disposiciones de ley o a las reglas o reglamentos promulgados por dicho funcionario.[25]

---

[24] 10 L.P.R.A. 954 (1).

[25] 10 L.P.R.A. 957 y 958.

Pero las decisiones del Secretario, en ejercicio de las facultades otorgádasle o en abuso de ellas, están sujetas a revisión administrativa ante el Tribunal Apelativo de Puerto Rico.

Reglamentación de negocios ambulantes

Por ley de nuestra Asamblea Legislativa,[26] se ortorgaron facultades al Departamento de Comercio de Puerto Rico para reglamentar la operación y el control de los negocios ambulantes en nuestra jurisdicción, con el fin de proteger el interés público en lo que a salud, flujo vehicular, estética en nuestras carreteras y otras vías públicas, la calidad de los servicios que dichos negocios ambulantes prestan, y facilitar que se cumpla la reglamentación vigente sobre precios, en protección de los derechos del consumidor.[27]

De acuerdo con otras disposiciones del estatuto citado, dicho Departamento de Comercio adoptaría la reglamentación, ordenada legislativamente, en consulta con el Departamento de Transportación y Obras Públicas y con todos los otros Departamentos y Agencias del Gobierno que en una u otra forma tienen relación directa con la operación de negocios ambulantes, a fin de facilitar los propósitos esenciales que persigue la indicada legislación.

También se prescribe que será el Departamento de Hacienda el que expida el permiso para la operación de los referidos negocios, pero lo hará conforme a disposiciones legales y a la previa autorización que le confiere la Administración de Fomento Comercial.[28]

En el alcance en que se le enfoca para fines de la reglamentación que nos ocupa, se le da el nombre de "negocio ambulante" a toda operación *comercial* de venta al detal de productos o servicios, sin valerse de establecimiento fijo y permanente, sino por el contrario, en unidades móviles, a mano o en lugares en que no se pueda mantener el producto, o el instrumento para prestar el servicio, por periodo mayor de veinticuatro (24) horas.

Todo negocio de esta clase requiere un certificado de *conveniencia y necesidad pública*, a modo de licencia o franquicia o permiso *temporáneo* (este es el vocablo que emplea la ley) de cualquier clase. Los detalles minuciosos a que está sujeta toda solicitud de licencia, el procedimiento para obtenerla, su suspensión o revocación, los fundamentos para tal acción, consta en la ley citada, más la autoridad del Secretario de Comercio para emitir reglas sobre cada una de dichas disposiciones; así como el derecho a la revisión judicial de las mismas o de cualquiera de tales reglas.

Toda acción u omisión que infrinja las disposiciones del estatuto en cuestión, o los reglamentos emitidos a su amparo, se considera *delito*. Y el infractor estará sujeto a las penalidades provistas, o sea: reclusión que no excederá de diez días, o multa que no será mayor de 500 dólares, o ambas, a discreción del tribunal.

---

[26] Ley 56 del 21 de julio de 1978, 10 L.P.R.A. 2002-2016.

[27] 10 L.P.R.A. 2003.

[28] 10 L.P.R.A. 2004.

Capítulo 16

DE LOS COMERCIANTES

Quiénes se consideran comerciantes

El Código de Comercio, dando señal inequívoca de que intentó ser una ley *de clase*, empieza por ahí: definiendo lo que son comerciantes. Dice a este respecto:

"Son *comerciantes* los que teniendo capacidad legal para ejercer el comercio, se dedican a él habitualmente y en nombre propio; y las compañías, asociaciones y corporaciones, *mercantiles* e *industriales*, que se constituyeren con arreglo a este código o a leyes especiales."[1]

De esa larga definición debemos sacar en claro que los comerciantes son, específicamente: *individuos* o *sociedades* (estás incluyen las corporaciones) que se dedican al *comercio*, a la *industria*, o a ambas cosas.

Requisitos para ejercer el comercio

La regla del Código que dejamos transcrita contiene a la vez una definición de comerciantes, aunque un poco deficiente, y una clasificación de los comerciantes. La

[1] Código de Comercio, artículo 1; 10 L.P.R.A. 1001.

definición está esencialmente en la primera parte del precepto. La segunda es para abarcar en ella a las personas *jurídicas*.

De acuerdo con este primer artículo del Código, son *cuatro* los elementos o *requisitos* que deben concurrir en la persona para que se considere *comerciante* ante la ley, a saber: 1. tener *capacidad legal* para ejercer el *comercio*; 2. *dedicarse al comercio*; 3. que esa dedicación sea *habitual*; y 4. que el ejercicio de su actividad comercial sea en *nombre propio*, y no a nombre de otro. Veamos lo esencial de cada uno de estos requisitos.

La *capacidad legal* para ejercer el *comercio* está también definida en regla subsiguiente del Código[2]. No es necesario entrar en los detalles de ese precepto legal. Baste con señalar que la capacidad para ser comerciante equivale virtualmente a la *capacidad para contratar*. Por tanto, quien bajo nuestras leyes esté capacitado para contratar, también lo está — en términos generales — para ejercer el comercio y, específicamente, para ser *comerciante*. Sobre la capacidad para contratar, ya quedaron ampliamente expuestas las reglas pertinentes en un capítulo anterior de este texto.[3]

> "Tendrán capacidad legal para el ejercicio habitual del comercio las personas que reúnan las condiciones siguientes:
>
> (1) haber cumplido la mayoría de edad;
>
> (2) tener la libre disposición de sus bienes."
>
> "También podrán ejercer el comercio los menores de edad emancipados por concesión judicial."[4]

Ejercer el comercio es la frase medular en la definición de comerciantes. En efecto, es evidente. Nadie concibe que una persona sea reconocida como comerciante si no *ejerce el comercio*. Pero, ¿y qué se entiende, en el plano de la ley, por esto de *ejercer* el *comercio*? Ni la misma ley nos contesta directamente esta pregunta. Sin embargo, nos dice cuáles son los *actos* o *contratos mercantiles*.

Serán reputados actos de comercio, según su declaración textual, "los comprendidos en este Código, y cualesquiera otros de naturaleza análoga;[5] donde es fácil inferir que *ejercer el comercio* no significa otra cosa, en el lenguaje de la ley, que realizar negocios o contratos de los que se enumeran en el Código o de los que a éstos se asemejan.

---

[2] "El hecho de que una corporación, o cualquier persona jurídica o natural, obtenga financiamiento de un banco para construir un edificio a ser dedicado a producir rentas, no convierte (a dicha persona) en *industrial* o *comerciante*." *Building Maintenance Services vs. Hato Rey Executive Building* (1980) 109 DPR.; 10 L.P.R.A. 1001.

En el mismo caso el Supremo de Puerto Rico define al *comerciante* como "la persona que ejerce una función intermediaria entre la producción y el consumo y cuya mediación tiene carácter lucrativo."

[3] Véase el Capítulo 9, epígrafe D.

[4] 10 L.P.R.A. 1004.

[5] Código de Comercio, artículo 2; 10 L.P.R.A. 1002.

¿Cuáles son, de hecho, los que enumera y regula el Código? No son tantos que no puedan fácilmente señalarse: la compraventa, la permuta, la cesión de créditos, la comisión mercantil, la sociedad o compañía, el contrato de cuentas en participación o de riesgos compartidos, el transporte, el préstamo, el almacenaje o depósito, y la fianza. Los hemos considerado en los capítulos que preceden. La realización continuada de ese género de contratos y de los que se les parezcan, es lo que constituye *ejercicio del comercio. Quien los realice habitualmente, con capacidad legal* y *en nombre propio,* debe ser considerado *comerciante,* sea persona *natural* o sea persona *jurídica.*

Individuos, corporaciones y sociedades no incorporadas

La misma regla de ley que estamos considerando[6] nos dice, además del caso del *individuo- comerciante,* que también son comerciantes: las *compañías, asociaciones* y *corporaciones mercantiles e industriales* que se constituyeren con arreglo a este Código o a leyes especiales. Esta disposición viene a confirmar que, tanto pueden ser comerciantes los *individuos* o personas *naturales,* como las personas *jurídicas;* esto es, las *sociedades.* Y en cuanto a éstas, lo mismo pueden ejercer el comercio adoptando la *forma corporativa,* que constituyéndose simplemente como sociedades *no incorporadas.*

Para que una *sociedad,* incorporada o no, sea *comerciante* bastará, pues, que concurran en ella los *cuatro requisitos* ya mencionados para los *individuos* comerciantes: *capacidad legal, ejercicio del comercio, habitualidad* en el ejercicio, y que se haga *en nombre propio.* Cuando la *sociedad* y, como una de ellas, la *corporación* ejercen el comercio bajo tales condiciones, son también *comerciantes.*

Pero, además, de acuerdo con la letra expresa del precepto que nos ocupa, también las entidades colectivas que se dediquen *a la industria,* en vez de *al comercio,* deben ser consideradas *comerciantes.* En este punto, la definición de *comerciantes* que nos brinda ese artículo parece hacer distinción entre el *individuo*-industrial y la *empresa colectiva*-industrial, ya que según el texto legal citado, el primero no está incluído en la categoría de comerciante, mientras la segunda (*sociedades* y *corporaciones*), lo está. Sin embargo, no existiendo fundamento racional alguno para tal distinción, concluimos que *toda empresa industrial,* sea de *individuo* o de persona *jurídica,* debe reputarse *comerciante ante la ley.* Y no hay margen para asumir otra cosa si recordamos que los negocios *mercantiles* comprenden, según el Código, tanto los contratos propiamente *comerciales,* como los *industriales,* y que unos y otros quedan sujetos a la reglamentación del mismo ordenamiento jurídico: el *Derecho Mercantil.*[7]

[6] Código de Comercio, artículo 1; 10 L.P.R.A. 1001.

[7] Véase el Capítulo 9, epígrafe C.

Aclarado esto, debe señalarse que las sociedades se constituyen — como oportunamente hemos de ver[8] — mediante contrato entre dos o más personas que se asocian para llevar a cabo en común algún tipo de negocio *lucrativo*, y en esta categoría entran los del *comercio* y la *industria*. Por su parte las *corporaciones* se crean siguiendo un procedimiento de carácter algo *formal*, aunque muy sencillo, provisto en el estatuto general que regula toda la materia de *corporaciones privadas*.[9]

Ejercicio del comercio por la mujer

La mujer *soltera* siempre estuvo, y sigue estando, en Puerto Rico equiparada con el *varón* en cuanto al derecho a ejercer el comercio, así como a las resultas de su capacidad mercantil respecto a sus bienes.

En cambio no fue hasta la revolucionaria reforma *civil* de 1976 que la mujer *casada* vino a ser reconocida en paridad de derechos con el marido.[10]

Esa reforma, producto del movimiento universal en pro de la liberación femenina, es la que viene a reforzar y dar validez legal efectiva al precepto del Código de Comercio en el que, desde hace más de un siglo, ya se reconocía que:

> "La mujer *casada* podrá dedicarse *libremente* al comercio o a la industria (o a ambos) sin otras formalidades que las requeridas para los comerciantes *varones*"[11] El resto de dicho artículo, por contener ciertas limitaciones que confligen inescapablemente con esa libertad proclamada en el precepto que antecede, quedó tácitamente derogado por las nuevas disposiciones en la legislación *civil* que subrayan la igualdad de derechos entre ambos cónyuges.[12] Entre las reglas está, por ejemplo, la de que: *ambos cónyuges* serán los *administradores* de los *bienes de la sociedad conyugal*, salvo estipulación en contrario, en cuyo caso uno de los cónyuges otorgará mandato para que el otro actúe como administrador de la sociedad conyugal.

En Puerto Rico, como regla general, se requiere la firma de *ambos* cónyuges en los préstamos personales.[13] Esta regla sigue el interés de igualar a la mujer y al hombre en los aspectos concernidos para garantizar la seguridad y facilitar el tráfico comercial.[14]

---

[8] Puede verse el capítulo 17 sobre Sociedades.

[9] Puede verse el capítulo 18 sobre Corporaciones.

[10] Véase el Capítulo, donde se indican las enmiendas introducidas al Código Civil y las decisiones del Tribunal Supremo de Puerto Rico, reconociendo plena igualdad de derechos entre marido y mujer, tanto sobre la propia persona de cada uno como sobre los bienes, incluso los gananciales, y al derecho de representar legalmente a la sociedad conyugal.

[11] Código de Comercio, artículo 6; 10 L.P.R.A. 1006.

[12] 31 L.P.R.A. 3671.

[13] *Banco v. Santos* (1982) 112 DPR 70.

[14] *Ibid*

Por lo demás, si en alguien subsistiese duda respecto a la igualdad de derechos de marido y mujer en lo relativo a ejercer el comercio, la industria, o ambas actividades, las mismas disposiciones de *avanzada*, ya establecidas hace mucho tiempo en el Código de Comercio sobre esta materia, podrán servir para despejarla. Y con mayor razón aún si se examina la decisión de nuestro Tribunal Supremo en el caso de *Aguilú vs. Sociedad de Gananciales.*[15]

Los libros de los comerciantes

4/15/10

La ley del comercio exige que todo comerciante lleve libros donde aparezcan las entradas de sus operaciones en forma detallada. Excluidos de esta regla están los comerciantes *ambulantes* y aquéllos cuyo volumen de negocio no exceda de los *mil dólares*.

Los libros mínimos que la ley requiere son los siguientes: un *jornal*, un libro *mayor* y uno *de inventarios* y *balances*. A las *sociedades* se les exige, además, que lleven un libro de *actas* donde consten los acuerdos adoptados por los socios en la administración de la *sociedad*. La ley de *corporaciones* exige algo similar a las *sociedades* que optan por la forma *corporativa*. Pero mientras a la corporación se le exige siempre el libro de actas, a las *sociedades* sólo se les requiere cuando en la *gerencia* haya más de un socio *administrador*.

No obstante lo apuntado en cuanto a libros de cuentas, debe tenerse presente que el Código de Comercio es un cuerpo de leyes del año 1886. Y que el arte y ciencia de *la contabilidad* han tenido un desarrollo espectacular durante el transcurso del presente siglo. No deberá, por tanto, extrañarnos que los tribunales de justicia, al aplicar la ley en este aspecto, opten por no acogerse muy rígidamente a lo que exige la letra de la ley y así a lo que de un contable requiera la ciencia y práctica de la contabilidad *moderna*.

Es innegable la conveniencia para toda *empresa mercantil* de llevar sus libros en la forma más científicamente posible, ya que esos libros son reconocidos por la ley como *medios de prueba* de las *transacciones* que durante cada período de contabilidad se realizan. Sirven, pues, estos *registros de cuentas*, para comprobar *derechos que el comerciante reclame* y para defenderse con eficacia de las demandas que contra él, viciosa o injustamente, se insten.

Por otra parte, en la esfera *contributiva*, la empresa *mercantil* que no quiera ponerse en riesgo de que los funcionarios de Hacienda le impongan, por mera suposición, una contribución *arbitraria*, está obligada a depender de libros de contabilidad *debidamente llevados*. Éstos serán en cualquier caso — si están bien llevados — la mejor defensa contra la arbitrariedad y la injusticia.

Para que pueda alcanzarse este propósito, los comerciantes han de llevar sus libros "con claridad, por orden de fechas, sin blancos, interpolaciones, raspaduras ni tachaduras, y sin presentar señales de haber sido alterados sustituyendo o arrancando los folios o de

[15] *Aguilú v. Sociedad de Gananciales* (1977) 108 DPR 652.

cualquier otra manera."[16] Aunque esta particular regla debe cumplirse con el mayor rigor posible, la prohibición referente a sustituir o arrancar páginas ha quedado, hasta cierto punto, obsoleta, ya que la contabilidad *moderna*, que tiene métodos eficaces para comprobar *fraude* en los libros, aconseja el uso de registros de *folios intercambiables*.

La regla más importante en cuanto al *valor probatorio* de los *libros* es la que declara que "los libros de los comerciantes probarán contra ellos, sin admitirles prueba en contrario". Pero debe hacerse la salvedad de que, una vez aceptado este medio de prueba por la parte contraria, a ésta no se le permitirá que acepte los asientos que le sean favorables desechando los que le perjudiquen, sino que estará sujeta al resultado que arroje *el conjunto de todos los asientos pertinentes al asunto en litigio.*

No habiendo otras pruebas, los libros de un comerciante, *debidamente llevados*, harán fe — en la Corte — contra los de su adversario que no pudiera presentar los suyos; o que, presentándolos, no estuviesen llevados como "legalmente" se exige.

Si en un litigio ambos contendientes presentan libros *debidamente llevados*, y apareciese conflicto entre los asientos de uno y otro, el tribunal tendrá que emitir juicio valiéndose de otras pruebas. Si faltasen éstas, según la ley de evidencia, tendrá que desestimar las causas, por faltar *preponderancia de prueba* con que todo reclamante en corte tiene que sustanciar su caso.

La firma comercial y la *plusvalía* o prestigio comercial

Todo negocio o empresa, sea de individuo, corporación o sociedad, deberá funcionar — y de hecho funciona — bajo un nombre o *firma comercial*. Esa *firma*, en el caso de las personas *jurídicas*, es la responsable directamente de las obligaciones que se contraen en las operaciones o contratos que haga; y la que, recíprocamente, tiene derecho a exigir de otros que cumplan las suyas.

Corrientemente la *firma comercial* es el nombre de la persona natural o jurídica, que se hace representar en las operaciones o contratos. Pero hay casos en que se utiliza el *nombre comercial* distinto al del individuo o al de la razón social dueña de la empresa. Sea cual sea el caso, el nombre bajo el cual se hacen los negocios de la empresa es el que, andando el tiempo, puede llegar a granjearse un prestigio o *reputación*, por la confianza que inspire al público. La fama alcanzada va unida al nombre con el que todos sus relacionados la identifican.

Ese prestigio o *reputación* de un negocio, basada en la confianza, la buena fe y la eficiencia en el servicio, es lo que los anglosajones llaman "goodwill" y que en nuestro idioma se conoce con el nombre de *plusvalía* o *reputación comercial*. Es éste uno de los valores *intangibles* atribuibles a la empresa comercial o industrial que, en el momento de vender el *negocio*, puede constituir un importante factor en la fijación del *precio de venta*. Sin embargo, ese valor o cuantía *intangible* no debe figurar en los libros de la firma, ni tampoco

[16] Código de Comercio, artículo 36; 10 L.P.R.A. 1081.

debe incluirse entre las partidas de su *hoja de balance* o *estado financiero*, aunque sabemos que algunas empresas lo incluyen.

Nuestro Tribunal Supremo ha reconocido en sus decisiones[17] que, al valorar una empresa debe incluirse, no sólo el activo neto del balance contabilizado sino, además, las "expectativas", que consisten en las perspectivas de obtener ciertos beneficios en base a la organización de la empresa y de las circunstancias favorables, y las consecuencias derivadas de esa organización ("good will") y de la "clientela", que son el conjunto de personas que de hecho mantienen relaciones continuas con la empresa en demanda de servicios o bienes.

El registro mercantil

En cada una de las secciones del Registro de la Propiedad existentes en Puerto Rico, está instalado un registro mercantil, a cargo del correspondiente Registrador de la Propiedad. Y así como cada sección del Registro de la Propiedad abarca una demarcación territorial determinada, el mercantil comprende en cada caso esa misma demarcación con la zona urbana o pueblos en ella incluidos.

El registro mercantil es una institución muy antigua. Su propósito es la *inscripción o matrícula de los comerciantes* (las *corporaciones* excluidas), así como de aquellos *actos y contratos* que por prescribirlo la ley, o por conveniencia del comerciante, *deben ser inscritos en un registro expuesto al público que facilite su conocimiento por todos los que lo interesen.*

El registro *mercantil*, como el *de la propiedad*, es *público*, según lo ordena la propia ley[18]. Más aún, el Registrador viene obligado a *facilitar*, a quienes con interés legítimo lo soliciten, *los datos relativos al comerciante o compañía* conforme aparezcan en la *hoja de inscripción* de éstos.

La matrícula en el Registro es *potestativa* para los comerciantes *individuales*. Es decir, se inscriben en él si así lo prefieren, pero la ley no les obliga a hacerlo. En cambio, para las *sociedades* o *compañías* la inscripción es *mandatoria*. Dice el mismo artículo citado: "La inscripción en el registro mercantil será... *obligatoria* para las sociedades o compañías (mercantiles)." Vale recordar que las *corporaciones*, regidas por su particular estatuto, tienen *su propio registro* en el negociado correspondiente del Departamento de Estado.

¿Y qué sanción, si alguna, se dispone para las sociedades y comerciantes individuales que no se matriculen o inscriban en el registro mercantil? En primer lugar, el comerciante no matriculado, según lo estatuido en el Código de Comercio[19], no podrá pedir la inscripción de ningún documento en el registro... ni aprovecharse de sus efectos legales.

La *publicidad* que supone la inscripción del comerciante y de sus actos en el *registro mercantil*, tiene su principal efecto jurídico en cuanto a *terceras personas*, y no a las que

[17] *Calvo v. Aragonés* (1984) 115 DPR 219.

[18] Código de Comercio, artículo 23; 10 L.P.R.A. 1044.

[19] Código de Comercio, artículo 12; 10 L.P.R.A. 1033.

directamente participan en el contrato. Así, por ejemplo, las escrituras de sociedad *no registradas* surten efecto entre los socios que las otorgan, pero no podrán ser invocadas para perjudicar a *tercero que sea extraño al contrato*. Y esto no obstante, el *tercero* podrá utilizar el registro en lo que para él resulte favorable[20].

Igual principio regía respecto al contrato entre principal y agente, al disponerse que los *poderes* otorgados a éste, en tanto *no registrados*, no podían utilizarse en ellos *en perjuicio de tercero*, mientras a éste se le permitía fundarse en ellos en cuanto le fuesen favorables[21]. Pero el registro especial de poderes a cargo de la secretaría del Tribunal Supremo, y el estatuto especial que lo creó y lo regula, pueden haber afectado de algún modo la vigencia de esta disposición del Código.

La práctica comercial y las decisiones judiciales han hecho disminuir en intensidad el uso del *registro mercantil* como medio de publicidad de operaciones que el Código declara *inscribibles*. Nuestro Tribunal Supremo, siguiendo jurisprudencia del Supremo español, reconoció con indiscutible acierto que *no es necesaria* la escritura pública como requisito para la *existencia de una sociedad mercantil*. Sentada esa base, y exigiéndose por la ley el otorgamiento de escritura como medio para la *inscripción* de las *sociedades*, se hace explicable que un número considerable de sociedades no estén inscritas en el registro mercantil.

Los medios modernos de publicidad han contribuido también a disminuir la utilización del registro mercantil. Los diarios, los periódicos, la radio, las cartas circulares, la *Internet*, el *correo electrónico* ("E-mail"), el *facsímil* ("Fax"), etc. se usan por las empresas para dar conocimiento de actos que interesan difundir. A pesar de ello, todavía hay comerciantes y sociedades mercantiles que siguen acogiéndose a los beneficios del registro mercantil. Por este medio, hacen saber al público el nombramiento de un nuevo agente, la revocación o modificación de poderes previamente otorgados, el cambio de gestor o gestores en una sociedad, el retiro de un socio o el ingreso de uno nuevo en ella, y actuaciones análogas que puedan afectar *derechos de terceros*. También los utilizan como medios rutinarios de comunicación y de publicidad.

---

[20] Código de Comercio, artículo 17; 10 L.P.R.A. 1038.

[21] Código de Comercio, artículo 22; 10 L.P.R.A. 1043.

Capítulo 17

LA EMPRESA COLECTIVA O CONTRATO DE SOCIEDAD Y EL CONTRATO DE CUENTAS EN PARTICIPACIÓN

Definición de la sociedad

La *sociedad* puede ser definida como *contrato* y como *empresa*. Se da el mismo nombre a ambas cosas, y la última es consecuencia o efecto del primero. Por medio de un contrato llamado "de sociedad o compañía", se constituye legalmente *la sociedad civil* o *la mercantil*, según la naturaleza de las operaciones a que se intente dedicarla.

Definiéndola como *contrato*, el de sociedad es *aquél por el cual dos o más personas aportan, o se obligan a aportar, a un fondo común, bienes (generalmente dinero), industria, o ambas cosas, con el propósito de llevar a cabo en común uno o más negocios determinados y partirse entre sí las ganancias.*[1]

¿Y las pérdidas? Si las hubiese, tendrán también que ser repartidas. Pero al referirse la definición al fin que se persigue, sería absurdo asumir que se crea sociedad alguna para repartir *pérdidas*.

Pero como el contrato no es más que el medio jurídico para crear la *sociedad*, lo importante es su fin: la *empresa colectiva*. Ello explica porqué hemos pospuesto — con toda

[1] Código Civil, artículo 1556; 31 L.P.R.A. 4311.

intención — la consideración de *la sociedad* para tratarla principalmente como *persona o entidad jurídica* más que como *contrato*, ya que éste es sólo el medio *legal* de constituirla. Lo hemos hecho para que nos acerquemos a ella en su esencial concepto *de comerciante* o industrial de tipo *colectivo*, a diferencia del comerciante *individual*. También, para que la consideremos aquí — como tal empresa social — en todas sus fases: sus componentes o asociados, sus clases, su capital social, sus relaciones jurídicas internas, su administración, sus relaciones con el público, su nombre colectivo o firma comercial, la distribución de sus ganancias o de sus pérdidas, según el caso. En resumen, todo lo que es característico de una empresa comercial o industrial perteneciente a un mínimo de dos personas y a un máximo que no tiene límite en la ley.

En este amplio y abarcador sentido, *la Sociedad* puede ser definida como *una empresa colectiva, resultante de un contrato que lleva el mismo nombre (contrato de sociedad) constituida con aportación de capital, trabajo o ambas cosas, por no menos de dos personas naturales, con el fin de llevar a cabo en común un determinado negocio, o negocios en general, de naturaleza "civil" o "mercantil", y repartir las ganancias entre sus partícipes o socios; actuando en todo ello bajo un nombre común o razón social que, para todo fin legal y comercial, la identificará como persona jurídica o ente autónomo.*

La personalidad jurídica en la sociedad

En Puerto Rico toda sociedad, *esté o no incorporada*, tiene *personalidad jurídica*.[2] La única excepción a este principio es el de alguna sociedad que se constituya con carácter *secreto*, a la cual la ley niega expresamente su reconocimiento como entidad jurídica. Pero la secretividad en tal caso exigirá que los socios contraten con el público *en su propio nombre*, y no bajo nombre *colectivo*, pues, de otro modo, dejaría de ser *secreta* y cobraría existencia legal e identidad propia como *sociedad*.

Por lo demás, no tiene sentido práctico la referencia de la ley a esto de *sociedades secretas*, ya que es poco menos que inconcebible que se intente hacer negocios lucrativos lícitos, como exige el propio Código que deben serlo,[3] renunciando a las ventajas evidentes que siempre representa la *personalidad jurídica*. Para los asociados, la formación abierta de la entidad legal, con el uso de un nombre social, y la contratación con el público bajo tal nombre, conlleva *aprovecharse del potencial* de capitales y esfuerzos combinados, más seguridad en el cumplimiento de los compromisos y una mayor capacidad para brindar mejor servicio. La misma ley se encarga de no tratar a ninguna *sociedad secreta* como tal *sociedad*, cuando dispone que "se regirán (si son *secretas*) por las disposiciones relativas a la comunidad de bienes."

[2] Código de Comercio, artículo 95; 10 L.P.R.A. 1341; Código Civil, artículo 1560; 31 L.P.R.A. 4315.

[3] Código Civil, artículo 1557; 31 L.P.R.A. 4312.

Importa aquí señalar que la ley puertorriqueña reconoce, como ya hemos visto, *personalidad jurídica* a toda sociedad de negocios lícitos, tanto si adoptan la *forma corporativa* como si se acogen a la *no incorporada*. En cambio, bajo el Derecho común anglosajón ("Common Law"), prevaleciente en los *estados* de la Unión norteamericana, únicamente a las *corporaciones* se les reconoce *personalidad jurídica*. En las demás *sociedades*, llamadas por ellos "partnerships", su sistema legal no contempla otras personas ante la ley que las de sus individuos o socios que las integran. Y sólo en dos de los *estados* — California y Louisiana — cuyos antecedentes jurídicos peculiares explican la diferencia, siguen en este punto el mismo patrón de Puerto Rico.[4]

Clases de sociedades

Caben diversas clasificaciones de las *sociedades* según que se les considere desde diferentes puntos de vista. Cada categoría, con sus subclases o divisiones, es de interés especial para quien quiera conocer lo que es esencial de su ordenamiento jurídico.

La más importante y útil de sus clasificaciones es la que divide las sociedades en las tres categorías siguientes: *colectivas, comanditarias y corporaciones*. Se hace esta división, atendiendo a las dos distintas maneras en que los socios se han de considerar responsables ante acreedores de la sociedad cuando los bienes de ésta no alcancen a cubrir el importe total de sus deudas vencidas y no satisfechas. Lo que esta clasificación plantea en su fondo es, sencillamente, si los socios han de responder, en tal caso, a los acreedores de la sociedad con *solamente los bienes aportados* (o prometidos aportar) por ellos al fondo común, o si, por el contrario, serán llamados a responder de las deudas sociales *incluso con los bienes particulares del socio* en adición al capital que cada uno ha aportado a la sociedad o prometido aportar a ésta.

En la primera de las alternativas, la responsabilidad de los socios *es limitada: limitada al capital aportado y/o prometido por el socio*. En la segunda, su responsabilidad es *ilimitada* ya que abarca también todos los bienes que el socio retiene como *privativos* que sean susceptibles de embargo.

Explicada esta diferencia entre socios con responsabilidad *limitada* y socios con responsabilidad *ilimitada*, resulta fácil entender que la *sociedad colectiva* es aquélla en la que *todos* los socios asumen — al constituir la sociedad o al ser admitidos posteriormente a ella — *responsabilidad ilimitada* ante los acreedores de la firma social. A la inversa, la sociedad en que todos y cada uno de sus asociados asuma una *responsabilidad limitada*, se denomina, en nuestro peculiar sistema jurídico, *corporación*. A esta clase de sociedad se le llamaba *sociedad anónima* hasta el año 1911. Desde entonces se le llama *corporación* en virtud de la ley especial que con este nombre vienen siendo reguladas.

[4] Sobre los antecedentes históricos de Louisiana y California, que explican porqué en estos dos particulares *estados* prevalece el Derecho Civil y no el Derecho común ("Common Law"), puede verse ante, Capítulo 3, epígrafe B.

La tercera clase de *sociedades* en esta división es la intermedia: la *comanditaria*. En ésta se combinan las dos clases de socios ya descritos, a saber: uno o más socios tendrán responsabilidad *limitada*, mientras los demás la tienen *ilimitada*. La ley llama socios *comanditarios* a los que sólo asumen responsabilidad *limitada*, y da el nombre de socios *colectivos* a los que se encuentran en la situación contraria. Por tanto, en la sociedad *colectiva*, *todos* los socios han de ser *colectivos*; en la *comanditaria*, uno o más serán *colectivos*, mientras otros serán *comanditarios*; y en la corporación *todos* tienen la responsabilidad *limitada* del socio *comanditario*, pero — en lugar de "*socios*" — por disposición de ley y por tradición anglosajona, se denominan *accionistas*. En nuestra "sociedad anónima", vigente hasta el 1911, todos sus socios eran, como en la *corporación* de hoy, socios de *responsabilidad limitada*.

Pasamos ahora a otra clasificación de las sociedades, más sencilla que la anterior. Se basa en la extensión que puedan alcanzar los negocios de la sociedad en cuanto a los bienes de los socios y en cuanto a las ganancias que a éstos puedan corresponder en el haber social. Según este modo de dividirlas, la *sociedad* puede ser *universal* o *particular*. La universal, a su vez, se subdivide. Puede ésta ser: *universal de todos los bienes presentes* o *universal de ganancias*. Veamos lo que significa cada uno de estos términos.

La sociedad llamada *universal de todos los bienes presentes* es *aquélla en la que los contratos ponen en el fondo común todos los bienes que les pertenecen al tiempo de constituirse la sociedad con ánimo de llevar a efectos los negocios acordados y oportunamente repartirse entre sí los bienes y las ganancias que con ellos se adquieran.*[5]

De otro lado, en la *universal de ganancias*, el negocio en común *se contrae exclusivamente a lo que adquieran los socios por su industria o trabajo durante el tiempo de vida de la sociedad*. En este caso los bienes que cada socio posea al tiempo de declararse el contrato, siguen siendo de su *dominio privado* y a *la sociedad* sólo se le confiere *su uso*.

Pero es bien sabido que ninguna de estas sociedades de alcance *universal*, como les llama la ley, se dan con frecuencia en los tiempos que vivimos. Es la *sociedad particular* la que todavía sigue teniendo mayor vigencia, y de ella hemos de ocuparnos en lo que falta de este capítulo. Se le denomina *sociedad particular*, porque en ella *la aportación de los asociados se limita a sumas fijas de dinero, cosas determinadas, su uso o sus frutos, a una empresa específica de negocio, o al ejercicio de una profesión o arte*.

A propósito del ejercicio de alguna profesión, las sociedades no incorporadas pueden dedicarse a este tipo de actividad. La corporación tiene autorización en las leyes de Puerto Rico para hacerlo.[6]

Desde el punto de vista de la *clase de negocios o actividades a que se dedican*, hay diversas clases de sociedades: *comerciales, industriales* (éstas dos con el nombre común de *mercantiles*), *agrícolas, mineras, constructoras, financieras, bancarias, de seguros, etc.* Y también, como antes apuntamos, *profesionales*.

---

[5] Código Civil, artículo 1564; 31 L.P.R.A. 4319.

[6] 14 L.P.R.A. 3401-3416; 10 L.P.R.A. 1861-1867.

Finalmente, por razón de la ley que las rige, las *sociedades* se dividen en *incorporadas* (que son más conocidas con el nombre de *corporaciones*), y las *no incorporadas,* que más comúnmente y, por inadvertencia,[7] se hace referencia a ellas como *sociedades*. Por el mismo fundamento de *diferencias en la ley que las rige,* las *sociedades* (las no incorporadas, repetimos), se subdividen en *civiles* y *mercantiles*.

Con arreglo a esta clasificación, procede hacer los siguientes señalamientos: 1) las *corporaciones* se rigen, en lo relativo al *modo de organizarse,* a su *administración* interna y a las *relaciones de la entidad* con sus *accionistas,* por el estatuto especial de este mismo nombre que las gobierna, la *ley de corporaciones privadas;* 2) *las sociedades no incorporadas* se rigen por el Código *Civil* o por el Código *de Comercio* en los mismos aspectos en que la ley de corporaciones privadas rige sobre las *corporaciones;* 3) dependiendo de si la sociedad es *civil* o es *mercantil,* se aplicarán preferentemente las reglas pertinentes de la legislación *civil* o de la *mercantil* en tanto se manifieste diferencia entre uno y otro texto legal; 4) las disposiciones del Código de *Comercio aplicarán* a sociedades *civiles,* sólo cuando adopten las formas (*colectivas o comanditarias*) reconocidas por dicho Código;[8] 5) por su parte, las *compañías mercantiles* se regirán, en todo lo que no esté determinado por sus propios contratos, por las disposiciones del Código de *Comercio.*[9]

Confirmando esto último, ha dicho nuestro Tribunal Supremo que cuando en el contrato se conviene expresamente constituir una sociedad *mercantil,* adoptando la forma de *comanditaria,* e inscribiéndola en el *registro mercantil,* y se dedica habitualmente a negocios reputados por la ley como *mercantiles,* tal sociedad no se rige por el Código *Civil* y sí por el *de Comercio* en todo lo que no esté prescrito en su contrato.[10]

Clases de socios

Ya en el tema anterior dejamos establecida la primera clasificación de los socios, en *colectivos* y *comanditarios*. Y esta clasificación la fundábamos en el *alcance* de *responsabilidad, limitada* o *ilimitada,* de los bienes particulares del socio por las deudas o pérdidas de la sociedad.

Ahora añadimos que también se clasifican y subclasifican los socios en atención a la *naturaleza de su aportación al fondo común de la sociedad*. Y se explica así: aquéllos que aportan *capital* (dinero u otros bienes), toman el nombre de *socios capitalistas*. Los que aportan *industria,* que aquí significa *trabajo,* reciben el nombre de *socios industriales*.

El *trabajo* que aporte un socio puede ser de *carácter gerencial* o *directivo,* ésto es, que desempeñe las funciones de *administrador* o *co-administrador* de la *empresa;* o bien, puede

[7] Decimos por inadvertencia, porque, aún los mismos abogados, sabiendo que las *corporaciones* son sólo una clase de *sociedades,* persistimos en usar este último nombre para referirnos con *exclusividad* a las no *incorporadas*.

[8] Código Civil, artículo 1561; 31 L.P.R.A. 4361.

[9] Código de Comercio, artículo 100; 10 L.P.R.A. 1346.

[10] Resuelto en *Mir Suau y Cía v. Secretario de Hacienda* (1956) 77 DPR 390.

que lo haga con un propósito diferente (sus servicios a la sociedad podrían ser de otra naturaleza técnica, o bien meramente ocupacional). De aquí se deriva que entre los socios *industriales* se separe y clasifique, con categoría especial, a los que otorgan su concurso personal como *administradores*. Y a éstos se les da el bien conocido nombre de *gestores*. Por lo que va explicado, todo socio *gestor* es *industrial*, puesto que aporta *trabajo* a la *sociedad*; pero no todo socio *industrial* es *gestor*, puesto que sus servicios a la sociedad pueden ser de índole diferente a la función *gerencial*. Esta distinción tiene que ser de particular interés para quienes, en las Facultades de Administración de Empresas, se especializan en la *función administrativa de las empresas*.

Limitaciones legales al comanditario y al gestor

Es regla bien definida en la ley *mercantil* que el socio *comanditario* debe abstenerse de realizar acto alguno de *administración* de los intereses de la compañía, "ni aún en calidad de *apoderado* de los socios gestores".[11] También le está prohibido expresamente que su nombre figure en la firma o *razón social*; y *si lo permitiese*, asumirá las *responsabilidades de socio colectivo* respecto a las personas extrañas a la sociedad.[12] Y lo peor: no adquirirá más derechos que los correspondientes a su condición de *comanditario*.

La razón de ser de estas restricciones es que el socio *comanditario*, como ya hemos visto, sólo arriesga, en las operaciones sociales, el capital *aportado*, dejando a salvo sus *bienes privativos*; mientras que los *colectivos* lo arriesgan todo con su responsabilidad *ilimitada*. No es justo, pues, que estos últimos queden a merced de decisiones o actuaciones de los *comanditarios*.

Lo que acabamos de decir indica, además, que el *socio gestor* tendrá siempre el carácter de socio *colectivo*, pues su responsabilidad ha de ser, en todo caso, *ilimitada*. El Tribunal Supremo así lo tiene confirmado al declarar, desde el año 1909, que el gestor "*responde con todos sus bienes* de las responsabilidades de la sociedad".[13]

Administración de la sociedad

En las compañías *colectivas*, donde todos los socios tienen responsabilidad *ilimitada*, *todos* están facultados para concurrir a la dirección y manejo de los negocios comunes, a menos que por acuerdo específico de los socios se asigne la administración de la sociedad a uno o más socios determinados. Cuando no existe pacto sobre quién ha de administrar, los socios *presentes* tomarán los acuerdos con respecto a todo contrato u operación que interese a la sociedad.

[11] Código de Comercio, artículo 125; 10 L.P.R.A. 1394.

[12] *Ibid.*

[13] *Martínez v. Registrador de la Propiedad*, 15 DPR 660.

En las sociedades donde haya socios encargados de la administración social, por así haberse acordado, los otros no podrán impedir ni obstaculizar las actuaciones de quienes recibieron la encomienda administrativa. Si esta encomienda se hace a un determinado socio en cláusula expresa del contrato social, el que la obtuvo no podrá ser privado de ella. Sin embargo, si sus gestiones causasen *perjuicio manifiesto* a los intereses de *la empresa,* los demás tendrán derecho a designar un co-administrador facultado para intervenir en *toda decisión administrativa.* Y si lo estimasen preferible, podrán reclamar judicialmente y obtener la *rescisión* (o terminación) del contrato si les fuese dable probar los daños.

Tratándose de *compañías en comandita,* ya hemos visto que a ningún socio *comanditario* le está permitido participar en la gestión *gerencial* de la compañía. Aparte de esto, ningún socio — sea o no *comanditario* — que no esté *debidamente autorizado* para usar *la razón social,* podrá obligar con sus actos o contratos a la compañía.[14]

Cuando la designación de un socio para administrar la sociedad se hace *como parte* del contrato de *sociedad,* su autoridad no puede ser *revocada* o *alterada* a no mediar *justa causa.* Sin embargo, cuando el nombramiento se decide *en acto posterior e independiente del contrato social,* podrá ser revocado en *cualquier momento.*[15]

Distribución de las fuentes administrativas

Cuando la *administración* de una sociedad se confiere a *dos o más* administradores, deberán observarse las siguientes reglas:

a. Las facultades de cada una y las que pudiese corresponderles ejercer conjuntamente, se determinarán en primer término por lo que el contrato disponga.

b. Si los pactos sociales no disponen cómo han de distribuirse las funciones entre ellos, ni se expresa que se necesita el consentimiento de los otros para actuar, podrá *cada cual* ejercer todo acto de administración *separadamente.* En tal caso, sólo *una oposición manifestada antes* de que se contraiga legalmente una obligación, podrá surtir eficacia.

c. Si se pactase, por el contrario, que los administradores no ejercerán funciones los unos sin el consentimiento de los otros, se requerirá que *todos* estén de acuerdo para que sean válidos sus actos, salvo en situaciones de peligro inminente y grave para la sociedad.

La gestiones *administrativas,* en cuanto son contratos de la sociedad que los gestores hacen en representación de ella, implican una *relación de principal y agente* entre la empresa y quienes la administran. En cada contrato con terceros *el gestor es el agente y la sociedad es el principal.* Por eso las reglas estudiadas en el capítulo sobre agencia o comisión mercantil son, en general, aplicables a la sociedad respecto de sus administradores.

---

[14] Código de Comercio, artículo 105; 10 L.P.R.A. 1364.

[15] Código Civil, artículo 1583; 31 L.P.R.A. 4354.

Distribución de ganancias y pérdidas

La regla primaria y básica para determinar la proporción en que han de distribuirse *ganancias* y, en su caso, las *pérdidas* entre los *socios*, es la de que se cumplirá lo que a tal efecto disponga el contrato mismo de sociedad.

La voluntad de los contratantes es lo primero que debe atenderse en toda relación contractual, y si esa voluntad está expresada y definida en el texto del contrato y no contraviene a la ley ni a la moral, al contrato hay que atenerse. Puede, sin embargo, darse el caso de que las partes omitan pactar sobre este aspecto; entonces, y únicamente entonces, entran en función las disposiciones pertinentes de la ley.

Para los casos en que el contrato social guarde *silencio* sobre la proporción en que se han de partir *ganancias* — o *pérdidas* — resultantes de las operaciones de la empresa, la ley establece que tanto las *ganancias* como las *pérdidas* se repartirán *en proporción al capital aportado por cada socio*. En lo que toca a socios *industriales*, cuya aportación es *trabajo*, su participación en *ganancias* la tendrán en proporción *igual* a la del *socio capitalista de menor aportación*.[16] Recuérdese que todo esto será así sólo en ausencia de pacto que disponga otra cosa.

No debe pasarse por alto la regla de que *es nulo* el pacto por el cual se excluya a cualquier socio de participar de los *beneficios*. El socio *capitalista* tampoco puede ser eximido de participar de las *pérdidas*. Pero en las sociedades *mercantiles*, por mandato de ley, *se exime* al socio *industrial* de participar en las *pérdidas*, a menos que el contrato disponga lo contrario. Sin embargo, para las sociedades *civiles*, la regla es exactamente a la inversa.

Finalmente, puede darse el caso, posiblemente con mayor frecuencia, de que el contrato de sociedad establezca la proporción en que se han de partir las *ganancias*, pero que guarde silencio en cuanto a las *pérdidas*. Si así fuese, éstas se repartirán en la misma proporción acordada para las *ganancias*.[17]

Responsabilidad de los bienes sociales y de los socios por las deudas de la sociedad

Creada una sociedad, existen ante la ley — como ya se ha señalado — dos clases distintas de personas: la *individual* o *natural*, que hay en cada uno de los socios, y la *colectiva* o entidad *jurídica*, que es la empresa en conjunto. A base de esa fundamental distinción, cualquier socio puede llevar a efecto negocios individuales o particulares distintos e independientes ante la ley de los que hace la *sociedad* como tal. También los bienes pueden poseerse *separadamente*; unos pertenecen a la *sociedad*, mientras cada *socio* puede tener los suyos para fines propios. Si bien la sociedad está capacitada para contraer deudas por sí

[16] Código de Comercio, artículo 117; 10 L.P.R.A. 1376.

[17] Código Civil, artículo 1579; 31 L.P.R.A. 4350.

misma en sus operaciones, no es menos cierto que cada socio puede contraer las suyas como consecuencia de sus particulares contratos o transacciones. En fin, según la sociedad tiene sus propios acreedores, también cada socio puede tener los suyos.

Con este cuadro de realidades presente, interesa que examinemos hasta dónde alcanza el derecho de los *acreedores* de *una sociedad* o *compañía* para cobrar *sus créditos* tomando en cuenta: 1) que existen bienes de la *sociedad* que responderán siempre a *esos acreedores*; y 2) que también existen, o pueden existir bienes particulares de los *socios*, que debemos saber si también serían llamados a responder a los *acreedores de la sociedad* cuando ésta no les pague a su vencimiento.

Ya hemos dicho anteriormente que los socios, si son *colectivos*, responden a los acreedores de la *sociedad* con lo aportado o prometido aportar a ella, sino también con los bienes que particularmente les pertenezcan. Por consiguiente, los acreedores de una *sociedad*, cuando ésta no les pague a su vencimiento, tendrán derecho, para cobrar lo que se les debe, a recurrir contra los *bienes privativos* de los socios *colectivos*, pero no así contra los de los *comanditarios*. Sin embargo, no podrán ejercitar ese derecho, ni aún contra los bienes de los socios *colectivos*, mientras no se haga *la excusión de bienes de la sociedad*. Esto significa que, en tales casos, obtenida sentencia contra la sociedad y contra el socio en el mismo pleito, el tribunal *no podrá* ordenar el embargo de bienes pertenecientes a socio alguno — aún siendo *colectivo* — sin que previamente se produzca constancia por el alguacil ejecutante, de que la sociedad deudora no cuenta con bienes suficientes para cubrir el importe de la sentencia contra ella dictada.[18]

Conocida esta regla fundamental, y siendo dos o más los socios *colectivos*, surge el problema relativo a la *distribución* de *responsabilidad entre dichos socios* cuando uno de ellos ha sido obligado a pagar deudas *de la sociedad*. Asumamos, para este análisis, que estamos ya en la etapa en que los acreedores-demandantes de la sociedad han hecho la excusión de los bienes de ésta y no tienen otra salida, para cobrar sus créditos, que recurrir contra propiedades particulares de los socios colectivos. En tal caso, ¿tendrán derechos esos acreedores a cobrar el importe total de sus créditos con cargo a los bienes de un solo socio? ¿O se limitará, por el contrario, ese derecho a poder cobrarle a cada socio *colectivo* una parte proporcional del importe adeudado?

Respondiendo a estas preguntas, la ley tiene establecido que los *socios colectivos* responderán *solidariamente* de las pérdidas o deudas que la *sociedad* no pueda cubrir con sus bienes.[19] Por consiguiente, si bien se ha aclarado que no se les podrá hacer responsables con sus bienes *privativos* hasta no hacerse la *excusión* de los bienes *sociales*, una vez hecha ésta, los acreedores de la *sociedad* podrán ejecutar sus créditos sobre los bienes de *cualquier socio colectivo*, sin perjuicio del derecho de éste, una vez haya pagado, de recurrir contra los demás socios *colectivos* en demanda de lo que a cada uno de estos corresponda por razón de su participación en las *pérdidas*. Sobre el alcance de la responsabilidad de deudores, puede verse el Capítulo 7 sobre Acreedores y Deudores, epígrafe I, subtema 2.

---

[18] Sobre el procedimiento de excusión de bienes, véase el caso de *M. Lamadrid y Cía. v. Torres, Martorel y Cía.* (1920) 28 DPR 879.

[19] Código de Comercio, artículo 104; 10 L.P.R.A. 1363.

Derechos y limitaciones ante los acreedores particulares del socio

Lo expuesto anteriormente se referirá a los derechos de *los acreedores de la sociedad* con respecto a bienes de la sociedad y de los socios. Ahora toca considerar los derechos que puedan corresponder a los *acreedores particulares de cada socio* con relación a unos y otros bienes.

No puede ofrecer duda a nadie que los bienes pertenecientes a cada socio, sea colectivo o comanditario, están sujetos a responder del pago de sus deudas a sus respectivos *acreedores particulares*. Pero como los socios tienen capital aportado o, de algún otro modo, pueden tener participación en los bienes de la sociedad, surge el problema de si las aportaciones y participaciones que tenga un socio *en los activos de la sociedad* estarán igualmente sujetas a responder a sus *particulares acreedores* por las deudas de dicho socio deudor cuando éstas llegan a su vencimiento y el socio deudor no las paga.

La regla que nos provee la ley en contestación a ese problema es: "Los acreedores de un socio no tendrán, respecto a la compañía, ni aún en el caso de quiebra del mismo, otro derecho que el de embargar y percibir *lo que por beneficios o liquidación pudiera corresponder* al socio deudor."[20]

Quede claro pues, que lo aportado por el socio deudor al capital social no podrá ser embargado ni total ni parcialmente para responder de sus deudas privativas. Esos bienes no pueden ser embargados para ese fin porque ya no pertenecen al *socio*. Son de la *sociedad*, que es otra persona ante la ley.[21] Aún cuando sean aportados "en uso", tal derecho adquirido por la sociedad ha de respetarse igualmente *mientras la sociedad no se liquide*. El socio aportó capital a ella, y eso le da derecho a recibir una participación *en las ganancias*; y también a que se le entregue *su parte del activo sobrante* cuando la sociedad sea *disuelta. Pero mientras la sociedad esté operando*, los bienes aportados a ella quedan con ella *comprometidos*. No pueden estar a merced de las obligaciones que particularmente puedan contraer los socios en sus *individuales* transacciones. Esos bienes aportados al fondo común han de respetarse, además, porque ellos están llamados a responder por las deudas de la *sociedad* a los *acreedores de ésta.*

Pero la ley, como lo indica la propia regla transcrita, no deja sin recurso a los acreedores del socio por las deudas particulares que éste contraiga y no pague. Esos acreedores tienen el derecho de recurrir, mediante embargo, contra las *ganancias* que el socio deudor tenga en la sociedad. Y al ser ésta disuelta, podrán reclamar también contra la *participación que en la liquidación pueda corresponderle.*

Un último punto merece aclararse. Los bienes aportados a la sociedad por el socio quedan protegidos contra embargo por los acreedores de éste, conforme a lo ya expuesto. Debe tenerse presente por lo tanto, que el momento preciso de la aportación es decisivo

---

[20] Código de Comercio, artículo 137; 10 L.P.R.A. 1435.

[21] "Las disposiciones del artículo 137 del Código de Comercio... impiden... al acreedor de un socio pedir el embargo y remate de la parte de dicho socio en el fondo social." *Abella Hernández v. Tribunal Superior* (1965) 92 DPR 279.

para determinar, en cada caso, si el derecho del acreedor particular del socio ha quedado perjudicado porque ya se consumó *la aportación a la sociedad* o si, por el contrario, aún no ha ocurrido *legalmente* la *aportación*, y el embargo puede efectuarse.

En relación con este problema, debe tenerse en cuenta la diferencia de procedimiento entre aportar bienes *muebles* a una sociedad y aportar bienes *inmuebles*. Para lo primero, o sea, para aportar *bienes muebles*, no se requiere formalidad alguna. Se considerarán aportados éstos a la sociedad desde la fecha misma en que así se haya convenido entre las partes. Pero la aportación de *inmuebles* requiere que se haga por *escritura pública*. Es nulo el contrato de sociedad, dice el Código,[22] siempre que se aporten bienes *inmuebles*, si no se hace un inventario de ellos, firmado por las partes, *que deberá unirse a la escritura pública*. Esto lo interpretamos en sentido de que *la aportación de inmuebles no surtirá efecto contra terceros sino desde la fecha de la escritura pública que se otorgue disponiendo el traspaso.*

Derechos y deberes adicionales de los socios

Aparte de los civiles que ya se han anotado en los párrafos anteriores, tanto la legislación *civil* como la *mercantil* fija a los socios ciertos *deberes y derechos* que no pueden quedar a merced de lo que se pacte o se omita pactar en el contrato social. Mencionaremos aquí algunos de los más importantes.

Cada uno de los socios es *deudor* de lo que ha prometido aportar a la sociedad. Y el que se ha obligado a aportar dinero y no lo hace al vencimiento del plazo convenido, será también deudor de los *intereses* (legales o convencionales, según el caso) desde la fecha en que debió aportarlos. Si con su demora en esta obligación ocasiona daños a la sociedad, vendrá obligado a *indemnizarla.*

El socio *industrial* que obtenga *ganancias* en operaciones propias del mismo ramo de industria a que la sociedad se dedica, tendrá el deber de *entregarlas* al fondo común de ésta.

La indemnización de que tenga que responder cualquier socio por daños que cause la sociedad, *no podrá compensarla* con los beneficios que por su trabajo o esfuerzo le puedan haber proporcionado, salvo por la renuncia que quieran hacer los otros socios[23].

Si dentro del plazo convenido, algún socio dejase de aportar la proporción de capital que hubiese prometido, la sociedad podrá escoger entre *ejecutarle bienes* que permitan cubrir el importe adeudado, o *rescindir el contrato* en cuanto al socio remiso, sin que por ello quede obligada la sociedad a devolver a éste lo que le corresponda en el fondo común.

Las *aportaciones de capital* que hagan los socios *comanditarios podrán* estar representadas por *acciones* en el capital social de la compañía; pero la ley sólo permite en tal caso que las

[22] Código Civil, artículo 1559; 31 L.P.R.A. 4314.

[23] Código Civil, artículo 1577; 31 L.P.R.A. 4348.

acciones sean *nominativas;* esto es, emitidas a favor de persona específicamente nombrada en el certificado.[24]

Ningún socio tendrá derecho a *transferir a terceros,* extraños a la sociedad, la participación de interés que como socio tenga en la compañía, ni a sustituirlos en el desempeño de servicios que a él correspondan en la administración social, a menos que medie el previo consentimiento de los otros socios.

Tampoco podrán los socios *distraer del fondo común* mayor cantidad que la asignada a cada uno para sus gastos particulares. Si alguno lo hiciese, podrá ser obligado a *reembolsarlo,* con igual consecuencia legal que si tratara de capital prometido y no aportado.[25]

Pasando ahora de las obligaciones a los derechos, es regla invariable, aplicable por igual a sociedades *civiles* y *mercantiles,* que la compañía debe *reintegrarle* a todo socio debidamente autorizado para ello, las cantidades que haya desembolsado por cuenta de ella así como los *intereses.* Y así mismo ha de responder de las obligaciones que de buena fe contraiga un socio para los negocios sociales en tanto el socio esté autorizado para comprometer a la compañía.

Los socios *colectivos,* tanto en las compañías *colectivas* como en las *comanditarias,* estén o no a cargo de la administración, tienen derecho a *examinar libros y cuentas* y la *situación administrativa.* Y de conformidad con los pactos que se establezcan o con arreglo a Derecho, pueden *promover las reclamaciones* que estimen convenientes al interés común, además de las que a sus respectivos derechos correspondan. Sin embargo, los socios *comanditarios* no podrán examinar el estado y situación de la administración social sino en las épocas *prescritas* en los pactos de la *sociedad.* De no haber pacto al efecto, cada año que finalice tendrán derecho a que se les sirva *el balance* de la sociedad y que, durante un plazo mínimo de quince días, se les ponga a disposición los *documentos y datos* que lo comprueben y les permita hacer juicio sobre las operaciones.[26]

Salvo por la limitación que dejamos señalada respecto de socios *comanditarios,* los gerentes o administradores de cualquier sociedad o compañía no podrán negar a los socios el examen de todo *documento, libro o comprobante* de las partidas y balance que determinan el estado de la administración social.[27]

Los socios no podrán aplicar fondos de la compañía para negocios *por cuenta propia.* De hacerlo, las ganancias corresponderán a la compañía, y ésta podrá *rescindir* el contrato social en cuanto a los que así actúen. Sin embargo, con sus fondos propios, los socios podrán hacer por su cuenta toda operación de negocios que interesen con tal de que no pertenezcan al ramo de industria o comercio al que la compañía se dedique, salvo pacto específico que lo prohiba. En cambio, en sociedades que no tengan género de negocio

[24] Código de Comercio, artículo 129; 10 L.P.R.A. 1412.

[25] Código de Comercio, artículo 116; 10 L.P.R.A. 1375.

[26] Código de Comercio, artículo 127; 10 L.P.R.A. 1396.

[27] Código de Comercio, artículo 136; 10 L.P.R.A. 1434.

determinado, tampoco podrán sus socios hacer operaciones por cuenta propia sin previo consentimiento de la compañía, que no podrá negarlo sin acreditar que redundaría en *perjuicio efectivo y manifiesto* para los intereses comunes.[28]

La firma social

La firma social o *razón social* es el nombre común bajo el cual hacen negocios las sociedades[29]. Toda sociedad ha de tener un nombre bajo el cual hacer sus operaciones. Ese nombre debe ser distinto al individual de cada socio. Tampoco debe parecerse al de otra sociedad al extremo de promover confusión por parte del público.

Como la sociedad o compañía es persona distinta de la de sus socios individualmente, y como ella tiene capacidad ante la ley para adquirir derechos y contraer obligaciones separadamente de las personas *naturales* que la integran, he ahí la razón de que se haga indispensable que tenga *nombre social propio* que la identifique y distinga de otras personas y de otras sociedades. ¿Quién se arriesgaría a contratar con una entidad anómala, sin que pudiera saberse a quién exigir responsabilidad cuando las circunstancias lo justifiquen?

La compañía *colectiva puede* adoptar como nombre *uno que incluya* los de todos sus socios, algunos de ellos, o el de uno solo. Pero en estos dos últimos casos deberá añadir, al nombre o nombres que se incluyan, las palabras " Y compañía", o su abreviatura "& Cía". En el nombre social nunca deberá incluirse el de persona que no pertenezca a la compañía, so pena de que ésta quede sujeta, si lo consintió expresa o tácitamente, a la responsabilidad solidaria de cualquier socio colectivo.[30]

Como ya se afirmó antes, no deberán ser incluidos en la firma social nombres de socios *comanditarios* sin que éstos queden sujetos a responsabilidad *ilimitada* como si se tratara de socios *colectivos*. Para que el nombre social lleve en sí la indicación de que corresponde a una compañía *en comandita* y no a una *colectiva*, se añadirá, a los nombres de los socios *colectivos*, la frase "y Compañía, Sociedad en Comandita", o abreviándola, "& Cía., S. en C.".

La *firma social* sólo podrá usarse en operaciones de la *sociedad* y para las *obligaciones* de ésta. Y el socio o socios que la utilicen para negocios por cuenta propia, perderán, en beneficio de la compañía, las ganancias que por ello pudiese haberles correspondido.

La *firma social* — como tal — puede llegar a constituir un *activo*, de carácter *intangible*, entre los diversos valores con que cuenta la empresa. Todo dependerá de que ésta funcione con responsabilidad en el cumplimiento de sus obligaciones, que sirva eficientemente, y registre beneficios con regularidad y en proporción atractiva. En el grado en que estas tres condiciones se cumplan, aumentará el neto de valor efectivo intangible que podrá reconocérsele a la firma. A ese activo excedente e intangible que arranca del nombre propio

[28] Código de Comercio, artículo 113; 10 L.P.R.A. 1372.

[29] Código de Comercio, artículo 103; 10 L.P.R.A. 1362.

[30] Código de Comercio, artículo 103; 10 L.P.R.A. 1362.

de una empresa, se le conoce con el nombre de *reputación comercial*, como ya se explicó anteriormente.[31]

Cuándo es mercantil la sociedad

El Código de Comercio, al definir a los *comerciantes*, incluye, junto a los comerciantes *individuales*, a las *sociedades y corporaciones mercantiles e industriales* que se constituyan con arreglo a dicho Código o a las leyes especiales.[32] En otro artículo, pretendiendo definir lo que por ley debe considerarse *sociedad mercantil*, declara que "el contrato de compañía... será mercantil, cualquiera que fuese su clase, siempre que se constituyere con arreglo a las disposiciones de este Código.[33]

Lo cierto es que la legislación mercantil de Puerto Rico no provee en sitio alguno una definición directa de lo que es una *sociedad mercantil*, limitándose a reconocer como *comerciantes* a las que, dedicadas a la industria o al comercio, se constituyan como lo dispone el Código. Pero el Tribunal Supremo de España, subsanando esta omisión del texto citado, ha declarado que la forma de constituirse la sociedad no es lo que otorga mercantilidad a la empresa, sino la *naturaleza de las operaciones* a que se dedique. Éste es el criterio que ha seguido literalmente nuestra más alta Corte.

Por consiguiente, podemos definir como *"mercantiles" aquellas sociedades, incorporadas o no, que se dedican habitualmente, y en nombre propio, a su negocio u operaciones "comerciales" o "industriales"* conforme se definen éstos en el Código de Comercio.

En la forma expuesta, el concepto jurídico de comerciante *colectivo*, que es en el fondo la *sociedad mercantil*, concuerda con el comerciante *individual*, variando únicamente el número de personas involucradas y el modo de constituirse. También se descarta de la definición el requisito formal de la escritura pública como medio de imprimirle mercantilidad, quedando tal requisito para ser exigido *cuando se aportan bienes inmuebles* y sólo al propósito de poder afectar *a terceras personas ajenas a la sociedad*.

En resumen: si *comerciante individual* es quien, con capacidad legal se dedica habitualmente y en nombre propio al comercio o a la industria, el *comerciante colectivo* lo será la *sociedad* o *corporación* que, constituida según lo exigen las respectivas leyes para que estén provistas de la capacidad legal, se dedican al *comercio* o a la *industria* habitualmente y en nombre propio. Y esas mismas, las sociedades — incorporadas o no — que se ajustan a esta definición, son *sociedades mercantiles*. Quedan las demás en la categoría de *civiles*.

---

[31] Véase ante, el tópico *Concepto del Derecho de Propiedad*, en el Capítulo 8, y también el tópico *La firma comercial*, en el Capítulo 16. Código de Comercio, artículo 3; 10 L.P.R.A. 1003.

[32] Código de Comercio, artículo 1; 10 L.P.R.A. 1001.

[33] Código de Comercio, artículo 95; 10 L.P.R.A. 1341.

[34] *Buscaglia v. Tribunal de Contribuciones* (1949) 70 DPR 99. Véase, además, la diáfana doctrina en el caso de *Calaf v. Tribunal de Contribuciones*, 73 DPR 812.

3 abogados = sociedad civil
3 comerciantes = sociedad mercantil.

Diferencia entre sociedad y comunidad de bienes

Como de una propiedad o de unos bienes poseídos *en común* los codueños pueden derivar rentas u otros frutos que se reparten entre sí, la semejanza de esa situación con la de una sociedad ha dado lugar a que se confunda ésta con una *comunidad de bienes*. La diferencia entre una y otra resulta, sin embargo, de tal importancia para fines *contributivos*, que la cuestión ha sido llevada ante el Tribunal Supremo de Puerto Rico en más de una ocasión.[34]

Debe reconocerse que en una *sociedad* hay bienes *comunes, frutos* que, en uso o explotación de esos bienes, suelen producirse, aunque se les llame *ganancias*, y participación en esos frutos o ganancias entre los copartícipes o socios. No es menos cierto que en una comunidad generalmente concurren los mismos tres factores: bienes comunes, frutos y reparto de frutos entre los condómines. Pero hay en la sociedad un elemento adicional que hace toda la diferencia: la sociedad, para que lo sea, tiene que constituir, además de lo anterior, un *negocio en operación* manejado por la propia *sociedad* a través de uno o más de sus propios *socios*.

La distinción se revela aún más clara si pensamos en una factoría y sus accesorios pertenecientes en *comunidad de bienes*, a dos herederos en una sucesión. La factoría era un negocio en operación que, hasta su muerte, operaba por sí mismo el padre o *causante de esos herederos*. Con el fallecimiento pasó, por tanto, de un negocio individual que había sido *manejado* por su dueño único, a un negocio o propiedad en común perteneciente *a dos personas*: la sucesión. Que esa propiedad o negocio, antes *individual* y ahora *social*, se considere ante la ley una *sociedad* o se califique de mera *comunidad de bienes*, dependerá de lo que decidan hacer los herederos con la factoría. Si la ceden en arrendamiento para que *otros* sean los que *la operen*, limitándose los herederos o condueños a percibir la renta y dividírsela, su relación, por ser de simples *copropietarios*, no pasará de ser *una comunidad de bienes*. Si, por el contrario, bajo el nombre social de "Sucesores de X", prosiguen el *negocio* de su padre, *operándolo ellos mismos*, o cualquiera de ellos en *función gerencial* y repartiéndose *las ganancias* (no las *rentas*), entonces "Sucesores de X" constituirá ante la ley una *sociedad* (aunque no medie ni una escritura pública ni un papel que así lo diga). En este último caso, como tal *sociedad* pagará contribuciones sobre los ingresos. El manejo del negocio, manteniéndolo *en operación* los mismos dueños, bajo un *nombre social* que lo eleva a categoría de persona *jurídica*, y el reparto de ganancias, no de mera *renta*, convierten la comunidad de bienes en *sociedad*. Así lo tiene resuelto nuestra alta Corte.[35]

---

[35] *Tesorero v. Tribunal de Contribuciones*, 70 DPR 99.

Disolución de las sociedades

Las causas que reconoce la ley para disolver las sociedades *mercantiles* son las siguientes:

Por expirar el plazo por el cual fueron constituidas

Las sociedades se constituyen *por plazo fijo* de duración o por término *indefinido*. En el primer caso, se extingue al expirar el plazo, a menos que se acuerde prorrogarlo. Si la prórroga se acuerda *con anterioridad* al vencimiento del plazo convenido, se entenderá que sigue en existencia *la misma sociedad*. Si, al contrario, el acuerdo de prorrogarla se toma *después de transcurrido el plazo*, entonces se considerará extinguida la original y creada *una nueva sociedad*.[36]

Por acuerdo o voluntad de los socios

Si la sociedad se ha constituido por plazo fijo, el acuerdo de los socios para extinguirla con anterioridad al vencimiento del plazo no podrá ser eficaz a menos que se adopte *por unanimidad*. En cambio, si la sociedad se constituye por término *indefinido*, bastará entonces que una mayoría de los socios acuerde disolverla para que se considere válida la *disolución*. Aún más: en este último caso, cualquiera de los socios tendrá derecho a retirarse de la sociedad cuando lo crea procedente, salvo cuando medie la mala fe.[37] Y en todo caso deberá *notificarlo* a los demás socios con anticipación razonable y procurando ocasionar el menor perjuicio posible a los intereses comunes.

Por terminación del negocio para el cual se constituyó la sociedad

Esta causa de extinción sólo opera en aquellas sociedades que se crean para algún negocio especial de naturaleza *limitada*. La explotación de una *cantera*, la construcción de un edificio, la compraventa de juguetes en una temporada navideña, en una feria o en unas fiestas patronales, pueden ser ejemplo.

Por quiebra de la compañía o de cualquiera de sus socios colectivos

La quiebra supone la *insolvencia*. Pero aún llegada la *insolvencia*, no existe la *quiebra legal* hasta tanto sea decretada por el tribunal competente. La causa real para *disolver* en este caso será, pues, la imposibilidad de que la *sociedad* continúe sus operaciones como normalmente lo hace. En cuanto al socio *colectivo*, siendo su capital particular un factor determinante de responsabilidad por pérdidas que puede sufrir la sociedad, *su quiebra* tiene que ser *causa de disolución* en protección del derecho de los otros socios.

---

[36] *Nido y Cía v. Registrador* (1953) 74 DPR 789.

[37] Código de Comercio, artículo 143; 10 L.P.R.A. 1456.

Por la muerte de cualquiera de los socios

El fallecimiento de un socio será *causa de disolución*, a menos que el contrato provea lo contrario. A tal efecto el contrato social *debe disponer también que la sociedad continuará entre los socios sobrevivientes*, bien admitiendo a la sociedad a los herederos del socio fenecido en sustitución de éste, o bien disponiéndose en el contrato que *se liquidará a éstos* la parte que en la sociedad le correspondiese a su causante. De no haberse tomado estas precauciones en el contrato social, será *imperativa* la disolución.

Por pérdida entera del capital de la compañía

Esta causa de disolución tiene la misma explicación que *la quiebra*.

Por la demencia u otra causa de inhabilitación del gestor para administrar sus bienes

Esto será así, *siempre que* la designación del mismo, como tal administrador, se haya hecho parte del contrato social.

Diferencia entre disolución y liquidación

No debe confundirse la *disolución* con la *liquidación*. La primera representa un instante. La segunda, un proceso, más o menos prolongado. En estricto sentido jurídico, la disolución de una sociedad significa que, a partir de ese momento (de la *disolución*), la empresa pierde la capacidad que la ley venía reconociéndole para hacer nuevos negocio, y sólo la conservará para *ultimar* y *liquidar las operaciones pendientes* (con acreedores y deudores externos y con los socios).[38]

Aunque nuestra Corte Suprema dijo — en 1932 — que "la disolución de una sociedad es su extinción, su muerte civil o mercantil, según sea su naturaleza",[39] puede precisarse aún más diciendo que al declararse disuelta la sociedad, *muere* en cuanto a su capacidad legal para hacer *nuevos negocios*, pero *sobrevive* exclusivamente para *liquidar* los ya comenzados antes de pronunciarse disuelta.

La disolución de una sociedad mercantil, fundada en cualquier otra causa que no sea la terminación del plazo de duración fijado en su contrato, no surtirá efecto legal que perjudique a *terceros* hasta que se anote en el *registro mercantil*.

[38] Código de Comercio, artículo 147; 10 L.P.R.A. 1460.

[39] *Paz v. Registrador*, 43 DPR 870.

Funciones que corresponden a una liquidación

Declarada la disolución de una compañía, su *liquidación* no debe hacerse esperar. Sus administradores cesan en sus funciones como tales para convertirse en *liquidadores*. Pierden la representación para comprometer a la empresa en *nuevas* obligaciones y sus poderes se limitarán "a percibir los créditos de la compañía, a extinguir las obligaciones contraidas de antemano, según vayan venciendo (o antes, de mutuo acuerdo), y a *realizar* las operaciones, según pendientes."[40]

La práctica indica que la liquidación de una sociedad comprende, entre otras, las siguientes funciones importantes:

a. Cumplir las obligaciones de los contratos *pendientes*.
b. Exigir el cumplimiento de las que se hallen *pendientes* en favor de la sociedad.
c. *Cobrar* las cuentas de crédito.
d. *Pagar* las cuentas de débito.
e. *Convertir las propiedades* en metálico.
f. Intervenir en los procedimientos judiciales *pendientes* y promover *los necesarios* en interés legítimo de la sociedad; o defenderla de los que se promuevan contra ella.
g. Utilizar los servicios de especialistas para *liquidar*.
h. *Pagar* a cada *socio* su participación neta en el activo sobrante, después de *pagar o proveer* para el pago a todos los *acreedores* de la sociedad.
i. Dentro del término de veinte días, los encargados de la liquidación comenzarán por *formar el inventario* del haber social, con *todas las cuentas* de la sociedad y con el *balance*, según los libros y documentos de la empresa.
j. Mensualmente, deberá *comunicarse el estado de la liquidación* a cada socio.

Otras reglas sobre la liquidación

Ninguno de los socios tendrá derecho a recibir la parte que le corresponda en el neto de la liquidación sin que antes se paguen las deudas de la sociedad y se provea para pagar las de vencimiento posterior.

La liquidación de las sociedades *mercantiles* se rige por las reglas que la escritura del contrato social contenga; y, en su defecto, por lo dispuesto en el Código de Comercio.[41]

De existir oposición por parte de cualquier socio a que los encargados de la administración se hagan cargo de la liquidación al disolverse la sociedad, la *junta de socios* resolverá sobre el nombramiento de *liquidadores* y adoptará las otras medidas que estime

[40] *Echandi v. Registrador* (1912) 18 DPR 850. Doctrina posterior y ampliamente elaborada en *Nido y Cía. v. Registrador*, precitado.

[41] Código de Comercio, artículo 146, 10 L.P.R.A. 1459.

convenientes para la liquidación. De no ponerse de acuerdo, o habiendo acreedores de la sociedad que puedan demostrarle al tribunal que sus derechos no han de estar debidamente protegidos, procede la designación *judicial* de un *síndico liquidador*, quien ejercerá sus facultades bajo la supervisión del tribunal y conforme a las instrucciones que el juez estime dictar.

Contrato de cuentas en participación

Por el contrato de *cuentas en participación* una de las partes contratantes suple a la otra aquella *parte del capital* que mutuamente convengan a fin de que esta última la aplique a negocios u operaciones que hará y dirigirá bajo su *individual responsabilidad* y haciendo partícipe al primero en las *ganancias o pérdidas* que sobrevengan de la aventura común.

En inglés, este contrato se conoce con el nombre de *"joint venture"* y también como *"joint accounts"*.

Aunque parecido en cierto modo al de *sociedad*, difiere de éste en tres aspectos esenciales: 1) El de cuentas en participación *no admite*, por prohibición expresa de ley, el uso de una razón o *firma comercial común* a los partícipes; 2) el negocio que lo motiva ha de efectuarse y dirigirse *en nombre y bajo la responsabilidad individual de quien lo gestiona*; y 3) no se podrá usar más *crédito* que el *gestor* del negocio.[42] No creemos que, en nuestros días, este último requisito siga teniendo validez.

A menos que medie acuerdo en contrario, corresponderá al gestor, periódicamente, o una vez terminadas las operaciones según los aspectos o la naturaleza del negocio envuelto, hacer la liquidación de las cuentas y rendir al *comanditario*, cuenta *justificada* de los resultados obtenidos.

El contrato de *cuentas en participación* no requiere *formalidad* de clase alguna. Puede hacerse por escrito o verbalmente, y su existencia puede ser justificada por los medios con que ordinariamente se prueban las obligaciones.[43]

[42] Código de Comercio, artículo 159; 10 L.P.R.A. 1493.

[43] Las pocas reglas de ley que rigen el *contrato de cuentas en participación* se encuentran en el Código de Comercio, artículos 157-161; 10 L.P.R.A. 1491-1495.

Capítulo 18

LAS CORPORACIONES

Concepto, fines, clases y características de las corporaciones

La *corporación,* como ya vimos en un capítulo anterior, es una clase o modalidad de las *sociedades.* Nos ocupamos aquí, pues, de entidades abstractas, cuya personalidad es reconocida solamente ante el Derecho. Su utilidad esencial es la de que, siendo pluralidad de personas que concurren en un propósito o empresa común, se les considera legalmente como si en realidad no fuesen mas que una, y este *ente ficticio* representa —por mero artificio o ficción de ley—los *intereses comunes de todos* en sus relaciones con otras personas o entidades.

Las sociedades pueden estar *incorporadas o no* pero, de un modo u otro, son conjunto de individuos que se unen, bajo autorización de la ley, para constituir un cuerpo, operar bajo un nombre común, con capacidad para prolongarse indefinidamente y conducirse, en muchos sentidos, *como si fueran un solo individuo o persona.*

Constituida la *persona colectiva* que llamamos *sociedad o corporación,* según el caso, se considera ante la ley como persona separada y distinta de la de cada uno de los miembros que la componen. Siendo entidad *abstracta,* se manifiesta y actúa siempre por medio de personas naturales. Y en ese carácter de persona abstracta, siendo muchos sus integrantes pero actuando a los ojos de la ley como si no fuera más que uno, adquiere y trasmite derechos, contrae obligaciones y las cumple, hace contratos, adquiere propiedades, las utiliza, las grava, las modifica, las enajena, promueve acciones judiciales en rol de demandante y se defiende de ellas como demandado. Se dedica, en fin, a cualquier propósito lícito y a la explotación de cualquier negocio, incluso los *comerciales* e *industriales.* La intensidad con que las *corporaciones* se dedican al *comercio* y a la *industria,* dan a este tópico lugar de máxima consideración en nuestro estudio.

Cuando en el pasado siglo el Juez Marshal (durante muchos años Juez Presidente del Tribunal Supremo estadounidense) definió, para los Estados Unidos, lo que una corporación significa, lo que en realidad expresó fue una definición *incompleta* de la "personalidad jurídica". Y su definición de entonces era apropiada para los norteamericanos porque, según sus leyes, la única entidad o agrupación que tiene personalidad jurídica reconocida es *la corporación.* Al decir el eminente magistrado que la corporación es "un ente *artificial, invisible* e *intangible* que sólo existe en contemplación de la ley",[1] se limitó a señalar atributos de la persona jurídica que no son suficientes para—entre nosotros—distinguir la *corporación* de las otras clases de *sociedades.*

En el ordenamiento jurídico puertorriqueño, según lo hemos visto antes, la *corporación* no es más que una clase de *sociedad...* Y puesto que las demás sociedades también tienen *personalidad jurídica,* sólo cabe definir las *corporaciones* destacando los rasgos diferenciales que las distinguen de las *otras sociedades,* o sea, de las *colectivas* y de las *comanditarias.* Sobre esta base, estimamos correcto decir:

Una corporación, según las leyes de Puerto Rico, es una entidad creada por contrato o directamente por ley, con personalidad legal reconocida, capacitada como tal para llevar a cabo cualquier fin lícito, público o privado; y que, cuando existe para un fin privado y lucrativo, tiene como característica principal la de que todos sus asociados responden, ante los acreedores de la empresa, subsidiariamente y con solamente lo que aportaron o prometieron aportar al caudal común.

La distinción de mayor alcance entre las demás sociedades y la corporación estriba en el alcance de responsabilidad de los socios por las deudas de la empresa. Si en la *regular colectiva* los socios *todos* responden *ilimitadamente* de las deudas que la sociedad no puede pagar, y en la *comanditaria* hay una clase de socios—los *comanditarios*—que sólo responden con el capital que aporten mientras los demás asumen una responsabilidad *ilimitada,* en la *corporación todos sus socios, llamados accionistas, tienen limitada* su responsabilidad a lo que aportan y/o prometen aportar.

Por esa esencial diferencia, la corporación ha venido a ocupar en nuestro cuadro jurídico el sitio de la sociedad *anónima,* en la que *todos* los socios tenían el carácter de *comanditarios* con su particular rasgo de responsabilidad *limitada.*

Otra distinción entre *sociedad* y *corporación* es el modo de aportar el capital a la empresa. En la primera, la aportación se verifica simplemente en virtud del contrato social, estipulando lo que cada socio aporta a la masa común. En la corporación, en cambio, se exige por ley que toda aportación se efectúe mediante la *emisión de acciones* o unidades de

[1] *Dartmouth College v. Woodward,* 4 (Wheat) U.S. 518.

participación en el *capital social,* que luego sirven de base para determinar el alcance preciso de los derechos de cada asociado en los *beneficios* a repartirse. Por el número de las acciones que cada accionista posea, se sabrá, no ya simplemente la participación que le corresponderá en las ganancias, sino también el número de *votos* de que podrá disponer como partícipe en los acuerdos de las *asambleas de accionistas.*

No ha de perderse de vista que el Código de Comercio autoriza a las compañías mercantiles *en comandita* a que su capital social esté representado *por acciones.* Pero, aparte de que tal prescripción *es potestativa* y no *obligatoria,* como ocurre en las corporaciones, no parece que sea práctica usual, en las comanditarias puertorriqueñas valerse del sistema de *acciones.*

En este análisis comparativo entre la *sociedad* y la *corporación,* debe destacarse que, mientras la corporación puede ser instrumento legal tanto para fines *públicos* como para fines *privados,* la sociedad está concebida en nuestro sistema como organización dedicada exclusivamente a propósitos *privados.* Más exacto todavía: a *negocios privados de carácter lucrativo o de ganancia.* De modo que debemos enfocar nuestra comparación con referencia a las *corporaciones privadas* que, semejando a las *sociedades,* se constituyen para hacer *negocios y* repartir los *beneficios* entre los asociados.

Esta clase de corporaciones son las pertinentes a nuestro Derecho *mercantil* porque son las que, en ejercicio del *comercio* y de la *industria,* quedan sujetas a sus reglas. Se forman, como las sociedades *no incorporadas,* mediante la *asociación* de personas *naturales.* Y la asociación, en uno y otro caso, se implementa por un acuerdo entre sus fundadores - llamados en la corporación, *incorporadores.* Pues bien, ese acuerdo o convenio, que en la sociedad es el *contrato social* y en la corporación, el *contrato de incorporación,* ofrece una diferencia de las más pronunciadas entre la forma *corporativa* y la *sociedad no incorporada.* Mientras ésta última queda *constituida legalmente* con el solo contrato entre las partes, y su acto es *esencialmente privado,* la corporación necesita *la intervención del poder público* en el trámite de su *constitución.* La intervención en esta etapa inicial se limita a que un funcionario público se cerciore de que los requisitos de ley para organizar la corporación queden cumplidos, y que el documento definitivo de la incorporación quede archivado en la oficina pública correspondiente.

Las corporaciones se rigen en Puerto Rico por una ley especial, llamada *Ley General de Corporaciones.*[2] Las *sociedades* siguen bajo el régimen del Código de Comercio. Hasta el año 1911, en que se aprobó la primera ley de corporaciones, existían en el país las llamadas *sociedades anónimas* de características sustancialmente iguales a la *corporación.* La legislación corporativa, extraída de un estatuto norteamericano, suplantó desde entonces las disposiciones del Código de Comercio sobre esta particular clase de sociedades, dejando en vigor las referentes a *comanditarias* y *colectivas.*

[2] Ley Núm. 144 de 10 de agosto de 1995, artículos 1.01-19.07, ef. 1ro de enero de 1996; 14 L.P.R.A. 2001-3455.

Clases

La distinción principal que suele hacerse de las corporaciones es la que las clasifica en *públicas y privadas.*

Son *públicas las que se crean directamente por la ley y existen exclusivamente para un fin o servicio público.* A esta clase corresponden el Estado[3] y todo otro organismo o dependencia de éste al cual se reconozca personalidad *jurídica* por las propias leyes. Así, por ejemplo, la Universidad de Puerto Rico, los municipios, la Autoridad de los Puertos, etc. Las corporaciones públicas se rigen por la propia ley que las crea.

Son "corporaciones privadas" las que, como su nombre indica, se crean con algún fin privado y por iniciativa y asociación de personas naturales a quienes también se les considera privadas. Combinando los propósitos de ambas clases, hay una categoría intermedia que recibe el nombre de corporaciones *cuasi públicas.* A éstas se les llama también *compañías de servicio público.* En ellas concurren, por un lado, el objetivo de rendir algún servicio público general y, por el otro, el interés de inversionistas privados de obtener lucro o ganancia. A esta clase pertenecen, en Puerto Rico, la Telefónica, la compañía del gas fluido, las de transporte, etc., las cuales quedan comprendidas en el marco de autoridad de la *Comisión de Servicio Público.*

Las corporaciones *privadas,* por la naturaleza de las actividades que llevan a cabo, se subdividen en corporaciones *para fines pecuniarios o de lucro,* y corporaciones para fines *no pecuniarios. A* la última clase corresponden las que se dedican a fines educativos, religiosos, caritativos, científicos, cívicos, deportivos, políticos, fraternales, etc., en las que *no se persigue lucro o ganancia.* Las que ésto persiguen caen dentro de la primera subdivisión.

Vale recordar que, siendo el *comercio* y la *industria* actividades esencialmente *especulativas o de lucro,* el Derecho mercantil abarca en su reglamentación las operaciones de toda corporación dedicada a alguna de esas dos ramas de actividad. Se incluyen las que, prestando servicios al público, persiguen a la vez un propósito de ganancia sobre la inversión.

Corporaciones Profesionales

La ley de corporaciones le permite a una sola persona natural o grupo de la misma profesión incorporarse para prestar servicios profesionales.[4]

El término *profesional* se refiere a las profesiones en que se requiere aprobar una reválida para que el Estado le expida a la persona una licencia.[5] Este tipo de corporación tiene esa característica: que los accionistas tienen que estar licenciados por el Estado para prestar el servicio profesional que la corporación profesional adoptó como naturaleza o propósito

[3] Puede verse la definición de Estado en el Capítulo 2, *El Derecho y el Estado,* Epígrafe A.

[4] Artículo 18.01; 14 L.P.R.A. 3402.

[5] Artículo 18.02 (a); 14 L.P.R.A. 3402 (a).

del negocio.[6] Las corporaciones profesionales tienen que constituirse con fines de lucro[7] y rendir los mismos servicios profesionales.

Las corporaciones profesionales fijarán el número de directores en los estatutos corporativos o en el certificado de incorporación. Esta junta de directores puede estar compuesta por uno o más miembros, que *no* tienen que ser accionistas.[8] Los oficiales son, por lo menos, un presidente o principal oficial ejecutivo u otro título análogo; un secretario y un tesorero. Una sola persona puede ocupar simultáneamente más de un cargo (lo que significa que podría desempeñar simultáneamente los tres); a menos que el certificado de incorporación o los estatutos de la corporación establezcan lo contrario. La ley ya no impone la prohibición de que el presidente sea secretario a la vez.[9]

Las corporaciones profesionales pueden tener oficiales, empleados o agentes con licencia que *no* sean accionistas.[10] Esto es completamente válido.

Estas corporaciones pueden tener un incorporador único y un director único.[11]

Las corporaciones profesionales *no* deben confundirse con las *sociedades de responsabilidad limitada*.[12] Éstas se crean por no menos de dos (2) personas naturales y los dueños son socios *no* accionistas.[13] Toda sociedad de responsabilidad limitada, sea doméstica o extranjera, deberá contener, *en su nombre*, las palabras "sociedad de responsabilidad limitada" ("limited liability partnership"), o las siglas "S.R.L." o "SRL" o "L.L.P." o "LLP" al final de su nombre.[14] Al expirar el término para renovar la solicitud de inscripción, dicha sociedad continuará operando como una *comunidad de bienes*.[15] Consideramos inevitable concluir, a tenor con las disposiciones del Código Civil que, cuando eso ocurre, pierde la responsabilidad limitada y adquiere *responsabilidad mancomunada*.[16]

Las corporaciones profesionales tienen la ventaja de que *pueden existir a perpetuidad*, mientras que las sociedades de responsabilidad limitada se tienen que constituir *anualmente*.[17]

---

[6] Artículo 18.02 (b); 14 L.P.R.A. 3402 (b).

[7] Artículo 18.03; 14 L.P.R.A. 3403.

[8] Artículo 4.01B; 14 L.P.R.A.1804.

[9] Artículo 4.02 (14 L.P.R.A. 2722) y Artículo 18.04 (14 L.P.R.A. 3404).

[10] Artículo 8.05; 14 L.P.R.A. 3405.

[11] Artículo 1.01 (c) (14 L.P.R.A. 2001); y Artículo 4.01 (b); 14 L.P.R.A. 2721 (b).

[12] Ley Núm. 54 de 20 de agosto de 1996, *Ley de Sociedades de Responsabilidad Limitada*, Artículos 2 al 8; 10 LPRA 1861-1867.

[13] Artículos 4-5; 10 LPRA 1863-1864.

[14] Artículo 4; 10 LPRA 1863.

[15] Artículo 5; 10 LPRA 1864.

[16] Código Civil de Puerto Rico, artículo 4357; 31 LPRA 4372.

[17] Artículo 3 (f) [10 LPRA 1862 (f)]; Artículo 1.02 (b)(4); 14 LPRA 2602 (b)(4).

Corporaciones íntimas o cerradas

Una modalidad importante en la clasificación de las empresas corporativas es la que atañe a las *corporaciones íntimas*, también conocidas como *corporaciones cerradas.*[18] Se distinguen éstas, de aquellas corporaciones cuyas acciones pueden ser vendidas libremente por no existir limitación en cuanto al número de accionistas que pueden ser admitidos a la empresa. Si, por el contrario, la corporación es *íntima* o *cerrada,* significa que está impedida legalmente de admitir nuevos accionistas en exceso del número máximo que sus incorporadores le han fijado. Las corporaciones *de familia*[19] y las llamadas *impersonales* (*"one-man corporations")* son denominaciones que frecuentemente se aplican también a las de carácter íntimo o cerrado. La ley de corporaciones permite que las corporaciones que *no* sean corporaciones especiales propiedad de trabajadores sean "one-man corporations".[20]

Concedemos, naturalmente, que una corporación puede considerarse *íntima* o *cerrada* como cuestión de hecho, por la simple razón de que sus accionistas o directores adopten la norma de negar entrada a nuevos accionistas, al efecto de mantener la empresa a beneficio exclusivo de quienes ya la componen. Pero, para que sea íntima o cerrada en el sentido estricto de la ley, ha de hacerse constar así en el certificado de incorporación conforme lo requiere el estatuto.[21]

Si tal es el propósito, deberá declararse en el certificado el límite máximo de accionistas o tenedores, que es *treinta y cinco (35)* y se computa *por estirpe* y por *sociedad legal de gananciales.*[22] Lo primero significa que, si un tenedor o accionista muere, todos sus hijos constituyen *una sola estirpe,* o sea, todos ellos, independientemente de cuántos sean, no sobrepasan los 35 establecidos como número máximo. De igual forma, ambos cónyuges que constituyen la sociedad legal de gananciales cuentan por *uno* de los 35. Pero lo más importante en la corporación íntima o cerrada, además de estar restringido el número de sus tenedores o accionistas, es lo referente a su *organización administrativa.* Ésta se simplifica notablemente, correspondiendo precisamente al carácter limitado de la empresa. En efecto, la vigente ley de *corporaciones* —y ésta es una de las modificaciones de mayor utilidad en la reforma de 1995— permite que en la corporación *íntima* o *cerrada* se prescinda de la clásica *junta de directores.* En su lugar, provee el estatuto que en el certificado de incorporación podrá disponerse que la dirección o administración habrá de ejercerse "por los *accionistas, o por uno o cualesquiera* de ellos". Inclusive se puede dar el caso de que ni siquiera sea un *accionista,* ya que el mismo precepto añade que "podrá facultarse a los accionistas para autorizar a cualquier oficial u oficiales, o a un agente o agentes, para dirigir y administrar los negocios de la corporación".[23]

---

[18] Puesto que en inglés son conocidas como *"closed corporations"*, el nombre que en Puerto Rico se les da es traducción literal.

[19] Corresponden a las *"family corporations"* del Derecho anglosajón.

[20] Artículo 16.01 (a); 14 LPRA 3301 (a).

[21] Artículo 14.03 (b); 14 LPRA 3203 (b).

[22] Artículo 14.03 (c); 14 LPRA 3203 (c).

[23] Artículo 1.02 (b)(2) [14 LPRA 2602 (b)(2)]; Artículo 1409 (14 LPRA 3209); Artículo 1410 (14 LPRA 3210).

También se establece en la ley que, si por circunstancias inevitables, se sobrepasa la corporación en el número de accionistas fijado, deberán tomarse las medidas apropiadas para restituir la corporación íntima o cerrada. Incurre en responsabilidad legal el accionista o accionistas culpable(s) de mantener la empresa en situación de incumplimiento. Se entenderá que las personas a quienes se les emitieron o transfirieron las acciones fueron notificadas del hecho de haber adquirido las acciones en violación de dicha restricción. El adquirente de dichas acciones tiene derecho a *rescindir* la transacción o a recobrar al amparo de cualquier garantía expresa o implícita que rija.[24]

El estatuto actualmente vigente[25] permite que una corporación íntima o cerrada, al establecer los requisitos para ser accionistas, es decir, los requisitos de elegibilidad, puede establecer restricción en la transferencia de acciones.

Dicho estatuto también permite que se consideren a los accionistas como si fueran directores y le impone a todos los accionistas la *responsabilidad* de directores.[26]

Otra clasificación que debe interesarnos en este texto es la que distingue las corporaciones en *mercantiles* y *civiles.* Aquéllas que se establecen para dedicarse habitualmente al *comercio* y a la *industria* pertenecen a la primera categoría y sus operaciones, como ya antes se ha señalado, quedan sujetas al régimen del Derecho Mercantil. Todas las demás corporaciones privadas se considerarán *civiles,* y sus operaciones, que en este caso se califican con el mismo nombre, están sujetas a las reglas del Derecho *civil.*

Las corporaciones *limitadas (íntimas* o *cerradas)* le ofrecen a sus accionistas el mismo atractivo de toda corporación, que es la responsabilidad limitada con la flexibilidad característica de las sociedades.[27]

La vigente ley de *corporaciones*[28] superó la ley de 1956,[29] al realizar una regulación más amplia y atractiva y atemperar las *corporaciones íntimas o cerradas* con la figura de la *corporación de individuos,* introducida en el campo fiscal por el Código de Rentas Internas de 1994. [30]

Características de la corporación

Después de lo explicado en los párrafos anteriores, podemos resumir las características de la corporación diciendo que: a. es persona *jurídica;* b. todos sus socios o accionistas tienen su *responsabilidad limitada* al *capital aportado;* c. el poder público interviene en el procedimiento de su organización y, posteriormente, sigue manteniendo una más estrecha

[24] Artículo 14.06 (b)(c); 14 LPRA 3206 (b) (c) y (g).

[25] Artículo 14.03 (b); 14 LPRA 3203 (b).

[26] Artículo 14.08 (b) y (c); 14 LPRA 3208 (b) y (c).

[27] Artículo 14.13; 14 LPRA 3213.

[28] Capítulo XIV de dicha ley.

[29] Artículo 102 (c).

[30] 13 LPRA 8521 (k)(1).

supervisión sobre ellas; d. se rige por una *ley especial* en su esfera interna; e. el capital es siempre aportado mediante emisión de *acciones;* f. el accionista participa en las decisiones de la empresa con un número de *votos igual al número de las acciones que posea con derecho a voto;* g. excepto en las pequeñas corporaciones, los accionistas no toman parte directa en la administración de la corporación, a pesar de ser sus dueños, sino que delegan ese poder en una *junta de directores y* en funcionarios ejecutivos asignados a esa tarea; h. al amparo de la vigente ley, la corporación íntima o cerrada, con máximo de treinta cinco (35) accionistas, puede ser administrada por uno o más de éstos, como en la *sociedad;* i. para que exista una corporación la ley exige un número mínimo de un (1) incorporador, natural o jurídico,[31] pero el número de accionistas, salvo en las íntimas o cerradas, *es ilimitado.* En las grandes corporaciones alcanza niveles fabulosos, mediante la simple venta de acciones a todo el que en ella quiera invertir; j. la corporación ha demostrado ser *la forma de organización empresarial que mejor se adapta para los negocios lucrativos en grande escala;* k. es la que mejor se presta para prolongarse *indefinidamente,* sin que la muerte de sus accionistas la afecte en casi ninguna instancia.

Esto quiere decir que la corporación puede *existir a perpetuidad.* No se puede disolver, a diferencia de las sociedades, por causa de muerte de uno de los socios colectivos, incapacidad de uno de los socios gestores, o quiebra de uno de los socios colectivos.[32]

Cómo se organiza legalmente una corporación

La organización de toda corporación abarca cuatro fases principales: *aportación del capital* necesario; adquisición de *equipo, planta física y demás instrumentos de trabajo;* designación del *personal, su organización administrativa* y directiva y contratación del cuerpo de empleados o subalternos; y organización *legal* de la empresa, para que sea reconocida su existencia y pueda operar hacia los fines que motivan su fundación. En este texto nuestro enfoque tiene que girar en torno al último de estos cuatro aspectos: el *legal.*

El procedimiento para organizar una corporación en su fase legal

Una o más personas, naturales o jurídicas, que deseen establecerse bajo la forma corporativa deberán otorgar por escrito y presentar en la oficina pública que más adelante se señalará, un *certificado de incorporación,* en el que indicarán el negocio que se proponen llevar a cabo, así como otros datos requeridos por el estatuto.

Sin embargo, para organizarse como una *corporación especial propiedad de trabajadores,* tendrá por lo menos tres (3) miembros ordinarios que no sean parientes entre sí dentro del cuarto grado de consanguinidad o segundo por afinidad.[33]

---

[31] Artículo 1.01 (c); 14 LPRA 2601 (c).

[32] Artículo 1.02 (b)(4); 14 LPRA 2602 (b)(4); y Código de Comercio, artículo 141 (4)(5)(6); 10 LPRA 1454 (4)(5)(6).

[33] Artículo 16.01 (a); 14 LPRA 3301 (a).

El certificado de incorporación deberá radicarse en la Oficina de Corporaciones del Departamento de Estado de Puerto Rico, donde finalmente quedará *registrado.* Esa oficina está asignada por ley para estudiar el documento de incorporación y velar que en él se cumplan los *requisitos mínimos legalmente requeridos.*

Estos *requisitos mínimos en el documento de incorporación* son los siguientes:

a. el *nombre* de la corporación. Éste no deberá ser ninguno de los que previamente haya adoptado otra corporación existente, ni tan parecido que pueda dar lugar a confusión. El nombre que se someta deberá contener la palabra corporación, incorporada, o sus abreviaturas: "Corp." o "Inc."

   El nombre corporativo podrá ser reservado para uso exclusivo del solicitante por un término de ciento veinte (120) días. Se puede hacer mediante solicitud sin radicar el Certificado de Incorporación. Este nombre puede ser transferido a otro por la persona que tiene el derecho reservado.[34]

b. El *domicilio corporativo,* incluyendo población, calle y número, del sitio de su oficina principal en Puerto Rico.

c. Término de *duración* de la corporación, si se ha convenido alguno, momento del comienzo y de su extinción. En caso de que no se interese fijar plazo determinado de duración, deberá consignarse en el documento que la corporación se constituye por *plazo indefinido* o palabras de igual alcance.

d. El *fin o fines* para los cuales se intenta establecer la corporación, especificando "la naturaleza de los negocios" a emprenderse.

e. Nombre del *agente-residente* con que ha de contar la corporación en Puerto Rico.

f. Número de *acciones* que la corporación se propone *emitir;* las *clases de acciones; derechos y preferencias* que han de corresponder a *cada clase de acciones (si* es que ha de haber más de una clase); *valor a la par* de aquéllas que han de emitirse con valor *a la par;* el número de las que han de emitirse *sin valor a la par*[35]; la autorización a la junta de directores para decidir por resolución sobre los derechos y preferencias que han de asignarse a los tenedores de cada clase de acciones, cuando esos derechos no son especificados en el propio certificado; la *cantidad mínima del capital* con que ha de comenzar a hacer sus negocios la corporación (que no deberá ser inferior a mil dólares) y todo otro dato relativo a acciones que desee estipularse.

g. Los *nombres* y dirección postal de los *incorporadores.*

h. *cualquier otra condición* o acuerdo que los incorporadores estimen conveniente insertar para la administración y dirección de los negocios corporativos; siempre, con sujeción a lo establecido en la ley.

---

[34] Artículo 1.02 (a)(1); 14 LPRA 2602 (a)(1).

[35] Más adelante se explica el significado de estos términos.

La ley permite la firma del certificado de incorporación *sin* la intervención de notario.[36] Establece el principio de "accounting" en forma expresa,[37] al determinar que la firma, por sí sola, constituye declaración formal o certificación del signatario, sujeta a la pena de perjurio, de que este documento fue otorgado por él o la corporación y que los hechos consignados en el mismo son verdaderos.[38]

Quede claro, sin embargo, que, si bien la ley *no* requiere que el certificado de incorporación sea firmado ante notario, cualquier enmienda posterior *tiene* que ser juramentada ante notario.[39]

Una vez se otorgue y radique el certificado de incorporación y se paguen los derechos requeridos por ley, "la persona o las personas que de tal modo se asociaren, sus sucesores y sus cesionarios constituirán, a partir de la fecha de dicha radicación, *o desde una fecha posterior que no exceda de noventa (90) días,* una entidad corporativa con el nombre que aparezca en el certificado, ..."[40]

El Secretario de Estado con su firma y sello, emitirá el certificado de incorporación. La emisión del mismo constituye prueba concluyente de que todas las condiciones requeridas por ley han sido satisfechas.[41]

Corporaciones de facto

La ley[42] descarta en nuestra jurisdicción las doctrinas jurisprudenciales de la corporación *de facto* y *por estoppel*. De esta manera se intenta eliminar cualquier incertidumbre o confusión sobre quién debe responder cuando una entidad falla en cumplir los requisitos exigidos para operar como corporación. En tal situación, no se reconocerá la existencia de la corporación y responderá la persona o personas que actuaron como corporación sin autoridad para ello. Responden en su carácter *personal* con *responsabilidad solidaria*.

La ley[43] no distingue entre operación *mercantil* o *civil*. Impone responsabilidad solidaria siempre.

[36] Artículo l.03 (2); 14 LPRA 2603 (2).

[37] Artículo 4.07; 14 LPRA 2727.

[38] Artículo l.03 (b)(2); 14 LPRA 2603 (b)(2).

[39] Artículo l.03 (c)(1); 14 LPRA 2603 (c)(1).

[40] Artículo l.06 (a); 14 LPRA 2606 (a).

[41] Artículo 1.06 (b); 14 LPRA 2606 (b).

[42] Artículo 1.06; 14 LPRA 2606.

[43] Artículo 1.06 (c); 14 LPRA 2606 (c).

Responsabilidad o "Accountability"

La ley de corporaciones permite, por primera vez en el contexto corporativo, la certificación de documentos oficiales por los propios funcionarios sin la necesidad de la intervención de notarios u otros funcionarios autorizados a tomar juramentos. De esta manera se facilita la operación empresarial y se asigna responsabilidad o "accountability", *bajo perjurio,*[44] a las personas que realizan la gestión. Además de este tipo de responsabilidad criminal, la ley[45] le impone *responsabilidad solidaria* por los daños y pérdidas que de ello resulte. También le confiere el derecho, a cualquier acreedor, a demandar a uno o más de los Directores.[46]

Poderes de las corporaciones

Es principio de Derecho que mientras las personas *naturales* tenemos *todos* los derechos o facultades que no se nos hayan prohibido por la ley, las personas *jurídicas* (las corporaciones entre ellas) solamente tienen aquellos poderes que expresa o implícitamente se les reconozcan en su carta de incorporación o en las leyes. Esto se debe a que, tanto la sociedad *no incorporada* como la *corporación,* surgen de un *contrato,* y las condiciones de éste operan como *limitaciones* a la entidad, siendo la regla el único medio de que se cumpla la *voluntad concertada de sus participantes.*

Partiendo del principio expuesto, podemos decir que los poderes o derechos de las corporaciones son de dos clases: *comunes (o generales);* y *especiales (o particulares).* Como su nombre lo indica, se consideran *"comunes" los poderes que son reconocidos a todas las corporaciones privadas, independientemente del género de negocio o industria lucrativa a que se dediquen.* Los poderes *especiales,* en cambio, son *aquéllos que por sí misma se asigna cada corporación al constituirse de acuerdo con la actividad o negocio en que ha de ocuparse.*

Esta dualidad da lugar a que los poderes *comunes* consten en la *ley de corporaciones,* prescribiéndolos para todas las que son privadas y persiguen fines lucrativos, en tanto que los *especiales* se consignan en el certificado o carta de *incorporación* de cada corporación, de conformidad con la naturaleza particular del negocio o negocios a que la corporación ha de dedicarse.

[44] Artículo 1.03 (b)(2); 14 LPRA 2603 (b)(2).

[45] Sección 4.07; 14 LPRA 2707.

[46] Sección 12.04 (a); 14 LPRA 3128 (a).

Poderes comunes

Las facultades o derechos que son *comunes* a todas las corporaciones privadas se enumeran en la ley como sigue:[47]

a. subsistir jurídicamente a perpetuidad (a menos que sea a término), con su nombre corporativo;

b. demandar y ser demandada;

c. tener y usar un sello que le sirva de distintivo;

d. adquirir, usar y disponer en forma lícita de propiedad mueble o inmueble conforme a los fines expresados en su carta corporativa;

e. designar sus oficiales y agentes con arreglo a las necesidades de su negocio y pagarles justa compensación;

f. aprobar, enmendar y derogar los estatutos corporativos para la administración de la empresa;

g. disolverse *voluntariamente* conforme a procedimiento legal, y *forzosamente* por las causas señaladas en la ley;

h. llevar a cabo negocios dentro y fuera de Puerto Rico y conforme a la franquicia de su certificado;

i. hacer donaciones;

j. crear, promover o administrar cualquier otra clase de corporación;

k. comprar, recibir, suscribir o de cualquier otro modo adquirir, poseer, votar, utilizar, vender, hipotecar o en cualquier otra forma gravar, o disponer de acciones u otros valores en cualquier corporación, asociación, sociedad o empresa, doméstica o extranjera, o de obligaciones directas o indirectas de Estados Unidos o de cualquier otro gobierno, estado, municipio o agencia gubernamental;

l. otorgar contratos y garantías y tomar dinero a préstamo;

m. prestar dinero;

n. Reembolsar;

o. efectuar pagos a un plan de retiro de empleados;

p. asegurar la vida de accionistas o directores para excluir a herederos en caso de muerte por pago;

q. asociarse.

r. hacer cualquier negocio legal que la junta de directores estime que sea de ayuda a una autoridad gubernamental.

[47] Artículo 2.02; 14 L.P.R.A. 2652.

La ley le da poderes y concede amplias facultades a las corporaciones para efectuar toda clase de actividad económica lícita. La gerencia tiene que obrar siempre en beneficio de los accionistas. Esto es lo que se conoce como *deber fiduciario.*[48]

Poderes especiales

Además de los derechos que les son *comunes,* las corporaciones tienen que ejercer aquellos poderes *especiales* que su particular negocio o fin pueda requerirles. Ya hemos dicho que estos poderes, concernientes al negocio particular de cada corporación, han de consignarse en su carta o *certificado* corporativo. Y deben aparecer allí con razonable certeza, pues de otro modo podría el gobierno rechazar—por insuficiente—el documento. No bastaría, pues, que en el certificado se dijese que la corporación se dedicará *al comercio,* sino que ha de especificarse el género o rama comercial que se propone explotar: compra y venta de mercancía seca; provisiones, calzado, por ejemplo, precisando si se operará al por mayor solamente, o al detal, o de ambas maneras.

a. *Poderes expresos e incidentales:* Los poderes *especiales o* particulares se subdividen, a su vez, en *expresos,* e implícitos o *incidentales.* Es doctrina legal, universalmente reconocida, que la corporación tiene derecho a llevar a cabo, no sólo aquellos negocios, actos y contratos que expresamente se indiquen en su carta constitutiva, sino también todos aquellos otros que sean *necesarios o convenientes* para realizar los que allí se *especifiquen.* A éstos que no se expresan, pero que son *necesarios* a, o *facilitan* el cumplimiento de los *expresos,* y que se infieren lógicamente de éstos, se les denomina *poderes incidentales.*[49]

Y como nos hemos estado refiriendo *a poderes de la empresa corporativa,* no está de más recordar que las *corporaciones,* como personas abstractas que son, no pueden por sí mismas ejercer ni unos ni otros poderes, sino que actúan, por ficción de ley, mediante sus organismos, oficiales, agentes o empleados; o sea, por los individuos o personas *naturales* que a la corporación sirven.

Actos *ultra vires* o ilegales

Ya se ha explicado que las corporaciones no tienen legalmente más facultades que las *comunes,* enumeradas en el estatuto de corporaciones, y las *especiales (expresas* e *incidentales),* que se especifican en sus respectivos certificados de incorporación o se infieren de lo en ellos expresado. Resulta, pues, inevitable la conclusión de que, cualquier otro acto, contrato o negocio que realice la corporación, traspasando ese marco, habrá de considerarse ilegal. Y así es, en efecto, aunque no con alcance absoluto. Procede examinar situaciones específicas para conocer el límite preciso de la regla.

---

[48] Artículo 2.03; 14 LPRA 2653.

[49] Artículo 2.01; 14 L.P.R.A. 2651.

La limitación básica, tratándose de contratos que haga la corporación, es que no deberán surtir efecto alguno entre los contratantes, esto es, no obligarán a éstos si en verdad traspasan el marco de las prerrogativas que la ley y la carta constitutiva autorizan a la corporación. A esta clase de actos o contratos, celebrados en exceso de los poderes *expresos* e *incidentales*, la jurisprudencia les llama *actos ultra vires*, frase latina que significa "más allá de los poderes legalmente reconocidos".

Pero, si bien es cierto que tales actos o contratos carecen en principio de validez legal, forzoso es condicionar la regla al efecto de que, cuando el contrato ha sido cumplido por una de las partes (A), y la otra parte (B) ha recibido el beneficio o utilidad de ese cumplimiento, esta última parte (B) no puede rehusar su cumplimiento correlativo bajo alegación de que el contrato es *ultra vires*.

Más inexpugnable resulta todavía el contrato cuando ha sido cumplido totalmente por ambas partes, a menos que sea posible volver las cosas atrás sin perjuicio sustancial para ninguna de las partes. Todo ello nos trae a la conclusión de que es particularmente en aquellos contratos en que aún los contratantes no han cumplido sus respectivas obligaciones, donde aplica plenamente la regla sobre actos *ultra vires*. Debemos añadir que en las diversas situaciones a que se contrae la regla, ésta debe interpretarse *con flexibilidad razonable* para que, según las circunstancias peculiares del caso, los fines de la justicia no sufran quebrantos.[50]

La ley[51] permite que un acto *ultra vires* sea rescindido y adopta la regla de justicia del pago de daños justos, y excluye las ganancias anticipadas a realizarse. Pero una vez consumado, no será declarado inválido, sino que el director o ex-director responde por las pérdidas o daños sufridos debido a su acción no autorizada. La ley[52] le confiere el derecho a cualquier acreedor a demandar a la corporación. Además, deberá consignar la base para sostener la demanda en contra de los demandados (director o ex-director, etc.) en su carácter personal. Pero impone *responsabilidad subsidaria*[53] a los oficiales y directores. Éstos sólo pueden ser demandados luego que se dicte sentencia final en contra de la corporación y que la ejecución de la misma permanezca insatisfecha.

La ley establece el término prescriptivo de tres (3) años, luego de la fecha de la sentencia en contra de la corporación. Ésta es una segunda demanda en la cual los directores y oficiales pueden levantar la(s) defensa(s) que la corporación pudo haber levantado y no levantó, en contra de la deuda u obligación.[54] Están expresamente excluidas las demandas de disolución por mala administración en el ejercicio de sus funciones.

---

[50] *American Surety Co. v. Morán*, 75 F. 2nd. 646; 294 U.S. 720; *American* Jurisprudence, Tomo 13, págs. 787- 800; Ley *de Corporaciones Privadas*, artículo 2.05, 14 LPRA 2655.

[51] Artículo 2.05; 14 LPRA 2655.

[52] Artículo 12.04 (a); 14 LPRA 3129 (a).

[53] Artículo 12.04 (b); 14 LPRA 3129 (b).

[54] *Ibid.*

El accionista, director u oficial tiene derecho a recobrar lo que haya tenido que pagar bajo la ley de corporaciones, pero solamente podrá cobrar sobre los bienes corporativos.[55]

Acción derivativa

La ley le confiere al accionista el derecho a impugnar cualquier transacción fuera de los poderes de la corporación. Es la llamada *acción derivativa,* pero tiene que probar previamente que era accionista de la corporación cuando se efectuó la transacción impugnada, o que las acciones le fueron transferidas luego de la transacción por menesteres de ley.[56]

Organizaciones defectuosas de la corporación como defensa

La ley expresamente excluye como defensa, para no cumplir o imponer responsabilidad personal sobre los accionistas, la falta de organización, conforme a derecho. Este impedimento opera tanto en contra de la corporación como en contra del tercero que contrata con la corporación. Nuestra ley escogió la posición más aceptada en los Estados Unidos.[57]

Usura

La ley de corporaciones le permite a éstas pactar el pago de cualquier tasa de interés cuando toman dinero a préstamo, sin que se pueda alegar la ley de usura. No se castigará como delito el exigir o recibir intereses a cualquier tasa así convenida, ni interponerse recurso alguno para no pagar dichos intereses.[58] La anterior ley de corporaciones tampoco permitía la defensa de usura,[59] con excepción de la corporación de once (11) o menos accionistas, que sí se beneficiaba de esta defensa.[60]

Las corporaciones íntimas, que suplantaron a las *corporaciones de familia* o de once (11) o menos accionistas, también pueden pactar préstamos a cualquier tipo de interés.[61]

---

[55] Artículo 12.05; 14 LPRA 3130.

[56] Artículo 12.06; 14 L.P.R.A. 3131.

[57] Artículo 12.08 (a); 14 L.P.R.A. 3134; *Timberline Equipment Co, Inc. v. Davenport Bennett;* 514 P 2d 1109 (1973).

[58] Artículo 12.09; 14 L.P.R.A. 3134.

[59] 14 L.P.R.A. 2206.

[60] 14 L.P.R.A. 1102 (c).

[61] Artículo 12.09; 14 L.P.R.A. 3134.

El reglamento o estatutos

Entre las facultades *comunes* que enumera la ley para toda corporación está la de formular y adoptar su *propio reglamento.*[62] Tal facultad comprende la de modificarlo, revocarlo, sustituirlo total o parcialmente, para ajustarlo a las necesidades cambiantes y a la conveniencia de la corporación.

Pero es regla fundamental en materia de *reglamento* que todo lo que se haga respecto a éste queda sujeto a lo que ya esté dispuesto en el certificado de incorporación, que es la *carta constitucional* de la corporación, y en la ley, a cuyas disposiciones tiene que estar sujeta toda persona *natural* o *jurídica.* Todo podrá *reglamentarlo* la corporación, pero siempre *ciñéndose* a la suprema jerarquía de la ley y de su certificado corporativo.

Luego está en orden preguntarnos a quién corresponde en la corporación el poder de *aprobar, modificar, revocar o suplantar* el *reglamento.* Contestación: a los dueños de ésta, que son los *accionistas.* Y esto sin perjuicio a su derecho a delegar esas funciones, conforme lo autoriza la ley. Pueden delegar en la *junta de directores,* un organismo cuyos integrantes son seleccionados en votación por los propios accionistas. Pero como los accionistas, no obstante haber delegado en los directores, siguen siendo— aunque a veces sólo teóricamente —los dueños y la autoridad suprema en la empresa, siempre retienen, o están supuestos a retener, el derecho de *revocar* la acción de la junta a este respecto.

El *reglamento* viene a ser un complemento del certificado de incorporación en cuanto al gobierno interno de la organización corporativa. Ambas piezas componen el cuerpo jurídico o reglamentario particular de la corporación. Y las normas y reglas contenidas en ambos han de estar en armonía con las leyes del país. En este sentido, la corporación es, por así decirlo, un organismo jurídico pequeño dentro del organismo jurídico mayor que es *el Estado.*

No creemos posible establecer una línea divisoria absoluta entre lo que debe considerarse *materia propia de reglamento* en contraposición a lo que puede o debe contener la carta o *certificado de incorporación.* Lo más que puede afirmarse a este respecto es que, mientras el certificado contiene las disposiciones sobre *la estructura orgánica corporativa,* trazada en líneas generales, el reglamento contiene las *normas o reglas más detalladas que facilitan y hacen posible el funcionamiento interno de la organización.* Estas reglas generalmente conciernen a las asambleas de accionistas, reuniones de los directores, modo de convocarlas, las votaciones, el *quórum,* sitio de reunirse, frecuencia de asambleas y reuniones ordinarias, modo de seleccionar a los directores y oficiales, las cualificaciones, deberes, derechos y responsabilidades de unos y de otros; procedimiento para la emisión de acciones, formularios para éstas, custodia de los bienes corporativos, etc. Las disposiciones del reglamento pueden ser minuciosas, llegando hasta el detalle, si se quiere. Mediante ellas se perfeccionan y cobran mayor eficacia los mecanismos que propulsan la marcha de la

[62] La ley (Artículo 1.09, 14 LPRA 2609) le llama "estatutos", sin que podamos explicarnos la razón de un cambio que promueve confusión.

corporación y se da mayor flexibilidad y seguridad a sus procedimientos. Esto será así solamente si *las reglas que se promulguen se adaptan a las necesidades reales de la empresa.*

Agente residente

Una de las *innovaciones* de mayor utilidad introducidas en la vigente legislación sobre corporaciones es la que se refiere al *agente-residente.*[63] La regla básica en esta fase es que toda corporación viene obligada a mantener, dentro del territorio nacional puertorriqueño, una oficina principal o local del negocio, a cargo de un *agente-residente.* Cualquier acción judicial que se promueva contra la entidad será notificada a ésta por medio de su agente-residente.

La renuncia de este funcionario de la corporación no podrá tener efecto sino hasta treinta (30) días después de haberse radicado el certificado de renuncia en la Secretaría de Estado.[64]

Los cambios de domicilio de la corporación, que deberán hacerse mediante el previo acuerdo de la junta directiva, también tienen que ser notificados oportunamente a la oficina de corporaciones del gobierno.[65]

La ley viene a agilizar sustancialmente la administración de la empresa. En el mundo moderno, los avances tecnológicos facilitan la comunicación y la interacción entre los distintos componentes de la corporación dentro y fuera de la empresa. El lenguaje de la ley reconoce estos avances y los viabiliza directamente a los empresarios, a través de la estructura legal. Por ejemplo, uno de los oficiales puede tener más de un cargo,[66] y el cargo que la ley señala que debe existir es el de presidente u oficial ejecutivo, u otro que puede ser secretario y tesorero.[67] Ya no se requiere que tengan cargos de presidente, tesorero y secretario. Un oficial ejecutivo puede tener todos los poderes. Esto le da gran flexibilidad administrativa y le permite la incorporación de los avances administrativos.[68]

La junta de directores puede ser de un solo miembro.[69]

Se le concede amplia discreción a los directores y oficiales corporativos para adoptar aquellas políticas y tomar aquellas decisiones que consideren que mejor se adaptan a las necesidades judiciales de la empresa, dándole protección de responsabilidad si actúa confiado, de buena fe, en los récords de la corporación y en la información, opiniones, informes o ponencias a los oficiales o empleados de la corporación o profesionales o

[63] Artículo 3.01 (14 LPRA 2681) y Artículo 3.02 (14 LPRA 2682).

[64] Artículo 3.06; 14 LPRA 2686.

[65] Artículo 3.03 (14 LPRA 2683) y Artículo 3.04 (14 LPRA 2684).

[66] Artículo 4.02; 14 L.P.R.A. 2722.

[67] *Ibid.*

[68] Artículo 4.02; 14 L.P.R.A. 2722.

[69] Artículo 4.01 (b); 14 L.P.R.A. 2721 (b).

expertos seleccionados con cuidado razonable por o para la corporación,[70] y se le confiere inmunidad de demanda o responsabilidad al director u oficial al ejercer buena fe en su juicio comercial. Sólo la negligencia crasa en el desempeño de las obligaciones y deberes conllevará responsabilidad.

Esto permite obtener el mejor y más capacitado personal gerencial.

En los casos de conflicto de intereses, el acto es nulo o anulable cuando su voto o sus votos hayan contado para aprobar el negocio.[71]

No se anulará el acto si las decisiones influyentes las tomaron los directores no interesados.[72] Tampoco, si los accionistas con derecho al voto estaban informados del conflicto y aprobaron la decisión.[73] Por último, el criterio más amplio para sostener la validez es que el contrato sea justo y razonable para la corporación.[74]

La ley permite que la corporación le preste dinero a sus oficiales o directores o empleados, o garantice préstamos a su nombre, pero con la norma de que el préstamo, garantía o ayuda beneficia a la corporación.[75]

Nada de lo anterior se debe interpretar en el sentido de que en el certificado de incorporación se establezca que el que asuma la responsabilidad para con la corporación sea el accionista.[76]

Capital, acciones y certificados de acción

Diversos significados del término capital

El vocablo *capital* tiene diversas acepciones, cada una de acuerdo con la rama del saber a que se aplique. Y de acuerdo también, naturalmente, con los adjetivos que suelen adicionársele para modificar su significado.

Capital en Economía y en Contabilidad

Así tenemos que, en el campo de la economía política, *capital* significa riqueza *producida* por el hombre que sea capaz de producir *nueva* riqueza y en tanto no se aplique *a* uso o consumo. Así, por ejemplo, las máquinas, factorías, edificios, barcos, ferrocarriles, en fin,

[70] Artículo 4.03; 14 L.P.R.A. 2723.

[71] Artículo 4.05 (a); 14 L.P.R.A. 2725 (a).

[72] Artículo 4.05 (1) 14 L.P.R.A. 2725 (1).

[73] Artículo 4.05 (2) 14 L.P.R.A. 2725 (2).

[74] Artículo 4.05 (3) 14 L.P.R.A. 2725 (3).

[75] Artículo 4.06 14 L.P.R.A. 2726 (3)

[76] Artículo 1.02 (6) 14 L.P.R.A. 2602 (6)

instrumentos de todo género, siempre que sirvan para la *producción de nueva riqueza*. El machete del picador de caña queda, pues, comprendido en este sentido *económico* del capital. No así la tierra, ya que, si bien puede producir nueva riqueza, no fue creada por el hombre. La *tierra o naturaleza*, el *trabajo* y el *capital* son los tres *factores o medios* de producción de riqueza de que disponen las sociedades humanas.

En la ciencia y arte de la contabilidad, *capital* tiene un significado diferente. Se da ese nombre al *interés o participación neta que tiene una persona cualquiera en sus bienes o activos, y el que tienen los dueños de un negocio o empresa en los activos de ésta, después de deducir el importe total de sus deudas.* Es decir, si del valor total que tenga su activo se descuenta la cantidad a que en conjunto ascienden las deudas, el remanente constituye el *capital*. La ecuación elemental con que los contables resumen este concepto es: *activo* menos *pasivo* igual a *capital*.[77]

Los diversos sentidos de "capital" en el Derecho

Para la ciencia del Derecho, la palabra *capital*, usada aisladamente, no tiene significado particular alguno que no sea el que tiene para el economista o para el contable. Se emplea, pues, con el mismo alcance en que está definida en cada uno de los párrafos anteriores. Sin embargo, en nuestra ciencia jurídica, el término se usa con marcada frecuencia acompañado de otras palabras que lo adjetivan y que alteran en cada caso su esencial significado.

Y es precisamente en esta materia de *corporaciones* donde esa realidad de lenguaje tiene más corriente manifestación. No es posible penetrar en el tuétano de la institución corporativa sin tropezarnos con frases tales como capital *autorizado*, capital *pagado*, capital *corporativo*, capital *suscrito*, capital *emitido*, o *no-emitido*, capital *circulante*, *sobrante de capital*, *etc*. Por tal motivo, y para poder entender las reglas del Derecho en materia de corporaciones, estimamos necesario empezar por definir cada uno de estos términos.

Capital autorizado

Es una suma o cantidad "nominal", que se especifica en el certificado de incorporación de toda corporación con fines lucrativos y que, por mandato de ley, constituye el máximo hasta el cual la empresa puede válidamente emitir acciones. Quiere esto decir que, si se quiere emitir más acciones, sobrepasando el límite fijado en la carta corporativa, ha de enmendarse ésta a ese fin por el procedimiento dispuesto en la ley. Ese procedimiento supone que los accionistas, los dueños, autoricen con sus votos que el capital *autorizado* sea aumentado, fijando entonces otro límite máximo más alto.

El *capital autorizado* no representa *valor real* alguno. Es sólo un límite máximo para la emisión de acciones. La ley no establece límites para la cantidad que en el certificado pueda fijarse a cualquier corporación como capital *autorizado*. Eso sí, deberá estar dividido

---

[77] Los ingleses usan también para este concepto la palabra "equity". El *equity* de fulano en su negocio o en sus propiedades es X cantidad, o sea, la participación neta en el activo después de deducir sus deudas.

ese capital en el número de acciones que la corporación se propone emitir, sin que esté obligada a emitirlas todas de una sola vez. Además, ha de hacerse constar el valor *a la par* de Las acciones que con tal valor se intente emitir. Y si así fuese, el valor *a la par* de cada una será también un valor *nominal,* por ser sólo una fracción del valor nominal del capital autorizado.

Capital pagado

Se da este nombre al valor total de las acciones *emitidas y pagadas.* O dicho de otro modo: el importe total de valor *real* recibido por la corporación en pago o abono de acciones emitidas por ella. Es requisito legal que el capital pagado al comenzar negocios la corporación no sea inferior a *mil dólares,* y así debe aparecer en la solicitud o certificado de incorporación. Tampoco se establece en la ley un límite máximo para el capital *pagado.*

Capital corporativo

Lo define la propia ley de corporaciones.

El capital corporativo es igual a la suma de las acciones vendidas y pagadas, y de aquellas partidas que, por resolución de la junta de directores, se transfieran del activo neto de la corporación al fondo de capital.[78]

Capital suscrito

Con frecuencia ocurre que, al ser vendidas o emitidas las acciones, la corporación concede el aplazamiento del pago de las mismas; esto es, que son vendidas a crédito, recibiendo la corporación una parte del precio y posponiendo el balance, o bien posponiendo en su totalidad el pago del precio. Este *balance no cobrado,* entre el valor de todas las acciones emitidas, o vendidas *en su origen,*[79] y el importe que la corporación haya recibido realmente por las mismas en pagos efectivos, constituye el capital *suscrito* de la empresa . Ese balance representa, en la esfera de la ley, un crédito a cobrar por la entidad corporativa como bien lo revela el nombre de esa cuenta en los libros: "suscripciones por cobrar".[80]

Capital emitido y no-emitido

Significa *el valor conjunto de las acciones que se han emitido,* para diferenciarlo del valor correspondiente a aquéllas que aún no lo han sido. A éstas se les designa como capital *no emitido.* Aritméticamente, capital *emitido* más capital *no-emitido* debe igualar a capital

[78] Artículo 5.04; 14 LPRA 2764.

[79] Decimos "vendidas en su origen", a diferencia de las que vende la corporación cuando, habiendo sido emitidas y entregadas, revierten luego a la corporación y ésta puede venderlas nuevamente.

[80] En inglés: *"subscriptions receivable".*

autorizado. Jurídicamente, interesa saber en todo momento si el capital *emitido* ha cubierto todo el capital *autorizado* pues, de ser así, la corporación está impedida legalmente de proseguir emitiendo nuevas acciones, si primero no se enmienda el certificado de incorporación para permitirlo.

Capital circulante,[81] acciones de tesoro

Este nombre se aplica al valor *par* en conjunto de todas las acciones que han sido emitidas por la corporación pero descontando de ese total el *valor par* de aquéllas que han revertido a la corporación y se encuentren en poder de ésta. Una corporación está facultada para, en virtud de donación, compra o cualquier otra transacción, readquirir acciones de las mismas que previamente hubiese ella emitido. Así readquiridas, y mientras se encuentren en poder de la corporación, reciben el nombre de *acciones de tesoro.*[82] Constituyen, en su valor conjunto, una disminución del capital *circulante,* pero no del *emitido,* puesto que siguen formando parte de éste.

Sobrante de capital[83]

Constituirá *sobrante,* según lo define la ley de corporaciones, *"la diferencia o excedente, si lo hubiere, de total neto de la corporación sobre la cuantía neta del capital (corporativo)".* Una cosa es el valor que se dé a las acciones *en el papel,* o el precio a que se emitan las que no tienen valor a la par y, otra muy distinta, el valor real que lleguen a tener esas acciones después que, con el capital corporativo según ya lo definimos antes, la empresa hace negocios o incrementa o disminuye sus activos alterando el valor original del capital invertido. Ese exceso de valor real de los activos netos de la corporación sobre la inversión que representan las aportaciones totales de los accionistas, es lo que viene a constituir *sobrante.*

Aquí corresponde hacer un paréntesis para referirnos a una regla de importancia vital en materia de corporaciones. Y es la que dispone que ninguna corporación podrá declarar dividendos, o repartir ganancias (supuestas) con cargo a los valores del capital corporativo, o sea, con cargo a la inversión de los accionistas. En consecuencia, sólo es permisible declarar dividendos con cargo al *sobrante.*[84]

---

[81] "Outstanding capital stock", equivale a *capital circulante.* Los demás términos referentes al capital se traducen como sigue: *capital autorizado,* "authorized capital stock"; el *pagado,* "paid-in capital"; *suscrito,* "subscribed-in capital"; *emitido,* "issued capital stock"; *no emitido,* "unissued capital stock"; *corporativo,* "capital stock".

[82] Su traducción: *"treasury stock".*

[83] *"capital surplus".*

[84] Capital sobrante, artículo 5.04, 14 L.P.R.A. 2764.

Divisiones en el concepto del "sobrante"

Ahora bien, el *sobrante* puede ser de dos clases: sobrante *de capital* y sobrante *de beneficios.* Y se explica así: si el *sobrante* (que siempre representa *un valor real en exceso del capital invertido),* es resultado de *operaciones ordinarias* del negocio para el cual se estableció la corporación, recibe el nombre de "sobrante *de beneficios*". Si, por el contrario, ese excedente o sobrante proviene de fluctuaciones en los valores de la propiedad corporativa como resultado, por ejemplo, del *prestigio comercial* ganado por la empresa, o *por cualquier otro medio que no sea* el de ganancia por operaciones ordinarias del negocio al que la entidad se dedica, entonces se denomina *sobrante de capital.*

La nueva ley eliminó el requisito de capital mínimo pagado, que antes era mil dólares ($1,000.00) y ahora no existe.[85]

Las acciones corporativas

Las aportaciones de capital que hacen los accionistas a la corporación deben estar representadas por *acciones.* Solamente las corporaciones organizadas para *fines lucrativos* pueden emitir acciones. Las que persiguen fines no pecuniarios no están facultadas por ley para emitirlas.[86]

Una *acción corporativa* se define, en términos generales, como *una unidad de participación o de interés en los bienes, en las ganancias y, a veces también, pero en sentido muy relativo, en el manejo de la corporación por medio del derecho al voto.*

El tenedor o poseedor de una o más acciones de una corporación se denomina *accionista.* Pero no por eso deja de ser también, en correcto sentido legal, el *socio* de una *sociedad...,* en este caso, *incorporada.* El accionista ocupa en la corporación la posición del *socio comanditario* en las sociedades *no incorporadas,* salvo que en la corporación no concurre nunca ningún socio *colectivo.*

No debe confundirse *acción corporativa* con el *certificado de acción,* como a menudo sucede. El *certificado* es el documento que expide la corporación como constancia o reconocimiento de que su tenedor es *accionista* de ella y con el número de acciones que el documento indique. La *acción,* por otra parte, es en estricto sentido legal, un *conjunto de derechos* que el accionista o tenedor legítimo del *certificado* tiene en la corporación que lo otorgó.

Los tres derechos fundamentales que una acción corporativa comprende son: a. participar en los *dividendos* o ganancias que se declaren; b. participar directa o indirectamente y en medida relativa según los casos, en el *manejo y dirección* de la corporación mediante el voto; y c. participar en su día en el reparto del *activo en liquidación* una vez pagados los acreedores o hecha provisión para pagarles.

---

[85] Artículo 1.02; 14 LPRA 2602.

[86] Artículo 5.02 (a)(4); 14 L.P.R.A. 2762 (a)(4).

De los tres derechos enumerados, uno de ellos, el segundo, no es indispensable. La ley provee que, cuando el certificado así lo autorice, se pueden crear y emitiracciones en las que sus tenedores queden *restringidos* en el derecho al voto.[87]

Principios generales respecto de las acciones

Un accionista puede ser poseedor de *una o más acciones*, y cada una de ellas le otorga un derecho de participación en los bienes de la corporación. Entiéndase bien: no le otorga el título de propiedad sobre ellos en el sentido corriente de este derecho, pero sí un interés en la propiedad corporativa que, al momento de liquidarse la empresa, le constituye en condueño del activo neto sobrante, si lo hubiese.[88]

De otra parte, el derecho del accionista sobre las acciones que posee resulta ser también un derecho de propiedad. Se clasifica en la propia ley corporativa como derecho de propiedad *mueble*.[89]

La doctrina seguida en el siglo pasado era la de que las acciones no constituían una deuda de la corporación a favor del accionista. Así estaba dictaminado por el Tribunal Supremo de los Estados Unidos.[90] Si en el sentido ordinario de lo que constituye deudas no lo son propiamente, no cabe duda de que sobre dividendos declarados el accionista es un perfecto *acreedor* de la corporación, y así está reconocido por interpretación judicial. Además, disuelta la corporación, al repartirse el activo neto sobrante, las acciones constituyen un derecho *de crédito* a favor del accionista contra la corporación. Sobre el activo neto en liquidación, el accionista no podría considerarse de otro modo que como condueño o como acreedor y, por lo menos, tiene que ser esto último.[91]

La relación entre el accionista y la corporación es una relación *contractual*. Toda persona viene a ser accionista por virtud de un contrato, el cual se manifiesta en tres posibles modalidades: a. o firmando el certificado de incorporación si ingresa como incorporador;

---

[87] Obsérvese que no hemos dicho que los tenedores queden *privados* del derecho al voto, sino *restringidos* en ese derecho. Y es porque la ley les resguarda el voto para ciertos casos especiales, aún a aquellos accionistas cuyas accciones expresamente le niegan esa prerrogativa. Artículo 5.01 G, 14 L.P.R.A. 2761 (g).

[88] El neto sobrante en este caso es el activo remanente, luego de pagar o proveer para el pago de todas las cuentas de los acreedores. Artículo 5.04, 14 L.P.R.A. 2764.

[89] Artículo 5.12 de la ley; 14 L.P.R.A. 2772.

[90] 182 U. S. 556.

[91] La diferencia esencial entre accionistas y acreedores era en el pasado fácilmente perceptible. Pero en la vida moderna la distinción entre unos y otros no resulta tan clara. El crecimiento desmedido en la matrícula de accionistas de la corporación gigante ha marcado una tendencia a transformar el rol de los pequeños accionistas hasta convertirlos más en *acreedores* que en *dueños* de la empresa. La circunstancia de su crecido número, de encontrarse dispersos y distantes, y su acostumbrada indiferencia para no tomar parte activa en los asuntos corporativos, da lugar a que los numerosos tenedores de pequeños grupos de acciones pierdan el celo y renuncien, de hecho, a comportarse y a ejercitar las prerrogativas que suelen ser características en los accionistas de la pequeña empresa. Resultado inevitable es la separación entre los que controlan y los dueños. El manejo y control de tales corporaciones termina por concentrarse efectiva y definitivamente en una porción de accionistas, tan minoritaria en número como en la participación *real* del capital corporativo. Stevens, *Corporations*, segunda edición, página 414.

b. o suscribiendo acciones con posterioridad a la incorporación; o c. adquiriendo acciones de otro que ya sea accionista.

Ratificando la doctrina de la relación contractual en que se encuentra todo accionista, está resuelto judicialmente que nadie puede ser considerado accionista de una corporación *sin su consentimiento* o *contra su voluntad.* De otro lado, también está reconocido que la suscripción de acciones con anterioridad a la incorporación no obliga contractualmente a la corporación hasta que ésta quede organizada y, teniendo ya existencia *legal, acepte* la suscripción.

Otra regla importante en lo que concierne al *contrato con el accionista* es que, para que surja la obligación contractual, no es requisito que se le haya expedido el *certificado* de sus *acciones.* Nuestra ley se limita a establecer el derecho de la corporación a reconocer como accionistas a los que estén inscritos en los libros corporativos como dueños de acciones de la empresa. A éstos es que se permite participar en dividendos y a ejercer el derecho al voto.[92]

Si el accionista pierde el certificado de sus acciones o se le inutiliza, la corporación viene obligada a expedirle un sustituto. La corporación podrá emitir nuevos certificados de acciones o de acciones sin certificado en sustitución del perdido, apropiado ilegalmente, robado o destruido. Para protegerse de reclamaciones de terceros, la corporación puede exigir una fianza que sea suficiente para indemnizar a la corporación por reclamación.[93]

Clases de acciones

Originalmente las acciones corporativas eran todas de una misma clase, con iguales derechos y privilegios.[94] La corporación moderna, sin embargo, está facultada por las legislaciones en todas partes para emitir acciones de diversas clases y con diferentes derechos. Es principio universalmente reconocido que, a menos que por el propio certificado de incorporación, o por otro medio legal, se disponga lo contrario, todas las acciones que emita una corporación gozarán de los mismos derechos.

Acciones comunes y preferidas—con valor a la par y sin él

Las dos clasificaciones más corrientes y fundamentales que suele hacerse de las acciones corporativas las dividen: 1) desde un punto de vista, en *comunes* y *preferidas;* y 2 desde otro, enteramente diferente, en acciones *con valor a la par* y acciones *sin valor a la par.*

Cada clase de acciones puede ser dividida en dos o más series. Puede, a la vez, establecerse diferencias entre distintas series de una misma clase. Las preferencias que se

---

[92] Artículo 6.03 (a); 14 L.P.R.A. 2853 (a).

[93] Artículo 5.13; 14 L.P.R.A 2773.

[94] *American Jurisprudence,* Vol. 13, pág. 317.

otorguen a las llamadas acciones *preferidas* pueden recaer sobre una de dos cosas: o *sobre dividendos, o sobre activo en liquidación*. Esto determina que las acciones preferidas se subdividan en *preferidas sobre dividendos*, y *preferidas sobre activo neto en liquidación*. De entre estas dos sub-clases, las más corrientes son las preferidas *sobre dividendos*, pues las preferencias que con mayor frecuencia se otorgan recaen sobre dividendos.

Refiriéndonos específicamente a estas últimas, la preferencia no puede establecerse si no es señalando expresamente el por ciento o tipo preferencial que en dividendos declarados ha de corresponder a sus tenedores. No basta, pues, con describirlas o marcarlas diciendo que son acciones *preferidas*, o que son preferidas *en cuanto a dividendos*. Ha de estipularse un porciento dado. Por ejemplo: *acciones preferidas al siete porciento*. Cuando se especifica el porciento sin precisar si la preferencia ha de recaer sobre dividendos o sobre activo en liquidación, se entenderá que son preferidas en cuanto a *dividendos*.

La preferencia en cuanto a dividendos significa que los poseedores de tales acciones tendrán derecho a recibir dividendos al tipo, en los plazos, y bajo las demás condiciones a que estén sujetas, y que dichos dividendos serán pagaderos con preferencia a los que han de pagarse por otras acciones que no gocen de semejante preferencia.[95]

Las otras clases que no gocen de preferencia en cuanto a dividendos, se *consideran preferidas en cuanto a activo en liquidación*, si así se especifica; o *comunes* igualmente en cuanto a tal activo, en el caso contrario.

Otra subdivisión en las acciones preferidas en cuanto a dividendos es la siguiente: Éstas se subclasifican, a su vez, en preferidas-*participantes* y preferidas-*no participantes*. Y, consideradas desde un enfoque diferente, en *preferidas acumulativas y preferidas no-acumulativas*. Debemos examinar ahora cada una de estas categorías.

Acciones preferidas-participantes

Cuando una acción se describe como "acción preferida al cinco por ciento (5%)", significa que, al declararse dividendos para repartir ganancias obtenidas por la empresa, los tenedores de estas acciones, según aparezcan en los registros de la corporación, tendrán derecho a recibir con preferencia a cualquier accionista *común*, cinco dólares de dividendo por cada cien dólares ($100.00) que posean en acciones de esta clase. Ese derecho les asiste no importa cuál sea la cantidad total declarada en dividendos dentro de cada período en que se declaren. Y el derecho lo tienen, además, no importa que la suma total declarada en dividendos alcance o no para pagar a los accionistas comunes el equivalente a dicho cinco por ciento. Más aún, lo tienen aunque los dividendos declarados en cada caso no alcancen para pagar cantidad alguna a los accionistas *comunes*.

Pero, ¿qué sucedería en el caso contrario? ¿Cuál sería la regla de reparto cuando, asegurada al accionista preferido-participante su participación preferida de cinco por ciento (5%), los restantes dividendos a repartir fueran tan cuantiosos que alcanzaran para incluso pagar a los accionistas *comunes más del 5%* que correspondió a los preferidos? ¿Se repartirá,

---

[95] Artículo 5.01 (c); 14 L.P.R.A 2761 (c).

en tal caso, el excedente de este 5% entre los accionistas comunes *solamente,* favoreciéndolos con una proporción de ganancia mayor que la de los preferidos? ¿O se distribuirá, por el contrario, ese balance entre *comunes* y *preferidos,* dando a estos últimos una *participación adicional* sobre el 5% de su preferencia?

La contestación a esta pregunta es lo que da base para subdividir las acciones preferidas en *participantes* y *no -participantes.* Las primeras, o sea, las "participantes", *son aquellas acciones que otorgan derecho, a quienes las poseen, de participar, adicionalmente, en ese balance excedente de dividendos declarados después de descontar el importe conjunto que se asigna a preferidas y a comunes hasta aplicarles el porciento preferencial a unos y a otros.* Este importe conjunto de nivel preferencial que se descuenta de los dividendos totales para determinar el dividendo *excedente,* se denomina *dividendo básico.*[96]

El dividendo básico abarca las sumas correspondientes al porciento de preferencia de las acciones preferidas (sean éstas de una o más clases o sean sus por cientos iguales o diferentes), más otra suma de equivalente proporción para los tenedores de acciones comunes. Lo que sobre, después de descontar lo antedicho, constituye dividendo excedente o sobrante, que los norteamericanos llaman *"excess dividends"* y también *"surplus dividends".*

Las acciones preferidas *no-participantes* son, por el contrario, *aquellas que no otorgan derecho a participar en el dividendo excedente.* Ello implica que sus tenedores quedan limitados a recibir únicamente el importe de su porciento de preferencia en cada declaración de dividendos que se haga, mientras el balance se aplica totalmente a los demás accionistas. De todo esto se deduce que, mientras un accionista *común* nunca podrá cobrar más dividendo que un accionista *preferido participante,* en cambio, sí puede darse el caso de que su participación supere la del accionista *preferido no-participante.*

Ahora nos falta aclarar la regla para determinar cuándo se entenderá que es participante la acción preferida y cuándo deberá asumirse lo contrario: que no es participante.

Si el certificado de incorporación se expresa en un sentido o en otro, ahí puede quedar resuelto el problema. Es norma bien conocida que una acción preferida en cuanto a dividendos se considerará *participante* o *no participante,* según que el certificado de incorporación o una resolución de la junta directiva así lo especifique.

Pero, ¿y en el caso de que el certificado y la junta hayan guardado silencio sobre el particular? ¿Hasta dónde, en tal caso, alcanzará el derecho del accionista preferido y dónde se detendrá el del accionista común?

La mejor práctica comercial será la de especificar una cosa u otra en el contrato del accionista con la corporación. De no constar así, habrá que depender de lo que judicialmente se resuelva cuando surja conflicto al efecto. En el estado de Pennsylvania está establecido que, a falta de estipulación en contrario, el accionista preferido tendrá derecho a compartir con los comunes en toda ganancia que se reparta, una vez estos *últimos reciban una porción*

[96] Artículo 5.01 (c); 14 L.P.R.A. 2775(c).

del dividendo igual al por ciento preferente asignado a las preferidas.[97] La doctrina en ese caso está predicada sobre la teoría de que todos los accionistas tienen derechos iguales, excepto cuando se provee expresamente de otro modo.

Existen decisiones en los Estados Unidos que sostienen la posición contraria a la de Pennsylvania. Se basan en la teoría de que los derechos de cualquier accionista preferido están restringidos a lo que expresamente declare el contrato entre él y la corporación. Y que, además, al asignarse prioridad al accionista preferido sobre el accionista común para cobrar un dividendo estipulado, su riesgo de pérdida queda disminuido, y con ello se compensa su no participación en dividendos *excedentes.* Estimamos que la ley nuestra debe ser clarificada a este respecto a fin de no dejar asunto tan vital a las alternativas de la discreción judicial.

Finalmente, cerramos estos apuntes sobre *acciones preferidas participantes,* señalando que en la práctica corporativa, no solamente *se especifica* corrientemente el carácter *participante* de estas acciones, sino que, en ocasiones, se estila limitar esa participación *adicional* a un segundo porciento que también se le fija. Ejemplo: "acción preferida al 8% con un 3% adicional en dividendos excedentes". Con esta limitación en la participación *adicional,* el accionista común puede alcanzar una participación en ganancias que supere a la de esta categoría de accionistas preferidos participantes. Ese segundo porciento significará que, además del 8% asignado como dividendo preferido, el accionista tendrá derecho a participar, adicionalmente, *hasta un 3%* dentro de lo que ha de repartirse como dividendos excedentes, si hubiera margen para ello.

Acciones preferidas acumulativas

Se da este nombre a las que, siendo preferidas, otorgan a sus tenedores el derecho a recibir—en cualquier reparto de dividendos que se haga—la porción en dividendos que por su preferencia les correspondía en el período o períodos inmediatamente anteriores en que no se hubiere hecho declaración de dividendos. El calificativo de *acumulativas* indica que esos dividendos que no se recibieron durante períodos anteriores, porque no hubo en ellos declaración de dividendos, *se acumulan,* con igual carácter *preferente,* a los del período en que finalmente se declaran. Y ese conjunto total así acumulado deberá pagarse con preferencia al monto que hayan de recibir, si alguno, los accionistas *comunes.*[98] Este derecho de *acumulación* le asiste al accionista *preferido acumulativo,* tanto en el caso de que la acumulación provenga de períodos acumulados en que no hubo, de hecho, beneficios sobre los cuales justificar una declaración, como en el caso opuesto en que, existiendo de hecho los beneficios, los directores optaron, en el ejercicio de la discreción que les da la ley, por no decretar el reparto.

[97] *Sternbergh v. Brock,* 225 Penn. 279.

[98] 13 *American Jurisprudence* 703; 24 A.L.R. 1136; 17 Del. Ch. 394, 195 A 514.

Sin embargo, en la aplicación de la regla anterior, deben distinguirse dos situaciones radicalmente diferentes: una, cuando el derecho a dividendos acumulados concierne a corporación cuyo negocio ha de continuar en operación. La otra, cuando ese derecho se ejercita contra una corporación que está ya en proceso de liquidarse. En el primer caso, el derecho a dividendos acumulados es, generalmente, si no invariablemente, reconocido. En el segundo caso, tratándose de una empresa corporativa en liquidación, se ha cuestionado si el derecho a tales dividendos puede ser reconocido tomando en consideración, como hecho adicional y decisivo, que no haya habido sobrantes o beneficios durante el lapso de los períodos acumulados.

Tenemos que reconocer que no todas las jurisdicciones norteamericanas están contestes en la solución que debe darse a este último problema. El estado de Nueva York, por ejemplo, tiene resuelto que en tales casos el accionista no tiene derecho a dividendos acumulados.[99]

En Delaware, cuyas decisiones en materia corporativa tenía mayor relevancia para Puerto Rico que las de ningún otro *estado,* la doctrina establecida es al efecto de que:

> "la no existencia de beneficios (durante el período acumulado sin declararlos) no constituye barrera legal para la preferencia en dividendos en procedimientos de *liquidación.* La cuestión depende únicamente del contrato con los accionistas."[100]

Y en otra parte de la decisión se puntualiza más diciendo:

> "...Está universalmente reconocido que el certificado de incorporación puede proveer para que *en el curso de la liquidación* los tenedores de acciones preferidas tengan derecho a preferencia en dividendos acumulados y no pagados, antes de pagar a accionistas comunes, *independientemente de si existieron o no sobrantes o beneficios."*

Acciones preferidas no acumulativas

Si fuéramos a dar una definición de estas acciones por lo que su nombre sugiere o por deducción lógica de lo que son las acciones preferidas acumulativas, bastaría simplemente con decir que *las no-acumulativas son aquéllas que no otorgan a sus tenedores derecho alguno a recibir dividendos correspondientes a años o períodos inmediatos anteriores en que no se hizo declaración al efecto.*

Tan lógica parece esta definición que en frases equivalentes fue expuesta hace tiempo por el propio Tribunal Supremo de los Estados Unidos:

---

[99] 190 *Appelate Division* 618; 180 N.Y.S. 582.

[100] *A.L.R.* 1136; caso de 17 *De. Ch. 394.*

"La regla general es clara al efecto de que si los tenedores de acciones preferidas no obtienen dividendos en cada año específico, *no podrán jamás obtenerlos* sobre ganancias subsiguientes cuando el contrato de tales acciones (carta corporativa o resolución de los directores) provee con claridad que los dividendos no serán acumulativos."[101]

Sin embargo, a la luz de las decisiones de los tribunales, las llamadas acciones preferidas no-acumulativas no siempre niegan a sus tenedores el derecho a dividendos acumulados en períodos anteriores. Hay casos en que, efectivamente, no se tiene el derecho a la acumulación (y entonces están bien llamadas por su nombre estas acciones), mientras en otros casos se les reconoce el derecho y entonces no deberían llamarse por el nombre que se les da.

Si en uno o más períodos determinados no se declarasen dividendos para las acciones no-acumulativas, tales dividendos deberían perderse para siempre. Esto es, no deberían *acumularse,* tal como lo resolvió el supremo tribunal norteamericano en el citado caso. Pero esto es cierto sólo cuando la no declaración de dividendos se funda en que la corporación tuvo pérdidas por los periodos acumulados o cuando, al menos, no tuvo ganancias para declararlos y repartirlos.

En el caso contrario, esto es, cuando no se declararon dividendos a pesar de haberse obtenido beneficios, la regla varía por interpretaciones diversas que han dado los tribunales, atendiendo al texto particular de cada estatuto corporativo y del lenguaje empleado entre el accionista y la corporación. Por lo tanto, no se puede depender del simple nombre de no *acumulativas* para juzgar el verdadero alcance jurídico de estas acciones.

Nuestra ley deja a la propia corporación la alternativa de ser clara o ambigua en la especificación del derecho a dividendos acumulados, particularmente cuando se trata de acciones preferidas *no-acumulativas:*

"Los tenedores de acciones preferidas o de acciones especiales, de cualquier clase o serie, tendrán derecho a dividendos al tipo y en las condiciones y plazos que consten en el certificado de incorporación o en la resolución o resoluciones que dispongan la emisión de acciones y que se apruebe por la junta de directores según lo dispuesto anteriormente ... Estos dividendos serán pagaderos con preferencia sobre o con relación a Ios dividendos pagaderos en cualquier otra clase o clases de acciones, y *serán acumulativos o no acumulativos según se haga constar....*"[102]

---

[101] 280 U.S. 197; 67 *A.L.R.* 762.

[102] Artículo 5.01 (c); 14 LPRA 2761 (c).

Tampoco existe en la jurisdicción de Delaware una decisión que nos ofrezca la solución del caso. Lo que, en resumen, entresacamos de las discrepantes interpretaciones es que : si las acciones preferidas no-acumulativas han de perder *siempre* el derecho a dividendos acumulados, aún respecto de períodos en que hubo ganancias y no se declararon, entonces, la condición de *preferidas* puede fácilmente convertirse en un mito y hasta en grave injusticia. No puede pasarse por alto que los directores de una corporación próspera, en ejercicio legal de su discreción, podrían evadir la declaración de dividendos durante largos períodos al solo efecto de acumular pingües beneficios para luego repartirlos, en proporción sustancial, entre los accionistas *comunes*, ya que, a éstos, generalmente, deben la elección.[103]

Si esto ocurre, los tenedores de acciones preferidas *no acumulativas*, a pesar de su condición de accionistas preferidos, estarían limitados a recibir dividendos en el período en que discriminatoriamente se hace la declaración, mientras los *comunes*, y los preferidos *acumulativos*, de existir éstos, recibirían todo el beneficio acumulado de años anteriores. Ese perjuicio sería todavía mayor para accionistas preferidos no-acumulativos que a la vez sean *preferidos-participantes*. En este caso se les estaría negando también su derecho a tales participaciones adicionales por los períodos acumulados sin declarar dividendos.

A la luz de este razonamiento, concluimos que, salvo mayor claridad en el certificado de incorporación o en las resoluciones de los directores, el derecho a dividendos acumulados debe extenderse también a las acciones preferidas no acumulativas si, por negárselos, los accionistas comunes habrían de resultar en posición ventajosa a la de aquéllos. Dicho de otro modo: si los beneficios de los años o períodos acumulados han de estar disponibles en su día para ser repartidos cuando medie la declaración, los accionistas preferidos no acumulativos deben tener derecho a participar en ellos con preferencia a accionistas de inferior categoría.

Otras clases de acciones preferidas

Además de las que se pueden otorgar sobre dividendos y sobre activo en liquidación, las preferencias en materia de acciones corporativas pueden consistir en derechos "de opción u otros derechos especiales".[104]

Las *preferidas* o *especiales* a su vez pueden ser subclasificadas en *redimibles*, *canjeables* o *convertibles*, siempre que, para colocarlas en estas categorías, se cumplan los requisitos de ley que a cada una de estas clases se exige.

Son *"redimibles"* aquellas *acciones emitidas por una corporación respecto de las cuales ésta se reserva el derecho de recuperarlas, pagando a sus tenedores el precio o precios que correspondan, y dentro del plazo o plazos fijados para rescatarlas o redimirlas.*

---

[103] "Como regla general, la cuantía de dividendos a declararse y, más importante aún, si deben o no declararse, son cuestiones que descansan primordialmente en la sana discreción de los directores de la corporación." *Krueger* v. *Secretario de Hacienda* (1963) 89 D.P.R. 345; Artículo 5.18, 14 L.P.R.A. 2778. Los Directores deciden si pagan o no.

[104] Artículo 5.01 (f); 14 L.P.R.A. 2761 (f).

De otra parte, se da el nombre de "canjeables" a *aquellas acciones corporativas que, estando en circulación son susceptibles de ser cambiadas o permutadas por acciones de cualquier otra clase o clases, o de cualquier otra serie o series del capital social de la empresa, lo cual podrá hacerse a los precios y tipos de canje y con los ajustes que deban fijarse mediante procedimiento legal.*

Sin que la enumeración implique limitación, nuestro estatuto de corporaciones reconoce expresamente el derecho de la empresa, mediante el cumplimiento de requisitos especificados, a reducir su capital y, a tal efecto, canjear acciones en circulación, de cualquier clase, por un número inferior de acciones de igual o distinta clase. También a canjear acciones con valor a la par por acciones *sin* valor a la par, o viceversa; o acciones con valor a la par por un número superior de acciones con un valor a la par por un número par *inferior.* Puede igualmente la corporación permutar acciones con valor a la par, a cambio de otras que también sean con valor a la par, pero de clase distinta, o por otras, de cualquier clase que sean, *sin valor a la par,* o por ambas categorías combinadas.[105]

"Convertibles" son *aquellas acciones* que, según lo indica su nombre, *pueden ser convertidas a, o sustituidas por, otra clase diferente correspondientes a otra serie* de la misma clase o de culquier otra clase o clases del capital corporativo; lo que podrá efectuarse por el precio y mediante los ajustes que el certificado de incorporación o la resolución pertinente de los directores, según sea el caso, tenga a bien disponer.

Acciones con valor a la par y acciones sin valor par

La tendencia invariable en los modernos estatutos sobre corporaciones es la de autorizarlas a emitir acciones *sin valor a la par* si el certificado de incorporación así lo provee. Ésta fue precisamente una de las principales modificaciones introducidas por la vigente ley, ya que bajo el estatuto anterior sólo se permitía la emisión de acciones *con* valor a la par.

Por consiguiente, la corporación en Puerto Rico puede, según lo disponga su carta corporativa, emitir acciones con valor a la par únicamente; o sólo acciones sin valor a la par; o ambas clases de acciones. "Todas las clases o cualquiera de ellas podrán ser acciones con o sin valor a la par".[106]

Hasta hace poco, la práctica general en los Estados Unidos fue la de requerir que *en el certificado de acción* se estipulara una cierta cantidad como *valor a la par* de la acción . Esa cantidad así consignada, representaba y sigue representando la suma o valor aportado por el accionista al fondo común de la empresa.[107] Tal práctica se ha prestado para implicar que el activo neto de una corporación era determinable mediante la simple multiplicación del número total de sus acciones emitidas por tantas veces como la cantidad de su valor a la par.

---

[105] Artículo 5.01 (e); 14 L.P.R.A. 2761 (e).

[106] Artículo 5.01 (a); 14 L.P.R.A. 2761 (a).

[107] *American Jurisprudence,* Vol. 13, página 302.

Nada más erróneo, ya que las fluctuaciones en el valor de la propiedad o activos de la empresa, conforme al resultado de sus operaciones, y otros factores similares, impiden que a través del tiempo se mantengan en estricta paridad o equilibrio las aportaciones de capital hechas por los accionistas (al emitirse las acciones) y los valores *reales reflejados* en el activo de la corporación.

Es innegable que el transcurso del tiempo y las operaciones del negocio dan lugar siempre a que la corporación *gane* o *pierda*. En este caso *aumentan o disminuyen* sus valores *reales*. Ciertamente, es muy raro, como puede suponerse, la coincidencia de que no ocurra ni una cosa ni la otra y que se mantengan en rígido nivel los valores aportados inicialmente y los valores *actuales* subsistentes. Además de ser improbable, queda el hecho de que las empresas de negocios lucrativos no se constituyen para eso y que, de prolongarse una situación tal de estancamiento o congelación, se impone la reorganización o la disolución.

Para el inversionista que interesa comprar acciones en una corporación, el valor nominal o *a la par* en el certificado de acción que se le entrega, y a cuyo precio se acoge generalmente al comprar las acciones, bien podría servir para inducirlo a error. Podría el *valor par* del certificado hacerle creer que el precio que está pagando por cada acción concuerda con el valor real de participación que está adquiriendo en el activo de la corporación. Si no se ocupa de investigar cuál es ese valor *real* tras la cortina de los valores que se hacen figurar en el mero papel de un certificado, podrá darse el caso de estar ingresando en una corporación al borde de la quiebra.

Para evitar este tipo de confusiones fue que se ideó la acción *sin* valor a la par. El precio de esta clase de acción no va a ser ya una mera cantidad que se fija caprichosamente en el certificado de acciones, como ocurre con las de *valor a la par*. En esta nueva clase, el certificado que las representa no tiene indicación alguna de precio prefijado.

Es bien sabido que la acción con valor a la par tiene que ser emitida a un precio uniforme, esto es, impreso de antemano en el certificado de emisión y sin importar el tiempo que pueda tomarse en agotar las de su clase. En cambio, las *sin valor a la par* pueden ser vendidas, de tiempo en tiempo, al precio que, *para la fecha en que han de ser emitidas,* le fije la junta de directores, o los accionistas, según lo dispuesto.[108] Ésta es la regla universal y la que establece nuestra ley de corporaciones.

Es también una realidad admitida que las acciones *sin valor a la par* tienen, por regla general, una mayor facilidad de mercadeo que las acciones *con* valor a la par.[109] Esto no quiere decir que la acción sin valor a la par no tenga también sus desventajas. Refiriéndose a esto, la Corte Suprema de los Estados Unidos ha señalado que esta clase de acciones hace difícil la determinación del capital verdadero que la corporación está llamada a

[108] Según lo dispuesto en el *certificado de incorporación*. Cuando en éste se reserva a los accionistas la facultad para fijar el precio de venta de las acciones *sin valor par*, esa facultad ha de ejercerse mediante consentimiento por escrito, o mediante voto en asamblea de dos terceras partes de los tenedores de acciones de toda clase que estén en circulación, que tengan derecho al voto a este respecto y estén inscritos en los registros de la corporación. (Artículo 1.02 (a)(4), 2602 (a)(4).

[109] 19 A.L.R. 118.

mantener intacto y la cantidad que el accionista está llamado a pagar por sus acciones. También se ha aludido, en esta misma línea de pensamiento, a las dificultades que confrontan los acreedores para poder responsabilizar a los directores por indebida aplicación del capital, y aún a los accionistas, cuando éstos faltan al pago de acciones suscritas.[110]

No obstante los argumentos arriba expuestos, los más competentes juristas y financieros estiman que los males atribuibles a las acciones *sin valor a la par* son de menor alcance que aquéllos, por lo común, inherentes a las *de valor par.*[111]

Variantes en las clases y en las series de acciones

Hasta aquí hemos señalado las clases más importantes en que se pueden, y suelen, dividir las acciones corporativas. No debe pensarse, sin embargo, que la corporación moderna pueda sentirse restringida por prácticas tradicionales o modalidades estereotipadas que pudieran serle perjudiciales a su libre desarrollo y eficiencia. En materia de acciones cabe afirmar, por el contrario, que las variantes en clases y series de acciones son tan infinitas como la inventiva y capacidad creadora del ser humano hacen concebibles.

En armonía con ese principio, las nuevas leyes de corporaciones —la nuestra entre ellas— proveen autoridad y elasticidad suficientes para que la corporación pueda emitir acciones de los *tipos, condiciones* y *derechos* que las fluctuantes circunstancias de la actividad mercantil, y la naturaleza de cada empresa, puedan exigir o aconsejar. La flexibilidad permitida a este efecto es absoluta, con tal de que las acciones en cada emisión se ajusten a ciertas exigencias mínimas en protección de los derechos de los accionistas y acreedores de la empresa.

> "Toda corporación podrá emitir", reza nuestro estatuto, "una o más acciones del capital corporativo, o una o más *series* de acciones en cualquiera de las clases."[112]

Las variantes en las clases de acciones pueden permitir que las acciones se diferencien unas de las otras: a) las que se emiten *con valor a la par* de las que han *de* emitirse *sin* valor par; b) las que otorgan a sus tenedores *derecho al voto pleno,* de las que lo otorgan *restringido; c)* las que dan *preferencia* de alguna clase de las que quedan en categoría de acciones *comunes;* d) las que, otorgando *preferencia,* la hacen recaer *sobre dividendos,* de las que, por contraste, hacen que recaiga sobre *activo en liquidación;* e) las que otorgan *privilegios de opción* y otros derechos *especiales,* de las que privan a sus tenedores de tales *privilegios o derechos;* f) las que *condicionan* el ejercicio de algún derecho, de otras cuyos tenedores están facultados

---

[110] 279 U.S. 421.

[111] 269 U.S.585; 36 A.L.R. 785.

[112] Artículo 5.01 (a); 14 LPRA 2761 (a).

para ejercerlo *incondicionalmente;* g) las que *restringen* al accionista de alguna *prerrogativa,* de otras que lo dejan gozarla *sin límite o restricción;* h) Las que *permiten participar* en dividendos *excedentes,* de las que *niegan* tal participación a sus tenedores.

La división en clases, sin embargo, con ser tan variada y abarcadora, no pareció ser suficiente para dar a la empresa moderna la elasticidad que necesita en materia de acciones. Para que cada emisión responda meticulosamente a las circunstancias financieras del mercado, en cada plaza y en cada momento en que se emitan, fue necesario inventar la fórmula de dividir cada clase de acciones en una o más series.

Al emitir acciones para obtener *capital,* las corporaciones necesitan dotarlas de suficiente atractivo que induzca a la inversión. Y puesto que no es posible predecir en cada instancia, y con exactitud, los derechos y privilegios que la acción corporativa debe conllevar para ganarse el favor del inversionista, las juntas de directores han de estar investidas con la autoridad necesaria para crear, no sólo acciones de distintas clases, sino en distintas series dentro de cada clase, a fin de proveer en el detalle, y hasta el punto en que fuese preciso, las diferenciaciones que la necesidad de la corporación y las circunstancias del mercado específicamente aconsejen.

Estas diferenciaciones entre series de una misma clase conciernen generalmente a aspectos tales como: tipo o *porciento de preferencia* en dividendos; *plazos y condiciones* más o menos liberales o rígidos para *redimir* las acciones;[113] la *cantidad a pagarse* en caso de liquidación voluntaria o involuntaria; disposiciones relativas al *fondo de amortización;* y *privilegios de conversión* otorgando a las acciones el carácter de *convertibles.*[114]

Pero la autoridad ilimitada que en este sentido otorga nuestra ley a las juntas de directores, está condicionada a que este cuerpo verifique, en cada instancia de emisión, que sus determinaciones a este respecto corresponden con las circunstancias prevalecientes al momento de aprobarse la emisión y que, en base a eso, son *justas* y *equitativas* para *todo accionista.* Y le requieren, además, que así lo haga constar en la resolución pertinente, a fin de que en el futuro puedan fijarse responsabilidades.[115]

Responsabilidad del accionista por el precio de las acciones

Las acciones corporativas pueden ser vendidas, como ya antes señalamos, pagándose de contado o con parte de su precio aplazado. El balance que se adeude en tales casos constituye un *crédito de la corporación* contra el *poseedor* de las acciones. El pago puede exigirse en los plazos y bajo las condiciones que el contrato de venta estipule. En lo que no se halle estipulado en el contrato con el accionista, la junta de directores está facultada legalmente para decidirlo.

[113] *Redimir* aquí significa pagar el precio de las acciones en uno o más plazos. Artículo 5.01 (a); 14 L.P.R.A. 2761 (b).

[114] Stevens, *Corporations* (1949), pág. 426. Artículo 5.01 (e); 14 L.P.R.A. 2761 (e).

[115] Artículo 5.01 (f); 14 L.P.R.A. 2761 (f).

> "Las acciones... se pagarán en las cantidades y plazos que exijan los directores..." Esta autoridad de la Junta puede ejercerse con la elasticidad que las necesidades de la empresa aconsejen. De tiempo en tiempo se podrá fijar, a cada acción que no esté totalmente pagada, la aportación que, conforme al criterio de la junta de directores, se requiera para las necesidades del negocio.[116]

Este procedimiento es el que, en la terminología anglosajona, toma el nombre de *"assessments"*, que se traduce literalmente como *imposiciones* o, si se quiere, en este contexto, *requerimientos para redimir.*

Como es de suponerse, este derecho de la Junta se extiende a poder exigir del accionista que haga pagos hasta una "cantidad que no excederá en total al balance pendiente de pago sobre tales acciones". Y, tratándose de acciones sin valor a la par, el balance no deberá exceder del importe por el cual emitió la corporación esas acciones, mientras que, si son acciones con valor a la par, el límite determinante será su *valor a la par.*

Debe aclararse, sin embargo, que esto último no es siempre así, pues se estaría ignorando el derecho de la corporación, que sin duda lo tiene, a vender *con algún descuento* las acciones de su capital. Esto es, venderlas por precio inferior a su valor par. De ejercitarse ese derecho a venta con descuento, la corporación no tendría poder legal, salvo por excepción, de exigir más del precio pactado.

Ventas de acciones con descuento

El poder legal para vender acciones de *valor par,* con un *descuento,* en corporaciones que ya están operando sus negocios, fue hace tiempo reconocido por el más alto tribunal norteamericano. Se expresó así:

> "Cuando una corporación es ya una empresa en funciones normales, a diferencia de la que sólo está en proceso de organización, tiene facultad para emitir y vender con descuento nuevas acciones con valor a la par; y tal derecho le asiste, a menos que restricciones estatutarias se lo prohiban."[117]

Con la anterior decisión se anticipó lo que en la práctica corporativa moderna habría de consagrarse como regla de aceptación general. La utilidad de la regla es evidente, pues facilita la obtención de nuevo capital a corporaciones que puedan encontrarse en verdadero aprieto económico o que les urge expandir su radio de operaciones, etc.

---

[116] Artículo 5.09-5.10, 14 L.P.R.A. 2769-2770.

[117] *Handley v. Stutz,* 139 U.S. 417.

Los directores pueden dar descuentos y, en ausencia de fraude manifiesto en las transacciones, el precio y la causa son concluyentes. Artículo 5.06; 14 LPRA 2766.

Nuestra ley en Puerto Rico, si bien no contiene declaración directa sobre el asunto, por implicación ineludible autoriza a las corporaciones creadas a su amparo a recibir por sus acciones precios *más bajos* que el valor a la par que se les asigne, excepto cuando las acciones de que se trate otorguen a sus tenedores la opción para comprar oportunamente nuevas acciones en la misma corporación,[118] o para convertirlas en acciones de diferente clase. Sólo en estas dos situaciones de excepción es que se prohibe vender la acción por precio inferior a su valor par. Dice así la regla al prohibir descuentos en estos dos casos especiales:

> "Si las acciones... que hubieren de emitirse al ejercitarse tales derechos u opciones, fueren acciones con valor a la par, el precio o precios que se hubieren de recibir por ellas *no podrán ser más bajos* que el valor a la par de las acciones."[119]

Ahora bien, si por un lado se reconoce el poder legal para vender acciones con un descuento y, de hecho, las corporaciones hacen uso de él, la facultad de su junta directiva de cobrar a los accionistas deudores el balance del precio adeudado no debería extenderse a una suma mayor que la estipulada como precio en el contrato, conforme a las disposiciones legales anteriormente señaladas.[120] Y así ha de ser, en efecto, pero sólo en tanto los descuentos hechos, al vender tales acciones, no resulten *en perjuicio para los acreedores*. Pensando en la protección de los derechos de éstos, fue que el legislador señaló, como límite de balance a cobrar, el importe del valor *a la par* y no el *precio real pactado* concediendo el descuento. Y no podría darse otro alcance al citado.[121] La obligación de respetar el descuento, siendo forzosa para la corporación, por mediar un contrato en que la empresa fue parte, no podría quedar al capricho de sus directores para dejar de cumplirse. Sin embargo, una cosa es *la corporación*, que al vender las acciones es *parte* en el contrato, y otra muy distinta *los acreedores* de ella. Éstos, fuera de no intervenir como parte cuando se venden las acciones, tienen derecho a presumir que la corporación recibe el activo íntegro correspondiente al *valor par* de las acciones vendidas. De no ser así, ¿qué alcance habría de tener para los acreedores de una corporación el valor par que se le asigna a esta clase de acciones?

Confirmando este criterio, que concuerda con la doctrina universal, y refiriéndose ya al caso específico en que el activo de la corporación no alcance a cubrir lo que se debe a los acreedores, la ley categóricamente fija el valor a la par como el límite máximo de responsabilidad para los tenedores de estas acciones, y no la cantidad inferior que, por razón de algún descuento convenido, se le pudiese haber fijado en el contrato como precio al que fueron vendidas.[122]

---

[118] Éste es el derecho especial de accionistas y socios que los ingleses llaman *"pre-emptive right"*. Artículo 5.01 (e) y (f); 14 L.P.R.A. 2761 (e) y (f).

[119] La ley ya no prohibe el descuento. Artículo 5.06; 14 L.P.R.A. 2766.

[120] Artículo 513; 14 L.P.R.A. 2773.

[121] *Ibid.*

[122] Artículo 5.06; 14 LPRA 2766.

La conclusión a la que, en resumen, nos traen los preceptos legales que examinamos es la siguiente: que mientras la corporación tenga activo suficiente para atender las reclamaciones de todos sus acreedores, los directores no pueden exigir de sus accionistas mayor cantidad como precio de sus acciones que la convenida en el contrato de venta o emisión, tanto por acciones sin valor par como por las que lo tengan; y que, respecto a estas últimas, la responsabilidad del accionista no pasará de ahí, aún cuando las mismas se hayan vendido a precio más bajo que su valor a la par.

Por el contrario, cuando la situación de la empresa refleja un déficit entre el valor de sus activos totales y el importe adeudado a sus acreedores, la obligación de los accionistas, respecto de acciones con valor a la par, se extiende —como máximo posible— hasta el total de ese valor par. De suerte que, cualquier balance que aún no hubiesen satisfecho para completar el pago del *valor par,* se les podrá exigir válidamente sin que les sirva como defensa el haber comprado con descuento y tener saldado el precio total convenido.[123]

Tal regla, sin embargo, *no es aplicable* a tenedores de acciones que las adquirieron de *buena fe* y sin conocimiento de que no estaban pagadas totalmente, o hasta la cantidad consignada en el certificado de tales acciones, ya que, en cuanto a éstas, la ley les exige el pago de cualquier porción no pagada de tal precio.[124]

Hemos considerado cuanto concierne a la responsabilidad del accionista como tal. Pero ahora cabe preguntarnos: ¿Ante quién tiene el accionista esa responsabilidad? ¿Ante la corporación, ante los acreedores directamente, o ante ambos? ¿Son los directores de la empresa, o son los acreedores de ésta quienes pueden exigir el balance no pagado entre el precio reajustado por descuento y el valor a la par de las acciones?

La respuesta de nuestra ley a esa pregunta es que las cantidades adeudadas por ese concepto podrán obtenerse *en nombre de los acreedores* pero en proceso en que sea parte la corporación, entablado para beneficio de todos los acreedores (de ésta). La acción puede estar representada por un administrador judicial, un síndico de quiebra u otro representante competente de los acreedores.[125] Obsérvese que al referirse el estatuto a una administración judicial, a una sindicatura en quiebra, tiene una implicación clara de que un estado financiero crítico en la empresa ofrece la base para ejercitar tal derecho.

Con esta disposición nuestra ley resuelve un problema sobre el cual se ha promovido seria discrepancia entre las jurisdicciones estatales de Norte América. La jurisprudencia sí aparece clara y uniforme en un punto: que la responsabilidad de los accionistas en una u otra alternativa dependerá, en todo caso, de los términos del estatuto a que la corporación corresponda. Y el nuestro, afortunadamente, se ocupó de dar la clave con el precepto ya señalado.

---

[123] Artículo 5.06 (14 L.P.R.A. 2766); Artículo 5.09 (14 LPRA 2769) y Artículo 12.03 (14 LPRA 3128).

[124] Artículo 5.08 (c); 14 LPRA 2768 (c).

[125] El acreedor puede embargar el certificado de acciones. Artículo 6.13; 14 L.P.R.A. 2863.

Acciones de agua

Se da este nombre *a las acciones que emite una corporación sin recibir un valor efectivo, inmediato o futuro a cambio de las mismas.* Esto puede ocurrir, por ejemplo, cuando, al recibir el pago de acciones, se aceptan propiedades por un valor tasado que exceda de su valor real. En tal caso, la acción o acciones emitidas para cubrir ese excedente constituyen acciones *de agua.*[126] Las acciones de agua están en circulación pero no están respaldadas por activo alguno en poder de la corporación. Casi es innecesario añadir que la ley prohibe la emisión de acciones de *agua* y que los funcionarios corporativos que tal cosa autoricen quedan sujetos a las acciones judiciales correspondientes.

Registro de acciones y de accionistas. Libro de transferencia de acciones

Toda corporación que se organice bajo las leyes de Puerto Rico deberá llevar y mantener en su oficina principal un *libro-registro* de las *acciones corporativas.* Éste contendrá el nombre y dirección de cada accionista y el número de acciones que cada cual posea. Deberá estar expuesto siempre en horas laborables para que pueda ser examinado por cualquier accionista.

Asimismo, toda corporación deberá llevar un *libro-registro* de *transferencia de acciones* en el que, como su nombre indica, se hagan registrar todas las acciones. Es importante la disposición por la cual el oficial a cargo del libro-registro de acciones está en el deber de preparar una lista completa en orden alfabético de los accionistas con derecho al voto. Esta lista debe hacerse con no menos de *diez (10) días* de antelación a la fecha de cada elección de directores.[127]

Complementando la regla anterior, está otra, al efecto de que ninguna acción transferida en los libros de la corporación dentro de los *diez (10) dias* que precedan a una elección de directores, dará derecho al voto en tal elección.[128]

Las acciones corporativas pueden ser transferidas por el accionista a cualquier otro accionista de la propia empresa o a cualquier persona extraña a ésta, a menos que se trate de corporaciones *cerradas,* a las que antes nos referimos. En este caso, el derecho a tranferir puede estar *condicionado.* En la corporación *abierta* puede también disponerse, como regla de la corporación, que si un accionista desea vender o traspasar sus acciones, deberá dar primera opción de compra a los otros accionistas de la compañía antes de traspasarlas a individuos extraños a la empresa. Pero para que esa restricción sea eficaz, el derecho de opción deberá constar en el certificado de incorporación o en la resolución pertinente de los directores o accionistas.

---

[126] A estas acciones se les da en inglés el nombre de *"watered stock"*. Artículo 5.06 (14 L.P.R.A. 2766) y 5.02 (14 L.P.R.A. 2762).

[127] Ni más de sesenta (60) días ni menos de diez (10) días. Artículo 7.03 (a); 14 L.P.R.A. 2703.

[128] Artículo 7.03 (b); 14 L.P.R.A. 2903 (b).

El derecho al voto y el poder para delegarlo

A menos que se disponga otra cosa en el certificado de incorporación, todo accionista tendrá derecho, en cada junta de accionistas, a emitir, personalmente o mediante apoderado, *un voto por cada acción* del capital corporativo que posea. De modo que el accionista puede estar privado legalmente del derecho al voto según la clase de acciones que posea. Puede estar privado también, aún cuando el voto le sea reconocido, del poder de delegarlo. Pero tanto una prohibición como la otra tendrán que consignarse en el certificado de incorporación para que surtan efecto.

Ahora bien, el derecho a delegar el voto está condicionado a que no podrá emitirse voto alguno *por poder (o* sea, por delegación), después de transcurrido tres (3) años de haberse otorgado el poder, a menos que en éste se disponga un plazo mayor.[129]

El derecho al voto es determinante del control en la dirección y administración de los negocios corporativos. Un solo accionista que posea una mayoría de las acciones con derecho al voto tiene el derecho legal a ese control. Cuando uno solo no tiene la mayoría de los votos, es práctica corriente que dos o más accionistas de los que poseen mayor proporción de acciones combinen sus votos para lograr esa mayoría. De suerte que el control de la corporación no radica necesariamente en la mayoría de los accionistas, como suele ser regla en las sociedades no incorporadas, sino en aquéllos donde pueda estar concentrada la mayoría de las acciones con derecho al voto.

Los certificados de acción

No debe confundirse la *acción* con el *certificado de acción,* como ya indicamos al principio de este capítulo. La acción es un conjunto de derechos basados en un interés o participación en las ganancias, en el capital y en el manejo de la corporación. Es algo *abstracto, intangible,* si se quiere, una *facultad de reclamar con sujección a ciertas condiciones.* En cambio, el *certificado de acciones* es solamente un *documento,* un *papel,* la prueba externa de aquel derecho. Bien puede extraviarse el certificado de acción, y por ese simple hecho no perderá el accionista su derecho a las acciones en él representadas. En ese caso, la corporación vendrá obligada a extenderle un duplicado de su certificado.

Los reglamentos o estatutos de la entidad proveerán la forma de transferir, mediante endoso, el certificado de acción o acciones cuando el accionista decide o en otra forma *traspasar* las suyas a un tercero. De no proveerse nada sobre este particular, se entenderá que el certificado es *endosable* como cualquier otro documento susceptible de *negociación.*

A este respecto, es importante la disposición de ley al efecto de que el certificado de acción "se considerará endosado aunque no se haya verificado su entrega", con tal de que

---

[129] La ley establece tres (3) años. Artículo 7.02 (b); 14 L.P.R.A. 2902 (b).

la persona que del certificado aparezca como dueña de las acciones consigne en él la cesión o el poder para venderlo, cederlo o transferirlo, y firme dicha cesión o poder.[130]

A la inversa, la entrega del certificado *sin endosar,* pero con la intención de traspasarlo, siempre que lo haga el propio dueño de las acciones obliga a éste a completar el traspaso, haciendo el endoso necesario.[131] Lo único que podría impedir ese efecto es que, al hacerse la entrega sin el endoso, se pactase lo contrario.

Todo accionista tiene derecho a tener un certificado de sus acciones expedido por la corporación, que deberá estar firmado por los funcionarios legalmente asignados a esa función. El certificado de acción es evidencia fehaciente de unos derechos que se califican ante la ley como *propiedad mueble intangible,* a semejanza de los otros derechos de crédito o de reclamación. Todo traspaso del certificado, o de las acciones que él representa, deberá ser notificado a la corporación para que se haga el asiento pertinente en los libros de ésta.

Enmiendas al certificado de incorporación

La carta o *certificado de incorporación* de toda corporación podrá ser enmendado. Aunque la ley autoriza cualquier enmienda a dicho documento orgánico, condicionándola a que la modificación se pudiera haber insertado en el certificado original, lo que está reconociendo la ley es que no puede establecerse por enmienda lo que no pudo establecerse en la carta corporativa original. Es otro modo de decirnos que las limitaciones legales que rigen para la redacción del certificado original, rigen igualmente para cualquier enmienda que quiera introducirse.

Hecha la salvedad que antecede, el procedimiento para enmendar los artículos de incorporación (nombre que bajo la anterior ley se daba a la carta corporativa), es el siguiente:

a. La junta de directores deberá aprobar una resolución en la que se exprese la enmienda y se declare que la misma es aconsejable o conveniente. Citará además para una reunión o asamblea de accionistas "con derecho a votar sobre el asunto", a fin de que se tome acuerdo al efecto.

b. La asamblea de accionistas será convocada de conformidad con lo dispuesto en los reglamentos de la corporación y, en defecto de otro plazo estatuido, con no menos de diez (10) días antes de la fecha fijada para la reunión.[132]

---

[130] Artículo 6.17; 14 L.P.R.A. 2867.

[131] Artículo 6.18; 14 L.P.R.A. 2868.

[132] La convocatoria deberá contener el texto íntegro de la enmienda o enmiendas que han de ser objeto de votación, o un resumen breve de los cambios que pretenden introducir, según juzguen conveniente los directores. Artículo 8.02 (b)(1); 14 L.P.R.A. 2952 (b)(1).

c. En esa asamblea, si una mayoría *en interés* de accionistas que tengan derecho al voto, votase a favor de la enmienda o enmiendas, se hará constar así en un certificado a expedirse por el presidente o vicepresidente y por el secretario o subsecretario de la corporación.

d. Dicho certificado, debidamente autenticado por funcionario competente, será remitido a las oficinas del Departamento de Estado. Hecha la radicación oficial se entenderá legalmente enmendada la carta constitutiva de la corporación.

A pesar de lo anteriormente expuesto, cuando se trata de una corporación organizada con acciones *comunes solamente*, entonces el cambio de esta clase de acciones a una o más clases de acciones *preferidas*, requerirá, para que la enmienda se considere legalmente aprobada, el consentimiento de la mayoría de todos los accionistas de la corporación, tengan o no derecho al voto. Hay otras situaciones relativas a enmiendas del certificado corporativo que requieren igualmente la participación de accionistas a quienes regularmente se les podría tener privados de este derecho.

Si la enmienda que se propone ha de alterar las preferencias, los derechos especiales, o los poderes otorgados por el certificado corporativo a una clase cualquiera de accionistas, o a más de una clase, o intentase aumentar la cuantía de las acciones correspondientes a dicha clase, o aumentar o disminuir su valor a la par, los tenedores de las acciones de cada clase que habrían de ser afectados por la enmienda, tendrán derecho al voto como tal clase respecto de la enmienda, tenga o no dicha clase derecho al voto según el certificado corporativo.

Y para que, en los casos de enmienda arriba mencionados, pueda ser aprobada la enmienda que se propone, será necesario el voto favorable correspondiente a una mayoría de los tenedores de acciones de *cada una* de las clases afectadas, así como también el voto favorable de una mayoría representativa de *todas las demás acciones con derecho al voto.*[133]

Queda claro que la ley provee para que el proceso de efectuar enmiendas al certificado de incorporación sea fácil. Estas enmiendas pueden efectuarse para cancelar o limitar las reclamaciones de los accionistas sobre dividendos acumulados, pero no declarados.[134] Los directores pueden hacer enmiendas sujeto al voto de la clase afectada.[135]

Esta flexibilidad tiene como propósito facilitar la obtención de financiamientos por la corporación.

En los casos de corporaciones que no tienen acciones de capital, las enmiendas las aprueba su organismo directivo. Luego son sometidas a la asamblea de miembros para su aprobación final. Se sigue el mismo procedimiento que aplica para las enmiendas de las corporaciones con acciones.[136]

---

[133] Artículo 8.01 (b)(2); 14 L.P.R.A. 2951 (b)(2).

[134] Artículo 8.02 (a)(4); 14 LPRA 2952 (a)(4).

[135] Artículo 8.02 (b)(2)(4); 14 LPRA 2952 (b)(2)(4).

[136] Artículo 8.02 (b)(3); 14 LPRA 2952 (b)(3).

Funcionamiento de la corporación

Hasta aquí hemos considerado las reglas principales que determinan la existencia legal de la corporación—*de facto* o *de jure*—y algunas de sus fases o incidencias de mayor relieve. Ahora corresponde que expliquemos algo sobre su funcionamiento, su movimiento vital, considerándola como organismo en marcha.

Ahora se puede *participar* por *conferencia telefonica* u otro medio de comunicación y que los demás que están presentes lo puedan escuchar simultáneamente. Esto constituye *asistencia.*[137]

Se puede renunciar a la notificación si comparece a la reunión de renuncia, a menos que la comparecencia sea solamente para impugnar la notificación. Ya no se requiere emplazo alguno si no está en los estatutos o certificado de incorporación.[138]

Esta materia relacionada con las enmiendas al certificado corporativo se encuentra profusamente reglamentada.[139] Se simplifica notablemente el procedimiento de enmienda al certificado,[140] cuando, por no haberse recibido aún los pagos del capital corporativo, los propios incorporadores conservan aún el poder legal para introducirle, por ellos mismos, las enmiendas que deseen.

Una vez que la corporación logra existencia *legal,* como persona distinta de los individuos que la componen, se reunirán los accionistas, dueños de las acciones, y procederán a elegir una *junta de directores.* Esta junta tendrá a su cargo el manejo y dirección administrativa de la corporación.[141] Desde luego, los directores son responsables a los accionistas de sus actos y decisiones *gerenciales,* puesto que los accionistas son los dueños de la corporación. O, para ser más exactos, los que entre ellos tengan el control de las acciones con derecho a voto, ejercerán la autoridad suprema de la empresa.

Pero es realidad bien conocida que los accionistas, salvo en corporaciones muy pequeñas o cerradas, no pueden reunirse con la frecuencia que demandan los múltiples y variados asuntos que confronta la administración de una empresa corporativa. De otro lado, no es aconsejable que los tenedores de acciones, generalmente profanos en materia de administración de negocios, sean los que den el frente a las técnicas y problemas inherentes a la gran empresa. De ahí que, por regla general, ellos deleguen en la junta de directores, entendida en estos menesteres, para la dirección del negocio.

En la corporación mediana y gigante se dan, generalmente, tres escalas de autoridad: los accionistas, que *individualmente* no tienen autoridad alguna, pero que la tienen *colectivamente* a través de sus asambleas. En segundo lugar, y por delegación, *la junta de*

[137] Artículo 4.01 (h); 14 LPRA 2721 (h).

[138] Artículo 7.18; 14 LPRA 2918.

[139] Artículo 8.02; 14 LPRA 2952.

[140] Artículo 8.01 (b)(2); 14 L.P.R.A. 2951 (b)(2).

[141] Artículo 4.01 (a); 14 L.P.R.A. 2721 (a).

directores, cuyos integrantes tampoco tienen derecho a nada en su carácter individual, sino reunidos en junta, como organismo, mediante los acuerdos que tomen. Como es de suponerse, los acuerdos de *la junta* no deberán estar en conflicto con los acuerdos adoptados por las asambleas de accionistas. Y en tercer lugar, los *oficiales o funcionarios* de la corporación: *presidente,* secretario y tesorero, y el *gerente general,* más los diversos gerentes de división, conforme lo exijan las proporciones del negocio o negocios a que la empresa se dedica. Bajo la autoridad superior de éstos, podrán otros ser designados con poderes ejecutivos o administrativos subalternos, conforme los acuerdos de los accionistas o directores lo determinen.

La organización de una corporación grande tiene cierta semejanza con la del gobierno de un país. Los accionistas, constituyentes de la corporación, corresponden a los *ciudadanos,* que constituyen el cuerpo social general. La junta de directores corresponde al *poder legislativo.* Y los oficiales vendrían a ser lo que los *funcionarios* ejecutivos representan en el gobierno de una sociedad. Los accionistas eligen a sus delegados en el cuerpo *deliberativo,* que es la junta. Ésta toma acuerdos que pasan a ser reglas (leyes) para el régimen interno de la empresa. Y esos acuerdos de la junta son *puestos en ejecución* por los oficiales administrativos y todo el personal subalterno que presta servicios a la corporación en calidad de agente o empleado.

Establecida de este modo la organización *legal* de la empresa y designado todo el *personal* que a su funcionamiento concurre (junta directiva, oficiales, agentes y empleados), y que habrá de ponerla en marcha conforme a las políticas decretadas por la junta, todavía estará faltando un factor sin el cual no podrá funcionar la corporación. Es *el capital,* indispensable instrumento, no sólo para hacer posible las operaciones del negocio en sí sino también para adquirir el *equipo y planta física* de que la corporación ha de valerse.

La emisión de acciones es el medio para la obtención del *capital.* Primero, las que se emiten a sus propios incorporadores, luego siguen otras personas a quienes se les vende sucesivamente cada clase y cada serie de las que se van emitiendo, conforme a las necesidades del negocio y a las directrices consignadas en el certificado de incorporación y en los acuerdos de la Directiva.

La corporación está legalmente autorizada para recibir dinero, servicios o propiedades que, siendo necesarios para llevar a cabo los fines de su negocio, contribuyan a pagar el importe del precio de las acciones que vende o emite. Lo que no pueda adquirir directamente en propiedades muebles o inmuebles, tendrá que comprarlo, arrendarlo, construirlo, etc., hasta completar el instrumental físico necesario a la consecución de su comercio o industria. Logrado esto, de una vez o gradualmente (estructura legal, selección y organización del personal, capital corporativo y planta física e instrumentos materiales de trabajo), el organismo estará en condiciones de *funcionar* a plenitud.

Pero el funcionamiento de la gran empresa corporativa, por lo complicado y por la intervención de tantas personas que sirven en ella (responsables todas, en última instancia, a los accionistas), necesita de un instrumento jurídico adicional: *el reglamento.*

Con éste se perfecciona verdaderamente su organización *legal.* El reglamento completa la maquinaria de la organización, brindándole suavidad a su funcionamiento y proveyendo mayor garantía de eficiencia a los dueños de la empresa.

Los directores

Ya se ha señalado la importancia de *la junta directiva* en el funcionamiento de las corporaciones. Toda corporación deberá tener una junta de directores, excepto, como ya hemos visto, las corporaciones *cerradas,* para las cuales la ley provee que pueden ser administradas por los mismos accionistas, por cualquiera de ellos, o aún por otra persona que ellos designen, y siempre que en el certificado de incorporación se haga constar este modo de administrar.

Tiene que haber *por lo menos* un (1) director, pero puede haber *más* de uno, *sin límite máximo.* Cuando hay un (1) único director, él solo constituye *quórum.*[142]

La directiva es elegida *por los accionistas con derecho al voto,* en asamblea. Los directores no tienen que ser accionistas de la corporación, a menos que el certificado corporativo o los reglamentos así lo exijan.[143] Podrán ser elegidos anualmente por los accionistas, salvo que se establezca otra frecuencia en la carta corporativa o en sus propios acuerdos. Podrán ser electos en forma escalonada para que no venzan los términos simultáneamente.[144] Continuarán en el desempeño de sus cargos hasta que sus sucesores sean electos y calificados, o hasta que renuncien o sean destituidos, lo que ocurra primero. Y todo otro aspecto relativo al procedimiento para la selección de directores queda generalmente sujeto a las disposiciones del reglamento o de la propia carta.

La junta de directores podrá operar a través de comités.[145]

Directivas rotativas

Por autorización expresa de nuestra ley,[146] podrá disponerse en el certificado de incorporación, para que por él se rija la empresa, el sistema de *elección rotativa de directores o,* en menos palabras, *directivas rotativas.*

A este fin, se clasificará a los directores por número de años durante los cuales han de desempeñar sus cargos. Cada año deberá expirar el plazo de duración de por lo menos una clase de directores. De esta manera podrá lograrse que uno o más directores sean suplantados cada año por nuevos incumbentes, sin que en ninguna instancia de elección se dé el caso de que salga una junta en pleno para ser sustituida por otra junta totalmente nueva. El propósito de este sistema es evitar que, al elegirse una directiva, la corporación quede a merced de directores no familiarizados con los negocios y asuntos de la empresa, con el consiguiente perjuicio para ésta.

---

[142] Artículo 4.01 (b); 14 LPRA 2721 (b).

[143] *Ibid.*

[144] Artículo 4.01 (d); 14 LPRA 2721 (d).

[145] Artículo 4.01 (b); 14 LPRA 2721 (b).

[146] Artículo 4.01 (d); 14 LPRA 2721 (d).

Votación acumulativa

Es éste otro sistema relacionado con la elección de directores. *Consiste en conferir facultad a los accionistas, especificándolo así en el certificado corporativo, para emitir, a favor de uno o de determinados candidatos, tantos votos como número de acciones con derecho al voto posea un accionista, multiplicado por el número de vacantes a ser cubiertas en el curso de la elección.*[147] La idea central en este sistema es que cada accionista en la votación está autorizado a concentrar todos los votos de que dispone a favor de un solo candidato si, haciéndolo así, puede asegurar que por lo menos ese candidato salga electo. Y cuando, habiendo más de dos vacantes a cubrirse en una elección, una minoría de accionistas acumula todos sus votos en esos dos candidatos, esa acumulación puede lograr su elección.

El propósito último que se persigue con el sistema de *votación acumulativa* es el de asegurar en la junta directiva una representación, aunque minoritaria también, de todos aquellos accionistas que representan una minoría de las acciones con derecho al voto. Sin el sistema de voto acumulativo, teniendo cada uno que repartir sus votos entre todos los puestos vacantes a cubrirse, los accionistas mayoritarios estarían siempre en condiciones ventajosas para elegir los candidatos de su preferencia en cada vacante a cubrirse, dejando a la minoría sin representación.

Los oficiales

Toda corporación deberá tener los oficiales según los títulos y deberes que se disponga en los estatutos de la corporación o en una resolución de la junta de directores que sea consistente con dichos estatutos.[148]

De no efectuarse la elección anual del presidente, secretario, tesorero y otros oficiales no causará la disolución de la corporación ni la afectará en forma alguna.[149]

Declaración de dividendos y reparto entre los accionistas

No habría de quedar completo este resumen sobre el funcionamiento de las corporaciones, si no hablamos del objetivo esencial de toda corporación establecida con fines de lucro o ganancia: *declarar y repartir dividendos a sus* accionistas.

Conforme a disposición expresa de la ley,[150] los directores de la corporación podrán, con sujección a cualesquiera restricciones fijadas en su certificado de incorporación, "declarar y pagar dividendos sobre su certificado de incorporación," "declarar y pagar dividendos sobre acciones del capital corporativo, pero únicamente con cargo al exceso

[147] Artículo 7.04, 14 L.P.R.A. 2904.

[148] Artículo 4.02 (a); 14 LPRA 2722 (a).

[149] Artículo 4.02 (c); 14 LPRA 2722 (c).

[150] Artículo 5.18 (a); 14 L.P.R.A. 2778 (a).

del activo neto sobre el capital corporativo", computado éste conforme se dispone en la propia ley.[151]

No precisa, sin embargo, ser un especialista en "cuentas" para entender que el activo neto de la corporación se determina deduciendo el importe total de *las deudas* de la empresa (a sus acreedores), del valor total de todos los activos combinados pertenecientes a la corporación. Esta operación responde a la sencilla ecuación de: activo *bruto* o total, menos *deudas*, igual a activo *neto*.

Una vez determinado el activo *neto*, conforme se ha dicho, deberá deducirse de ese *neto* la cantidad total a que asciende el *capital corporativo* y el balance que resulte de esa deducción, si alguno hubiese, *constituye el sobrante*. Esta otra operación responde a la ecuación de: activo neto, menos capital corporativo, igual a *sobrante*. Ya se explicó, siguiendo la letra de la ley corporativa,[152] en qué consiste el *capital corporativo*. Y no procede repetir aquí los tres factores que deben tomarse en cuenta. Sumándolos, se determina en cada instancia la cuantía exacta del capital corporativo.

En conclusión, si del *activo bruto* restamos las deudas, tendremos el *activo neto;* si del *neto* restamos el *capital corporativo,* tendremos el *sobrante ("surplus")*. Determinado el sobrante, si lo hubiese, estaremos en condiciones de saber que la ley no permite que se declaren dividendos ni se repartan ganancias si no es *con cargo al exceso del activo neto sobre el capital corporativo,* o sea, *con cargo al sobrante.*

Establecida la regla básica, por la que se hace posible legalmente la declaración de dividendos y el reparto de ganancias, está en orden ahora preguntarnos: Puesto que el accionista tiene derecho a recibir dividendos, ¿puede considerársele como acreedor de la corporación y, como tal, con derecho a exigir que se le entregue su parte en las ganancias? La respuesta tiene dos aspectos.

Una vez que los dividendos han sido declarados, es indudable que el accionista se constituye en *acreedor* de la corporación en igualdad de condiciones que cualquier acreedor ordinario frente a su deudor. A tal punto es así, que inclusive puede llevar a la corporación a los tribunales en demanda de su *participación alícuota* en tales dividendos *declarados*. Y los tribunales le ampararán en su derecho como a cualquier acreedor común de la corporación.

Por otro lado, en tanto no se haya hecho declaración formal de dividendos aunque haya habido acumulación de ganancias o sobrante en el negocio corporativo, cualquier demanda judicial contra la corporación en reclamación de su parte en ganancias por el accionista, tendrá que ser, por lo general, desestimada.

Confrontándonos con este problema, hemos de saber que existe una decisión cumbre emitida por el Tribunal Supremo de los Estados Unidos, en la que se resolvió una reclamación de ese tipo, a favor de los accionistas. Se ordenó a la junta de directores que declarara y repartiera dividendos. Pero la situación excepcional en que se produjo esa

[151] Artículo 5.18 (a) [14 LPRA 2778 (a)]; Artículo 5.04 (14 LPRA 2764); y Artículo 8.04 (a)(4) [14 LPRA 2954 (a)(4)].

[152] Artículo 5.04; 14 LPRA 2764.

decisión, lejos de modificar la regla arriba expuesta, la confirma. Se trata, pues, de un caso de excepción.[153] La situación extrema a que la decisión se refiere consistió en que la corporación había acumulado *ganancias* ascendentes a *ciento once millones* de dólares. Y la Corte, al considerar que la junta directiva había abusado de su autoridad permitiendo una acumulación tan exagerada y sin que diera una explicación adecuada para ello, resolvió el caso a favor de los accionistas. Ordenó a los directores que procedieran a declarar dividendos hasta el importe de dos terceras partes del efectivo disponible [unos cuarenta y dos (42) millones].

Pero esa decisión, repetimos, constituye la excepción. La regla general es que la declaración de dividendos descansa *en la sana discreción de los directores.* Y son ellos los llamados a determinar el momento y las condiciones bajo las cuales deban repartirse las ganancias o cualquier parte de éstas. Está reconocido judicialmente que los directores tienen discreción para decidir si se declaran dividendos o si se aplican las ganancias a cualquier otro propósito legítimo o de la corporación, siempre que actúen de buena fe. Y los tribunales no intervendrán en esa discreción a menos que se demuestre un caso claro de fraude, opresión, o conducta arbitraria e irrazonable, que implique *abuso de la confianza puesta en los directores.*[154]

Estimamos importante también la norma establecida en nuestra ley de que los dividendos pueden declararse para ser pagaderos en *efectivo,* en *bienes* o en *acciones del capital corporativo.*[155]

Resumiendo, podemos concluir que para los accionistas adquirir un derecho a recibir dividendos, que se traduzca en demanda judicial con probabilidad de éxito, han de concurrir dos factores indispensables: a. que exista un *sobrante ("surplus");* y b. una *resolución de la junta* de directores *declarando dividendos* a pagarse sobre el todo o parte de ese sobrante o, en la alternativa, *prueba de un claro abuso de discreción por parte de la junta al no declararlos.*

En la práctica corriente, la corporación dedicada a negocios lucrativos distribuye periódicamente entre sus accionistas los beneficios que el negocio va produciendo. A veces, sin embargo, retiene, por lo menos parte de esos beneficios, cuando no todos, asignándolos a *fondos de reserva* con diversos fines, uno de ellos, para prevenirse contra posibles pérdidas en el futuro, o para afrontar las crisis que puedan presentarse en el negocio. Otro propósito de retener los beneficios puede ser el de utilizarlos como *capital de operaciones ("working capital"),* o para invertirlos en alguna *planta nueva, maquinaria* u otros bienes raíces, o para cualquier otro propósito dentro del marco de actividades al que legalmente puede dedicarse la corporación.

Por todo lo explicado cabe afirmar que, mientras no haya una declaración formal de dividendos, el accionista es, en relación con la corporación, un simple acreedor *en expectación.* De igual manera lo es por la parte que pueda corresponderle, en su día, en el

---

[153] *Dodge v. Ford Motor Co.,* 3 A.L.R. 413.

[154] *Wabash R. Co. v. Barclay,* 280 U.S. 197; 13 *American Jurisprudence* 675.

[155] Artículo 5.21; 14 L.P.R.A. 2781.

activo en liquidación. Aún llegada la *disolución,* seguirá en *status* de acreedor en expectación mientras no se haya pagado a los acreedores de la corporación, o hecho provisión de fondos para saldarles sus créditos.

Informes anuales que deben radicar las corporaciones puertorriqueñas y las foráneas

Toda corporación creada al amparo de las leyes de Puerto Rico y que lleve negocios en el país, deberá radicar anualmente en la oficina del Secretario de Hacienda, no más tarde del 15 de abril, un informe autenticado con las firmas del presidente o vicepresidente y del tesorero o subtesorero, y certificado por un contador público autorizado (C.P.A.) que no sea accionista ni empleado de la corporación. Ese informe deberá contener: a. un estado de situación, preparado conforme a normas de contabilidad generalmente aceptadas, que demuestre la condición económica de la corporación al cierre de sus operaciones; b. un balance general, según lo reflejen los libros de contabilidad al 1º de enero anterior; y c. un estado de ganancias y pérdidas correspondiente al último año de operaciones, y cualquier otra información que sea requerida por el Secretario de Hacienda. El balance general al primero de enero no será requerido cuando la corporación cierre sus operaciones al 31 de diciembre anterior.

Al informe antedicho, se acompañará una relación de los nombres y direcciones postales de todos los directores y oficiales de la corporación y las fechas en que termina el período de duración de sus respectivos cargos.

Además del que se deja indicado, toda corporación doméstica o foránea deberá radicar anualmente en la Oficina del Secretario de Estado, no más tarde del 15 de abril, un informe autenticado con las firmas del presidente o vicepresiente y del tesorero o subtesorero, con el contenido siguiente: a. un estado de situación conforme se describió ya, debidamente comprobado y certificado por un contador público autorizado (C.P.A.) que no sea accionista ni empleado de la corporación; b. una relación de nombres y direcciones postales de todos los directores y oficiales de la corporación que estén en funciones en la fecha en que se rinda el informe y las fechas en que termina el período de duración de sus respectivos cargos; y c. cualquier otra información que sea requerida por el Secretario de Estado de Puerto Rico. Dicho informe deberá servirse acompañado de un comprobante de rentas internas por la cantidad de cien dólares ($100.00) que se cobran por derechos de radicación. Si no se incluye este pago, el certificado de incorporación queda cancelado de pleno derecho.

Libros de contabilidad: Toda corporación creada al amparo de las leyes de Puerto Rico deberá llevar y conservar, dentro del territorio puertorriqueño, aquellos libros de contabilidad, documentos, comprobantes y constancias, incluyendo récords de inventarios, suficientes para:

a) comprobar el monto del ingreso bruto y las deducciones, créditos y otros detalles relacionados con las operaciones dentro y fuera de Puerto Rico, que aparecerían en las planillas de contribución sobre ingresos que vienen obligados a rendir al gobierno; y

b) reflejar claramente el monto de sus inversiones dentro y fuera de Puerto Rico, la propiedad poseída por la corporación, y el monto del capital empleado en la gestión de sus negocios dentro del país y con el exterior.[156]

Nombramiento de síndicos cuando la corporación está insolvente o en inminente peligro de estarlo

Siempre que, mediante prueba suficiente al efecto, una corporación advenga al estado de insolvencia, o esté en inminente peligro de caer en ella, y en la que sus activos están siendo malgastados, malversados, o administrados fraudulentamente, el Tribunal Superior, a solicitud de cualquier acreedor o accionista de la tal corporación, "y en cualquier momento", podrá nombrar síndico a una o varias personas para que se hagan cargo de los negocios de la corporación. El síndico o síndicos, según el caso, podrán realizar todo acto que la corporación, por sí propia, estuviese facultada legalmente para realizar; y también todo otro acto que el Tribunal tenga a bien autorizar conforme a los mejores intereses de todas las partes legítimamente envueltas en la controversia.[157]

La propia ley enmendatoria citada, en aras de asegurar su efectividad en tan crítica situación, añade lo siguiente: "La facultad que esta legislación confiere a los tribunales para designar síndicos o administradores judiciales, se entenderá en adición a cualquier otra disposición legal al respecto, y *no estará sujeta a la limitación contenida en la ley,*[158] que impide el nombramiento de un síndico cuando haya algún otro remedio adecuado para asegurar la efectividad de la sentencia."

Resumen del funcionamiento corporativo

La corporación se crea voluntariamente y por el concurso de tres o más personas adquiere existencia legal. Sus accionistas se reúnen, eligen sus directores, los directores, a los oficiales; se nombran otros agentes y empleados. Se aprueban los reglamentos; se emiten acciones; se reúnen periódicamente accionistas y directores en respectivas sesiones regulares y extraordinarias. Día a día se llevan a cabo los negocios de la corporación. Periódicamente, si los resultados del negocio lo permiten, se hace declaración de dividendos y se reparten beneficios entre los accionistas. Se rinden informes anuales a dependencias del gobierno. Se suplantan de tiempo en tiempo unas directivas por otras. Unos accionistas suceden a otros en la tenencia de acciones mediante las transferencias que de éstas se van haciendo sucesivamente.

Y así continúa desenvolviéndose la empresa corporativa, que puede perdurar indefinidamente o hasta que su negocio termina; o puede que se prolongue hasta que

[156] Artículo 15.03 (a); 14 L.P.R.A. 3273 (a).

[157] Artículo 9.09; 14.06 14 L.P.R.A. 3206.

[158] Regla 56.6 de las de *Procedimiento Civil* (1979).

expire el plazo de su duración, o bien hasta que, por acuerdo voluntario de los accionistas o por otras causas, se proceda a *disolverla.* A esas causas, y al procedimiento de disolución, nos hemos de referir en el epígrafe que sigue.

Disolución y liquidación

Hemos dicho antes que toda corporación, desde que tiene existencia legal, constituye una persona *jurídica.* Como tal, tiene derechos y obligaciones *semejantes,* de acuerdo con su naturaleza de entidad ficticia, a los derechos y obligaciones de las personas *naturales.* Al disolverse la corporación, esa *personalidad jurídica* cesa, o *se extingue,* en lo que respecta a *nuevas operaciones, pero subsiste para completar y ultimar las operaciones pendientes y disponer de su activo sobrante, si alguno quedase, después de pagar las deudas de la empresa.*

Este período que transcurre, desde que la corporación se declara *disuelta* hasta que dispone definitivamente de todo su activo sobrante, repartiéndolo entre sus accionistas en bienes o en dinero, es el período de *la liquidación.* Durante esa etapa de liquidación, repetimos, la personalidad jurídica de la corporación y su capacidad legal existen solamente para llevar a cabo esa liquidación, pero no para entrar en nuevas operaciones.[159]

De todo ello se infiere que *la disolución* no es, como erróneamente podría pensarse, ni una etapa ni un proceso, sino un *momento jurídico,* un instante, que divide la existencia normal de la corporación, del período de su liquidación. Éste puede ser más o menos extenso según las operaciones que, a la fecha de la disolución, queden pendientes de ultimarse y las dificultades que puedan surgir en la disposición final *del activo.* No obstante esta distinción jurídica entre disolución y liquidación, con frecuencia se asume que, siendo la disolución *un proceso* en el ámbito de las leyes naturales, también habría de serlo respecto de corporaciones, y que el verdadero proceso, que es la liquidación, quedaría abarcado en la disolución. Pero ya hemos visto que no es así.

Causas de disolución

Pueden señalarse seis (6) causas o fundamentos para que la corporación se disuelva:

a. por la voluntad del poder legislativo;
b. por expirar el término para el cual fue creada la corporación sin que se enmienden los artículos de incorporación para prorrogarlo;
c. por extinción del negocio que motivó la fundación de la corporación o mantiene su existencia, en los casos en que el negocio sea de naturaleza limitada y no haya plazo de duración fijado;
d. por voluntad de los accionistas, bajo las condiciones especificadas en la ley;
e. por la quiebra de la corporación; y
f. por sentencia u orden de un tribunal de autoridad competente.

[159] Artículo 9.08; 14 L.P.R.A. 3008.

La cuarta de las causas enumeradas es el *acuerdo voluntario de los accionistas.* Es suficiente para disolver la corporación, *háyase fijado o no un plazo de duración,* y *sea limitada* o *indefinida* la duración del negocio para el que fue creada. Puesto que los accionistas son los dueños, tal como compete a un dueño individual o a cualquier sociedad no incorporada, ellos tienen facultad legal incuestionable para disolver lo que es suyo.

Sin embargo, el procedimiento en el caso de corporaciones está determinado por la misma ley, a fin de que queden protegidos los derechos de acreedores y accionistas mientras estos últimos ejercen el que tienen para disolverla. El trámite a cumplirse es, en líneas generales, el que se señala a continuación.

Aunque la iniciativa puede partir de los propios accionistas, es a la junta de directores a la que corresponde dar el paso inicial. Aprobará una resolución por mayoría absoluta, en sesión convocada a tal efecto, en la que declare que la disolución es aconsejable y de mayor provecho, y enviará por correo a cada accionista con derecho al voto una copia de dicha resolución y la convocatoria para una asamblea de accionistas que considerará la conveniencia de tal disolución.[160]

Tanto la reunión de directores como la asamblea de accionistas deberán celebrarse con sujección a las reglas y condiciones señaladas en el precepto pertinente de la ley, o sea, el ya citado artículo.

Si en la asamblea de accionistas, por mayoría, *en interés de todos los accionistas con derecho al voto,* expresasen su consentimiento a la disolución, entonces la certificación de dicho consentimiento, debidamente autenticada, deberá radicarse en el Departamento de Estado de Puerto Rico.

Dicho *certificado de disolución* deberá contener: 1) el nombre de la corporación; 2) la fecha en que se autorizó la disolución; 3) que la misma cumplió con las disposiciones de ley; y 4) los nombres y las direcciones residenciales de los directores y oficiales.[161]

Si se han cumplido debidamente los requisitos de ley, el Secretario de Estado expedirá certificado de que tal documento se radicó y la corporación quedará *disuelta.*[162]

El procedimiento de disolución puede simplificarse si todos los accionistas manifiestan por escrito, con su firma, su consentimiento para que la entidad corporativa sea disuelta. En tal caso no se requerirá asamblea ni convocatoria para la misma.[163]

La liquidación

Declarada legalmente la disolución de una corporación, los directores, o cualquier persona que la carta designe como *síndico o liquidador* mediante petición al efecto de algún accionista o acreedor, se encargarán de *la liquidación.* En esta encomienda, se cobrarán los

[160] Artículo 9.05 (a); 14 L.P.R.A. 3005 (a).

[161] Artículo 9.05 (b); 14 L.P.R.A. 3005 (b).

[162] *Ibid.*

[163] Artículo 9.05 (c); 14 L.P.R.A. 3005 (c).

créditos pendientes, se pagarán las deudas, se venderán las propiedades para convertirlas en metálico, y se dividirá entre los accionistas cualquier remanente de activo, en dinero u otros efectos, si es que alguno quedase, después de pagar todas las obligaciones de la corporación o hecho provisión para pagarlas.

Si los fondos con que los síndicos o administradores judiciales contasen, no fuesen suficientes para saldar todas las deudas de la entidad, empezarán por cubrir todos los cargos, gastos y costas; satisfarán luego, con arreglo a su prelación legal, todos los gravámenes especiales y generales que pesasen sobre las propiedades y fondos de la corporación. Si después de cubiertas estas obligaciones, los fondos no alcanzasen para cubrir las demás deudas corporativas, deberán distribuir los pagos entre acreedores comunes, *a prorrata* entre todos los que de esa clase verificasen la legitimidad de sus créditos conforme lo ordene el tribunal.[164]

Aún después de disuelta, y durante todo el período que transcurra en la liquidación, la corporación está facultada por ley para demandar y ser demandada en aquellos asuntos pendientes al tiempo de decretarse la disolución.

Si algún accionista o acreedor probase que la corporación no puede pagar sus deudas al vencimiento, o que se está administrando fraudalentamente o malgastando o distribuyendo ilegalmente sus activos, o que hay negligencia en la liquidación, podrá obtenerse del tribunal nombramiento del síndico o liquidador. Desde ese momento en adelante regirán las reglas sobre administración judicial o de sindicatura.[165]

Si mientras esté pendiente un pleito de la corporación ésta se disolviese por cualquiera de los motivos o causas reconocidas en la ley, la disolución no dejará sin efecto el pleito. Notificado debidamente el tribunal sobre la disolución, ordenará que el pleito prosiga contra los síndicos o administradores judiciales que a la sazón la representen.

La disolución de una corporación sin acciones varía en su etapa inicial. Son los directores, en lugar de los accionistas (como en las corporaciones con fines de lucro), los que tienen la facultad en ley para disolver las corporaciones sin acciones. Si sus miembros tienen derecho al voto y eligen su organismo directivo, son entonces los miembros los que tienen que aprobar la disolución.[166]

En el caso de que la corporación tenga dos (2) accionistas, con un cincuenta porciento (50%) de las acciones cada uno, es el Tribunal el que disuelve la corporación, a petición de uno de ellos. Ambos accionistas deben someter un plan de administración dentro de los tres (3) meses siguientes a la petición. Si no se efectúa cambio alguno entre los dos accionistas dentro del término de un (1) año, el Tribunal nombra un síndico o administrador liquidador. Si, por el contrario, no pudiesen ponerse de acuerdo para radicar el plan de administración, la corporación quedará *disuelta* dentro de los tres (3) meses siguientes a la petición.[167]

---

164 Artículo 9.10; 14 L.P.R.A. 3010.

165 Artículo 9.09; 14 L.P.R.A. 3009.

166 Artículo 9.06; 14 L.P.R.A. 3006.

167 Artículo 9.03; 14 LPRA 3003.

Fusión y consolidación de corporaciones

Consolidación de corporaciones significa que dos o más corporaciones ya existentes se transforman o se combinan para con el conjunto hacer una *nueva y distinta corporación* al par que quedan *disueltas* las constituyentes.[168] La consolidación de corporaciones requiere que cada una esté expresamente autorizada por sus accionistas para efectuar tal propósito.

De otra parte, *fusión de corporaciones* consiste en que dos o más corporaciones se combinan entre sí para formar una sola corporación que habrá de ser una de las mismas que entraron en la combinación y disolviéndose la otra. La diferencia esencial entre fusión y consolidación estriba en que la *consolidación* origina una nueva corporación, mientras que la *fusión* deja existente —aunque transformada—una de las corporaciones constituyentes. Ejemplos: si la corporación A *se consolida* con la corporación B, se crea una nueva corporación que puede ser C, desapareciendo totalmente A y B. En cambio, si las corporaciones A y B se *fusionan* (o funden), B puede quedar subsistente absorbiendo a A, que desaparece; o viceversa, A deberá quedar subsistente, y en tal caso absorberá a B, que desaparece.

Cualquiera de estas dos operaciones vitales puede hacerse por dos o más corporaciones puertorriqueñas, siguiendo el procedimiento provisto en nuestra ley. Igualmente se permite la fusión o consolidación de corporaciones puertorriqueñas con corporaciones foráneas o extranjeras. A este respecto, las corporaciones organizadas bajo las leyes de los *estados* de la unión norteamericana se consideran extranjeras; de igual manera que la ley de cualquier *estado* considera extranjera la corporación de cualquier otro estado.

La iniciativa, según la ley, para fusiones o consolidaciones, debe partir de las juntas de directores de las respectivas corporaciones constituyentes. Aprobarán por mayoría, cuando menos, en sus respectivas corporaciones, un convenio al efecto y la manera de llevarla a cabo. El convenio ha de proveer los términos o cláusulas a ser incluidas en el certificado de la corporación resultante de la fusión o consolidación. También contendrá el modo de convertir las acciones de cada corporación a acciones u otros valores en la corporación resultante.

Si dicho convenio, sometido a las respectivas asambleas de accionistas, es aprobado por votos que representen *dos terceras partes o más* del número total de acciones del capital corporativo *de cada corporación,* tal aprobación será certificada y autenticada por los oficiales que la ley indica, y se archivará en las oficinas del Departamento de Estado de Puerto Rico.

Para los casos de consolidación de corporaciones foráneas con corporaciones puertorriqueñas, el convenio de consolidación deberá estipular si la nueva corporación ha de crearse en Puerto Rico o en el país de donde proceda la corporación foránea concurrente.

---

[168] Clark, *Corporations,* Tercera edición, página 191.

Como ha de suponerse, la fusión o consolidación conlleva que todos los derechos y obligaciones de cada una de las corporaciones constituyentes pasarán a la corporación resultante como derechos y obligaciones de ésta. Todos los procedimientos pendientes — civiles, criminales y administrativos— continuarán como si no se hubiese llevado a cabo la consolidación o fusión.[169]

Corporaciones extranjeras

Las corporaciones organizadas en el exterior, incluyendo las que se organicen bajo las leyes de los Estados Unidos o de cualquiera de los *estados,* estarán impedidas de hacer negocios en Puerto Rico valiéndose de oficinas o establecimientos ubicados en Puerto Rico, o mediante agentes o representantes destacados en nuestro territorio nacional, si previamente no radican, en las oficinas del Departamento de Estado, una copia certificada de su carta constitutiva, así como el nombre o nombres de sus agentes autorizados en Puerto Rico, y declaración jurada donde conste el activo y pasivo de la corporación. Las que dejen de cumplir con estos requisitos estarán sujetas a penalidades que la propia ley señala.

La ley es significativa a los efectos de impedir a las corporaciones foráneas el derecho judicial, es decir, el derecho a litigar en los tribunales, si hacen negocio en Puerto Rico sin estar autorizadas.[170]

No constituye *hacer negocios* en Puerto Rico ninguno de los siguientes: litigar en Puerto Rico, celebrar reuniones, tener cuentas bancarias, tener una oficina de traspaso, canje o inscripción de valores, vender a través de contratistas independientes, vender por catálogo, comprar garantías mobiliarias o inmobilarias, garantizar, ser propietario de muebles o inmuebles, o efectuar transacciones aisladas.[171]

La revocación de la disolución voluntaria se puede hacer antes de los tres (3) años siguientes, mediante resolución de la Junta de Directores,[172] o por la Junta de Accionistas, cuando proceda.[173]

---

[169] Artículo 10.11; 14 LPRA 3061.

[170] Artículo 13.03 (a); 14 LPRA 3163 (a).

[171] Artículo 13.04; 14 LPRA 3164.

[172] Artículo 11.01 (a)(1); 14 LPRA 3101 (a)(1).

[173] Artículo 11.01 (a)(3); 14 LPRA 3101 (a)(3).

Capítulo 19

EL CÓDIGO UNIFORME DE COMERCIO DENTRO DEL DERECHO MERCANTIL DE PUERTO RICO

Introducción

Nuestro Derecho Mercantil sufrió un cambio sustancial como consecuencia de la aprobación de la *Ley de Transacciones Comerciales* [LTC].[1]

Ésta deroga la anterior *Ley Uniforme de Instrumentos Negociables*,[2] y la sustituye por una nueva *Ley de Instrumentos Negociables* o Ley de Transacciones Comerciales. La nueva ley se discutirá ampliamente en capítulo aparte.

Con la presente medida, Puerto Rico acaba de uniformar su Derecho Mercantil con los 50 estados de los Estados Unidos, el Distrito Federal y las Islas Vírgenes, al adoptar los artículos 5, 6, 7, 8 y 9 del *Código Uniforme de Comercio* de los Estados Unidos, en inglés *Uniform Commercial Code* (UCC).

Estos artículos forman parte de la nueva Ley de Transacciones Comerciales. Los números de los artículos del Código Uniforme de Comercio tienen igual correspondencia en la Ley de Transacciones Comerciales, pero se les designa como *capítulos* en vez de artículos. La anterior *Ley de Instrumentos Negociables* ahora aparece

[1] Ley Número 241 de 10 de septiembre de 1996; 19 L.P.R.A. 503 *et seq.*

[2] Ley Número 208 del 17 de agosto de 1995; 19 L.P.R.A. 501 *et seq.*

como los capítulos 1, 2, 3 y 4 de la *Ley de Transacciones* Comerciales. El Capítulo 5 regula las Cartas de Crédito; el Capítulo 7, la Carta de Porte y el Resguardo de Almacén; y el Capítulo 8, los Valores de Inversión y las Garantías sobre Propiedad Mueble.

El propósito legislativo es la integración de Puerto Rico al andamiaje jurídico-comercial de los Estados Unidos, para de esta forma desarrollar un ambiente jurídico más favorable a la inversión.

Esta legislación persigue, además, uniformar la industria financiera de Puerto Rico con la de los Estados Unidos para facilitar el intercambio. Pretende acabar con el anacronismo que representa un atraso de más de 40 años y facilitar la entrada a las finanzas del siglo XXI. Da, a las garantías mobiliarias, a la propiedad mueble y, en particular, a la de naturaleza incorporal, la importancia que merecen en la actualidad.

El *único* artículo del Código Uniforme de Comercio que *no* fue incorporado es el Artículo 2, por estar en conflicto con el contrato de compraventa *mercantil* y *civil* de nuestro sistema jurídico. Los demás artículos no representan problema al Derecho civilista vigente en Puerto Rico. Esta ley viene a derogar una serie de leyes dispersas que regulaban estos mismos tópicos y que habían sido adoptadas de conformidad con ciertos modelos de legislación uniforme de los Estados Unidos.

Leyes derogadas

Las leyes que han sido derogadas son:

1) Ley Núm. 10 de marzo de 1904, según enmendada:[3] *Préstamos sobre productos y efectos agrícolas.*
2) Ley Núm. 61 de 13 de abril de 1916, según enmendada:[4] *Las ventas condicionales.*
3) Ley Núm. 86 de 24 de junio de 1954, según enmendada:[5] *Ley de Contratos de Refacción Industrial y Comercial.*
4) Ley Núm. 8 de 8 de octubre de 1954:[6] *Ley de Cesión de Cuentas para Cobrar.*
5) Ley Núm. 3 de 13 de octubre de 1954:[7] *Ley Uniforme de Recibos de Fideicomisos.*
6) Ley Núm. 19 de 3 de junio de 1927, según enmendada:[8] *Ley Hipotecaria de Propiedad Mueble.*
7) Ley Núm. 76 de 13 de agosto de 1994, Artículo 22,[9] que *reglamenta los contratos de arrendamiento de bienes muebles* e impone al Secretario de Justicia la responsabilidad de crear un *registro* para la inscripción de estos contratos.

[3] 5 LPRA 151 a 185.

[4] 10 LPRA 31 a 41.

[5] 10 LPRA 551 a 560. 6 10 LPRA 581 a 588.

[7] 10 LPRA 611 a 633.

[8] 30 LPRA 1871 a 1886.

[9] 10 LPRA 2420.

8) Ley Núm. 63 de 14 de agosto de 1991, Artículo 11,[10] conocida como *Ley de Marcas,* que dispone que el Secretario de Estado podrá recibir títulos que graven o afecten la titularidad de una marca registrada para su inscripción.

9) Artículo 359 (11) del Código Civil de Puerto Rico,[11] que dispone sobre la solicitud del autor o sus derechos habientes para inscribirse en el *Registro de Propiedad Intelectual.*

10) Artículos 353 al 548 del Código de Comercio:[12] *Ley de Cartas-Órdenes de Crédito.*

11) Artículos 268 a 272, 277 y 278 del Código de Comercio:[13] *Ley de Transporte Terrestre, Cartas de Porte o Conocimiento de Embarque.*

12) Los Artículos 292 al 294 y 296 del Código de Comercio:[14] *Ley de Transporte Terrestre, Derecho del Porteador, Registro de los Comisionistas de Transporte.*

13) Ley #37 de 10 de marzo de 1910, según enmendada, sobre *Productos de refacción agrícola y molienda de cañas.*

14) Ley Núm. 95 de 4 de junio de 1983: *Ley de Cartas de Créditos de Puerto Rico.*

15) Artículos 1823 (2) y 1824 (2) del Código Civil: *Créditos por refacción agrícola.*[15]

16) *Ley de Instrumentos Negociables.*[16]

Propiedad localizada en Puerto Rico

La ley que enmendó[17] la de Instrumentos Negociables y Transacciones Bancarias[18] establece una reserva para legislación futura. La Ley 241 de 19 de septiembre de 1996, ha suplido una serie de definiciones de "propiedad" que transcribimos a continuación.

Definiciones de "propiedad" localizada en Puerto Rico y regida por sus leyes:

"(a) 'Intangible' y 'tangible', cuando se refieran a propiedad, significan incorpórea y corpórea, respectivamente.

(b) 'Interés en propiedad' significa derecho de naturaleza real sobre propiedad.

(c) 'Propiedad personal' significa propiedad mueble.

---

[10] 10 LPRA 17.

[11] 31 LPRA 1162.

[12] 10 LPRA 1851 a 1856.

[13] 10 LPRA 1772 a 1776, 1781 a 1782.

[14] 10 LPRA 1796 a 1798, 1800.

[15] 31 LPRA 5193 y 5194.

[16] 19 LPRA 1-385.

[17] Ley Núm.176 de 3 de agosto de 1996, Sección 1-206 (19 LPRA 456).

[18] Ley #208 de 17 de agosto de 1995

(d) 'Bienes raíces' significa propiedad inmueble y derechos reales sobre la misma, y arrendamientos de propiedad inmueble que han sido inscritos en el Registro de la Propiedad.

(e) 'Gravamen estatutario' significa una preferencia o prelación creada por las secs. 1 *et seq.* del Título 31 o el Ap. I del Título 10, u otra ley."[19]

Disposiciones generales y definiciones

Es interesante que la enmienda que se hace a la Sección 2-102 no solamente incorpora el Capítulo 8 referente a valores sino que omite la oración "... todo instrumento negociable será un contrato mercantil sujeto a las disposiciones de esta Ley".

La enmienda[20] a la definición de un *aceptante* como *el que acepta una letra de cambio en lugar de un giro* es, a nuestro juicio, más correcta.

Cartas de créditos

La Sección 5-103 nos presenta una definición de "Crédito" o "Carta de Crédito."[21] Consiste en un compromiso por parte de un banco con otra persona, que se hace a solicitud de un cliente, indicativo de que el emisor aceptará o pagará el giro u otros requerimientos de pago siempre que se cumplan las condiciones especificadas en el crédito.

Por ejemplo, un fabricante de Japón podría no querer suplirle mercancía a un comerciante en Puerto Rico por desconocer su historial de pago. Pero si un banco garantiza el pago a su vencimiento, este banco es el "banco confirmador". Se compromete, por sí mismo, a aceptar o pagar un crédito emitido por otro banco, o bien a que tal crédito será aceptado o pagado por el emisor o por un tercer banco.[22] El banco asume la responsabilidad del pago en lugar del comprador. El vendedor es el beneficiario que tiene derecho a girar o a requerir el pago.[23] No se requiere la existencia de causa onerosa para establecer un crédito ni para ampliar o modificar sus términos. El comprador podría estar insatisfecho al momento del recibo de la mercancía y el banco tendría que realizar el pago sin poder oponer las defensas del comprador en contra del vendedor.

Este documento no requiere una particular forma de redacción, pero sí es formal; debe estar por escrito y debidamente firmado por el emisor y por el banco confirmador. La modificación de los términos de un crédito o de su confirmación deberá estar firmada por el emisor o por el banco confirmador, según sea el caso.[25]

---

[19] Sec. 456; 19 LPRA 456.

[20] Capítulo 2-103(a)(1);19 LPRA

[21] 19 LPRA 1203.

[22] Capítulo 5-103(1) (f; 19 LPRA 1203 (1) (f).

[23] Capítulo 5-103 (1) (d); 19 LPRA 1203 (1) (d).

[24] Capítulo 5-105; 19 LPRA 1205.

[25] Capítulo 5-104 (1); 19 LPRA 1204 (1).

El Contrato oral o a distancia

Un mensaje emitido por radio, teletipo, cable o cualquier medio mecánico, electrónico u otros parecidos podrá ser considerado como un escrito firmado apropiado, si el mismo identifica su remitente mediante una forma de autenticación autorizada. La autenticación podrá ser en clave y el nombramiento autorizado del emisor en su aviso del crédito se tendrá como firma apropiada.[26]

Crédito irrevocable

La carta de crédito confiere seguridad en las transacciones, especialmente cuando el crédito es irrevocable. Éste no puede ser modificado o revocado sin el consentimiento del cliente o beneficiario.[27] Por el contrario, el crédito revocable puede ser modificado o revocado por el emisor sin previo aviso o sin el consentimiento del cliente ni del beneficiario.[28] Esta revocación o modificación no afecta las obligaciones anteriores al recibo del aviso de la modificación o revocación.[29]

Error en el aviso

Si el banco avisador, que es el que da la notificación de la emisión de un crédito por otro banco,[30] diera un aviso de los términos del crédito en forma incorrecta, el crédito quedará otorgado respecto al emisor conforme a los términos del crédito original.[31] Salvo pacto en contrario, el cliente asume frente al emisor los riesgos resultantes del envío y de una traducción o interpretación razonable de cualquier mensaje relacionado con el crédito.[32]

El crédito con anotación

El crédito con anotación es aquél que especifica que el que compra o paga "giros emitidos o requerimientos de pago hechos bajo aquél deberá anotar el importe del giro o del requerimiento en el propio crédito o en el aviso de crédito."[33] El derecho está sujeto solamente a que se haga la anotación apropiada y se realizará el pago.[34] Si no tiene evidencia de la anotación apropiada, el emisor o su cliente puede rehusar el pago y el acreedor tiene treinta (30) días para producir la evidencia, so pena de perder el crédito.[35]

---

[26] Capítulo 5-104 (2); 19 LPRA 1204 (2).

[27] Capítulo 5-106 (2); 19 LPRA 1206 (2).

[28] Capítulo 5-106 (3); 19 LPRA 1206 (3).

[29] Capítulo 5-106 (4); 19 LPRA 1206 (4).

[30] Capítulo 5-103 (e); 19 LPRA 1203 (e).

[31] Capítulo 5-107 (3); 19 LPRA 1207 (3).

[32] Capítulo 5-107 (4); 19 LPRA 1207 (4).

[33] Capítulo 5-103 (1)(h) ; 19 LPRA 1203 (1)(h).

[34] Capítulo 5-108 (1)(a); 19 LPRA 1208 (1)(a).

[35] Capítulo 5-108 (1)(b); 19 LPRA 1208 (1)(b).

El tercero de buena fe

La regla del tercero de buena fe también aplica a las cartas de créditos. Se adopta la regla del Código Civil: *Primero en tiempo, primero en derecho.*[36] El que paga tiene que repetir el pago pero no puede haber buena fe cuando se requiere la anotación y ésta no se ha realizado. Esto constituye notificación de defectos. La ley aplica la regla de buena fe solamente a los créditos que no requieren anotación.[37]

Responsabilidad legal del emisor

El contrato de la carta de crédito le impone la obligación al emisor, hacia la otra parte que es su cliente, del cumplimiento de buena fe y la observancia de los usos bancarios generalmente establecidos. Salvo pacto en contrario, no asume la responsabilidad por el incumplimiento del contrato de compraventa de la mercancía,[38] ni por daños provenientes de culpa o negligencia de terceros,[39] ni por daños provenientes del desconocimiento de los usos y prácticas comerciales del lugar.[40]

La responsabilidad del emisor se limita a lo que surja de la faz del documento. Salvo pacto en contrario, no asume los riesgos de que el documento sea genuino, no falsificado y regular. Las obligaciones que surgen a la luz de nuestro derecho de actuar conforme a la buena fe, con diligencia, de ser prudente o razonable, no pueden ser renunciadas para liberar de responsabilidad al emisor frente a su cliente, pero si pueden definir los criterios para el cumplimiento cuando no sean irrazonables.[41] Ningún banco responde a prácticas bancarias que no le sean conocidas.[42]

Fraccionamiento de las cartas de créditos

Las cartas de créditos tienen una suma total, pero ésta no se tiene que agotar si permite que se use el crédito en forma fraccionada.[43]

Garantía

El emisor garantiza al beneficiario que todas las partes en el crédito han cumplido con las condiciones del crédito.[44]

[36] Capítulo 5-108 (2)(b); 19 LPRA 1208 (2)(b).

[37] Capítulo 5-108 ; 19 LPRA 1208.

[38] Capítulo 5-109 (1)(a); 19 LPRA 1209 (1)(a).

[39] Capítulo 5-109 (1)(b); 19 LPRA 1209 (1)(b).

[40] Capítulo 5-109 (1)(c); 19 LPRA 1209 (1)(c).

[41] Capítulo 5-109 (2); 19 LPRA 1209 (2).

[42] Capítulo 5-109 (3); 19 LPRA 1209 (3).

[43] Capítulo 5-110 (1); 19 LPRA 1210 (1).

[44] Capítulo 5-111 (1); 19 LPRA 1211 (1).

El beneficiario, a su vez, garantiza a todas las partes interesadas que se ha cumplido con las condiciones necesarias del crédito. Esta garantía es adicional a cualquier otra garantía que surja de los capítulos 2, 3, 7 y 8.

Los bancos, ya sea negociador, avisor, confirmador, cobrador o emisor, garantizan que:[45]

1) el garantizador es una persona con derecho a exigir el cumplimiento con el efecto;
2) todas las firmas en el efecto son auténticas y autorizadas;
3) el efecto no ha sido alterado;
4) el efecto no está sujeto a una defensa o reclamo de resarcimiento que pueda interponerse en contra del garantizador;
5) el garantizador no tiene conocimiento de ningún procedimiento de insolvencia en contra del firmante o aceptante o, en el caso de un giro no aceptado, del librador;
6) si es desatendido está obligado a pagar el monto adeudado en el efecto.

Los bancos pueden actuar como *acomodantes* garantizando la indemnización o resarcimiento para inducir la aceptación, pago, negociación o reembolso. Esta garantía es aplicable a defectos en los documentos, pero no a vicio oculto de los bienes, salvo pacto en contrario. El beneficiario tiene un término de diez (10) días para hacer la reclamación, que se llama *aviso de objeción*, la cual se hace a su cedente y este último, a su vez, a *su* cedente, sucesivamente, hasta el término límite de la medianoche del décimo día.[46]

Vicio oculto de la mercancía

Todo emisor (banco) deberá aceptar o pagar sin tener en cuenta si la mercancía o documentos relativos a la misma satisfacen o no los términos del contrato principal de la venta u otra transacción entre el cliente y el beneficiario.[47] El emisor tampoco queda relevado de aceptar o pagar tales giros o requerimientos por razón de una condición general y adicional a los efectos de que los documentos deberán ser a su satisfacción, pero podrá requerir que determinado documento, que se especifique, se presente a su satisfacción.[48]

El tenedor de buena fe

El banco negociador u otro tenedor se puede beneficiar como tenedor de buena fe y le tienen que efectuar el pago al acreedor que también cualifique como tenedor de buena fe.[49]

---

[45] Capítulo 5-111 (2); 19 LPRA 1211 (2);
Capítulo 3-207(a)y(b);19 LPRA 857(a)y(b).

[46] Capítulo 5-113; 19 LPRA 1213.

[47] Capítulo 5-114 (1); 19 LPRA 1214 (1).

[48] *Ibid.*

[49] Capítulo 2-302 (19 LPRA 602); Capítulo 7-502 (19 LPRA 1602); Capítulo 8-302 (19 LPRA 1802); Capítulo 5-115 (2)(a); 19 LPRA 1215 (2)(a).

La regla del tenedor de buena fe que protege al emisor se determina de la faz de los documentos. El deudor podrá realizar el pago aún cuando el cliente le haya notificado la existencia de fraude, falsificación u otro defecto que no surja de la faz del documento. El único que puede impedir el pago es un tribunal de jurisdicción competente.[50]

La *falsificación* o *fraude* (*dolo*) o *fraude en la transacción* (*dolo por inducción*) son defensas personales que no son oponibles a un tenedor de buena fe en las cartas de créditos.[51]

Mora

Todo emisor que ha aceptado o pagado debidamente un giro o requerimiento de pago tendrá derecho al reembolso inmediato (mora instantánea) de todo pago hecho a tenor con el crédito y a que se le pague en fondos efectivos disponibles no más tarde del día anterior al vencimiento de cualquier aceptación hecha a tenor con el crédito.[52]

Daños y perjuicios por incumplimiento de contrato

Cuando el emisor desatiende ilegalmente un giro o requerimiento de pago, el acreedor tiene el derecho de detener la entrega de la mercancía que esté en posesión de un porteador, u otro almacenista o depositario y a revender los bienes con derecho adicional de exigir el pago del giro o requerimiento, más los daños incidentales e intereses, deduciéndose la cantidad obtenida por la reventa, uso o disposición[53] del objeto de la transacción.

Si no se ha podido o querido hacer la reventa, los documentos, mercancías u otros objetos envueltos en la transacción deberán devolverse al emisor al momento del pago, en satisfacción de la sentencia judicial. Éste es el remedio disponible cuando no hay reventa ni otro uso.[54]

Los daños incidentales incluyen cualquier cargo, gasto o comisión comercialmente razonable, incurrida en la detención de la entrega, en la transportación, cuido y custodia de los bienes luego de la infracción, relacionados con la devolución o reventa de la mercancía o de otra manera resultando de dicha infracción.[55]

Derecho a resolver el contrato en caso de incumplimiento

Si el beneficiario acreedor se entera del incumplimiento *antes* de la obtención de los documentos tiene la causa de acción de exigir el cumplimiento específico o rescindir el contrato principal.[56] Pero, si se entera *después* de haber obtenido los documentos, tendrá

[50] Capítulo 5-114 (2)(b); 19 LPRA 1214 (2)(b).

[51] Capítulo 5-114 (2); 19 LPRA 1214 (2).

[52] Capítulo 5-114 (3); 19 LPRA 1214 (3).

[53] Capítulo 5-115 (1); 19 LPRA 1215 (1).

[54] *Ibid.*

[55] *Ibid.*

[56] Capítulo 5-115 (2); 19 LPRA 1215 (2).

un derecho inmediato a ejercitar una acción por *desatención ilegal*, que no es otra cosa que el cumplimiento específico.[57]

Las transferencias y cesiones

Las cartas de créditos no son transferibles a tercero, a menos que expresamente surja de su faz que son cedibles o transferibles.[58]

Si la carta de crédito no expresa el derecho a cederse o transferirse, el beneficiario la puede entregar como un gravamen mobiliario.[59]

Los pagos que se realicen antes de la notificación de cesión firmada son válidos, pero luego de esta notificación los pagos tienen que realizarse al cesionario.[60] El emisor puede rehusar el pago hasta tanto se le muestre la carta de crédito o el aviso de crédito.[61]

Insolvencia del Banco

La ley le confiere un estatus de acreedor preferido al beneficiario sobre los bienes gravados o entregados antes o después de la insolvencia como garantía o para el pago de giros o requerimientos de pago. Cobra con preferencia a los depositantes u otros acreedores comúnes del emisor o banco.[62]

Resguardo de almacén, cartas de porte y otros documentos de títulos

Jurisdicción Primaria

Siempre que exista un tratado o estatuto de los Estados Unidos, estatuto reglamentario de Puerto Rico o tarifa, clasificación o reglamento promulgado o emitido de acuerdo con el mismo, prevalecerá *sobre* esta ley especial, secciones 1401 a 1653.[63]

El Resguardo de almacén y carta de porte

Tanto el resguardo de almacén, la carta de porte, como cualquier otro documento que se consigne con el título *negociable*, son *instrumentos negociables*.

Para que sean negociables el resguardo de almacén, la carta de porte u otro título tienen que establecer:

1) que los bienes habrán de ser entregados al portador o a la orden de una persona designada; o

---

[57] *Ibid.*

[58] Capítulo 5-116 (1); 19 LPRA 1216 (1).

[59] Capítulo 5-116 (2); 19 LPRA 1216 (2).

[60] Capítulo 5-116 (2)(b); 19 LPRA 1216 (2)(b).

[61] Capítulo 5-116 (2)(c); 19 LPRA 1216 (2)(c).

[62] Capítulo 5-117 (1)(a); 19 LPRA 1217 (1)(a).

2) en casos en que así se reconozca en el comercio ultramarino, si es a nombre de una persona designada o sus cesionarios.[64]

Se presume la *no negociabilidad* si la carta de porte designa al consignatario en particular.[65]

Resguardos de almacén

Los almacenistas, que se definen como *aquellas personas dedicadas al negocio de almacenaje de bienes como actividad comercial,*[66] están facultados por esta ley a emitir resguardo de almacén.[67] Se excluye expresamente como almacenistas a aquellas personas que almacenan espíritus destilados y productos agrícolas. A éstos por ley se les exige la prestación de fianza contra remoción, o licencia para la emisión de recibos de la naturaleza de resguardos de almacén. Este recibo emitido por los bienes tendrá el mismo efecto que un resguardo de almacén, a pesar de que lo emite el dueño de los bienes y no un almacenista.[68]

Requisitos formales del resguardo de almacén

La ley confiere libertad y expresamente establece que no tiene que tener forma particular alguna, pero sí tiene que hacerse por escrito para que, de la faz, surja la negociabilidad.[69]

El almacenista responde de los daños que se ocasionan por falta de descripción por escrito o impresa. La información requerida para el relevo de su responsabilidad es:

1) la localización del almacén en el cual están depositados los bienes;

2) la fecha de emisión del resguardo;

3) el número consecutivo del resguardo de almacén;

4) una declaración de si los bienes recibidos serán entregados al portador, a persona específica, o a su orden;

5) la tarifa de depósitos y gastos de manejo, excepto que, cuando los bienes estén depositados bajo un arreglo de almacén de bienes en depósito pignoraticio ("field ward housing"), una declaración de este hecho será suficiente en un resguardo no negociable;

6) la descripción de los bienes o de los bultos que los contiene;

7) la firma del amacenista, que podrá ser la de su agente autorizado;

[63] Capítulo 7-103; 19 LPRA 1403.

[64] Capítulo 7-104(1)(a)(b); 19 LPRA 1404(1)(a)(b).

[65] Capítulo 7-104(2); 19 LPRA 1404(2).

[66] Capítulo 7-102(j); 19 LPRA 1402(j).

[67] Capítulo 7-201(1); 19 LPRA 1451(1).

[68] Capítulo 7-201(2); 19 LPRA 1451(2).

[69] Capítulo 7-202; 19 LPRA 1452.

8) si el recibo se emite por bienes que son propiedad del almacenista, bien sea independiente o en común con otros, el hecho de tal dominio; y

9) una declaración del monto de los anticipos y de las obligaciones contraídas, por las cuales el almacenista reclama un gravamen o gravámenes mobiliarios.[70] Pero si la suma se desconoce se tiene que hacer una declaración a los efectos de que se han hecho anticipos o contraidos obligaciones, y los propósitos de los mismos sin especificar sumas es suficiente.[71]

Responsabilidad por descripción errónea

En casos de responsabilidad por descripción incorrecta de bienes de documentos que no sean carta de porte se aplica la regla de responsabilidad del emisor frente al comprador. Esta responsabilidad se aplica tanto al error en descripción como a la falta de recibo.

El emisor se puede relevar de esta responsabilidad por daños, siempre y cuando especifique que desconoce lo que alegadamente contiene, o por el hecho de que el comprador conoce los bienes.

Esta responsabilidad está subordinada al hecho de que el comprador lo adquiera por valor y que, además, tenga buena fe.[72]

Responsabilidad del almacenista

La responsabilidad por daños del almacenista se mide a base del criterio que un hombre razonablemente cuidadoso ejercería bajo circunstancias similares.[73] Éste es el criterio que tiene que rebatir el dueño de los bienes para poder cobrar los daños por pérdidas, o daños a los bienes causados por el incumplimiento del deber de cuido del almacenista. Salvo pacto en contrario, no responde por los daños provenientes de fuerza mayor, o sea, el almacenista no es un asegurador de los bienes depositados bajo su cuidado.[74]

La cláusula penal por daños.

El almacenista puede fijar el tope de daños que vendría obligado a pagar, en el mismo resguardo o acuerdo de depósito. Los daños pre-acordados pueden ser en base específica por artículo, por partidas o por valor por unidad de peso. Esto establece un tope máximo de daños individualizados. El depositante puede modificar esta partida mediante petición por escrito al firmar el contrato o depósito, o dentro de un período

---

[70] Capítulo 7-209; 19 LPRA 1459.

[71] Capítulo 7-202; 19 LPRA 1452.

[72] Capítulo 7-203; 19 LPRA 1453.

[73] Capítulo 7-204(1); 19 LPRA 1454(1).

[74] *Ibid.*

razonable con posterioridad al recibo del resguardo de almacén. La responsabilidad podrá incrementarse respecto a todos o parte de los bienes, lo que le permite al almacenista cobrar tarifas incrementadas, pero no se permite el incremento por parte del depositante si existe la cláusula penal o limitación legal sobre topes de daños.[75]

Es interesante que la ley le da un interés especial a los daños provenientes de apropiación indebida pero no se pueden limitar los daños y toda renuncia se tiene por no puesta.[76]

Las reclamaciones por daños pueden estar reglamentadas en el resguardo de almacén o tarifa, el cual puede disponer el tiempo y la manera en que se tienen que incoar para pedir los daños, pero el criterio legal para estas limitaciones es que tienen que ser razonables.[77]

Responsabilidad del comerciante almacenista

Un comprador, que es un comerciante en el curso ordinario de negocios de bienes fungibles vendidos y entregados por un almacenista, que a su vez está también en el negocio de comprar y vender tales bienes, no puede establecer reclamación bajo el resguardo de almacén aunque el mismo se haya negociado debidamente. Ésta es una regla que regula la responsabilidad de comerciantes frente a comerciantes que es almacenista.[78]

Opción del almacenista de terminar el depósito

El almacenista, una vez se vence el término del depósito o cuando el término es uno sin fecha de vencimiento, podrá, mediante notificación al depositante o al tercero con derechos adquiridos, requerirle que remueva los bienes. Si es a término, puede actuar inmediatamente luego del vencimiento, pero si no tiene fecha de vencimiento tiene que dar un término de treinta (30) días para su retiro. El retiro está sujeto al pago de todo cargo y gasto de remoción, previo a la entrega de los bienes. De no realizarse tal retiro, el almacenista puede ejecutar y vender los bienes. Esta venta puede ser pública o privada, global o en partidas, en cualquier lugar o tiempo y bajo cualesquiera términos comerciales razonables, luego de notificación a todas las partes con derechos reclamados sobre los bienes que sean conocidos. El precio tiene que ser precio corriente en tal mercado.[79]

La ley le confiere un derecho al almacenista que de buena fe cree que los bienes se están deteriorando o menguando en valor a menos del valor de su gravamen dentro del término provisto por la notificación anterior. Éste puede establecer períodos más cortos

[75] Capítulo 7-204(2); 19 LPRA 1454(2).

[76] *Ibid.*

[77] Capítulo 7-204(3); 19 LPRA 1454(3).

[78] Capítulo 7-205; 19 LPRA 1455.

[79] Capítulo 7-206(1); 19 LPRA 1456(1).

para la remoción, y si no son removidos dentro de estos términos perentorios, podrá venderlos en una venta pública que se celebrará no antes de una semana después de un anuncio o aviso publicado. Este remedio es para que el almacenista pueda proteger el valor de su gravamen.[80]

El objeto peligroso dado en depósito

Si el almacenista reconoce la peligrosidad de los bienes dados en depósito al momento del depósito, y esta peligrosidad es respecto a otras propiedades o al almacén o a persona, el almacenista podrá venderlos en venta pública o privada sin publicación, siempre que dé notificación razonable a las personas que tengan reclamos conocidos respecto a los bienes. Si el almacenista no puede disponer de los mismos después de un esfuerzo razonable, podrá disponer de ellos de cualquier manera legal y no incurrirá en responsabilidad por razón de tal disposición.[81]

El procedimiento de venta explicado primero, respecto a los artículos normales, y luego a los peligrosos, se rigen por la regla de que si la persona con derecho requiere la entrega en cualquier momento luego de iniciarse el procedimiento de ejecución, pero antes de la venta, deberán entregársele los bienes, previo el pago de cargos y remoción.[82]

Si la venta se realiza por una cantidad mayor del gravamen del almacenista, el exceso de valor tiene que ser retenido pendiente a que su dueño lo requiera.[83] La ley no permite el enriquecimiento injusto.

Los bienes deben ser mantenidos separados en el almacén, de acuerdo con el resguardo, de forma tal que permita la identificación y entrega de los bienes, a menos que los lotes de bienes fungibles puedan ser mezclados.[84]

Responsabilidad mancomunada

El almacenista responde en forma mancomunada por la propiedad perteneciente a más de un dueño. Ésta responsabilidad es de acuerdo a su participación y también se extiende a los tenedores de bienes que se hayan emitido en exceso de los bienes fungibles disponibles.[85]

---

[80] Capítulo 7-206(2); 19 LPRA 1456(2).

[81] Capítulo 7-206(3); 19 LPRA 1456(3).

[82] Capítulo 7-206(4); 19 LPRA 1456(4).

[83] Capítulo 7-206(5); 19 LPRA 1456(5).

[84] Capítulo 7-207(5)(1); 19 LPRA 1457(5)(1).

[85] Capítulo 7-207(5)(2); 19 LPRA 1457(5)(2).

Resguardo de almacén alterados

La responsabilidad del almacenista en aquellos casos de alteración del resguardo de almacén presenta dos tipos de reglas. En caso de que el resguardo de almacén tenga algún espacio en blanco que luego se llena con una *inserción no autorizada,* es una defensa personal que sólo afecta a aquél que tenía conocimiento de dicha inserción. Por el contrario, al tercero de buena fe que compra por valor y sin conocimiento de la inserción no autorizada, no le perjudica la defensa. Para ese tercero de buena fe es una *inserción autorizada.*

Por el contrario, se llama *defensa real* aquélla que afecta a todo comprador, sea o no de buena fe, cuando se trata de la alteración de lo previamente escrito. Esta alteración es una *pro-tanto,* lo que significa que el resguardo exigible contra el emisor, de acuerdo con sus términos originales.[86]

Gravamen del almacenista

La ley le confiere un crédito preferido al almacenista, sobre los bienes dados en depósito que garantizan el pago del cargo de depósito y transportación, incluyendo cargos por sobrestadía y del terminal, seguro, labor o cargo presentes o futuros respecto a los bienes, gastos necesarios para la preservación de los bienes o aquéllos en que razonablemente se incurra en su venta de acuerdo con la ley. Este gravamen se extiende a otros bienes del mismo depositante si no ha satisfecho los pagos sobre los primeros. Este tipo de gravamen no se puede oponer sobe un tercero que haya recibido por negociación los segundos bienes dados en depósito. El gavamen se limitará a cargos en el monto o al tipo especificado en el recibo o, si no se especifican tales cargos, a cargos razonables por el depósito de los bienes cubiertos por el recibo con posterioridad a la fecha del recibo.[87] Si el almacenista ha pactado que va a realizar desembolso de dinero y lo realiza, tanto este desembolso como sus intereses gravan los bienes mobiliarios.[88]

Este gravamen se extiende a los bienes dados en prenda. Afecta los bienes, aunque luego sean transferidos a un comprador de buena fe.[89]

La regla del gravamen sobre bienes del hogar está sujeta al requisito legal de que el depositante tenga la posesión legal de los bienes al momento del depósito, pero no son oponibles en contra de su verdadero dueño, cuando el que lo deposita no tiene la posesión legal.[90]

---

[86] Capítulo 7-208; 19 LPRA 1458.

[87] Capítulo 7-209(1); 19 LPRA 1459(1).

[88] Capítulo 7-209(2); 19 LPRA 1459(2).

[89] Capítulo 7-209(3)(a); 19 LPRA 1459(3)(a).

[90] Capítulo 7-209(3)(b); 19 LPRA 1459(3)(b).

Pérdida del gravamen del almacenista

El almacenista tiene un gravamen sobre los bienes en su posesión. Una vez lo entrega voluntariamente, o rehusa entregarlo injustificadamente, pierde el gravamen.[91]

Ejecución del gravamen del almacenista

El gravamen del almacenista se ejecuta por venta pública, pero la ley presenta un cambio innovador al permitir que también se pueda realizar por venta privada. Otro cambio significativo es que la venta puede ser global o en partidas, en cualquier lugar y no tiene que ser en el tribunal, no tiene que ser en un tiempo específico y puede ser realizada bajo cualesquiera términos comercialmente razonables, luego de notificación a todas las personas con derechos reclamados sobre los bienes que sean conocidos.

Elementos básicos de la notificación

La notificación requiere unos elementos básicos y éstos son:

1) declaración del monto adeudado;

2) la naturaleza de la propuesta venta; y

3) la fecha y lugar de cualquier venta pública cuando no se opta por la venta privada.

El término comercialmente razonable no se violenta por la alegación o prueba de que pudo haberse obtenido un mejor precio mediante una venta en una fecha distinta o utilizando un método distinto del seleccionado por el almacenista. Pero sí responde por daños si no cumple con una venta en la manera usual en un mercado reconocido de los mismos. Si lo vende al precio corriente en tal mercado al momento de su venta, o si de otro modo vende de conformidad con prácticas comercialmente razonables entre comerciante en la clase de bienes vendidos, habrá vendido de una manera comercialmente razonable.[92]

Venta de bienes en exceso

Cuando el almacenista vende bienes en exceso de los necesarios para satisfacer su gravamen, responde en daños por no ser esta venta comercialmente razonable.

La única defensa de los daños es que los vendió en la manera usual en el mercado reconocido de los mismos, era el precio vigente al momento de su venta o que los vendió conforme a las prácticas comerciales razonables entre comerciantes que se dedican a este tipo de bienes.[93]

---

[91] Capítulo 7-209(4); 19 LPRA 1459(4).

[92] Capítulo 7-210(1); 19 LPRA 1460(1).

[93] *Ibid.*

Ejecución de bienes de un no comerciante

La ley distingue en la ejecución de gravamen entre comerciantes y el depósito de una persona común que no deposita los bienes en el curso de un negocio.

El procedimiento es uno más formal y oneroso, y requiere:

1) La notificación a toda persona con derecho conocido sobre los bienes. Esta notificación debe cumplir con los requisitos de identificar los bienes y prueba del recibo de la notificación.
2) La notificación puede diligenciarse personalmente o enviarse por correo certificado o registrado a la última dirección conocida de la persona a ser notificada. Si se compara la regla de notificación por edicto en un periódico de circulación general y el envío por correo certificado con acuse de recibo, el Código de Comercio adopta la norma más rápida y menos onerosa de la notificación solamente por correo.
3) La notificación tiene que cumplir con unos requisitos para que sea válida:

a) declaración desglosada de la reclamación.

b) descripción de los bienes sujetos al gravamen.

c) reclamo de pago; la ley establece que se le tiene que dar un término no menos de 10 días para pagar y de esta forma impedir la venta en ejecución. Este término comienza su conteo desde el recibo de la notificación.

d) Si no paga, entonces se hará otra notificación de venta de los bienes y se tiene que vender solamente en subasta en la fecha y lugar especificado.

Dentro de nuestro sistema de Derecho tiene que ser subasta pública celebrada por un alguacil de un tribunal competente y la notificación es por edictos del Mandamiento de Ejecución de Sentencia en Cobro de Dinero que dicte un juez competente.

4) La venta deberá conformar con los términos de la notificación.
5) La venta deberá efectuarse en el lugar apropiado más cerca al sitio en el cual se tiene o están almacenados los bienes.

   Esta regla es una que sigue la jurisdicción *in rem*, lo que le da jurisdicción al tribunal en el lugar que están los bienes. No es la jurisdicción en persona del domicilio del deudor. Esta regla es beneficiosa para el almacenista.

6) El anuncio de la venta tiene que hacerse mediante publicación una vez por semana durante dos semanas consecutivas en un periódico de circulación general en el lugar donde se habrá de celebrar la venta. Este anuncio debe incluir una descripción de los bienes, el nombre de la persona por cuenta de quien se tienen, el sitio y la fecha de la venta. Ésta tiene que celebrarse dentro de los quince (15) días después de la primera publicación. Si no hay periódicos de circulación en el lugar de la venta, se fija el aviso de venta en seis (6) lugares conspicuos en la vecindad del sitio de la propuesta venta, por lo menos diez (10) días antes de la misma.[94]

---

[94] Capítulo 7-210(2); 19 LPRA 1460(2).

Es interesante que la ley permite que el almacenista pueda comprar los bienes.[95] No se le aplican los impedimentos para adquirir que tiene el abogado, el juez, el albacea o el administrador, quienes no pueden comprar los bienes por ley. Esta disposición nos preocupa en los casos de venta privada, pues podría prestarse para que el almacenista se enriquezca a expensas del depositante que no ha podido pagar, pero no así del depositante que no es comerciante, el cual está protegido por el requisito de venta pública mediante subasta.[96]

El tercero de buena fe

El comprador de buena fe, de los bienes vendidos para ejecutar el gravamen del almacenista, recibe los bienes libres de los derechos de personas contra las cuales el gravamen es válido. Esto es así aunque el almacenista cometa dolo o no cumpla con la sección de la ley sobre ejecución.[97] Si el precio de venta excede el gravamen, le corresponde al almacenista, y no al comprador, retener el exceso para entregarlo a la persona a quien hubiera estado obligado a entregar los bienes.[98]

Cláusula de salvedad

La ley comercial sigue el principio de proteger al acreedor sobre el deudor. No solamente mediante esta ley especial le confiere una serie de derechos al acreedor, sino que, además, le salva y le da en adición hasta otros derechos provistos por ley que benefician al acreedor contra su deudor presente o futuro.[99] Con la imposición de daños en el caso de falta de cumplimiento con los requisitos de la sección de ejecución, responde además por los daños ocasionados intencionalmente y de apropiación indebida.[100]

Cartas de porte

El emisor le responde al consignatario por una carta de porte, aunque ésta sea *no* negociable. Si el consignatario confía en la descripción de los bienes contenidos en la misma, o en la fecha especificada en la misma, los daños recobrables son: por error en la fecha, falta de recibo o descripción errónea. La única defensa es que el emisor de antemano indique que no conoce si todo o parte de los bienes han sido recibidos, o conforman con la descripción. La propia ley nos da algunos ejemplos de frases que constituyen *notificación de desconocimiento*: "contenido y condición del contenido del bulto desconocido",

[95] Capítulo 7-210(4); 19 LPRA 1460(4).

[96] Capítulo 7-210(2)(c); 19 LPRA 1460(2)(c).

[97] Capítulo 7-210(5); 19 LPRA 1460(5).

[98] Capítulo 7-210(6); 19 LPRA 1460(6).

[99] Capítulo 7-210(7); 19 LPRA 1460(7).

[100] Capítulo 7-210(9); 19 LPRA 1460(9)

"alegadamente tiene", "peso, carga y costeo del embarcador", pero tiene que probar que tal advertencia es cierta.[101]

Esta salvedad de responsabilidad no beneficia al emisor que es un porteador público, quien tiene que contar los bultos de bienes, determinar la cantidad o clase, si es carga a granel.[102] De igual forma responde el embarcador que provee al emisor facilidades para pesar la carga a granel.[103]

El emisor no responde por los daños provenientes del manejo impropio.[104]

Garantía del embarcador

El embarcador garantiza al emisor la veracidad, al momento de embarque, de la descripción, marcas, etiquetas, número, clase, cantidad, condición y peso, según suplida por éste. Le responde por inexactitud de un lote particular. Rige la regla de la fuente colateral de responsabilidad, pero no es deducible ninguna partida adicional al daño que se pueda cobrar bajo el contrato de transporte para con cualquier persona que no sea el embarcador.[105]

Carta de porte corrido

La carta de porte corrido se refiere a aquel transporte donde interviene más de un porteador o agente. El hecho de que intervenga un intermediario no rompe la línea de responsabilidad. El intermediario que no ha contratado directamente, por el hecho de intervenir, le responde a toda persona con derecho a recuperar bajo el documento por el incumplimiento por tales otras personas o por el mismo como intermediario. Estamos frente a una responsabilidad solidaria por daños. La responsabilidad solidaria solamente se permite que se varíe por contrato en los transportes en ultramar o en un territorio que no sea contiguo a los Estados Unidos continentales, como es el caso de Puerto Rico, en asuntos que no sean de transportación.[106]

Cartas de porte en formularios de copias múltiples

La ley prohibe que se expidan cartas de porte en formulario de copias múltiples, a menos que sea costumbre en el transporte ultramarino,[107] pero si se hacen las copias tienen que estar enumeradas y expresa que es válida únicamente si los bienes no han sido

---

[101] Capítulo 7-301(1); 19 LPRA 1501(1).

[102] Capítulo 7-301(2); 19 LPRA 1501(2).

[103] Capítulo 7-301(3); 19 LPRA 1501(3).

[104] Capítulo 7-301(4); 19 LPRA 1501(4).

[105] Capítulo 7-301(5); 19 LPRA 1501(5).

[106] Capítulo 7-302(1); 19 LPRA 1502(1).

[107] Capítulo 7-304(1); 19 LPRA 1504(1).

[108] Capítulo 7-304(2); 19 LPRA 1504(2).

entregados contra otra de las partes del formulario. La totalidad es una carta de porte. La regla que se sigue es la de *Primero en tiempo, primero en Derecho, si* media la *buena fe.*[109] La responsabilidad del que negocia una copia le garantiza al tomador como si esa copia fuera el formulario completo.[110]

El depositario tiene que hacerle entrega de los bienes al primero que le presente una copia de la carta de porte en formulario de copias múltiples librada legalmente, en aquellos casos en que por ley se permitan por ser acostumbrado en el transporte ultramarino, pero no en los Estados Unidos.[111]

Cartas de porte de destino

La carta de porte no tiene que ser emitida al consignador en el lugar de embarque. El consignado puede solicitar que la carta de porte se emita en el destino o en cualquier otro lugar designado en la solicitud.[112] Si alguna persona, con mayor derecho al control de los bienes en tránsito que el porteador, requiere que le entregue carta de porte vigente sin otro recibo que cubra tales bienes, el emisor podrá procurar una carta de porte sustituta en cualquier lugar designado en la solicitud.[113]

Carta de porte alterada

En los casos de alteración de la carta de porte, ya sea por alterar lo escrito o alteración por compleción de un espacio en una carta, aplica la regla de la obligación con sus términos originales.[114]

Negociación de resguardos y carta de porte

La carta de porte y el resguardo de almacén son títulos negociables a la orden. Necesitan endoso y entrega. Cuando se endosa *en blanco* o *al portador* se convierte el documento en uno al portador y se negocia mediante la entrega sin endoso.[115] Si es a la orden y se entrega a la persona designada, es como si se hubiera negociado.[116] La negociación de un documento a la orden requiere endoso, más entrega, para que exista la negociación.[117]

---

[109] Capítulo 7-304(3); 19 LPRA 1504(3).

[110] Capítulo 7-304(4); 19 LPRA 1504(4).

[111] Capítulo 7-304(1)(5); 19 LPRA 1504(1)(5).

[112] Capítulo 7-305(1); 19 LPRA 1505(1).

[113] Capítulo 7-305(2); 19 LPRA 1505(2).

[114] Capítulo 7-306; 19 LPRA 1506.

[115] Capítulo 7-501(1); 19 LPRA 1601(1).

[116] Capítulo 7-501(2)(b); 19 LPRA 1601(2)(b).

[117] Capítulo 7-501(3); 19 LPRA 1601(3).

Negociación debidamente

Se entiende que ha mediado *negociación debidamente* cuando la negociación del instrumento negociable es expresa y un tenedor lo compra de buena fe y sin aviso de defensa o reclamación y por valor. No se negocia en forma expresa cuando la negociación no se realiza en el curso ordinario de los negocios o financiamiento o cuando se entrega en transacción o satisfacción de una obligación pecuniaria, o sea, en dación en pago.[118] El endoso de un documento no negociable no lo hace negociable ni añade derecho alguno al que lo reciba.[119] La designación de una persona para el aviso de arribo de los bienes en la carta de porte negociable no limita la negociabilidad de la carta de porte ni constituye aviso, a un comprador de la misma, de que tal persona tiene un derecho sobre los bienes.[120]

Derechos adquiridos por negociación debida

Se adquiere título de propiedad sobre el documento y sobre los bienes y, además, todos los derechos provistos por la ley de mandato o impedimiento, incluyendo derechos entregados al depositario con posterioridad a la emisión del documento. Y lo recibe libre de toda defensa o reclamación, excepto las que surjan de los términos del documento o de las disposiciones de este capítulo.[121]

Saneamiento

El emisor, mediante la negociación, incurre en la obligación de retener o entregar los bienes de acuerdo con los términos del documento libre de toda defensa o reclamación, excepto las que surjan de los términos del documento o de la ley.[122]

Esta obligación de saneamiento obliga al emisor y no puede invocar la defensa de falsa representación, fraude, accidente, error, coacción, pérdida, robo o apropiación ilegal, ni que existe venta previa a tercero.[123]

El paraguas ("Shelter")

Es interesante que en los casos de la carta de porte se le aplica la misma protección al cesionario de documentos *negociables* o *no negociables*, que se establece en la Ley de Instrumentos Negociables. Si media la entrega de carta de porte a la orden, sin endoso, no es negociación debidamente. Adquiere el título de propiedad y los derechos que tenía su cedente por subrogación.[124]

---

[118] Capítulo 7-501(4); 19 LPRA 1601(4).

[119] Capítulo 7-501(5); 19 LPRA 1601(5).

[120] Capítulo 7-501(6); 19 LPRA 1601(6).

[121] Capítulo 7-502(1)(a)(b)(c); 19 LPRA 1602(1)(a)(b)(c).

[122] Capítulo 7-502(1)(d); 19 LPRA 1602(1)(d).

[123] Capítulo 7-502(2); 19 LPRA 1602(2).

[124] Capítulo 7-504(1); 19 LPRA 1604(1).

Al documento no negociable se le pueden anular los derechos antes del aviso de transferencia al depositario, por acreedores del cedente con derecho a anular. Además, se podrían anular antes de la entrega de los bienes. Esto sería *rescisión por fraude de acreedores*.[125] En el caso de doble venta, el comprador que adquirió del cedente en el curso ordinario de los negocios y ha recibido los bienes sin aviso previo, recibe los bienes libres de reclamo.[126]

Insolvencia y pago a plazo

Si el comprador adviene en estado de insolvencia antes de la entrega de los bienes, el vendedor puede detener la entrega de éstos. Asimismo, si el comprador repudia el contrato, el vendedor puede detener la entrega. También, cuando la obligación de pago es a plazos y deja de pagar un plazo a su vencimiento.[127]

Responsabilidad por endoso

El endosante de una carta de porte no garantiza el cumplimiento del depositario o del endosante previo. Equivale a un endoso sin recurso.[128]

Entrega sin endoso

Cuando se cede una carta de porte negociable a la orden sin endoso, el cesionario puede compeler al cedente a que efectúe el endoso, y a partir de la fecha del endoso es que la cesión constituye negociación.[129]

Garantía en la negociación

La garantía por negociación o traspaso obliga al vendedor solamente con el comprador inmediato, únicamente en cuanto a que el documento es genuino, que no tiene conocimiento de un hecho que afectaría su validez o valor y que la transferencia del documento y de los bienes es legal y totalmente efectiva respecto a título sobre el documento y los bienes que representa.[130]

---

[125] 31 LPRA 3492(3).

[126] Capítulo 7-504 (2)(a)(b); 19 LPRA 1604(2)(a)(b).

[127] Capítulo 7-504(5); 19 LPRA 1604(5).

[128] Capítulo 7-505; 19 LPRA 1605.

[129] Capítulo 7-507; 19 LPRA 1607.

[130] *Ibid.*

Garantía del banco cobrador

El banco cobrador es otro intermediario. Solamente garantiza buena fe y autoridad para entregar el documento.[131]

Resguardo o carta de porte: cuándo existe cumplimiento adecuado con contrato comercial

Para determinar si un documento satisface adecuadamente las obligaciones bajo un contrato de venta, deberá remitirse a las disposiciones aplicables del Ap. I del Título 10 y de las secciones 1 y siguientes del Título 31. La determinación en cuanto a si un documento satisface adecuadamente las condiciones de un crédito se regirá por el Capítulo sobre cartas de crédito.[132]

Documentos perdidos

La ley establece un procedimiento judicial para la emisión de documentos sustitutos, ya sean o no negociables. Se le tiene que acreditar que el documento se ha perdido, robado o destruido, luego de lo cual el tribunal ordenará la entrega de los bienes o la emisión de un documento sustituto y el depositario podrá cumplir con tal orden sin responsabilidad a persona alguna. Sea negociable o no el documento, el tribunal podrá exigir la prestación de fianza para garantizar la indemnización a cualquier persona que sufra una pérdida como resultado de la ausencia de entrega del documento El tribunal también podrá, a su discreción, ordenar el pago al depositario de sus costas y gastos legales razonables.[133] El depositario que entrega los bienes sin documento le responde por daños a los terceros que tengan el documento, pero si lo entrega sin buena fe se le agrava la situación y responde por daños y, además, por apropiación ilegal.

El depositario, para protegerse al entregar los bienes, puede exigirle al que lo reclama la prestación de fianza por el doble del valor de los bienes para responderle a cualquier persona que sufra daños. El que sufra daños tiene que notificar su reclamación dentro del año siguiente a la entrega.[134]

Embargo de bienes cubiertos por documento negociable

Si un tribunal ordena el embargo o confiscación de bienes en depósito y alguien compra el documento por valor sin aviso del proceso o mandamiento judicial, lo toma libre del gravamen impuesto por el proceso judicial. Esta regla persigue dar seguridad en los negocios comerciales y facilitar la negociación de los documentos negociables.[135]

---

[131] Capítulo 7-508; 19 LPRA 1608.

[132] 19 LPRA 1201 a 1217.

[133] Capítulo 7-601(1); 19 LPRA 1651(1).

[134] Capítulo 7-601(2); 19 LPRA 1651(2).

[135] Capítulo 7-602; 19 LPRA 1652.

Reclamos conflictivos, procedimientos para obligar a reclamantes adversos a litigar

Las reglas de procedimiento civil establecen el "interpleader", o sea, obligan a personas que tienen derechos en conflicto a litigar entre sí para establecer quién tiene mejor derecho. La ley comercial adopta esta norma y, en el caso de que dos o más personas reclamen la entrega, queda excusado de la entrega hasta tanto se realicen las reclamaciones adversas o se traiga una acción para obligar a los reclamantes a que litiguen entre sí. Y podrá compeler el depositario tal acción al momento que sea demandado, como defensa contra una acción por falta de entrega de los bienes o como acción original, lo que sea apropiado.[136]

Valores de inversión

Definición de Valores Activos Financieros

La Ley de Valores de Inversiones define el valor de inversión como una acción o participación dominical similar emitida por una corporación, fideicomiso comercial, compañía por acciones o entidad similar. Esta acción o participación constituye un valor.[137] Además, una acción en una compañía de inversión es un valor. Se define el término "acción en una compañía de inversión" como una acción o participación dominical similar emitida por una entidad registrada como una compañía de inversiones bajo la legislación federal o de Puerto Rico que las gobierna, una participación en un fideicomiso de inversión por unidades igualmente registradas, o un certificado con valor nominal emitido por una compañía emisora de certificado con valor nominal igualmente registrada. Se excluyen expresamente las pólizas de seguros, pólizas dotales o anualidades que emite una compañía de seguro. Esto es para que se le pague solamente al beneficiario designado en la póliza y no a terceros.[138]

Valores de corporaciones privadas

Las corporaciones privadas son entidades comerciales de responsabilidades limitadas. Para poder vender sus valores bajo esta ley, tienen que estar registradas para que se negocie o intercambie en la Bolsa o Mercado de Valores. Además del valor tiene que expresar en forma clara que es un valor regido por la Ley de Valores de Inversión o que sea una acción en una compañía de inversión. La ley permite que los valores de las corporaciones o sociedad con responsabilidad limita constituya un activo financiero sin estar en la bolsa o mercados de valores, si el activo financiero se mantiene en una cuenta de valores.[139]

---

[136] Capítulo 7-603; 19 LPRA 1653.

[137] Capítulo 8-103 (a);19 LPRA 1703 (a).

[138] Capítulo 8-103 (b);19 LPRA 1703 (b).

[139] Capítulo 8-103 (c);19 LPRA 1703 (c).

Instrumentos negociables

Los pagarés y las letras de cambio no constituyen valores de inversiones. Pero sí constituyen un activo financiero si se mantienen en una cuenta de valores.[140]

Corporación de compensación

Las corporaciones de compensación son una de las intermediarias de valores.[141] Cuando estas corporaciones de compensación emiten una opción u obligación similar a favor de sus participantes no constituye un valor, pero sí un activo financiero.[142]

Adquisición de valor, activo financiero o participación

Para que una persona pueda adquirir un valor, activo financiero o participación tiene que mediar la entrega.[143] La entrega ocurre cuando el comprador adquiere la posesión del certificado de valor. Esta posesión no la tiene que tener el comprador, la puede adquirir a través del mandatario o comisionista que no sea intermediario de valores.[144] Para que el intermediario de valores adquiera la posesión a nombre del comprador, necesita que el certificado esté en forma registrada y haya sido endosado válidamente y especialmente a nombre del comprador.[145]

La entrega de un valor sin certificado a un comprador tiene el requisito de que el emisor registre al comprador como dueño. Esta registración tiene que realizarse en la emisión original o en el registro de la transferencia.[146]

La regla de la adquisición de valor sin certificado a nombre de otro que es el comprador se efectúa a través de un mandatario o comisionista que no es intermediario de valores. Se tiene que inscribir previamente a nombre del mandatario o comisionista para que éste se convierta en dueño registrado, y en esta inscripción se reconoce que lo posee en nombre del comprador.[147]

Cuenta de valores

La entrega a nombre del comprador puede realizarse a través de una cuenta de otra persona que se utiliza para acreditar el derecho del comprador sobre el activo financiero.[148]

---

[140] Capítulo 8-103(d);19 LPRA 1703(d).

[141] Capítulo 8-102(14)(i);19 LPRA 1702(14)(i).

[142] Capítulo 8-103(e);19 LPRA 1703 (e).

[143] Capítulo 8-104(a)(1);19 LPRA 1704(a)(1) y también Capítulo 8-301;19 LPRA 1801.

[144] Capítulo 8-301 (a)(2);19 LPRA 1801 (a)(2).

[145] Capítulo 8-301 (a)(3);19 LPRA 1801 (a)(3).

[146] Capítulo 8-301 (b)(1);19 LPRA 1801 (b)(1).

[147] Capítulo 8-301 (b)(2);19 LPRA 1801 (b)(2).

[148] Capítulo 8-501 (a);19 LPRA 1801 (a).

Derecho que grava un activo financiero

Una persona puede adquirir un activo financiero, distinto a un valor o participación en el mismo, mediante la adquisición de un derecho a un valor respecto al activo financiero.[149] El derecho a un valor se define como el conjunto de derechos y participaciones dominicales que posee un tenedor de derecho con relación a un activo financiero identificado en el sub-capítulo 5, Derecho a Valores.[150] El derecho le confiere la posesión en concepto de dueño.[151]

Aviso de reclamo adverso

El aviso de reclamo adverso existe si la persona tiene conocimiento de su existencia,[152] o sea, la teoría de la *notificación expresa*. También existe la *notificación tácita*, cuando se percata de hechos suficientes que indiquen la probabilidad significativa de que exista un reclamo adverso y deliberadamente evita o rechaza información que establecería la existencia del reclamo adverso, teoría de la *notificación constructiva*.[153] Ésta es la doctrina de la actuación negligente o culposa, que se aplica si la persona tiene una obligación impuesta por ley o reglamento de investigar si existe o no un reclamo adverso. La investigación así requerida establecería la existencia del reclamo adverso.[154]

El conocimiento de que un activo financiero o participación en el mismo es o ha sido transferido por un representante no impone la obligación de investigar la legitimidad de la transacción ni constituye aviso de un reclamo adverso. En el caso de que conozca que el mandatario o comisionista, que la ley designa como representante, está violando su deber fiduciario y utiliza el valor para su beneficio personal o de otra forma viola su deber, esto sí le impone obligación de investigar y, además, constituye aviso de un reclamo adverso.[155]

Incumplimiento de contrato

Los valores pueden ser expedidos como documento accesorio a una obligación principal. Por ejemplo, una persona que compra a plazos un inmueble expide un pagaré hipotecario garantizado con el propio inmueble. Si no se efectúa el pago, este hecho o evento crea el derecho a exigir el cumplimiento inmediato de la obligación principal representada por un certificado de valor, o que se establezca un plazo para redención o intercambio. Si no se realiza en la fecha pactada, no constituye aviso de un reclamo adverso, excepto cuando la transferencia ocurra más de un año después de la fecha establecida

---

149 Capítulo 8-104(a)(b);19 LPRA 1704(a)(b)

150 Capítulo 8-102(b)(17);19 LPRA 1702(b)(17).

151 Capítulo 8-104(c);19 LPRA 1704(c).

152 Capítulo 8-105(a)(1);19 LPRA 1705(a)(1).

153 Capítulo 8-105(a)(2);19 LPRA 1705(a)(2).

154 Capítulo 8-105(a)(3);19 LPRA 1705(a)(3).

155 Capítulo 8-105(b);19 LPRA 1705(b).

para su presentación y para redención o intercambio;[156] o seis (6) meses después de la fecha establecida para el pago a la presentación o a la entrega del certificado, si el dinero para el pago está disponible en tal fecha.[157]

Presunción de aviso de reclamo

La ley presume que se ha dado aviso de reclamo, si está en forma registrada o al portador, ha sido endosado "para cobro" o "para entrega" o para algún otro propósito que no sea su transferencia,[158] o está en forma al portador y contiene una declaración inequívoca de que pertenece a otra persona que no es su transferente. El hecho de que se escriba meramente un nombre en el certificado no constituye tal declaración.[159]

Control

La ley establece que solamente hay control de un certificado en forma al portador si tiene la posesión.[160] Pero se requiere la entrega del valor con certificado. Además, el certificado tiene que estar endosado *a la orden* o *en blanco*, o el certificado estar registrado a nombre del comprador en la emisión original o en el registro de la transferencia hecha por el emisor.[161]

Validez del endoso

La persona adecuada para realizar el endoso es la persona que aparece como endosatario designado con un derecho al valor.[162] El dueño registrado de un valor sin certificado es quien tiene que hacer el endoso. Quien debe endosar el requerimiento de derecho es el tenedor del derecho. En caso de muerte del dueño del derecho, el endoso tiene que ser realizado por el heredero o el albacea testamentario. Si es incapaz, la persona adecuada es su tutor.[163]

Endoso, instrucción o requerimiento de derecho

El *endoso* se define como *la firma* que se hace, ya sea *en blanco*, es decir, una firma sola, o *a la orden*, es decir, acompañada de otras palabras con las que se pueda designar al

[156] Capítulo 8-105(c)(1);19 LPRA 1705(c) (1).

[157] Capítulo 8-105(c)(2);19 LPRA 1705(c) (2).

[158] Capítulo 8-105(d)(1);19 LPRA 1705(d)(1).

[159] Capítulo 8-105(d)(2);19 LPRA 1705(d)(2).

[160] Capítulo 8-106(a);19 LPRA 1706(a).

[161] Capítulo 8-106 (b)(1) y (2);19 LPRA 1706 (b)(1) y (2).

[162] Capítulo 8-107(a)(1);19 LPRA 1707(a)(1).

[163] Capítulo 8-107(a);19 LPRA 1707(a).

endosatario. Se puede endosar el certificado de valor en forma registrada o en un documento separado para ceder, transferir o redimir, o para otorgar autoridad para ceder, transferir o redimir, el valor.[164]

La "instrucción" es una comunicación al emisor de un valor sin certificado para que registre la transferencia de un valor o para que redima el mismo.[165]

El "requerimiento de derecho" es una comunicación que instruye al intermediario de valor a transferir o redimir un activo financiero sobre el cual un tenedor de derecho tiene derecho.[166]

Para que el endoso, instrucción o requerimiento de derecho sea valido tiene que ser hecho por la persona *adecuada*, mandatario o comisionista [representante] con autoridad; o, si lo hace una persona *no adecuada* y la persona adecuada lo *ratifica*.[167]

El Endoso, instrucción o requerimiento de derecho hecho por representante

La ley es sorprendente al declarar que es válido el endoso, o instrucción o requerimiento de derecho hecho por un representante, aunque éste se aparte de las instrucciones del mandato. En casos de incapaces y menores, que se requiere la aprobación previa judicial de la transacción, aunque no la obtenga también es válido.[168] Es, además, válido el endoso, instrucción o requerimiento de derecho que realice el representante, o el uso que haga del producto de la transacción, aunque viole de otra manera un deber.[169] La política de la ley es dar seguridad en la transacción a tercero que recibe el valor.

Endoso realizado después de cesar como representante

Si un valor está registrado a nombre de un representante, o endosado especialmente a nombre de éste, o se mantiene una cuenta de valores a nombre de esa persona, *será válido* el endoso, instrucción o requerimiento de derecho hecho por el representante, aunque haya cesado como tal, ya sea por renuncia o despido o cualquier otro motivo.[170]

---

[164] Capítulo 8-102(11);19 LPRA 1702(11).

[165] Capítulo 8-102(12);19 LPRA 1702(12).

[166] Capítulo 8-102(8);19 LPRA 1702(8).

[167] Capítulo 8-107(b);19 LPRA 1707(b).

[168] Capítulo 8-107(c)(1);19 LPRA 1707(c)(1).

[169] Capítulo 8-107(c)(2);19 LPRA 1707(c)(2).

[170] Capítulo 8-107(d);19 LPRA 1707(d).

Validez de endoso, instrucción o requerimiento de derecho

La validez del endoso, la instrucción o requerimiento de derecho se determina a la fecha en que se hizo y un cambio posterior en las circunstancias no los invalida.[171]

Garantía del tenedor directo

El tenedor es quien tiene el derecho de valor o el poseedor de un derecho a un valor frente al intermediario.[172]

En los casos de transferencia de un valor con certificado a un comprador por valor, el vendedor solamente le responde de las garantías al comprador mediato y no a compradores posteriores. Pero, en la venta mediante endoso, la garantía es mayor si se extiende a cualquier comprador subsiguiente. A continuación, las garantías de venta.

Las garantías de venta

Estas garantías de venta son:[173]

1) que el certificado es auténtico, o sea, que no ha sido falsificado ni alterado sustancialmente;
2) el transferente o endosante desconoce de hechos que puedan afectar la validez del valor;
3) no existe un reclamo adverso contra el valor;
4) la transferencia no viola ninguna restricción de transferencia;
5) si la transferencia se hace por endoso, la persona adecuada hizo el mismo, o si el endoso lo hizo un agente, éste tiene autoridad para hacerlo en nombre de la persona adecuada; y
6) la transferencia es en todo lo demás válida y legal.

Garantía de instrucción para registrar transferencia de valor sin certificado

La persona que origina una instrucción para registrar la transferencia de un valor sin certificado a favor de un comprador por valor, garantiza:[174]

1) que la instrucción la hace una persona adecuada, y en el caso en que la instrucción la haga un agente, que éste tiene autoridad para actuar en nombre de la persona adecuada;

---

[171] Capítulo 8-107(e);19 LPRA 1707(e).

[172] Capítulo 8-102(7);19 LPRA 1702(7).

[173] Capítulo 8-108(a);19 LPRA 1708(a).

[174] Capítulo 8-108(b);19 LPRA 1708(b).

2) que el valor es válido;
3) que no existe un reclamo adverso contra el valor; y
4) que al momento en que se presente la instrucción al emisor:
   i) el comprador tendrá derecho a que se registre la transferencia;
   ii) el emisor registrará la transferencia libre de todo gravamen, gravamen mobiliario, restricción o reclamo, salvo por los especificados en la instrucción;
   iii) la transferencia no violará ninguna restricción de transferencia; y
   iv) la transferencia solicitada es en todo lo demás válida y legal.

Garantía por transferencia de valor sin certificado, sin instrucciones

La persona que transfiera un valor sin certificado a un comprador por valor y no origine la instrucción relacionada garantiza que:[175]

1) el valor sin certificado es válido;
2) no existe un reclamo adverso contra el valor;
3) la transferencia no viola ninguna restricción de transferencia; y
4) la transferencia es en todo lo demás válida y legal.

Ley aplicable

En las transacciones entre ciudadanos de diferentes países, se enfrenta el problema de qué ley aplica y en qué tribunal se tiene que litigar.

La regla es la siguiente: se le aplica la ley local de la jurisdicción del emisor.[176] Éste es el lugar donde está organizado el emisor del valor o, si la ley de tal jurisdicción lo permite, la ley de otra jurisdicción que el emisor especifique. En Puerto Rico, el emisor escoge la ley de otra jurisdicción si desea que rija las transacciones.[177]

La ley local determina:

1) la validez del valor;
2) los derechos y deberes del emisor relacionados al registro de una transferencia;
3) la efectividad del registro de la transferencia hecha por el emisor;
4) la determinación de si un emisor tiene alguna obligación hacia un reclamante adverso del valor; y

[175] Capítulo 8-108(c);19 LPRA 1708(c).

[176] Capítulo 8-110;19 LPRA 1710.

[177] Capítulo 8-110 (d);19 LPRA 1710 (d).

5) la determinación de si un reclamo adverso puede levantarse contra la persona a favor de quien se registró la transferencia de un valor con o sin certificado, o contra la persona que obtiene control de un valor sin certificado.[178]

Libertad de contratación de corporaciones de compensación

La ley le da una carta en blanco a las corporaciones de compensación para reglamentar los derechos y las obligaciones entre ellas y sus clientes, aún cuando esta regla contravenga la ley de valores o afecte a un tercero que no consintió a las mismas.[179]

Acciones legales de los acreedores

El activo de un deudor está sujeto a los derechos que tienen sus acreedores, que lo pueden ejecutar en caso de incumplimiento de una obligación.

La regla de los valores es algo distinta. La participación de un deudor en un valor con certificado podrá ser alcanzada por un acreedor únicamente cuando el oficial que diligencie un embargo o gravamen se incaute físicamente del certificado de valor. Sin embargo, un valor con certificado cuyo certificado haya sido entregado al emisor podrá ser alcanzado por un acreedor mediante acción legal contra el emisor.[180]

Si el valor con certificado ha sido entregado en garantía a un acreedor garantizado, o en un valor sin certificado registrado a favor de un acreedor garantizado, o en un derecho a un valor mantenido a favor de un acreedor garantizado, podrá ser alcanzado por un acreedor mediante acción legal contra el acreedor garantizado.[181] Si no está el acreedor en posesión, la participación de un deudor en un valor sin certificado podrá ser alcanzada por un acreedor únicamente mediante una acción legal en contra del emisor en el lugar donde ubique su oficina ejecutiva principal en los Estados Unidos. Esta regla beneficia a las corporaciones multinacionales estadounidenses, las cuales se han reservado el derecho en estos casos, de que sean sus tribunales los únicos con jurisdicción.[182]

Si el valor está en posesión de un intermediario de valores que mantiene la cuenta de valores correspondiente del deudor, la acción legal tiene que ser incoada en contra del intermediario.[183]

---

[178] Capítulo 8-110 (a);19 LPRA 1710 (a).

[179] Capítulo 8-111;19 LPRA 1711.

[180] Capítulo 8-112 (a);19 LPRA 1712 (a).

[181] Capítulo 8-112 (d);19 LPRA 1712 (d).

[182] Capítulo 8-112 (b);19 LPRA 1712 (b).

[183] Capítulo 8-112 (c);19 LPRA 1712 (c).

Interdicto como remedio legal

La ley le permite al acreedor radicar demanda de interdicto para poder alcanzar los valores con o sin certificado, o de un derecho a un valor. Puede pedir el auxilio de un tribunal competente, mediante interdicto u otro recurso, para alcanzar el valor con o sin certificado, o el derecho a un valor, o para satisfacer las reclamaciones relacionadas, mediante los medios provistos por la ley para alcanzar propiedades que no se pueden alcanzar fácilmente a través de otras acciones legales.[184]

Inaplicabilidad de las leyes de fraude

La ley de valores adopta la inaplicabilidad de las leyes de fraude.[185] Un contrato o la modificación de un contrato para la compra o la venta de un valor es exigible independientemente de si es exigible un escrito firmado o un documento autenticado por la persona contra quien se exige el cumplimiento, aún cuando el contrato o la modificación no se pueda exigir dentro del año siguiente a su creación.

Reglas de evidencia aplicables a valores con certificado

A falta de alegación de firma falsificada o no autorizada, cada firma en el certificado o endoso será admisible.[186] Si la validez de una firma está en controversia, el peso de probar su validez recae sobre la parte que reclama bajo dicha firma, pero la firma se presumirá auténtica y autorizada.[187]

Si las firmas en un certificado de valor son admitidas o verificadas, la presentación del certificado le da al tenedor el derecho de recobrar a base del mismo, a menos que el demandado levante una defensa o un defecto que ponga en controversia la validez del valor.[188]

Si se logra establecer que existen defensas o defectos para no pagar el valor, el demandante tiene el peso de probar que los mismos no pueden levantarse frente a él o frente a la persona en cuyo nombre se reclama.[189]

Responsabilidad por daños del intermediario

El intermediario no responde por daños frente a un reclamante adverso, si ha actuado en cumplimiento de las directrices de su cliente o principal. Esta inmunidad la pierde si existe una orden de un tribunal competente que le prohiba la transacción y ha tenido una

[184] Capítulo 8-112 (e);19 LPRA 1712 (e).

[185] Capítulo 8-113; 19 LPRA 1713.

[186] Capítulo 8-114 (1);19 LPRA 1714 (1).

[187] Capítulo 8-114 (2);19 LPRA 1714 (2).

[188] Capítulo 8-114 (3);19 LPRA 1714 (3).

[189] Capítulo 8-114 (4);19 LPRA 1714 (4).

oportunidad razonable para actuar conforme a la misma,[190] o si actuó de mala fe en colusión con el causante de un daño, o en violación de los derechos de un reclamante adverso,[191] o si el certificado de valor fue robado. Este hecho constituye *notificación tácita de reclamo adverso.*[192]

Estas tres excepciones representan la notificación expresa de tribunal competente.

La colusión es el dolo o intención de cometer un fraude en colusión, y el tercer caso es presunción de conocimiento, o lo que ya hemos discutido, un caso de defensa real oponible a todos, pero en este caso no es sólo defensa sino, además, causa de acción por daños.

El Intermediario de valores como comprador por valor

Es interesante que la ley trata al intermediario que reciba un valor de una persona o de otro intermediario, sin establecer un derecho al valor a favor de un tenedor de derecho. Será comprador por valor del activo financiero. Ésta, como es igual a la que realiza el mandatario que compra para el mandante, es una compra en favor de un tenedor de derecho.[193]

El emisor

El emisor es la figura jurídica del deudor de la obligación, a la cual se le puede oponer defensas en su contra. Por ley es emisor quien coloca o autoriza la inserción de su nombre en un certificado de valor[194] para probar su deber de cumplir con una obligación que está representada por el certificado[195] pero, si firma describiendo el principal como fiduciario, registrador, agente de transferencia, mandatario o comisionista, no es emisor.[196] El emisor crea cuotas en otras participaciones en su propiedad o en una empresa, que son valores sin certificados;[197] o crea directa o indirectamente participaciones fraccionadas en sus derechos o propiedades, si las participaciones fraccionadas están representadas por un certificado de valor.

El que subroga en la obligación del emisor sustituye al emisor original y se convierte en emisor. El acreedor no tiene que autorizar el cambio de emisor.[198]

---

[190] Capítulo 8-115 (1);19 LPRA 1715 (1).

[191] Capítulo 8-115 (2);19 LPRA 1715 (2).

[192] Capítulo 8-115 (3);19 LPRA 1715 (3).

[193] Capítulo 8-116;19 LPRA 1716.

[194] Capítulo 8-201(1);19 LPRA 1751(1).

[195] *Ibid.*

[196] *Ibid.*

[197] Capítulo 8-201(2);19 LPRA 1751(2).

[198] Capítulo 8-201(4);19 LPRA 1751(4).

El garantizador

El que presta su crédito es un garantizador del pago y se convierte en un emisor respecto a las obligaciones y a las defensas en su contra, pero solamente hasta los límites de su garantía independientemente de que su obligación esté o no anotada en un certificado.[199] Pero si está registrado, el emisor es aquella persona cuyo nombre se mantiene en los libros de transferencia.[200]

Responsabilidad y defensa del emisor; aviso de defecto o defensa

El comprador adquiere el valor con lo que surja de la faz del valor con certificado y de aquéllo que se le haya incorporado al mismo antes de él haber comprado y surja por referencia. Esta incorporación no puede confligir con los términos especificados en el certificado.

Esta referencia no constituye aviso suficiente al comprador por valor de un defecto de validez del valor, aunque el certificado declare expresamente que la persona lo acepta y admite tal aviso. Se sigue la regla de que la validez y obligación (cargos) tienen que surgir de la faz del propio documento. Pero si el documento es un valor sin certificado sí le aplica y le perjudica lo declarado en un documento accesorio.[201]

Alegación de que un valor no es válido

La regla sobre la falta de validez del valor no afecta a terceros que hayan comprado por valor y sin aviso del defecto. La única excepción es que viole una cláusula de la Constitución. El tercero lo recibe libre de cualquier defensa que sea oponible a un tercero, pero no es así cuando el comprador es parte que lo compró en primera negociación, o sea, en la emisión original, y no como tercero protegido del comprador original. Está sujeto a las defensas por parte del emisor de falta de validez. Como comprador original, la ley asume que tiene conocimiento directo de la falta de validez.[202] Pero, no pueden levantar defensa alguna sobre la validez del valor si el emisor es el gobierno o una de sus instrumentalidades, que haya cumplido sustancialmente los requisitos que rigen la emisión, ha recibido compensación sustancial por la totalidad de la emisión, o por valor particular, y el gobierno o su instrumentalidad tiene autoridad en ley para coger dinero a préstamo o para emitir valor.[203]

---

[199] Capítulo 8-201(b);19 LPRA 1751(b).

[200] Capítulo 8-201(c);19 LPRA 1751(c).

[201] Capítulo 8-202(a);19 LPRA 1752(a).

[202] Capítulo 8-202(b)(1);19 LPRA 1752(b)(1).

[203] Capítulo 8-202(b);19 LPRA 1752(b).

Falsificación

La falsificación o falta de autenticidad de un valor con certificado constituye una defensa total aún contra un comprador por valor y sin aviso, o sea, es una defensa real que afecta al tenedor de buena fe y al de mala fe por igual.[204] Se puede dar la situación de que un mandatario o comisionista que haya recibido un mandato fiduciario falsifique la firma de comitente o mandante. Pero como el emisor le confió la firma del certificado de valor, no es posible esta defensa en contra de un comprador de buena fe y por valor.[205] También está impedido de levantar la defensa de falsificación cuando ésta es hecha por un empleado del emisor, su mandatario o comisionista a quien se le confió el manejo responsable del certificado de valor.[206] Frente al emisor inocente está el tercero de buena fe. La ley le impone la pérdida al emisor, quien fue negligente al escoger y permitir que se le falsificara su firma.

Defensa

Ya vimos que la falsificación es la única defensa oponible a un tercero de buena fe, que la ley define como comprador del valor con certificado por valor y sin aviso de la defensa particular. Todas las demás defensas son personales y no le afectan a este comprador. Incluso las defensas de entrega condicional y la falta de entrega de un valor con certificado, no surte efecto alguno frente a este tercero de buena fe.[207] Las defensas no afectan tampoco al intermediario de valores, si éstas no se pueden levantar en contra de un tercero de buena fe.[208]

Contrato accesorio

Un valor puede ser emitido en contemplación a un contrato. La ley permite que se pueda cancelar el contrato si ocurre un cambio sustancial en la naturaleza del valor objeto del contrato o en el plan o arreglo a tenor con el cual se emitirá o distribuirá el valor.[209]

Caducidad como aviso de defecto o defensa

La ley sigue el principio de que la persona que toma un documento un año después de su vencimiento de pago o cambio tiene aviso de cualquier defecto en la emisión o defensa del emisor.[210] El término anterior también se considera como aviso de defecto de la emisión

---

[204] Capítulo 8-202(c);19 LPRA 1752(c).

[205] Capítulo 8-205(1);19 LPRA 1755(1).

[206] Capítulo 8-205(2);19 LPRA 1755(2).

[207] Capítulo 8-202(d);19 LPRA 1752(d).

[208] Capítulo 8-202(f);19 LPRA 1752(f).

[209] Capítulo 8-202(e);19 LPRA 1752(e).

[210] Capítulo 8-203(1);19 LPRA 1753(1).

o defensa si la entrega de un valor con certificado o el registro de transferencia de un valor sin certificado se realiza luego de un año.[211]

En cualquier acto que no sea uno de los antes señalados, se entiende que existe aviso de defecto o defensa si el evento o suceso se realiza dos (2) años después de la entrega o presentación, o de la fecha de vencimiento del cumplimiento.[212]

Esta doctrina se conoce como la de *caducidad* como aviso de defecto o defensa.[213]

Este principio consiste en el aviso constructivo de que existe algo malo cuando una obligación que es exigible inmediatamente al deudor principal no se le cobra sino que, por el contrario, el valor se le negocia a un tercero, pasado el término de un (1) año o dos (2) años. Esta situación es un aviso que se reconocía antes en la antigua *Ley de Instrumentos Negociables*[214] como la doctrina de *luces rojas*. La ley de valores establece cuál es el término razonable.

Efecto de las restricciones impuestas por el emisor a una transferencia

El principio de ley es que una restricción impuesta por un emisor no afecta al tercero que no tenga conocimiento de la misma, a menos que la restricción aparezca anotada en el propio certificado[215] o cuando el valor no tiene certificado pero se le ha dado notificación de la restricción.[216] La regla establece el requisito de la *notificación expresa*.

Efecto de firma no autorizada en un certificado de valor

La firma de un empleado cuyo patrono le haya puesto en posición de manejo de valores, o fiduciario autenticante, registrador, agente de transferencia o cualquier otra persona a quien el emisor le confió la firma de un certificado de valor o de certificados similares, cuando firma sin autorización, el deudor está *impedido* de levantar como defensa este tipo de falsificación de firma y tiene que pagar la obligación.[217]

Terminación o alteración de certificado de valor

La regla que sigue la ley de valores sobre documento firmado *incompleto* es la que ha estado vigente anteriormente: la entrega del mismo autoriza a cualquier persona a completarlo llenando los blancos conforme a lo autorizado.[218] Si lo lleva fuera de la

---

[211] *Ibid.*

[212] Capítulo 8-203(2);19 LPRA 1753(2).

[213] Capítulo 8-203;19 LPRA 1753.

[214] 19 LPRA 93.

[215] Capítulo 8-204(1);19 LPRA 1754(1).

[216] Capítulo 8-204(2);19 LPRA 1754(2).

[217] Capítulo 8-205;19 LPRA 1755.

[218] Capítulo 8-206;19 LPRA 1756.

autorización, esto constituye defensa personal oponible a que lo recibió incompleto y lo perfeccionó más allá de las instrucciones, pero no afecta en forma alguna a su tercero que lo compre por valor y sin aviso del defecto. Éste puede exigir el cumplimiento.[219]

La regla de alteración de documento *completo* es que existe una defensa *pro-tanto* ante la alteración fraudulenta que no obliga al deudor, pero tiene que pagar en base a sus términos originales.[220]

Dueño registrado

El dueño registrado es la persona con derecho exclusivo al voto, a recibir notificación o a ejercer en cualquier otro modo los derechos y poderes de un dueño.[221] El dueño le responde a los terceros por opción de compra o por cualquier otra obligación en la que él haya incurrido sobre el valor.[222]

Efecto de firma de fiduciario autenticante, registrador o agente de transferencia

La persona que firma como fiduciario autenticante, registrador, agente de transferencia o alguien similar incurre en responsabilidad personal al garantizar a un comprador de buena fe, que es aquél que recibe el valor por valor con certificado y sin aviso de defecto particular. A continuación se explica esta garantía.

Garantía del vendedor para el comprador

Esta garantía consiste en que:

1. el certificado es auténtico, o sea, que no está alterado ni existe falsificación de firma;
2. quien vende tiene capacidad legal para transferirle el valor;
3. el emisor está autorizado a emitir y a que, en su día, éste pagará el valor al que está obligado por ley, forma y monto de la cantidad adeudada.

De desvanecerse una de estas garantías, ellos pagarán, como si fuera el emisor, pero no asumen responsabilidad por la validez del valor en otro aspecto que no sea en los casos de las tres garantías antedichas, salvo pacto en contrario.[223]

---

[219] Capítulo 8-206(2);19 LPRA 1756(2).

[220] Capítulo 8-206(e);19 LPRA 1756(e).

[221] Capítulo 8-207(a);19 LPRA 1757(a).

[222] Capítulo 8-207(b);19 LPRA 1757(b).

[223] Capítulo 8-208(b);19 LPRA 1758(b).

Gravamen

El gravamen sobre un valor, para que afecte a terceros, tiene que estar anotado en el certificado de valor.[224]

Emisión excesiva

El término de emisión excesiva se refiere a un acto *ultra vires*. Es una emisión en exceso del monto que el poder corporativo le autoriza a emitir. Solamente se corrige si se resuelve con medidas correctivas.[225]

El remedio que tiene el acreedor es repetir contra el emisor el precio que ella o el último comprador por valor hubiese pagado, más intereses a partir de la fecha de su reclamación.[226]

Derechos del comprador

El comprador se subroga en todos sus derechos. La ley es clara al decir que el comprador adquiere todos los derechos que el vendedor tenga o que tenga autoridad para transferir.[227] Si la participación es limitada, adquiere ésta también limitada a la participación adquirida.[228]

El comprador que readquiere un valor no se puede beneficiar o mejorar su derecho por una venta y luego readquirir con el propósito de subrogarse en los derechos de su vendedor. La ley le impone la limitación de la misma condición al adquirirlo originalmente y no del vendedor posterior, que es un comprador protegido.[229]

El comprador protegido

Esto ha permanecido igual que en la *Ley de Instrumentos Negociables*: el que readquiere un instrumento negociable y fue parte de un fraude no se puede tapar con los derechos del vendedor de quien lo readquiere. El comprador protegido lo tiene que comprar por valor, sin aviso de reclamo adverso, y tener su posesión.[230]

---

[224] Capítulo 8-209;19 LPRA 1759.

[225] Capítulo 8-210(a);19 LPRA 1760(a).

[226] Capítulo 8-210(d);19 LPRA 1760(d).

[227] Capítulo 8-302(a);19 LPRA 1802(a).

[228] Capítulo 8-302(b);19 LPRA 1802(b).

[229] Capítulo 8-302(c);19 LPRA 1802(c).

[230] Capítulo 8-303(a);19 LPRA 1803(a).

El comprador protegido adquiere los mismos derechos que tenía el vendedor, o sea, se subroga en sus derechos, pero la ley lo protege más que a su vendedor. Adquiere el valor libre de todo reclamo adverso en su contra.[231]

Clases de endoso

Endoso en blanco; endoso a la orden o endoso especial

El *endoso en blanco,* que consiste en la firma solamente, convierte el valor en uno al portador y se negocia mediante la entrega solamente. Por el contrario, el *endoso a la orden,* que la ley llama también *endoso especial,* requiere el endoso y *la entrega* para cualquier negociación posterior. El endoso en blanco puede ser convertido, además, en endoso a la orden o especial.[232]

Endoso parcial

El endoso *parcial* es el que transfiere una porción del certificado de valor. El emisor designa unidades a ser transferidas separadamente. El endoso es válido sólo por la unidad.[233]

El endoso por sí no crea derechos, no constituye transferencias, necesita la entrega del certificado. Si el endoso aparece en un documento separado, la transferencia no existe hasta que se entregue el endoso en documento separado y el certificado.[234]

Cuando un valor a la orden se negocia pero por omisión no se endosa, el comprador no cualifica como comprador protegido hasta que el endoso se realice. Para el vendedor, la compraventa es final, firme e irrevocable desde la fecha de la entrega y el comprador puede obligar a que se le endose.[235]

Endoso de valor al portador

Estamos frente a un hecho interesante: el hecho de que se endose un valor al portador, cuando éstos se negocian solamente mediante la entrega y sin endoso, se puede considerar como dar un aviso de un reclamo adverso al certificado, como sería la entrega hecha por una persona sin autorización para negociar el valor a nombre del endosatario. La ley es clara al establecer que este endoso no necesario no puede afectar de otro modo el derecho de registro que posea el tenedor.[236]

---

[231] Capítulo 8-303(b);19 LPRA 1803(b).

[232] Capítulo 8-304(a);19 LPRA 1804(a).

[233] Capítulo 8-304(b);19 LPRA 1804(b).

[234] Capítulo 8-304(c);19 LPRA 1804(c).

[235] Capítulo 8-304(d);19 LPRA 1804(d).

[236] Capítulo 8-304(e);19 LPRA 1804(e).

Responsabilidad por endoso

El endoso de un valor, a diferencia de los documentos negociables, no garantiza el pago o la aceptación que tiene que hacer el emisor como requisito previo al pago. Esto es así porque un valor es documento que pasa por muchas manos y sería problemático que una persona garantice el pago por el deudor principal. Si así fuera, no habría certeza en las transacciones de valores. Pero, para ofrecer esa certeza, la ley dispone que, a falta de pago del deudor principal, *no* responden los deudores secundarios, que son los endosantes, y cuya solvencia económica en muchos casos se desconoce. Y, siguiendo un orden de responsabilidad, tampoco se obliga al endosante posterior a efectuar el pago. Éste tendría el derecho a recurrir a los endosantes anteriores. Esta cadena de responsabilidad provocaría, como señalamos ya, una situación de desconfianza, una ausencia de seguridad que la ley evita al *no* responsabilizar a los endosantes, deudores secundarios, de garantizar el pago por el deudor principal.[237]

Por otro lado, los endosantes sí responden de las garantías del vendedor que establece la ley.[238]

Instrucciones para el emisor

Si una persona adecuada para originar una instrucción origina una instrucción incompleta, cualquier persona podrá completarla conforme sea autorizada. El emisor está protegido de instrucciones completadas en forma no autorizada. Éste paga de acuerdo a las instrucciones, aunque estás sean incorrectas.[239]

El que origina la instrucción incurre en responsabilidad del vendedor,[240] pero no garantiza el pago o la aceptación.[241]

Responsabilidad de garantizar firma, endoso o instrucción

La persona que garantiza la firma del endosante de un certificado de valor está garantizando al momento de la firma ésta es auténtica, que el endosante es la persona con poder para firmar, o que el agente está autorizado para endosar, y que el endosante tenía capacidad legal para firmar.[242]

El garantizador de la firma de una instrucción garantiza que la firma es auténtica, que el firmante era la persona adecuada para originar la instrucción o, si la firma es de un

---

[237] Capítulo 8-304(b);19 LPRA 1804(b).

[238] Capítulo 8-108;19 LPRA 1708; y
Capítulo 8-304(f);19 LPRA 1804 (f).

[239] Capítulo 8-305(a);19 LPRA 1805(a).

[240] Capítulo 8-108;19 LPRA 1708.

[241] Capítulo 8-305(b);19 LPRA 1805(b).

[242] Capítulo 8-306(a);19 LPRA 1806(a).

agente, que éste tenía autorización para actuar a nombre del principal y que éste, a su vez, es persona adecuada, que el que da la instrucción es el verdadero dueño registral y, por último, que el firmante tenía capacidad legal para firmar.[243] Tiene que excluir aquellos hechos que no quiere garantizar.

El cuadro se complica para el garantizador de la firma del originador de una instrucción, que garantiza lo anterior y que, además, garantiza que al momento en que se presente la instrucción al emisor, la persona identificada en la instrucción como dueño registrado del valor sin certificado será el dueño registrado. La transferencia del valor sin certificado solicitado en la instrucción será registrada por el emisor, libre de todo gravamen, gravamen mobiliario, restricción, reclamo que no sean los especificados en la instrucción.[244] Este último se designa como el *garantizador especial* y no garantizan la legalidad de la transferencia.[245]

El garantizador de endoso garantiza la firma y garantiza la legalidad de la transferencia en todos sus aspectos.[246]

El garantizador de una instrucción solicitando la transferencia de un valor sin certificado es garantizador especial de firmas bajo el inciso (c) de esta sección y garantiza la legalidad de la transferencia en todos sus aspectos.[247]

El emisor no puede imponer, como condición para registrar la transferencia, que le suplan una garantía especial de una firma o una garantía de endoso o garantía de instrucción.[248]

Estas garantías benefician a toda persona que tome o negocie un valor, confiando en la garantía, y el garante le será responsable por cualquier pérdida que resulte de su incumplimiento. Esta garantía es subsidiaria. Como si fuera un fiador, el garante recobra del endosante u originador de una instrucción garantizada, por la cantidad que él tenga que pagar como garante.[249]

Garantía de inscripción

El vendedor le garantiza, al comprador de un valor, la inscripción. Si la transferencia no es por valor, también le garantiza la inscripción, pero el comprador tiene que sufragar los gastos de la inscripción. El incumplimiento de la inscripción le da el derecho al comprador a rechazar o rescindir la transferencia, si no se la inscribe dentro de un tiempo razonable.[250]

---

[243] Capítulo 8-306(b);19 LPRA 1806(b).

[244] Capítulo 8-305(c)(1)(2);19 LPRA 1805(c)(1)(2).

[245] Capítulo 8-306(d);19 LPRA 1806(d).

[246] Capítulo 8-306(e);19 LPRA 1806(e).

[247] Capítulo 8-306(f);19 LPRA 1806(f).

[248] Capítulo 8-306(g);19 LPRA 1806(g).

[249] Capítulo 8-306(h);19 LPRA 1806(h).

[250] Capítulo 8-307;19 LPRA 1807.

Valor extraviado, destruido o ilegalmente tomado

La regla que aplica para imponerle responsabilidad al emisor por valor extraviado, destruido o ilegalmente tomado, es deber del dueño de notificar al emisor, dentro de un tiempo razonable después de haberse percatado de la situación. El emisor queda relevado de responsabilidad si registra la transferencia de valor antes de ser notificado. En ese caso, no se le puede exigir responsabilidad ni exigir nuevo certificado.[251]

Reclamo adverso contra el tenedor de derecho

Las reclamaciones contra el tenedor de un derecho, para privarle del valor, no proceden en contra de un tercero de buena fe que ha cumplido con los requisitos de haberlo adquirido por valor y sin aviso de reclamo adverso.[252]

[251] Capítulo 8-406;19 LPRA 1856.

[252] Capítulo 8-502;19 LPRA 1902.

Capítulo 20

INSTRUMENTOS NEGOCIABLES

Introducción

Nuestra Ley de Instrumentos Negociables[1] corresponde, como señalamos anteriormente, a la intención de uniformar la materia en los cincuenta estados de los Estados Unidos. Puerto Rico se había quedado rezagado con un estatuto que, en su día, fue también uniforme pero que ya tenía sesenta y cinco (65) años. Entendemos que en su momento sirvió a las necesidades intercambiarias, pero se tornó obsoleto, anacrónico y apartado de la jurisdicciones comerciales con los cuales estábamos ligados.

Tenedor de buena fe; tomador

Esta ley se crea, igual que la anterior que deroga, con el propósito de proteger los derechos del tercero que recibe el instrumento. Este tercero, conocido como *tenedor de buena fe*, ostenta más derecho que el del *tomador*, que es el que recibe en primera negociación y es parte de esa negociación original. Esto se debe a que el tomador y los tenedores que no son de buena fe están expuestos a las defensas personales para no recibir el pago. Esta ley le

[1] Ley Núm. 176 de 3 de agosto de 1966; 19 LPRA 401 *et seq.*

provee al tenedor de buena fe mayor derecho que el que hubiera derivado de una cesión de derecho.

El requisito de buena fe es uno psicológico de falta de conocimiento de defecto alguno en el instrumento negociable, al momento de recibir el mismo mediante negociación, y sin notificación de defensa alguna para el *no* pago. Este tenedor de buena fe puede cobrar la deuda prometida u ordenada en el instrumento, aún en el caso de que quien lo recibió en primera negociación esté imposibilitado de cobrar, por mediar defensa de parte del responsable en primer término.

El *tenedor de buena fe* de un instrumento negociable es, por tanto, aquél que, al momento de recibir el instrumento negociable, carece de evidencia aparente de falsificación o alteración, y no ha recibido notificación tácita de alteración o falsificación por ser el instrumento irregular o estar incompleto,[2] y que toma ese instrumento negociable por *causa*, según la define la ley.

Causa

"En los *contratos onerosos* [3] se entiende por *causa*, para cada parte contratante, la prestación o promesa de una *cosa* o *servicio* por la otra parte; en los *remuneratorios*, el *servicio* o *beneficio* que se remunera, y en los de *pura beneficencia*, la mera *liberalidad* del bienhechor."[4]

Tenedor de mala fe

Es *tenedor de mala fe* el que adquiere un instrumento negociable *sin causa*, o *con causa ilícita*. Este contrato es *inexistente* .[5] El no producir efecto alguno es como consecuencia de que le falta uno de los *elementos esenciales* para que exista el contrato.

Los tres elementos esenciales para que exista el contrato

Éstos son: 1) *consentimiento* de los contratantes, 2) objeto cierto que sea materia del contrato, y 3) *causa* de la obligación que se establezca.

[2] Sección 2-302; 19 LPRA 602.

[3] Los *contratos onerosos* son aquéllos que tienen interés económico, de lucro.

[4] Código Civil de Puerto Rico, artículo 1226; 31 LPRA 3431.

[5] Código Civil de Puerto Rico, artículo 1227; 31 LPRA 3432.

Tipos de instrumentos negociables

El pagaré; la letra de cambio

La actual Ley de Instrumentos Negociables sigue el mismo principio de la anterior.[7] Se refiere a aquellos instrumentos en los que medie promesa de pago, que es el *pagaré*. Cuando una orden para que un tercero, llamado *librado*, pague, se llama *letra de cambio*. Ya se trate de un *pagaré*, con promesa, o de *orden*, que es una letra, *siempre tiene* que ser, en ambos casos, *incondicionales de pagar suma cierta en dinero*.

La naturaleza de pagaré o letra sigue la misma posición de la ley anterior. La naturaleza del *pagaré* lo determina la promesa incondicional del expedidor de pagar suma cierto en dinero. Por el contrario, es *letra* cuando es una orden para que un tercero librado acepte y pague a la vista —o con fecha futura, en el caso de que sea a plazo— suma cierta en dinero, y no está sujeto el pago a ninguna condición (incondicional).

La deuda puede ser *desinteresada* o con pago de *intereses*. Este tipo de disposición corresponde a nuestro Código de Comercio,[8] el cual parte de la regla de que aún en los préstamos con carácter mercantil, el pago de intereses puede estar presente o no y, por lo tanto, no pierde su carácter mercantil.[9] Trata el cheque como letra de cambio, por ser una orden para que el banco, que funge como *librado* (el tercero que paga), pague el mismo. Pero excluye expresamente la *letra de cambio documentada*, la que debe ser pagadera a la presentación y librada contra un banco.

El cheque de Gerente

El cheque de gerente pierde su naturaleza de orden por el de *promesa de pago incondicional*, que correspondería más a la naturaleza de un pagaré, pero no lo trata igual.[10] El *cheque del gerente* se define como letra de cambio, con la particularidad de que el que ordena el pago incondicional, *librador*, y el tercero que tendría que pagar, *librado*, son *la misma persona jurídica*.

El cheque del cajero

El *cheque del cajero* cumple con los requisitos de la letra de cambio, mediante la cual un banco actúa como *librador*, o sea, el que le ordena a un tercero a pagar suma incondicional y cierta en dinero a otro banco, que actúa como *librado*.

---

[6] Código Civil de Puerto Rico, artículo 1213; 31 LPRA 3391

[7] Sección 2-104 (a), 19 LPRA 504 (a).

[8] 10 LPRA 1654.

[9] Sección 2-112 (a), 19 LPRA 512 (a). Ley de Instrumentos Negociables, Sección 2-104 (c) (f), 19 LPRA 504 (c) (f).

[10] Sección 2-104 (g) (h); 19 LPRA 504 (g) (h).

El giro postal

El *giro postal*[11] se define como *cheque*. El correo actúa como expedidor, que promete pagar suma cierta en dinero en forma incondicional. Esta definición coincide con la de pagaré, pero la ley trata el giro postal como letra de cambio (cheque).

El cheque de viajero

Naturaleza

El cheque de viajero tiene naturaleza de letra de (requisitos)

cambio, pero presenta unos *requisitos formales particulares*:[12] tiene que ser pagadero a la presentación, o sea, no puede ser pagadero en plazos; el librado tiene que ser un banco; y se tiene que llamar "cheque de viajero" o término sustancialmente similar. Este instrumento se aparta de la regla de incondicionalidad. Se le impone la condición para el pago, de *refrendo*, que significa que se repita la firma por la misma persona que lo tomó del banco librador, mediante compra. Esta condición es en beneficio del *tomador*, lo que impide el robo y posterior negociación indebida por terceros.

Certificado de depósito

El *certificado de depósito* es un instrumento que contiene un reconocimiento por un banco de haber recibido una determinada suma de dinero y una promesa del banco de que devolverá la misma. Es decir, un certificado de depósito es un *pagaré* emitido por el banco.[13]

intereses?

Naturaleza *mercantil* de los instrumentos negociables

Los instrumentos negociables presentan una naturaleza mercantil donde los firmantes de los mismos responden en forma *solidaria*.[14] La regla civil es que se presume la *obligación mancomunada*.[15] Todo instrumento negociable es *mercantil* sin importar el acto.[16]

[11] Sección 2-104 (f);19 LPRA 504 (f).

[12] Sección 2-104 (i);19 LPRA 504 (i).

[13] Sección 2-104 (j);19 LPRA 504 (j).

[14] Sección 2-116 (a); 19 LPRA 516 (a).

[15] Código Civil de Puerto Rico, artículo 1090; 31 LPRA 3101.

[16] Sección 2-102 (a); 19 LPRA 502 (a).

La naturaleza de negociabilidad

La naturaleza de negociabilidad *no* se presume. Tiene que ser clara la promesa u orden de pagar suma cierta en dinero e incondicionalmente al tenedor del instrumento. Si posee declaración conspicua de la cual se desprenda la intención de que no es negociable, pierde su naturaleza.

Requisitos formales de negociabilidad

Los requisitos de los instrumentos negociables son formales, por escrito. No permite los acuerdos orales.[17] Presenta un énfasis en la utilización de la fraseología especializada, de la cual se desprenda la intención de negociabilidad, como lo es la *orden* o la *promesa* de pago.

El documento tiene que aparecer en forma *escrita* o *impresa*, de manera tal que pueda *circular* como si fuera dinero y que cada tenedor, mediante lectura, pueda ver la suma cierta, la promesa incondicional y la fecha de pago. Es requisito que sea tangible y que surja la intención de la negociabilidad. La superficie debe ser de fácil transportación[18] —no podría ser escrito sobre una pared— ya que va a circular de mano a mano, como si fuera papel moneda.

La *firma* es el requisito de autenticidad del que lo entrega en primera negociación. Esta firma puede ser por símbolos o por facsímil que sea adoptado como oficial. Por ejemplo, al Secretario de Hacienda le sería imposible firmar personalmente todos los cheques oficiales del gobierno, por lo que depende de un *símbolo* o sello con su firma.[19]

El que se acepte o no en negociación depende solamente de la voluntad del que lo va a recibir por negociación, y debe quedar claro que no aplica a dinero,[20] por lo cual debe designarse con certeza la persona y dirección, tanto del expedidor como del librador, en el acto de la emisión.[21]

Falsificación de la firma

La ley define *falsificación* como firma no autorizada, sin autorización real de la parte que se obliga a pagar en primer término.[22]

---

[17] Código Civil de Puerto Rico, artículo 1210 (31 LPRA 3375) y Código de Comercio de Puerto Rico, artículo 82 (10 LPRA 1302).

[18] Sección 1-201 (46);19 LPRA 451 (46).

[19] Sección 1-201 (39);19 LPRA 451 (39).

[20] Sección 2-102 (a); 19 LPRA 502 (a).

[21] Sección 2-105 (a); 19 LPRA 505 (a).

[22] Sección 1-201 (43);19 LPRA 451 (43).

El fraude por inducción

En el fraude por *inducción*,[23] la firma es una *no falsificada*. La persona firma sin tener conocimiento ni oportunidad de saber que, en efecto, está firmando un instrumento negociable, o sin los términos esenciales del instrumento, por lo que no se trata de una falsificación sino de una *defensa* para no efectuar el pago. Es *dolo por inducción* y constituye una defensa real que afecta, incluso, al tenedor de buena fe.

La firma es un requisito esencial de responsabilidad de pago. Sin firma *no* existe responsabilidad de pago.[24] La firma no tiene que ser la del responsable del pago, en primer término. Un agente o representante o comisionista puede firmar y obliga al principal, mandante o comitente. Esta firma es representación del que se obliga en primer término y es vinculante si el mandato existe.

La firma puede ser manual, o por artefacto o máquina. No tiene que ser nombre de persona natural. La ley establece que puede ser nombre comercial, una simple palabra, marca o símbolo, como se dijo anteriormente, que se utilice con el propósito de autenticar el instrumento negociable.[25] Permite que la firma sea tipografiada, impresa, que sea una marca o señal, o de cualquier otra forma, siempre y cuando medie la intención de autenticar el instrumento negociable.

La falsificación o firma no autorizada

La firma no autorizada no es firma válida que obligue a la persona que se menciona.[26]

El ejemplo más obvio de firma no autorizada es la *falsificación de firma*. La falsificación puede ser de *firma* o de *endoso*. Al que falsifica la firma o endoso se le llama *signatario*[27] y la ley le impone responsabilidad en su carácter personal, a favor de la persona que, de buena fe, pagó el instrumento o lo tomó por causa onerosa. La firma no autorizada no se limita solamente a los casos de falsificación sino que, además, incluye la firma sin autoridad de un oficial corporativo, comisionista o mandatario y la que efectúan aquéllos sin autorización implicada o aparente de su cargo.[28]

Cuando se requiere más de una firma en un instrumento negociable, el hecho de que falte una de las firmas se considera *firma no autorizada*, a pesar de que la otra firma sea una de las firmas autorizadas.[29] La firma autorizada en este caso lo constituye la suma de *todas* las firmas requeridas.

---

[23] Sección 2-305 (a)(1); 19 LPRA 605 (a)(1).

[24] Sección 2-401 (a); 19 LPRA 651 (a).

[25] Sección 2-401 (b); 19 LPRA 651 (b).

[26] Sección 2-403 (a); 19 LPRA 653 (a).

[27] *Ibid.*

[28] Sección 1-201 (43);19 LPRA 451 (43).

[29] Sección 2-403 (b); 19 LPRA 653 (b).

La ley también provee para las firmas autorizadas de una organización que, a su vez, está definida[30] y se refiere a corporación, gobierno, subdivisión, agencia, compañía de fideicomiso, sucesión, fideicomiso, sociedad o asociación, dos o más personas que tengan un interés común o cualquier otro arreglo empresarial.

De esta enumeración, llama particularmente la atención la de *dos o más personas que tengan un interés común*, que puedan ser cónyuges. Si falta una de las firmas, se considera firma no autorizada, pero en este caso se tienen que registrar en el banco *las dos* firmas y, además, advertir que se requieren *ambas*. Los tribunales ya han interpretado esta sección en el caso de *Knight Communication v. Boatmen´s National Bank*,[31] en el cual se le impuso responsabilidad legal al banco por pagar con una sola de las firmas.

Excepción a la regla de firma no autorizada: la ratificación

La ratificación *convalida* la firma falsificada[32] y convierte la firma falsificada en firma efectiva.

Esta *ratificación* puede ser *expresa* o *tácita*. Es ratificación *expresa* si la parte afectada se manifiesta y consiente en obligarse, en cuyo caso es como si la falsificación no se hubiera efectuado. En los casos de la ratificación *tácita,* nos confrontamos con el problema de determinar si con los actos se está ratificando la firma. Por ejemplo, si **A** le falsifica la firma a **B** en un instrumento negociable con el propósito de venderle pintura y, al recibir la pintura que no compró, **B** comienza a pintar, entonces **B** está impedido de impugnar su firma, por haber ratificado la falsificación mediante su conducta de aceptación *tácita* de los bienes (la pintura).

La ratificación opera *relevando* al falsificador *de responsabilidad* bajo la Ley de Instrumentos Negociables, pero *no* lo releva de la *acción de daños y perjuicios* que tiene la parte a quien se le falsifica la firma, ni lo releva de las consecuencias *criminales* por el *delito* de falsificación.

La regla del impostor

La regla del impostor es otra de las excepciones bajo la cual la defensa de firma no autorizada es *no operante*.[33] Ésta es una *defensa personal* que no afecta al tenedor de buena fe, quien tiene derecho al cobro del dinero como si el instrumento fuera completamente válido.

[30] Sección 1-201;19 LPRA 451.

[31] *Knight Communication v. Boatmen´s National Bank*, 805 S.W. 2d. 199 (1991).

[32] Sección 2-403 (a); 19 LPRA 653 (a).

[33] Sección 2-404 (a); 19 LPRA 654 (a).

Esta regla se refiere a los casos de *engaño* o *simulación* que induce al expedidor, librador, librado, o endosante a entregar el instrumento negociable, bajo la creencia de que el simulador o impostor es otra persona. El engaño o simulación lo puede llevar a cabo la misma persona o un tercero de común acuerdo. El impostor tiene poder para endosar el instrumento en nombre de la persona simulada. El endoso por cualquier persona, incluyendo al impostor, a nombre del tomador, es eficaz como si fuera el endoso del tomador en favor de una persona que, de buena fe, paga el instrumento o lo toma por causa o para cobro,[34] y es otra defensa personal que no afecta al tenedor de buena fe. La regla de justicia es la de imponer la pérdida a la persona que la pudo prevenir en primera instancia, que es el *expedidor del pagaré* o *el librador de la letra*. Éste estaba en mejor posición de detectar al impostor, que la que más tarde tendría el tenedor, en la distancia del tiempo, de poderlo detectar. Se considera por ley que el endoso por parte del impostor es como si fuera el endoso de un endosante legal.

La regla de la persona ficticia

Esta regla de la persona ficticia es una que se aplica con frecuencia en los casos de empleados que le roban a las empresas. El oficial que prepara y firma, expide o libra el instrumento, lo hace a nombre de una persona ficticia, para él cambiar y coger el dinero para sí. La ley[35] lo considera una negociación válida para un tenedor de buena fe, quien tiene derecho al cobro por ser una negociación válida bajo la ley, y le impone responsabilidad a la entidad defalcada. Ésta sería una defensa personal que afectaría solamente al empleado que defalca, a sus cómplices y a cualquier tercero de mala fe que se quiera enriquecer sin causa.

La regla de la doble falsificación

En el caso de la persona ficticia que discutimos anteriormente (del empleado que defalcó), no hubo falsificación de firma, era firma *autorizada*.

La *regla de la doble falsificación* se refiere a aquellos casos en los cuales la firma del expedidor o del librador y la del endosante, *ambas*, son falsificadas. Si no media negligencia por parte del librador y el banco librado lo paga, la pérdida la sufre el banco librado.[36] La negligencia puede consistir en la *no notificación* de la falsificación *en tiempo razonable*, luego de recibir el estado bancario, impidiendo así que el banco pueda tomar medidas razonables.

[34] *Ibid.*

[35] Sección 2-404 (b) (1) y (2); 19 LPRA 654 (b)(1) y (2).

[36] Sección 2-404; 19 LPRA 654.

La regla del nombre sustancialmente similar

Esta regla[37] se refiere a aquellos casos en los cuales el tomador tiene un nombre similar al de otra persona. Cuando endosa, sustituye inadvertidamente una vocal o consonante. Como el endoso tiene un parecido al nombre del tomador, que es diferente pero muy parecido, se trata como nombre sustancialmente similar al del tomador. La ley[38] lo considera *endoso efectivo*, aunque éste no sea correcto. Más sorprendente aún es que *se releva de responsabilidad* al banco que comete un error y acredita indebidamente una suma de dinero a otra cuenta con un nombre sustancialmente similar al del tomador.[39]

Regla del endoso fraudulento de empleados

Esta regla es diferente a la *de persona ficticia*,[40] en la cual el empleado expide o libra el instrumento a nombre de su patrono.

La ley[41] regula aquellos casos de instrumentos expedidos o librados por empleados. En estos casos, el instrumento es expedido o librado por *otra* persona y el empleado efectúa el *endoso fraudulento*. El empleado tiene autorización para recibir los instrumentos negociables legalmente[42] y, valiéndose de su puesto o plaza, procede a efectuar el endoso fraudulento.[43] El empleado falsifica la firma de su patrono en el endoso del instrumento pagadero a nombre de éste.

La ley impone la pérdida al patrono, por haber sido negligente en la contratación de un empleado deshonesto, en su adiestramiento y/o en su supervisión. Este endoso es *válido* para que el tenedor pueda exigir el cobro.

Sustancialmente similar

La ley no requiere que el endoso del tomador tenga que ser sustancialmente similar al endoso designado.[44] La firma no tiene que ser idéntica para que proceda la defensa de falsificación de firma.[45]

---

[37] Sección 2-404 (c); 19 LPRA 654 (c).

[38] Sección 2-404 (c)(i); 19 LPRA 654 (c)(i).

[39] Sección 2-404 (c)(ii); 19 LPRA 654 (c)(ii).

[40] Sección 2-404 (b); 19 LPRA 654 (b).

[41] Sección 2-405; 19 LPRA 655.

[42] Sección 2-405 (a)(3); 19 LPRA 655(a)(3).

[43] Sección 2-405 (b); 19 LPRA 655(b).

[44] Sección 2-404; 19 LPRA 654.

[45] Sección 3-405; 19 LPRA 955.

La culpa comparada

Esta ley cambia el peso de la pérdida a la persona que toma el instrumento mediante negociación, si esta parte no ejerce el cuidado ordinario y esta culpa o negligencia contribuye substancialmente a la pérdida.[46] El criterio es el de *cuidado ordinario* con el *nexo de causalidad* entre la falta de ejercicio de cuidado ordinario y el *daño*.

La ley[47] establece que, si un empleado en quien su patrono confía para recibir los instrumentos negociables, o una persona que actúa de común acuerdo con dicho empleado, realiza un endoso fraudulento, este endoso es *efectivo* como si fuera hecho por quien le corresponda hacerlo. El patrono, en base a la culpa o negligencia comparada, puede recobrar de la persona que dejó de ejercer el cuidado ordinario, en la medida en que la falta de ejercicio ordinario contribuyó a que hubiera la pérdida.

El término *recobrar* se refiere a *la totalidad de la pérdida. No* incluye la negligencia comparada *ex-delito*[48] sino, por el contrario, la negligencia *ex-contractus,*49 bajo la cual el recobrar se refiere a los *daños predecibles*, que en este caso son la cantidad que se deja de cobrar.

La ley define *cuidado ordinario*[50] como el que debe tener un *comerciante* para cumplir con las normas comerciales razonables prevalecientes en el área en que éste hace negocios, para el tipo de negocio a que se dedica. En los casos de los *bancos*, el criterio es más benévolo. Al procesar el pago por medios automatizados, el banco no tiene que examinar si tal examen viola los procedimientos prescritos por el banco y si éste no se aparta irrazonablemente de las prácticas generales que no estén expresamente prohibidas por la Ley de Instrumentos Negociables.

El *cuidado ordinario*, en *todos los demás casos* que no sean comerciantes o bancos, se rige por las disposiciones[51] que requieren la diligencia que exija la naturaleza de la obligación y que corresponda a las circunstancias de las personas, del tiempo y del lugar. Si no se expresa la diligencia, aplica el criterio de un buen padre de familia.

El banco que paga un cheque falsificado sufre la pérdida, aún bajo el criterio anteriormente descrito, pero la pérdida se le imputa en su totalidad a la empresa cuando el propio empleado que falsifica es el que revisa el estado bancario. El dueño de la cuenta solamente tiene derecho a recibir el reembolso por las falsificaciones *anteriores* al envío del estado de cuenta.[52]

---

[46] Sección 2-404(d); 19 LPRA 654(d).

[47] Sección 2-405 (b); 19 LPRA 405 (b).

[48] Código Civil de Puerto Rico, artículo 1802; 31 LPRA 5141.

[49] Código Civil de Puerto Rico, artículo 1054; 31 LPRA 3018.

[50] Sección 2-103 (a) (8); 19 LPRA 503 (a) (8).

[51] Código Civil de Puerto Rico, artículo 1057; 31 LPRA 3021.

[52] *Portilla v. Banco Popular* (1953) 75 DPR 100 y *Quid Gloves, Inc. v. First National Bank Of Jefferson Parish*, 600 S. 2d. 779 (1992).

El concepto de negligencia

La negligencia es comparada,[53] y se permite el prorrateo de los daños en base al por ciento de negligencia.

La persona que, por no observar el cuidado ordinario, contribuye a una alteración o falsificación de firma en un instrumento, está impedida de levantar esta defensa personal en contra de un tenedor de buena fe que lo recibe por *causa* o por *pago*.

Si la parte que alega el impedimento contribuyó también en forma sustancial a la pérdida, por no observar el cuidado ordinario, se le adjudicará un por ciento de negligencia en la medida en que contribuyó a la pérdida.

El *peso de la prueba*[54] recae sobre la persona que alega el impedimento, cuando el obligado a pagar en primer término levante la defensa de alteración o falsificación de firma, de que ésta no actuó con cuidado ordinario. Para que proceda la aportación en la pérdida en base a la negligencia comparada, el peso de la prueba de falta de ejercicio del cuidado ordinario recae sobre la persona impedida, o sea, la que tiene que hacer el pago, a quien se le alteró el instrumento, o se le falsificó la firma.

Defensa

Para fines de discutir cuáles casos de alteraciones y cuáles de falsificación de firma constituyen causa suficiente para que no proceda el pago, tenemos que diferenciar la *defensa real* y la *defensa personal*.

De nuestra discusión surge que al tenedor de buena fe no le son oponibles muchas de las defensas que sí afectan a un tenedor ordinario. Ésta es la protección que le ofrece esta ley para darle seguridad en el tráfico de instrumentos negociables. Pero algunas defensas aplican a todos los tenedores, incluso a este tenedor de buena fe. La defensa que afecta a *todos* los tenedores es la *defensa real*. La *defensa personal* es la que sólo es oponible a los tenedores ordinarios, pero no le afecta al tenedor de buena fe o a aquéllos que en sí *no* cualifican como tenedores de buena fe pero sí son sus *cesionarios*. Éstos se cubren con los derechos del tenedor de buena fe, que es el *cedente*. Ésta es la *doctrina del paraguas pequeño*.

Defensas reales

Estas defensas afectan a todos los tenedores y son:

a. Falsificación de firma, que releva de responsabilidad al obligado en primer término;[55]

---

[53] Sección 2-406; 19 LPRA 656.

[54] Sección 2-406(c); 19 LPRA 656(c).

[55] Sección 2-403 (a); 19 LPRA 653 (a).

b. Alteración - Esta materia está reglamentada en la ley.[56] Se define *alteración* como todo cambio no autorizado en un instrumento, que pretende modificar en cualquier aspecto la obligación de una parte, o una adición no autorizada, ya sea de palabras o números, u otro cambio en un instrumento incompleto en relación con la obligación de una parte.

La mera alteración de un instrumento no es causa de relevo de responsabilidad.[57] La alteración tiene que ser de tal naturaleza que sea fraudulenta cuando se negocia un instrumento negociable incompleto. Es una autorización para que se complete y, si se completa por error no siguiendo las instrucciones, esto no constituye fraude.

Se le reconoce el derecho al tenedor de buena fe, que no tiene aviso de la alteración y toma el instrumento por causa, de cobrar *la cantidad original no alterada*. Esto aplica en el caso en que originalmente el instrumento se entrega *completo*. Pero, si el instrumento se entrega *incompleto* y se altera mediante una terminación no autorizada, en este caso el tenedor de buena fe *cobra la totalidad*. Por lo tanto, la alteración de un documento completo es *defensa real*. Por ejemplo, si la deuda en un instrumento completo es de cien dólares ($100.00) y se altera a mil dólares ($1,000.00), sólo puede cobrar los cien dólares ($100.00) originales. Por el contrario, la entrega de un documento incompleto con terminación no autorizada es una *defensa personal* no oponible al tenedor de buena fe, quien tendría derecho a cobrar la totalidad de los mil dólares ($1,000.00).

Esta ley se aparta de la anterior,[59] que establecía que el documento incompleto, más la falta de entrega del mismo, era una defensa real. Ahora se considera una *defensa personal*. Tiene como consecuencia que el robo de un instrumento firmado que sea terminado sin autorización, en manos de un tenedor de buena fe *tiene* que ser pagado. Entendemos que esta regla es más justa porque, si una persona firma en blanco es negligente al así hacerlo. Frente a un tercero inocente que recibe el instrumento, la pérdida, en justicia, corresponde al negligente.

Fraude por inducción

El *fraude por inducción* se clasifica como defensa real. [60] Este tipo de fraude se comete mediante engaño, si la persona firma en la creencia de que lo hace para otro propósito.

Ejemplo de esto es cuando se cubre el instrumento negociable, la persona lee la cubierta pero la firma cae en el instrumento negociable. Otro caso es cuando se le asegura al firmante

[56] Sección 2-407; 19 LPRA 657.

[57] Sección 2-407 (b); 19 LPRA 657 (b).

[58] Sección 2-407 (c); 19 LPRA 657 (c).

[59] 19 LPRA 16.

[60] Sección 2-305 (1) (iii); 19 LPRA 605 (1) (iii).

que el documento es solamente una autorización de investigación de crédito o un mero recibo. No se da el requisito de que exista la *intención de obligarse*. Se tiene que probar que no tuvo oportunidad razonable para descubrir lo que estaba firmando pero, si no lo leyó, pierde esta defensa.[61]

Dolo por maquinación

El *dolo por maquinación* se diferencia del *dolo por inducción* en que el primero es defensa *personal*. Un comerciante compra un fundo comercial en base a unos récords de venta alterados y firma un instrumento negociable. Luego descubre la alteración. Éste es un caso de *dolo grave*.[62] Tiene que pagarle al tenedor de buena fe.

La minoridad de edad del deudor

Esta es una defensa real a tenor con la ley.[63] Esta defensa está subordinada a la teoría de los contratos. La minoridad de edad es una defensa contra un contrato ordinario.[64] La ley establece que los menores no pueden consentir.[65] El contrato es *inexistente* por faltar uno de los tres elementos esenciales del contrato que exige el Código Civil.[66] Sin embargo, la jurisprudencia[67] lo declara *nulo*, a nuestro juicio *indebidamente*. Entendemos que es *inexistente*, como lo cataloga nuestro Código Civil, y *no* nulo, como ha determinado el Tribunal Supremo, puesto que son nulos los contratos que son contrarios a la ley, la moral y el orden público[68] y ése *no* es el caso.

Otras defensas

La ley[69] no incluye como defensas la coacción, la falta de capacidad legal ni la ilegalidad de la transacción que bajo otra ley anulan la obligación del deudor.

Cuando la defensa sea recíproca por ser común a ambos contratantes, carecen de toda acción entre sí,[70] pero el no culpable sí puede reclamar.

[61] *Federal Deposit Insurance Corp. v. Culver*, 640 F. Supp. 725 (1986).

[62] Código Civil de Puerto Rico, artículo 1055; 31 LPRA 3019.

[63] Sección 2-305 (a) (b)(b).; 19 LPRA 605 (a)

[64] Sección 2-305 (a) (1) (i); 19 LPRA 605 (a) (1) (i).

[65] Código Civil, artículo 1215; 31 LPRA 3402.

[66] Código Civil, artículo 1213; 31 LPRA 3391.

[67] *Monge v. Zechini* (1911) 17 DPR 759; *Delgado v. Marchesi* (1932) 44 DPR 281 y *Durán v. Seda* (1921) 29 DPR 538.

[68] Código Civil, artículo 1207; 31 LPRA 3372.

[69] Sección 2-305 (1) (ii); 19 LPRA 605 (1) (ii).

[70] Código Civil, artículo 1257; 31 LPRA 3516.

Esta defensa no puede ser invocada por la parte capaz, ni por el que emplea la coacción o intimidación.[71] Estamos frente a la causa de *anulabilidad* que sólo la puede ejercer el incapaz o la víctima de la coacción. Esta causa de acción prescribe a los cuatro (4) años, que se cuentan a partir del acto.[72]

La falta de capacidad legal existe en los siguientes casos: los menores de edad no emancipados, los locos o dementes, aunque tengan intervalos lúcidos, los sordomudos que no sepan leer ni escribir, los que por sentencia firme sean declarados pródigos o ebrios habituales.[73]

Relevo por quiebra

La ley tipifica el *relevo por quiebra* como defensa *real*.[74] La Ley de Quiebra establece como política pública que tanto a los individuos como a las personas jurídicas se les tiene que dar la oportunidad de comenzar operaciones nuevamente, libre de todo gravamen. Pero, este relevo no beneficia a los endosantes ni al librador en los casos en que este último aparezca en segundo término.

Requisitos para que un instrumento sea negociable

Para que un instrumento sea negociable, debe cumplir con los siguientes requisitos:[75]

1. Escrito
2. Firmado por el expedidor o librador
3. Que contenga promesa u orden de pago
4. Incondicional
5. Pagadero en dinero
6. Suma cierta
7. Pagadero mediante demanda de pago o en fecha fija luego de expedido o librado.
8. Pagadero a la orden o al portador
9. No contenga base conspicua que destruya la negociabilidad.

[71] Código Civil, artículo 1254; 31 LPRA 3513.

[72] Código Civil, artículo 1253; 31 LPRA 3512.

[73] Código Civil, artículo 168; 31 LPRA 662.

[74] Sección 2-305 (d); 19 LPRA 605 (d).

[75] Sección 2-104 (a) (b); 19 LPRA 504 (a) (b).

Si alguno de estos requisitos faltan, el instrumento *no* es negociable y no se da el requisito para que exista un *tenedor*. Lo que existe es un mero *cesionario*[76]. Se rige la obligación por el Código Civil y no por la Ley de Instrumentos Negociables.

Promesa incondicional u orden incondicional

El requisito de que la promesa u orden tiene que ser *incondicional* es esencial. La ley[77] establece que los instrumentos condicionales o para un fin específico vinculan al firmante o librador, pero la falta de cumplimiento con la condición o fin específico impuesto es una defensa. Esto convierte el instrumento en uno *no negociable*, por no ser incondicional.[78] Es un caso de *condición expresa de pago*.

Tampoco es incondicional cuando está regido por otro escrito,[79] pero sí es incondicional cuando se refiere a otro escrito solamente a los efectos de declarar *derechos* respecto a *colaterales, prepago* o *aceleración de pago*.[80]

Si las partes acuerdan que el pago está sujeto a los términos de la escritura de compraventa de la finca *tal* (una finca específica), *se destruye* la negociabilidad porque ésta tiene que surgir *solamente* de la faz del instrumento.

En caso de que el pago esté limitado a efectuarse de un fondo o una fuente en particular,[81] no deja de ser incondicional porque es solamente una simple anotación de contabilidad, pero todo el patrimonio está respaldando el pago. Es obvia la contradicción *aparente*, pero debe tenerse claro que el requisito de *incondicionalidad* bajo la ley es *el requisito rector*.

Los acuerdos orales no afectan a los instrumentos negociables.

Suma cierta en dinero

El requisito de pagar una cantidad específica de dinero es otro de los requisitos esenciales para que exista el instrumento negociable.[82] El pago de intereses no destruye el requisito de suma cierta. La presunción es que es *desinteresado*. El pago de intereses se tiene que pactar expresamente. Si un instrumento provee para el pago de intereses, pero la cantidad de intereses pagaderos no puede ser determinada a base de la descripción que se hace de los mismos, los intereses serán pagaderos a la tasa de interés prevaleciente

---

[76] Código Civil, artículo 1065; 31 LPRA 3029.

[77] Sección 2-105 (b); 19 LPRa 505 (b).

[78] *Resolution Trust Corporation v. 1601 Partners, LTD*, 796 F Supp 238 (1992); Sección 2-106 (a)(i); 19 LPRA 506 (a)(i).

[79] Sección 2-106 (a)(ii); 19 LPRa 506 (a)(ii).

[80] Sección 2-106 (b)(i); 19 LPRA 506 (b)(i).

[81] Sección 2-106 (b)(ii); 19 LPRa 506 (b)(ii).

[82] Sección 2-104 (a); 19 LPRA 504 (a).

para las sentencias judiciales en el lugar de pago, que puede ser fuera de Puerto Rico, en el momento en que los intereses comenzaron a devengarse.[83] El tipo de interés no se establece al momento del pago sino que aplica el interés prevaleciente al comienzo del cómputo de los intereses.

Dinero

Cuando la ley se refiere a *dinero*, lo define[84] como medio de cambio autorizado o adoptado por un gobierno doméstico o extranjero, e incluye una unidad de cuenta monetaria establecida por una organización intergubernamental o por acuerdo entre dos o más naciones. En el caso de Puerto Rico, la ley[85] permite que el pago se realice en dólares o en moneda extranjera.

Pagadero a la presentación (mediante demanda o a la vista) o pagadero a fecha fija o específica (a plazo)

Para poder ser negociable un instrumento, tiene que ser pagadero *mediante demanda* o *en fecha cierta*. El instrumento *pagadero mediante demanda* es pagadero a la presentación, si lo dice expresamente, o a la vista, o si de otra forma indica que se pagará cuando el tenedor lo desee, o cuando no tiene fecha específica de pago.[86] En todos los casos antedichos, el instrumento debe ser pagado en el momento en que el tenedor lo presente al cobro.

Cuando es pagadero *en fecha cierta* o *fija*, debe contener el día de vencimiento. El documento al que le falta la fecha de vencimiento *no* es instrumento bajo las disposiciones de la ley,[87] pero después de terminado, si cumple con los requisitos de la sección anterior, es válido y es exigible en base a los términos según fueron incluidos al completarse el instrumento, o sea, al incorporarse la fecha de vencimiento. El no tener fecha de vencimiento es un defecto fatal que impide la negociabilidad.[88] La ley[89] le permite al tenedor la terminación del instrumento para hacerlo negociable, siempre y cuando exista la firma, que permite la inserción de palabras o números.[90]

[83] Sección 2-112 (b); 19 LPRA 512 (b).

[84] Sección 1-201 (24); 19 LPRA 451 (24).

[85] Sección 2-107; 19 LPRA 507.

[86] Sección 2-108 (a); 19 LPRA 508 (a).

[87] Sección 2-104; 19 LPRA 504.

[88] *Ibid.*

[89] Sección 2-115; 19 LPRA 515.

[90] Sección 2-115 (a); 19 LPRA 515 (a).

En un documento que no tenga fecha, se considerará su fecha la de su emisión o, en el caso de un instrumento que no se ha emitido, la primera en que adviene en posesión de un tenedor.[91]

La ley establece que un instrumento negociable es pagadero *en fecha específica* si está a tenor con sus términos.[92]

Términos:

1. Pagadero mediante demanda o a la vista, o cuando lo desee.
2. Cuando no especifica ninguna fecha de pago.
3. Pagadero luego de la vista o aceptación.
4. Fecha fija.
5. Fecha determinable o fija, sujeta a los derechos de prepago.
6. Fecha determinable o fija, sujeta a los derechos de la aceleración.
7. Fecha determinable o fija, sujeta a los derechos de extensión, a opción del tenedor.
8. Automáticamente en o después de la ocurrencia de un acto o evento.

La fecha de vencimiento tiene que ser determinable en la faz del instrumento. Éste puede contener una *cláusula aceleratoria,* a opción del tenedor, contando a partir de un evento específico. Podría expresarse en términos de que "Es pagadero el primero de enero del 2004 *o mediante demanda de pago, si el expedidor o el librado fallece antes del primero de enero del 2004.*" Esta última parte, en itálicas, constituye la cláusula aceleratoria.

Otra circunstancia de *cláusula aceleratoria* es *el no pago de tres (3) mensualidades,* que le da el derecho al acreedor a declarar vencida la deuda en su totalidad.

Pagadero a la orden o al portador

Para poder ser negociable tiene que tener la frase de negociabilidad: *pagadero a la orden* o *pagadero al portador*.

Una promesa u orden que no es pagadera al portador es pagadera a la orden, si la misma es pagadera: (i) a la orden de una persona identificada o (ii) a una persona identificada o a su orden. Una promesa u orden que es pagadera a la orden es pagadera a la persona identificada. Por ejemplo: "Pagadero a la orden del Sr. Juan López." En este caso, es negociable luego que el Sr. Juan López lo endose *en blanco,* o con un *endoso especial,* en el que designa la persona del endosatario.

[91] Sección 2-113 (b); 19 LPRA 513 (b).

[92] Sección 2-108; 19 LPRA 508.

Los tenedores solidarios[93] se llaman *acreedores* en forma alternativa de dos o más. El instrumento puede ser negociado o cancelado por cualquiera que esté en posesión del mismo. El pago tiene que hacerse al que esté en posesión del instrumento.[94] Debe tenerse claro que cuando un instrumento negociable se paga o se cancela, el tenedor tiene que *entregar* el mismo al que pagó o canceló. La ley es clara al establecer que el pago debe estar acompañado por la entrega,[95] que es el saldo.[96] Si no se entrega, se paga mal y puede que tenga que repetirse el pago. De ahí, la regla de Derecho: *El que paga mal, paga dos veces.*

A los acreedores mancomunados se les requiere, para que sea válida la negociación o el pago, que actúen todos juntos al endosar y entregar el instrumento.[97]

Si concurre más de un acreedor, y no está claro si es solidario o mancomunado, se presume que es *solidario.*[98]

En los casos de personas representadas, o sea, *mandante* (representado por un mandatario) o *comitente* (representado por un comisionista), el instrumento será pagadero a la persona representada, al representante o a un sucesor del representante.[99]

Cuando se describe a un tenedor que ocupa un cargo, el instrumento es pagadero a la persona nombrada, al incumbente del cargo o a un sucesor del incumbente.[100]

El *cheque* es el *único* instrumento negociable que *no* tiene que ser pagadero a la orden o al portador para ser negociable. Todos los demás instrumentos no son negociables si no son pagaderos a la orden o al portador.[101]

Al portador o a la orden: requisitos

Una *promesa* u *orden* es pagadera al portador, si la misma:[102]

1. Especifica que es pagadera al portador o a la orden del portador;
2. Indica que la persona en posesión de la promesa u orden tiene derecho al pago;
3. No designa tomador;

[93] Sección 2-110 (d); 19 LPRA 510 (d).

[94] Código Civil, artículo 1118; 31 LPRA 3168.

[95] Sección 2-311 (a); 19 LPRA 611 (a).

[96] Sección 2-311 (b); 19 LPRA 611 (b).

[97] Sección 2-110 (d); 19 LPRA 610 (d).

[98] *Ibid.*

[99] Sección 2-110 (c)(ii); 19 LPRA 610 (c)(ii).

[100] Sección 2-110 (c)(iv); 19 LPRA 610 (c)(iv).

[101] Sección 2-104 (d); 19 LPRA 504 (d).

[102] Sección 2-109; 19 LPRA 509.

4. Es pagadera a, o a la orden de, efectivo ("cash"), o de otra forma indica que no es pagadera a una persona identificada.

Cuando los instrumentos son pagaderos al portador, el que tiene la posesión del mismo lo puede negociar solamente con la entrega.

Cuando el documento es pagadero a la orden del Sr. Juan Hernández o al portador es un documento ambiguo y, por lo tanto, es al portador.[103]

Actuación en adición al pago en dinero

Si el instrumento está firmado con orden o promesa incondicional de pago en dinero, pagadero a la vista o en fecha futura fija, o pagadero a la orden o al portador, puede que no sea negociable si el expedidor o el librador acuerda hacer otra cosa en adición al pago de dinero.[104]

Pero ciertas instrucciones adicionales se pueden dar sin afectar la negociabilidad:

1. un compromiso o poder para dar, mantener o proteger colateral para garantizar el pago;
2. una autorización o poder al tenedor para obtener sentencia por consentimiento contra la colateral o convertirla en dinero o de otra forma disponer de ella;
3. una renuncia al beneficio de cualquier ley que exista concediéndole una ventaja o protección a un deudor.

Fecha

Un instrumento puede ser antedatado o postdatado.[105]

Un instrumento negociable no puede ser pagado antes de su fecha de vencimiento. Ésta no es la regla aplicable en caso de cheques. Un banco puede cargar contra la cuenta de su cliente un cheque aunque tenga fecha postdatada, a menos que el cliente haya avisado al banco de un cheque postdatado, describiéndolo con razonable certeza.[106]

Un instrumento negociable no afecta su negociabilidad por el hecho de no estar fechado. Su fecha será la de su emisión o, en el caso de un instrumento que no se ha emitido, la primera en que adviene en posesión de un tenedor.[107]

[103] Sección 2-109(a)(1); 19 LPRA 509(a)(1).

[104] Sección 2-104 (a); 19 LPRA 504 (a).

[105] Sección 2-113 (a); 19 LPRA 513 (a).

[106] Sección 3-401 (c); 19 LPRA 951 (c).

[107] Sección 2-113 (b); 19 LPRA 513 (b).

Reglas de hermenéutica

Reglas de interpretación en caso de términos contradictorios del instrumento:[108]

1. los términos escritos en maquinilla prevalecen sobre los impresos;
2. los términos escritos a mano prevalecen sobre ambos;
3. las palabras prevalecen sobre los números.

El tenedor de buena fe

El tenedor de buena fe debe cumplir con los siguientes requisitos:[109]

1. Debe tener la posesión del instrumento negociable. No existe negociación sin entrega.
2. El instrumento tiene que ser expedido o negociado al tenedor de buena fe.
3. El tenedor de buena fe tiene, además, que cumplir con todos los requisitos de ley.

Sin estos tres (3) requisitos *no* tiene la protección de la ley.

Transferencia y negociación

Emisión de un instrumento

La emisión significa la primera entrega del instrumento hecha por el firmante, expedidor, o librador a un tenedor o no tenedor, con el propósito de conceder derechos al tomador.[110]

El expedidor o librador no incurre en responsabilidad alguna hasta que no entregue el instrumento. La entrega *tiene* que ser *física* o, por excepción, *constructiva*. Ejemplo de la entrega física sería la entrega del documento negociable en sí. Ejemplo de la entrega constructiva sería la entrega de la llave de la caja de seguridad donde está el instrumento negociable.

---

[108] Sección 2-114; 19 LPRA 514.

[109] Sección 2-302; 19 LPRA 602.

[110] Sección 2-105 (a); 19 LPRA 505(a).

Traspaso de un instrumento negociable

El expedidor y el librador son los deudores originales, llamados *primarios*. Uno o el otro es quien realiza el traspaso del instrumento negociable. En el caso del librador, éste pasa a ser deudor en segundo término desde el momento que el librado acepta. El momento determinante lo constituye el acto de la firma y la emisión. De ahí en adelante el instrumento puede ser transferido a terceros. Si la transferencia constituye una negociación, el que lo recibe es un tenedor. Si la transferencia no cumple con los requisitos de la negociación, según se establecen por ley,[111] no hay negociación. Si es a la orden, se requiere endoso y entrega. Si es al portador, sólo entrega. Si no cumple con el requisito de negociación se llama *cesionario* y nunca podrá ser tenedor. Esta persona lo recibe mediante contrato de cesión y no por negociación, que sería lo que lo convertiría en tenedor. Esto es así aunque el instrumento cumpla con los requisitos de negociabilidad.[112]

Si lo recibe mediante contrato de cesión, no le aplica la Ley de Instrumentos Negociables sino que se rige por el Código Mercantil como ley primaria y por el Código Civil como ley supletoria. Se define como *cesionario* de un derecho patrimonial, el cual tiene derecho a cobrar la suma de dinero cedida. La cesión le confiere todos los derechos que tenía el cedente. Pero, lo recibe sujeto a toda defensa o reclamación que se pueda levantar en su contra, o en contra del cedente, o en contra de cualquier parte que le haya antecedido en título. La *cesión* se define[113] como la entrega de un instrumento negociable, por una persona que no sea el emisor, con el propósito de darle a la persona que lo recibe a la entrega el derecho a exigir el cumplimiento del instrumento. El cesionario se subroga en los derechos del cedente, o sea, se pone en los zapatos del cedente y todas las defensas que le afectan a éste (como, por ejemplo, el incumplimiento de contrato) le son oponibles al cesionario.

En la cesión tampoco procede la subrogación automática.[114]

Negociación

La negociación se define como "... cesión de posesión voluntaria o involuntaria como lo sería el embargo, por una persona que no sea el emisor a una persona que con ello se convierta en su tenedor".[115]

Para que la persona cualifique como tenedor, tiene que estar en posesión.

[111] Sección 2-201 (b); 19 LPRA 551 (b).

[112] Sección 2-104 (a); 19 LPRA 504 (a).

[113] Sección 2-203 (a); 19 LPRA 553 (a).

[114] Código Civil, artículo 1113; 31 LPRA 3163.

[115] Sección 2-201 (a); 19 LPRa 501 (a).

[116] Sección 1-201 (20); 19 LPRA 451 (20).

El tenedor, para serlo, necesita el endoso del tenedor que le *precede* en derecho y que éste le transfiera la posesión.[117] Esta transferencia puede ser voluntaria o involuntaria. Ejemplo de esta última sería la quiebra involuntaria. En los casos de instrumentos al portador, la negociación es la mera posesión. En los casos ala orden, endoso más entrega.[118]

Como la negociación significa cesión,[119] la cesión puede ser posesión voluntaria o involuntaria. El que se roba un instrumento negociable se convierte en tenedor del mismo desde el momento que tiene la posesión de un documento pagadero al portador, pero no del que es pagadero a la orden sin endoso. Si este ladrón lo negocia a un tercero de buena fe, éste puede cobrarlo. Esta misma regla aplica a un documento pagadero al portador, que es encontrado por otra persona luego de haberlo perdido su dueño, y que también es una transferencia involuntaria y es cobrable. Este peligro no se da en los casos de documentos pagaderos a la orden, para los que la falsificación del endoso es defensa real y no se produce la negociación.[120]

El endoso

Endoso se define como aquella firma que no sea de un signatario como firmante, librador o aceptante, que se realiza con el propósito de:[121]

1. Negociar el instrumento.
2. Restringir el pago del instrumento, conocido como endoso restrictivo.
3. Incurrir en la responsabilidad de un endosante respecto al instrumento.

La regla es que cualquier firma que no sea ambigua, o que expresamente fue puesta con otro propósito distinto al de un endoso, no se considera endoso.[121] La intención se determina por la lectura del propio instrumento negociable, el lugar de la firma, los usos y prácticas y otras circunstancias.

El *endosante* es la persona que efectúa el endoso, luego de lo cual se convierte en *endosatario*.[122] El endoso debe ser escrito por el endosante o por persona autorizada por éste. En la mayoría de los casos, el endoso aparece por escrito *al dorso* del instrumento.

El endoso puede ser efectuado por representante.[123] Es firma autorizada de la persona representada y ésta es responsable por el instrumento, esté o no identificada en el mismo.[124]

[117] Sección 2-201 (a); 19 LPRA 551 (a).

[118] Sección 2-201 (b); 19 LPRA 551 (b).

[119] Sección 2-201; 19 LPRA 551.

[120] Sección 2-201 (b); 19 LPRA 551 (b).

[121] Sección 2-204 (a); 19 LPRA 554 (a).

[122] Sección 2-204 (b); 19 LPRA 554 (b).

[123] Sección 2-404 (a); 19 LPRA 654 (a).

[124] Sección 2-402; 19 LPRA 652.

El *mandato de firma* puede ser oral, en vista de que no requiere ninguna forma especial de mandato, pero con la excepción que se establece en el Código Civil,[125] que requiere que el poder para transigir, enajenar, hipotecar o ejecutar cualquier otro acto de riguroso dominio, se dé por *mandato expreso*, o sea, en *escritura pública* para tener acceso al Registro de la Propiedad. O sea, si se va a firmar un pagaré hipotecario sobre un inmueble, el mandato tiene que constituirse en escritura pública.

El endoso no tiene que hacerse en el mismo instrumento; puede ser en un papel adherido al instrumento y éste se considera parte del mismo.[126] El endoso adherido tiene que unirse al instrumento firmado, de forma que no se pueda separar fácilmente. Debe ser pegado o adherido al instrumento, de forma tal que sea *un solo instrumento*.

Cesión de documento pagadero a la orden sin endoso

Cuando una persona transfiere un instrumento pagadero a la orden sin haberlo endosado, la ley lo llama *cesión* cuando este traspaso se hace con la intención de *transferir el derecho* a exigir el cumplimiento del instrumento.[127] Si la cesión es por *causa*, el cesionario tiene derecho a exigir específicamente el endoso incondicional del instrumento por el cedente, pero la negociación del instrumento no ocurrirá hasta tanto el endoso se haya realizado.[128] El cesionario tiene el derecho de exigir que el cedente lo endose, pues sin este endoso no es tenedor.[129] El tipo de endoso es incondicional.

Nombre incorrecto del endosante

Cuando por error el nombre de un endosante o tenedor se escribe incorrectamente, el endoso puede ser hecho por el endosante tenedor bajo el nombre especificado en el instrumento, o en el suyo propio, o en ambos. El que paga puede exigir el endoso en ambas formas.[130]

El efecto del endoso tiene dos propósitos: primero, es necesario para la negociación y segundo, para obligar al endosatario al pago en segundo término cuando el obligado a hacerlo no lo efectúa.

---

[125] Código Civil, artículo 1601; 31 LPRA 4422; y Código Civil, artículo 1604; 31 LPRA 4425.

[126] Sección 2-204 (a); 19 LPRA 554 (a).

[127] Sección 2-203 (a); 19 LPRA 553 (a).

[128] Sección 2-203 (c); 19 LPRA 553 (c).

[129] *Ibid.*

[130] Sección 2-204 (d); 19 LPRA 554 (d).

Tipos de endosos

Endoso en blanco

Un endoso en blanco no menciona nombre alguno de endosante y consiste de una mera firma sin la frase a la orden de otro endosante.[131] Cuando está endosado e blanco, un instrumento se convierte en *pagadero al portador* y puede ser negociado mediante la entrega. Éste es el tipo más utilizado en las transacciones comerciales.

Este tipo de endoso seguido de la entrega constituye una negociación, y el que recibe la posesión es un tenedor. El endosante promete, además, el pago bajo las circunstancias establecidas en la ley que discutiremos más adelante.

El instrumento pagadero a la orden, una vez se endosa, se convierte en uno *al portador* y se negocia solamente mediante la entrega. De igual forma, el documento original a la orden que se endosa en blanco también se convierte en uno al portador y se negocia también con la mera entrega. Tiene el riesgo de robo o pérdida, en cuyo caso, si se le negocia a un tercero de buena fe, la persona a quien se lo roban o a quien se le perdió pierde su derecho al cobro y el tenedor de buena fe es el tercero que lo recibe por *negociación válida.*

El caso más llamativo es el de *M.G. Sales, Inc. v. Chemical Bank.*[132] En este caso, un cheque con endoso en blanco se perdió y el librador dió una orden de *no pagar* (*"stop payment"*) por seis (6) meses, término en el cual *caduca* un cheque.[133] La persona en posesión lo volvió a endosar con su nombre (de manera que el cheque tenía dos (2) endosos de dos personas diferentes) y lo depositó en otra sucursal del mismo banco, que lo pagó luego de un año de librado. Se estableció que la ley[134] releva al banco que pague un cheque luego del término de seis (6) meses y tampoco hubo irregularidad.[135]

La pérdida de un documento al portador constituye un problema para la persona a quien se le pierde, porque el tercero de buena fe tiene derecho a cobrarlo.

Endoso especial

El endoso especial es aquél que especifica el tenedor con derecho a recibir el pago.[136] Para que proceda la negociación es menester que el tenedor lo endose y lo entregue.

El endoso especial en los casos de instrumentos a la orden conserva su carácter de *a la orden*. En los casos de instrumentos *al portador,* el endoso especial lo convierte en pagadero *a la orden* del Sr. Pedro González.

---

[131] Sección 2-205 (b); 19 LPRA 555 (b).

[132] *M.G. Sales, Inc. v. Chemical Bank,* 554 N.Y.S. 2d. 863 (1990).

[133] Sección 3-404; 19 LPRA 655.

[134] *Ibid.*

[135] Sección 2-204; 19 LPRA 554.

[136] Sección 2-205 (a); 19 LPRA 555 (a).

El tenedor puede convertir un *endoso en blanco*, que no es otra cosa que el endoso de firma sola, en un *endoso especial*, escribiendo encima de la firma del endosante palabras que identifiquen a la persona a quien el instrumento se hace pagadero.[137]

La fraseología que denota intención de que el instrumento sea negociable es *a la orden* o *al portador*. No necesita estar presente en el endoso especial. La negociabilidad se establece de la faz del instrumento, no del endoso.

Cuando un endoso en blanco se convierte en endoso especial, se elimina el riesgo de robo o pérdida. Un ladrón tendría que falsificar la firma del endoso y el endoso en el cual se falsifique la firma del endosante especial, es un endoso no efectivo, por lo que el endosante especial está protegido por este tipo de endoso.

En el caso de *Klomann v. Sol K. Graff and Sons*,[138] el Tribunal determinó que el endoso especial no efectuado por la persona que se designa en el mismo *no* transfiere derecho alguno.

Éste es un endoso anómalo, o sea, el que falsifica la firma en un endoso especial es una persona que no es el tenedor del instrumento. Un endoso anómalo no afecta la forma en que el instrumento puede ser negociado.[139] La forma que establece la ley para negociar un instrumento con endoso especial es la firma del endosante especial y la entrega de la posesión.

Endoso calificado

Tanto el endoso en blanco como el endoso especial son *endosos no calificados*. Esto quiere decir que se promete pagar si el expedidor, el librador o el librado no realizan el pago, o pagarle a un endosante posterior si éste se ve obligado a realizar el pago por el hecho de que los obligados, en primer término, no lo hagan.[140] Por tanto, el endoso garantiza el pago.

El que efectúa un *endoso calificado*, o sea, el que endosa y le añade el término "sin responsabilidad" o frase similar, no garantiza solvencia de los obligados en primer término, ni se compromete pagarle al endosante posterior, que se ve obligado a pagar.[141]

En los endosos en los que se garantiza solvencia, el endosante puede quedar relevado del pago, si no se le da el aviso del incumplimiento del instrumento.[142]

---

[137] Sección 2-205 (c); 19 LPRA 555 (c).

[138] *Klomann v. Sol K. Graff and Sons*, 317 N.E. 2d 608 (1974).

[139] Sección 2-205 (d); 19 LPRA 555 (d).

[140] Sección 2-415 (a); 19 LPRA 665 (a).

[141] Sección 2-415 (b); 19 LPRA 665 (b).

[142] Sección 2-415 (c); 19 LPRA 665 (c).

Endoso restrictivo

Ya hemos discutido el endoso *en blanco*, el *especial*, el *calificado* y, ahora, el *restrictivo*.

El *endoso restrictivo*, según la ley, incluye al endoso condicional.[143] Un endoso condicional establece el derecho del endosante para repetir el instrumento en el caso de no cumplimiento de la condición, pero este derecho solamente existe entre endosante y endosatario. Este tipo de endoso condicional es inefectivo frente a todas las partes, excepto entre el endosante condicional y su endosatario. El endosatario es el que recibe el instrumento de parte del endosante. Si este endosatario lo negocia, los tenedores lo reciben sin que les afecte el cumplimiento o no cumplimiento de la condición, y lo cobran. Al endosante condicional sólo le asiste el derecho a demandar a su endosatario por incumplimiento de contrato.[144]

Prohibición de transferencia

El endoso que limite el pago a una persona en particular, o que de otra forma prohiba la posterior cesión o negociación, *no* es efectivo, si se puede ceder o negociar. Este tipo de endoso es el llamado *endoso restrictivo*.[145]

El endoso restrictivo es sumamente infrecuente. Para todos los efectos, los endosos restrictivos son *no restrictivos*.[146]

Para depósito o para cobro

Los endosos restrictivos más comunes son aquéllos a los que se les incluye el concepto "para depósito", o "para cobro", u otra palabra que indique el propósito de que el instrumento sea cobrado por un banco para beneficio del endosante, o para una cuenta en particular.[147]

Si se endosa con la frase "para depositar" y el instrumento es robado, se le transfiere a un tenedor, éste, a su vez, lo deposita en su banco y el banco se lo paga, a pesar de existir el endoso restrictivo, *tanto el tenedor como el banco le responden al endosante restrictivo*.[148]

Una vez se cumpla con el endoso restrictivo del depósito, el banco que lo recibe para este propósito se convierte en tenedor del cheque o instrumento.

---

[143] Sección 2-206 (b); 19 LPRA 556 (b).

[144] *Ibid.*

[145] Sección 2-206 (a); 19 LPRA 556 (a).

[146] *Ibid.*

[147] Sección 2-206 (c); 19 LPRA 556 (c).

[148] Sección 2-206 (c)(1); 19 LPRA 556 (c)(1).

Endoso a los efectos de un fideicomiso

El endoso restrictivo que se haga en beneficio o para uso de un fideicomisario es un contrato de *fideicomiso*. Este tipo de endoso podría leer como sigue: "Páguese al fiduciario Don Pedro González, en beneficio de mi hijo Ramón López." El hijo se convierte en *fideicomisario* y el padre, en *fideicomitente*. Si este endoso se hace en blanco, el obligado a efectuar el pago lo hace *sin* incurrir en responsabilidad, pero *sí* incurre en responsabilidad si tiene aviso del deber fiduciario.[149]

Fiduciario es aquella persona que realiza una gestión para provecho de otra, como lo hacen los agentes, fiduciarios, socios, oficiales corporativos o directores, u otros representantes que tenga una obligación fiduciaria respecto a un instrumento.[150]

El aviso puede ser *tácito* y el tomador incurre en responsabilidad si el documento se está desviando para pagar deuda personal del fiduciario y no un beneficio del fideicomitente o del fideicomisario,[151] o para una transacción que el tomador sabe que es para beneficio personal del fiduciario,[152] o es depositado en cuenta que no sea una del fiduciario o de la parte representada.[153]

La ley[154] le impone responsabilidad al tomador cuando se le da aviso expreso de la violación del deber fiduciario.

La responsabilidad del tomador en los casos en que el fiduciario viola el fideicomiso es solamente cuando tenga aviso, *expreso* o *tácito*, de la violación, pero no tiene que actuar en forma afirmativa si no tiene aviso.[155]

Endoso anómalo

El *endoso anómalo* es el efectuado por una persona que no es el tenedor del instrumento. Éste es el llamado *acomodante* que presta su crédito para que la persona acomodada se beneficie económicamente. Este endoso no afecta la forma en que el instrumento pueda ser negociado.[156] Esto quiere decir que, si era al portador, sigue siendo al portador. Este acomodante, bajo la ley anterior, tenía que hacerlo sin recibir valor alguno,[157] pero este requisito no aparece en la nueva ley.

---

[149] Sección 2-307; 19 LPRA 607.

[150] Sección 2-307(a)(1); 19 LPRA 607(a)(1).

[151] Sección 2-307(b)(2)(i); 19 LPRA 607(b)(2)(i).

[152] Sección 2-307(b)(2)(ii); 19 LPRA 607(b)(2)(ii).

[153] Sección 2-307(b)(iii); 19 LPRA 607(b)(iii).

[154] Sección 2-307 (b)(3); 19 LPRA 607 (b)(3).

[155] Sección 2-206 (d)(1)(2); 19 LPRA 556 (d)(1)(2).

[156] Sección 2-205 (d); 19 LPRA 555 (d).

[157] 19 LPRA 46.

Tipos de tenedores

La ley nos presenta *tres tipos de tenedores*: 1) el tenedor de buena fe;[158] 2) el tenedor que no cualifica como tenedor bajo la sección anterior, como, por ejemplo, cuando recibe un instrumento incompleto, y el tenedor de mala fe que participa en un fraude o ilegalidad que afecta al instrumento;[159] y 3) el tenedor de buena fe modificado.[160]

El tenedor de buena fe

Para cualificar como tenedor de buena fe, la ley[161] requiere que se den los siguientes requisitos:

1. El tenedor no tomó un instrumento con evidencia aparente de falsificación o alteración.
2. El tenedor no tomó un documento que es obviamente irregular o incompleto como para que pudiera cuestionarse su autenticidad.
3. Debe haberlo tomado:
    a) por causa,
    b) de buena fe,
    c) sin tener aviso de que el instrumento estuviese en mora, o hubiese sido desatendido, o de que existe un incumplimiento no subsanado respecto al pago de otro instrumento emitido como parte de las mismas series,
    d) sin tener aviso de que el instrumento contiene una firma no autorizada o ha sido alterado,
    e) sin tener aviso de la existencia de alguna reclamación contra el instrumento,
    f) sin tener aviso de que alguna parte tenga una defensa o reclamación de resarcimiento.

Aún se puede dar el caso de que una persona cumpla con todos los requisitos de la ley[162] y *no cualifique* como tenedor de buena fe. Debe probar que el instrumento es uno negociable y que es el tenedor del instrumento.

---

[158] Sección 2-302; 19 LPRA 602.

[159] Sección 2-303 (b); 19 LPRA 553 (b).

[160] Sección 2-106 (d); 19 LPRA 506 (d).

[161] Sección 2-302; 19 LPRA 602.

[162] *Ibid.*

Falsificado, alterado, irregular o incompleto

Si una persona recibe un instrumento irregular o incompleto ya tiene una notificación de que no es auténtico, por lo que no cualifica como tenedor de buena fe.[163] Si es obvio que fue falsificado o alterado, tampoco cualifica como tenedor de buena fe. Lo recibe sujeto a las defensas de los que tienen que realizar el pago o de los dueños que le precedieron.

Valor y causa

La ley[164] enumera los requisitos para que se entienda que ha mediado *valor*. Solamente reconoce la causa onerosa como causa válida.[165]

Promesa de cumplimiento

La *promesa de cumplimiento* se tiene que cumplir para que exista la causa de la obligación contractual.[166]

Si **A** le firma un pagaré a **B** para que un contador le preste servicios el próximo año y el pagaré es pagadero a la vista tiene que pagar sin que el contador tenga que cumplir con la prestación de servicios que es para el próximo año.

Por el contrario, si se expide un pagaré y la fecha de prestación del servicio ha vencido, pero la promesa de prestación del servicio no se ha cumplido, el expedidor tiene una defensa para no pagar.[167]

En el primer ejemplo, es exigible el pago porque el pagaré fue expedido con causa de un servicio futuro pero, si no lo cobra y pasa el término para prestar el servicio ,se tiene la defensa para no pagar por incumplimiento de contrato. En el segundo caso, como el servicio es inmediato se da el requisito de ley de que, para que haya causa se tiene que cumplir con la obligación contractual.[168]

Cuando se compra un instrumento a crédito, mientras no se efectúe el pago, la persona, como tenedor de buena fe, no ha dado valor a cambio. Por lo tanto, no tiene causa.[169]

---

[163] Sección 2-302(a)(1); 19 LPRA 602(a)(1).

[164] Sección 2-303; 19 LPRA 603.

[165] Sección 2-303 (2) al (5); 19 LPRA 603 (2) al (5).

[166] Sección 2-303 (a) (1); 19 LPRA 603 (a) (1).

[167] *Ibid.*

[168] *Ibid.*

[169] Sección 2-302 (a)(2)(i); 19 LPRA 602 (a)(2)(i).

En el caso de que se haya cumplido con parte de la obligación contractual,[170] el que prestó el servicio parcial o el que sólo ha pagado parte del precio es tenedor de buena fe, solamente por el valor del servicio parcial o los abonos realizados.[171] Es tenedor de buena fe del instrumento por la cantidad parcial pagada y, en el caso de cumplimiento parcial, éste se divide por el valor del cumplimiento prometido.[172] Esto es lo que se conoce en nuestro Derecho como el *derecho de prorrateo,* que podemos ver, por ejemplo, en el Código Civil,[173] en los gastos de reparación y conservación de la cosa en comunidad. La prorrata se da en el pago de créditos.[174]

La ley[175] establece el prorrateo para la causa parcialmente pagada. Por ejemplo, el valor de un instrumento es de mil dólares ($1,000.00) y **A** lo compró con descuento por novecientos dólares ($900.00), pero solamente abonó $500. Para establecer hasta qué cantidad es tenedor de buena fe, a tenor con las disposiciones de la ley,[176] tenemos que buscar la porción de la cantidad pagadera bajo los términos del instrumento, equivalente al valor del cumplimiento parcial dividido por el valor del cumplimiento prometido. Es decir: $500.00 / $900.00 = .555 x $1,000.00 = $555.55. Por lo tanto, **A** es tenedor de buena fe de quinientos cincuenta y cinco dólares con cincuenta y cinco centavos ($555.55).

El banco como tenedor de buena fe

La protección de tenedor de buena fe también le aplica a los bancos en las cuentas de cheques[177] pero, además, el banco tiene que cumplir con todos los requisitos del tenedor de buena fe.[178] Para determinar su condición de tenedor de buena fe, el banco tiene una *causa* en la medida en que tiene un interés garantizado. El banco cobrador tiene un interés garantizado, un efecto, y los documentos anejos al mismo o el producto de cualquiera de ellos, en el caso de un depósito en una cuenta, en la medida en que el crédito concedido a cambio del efecto se haya retirado o utilizado.[179]

Lo anterior quiere decir que si un cliente tiene una cuenta bancaria con cierto balance de dinero (A), hace un depósito (B), y posteriormente otro depósito adicional (C). Si éste gira un cheque primero, se le aplica a la cantidad más antigua (A). En los Estados Unidos

[170] Sección 2-303 (a) (1); 19 LPRA 603 (a) (1).

[171] Sección 2-302 (d); 19 LPRA 602 (d).

[172] *Ibid.*

[173] Código Civil, artículo 330; 31 LPRA 1275.

[174] Código Civil, artículo 1829; 31 LPRA 5214 (2).

[175] Sección 2-302 (d); 19 LPRA 602 (d).

[176] *Ibid.*

[177] Sección 3-211; 19 LPRA 861.

[178] Sección 2-302; 19 LPRA 602.

[179] Sección 3-210 (a)(1); 19 LPRA 860 (a)(1).

se sigue la misma regla que nuestro Código Civil establece.[180] Esto quiere decir que primero se agota la partida A, que es la deuda más onerosa del banco. Luego, la partida B y ,si antes de pagar la partida C el expedidor del cheque le notifica una defensa en contra del dueño de la cuenta corriente, el banco es tenedor de buena fe en las partidas A y B, pero no en la C. Cumplió con las partidas A y B según dispone la ley,[181] pero no puede pagar la partida C porque el que expidió el cheque que se depositó en la cuenta del banco le notificó una defensa, y el banco tiene que rehusar pagar sobre la partida C. El banco dio causa para eso en ser tenedor de buena fe en A y B,[182] pero no en la partida C, por el hecho de que se le notificó la defensa antes de que la partida C fuera retirada o utilizada.[183]

La regla norteamericana, al igual que la Ley de Instrumentos Negociables de Puerto Rico es "The First in, First out Rule". El cheque que se deposita en una cuenta corriente, mientras no se agote la cantidad depositada, está sujeto a defensa, por ejemplo, de falsificación de firma o cualquier defensa, incluso personal.[184]

La entrega de instrumento a tercero en colateral

El tenedor de un instrumento lo puede entregar en garantía de pago. Por ejemplo, A le compra a B mercancía por valor de trescientos dólares ($300.00) y, para garantizar el pago en su día, le entrega un pagaré de una tercera persona, C, por valor de quinientos dólares ($500.00). B es tenedor de buena fe, sólo por trescientos dólares ($300.00). La defensa sobre los doscientos dólares ($200.00) remanentes le son oponibles a A.[185] B tiene un interés garantizado en el instrumento de trescientos dólares ($300.00) y la persona obligada a pagar el instrumento, que es C, tiene una defensa en contra de la que otorgó el interés garantizado. La persona con derecho a exigir el cumplimiento del instrumento puede reclamar sus derechos como tenedor de buena fe, solamente hasta una cantidad pagadera que no exceda la cantidad de la obligación garantizada, que aún no ha sido pagada.[186] Si B ya ha cobrado cien dólares ($100.00), esta cantidad se le resta y solamente es tenedor de buena fe hasta los doscientos dólares ($200.00) restantes de la deuda de A, a quien le corresponde el pago de la diferencia de $300.

[180] Código Civil, artículo 1128; 31 LPRA 3178.

[181] Sección 2-302; 19 LPRA 602.

[182] Sección 3-211 (19 LPRA 861);
Sección 2-302; 19 LPRA 602.

[183] Sección 3-210 (a)(1); 19 LPRA 860 (a)(1).

[184] *Ibid.*

[185] Sección 2-302(e); 19 LPRA 602(e).

[186] *Ibid.*

La entrega de un instrumento como pago o garantía de deuda pre-existente

Cuando una parte entrega un instrumento en el cual otra parte es el expedidor, librador o librado, en garantía para el pago de una deuda pre-existente, el cesionario cualifica como tenedor de buena fe.[187] El instrumento en garantía de una obligación existente de cualquier persona, independientemente de que la obligación esté vencida, se entiende que se recibió por causa. Esta causa es fundamental para que el acreedor garantizado cualifique como tenedor de buena fe.

A le compra mercancía por doscientos dólares ($200.00) a **B** y éste le pide una garantía. **A** le entrega un pagaré en el que **C** promete pagar doscientos dólares ($200.00). B dio valor por una transacción de venta anterior a la entrega de la garantía que cumple con los requisitos de un tenedor de buena fe.[188] También cumplió con el requisito de la *causa,* necesaria para cualificar como tenedor de buena fe.[189]

Negociación de instrumento a cambio de otro instrumento

Cuando un instrumento se permuta por otro instrumento, la ley establece que se recibe el segundo por causa.[190]

Obligación irrevocable de tercero

Existe causa si el instrumento es emitido o cedido a cambio de contraer una obligación de carácter irrevocable con una tercera persona.[191]

La empresa A le expide a su banco un pagaré por mil dólares ($1,000.00) y el banco, a su vez, libra una carta de crédito en la cual le promete pagar a los suplidores de A. Esta carta de crédito constituye una obligación irrevocable. El banco recibió valor de mil dólares ($1,000.00) por la entrega del pagaré de A.

[187] Sección 2-303(a)(3); 19 LPRA 603(a)(3).

[188] Sección 2-302; 19 LPRA 602.

[189] Sección 2-302 (a)(2)(i); 19 LPRA 602 (a)(2)(i).

[190] Sección 2-303(a)(4); 19 LPRA 603(a)(4).

[191] Sección 2-303(a)(5); 19 LPRA 603(a)(5).

Buena fe

La *buena fe* significa honestidad de hecho y el cumplimiento con las normas comerciales de trato justo.[192] La ley abandona el viejo criterio subjetivo para determinar si la persona actuaba de buena fe y adopta el criterio objetivo.

La buena fe se toma en consideración al momento que toma el instrumento por negociación.

La ley adopta la regla conocida como "Regla de comerciantes": La falta de investigación de una circunstancia obvia no es mala fe.[193] Buena fe es honestidad de hecho, en la conducta o transacción.

Sin notificación o aviso

El tenedor de buena fe tiene que ser un tenedor de instrumento negociable, que lo recibió *por causa* y *con buena fe*. Además, tiene que cumplir con el requisito de haber recibido el instrumento:

1. sin notificación de que el instrumento estuviese en mora o hubiese sido desatendido o de que existiese un incumplimiento no subsanado respecto al pago de otro instrumento emitido como parte de la misma serie;
2. sin tener aviso de que el instrumento contiene una firma no autorizada o ha sido alterado;
3. sin tener aviso de la existencia de alguna reclamación contra el instrumento, de las descritas en la ley;[194]
4. sin tener aviso de que alguna parte tenga una defensa o reclamación de resarcimiento de las descritas en la ley.[195]

El aviso es objetivo y se tiene que tener conocimiento fehaciente del mismo, como, por ejemplo, mediante carta.[196]

Criterios de aviso

Para que haya *aviso* se tiene que cumplir con los siguientes criterios:

1. se tiene conocimiento real o efectivo de él;
2. se ha recibido un aviso o notificación de ellos;

192 Sección 2-103(a)(5); 19 LPRA 503(a)(5).

193 Sección 1-201 (19); 19 LPRA 451 (19).

194 Sección 2-306; 19 LPRA 606.

195 Sección 2-305 (a); 19 LPRA 605 (a).

196 Sección 1-201 (25); 19 LPRA 451 (25).

3. se dan todos los hechos y circunstancias conocidos por la persona al momento en cuestión. Ella tiene razón suficiente para saber que existe.

El *criterio objetivo* es conocimiento actual de información relevante al instrumento. Pero, si la persona tiene o no conocimiento mental actual es un problema.

Mora

La ley le imputa conocimiento objetivo al tenedor, y reconoce que tiene aviso de que el instrumento está *en mora,*[197] cuando lo recibe después de su fecha de vencimiento, luego de un periodo irrazonablemente largo a la luz de la naturaleza del instrumento y la usanza en el comercio. El documento en mora tiene un riesgo mayor de no pago. El que recibe un instrumento en mora ya no cumple con el requisito de inocencia que se requiere para ser tenedor de buena fe.

El término razonable dentro del cual debe cobrarse un cheque es de noventa (90) días, ya que este instrumento negociable es pagadero a la vista.[198] Si se recibe luego de este periodo, el tenedor está notificado tácitamente de que no tiene fondos. Los otros instrumentos pagaderos a la vista, mediante demanda de pago o a la presentación, si ha transcurrido un tiempo irrazonablemente largo desde su negociación, y se presentan al cobro y no se pagan, se consideran en mora al siguiente día de haberse requerido el pago.[199]

Cuando el documento es pagadero dentro de un plazo y la fecha de vencimiento es acelerada, no entra en mora por un incumplimiento del pago del interés, pero sí del principal.[200] Si es pagadero en una fecha fija, está en mora *el día después de la fecha de vencimiento.*[201] Nuestro Código de Comercio excluye los términos de gracia o cortesía.[202]

La definición de *tiempo irrazonablemente largo* lo tenemos que ver, según la ley,[203] a la usanza en el comercio. Nuestra ley mercantil establece el término de *diez (10) días,* si produce acción ordinaria, y *el día inmediato,* si lleva ejecución.[204] Las obligaciones que tengan fecha de vencimiento están en mora *el día siguiente* a su vencimiento.[205]

[197] Sección 2-304(a)(3); 19 LPRA 604(a)(3).

[198] Sección 2-304(a)(2); 19 LPRA 604(a)(2).

[199] Sección 2-304(a)(1); 19 LPRA 604(a)(1).

[200] Sección 2-304(c); 19 LPRA 604(c).

[201] Sección 2-304(b)(2); 19 LPRA 604(b)(2).

[202] Código de Comercio, artículo 92; 10 LPRA 1312.

[203] Sección 2-304 (a)(3); 19 LPRA 604 (a)(3).

[204] Código de Comercio, artículo 93; 10 LPRA 1313.

[205] Código de Comercio, artículo 94; 10 LPRA 314 (1); y Sección 2-304 (b)(2); 19 LPRA 604 (b)(2).

En los casos de letras de cambio y de pagaré, el término irrazonable es luego de los tres (3) años de su vencimiento.[206] La causa de acción está prescrita. Este término prescriptivo, como es mercantil solamente, se puede interrumpir con la demanda judicial por el reconocimiento de la obligación, hecho por parte del deudor, o por la renovación. La demanda tiene que terminar en sentencia; de lo contrario, no interrumpe con el fin de poder interponer otra demanda en fecha futura. El término de tres (3) años comienza a contarse nuevamente solamente en los casos de reconocimiento de la obligación o renovación.[207]

El desaire

En los casos de pagaré existe *desaire* cuando no es pagado el día de su presentación.[208] Si es pagadero en una fecha y no es pagado el día en que se convierte en pagadero, existe desaire.[209] En los casos de cheque, el aviso está impreso: "fondos insuficientes". Éste es un tipo de *aviso objetivo* de desaire.[210] El que recibe un instrumento con conocimiento de desaire, o sea, a sabiendas de que el pago ha sido rehusado, o de que el librador rehusó aceptar la letra, o de que el librador rehusa efectuar el pago, no es un tenedor de buena fe.

Reclamaciones contra un instrumento

Si un tenedor tiene conocimiento de reclamación sobre el derecho de propiedad, de posesión, de la acción para anular, rescindir o recobrar el instrumento o el producto de éste, no es un tenedor de buena fe.[211] El conocimiento destruye la buena fe.[212]

El relevo

El aviso de la liberación de una parte afecta al tenedor de buena fe, si tuvo el conocimiento al momento de la negociación.[213] La Ley de Instrumentos Negociables se aparta de la presunción registral que establece que lo inscrito afecta a todos. Para esta ley no es aviso, por ejemplo, que un tribunal declare incapaz a un pródigo y se inscriba la

[206] Código de Comercio, artículo 946; 10 LPRA 1908.

[207] Código de Comercio, artículo 941; 10 LPRA 1903.

[208] Sección 2-502 (a)(1); 19 LPRA 702 (a)(1).

[209] Sección 2-502 (a)(3); 19 LPRA 702 (a)(3).

[210] Sección 2-502 (b)(1); 19 LPRA 702 (b)(1).

[211] Sección 2-306; 19 LPRA 606.

[212] Sección 2-302 (a)(2)(ii); 19 LPRA 602 (a)(2)(ii).

[213] Sección 2-302 (b); 19 LPRA 602 (b).

incapacidad en el Registro de la Propiedad y en el Registro de Incapaces.[214] Pero, si el procedimiento es de quiebra, ésto sí afecta al tenedor de buena fe.[215]

Contrario a ley de Puerto Rico

En Puerto Rico la defensa de tenedor de buena fe no se aplica en los casos de venta condicional y de préstamos.[216]

El tomador como tenedor de buena fe

Un tomador no necesariamente tiene que tener conocimiento de un defecto, cuando el expedidor o el librador negocia a través de un intermediario. Éste lo recibe en blanco y lo cumplimenta fuera de las instrucciones y, si el tomador lo recibe por valor, con buena fe y sin aviso de vicio, es un tenedor de buena fe.[217] Si el tomador cae bajo la definición de parte[218] como una no "tercera parte" sino, por el contrario, como persona que participó en una transacción o hecho, puede tener aviso del defecto y no es tenedor de buena fe. El tenedor se define en la ley[219] y ésta no excluye al tomador. Por el contrario, incluye a toda persona que esté en posesión del instrumento. Si el tomador tiene buena fe, cualifica como tenedor de buena fe. Esto era también así bajo la antigua Ley de Instrumentos Negociables que, a nuestro entender, lo definía en una forma más adecuada: "Tenedor significa el tomador o endosatario de una letra o pagaré que estuviese en posesión de éste, o el portador del mismo".[220]

La interpretación bajo la ley vigente es a los efectos de que el tomador puede ser tenedor de buena fe.[221]

El Paraguas o "Shelter"

El término *cesionario* se refiere al que recibe un instrumento por compra que no cumple con los requisitos de la negociación. En los casos de instrumentos pagaderos a la orden

---

[214] *Ibid.*

[215] *Ibid.*

[216] *Berríos v. Zambrana*, 123 DPR 317;
Sección 2-302 (g); 19 LPRA 602 (g).

[217] Sección 2-302 (a)(2); 19 LPRA 602 (a)(2).

[218] Sección 1-201 (29); 19 LPRA 451 (29).

[219] Sección 1-201 (20); 19 LPRA 451 (20).

[220] 19 LPRA 381.

[221] *American State Bank v. Northwest South Dakota Production Credit Assoc.* (1987) 404 N.W. 2d 517.

tiene que haber *endoso* y *entrega*, lo cual no se ha hecho en este caso. La cesión subroga al cesionario en todos los derechos del cedente, como tenedor.[222]

Si el cedente era un tenedor de buena fe, el cesionario se cubre con estos derechos y es, para los fines de ley, un tenedor que adquiere los derechos del tenedor de buena fe. Esto es lo que se conoce como la doctrina del *paraguas o "shelter"* y consiste, precisamente, en taparse o revestirse con los derechos del cedente. Pero, para el cesionario ser tenedor de buena fe, necesita el endoso, y es a partir de la fecha del endoso que él cualifica como tenedor de buena fe. Se puede dar la situación de que un cesionario que no haya participado en fraude o ilegalidad se acoja al beneficio del *paraguas o "shelter"*. Pero, si luego de la cesión se le notifica un defecto, ya él no puede ser tenedor de buena fe mediante endoso,[223] pero es como si lo fuera,[224] porque su cesionario no se podría beneficiar de esta cesión. Él es el tenedor notificado.

El cesionario que sí haya participado en fraude o ilegalidad no se puede beneficiar del paraguas o "shelter"[225] y, cuando se le endose el instrumento, se convierte en un tenedor de mala fe.

El cesionario de buena fe puede exigir el endoso incondicional, por ser el verdadero dueño del instrumento.[226]

Los tribunales han interpretado esta sección del paraguas o "shelter".[227]

El Tenedor notificado

Ya hemos discutido el tenedor *de buena fe*, el tenedor *de mala fe*, el tenedor que *no es de buena fe*, por no cumplir con los requisitos establecidos por ley,[228] pero que no es de mala fe en términos de haber cometido fraude o ilegalidad. Ahora vamos a discutir el cuarto tenedor, el tenedor *notificado*.

La agencia federal llamada "Federal Trade Commission" (FTC), con el propósito de proteger al consumidor, al arrendatario de bienes y servicios, establece en su reglamento con fuerza de ley que el contrato de crédito tenga la siguiente notificación:

> "Notice
>
> Any Holder of this Consumer Credit Contract is subject to all claims and defense which the Debtor could assert against the seller of goods or service obtained pursuant hereto or with proceeds hereof. Recovery hereunder by the Debtor shall not exceed amounts paid by the Debtor hereunder."[229]

---

[222] Sección 2-203 (b); 19 LPRA 553 (b).

[223] Sección 2-203 (c); 19 LPRA 553 (c).

[224] Sección 2-203 (b); 19 LPRA 553 (b).

[225] *Ibid.*

[226] Sección 2-203 (c); 19 LPRA 553 (c).

[227] *Finalco Inc. v. Roosevelt* (1991) 3 Cal Rptr. 2d 865.

[228] Sección 2-302; 19 LPRA 602.

[229] Federal Trade Commission, "FTC Rule 433".

Esta declaración de ley obliga a los tenedores que ya no cualifican como tenedores de buena fe sino que son tenedores notificados.[230]

La falta de advertencia constituye práctica engañosa y fraudulenta bajo las disposiciones del "Federal Trade Commission Act".[231] La advertencia es mandatoria en todo contrato a crédito en el comercio o que afecte el comercio. Los tipos de documentos son: (1) el pagaré, (2) el contrato no negociable que tenga una cláusula de renuncia de una defensa, y (3) el préstamo para la compra, entre el consumidor y el vendedor.

Esta advertencia tiene el efecto legal de conservar todo tipo de reclamación y defensa que el consumidor tenga que le sea oponible, incluso al tenedor de buena fe. Se aplica a la compra de bienes y servicios. La Regla 433 precitada no aplica a la compraventa de bienes inmuebles, "securities", o compraventa que exceda de veinticinco mil dólares ($25,000), ni a la compra de servicios públicos como el gas o la electricidad. Tampoco aplica esta regla a los artículos que se pagan con cheque. El cheque no es un instrumento de crédito, por lo cual no necesita tener la advertencia.

El prestamista no puede tener más derecho en contra del comprador que el que tiene el vendedor.

La Regla 433 precitada le confiere al expedidor o librador el derecho a no pagar suma adicional y pedir, además, el reembolso de las partidas previamente pagadas. Esta regla impide la acción de daños y perjuicios en exceso a lo pagado. Esta regla se implementa mediante querella en la propia agencia. Para cobrar todos los daños y perjuicios se tiene que demandar en los tribunales del Estado Libre Asociado de Puerto Rico. En otras palabras, el consumidor tiene dos remedios: uno *administrativo* y otro *judicial*.

Responsabilidad de las partes

La responsabilidad del pago se diferencia en *primaria* y *secundaria*. La parte que responde en primer término es la que incurre en responsabilidad incondicional. La obligada en primer término tiene que pagar siempre, aún en el caso de que se presente al cobro después de mucho tiempo de su fecha de vencimiento, pero tiene la defensa de *prescripción de la deuda*.

El librador de un giro no aceptado por el librado tiene responsabilidad primaria del pago.[232] El emisor de un pagaré o de un cheque del gerente tiene responsabilidad de pago en primer término.[233]

[230] Sección 2-106 (d); 19 LPRA 506 (d).

[231] Sección 5.

[232] Sección 2-414 (b); 19 LPRA 664 (b).

[233] Sección 2-412; 19 LPRA 662.

El librado que acepta la letra o giro está obligado a pagar en *primer* término,[234] y el librador pasa a tener responsabilidad en *segundo* término. Debemos tener en consideración que la letra o giro es un instrumento en el que median tres partes: el *librador*, que le ordena al *librado* que pague, y el *tomador*, quien es la parte que va a cobrar. Cuando el librador acepta la orden, se convierte en el aceptante que asume la obligación en primer término.[235] Hasta que el librador acepte, *no* tiene responsabilidad alguna de realizar el pago pero, una vez lo acepta, acepta la obligación de pagar en primer término.[236] La aceptación significa un acuerdo firmado por el librador en el sentido de pagar el giro según presentado. Esta obligación, luego de la aceptación, es incondicional y se hace por escrito o mediante firma solamente.

El librado, para protegerse, debe establecer qué cantidad acepta o certifica. De esta forma no está obligado a pagar suma en adición.[237]

Responsabilidad secundaria

El que asume una responsabilidad de pago en segundo término no tiene una responsabilidad absoluta. Para poder cobrarse, el instrumento tiene que cumplir con los *requisitos* que la ley establece y se tiene que cumplir, además, con la gestión de *cobro* y con la *notificación del desaire*.

Si es un endosante, su responsabilidad es secundaria.[238] En los casos de giro o letras, el librador responde en forma primaria hasta que el librado acepte, en cuyo caso pasa a segundo término.[239] Si la aceptación es por un banco, el librador queda relevado de responsabilidad.[240] Si la aceptación no es de un banco, el librador pasa a tener responsabilidad secundaria, igual que la de un endosante.[241]

El endosante queda relevado si luego de su endoso el banco acepta el giro o letra.[242]

---

[234] Sección 2-413; 19 LPRA 663.

[235] *Ibid.*

[236] Sección 2-409 (a); 19 LPRA 659(a).

[237] Sección 2-413(b); 19 LPRA 663(b).

[238] Sección 2-415; 19 LPRA 665.

[239] Sección 2-414(b); 19 LPRA 664(b).

[240] Sección 2-414(c); 19 LPRA 664(c).

[241] Sección 2-414(d); 19 LPRA 664(d).

[242] Sección 2-415(d); 19 LPRA 665(d).

Prerrequisitos para imponer la responsabilidad en segundo término

Para poder imponerle responsabilidad a los endosantes o al librador, cuando la letra o el giro ha sido aceptado, se tiene que cumplir con unos requisitos de ley.

Requisitos para imponerle responsabilidad a los obligados en segundo término

Presentación

El expedidor o emisor de un pagaré y el aceptante de un giro o letra tienen una responsabilidad incondicional de pago. No se requiere la presentación previa para imponerle responsabilidad, pero esta presentación sí es obligatoria para imponerle responsabilidad a los endosantes o al librador. El tenedor tiene que hacer la gestión de cobro a la parte que tiene que pagar en primer término, y esta gestión es lo que se conoce como la *presentación*. Si la presentación no se realiza en forma correcta, se releva a los endosantes o al librador. Si el cheque no se presenta para cobro dentro de los treinta (30) días siguientes a su fecha, esta falta tiene el efecto de relevar a los endosantes o al librador.[243]

El requisito de la presentación como condición previa para imponerle responsabilidad a los endosantes o libradores lo establece la ley.[244] Pero esta presentación tiene que hacerse en la dirección que se especifica en el propio instrumento. La presentación puede ser oral o por escrito, en forma electrónica en los casos de bancos, y en este último caso no se le presenta físicamente el instrumento, sino los datos, por el aparato electrónico, y la presentación se entiende como hecha cuando se recibe la información electrónica.[245]

Desatención

Existe *desatención* de un instrumento si éste es presentado para el cobro o aceptación en forma adecuada y la parte que tiene que hacer el pago o aceptación rehusa aceptar o pagar. Un pagaré es desatendido solamente si el expedidor o emisor rehusa realizar el pago.[246]

Para imponer responsabilidad a los endosantes o al librador se tiene que cumplir con el aviso de desatención.[247] No se tiene que dar aviso si el endosante o el librador renunció a este derecho.[248] Este aviso puede ser oral, escrito o electrónico.[249]

[243] Sección 2-414(f); 19 LPRA 664(f).

[244] Sección 2-501; 19 LPRA 701.

[245] Sección 3-110; 19 LPRA 810.

[246] Sección 2-502; 19 LPRA 702.

[247] Sección 2-503; 19 LPRA 703.

[248] Sección 2-504 (b); 19 LPRA 704 (b).

[249] Sección 2-503 (b); 19 LPRA 703 (b).

Aviso de desatención

En la mayoría de los casos el paso final para fijar la responsabilidad secundaria es el aviso de desatención El aviso lo realiza el tenedor en el caso de que el librado rehuse aceptarlo o realizar el pago en los casos de giro en letras.

El aviso de la desatención tiene que efectuarse dentro de los treinta (30) días siguientes a la desatención.[250] En casos de bancos, el aviso tiene que efectuarse antes de la medianoche del día bancario siguiente al aviso de desatención.[251]

Queda excusado cuando la persona no puede hacer la presentación y aviso porque ha desaparecido el obligado en primer término,[252] o ha repudiado, fallecido o está en Capítulo de Quiebra, o cuando el librado no está obligado a realizar el pago y este hecho era del conocimiento del librador.[253]

Protesto

Certificado de desatención hecho por un cónsul o vicecónsul o notario público, luego que la desatención ocurra, en los casos en que sea pagadero fuera de Puerto Rico.[254]

Responsabilidad del librador

El librador tiene *responsabilidad primaria incondicional* del pago, si el giro o letra no es aceptada por el librado.[255] Esto significa que el librador no tiene que ser notificado de la desatención como condición previa a exigírsele el pago. Si **A** expide un cheque sin fondos a la Autoridad de Acueductos y Alcantarillados (AAA) en pago de una factura de agua, la agencia no tiene que dar aviso sino que puede exigir el pago sin este aviso de desatención.

El librador de un cheque queda relevado de su responsabilidad si el banco acepta el giro.[256] Si el banco acepta el cheque de pago de **A** a la Autoridad de Acueductos y Alcantarillados (AAA) por la factura de agua y luego no la paga, la AAA no puede cobrarle a **A**.

---

[250] Sección 2-503 (c); 19 LPRA 703 (c).

[251] Sección 2-503 (c)(i); 19 LPRA 703 (c)(i).

[252] Sección 2-504; 19 LPRA 704.

[253] Sección 2-504(a); 19 LPRA 704(a).

[254] Sección 2-555(b); 19 LPRA 705(b).

[255] Sección 2-414(b); 19 LPRA 664(b).

[256] Sección 2-414(c); 19 LPRA 664(c).

Si el aceptante no es un banco, el librador mantiene su obligación de pago, pero en segundo término, desde el momento en que el librado acepta el giro.[257] La responsabilidad del librador es igual a la del endosante del giro. El tenedor tiene que dar tiempo al aviso de desatención como condición previa a exigir el pago.

El librador puede eximirse del pago si lo libra con la frase "sin recurso".[258] No tiene que pagar el giro si no es un cheque. En los casos de cheques tiene que responder del pago si el banco lo devuelve.[259]

Responsabilidad del endosante

La responsabilidad del endosante surge desde el momento en que se desatiende un instrumento.[260] La obligación del endosante es con el tenedor o con un endosante posterior que haya pagado y tenga el instrumento para entregar al momento del pago. No está obligado a pagar si endosó con la frase "sin recurso" o rechazó de otra forma la responsabilidad.[261]

Si no se le da el aviso en forma adecuada, el endosante queda relevado de responsabilidad.262 Queda relevado de responsabilidad cuando el cheque no se presenta para el pago dentro de los treinta (30) días siguientes a la fecha en que se hace el endoso.

El acomodante

El *acomodante* se designa en la ley como *aval*.[263]

Cualquier persona pasa a formar parte de un instrumento con la mera firma. Si ésta se estampa con el propósito de prestar su nombre y crédito a otra parte en el instrumento, pero lo hace desinteresadamente y con el solo propósito de que la otra parte coja el producto de la negociación, esta parte se designa como parte *acomodante* o *aval*. La firma es sólo para acomodar o avalar. El beneficiario es una parte llamada *avalada* y el que se obliga es el *avalista*.[264]

[257] Sección 2-414(d); 19 LPRA 664(d).

[258] Sección 2-414(e); 19 LPRA 664(e).

[259] *Ibid.*

[260] Sección 2-415(a); 19 LPRA 665(a).

[261] Sección 2-415(b); 19 LPRA 665(b).

[262] Sección 2-503 (a); 19 LPRA 703 (a).

[263] Sección 419; 19 LPRA 669.

[264] Sección 419 (a); 19 LPRA 669 (a).

Esta firma puede ser hacerse: como *firmante* en los casos de pagaré, o como *librador* en los casos de letras o giros, o como *aceptante* o *librado* o *endosante*. Queda obligado en la capacidad en que lo firmó y es exigible aunque avale graciosamente.[265]

Si la parte avalada tiene responsabilidad primaria, entonces el avalista también la tiene primaria.[266]

El avalista puede firmar como *obligado en segundo término* con endoso anómalo, o como *fiador* o como *garante*.[267] En cualquiera de esas capacidades está garantizando el *cobro* más bien que el *pago* de la obligación. En este caso sólo pagará cuando la ejecución de la sentencia contra la otra parte sea infructuosa, por insolvencia o por quiebra, o que no pueda ser emplazada o que sea aparente que no se podrá lograr el pago de la otra parte.[268]

El avalista tiene derecho a exigir el pago a la parte avalada cuando él tenga que realizar el pago, o si la parte avalada tiene los medios, el avalista tiene el derecho a exigir el cumplimiento del instrumento contra la parte avalada.

El avalista nunca le responde a la parte avalada.[269]

El ejemplo que nos puede ayudar a entender esta disposición de la ley sería el caso de que **A**, estudiante de Administración de Empresas, va a comprar un vehículo y la empresa no se lo vende a su nombre, pero el padre firma como expedidor del pagaré. El padre es el avalista que firma para que su hijo **A** avalado reciba el vehículo. Pero si **A**, luego de graduarse, paga el vehículo en su totalidad y se le entrega el pagaré firmado por su padre, **A** no puede exigirle a su padre el pago.[270] Pero, si su padre lo paga, tiene derecho a exigirle a **A** el reembolso.[271]

El garantizador

Si el avalista indica que es un garantizador del cobro, sólo pagará en los casos que hemos ya discutido, en los cuales no se ha podido obtener el cobro.[272] Sólo se paga luego que se hayan agotado los remedios para obtener el cobro a la parte avalada. Pero si, por el contrario, garantiza el pago, en este caso paga en *primer* término.[273]

[265] Sección 419 (b); 19 LPRA 669 (b).

[266] *Ibid.*

[267] Sección 419 (c); 19 LPRA 669 (c).

[268] Sección 419 (d); 19 LPRA 669 (d).

[269] Sección 419 (e); 19 LPRA 669 (e).

[270] *Ibid.*

[271] *Ibid.*

[272] Sección 2-419 (d);19 LPRA 669 (d).

[273] *Ibid.*

Las garantías de la cesión

Toda persona que transfiere un instrumento, inclusive el que se roba el instrumento o el que se lo encuentra, garantiza las partidas que se establecen en la ley.[274] El requisito es que se transfiera por causa.

Existen dos *tipos* de garantía: la *garantía de cesión* y la *garantía de una presentación*.275

La *garantía de cesión* obliga inclusive a aquél que cede un instrumento al portador sin que lo firme, solamente por la entrega. La ley[276] le impone la responsabilidad al cedente de un documento de que tiene que ser al portador porque no se endosa, y le responde solamente al cesionario inmediato, no a un tenedor posterior, mientras que la *cesión por endoso* es clara en establecer que es a cualquier cesionario posterior.

Bajo el concepto *garantía de cesión* se incluyen realmente cinco. Estas *cinco (5) garantías* lo que garantizan en realidad es que el cedente es un *tenedor de buena fe* y, si el cesionario no cualifica como tenedor de buena fe, se puede cubrir con los derechos de él (paraguas o "shelter").[277]

Las cinco (5) garantías son:

1. El garantizador es una persona con derecho a exigir el cumplimiento del instrumento.

   Esta primera garantía tiene el efecto de garantizarle el título de propiedad, o sea, que no va a ser eviccionado en base a firma falsificada, o no autorizada, endoso no autorizado o falsificado, o endoso omitido, o sea, que él lo recibió por negociación y por tal hecho él lo puede transferir.

   A le endosa o le transfiere a **B** un cheque al portador. Cuando **B** lo presenta al cobro en el banco, el expedidor había puesto una orden de no pago ("stop payment"), por firma no autorizada. **A** le responde del pago a **B** porque le garantizó que él era una persona con derecho a exigir el pago. Es una causa de acción en base a *saneamiento* o *incumplimiento de contrato.*

2. Todas las firmas en el instrumento son auténticas y autorizadas.

   A le transfiere a **B** un cheque que ha sido endosado en blanco por **X**. Como el endoso en blanco convierte el instrumento en uno *al portador,* **A** no lo endosa. **B** lo pone al cobro, pero no tiene fondos. Cuando recurre en cobro contra el endosante **X**, éste levanta la defensa real de falsificación de endoso. **A** tiene que pagarle a **B** por ser el *cesionario inmediato,* por lo que le asiste esta garantía número dos (2) Si **A** fuera un endosante, le respondería a todos los cesionarios posteriores.

---

[274] Sección 2-416 (a); 19 LPRA 666 (a).

[275] Sección 2-416; 19 LPRA 666; y

Sección 2-417; 19 LPRA 667.

[276] Sección 2-416 (a); 19 LPRA 666 (a).

[277] Sección 2-303 (b); 19 LPRA 603 (b).

3. El instrumento no ha sido alterado.

    El instrumento alterado releva de responsabilidad[278] y sólo es exigible de acuerdo con los términos originales.

    En el caso de alteración, ni el cedente ni el cesionario cualifica como tenedor de buena fe.[279]

    Pero, si el cedente no tenía evidencia aparente de la alteración, él sí cualifica como tenedor de buena fe[280] y su cesionario, que lo ha recibido en un período de mora, sería tenedor, pero *no* de buena fe[281] y tendría derecho a cobrarlo invocando la ley.[282] Esta garantía número tres (3) es solamente aplicable cuando el cedente es tenedor y no es un tenedor de buena fe.

4. El instrumento no está sujeto a una defensa o reclamación por resarcimiento que pueda oponerse por cualquier parte en contra del garantizador.

    Esta garantía opera cuando **A** engaña a **B** y obtiene un instrumento negociable en base a un negocio doloso. Cuando **C**, quien recibió el instrumento por negociación con **A**, va a cobrarle el instrumento a **B**, éste le opone la defensa personal de *falta de causa*. Como **C** no es tenedor de buena fe, no puede cobrar y cuando se va a cubrir con los derechos de **A**,[283] surge que éste tampoco es tenedor de buena fe. A la luz de esta garantía número cuatro (4), **A** le tiene que pagar a **C**, en vista de que le opusieron una defensa oponible a **A**, que es el garantizador.

5. El garantizador no tiene conocimiento de que se haya comenzado algún procedimiento de insolvencia con relación al firmante o al aceptante o, en el caso de una letra de cambio no aceptada, al librador.

    Ésta es la garantía del *dolo por silencio*. Si el cedente sabía que el obligado a pagar en primer término estaba en quiebra, lo tenía que decir al momento de la negociación.

    El cedente no garantiza la solvencia del obligado en primer término, pero sí garantiza que no sabe que aquél está en estado de insolvencia.

    Los obligados al pago en primer término son los que se enumeran en esta garantía: el *firmante* en el pagaré, el *aceptante* en la letra de cambio y el *librador* en las letras no aceptadas.

---

[278] Sección 2-407 (b); 19 LPRA 657 (b).

[279] Sección 2-302 (a)(1); 19 LPRA 602 (a)(1).

[280] *Ibid.*

[281] Sección 2-302 (a)(2); 19 LPRA 602 (a)(2).

[282] Sección 2-203 (b); 19 LPRA 553 (b).

[283] *Ibid.*

El término razonable para exigir estas garantías es de treinta (30) días, contados desde que el reclamante tenga razón para saber de la violación y de la identidad del garantizador (endosante o cedente inmediato del documento al portador).

Si no se da la notificación en tiempo (dentro de los 30 días), la suma (deuda) de la responsabilidad del endosante será reducida en base a la cantidad de la pérdida, que se hubiera podido evitar de no haberse producido la dilación.[284]

Las garantías de cesión no se pueden renunciar en los casos de cheques,[285] pero sí en todos los demás instrumentos.

Las garantías de cesión son una garantía de título de propiedad. El vendedor le responde al comprador por defecto oculto o evicción. Le garantiza que va a obtener el pago o aceptación de que es dueño y que la venta es legal.

Esta garantía aplica en los casos en que un ladrón o alguien que encuentra el instrumento lo negocie, pero quien lo robó o lo encontró no tiene un título de propiedad legítimo. Tampoco se tiene buen título cuando uno de los endosos es falsificado, o cuando el mandatario o el comisionista no está autorizado, o cuando el comitente o el mandante no tiene buen título.

La falsificación de firma puede ser del expedidor o firmante de un pagaré, o del librador o del librado en caso de letras, o de un endosante. Basta que una sola de las firmas esté falsificada para que proceda el derecho a exigir estas garantías.

Garantías de la presentación

Este tipo de garantía aplica a un giro o letra *no aceptada,* por lo cual no le aplica al cheque certificado que ya ha sido aceptado, pero sí al cheque *no certificado* y a otras letras.

Cuando un librado paga o acepta un instrumento con buena fe, recibe las garantías de la ley de parte del tomador que obtuvo el pago o la aceptación y, además, del previo cedente (librador o endosante) del instrumento.[286]

Las garantías de la presentación son:

1. El garantizador es, o era, en el momento en que el garantizador hizo la cesión del giro, una persona con derecho a exigir el cumplimiento del giro, o autorizada a obtener el pago o la aceptación del giro a nombre de otra persona con derecho a exigir el cumplimiento del giro.

   Esto quiere decir que garantiza que no existe omisión de endoso ni endoso no autorizado.

---

[284] Sección 2-416 (c); 19 LPRA 666 (c).

[285] *Ibid.*

[286] Sección 2-417 (a); 19 LPRA 667 (a).

2. El giro no ha sido alterado.

   Esta garantía significa que lo que surge de la faz del instrumento es correcto, o sea, que no está alterado.

3. El garantizador no tiene conocimiento de que la firma del librador del giro sea no autorizada.

   Esta garantía tiene el efecto de imponerle la responsabilidad al librado por la falsificación de la firma del librador.

Defensa del garantizador

Las defensas del garantizador son a los efectos de que el endoso es válido.[287]

Las defensas del garantizador son:

1. Impostor o tomador ficticio.[288]
2. Endoso fraudulento del empleado.[289]
3. Impedimentos: La negligencia contribuye a la falsificación de la firma o a la alteración. El garantizador está también impedido de levantar la defensa de endoso no autorizado o la alteración, cuando ha mediado negligencia de su parte.[290]

La ley[291] extiende las garantías a todos los casos no cubiertos por las garantías de la presentación, antes discutidas.[292] Existe una regla de presentación para aquella persona que obtiene *el pago del librador* respecto al desaire de una letra, y esa regla de presentación es *diferente* a la de la persona que obtiene *el pago de un endosante* respecto al desaire de una letra o cualquier otro instrumento que sea presentado para pago a una parte obligada a pagar. Ejemplo de ello es un pagaré que se le presenta al expedidor para cobro, o cuando un aceptante de una letra o giro la presenta para cobro al librador.

En estos casos, el cedente es o ha sido, al momento de la cesión del instrumento, una persona con derecho a exigir la ejecución o autorizada para obtener el pago a nombre de un comitente. No puede levantar la cuestión de falta de autorización o de falta de un endoso ni que el cedente tiene buen título. El librador y el endosante estaban en mejor posición que el tenedor de buena fe para verificar su propia firma o para detectar alteración material.

[287] Sección 2-417 (c); 19 LPRA 667 (c).

[288] Sección 2-404; 19 LPRA 654.

[289] Sección 2-405; 19 LPRA 655.

[290] Sección 2-406; 19 LPRA 656.

[291] Sección 2-417 (d); 19 LPRA 667 (d).

[292] Sección 2-417 (a); 19 LPRA 667 (a).

A expide un cheque a la orden de **B**. Un ladrón se lo roba, falsifica la firma del endoso de **B**, le implanta un endoso en blanco y se lo entrega a **C** como regalo. Luego **C** lo transfiere a **D**, sin endoso, por ser pagadero al portador. **D** lo presenta al cobro en el banco (librado) de **A** y recibe el pago. Habiéndose falsificado la firma de **B** en el endoso, el ladrón no adquirió título y no lo podía transferir. Según la ley, **A**, **B** y el ladrón han incumplido las garantías de presentación ["... persona con derecho a exigir el cumplimiento ..."].[293] El banco puede recobrar de cualquiera de ellos la cantidad pagada a **D**. El banco aceptante y pagador le pasa la pérdida a otro. El falsificador desaparece y el que recibe el instrumento falsificado sufre la pérdida, por estar en mejor posición de detectar la falsificación y evitar dicha pérdida.

Las garantías de presentación no se pueden renunciar en los cheques.[294]

La notificación de la reclamación de garantía se tiene que realizar dentro de los treinta (30) días a partir de la fecha en que se tenga conocimiento del incumplimiento y de la identidad del garantizador.[295]

Garantía de cesión o del cedente

Recibe la garantía de cesión, que es la del cedente, toda persona que recibe un instrumento mediante *causa*:

1. Si es pagadero a la orden y lo recibe sin endoso, la protección de la garantía se extiende sólo al cesionario inmediato.[296]
2. Si es al portador, o mediante endoso, a todo cesionario posterior.[297]

Tipos de Garantías

Los tipos de garantías son:[298]

1. Título
2. Firma
3. Alteración
4. Solvencia

[293] Sección 2-417 (a)(1); 19 LPRA 667 (a)(1).

[294] Sección 2-417 (e); 19 LPRA 667 (e).

[295] *Ibid.*

[296] Sección 2-416 (a); 19 LPRA 666 (a).

[297] *Ibid.*

[298] Sección 2-416 (a)(1) (2)(3) (4) y (5);
19 LPRA 667 (a) (1) (2)(3) (4) y (5).

5. Defensa
   a) Reales (afecta a todos, incluso al tenedor de buena fe)
      (1) falsificación
      (2) alteración
      (3) dolo en la ejecución
      (4) minoridad
      (5) quiebra
      (6) coacción
      (7) falta de capacidad legal
      (8) ilegalidad de la transacción por ley
   b) Personales (afectan a todos los tenedores que no son de buena fe)
      (1) Incumplimiento de contrato
      (2) Falta de causa
      (3) Instrumento no expedido o librado
      (4) Dolo por inducción
      (5) Resarcimiento
      (6) Error
      (7) Compensación
      (8) Pago o cumplimiento
      (9) Condonación

Garantías de Presentación

Este tipo de garantías afecta a todo presentador o cedente anterior:

1. Personas con derecho a esta garantía
   a) Expedidor
   b) Librado
   c) Aceptante
2. Tipos de garantía
   a) Título
   b) Firma
   c) Alteración

El Descargo

El *descargo* de la obligación de una parte no afecta al tenedor de buena fe que lo desconozca,[299] excepto el descargo por quiebra.[300] Por lo tanto, puede que una parte tenga que pagar, aún habiendo sido descargada de la deuda.

Descargo por pago

El que paga queda descargado.[301] Cuando realiza un pago parcial sólo se descarga hasta el abono.

El que paga mal y tiene que repetir el pago cuando:[302]

1. Un tribunal ordena que no pague.
2. Se hace una reclamación de título de propiedad sobre el instrumento.
3. Cuando el banco paga sabiendo por notificación que existe una reclamación.
4. Cuando media robo y se le paga al ladrón.
5. Descargo por Cancelación o Renuncia

El tenedor puede descargar a cualquier parte mediante cancelación o renuncia.

Formas de realizar la cancelación o renuncia:[303]

1. entrega del instrumento
2. destrucción del instrumento
3. mutilación del instrumento
4. escribiendo la palabra "cancelado" en el instrumento
5. tachadura de firma
6. escribiendo la palabra "descargo" en el instrumento
7. mediante transacción judicial

---

[299] Sección 2-601 (b); 19 LPRA 751 (b).

[300] Sección 2-305(a)(1)(iv); 19 LPRA 605(a)(1)(iv).

[301] Sección 2-602; 19 LPRA 752.

[302] Sección 2-602(b)(1); 19 LPRA 752(b)(1).

[303] Sección 2-604; 19 LPRA 754.

Título de Pago

La oferta de pago descarga cuando la persona con derecho a recibir el pago lo rechaza. La descarga por el monto de la oferta releva de la obligación al endosante y al avalista.[304]

La oferta de pago también descarga la obligación del pago de intereses a partir de la fecha de su vencimiento.[305]

Cuando se tiene que hacer la presentación de un instrumento y el deudor está preparado para pagar en la fecha del vencimiento y en el sitio de pago especificado en el instrumento, se presume que se hizo la oferta de pago en la fecha de vencimiento,[306] y quedan relevados de responsabilidad los endosantes, los avalistas y el librador.[307] Al librador se le trata como un endosante, luego que el librado acepta la letra o giro.[308]

El descargo por cancelación o renuncia no releva a los endosantes ni a la parte avalista.[309]

La renovación o prórroga de pago tiene el efecto de relevar al endosante y al avalista, si pueden probar que la extensión les ocasionó daños y ahora no pueden repetir lo que tengan que pagar.[310] Lo mismo ocurre cuando la novación se produce por una modificación sustancial de la obligación y dicha modificación le afecta el derecho de repetir a los endosantes o avalistas.[311] La única defensa oponible es que no se ha ocasionado pérdida o que la pérdida es menor al monto del derecho de repetir.[312] En el caso de menoscabo de la colateral, se releva al endosante, al avalista y / o al librador, en la medida del menoscabo.[313] La descarga en los casos de colaterales, cuando son deudores solidarios, releva de responsabilidad y el daño o menoscabo se establece en base al derecho de contribución de los otros deudores solidarios.[314]

Cheques

Este tipo de letra especial es el instrumento negociable de mayor importancia. El librador le ordena al banco que pague a la presentación.

[304] Sección 2-603(b); 19 LPRA 753(b).

[305] Sección 2-603(c); 19 LPRA 753(c).

[306] *Ibid.*

[307] Sección 2-605(a); 19 LPRA 755(a).

[308] Sección 2-414(d); 19 LPRA 664(d).

[309] Sección 2-605(b); 19 LPRA 755(b).

[310] Sección 2-605(c); 19 LPRA 755(c).

[311] Sección 2-605(d); 19 LPRA 755(d).

[312] *Ibid.*

[313] Sección 2-605(e); 19 LPRA 755(e).

[314] Sección 2-605(f); 19 LPRA 755(f).

Como existen instituciones financieras que no son bancos y que también utilizan cheques, la ley las recoge.[315] Éstas son: los bancos de ahorro, las asociaciones de ahorro y crédito, las uniones o cooperativas de ahorro y crédito, las compañías de fideicomiso y los bancos como tal.

Cuenta

Se define *cuenta* como toda cuenta de depósito o crédito con un banco, incluyendo cuenta a la vista, a plazo, de ahorro, de libreta de depósitos, libramiento contra acciones u otras similares, que no sean una cuenta evidenciada con un certificado de depósito.[316] El término *cuenta* incluye las líneas de créditos que concede la institución American Express, que permiten librar cheques dentro del margen de crédito aprobado.

Cliente

Un *cliente* es una persona que tiene cuenta con un banco o para quien el banco ha acordado cobrar efectos, incluyendo un banco que mantenga una cuenta en otro banco.[317]

Relación contractual

Existe una relación de *comitente y comisionista*, o de *mandante y mandatario* entre el banco y su cliente. Este contrato termina en caso de muerte o incapacidad del cliente.[318] La incapacidad o muerte tiene que ser conocida por el banco para que tenga oportunidad razonable para actuar.[319]

Luego de la muerte conocida por el banco, hay un periodo de diez (10) días, durante el cual la ley le permite al banco pagar los cheques o certificado librados por el cliente antes de su muerte, si no recibe orden de suspensión de pago por parte de los herederos.[320]

---

[315] Sección 3-105 (1); 19 LPRA 805 (1).

[316] Sección 3-104 (a)(1); 19 LPRA 804(a) (1).

[317] Sección 3-104 (a)(5); 19 LPRA 804(a) (5).

[318] Sección 3-405; 19 LPRA 955.

[319] Sección 3-405(a); 19 LPRA 955(a).

[320] Sección 3-405; 19 LPRA 955.

Tipos de cheques

a) *Cheque* significa un giro.[321] Es un tipo de letra librada en contra de un banco y pagadera a la vista.

b) *Cheque Certificado* es un cheque aceptado por el banco contra el cual es girado.[322] Una vez aceptado, el banco librado pasa a ser responsable en primer término. El banco no tiene obligación de certificarlo y una negativa a certificarlo no constituye desatención del mismo. El librador, una vez certificado, no puede pedir la suspensión de pago. Se certifica el cheque, escribiendo la palabra "certificado" o la palabra "aceptado".

El cheque certificado puede ser endosado y el endosante incurre en las responsabilidades que por ley se establecen para los endosos.

c) *Cheque del Gerente* es un giro en el cual el librador y librado es el mismo banco, o sucursal del mismo.[323] El comprador lo obtiene con el propósito de que sea el crédito del banco el que responda por la transacción. El cheque certificado también tiene el mismo efecto de sustituir el crédito del que lo expide por el crédito del banco.

d) *Cheque de Viajero* es un cheque pagadero a la presentación. Es librado contra, o pagadero en o a través de un banco. Se designa con el término "cheque de viajero" o por un término similar y requiere *refrendo* de la persona que lo firma.[324] Esto significa que se firma en el momento en que se compra en el banco y tiene que firmarse *una segunda vez,* cuando se usa. El cheque de viajero evita tener que viajar con dinero en efectivo. La firma autorizada está en la faz del instrumento. El repetir la firma frente al que lo recibe en pago sirve para detectar la firma no autorizada, lo que lo hace más seguro que el cheque personal.

e) *Cheque del pagador-receptor* (*"Teller´s Check"*) significa un giro librado por un banco contra otro banco, o pagadero en o a través de otro banco.[325] Este tipo de cheque permite la *suspensión de pago ("stop payment").*[326]

f) *Orden de dinero* o *"Money Order"* – Tanto los bancos como los que no son bancos venden órdenes de dinero o "money orders". Este tipo de orden se trata como un cheque ordinario, en el cual el banco vendedor es el librado. La suma está impresa y el comprador es el librador. Éste le pone la fecha y el nombre del tomador. El librador puede poner suspensión de pago ("stop payment").[327] Los giros postales se rigen por otra ley que es la ley federal *U.S. Post Office Statute.*

---

[321] Sección 2-104 (f); 19 LPRA 504 (f).

[322] Sección 2-409 (d); 19 LPRA 509 (d).

[323] Sección 2-104 (g); 19 LPRA 504 (g).

[324] Sección 2-104 (i); 19 LPRA 504 (i).

[325] Sección 2-104 (h); 19 LPRA 504 (h).

[326] *Specialty Flooring Co. V. Palmetto Federal Savings Bank of South Carolina,* 394 S.E. 2d 13 (1990).

[327] Sección 2-104; 19 LPRA 504.

Efecto del instrumento sobre la obligación por la cual fue tomado

Cuando se paga con un cheque certificado, cheque de gerente o cheque del pagador-receptor ("Teller's Check"), se extingue la obligación por el importe del instrumento.[328] La extinción de la obligación no releva al endosante.

El que compra un cheque de los antes descritos es el *remitente*[329], el banco es el *emisor* y el instrumento es pagadero a otro que no es el comprador. El remitente no puede poner suspensión de pago ("stop payment"). Esto destruiría la seguridad en las transacciones. La ley impone una penalidad al banco si no paga el instrumento. La persona perjudicada puede recobrar, del banco, los gastos, pérdidas de intereses y daños indirectos.[330]

El banco sí puede suspender el pago en los casos de los cheques antes descritos.

Motivos para la suspensión de pago ("stop payment") por el banco:[331]

1. El banco obligado estima que tiene fundamentos razonables para interponer una reclamación o defensa contra la persona con derecho a exigir el cumplimiento del instrumento.
2. El banco obligado tiene duda razonable en cuanto a si la persona que está requiriendo el pago es la persona con derecho a exigir el cumplimiento del instrumento.
3. El pago está prohibido por ley.

Cheque del Gerente, cheque del pagador-receptor (Teller's Check") o cheque certificado perdido, destruido o robado

Cuando a un librador o a un tomador se le pierde, destruye o le roban un cheque de los aquí descritos, mediante declaración de pérdida del cheque, se le concede al banco tiempo razonable de actuar antes de efectuar el pago. El librador o el tomador debe estar en posición de proveer identificación adecuada si el banco se la solicita.[332] Si el banco recibe la declaración a tiempo, no está obligado al pago del cheque.[333] Pero, si aparece un

[328] Sección 2-310 (a); 19 LPRA 610 (a).

[329] Sección 2-103 (a)(11); 19 LPRA 503 (a)(11).

[330] Sección 2-411 (b); 19 LPRA 661 (b).

[331] Sección 2-411 (c); 19 LPRA 661 (c).

[332] Sección 2-312 (b); 19 LPRA 612 (b).

[333] Sección 2-312 (b)(3); 19 LPRA 612 (b)(3).

tenedor de buena fe con el cheque, el banco tiene que pagarlo y el reclamante viene obligado a reembolsar al banco obligado el monto del cheque o, si el banco no lo quiere pagar, el reclamante le tiene que pagar directamente al tenedor de buena fe.[334]

Pago de cheque

El *banco depositario* es el primer banco y es el que tiene que realizar el pago inmediatamente a través de una ventanilla.[335]

El *banco pagador* es el banco librado de un giro.[336]

El *banco intermediario* es el que transfiere un efecto en el curso del cobro y no es el banco pagador ni el depositario.[337]

El *banco cobrador* es el que presenta un efecto, sin que sea él el banco pagador.[338]

El *banco presentador* es el que presenta un efecto, excepto un banco pagador.[339]

Por ejemplo, un padre en Puerto Rico le envía un cheque del Banco Popular de Puerto Rico a su hijo que estudia en Nueva York, y éste lo deposita en su cuenta en el Chase Manhattan Bank en aquella ciudad. Este banco le da crédito temporero por la suma del cheque depositado. El Chase es el banco *depositario* y el Banco Popular, el pagador.

La sucursal del Chase en Puerto Rico actúa como banco *cobrador*, que le presenta al Banco Popular el cheque para el cobro y puede también actuar como banco intermediario del Chase de Nueva York.

"Expendited Funds Availability Act"

De acuerdo con la ley "Expedited Funds Availability Act" de 1987, no se puede girar sobre los cheques que se depositan hasta que no transcurra un periodo de tiempo establecido. En caso de cheques *locales* después de *un día laborable*, y los cheques *no locales* después de *cuatro (4) días laborables*. Los primeros cien dólares ($100) depositados en cheque tiene que estar disponibles el siguiente día laborable, así como los cheques del Tesoro de los Estados Unidos, del gobierno de Puerto Rico, cheque de otra sucursal del mismo banco, cheque de cajero y cheque certificado.

---

[334] Sección 2-312 (c); 19 LPRA 612 (c).

[335] Sección 3-105 (2); 19 LPRA 805 (2).

[336] Sección 3-105 (3); 19 LPRA 805 (3).

[337] Sección 3-105 (4); 19 LPRA 805 (4).

[338] Sección 3-105 (5); 19 LPRA 805 (5).

[339] Sección 3-105 (6); 19 LPRA 805 (6).

Presentación Electrónica

Es la forma de cobro de cheque más rápida mediante transmisión de una imagen del efecto o información que describa el efecto.[340]

Garantía en una cesión

El cliente o el banco cobrador garantiza lo mismo que un cesionario o presentante.[341] El banco cobrador o un cliente garantiza solvencia en el caso de no pago.[342] La garantía de presentación también es igual, pero está reglamentada por otra sección de la ley.[343]

Garantía de codificación y de retención

La persona que codifica información de un efecto después de emitido garantiza, a todo banco cobrador posterior y al banco pagador u otro pagador, que la información codificada es la correcta.[344] La persona que retiene garantiza que la retención y la presentación del efecto cumplen con el acuerdo.[345]

Banco depositario tenedor de efecto no endosado

El banco que recibe un documento pagadero a la orden *sin endoso* para su cobro es un tenedor de buena fe si cumple con los requisitos de la ley.[346]

Falta de responsabilidad del librado en un giro no aceptado

Un cheque u otra letra de cambio no es una cesión de fondos disponibles en posesión del librado. Éste no incurre en responsabilidad hasta que no la acepta.[347]

---

[340] Sección 3-110 (a); 19 LPRA 810 (a).

[341] Sección 3-207; 19 LPRA 857.

[342] Sección 3-207(b); 19 LPRA 857(b).

[343] Sección 3-208; 19 LPRA 858.

[344] Sección 3-209(a); 19 LPRA 859(a).

[345] Sección 3-209(b); 19 LPRA 859(b).

[346] Sección 3-205(1); 19 LPRA 855(1); Sección 2-302; 19 LPRA 602.

Cuándo el banco puede cargar a la cuenta del cliente

Un banco puede cargar contra la cuenta de un cliente todo efecto, aunque resulte en un sobregiro, pero el efecto tiene que estar autorizado por el cliente.[348] Sin embargo, el banco no está obligado a pagar el sobregiro.

Pero si el cliente no firmó el efecto, ni tampoco se ha beneficiado del producto del efecto, el cliente no tiene que pagar el sobregiro.[349]

Postdatado

La ley permite que el banco pague un cheque post datado sin incurrir en responsabilidad alguna. El cliente que no quiere que se realice el pago tiene que dar aviso al banco de que su cheque es post datado, dándole tiempo razonable para actuar.[350] Si al banco se le da aviso oral, este aviso es válido durante catorce (14) días; si se hace por escrito, es válido durante seis (6) meses, renovables a seis (6) meses adicionales.[351]

Responsabilidad del banco ante el cliente por desatención errónea

El banco que negligentemente desatiende el pago de un cheque u otro instrumento le responde a su cliente por daños próximos causados por la *desatención errónea del efecto.* Los daños se limitan a los daños reales probados, arresto o enjuiciamiento y otros daños consecuentes. El criterio de *nexo causal* es uno de *proximidad.*[352]

Pago de cheque

El término obligatorio de pago es hasta seis (6) meses. Luego de este término, el banco no está obligado a pagarlo, pero si lo hace de buena fe no incurre en responsabilidad.[353]

[347] Sección 2-408; 19 LPRA 658.

[348] Sección 3-401(a); 19 LPRA 951(a).

[349] Sección 3-401(b); 19 LPRA 951(b).

[350] Sección 3-401(c); 19 LPRA 951(c).

[351] Sección 3-403(b); 19 LPRA 953(b).

[352] Sección 3-404(b); 19 LPRA 954(b).

[353] Sección 3-404; 19 LPRA 954.

Suspensión de pago

El cliente tiene un derecho de ordenar *suspensión de pago* ("stop payment") de un cheque o, incluso, de cerrar la cuenta antes de que el cheque sea pagado o certificado. Si la cuenta tiene más de una firma autorizada, cualquiera de ellas puede ordenar la suspensión del pago oralmente y el aviso es válido durante catorce (14) días; si se hace por escrito, es válido durante seis (6) meses, renovables a seis (6) meses adicionales.[354]

La muerte o incapacidad actúa a los efectos de suspender los pagos,[355] siempre y cuando la muerte o incapacidad sea conocida por el banco y se le dé tiempo razonable para actuar. Si no ha recibido orden de los herederos, de suspensión de pago, puede pagar los cheques hasta diez (10) días luego de librado.[356]

Subrogación del banco

Si un banco pagador paga un efecto de una cuenta cerrada, o en violación de una orden de suspensión de pago ("stop payment"), el banco queda subrogado en los derechos del tenedor de buena fe, del efecto en contra del librador o firmante, del tomador. El banco se pone en los zapatos de la parte con el propósito de evitar la pérdida o recobrar lo pagado.[357]

Para evitar el enriquecimiento injusto, luego que ha pagado a pesar de la suspensión del pago, al subrogarse en los derechos del tenedor, el banco puede recobrar del expedidor o librador si la razón para el no pago es una defensa personal.[358]

Cuando se subroga en los derechos del tomador o de cualquier otro tenedor, puede alegar incumplimiento de la obligación que dio lugar a la expedición del cheque.[359]

Al subrogarse en los derechos del librador o del firmante, si el que cobró el cheque luego de la suspensión del pago ha suplido parte de los productos, el banco puede resolver el contrato y pedir el reembolso de la parte del contrato no cumplido.[360]

---

[354] Sección 3-403(a)(b); 19 LPRA 953(a)(b).

[355] Sección 3-405; 19 LPRA 955.

[356] *Ibid.*

[357] Sección 3-407; 19 LPRA 957.

[358] Sección 3-407(1); 19 LPRA 957(1).

[359] Sección 3-407(2); 19 LPRA 957(2).

[360] Código Civil, artículo 1077; 31 LPRA 3052.

Deber del cliente de descubrir e informar sobre firmas no autorizadas o alteradas

El banco le envía o le facilita a un cliente un estado de cuenta que refleja el pago para que sea el mismo cliente el que identifique razonablemente los efectos.[361]

Si los efectos no se le devuelven al cliente, el banco tiene que retener los efectos, para inspección, durante siete (7) años a partir del recibo de los mismos. El cliente tiene derecho a requerir y el banco tiene obligación de producir, en un tiempo razonable, el efecto, o una copia legible si fue destruido, para que el cliente examine la firma o determine si el documento ha sido alterado.[362]

El cliente tiene el deber de descubrir la falsificación de la firma o la alteración con prontitud, luego que el banco le envía los cheques cancelados, o el estado de cuenta. El cliente viene obligado a notificar con prontitud, so pena de sufrir la pérdida por la falsificación o la alteración.[363] Si el banco prueba que el cliente incumplió con la obligación de notificar, el cliente está impedido de recobrar la pérdida de parte del banco.[364]

El término razonable, luego de recibir los cheques cancelados, u otros efectos o estado de cuenta, es de treinta (30) días.[365] Si lo notifican dentro de ese término, el banco tiene que asumir el pago.

En el caso de que exista *negligencia comparada* del banco y del cliente, los daños se prorratean a base del porciento de la negligencia,[366] a menos que el cliente pueda probar que el banco no efectuó el pago de buena fe, por lo que no aplica el término de treinta (30) días, ni el deber del cliente de detectar y notificar con prontitud la falsificación o alteración.

El término en el que no se efectúa un pago de buena fe equivale a *dolo*. En los otros casos es uno de *negligencia comparada* y se prorrotea la pérdida en base al porciento de negligencia atribuible a cada parte.

El término prescriptivo para levantar la reclamación de falsificación de firma o alteración es de *un (1) año*. Este término de un año también le afecta al banco pagador, a quien le prescribe la garantía de presentación.[367]

En la práctica bancaria moderna, el banco no determina la autenticidad de la firma de cada expedidor. Se le requiere que actúe con cuidado ordinario.[368] En el caso de un banco que toma un instrumento para procesarlo para cobro o pago por medios automatizados,

[361] Sección 3-406(a); 19 LPRA 956(a).

[362] Sección 3-406(b); 19 LPRA 956(b).

[363] Sección 3-406(c); 19 LPRA 956(c).

[364] Sección 3-406(d); 19 LPRA 956(d).

[365] Sección 3-406(d)(2); 19 LPRA 956(d)(2).

[366] Sección 3-406(e); 19 LPRA 956(e).

[367] Sección 3-406(f); 19 LPRA 956(f); y Sección 3-208; 19 LPRA 858.

[368] Sección 2-103 (a)(7); 19 LPRA 503 (a)(7).

las normas comerciales razonables no requieren que el banco examine el documento, si la falta de examen no viola los procedimientos prescriptos por el banco y los procedimientos del banco no se apartan irrazonablemente de las prácticas bancarias generales. Esto quiere decir que el peso de detectar la falsificación o alteración recae en el cliente.[369]

El pago tiene que hacerse a la persona a cuyo favor esté constituida la obligación, o a otra autorizada para recibirlo en su nombre,[370] y le corresponde al cliente notificar que no se ha cumplido con esta sección al falsificarse su firma o alterarse el instrumento, y que se le ha pagado a alguien que no tiene constituida obligación alguna.

Cuando hablamos de falsificación nos referimos también a la firma no autorizada. Esta firma es inefectiva.[371] La persona a quien se le falsifique la firma en un cheque no responde del pago a menos que la ratifique.[372]

Si se requiere más de una firma para constituir la firma autorizada de una organización, se considera no autorizada si le falta una de las firmas.[373]

El que un tenedor de buena fe reciba un instrumento con una firma no autorizada es una defensa personal y cobra,[374] si no tiene aviso.[375]

En el caso de falsificación, el banco, luego que paga, puede demandar bajo la garantía de presentación.[376]

La apropiación indebida se aplica a los casos en que una persona cobra de un banco un instrumento que no le corresponde.[377] Esta defensa no se puede incoar por el emisor o por el aceptante del instrumento, pues el uno y el otro estaban en mejor posición de detectar el fraude. Tampoco responde el tomador o endosante, que no recibió la entrega del instrumento.[378] O sea, solamente se puede beneficiar de la defensa de *apropiación indebida* el tomador o endosante que inicialmente le entrega el instrumento al tenedor.[379]

El pago o aceptación por error le permite al que hace el pago que lo recobre,[380] pero no afecta al tenedor de buena fe. El pago para él es irrevocable.[381]

---

[369] Sección 3-406 (19 LPRA 956); *Rhode Island Hospital Trust National Bank v. Zapata Corporation*, 848 F 2d 291 (1988); *Portilla v. Banco Popular* (1953) 75 DPR 100.

[370] Código Civil, artículo 1116; 31 LPRA 3166.

[371] Sección 2-403 (a); 19 LPRA 953 (a).

[372] *Ibid.*

[373] Sección 2-403 (b); 19 LPRA 953 (b).

[374] Sección 2-403 (a); 19 LPRA 953 (a).

[375] Sección 2-302 (a)(2)(iv); 19 LPRA 602 (a)(2)(iv).

[376] Sección 2-417 (a)(1); 19 LPRA 667 (a)(1).

[377] Sección 2-420 (a); 19 LPRA 670 (a).

[378] *Ibid.*

[379] Sección 2-420 (a)(ii) [19 LPRA 670 (a)(ii)]; *Levy v. First Pennsylvania Bank, N.A.*, 36 UCC Rep Serv. 184 (1985).

[380] Sección 2-418 (a); 19 LPRA 668 (a).

[381] Sección 2-418 (c); 19 LPRA 668 (c).

Pago en finiquito de un instrumento

El ofrecimiento de un cheque como saldo, si la otra parte lo acepta, extingue la deuda y el tenedor no puede reclamar otra partida adicional.[382] Este ofrecimiento de buena fe es una oferta tácita de transacción por todas las partidas: la líquida y la que estaba sujeta a controversia bonafide.[383] Se salda desde el momento en que se cobra el instrumento, si éste se había ofrecido como saldo total de la reclamación.[384]

La sola defensa está en la ley,[385] y es para aquella organización que necesita la autorización a otro nivel. Por ejemplo, el ofrecimiento de transacción de lesiones de un menor, sin la aprobación del tribunal competente, *no* opera como saldo aunque se cambie el cheque.

Tampoco opera como saldo si se devuelve el cheque dentro de los noventa (90) días siguientes, o si se ofreció el repago de la cantidad de dinero especificado en el instrumento, o se le pidió la totalidad adeudada y esta totalidad no se envió.[386] El cheque de ofrecimiento de saldo, si no se *acepta* como saldo, no se puede cobrar. Entendemos que debe ser consignado en el tribunal, luego que se obtenga la certificación, y no se debe dar lugar a que el deudor advenga en estado de insolvencia y no se pueda cobrar nada a cambio. Existe una cantidad *líquida* y otra que es *ilíquida*.[387]

Transferencia de fondos

Existe una ley federal[388] que ocupa el campo de las transferencias electrónicas de fondos en cuentas de consumidores. Excluye expresamente instrumentos negociables tales como cheques. Este campo, no ocupado por la ley federal, es el que reglamenta la ley de Puerto Rico, conjuntamente con los 50 estados de los Estados Unidos que ya tienen el Código Uniforme de Comercio para transferir.[389]

[382] Sección 2-311 (b); 19 LPRA 611(b).

[383] Sección 2-311 (a); 19 LPRA 611(a).

[384] Sección 2-311 (d); 19 LPRA 611(d).

[385] Sección 2-311 (c); 19 LPRA 611 (c).

[386] Sección 2-311 (c)(2); 19 LPRA 611 (c)(2).

[387] Código Civil, artículo 1123; 31 LPRA 3173.

[388] 15 USCA 1693a–1693r.

[389] Uniform Commercial Code (UCC), Artículo 4.

Tipos de transferencias electrónicas de fondos y de consumo

Todos conocemos la tarjeta "A toda hora" -mejor conocida aún por su sigla ATH- que nos da acceso a una máquina con un número secreto de cada consumidor, para asegurar la transacción:

(1) Terminal en punto de venta de consumo ["Point of Sale Terminals" (POS)]

Éste permite que, cuando hacemos la compra de comestibles o mercancía seca, se realice la transferencia de la cuenta del consumidor a la cuenta del comerciante.

(2) Cajero automático y dispensador de efectivo ("Automated Tellers and Cash Dispensers")

El cajero automático o dispensador de efectivo permite, veinticuatro (24) horas al día y en días feriados, el retiro de efectivo, efectuar depósitos y hacer transferencias entre cuentas.

(3) Pago por teléfono

Este sistema permite realizar pagos mediante llamadas telefónicas sin tener que escribir un cheque y sin tener que personarse a los lugares de pago.

Depósito directo y pagos automáticos

Beneficia al empleado al no tener que realizar las gestiones de depósito de salario ni tener que escribir un cheque para cada pago. Todo el proceso se realiza sin esfuerzo del cliente.

La Ley de Transferencias Electrónicas fue aprobada por el Congreso en 1978 y entró en vigor en 1980. Las partes más prominentes de esta ley[390] son:

Definiciones

El propósito de la Ley "Electronic Fund Transfer Act" (EFTA) es proteger ciertos derechos del consumidor frente al sistema electrónico. El consumidor tiene que ser una *persona natural*. El término *transferencia electrónica* incluye "cualquier tipo de transferencia no evidenciada por un instrumento negociable, que se inicie por un terminal electrónico, teléfono, computadora o aparato magnético, para impartirle instrucción financiera a realizar un débito o crédito en una cuenta.[391]

[390] 15 USCA 1693a–1693r.

[391] *Wachter v. Denver National Bank*, 751 F Supp 906 (1990).

Entrega de términos y condiciones del contrato

Copia de los términos y condiciones de la transferencia electrónica tiene que entregarse al momento de la firma del contrato. Debe notificarle la responsabilidad del consumidor por transferencia no autorizada, cargos, derecho a suspensión de pago de un pago preautorizado y la responsabilidad de la institución hacia el consumidor.

Documentación

Por cada transacción de transferencia, la entidad debe tener disponible la documentación escrita de la transferencia.

Esta documentación debe incluir la suma, fecha de transferencia, el tipo de transferencia, identificación de la cuenta del consumidor, la tercera persona que lo recibe y la localización del terminal electrónico que la originó. Debe, además, proveerle estados periódicos de cada transacción.

Transferencia preautorizada

Este tipo de transferencia es preautorizada y recurrente. Solamente procede cuando la preautorización consta por escrito, pero su revocación con tres (3) días de antelación puede ser oral o por escrito. Luego del requerimiento oral, la institución puede requerir que se confirme por escrito, y esto se tiene que realizar dentro de los catorce (14) días siguientes al requerimiento oral.

Para cambio en la suma o de la persona que va a recibir el pago, el aviso debe efectuarse con tiempo razonable 'antes de la fecha del pago.

Resolución en caso de error

El cliente, dentro de los sesenta (60) días posteriores al recibo del estado financiero, tiene que levantar el señalamiento de cualquier error en el estado. Esta notificación le impone a la institución la obligación de investigar el alegado error y tiene diez (10) días para notificarle al cliente el resultado de la investigación. La notificación del error la puede hacer el cliente oralmente y la institución podrá requerir, dentro de los siguientes diez (10) días, la confirmación por escrito.

Si surge que se cometió el error, la institución tiene el deber de corregirlo prontamente, y el término no puede ser más de un (1) día, o sea, al día siguiente a la fecha en que se descubre el error.

La institución puede acreditar la partida alegada en error, pendiente a la investigación futura, la cual se tiene que efectuar dentro de los diez (10) días siguientes. La investigación tiene que completarse en el término de cuarenta y cinco (45) días luego de la notificación del error en una forma final. Si el error no se cometió, la institución tiene tres (3) días para notificar por escrito al cliente.

Si la institución no cumple con la investigación dentro de los términos antes expuestos, o dolosamente concluye que no se cometió el error, el cliente tiene derecho a daños punitivos.

Responsabilidad del cliente por transferencia no autorizada

El cliente no va a responder por más de cincuenta dólares ($50). Tiene que notificar la pérdida o robo de la tarjeta de crédito dentro de los dos (2) días siguientes a la fecha en que tuvo conocimiento del hecho.

Si lo notifica dentro del plazo requerido, la suma máxima de pérdida será de cincuenta dólares ($50) o la suma que sea menor.

Si no cumple con la notificación dentro de los dos (2) días siguientes, responde hasta una suma máxima de quinientos dólares ($500.00) o la cantidad que se retire sin autorización, luego de los dos (2) días laborables posteriores al descubrimiento del robo o de la pérdida, pero no más allá de la fecha de la notificación.

Si el cliente no notifica el retiro no autorizado luego de los sesenta (60) días, contados a partir de la notificación del estado, la pérdida la sufre el cliente. El peso es similar a la regla de cheques antes discutida.[392]

Responsabilidad de la institución

Bajo las disposiciones de la ley federal antes discutida, EFTA, la institución le responde al cliente por los daños que éste sufra por la no transferencia de fondos disponibles en su cuenta. La única defensa oponible es que el terminal no tenga suficiente dinero, o falta de fondos del cliente. Si el daño no fue doloso, sino producto de un error *bona fide,* la institución financiera sólo responde por los daños directos probados.[393]

También responde de los daños, siguiendo el criterio de causa próxima por no depósito o por no cumplir con una suspensión de pago ("stop payment"). Sólo se releva por acto fortuito de fuerza mayor.

La Ley de Instrumentos Negociables

La Ley de Instrumentos Negociables pretende unificar los 50 estados de los Estados Unidos, para regular la transferencia electrónica no cubierta por la ley federal EFTA. La Ley de Instrumentos Negociables establece[394] que están excluidas las transacciones

[392] Sección 3-406; 19 LPRA 956.

[393] *Feinman v. Bank of Delaware,* 728 F Supp 1105 (1990).

[394] Sección 4-108; 19 LPRA 1028.

cubiertas por la ley federal. La ley local ocupa el campo que la ley federal no ha querido ocupar.

Nuestra ley solamente aplica a transferencia de fondos, que significa una serie de transacciones (que comienza con la orden de pago del originador), efectuadas con el propósito de pagarle al beneficiario de la orden y toda otra orden de pago.[395]

Partes básicas en las transferencias

En las transferencias que regula esta parte de la ley, las partes básicas son: el Originador, que es el que remite la primera orden de pago en una transferencia de fondos;[396] de la otra parte está el Beneficiario, el cual va a recibir la transferencia de fondos.[397] El pago nunca se hace directamente entre el Originador y el Beneficiario, sino que se efectúa del banco del Originador[398] al banco del Beneficiario.[399]

Transacciones

Las únicas transacciones son las transferencias.[400] La transferencia de fondos[401] constituye una serie de transacciones que se realizan con el propósito de pagarle al beneficiario.

El remitente le imparte una instrucción al banco receptor.[402] La cantidad ordenada para pago tiene que ser una cantidad de dinero fija o determinable.[403] La orden de pago tiene que ser incondicional.[404] Lo único que se puede fijar es el momento de pago. El banco receptor ha de ser reembolsado, mediante un cargo a la cuenta del remitente, o mediante otra forma de pago por él mismo.[405]

El banco receptor que no acepta una orden de pago que esté obligado a aceptar por acuerdo expreso, responde en violación de contrato.[406] Un banco receptor puede rechazar

[395] Sección 4-104; 19 LPRA 1024; y Sección 4-102; 19 LPRA 1022.

[396] Sección 4-104(c); 19 LPRA 1024(c).

[397] Sección 4-104(a); 19 LPRA 1024(a).

[398] Sección 4-104(d); 19 LPRA 1024(d).

[399] Sección 4-103(a)(3); 19 LPRA 1023(a)(3).

[400] Sección 4-102; 19 LPRA 1022.

[401] Sección 4-104(a); 19 LPRA 1024(a).

[402] Sección 4-103(5); 19 LPRA 1023(5).

[403] Sección 4-103(a)(1); 19 LPRA 1023(a)(1).

[404] Sección 4-103(a)(1)(i); 19 LPRA 1023(a)(1)(i).

[405] Sección 4-103(a)(1)(ii); 19 LPRA 1023(a)(1)(ii).

[406] Sección 4-212; 19 LPRA 1062.

una orden de pago, dando aviso de su rechazo al remitente por vía oral, electrónica o escrita. La aceptación de una orden de pago impide el rechazo posterior de la orden; por otro lado, el rechazo de una orden de pago impide la aceptación posterior de la orden.[407]

Se ejecuta una orden de pago por un banco receptor cuando éste emite una orden de pago con la intención de implementar la orden recibida.[408] Un banco receptor que no sea el banco del beneficiario acepta una orden de pago cuando ejecuta la misma.[409]

Banco significa una persona que se dedica al negocio bancario e incluye los bancos de ahorro, las asociaciones de ahorro y préstamo, las uniones o cooperativas de ahorro y crédito, las compañías de fideicomiso y las sucursales u oficinas de un banco separado, para los fines de esta ley.[410]

Banco intermediario es un banco receptor que no es el banco del originador ni el del beneficiario.[411]

Ejecución y fecha de ejecución

La fecha de ejecución de una orden de pago significa el día en que el banco receptor puede emitir debidamente una orden de pago ejecutando la orden del remitente.[412] El banco puede fijar el momento límite para el recibo y procesamiento de órdenes de pago y de comunicaciones para cancelarlas o enmendarlas.[413] Cuando el remitente no fija fecha de ejecución, ésta se efectuará el día de recibo de la orden.[414]

Fecha de pago

La fecha de pago de una orden de pago es el día en el que el monto de la orden es pagadero al beneficiario por el banco de éste.[415] No puede ser antes del día de recibo de la orden por el banco del beneficiario.

---

[407] Sección 4-210 (d); 19 LPRA 1060 (d).

[408] Sección 4-301(a); 19 LPRA 1060(a).

[409] Sección 4-209(a); 19 LPRA 1059(a).

[410] Sección 4-105(a)(2); 19 LPRA 1025(a)(2).

[411] Sección 4-104(b); 19 LPRA 1024(b).

[412] Sección 4-301(b); 19 LPRA 1101(b); y Sección 4-302; 19 LPRA 1102.

[413] Sección 4-106 (a); 19 LPRA 1026 (a).

[414] Sección 4-301 (b); 19 LPRA 1101 (b).

[415] Sección 4-401; 19 LPRA 1131.

El medio más expedito

Si el remitente instruye para que la transferencia se haga por teléfono o cable, o utiliza el término más expedito posible, el banco receptor está obligado a utilizar el medio más expedito disponible y a instruir a cualquier banco intermediario de acuerdo con ello. Si establece una fecha para el pago al beneficiario, tiene que usar el medio más expedito disponible para realizar el pago en la fecha estipulada o tan pronto sea factible después de ésta.[416]

El banco está obligado a pagar intereses por mora en el pago.[417] Si el acuerdo lo provee, también tiene que pagar los daños indirectos.[418]

Incumplimiento

Al no ejecutar el banco la orden de pago que estaba obligado a pagar, el banco receptor es responsable al remitente por los gastos de la transacción, gastos incidentales y pérdida de intereses.[419] Si el acuerdo lo permite, procede el pago de daños indirectos, daños adicionales y honorarios de abogados.[420]

Obligación del remitente de pagarle al banco receptor

La orden de pago emitida al banco del beneficiario, y la aceptación de la orden, obligan al remitente a pagarle al banco la cuantía de la orden, si la fecha de pago vence en la fecha de pago de la orden, o sea, que el vencimiento es instantáneo.[421] Esto se refiere al pago en otro banco, diferente al banco del beneficiario, y si el vencimiento es el mismo día de la fecha de pago.[422]

Si el remitente realiza un pago en exceso, o algo que no estaba obligado a pagar, el banco receptor está obligado a reembolsarle.[423]

[416] Sección 4-302 (a) (2); 19 LPRA 1102 (a) (2).

[417] Sección 4-305 (a); 19 LPRA 1105 (a).

[418] Sección 4-305 (c); 19 LPRA 1105 (c).

[419] Sección 4-305 (d); 19 LPRA 1105 (d).

[420] Sección 4-305 (e); 19 LPRA 1105 (e).

[421] Sección 4-402 (b); 19 LPRA 1132 (b).

[422] Sección 4-402 (c); 19 LPRA 1132 (c).

[423] Sección 4-402 (d); 19 LPRA 1132 (d).

Error en la ejecución

El banco receptor que ejecuta una orden de pago del remitente, por cantidad mayor de la cantidad ordenada, o una orden duplicada, tiene derecho a cobrar lo mal pagado.[424]

Beneficiario erróneo

Si el pago se ejecuta a nombre de un beneficiario erróneo, los remitentes anteriores no están obligados a pagar las órdenes, o sea, las órdenes de pago que ellos emitieron. El único remedio del emisor es recuperar del beneficiario el pago hecho por error.[425]

Procedimientos de seguridad

El *procedimiento de seguridad* es el acuerdo entre cliente y banco para verificar la orden de pago y detectar errores. Puede tener claves, comparación de firmas, o confirmación telefónica, entre otras.[426]

Contrato de mandato

Una orden de pago recibida es la autorización por el remitente (mandante) que está obligado a cumplir por la gestión del banco.[427] El banco que actúe en base a la orden, de buena fe, y siguiendo el mecanismo de seguridad comercialmente razonable, tiene derecho a cobrar.[428]

Órdenes de pagos erróneas

Si el error puede ser detectado por el banco receptor, y de éste haber cumplido con el procedimiento de seguridad, el remitente no tiene que pagar.[429]

---

[424] Sección 4-303 (a); 19 LPRA 1103 (a).

[425] Sección 4-303 (c); 19 LPRA 1103 (c).

[426] Sección 4-201; 19 LPRA 1051.

[427] Sección 4-202 (a); 19 LPRA 1052 (a).

[428] Sección 4-202 (b); 19 LPRA 1052 (b).

[429] Sección 4-205 (a)(1); 19 LPRA 1055 (a)(1).

En el caso de que la orden de pago sea errónea, el remitente tiene que sufrir el daño.[430] En los casos que el error sea un pago mayor, es el banco el que tiene que recuperar el exceso de parte del beneficiario.[431]

Aplicabilidad de la Ley de Instrumentos Negociables

La Ley de Instrumentos Negociables y Transacciones Bancarias[432] deroga ciertos artículos del Código de Comercio, con la salvedad de que la ley aplicable es la que estaba vigente al momento en que se llegó a los acuerdos.[433]

Lo más importante, a nuestro entender, es que si existe un conflicto entre la Ley de Instrumentos Negociables antes descrita y la ley que regula valores, prevalece la ley de valores.[434]

Ley especial

Esta ley se llama Ley Uniforme de Valores de Puerto Rico.[435] Sigue una ley uniforme, adoptada por cuarenta y un (41) estados de los Estados Unidos, que surgió como iniciativa de la "North American Securities Administrators Association".

Ya habíamos discutido parte de ésta en la venta de valores. Procedemos a discutir la Ley Núm.114 de 11 de agosto de 1996, por tener gran interés para este capítulo.

Esta enmienda le confiere al Comisionado de Instituciones Financieras mecanismos de investigación, poderes cuasi-legislativos y cuasi-adjudicativos para prevenir fraude y prácticas engañosas en la venta de valores y, por ende, mercadeo de instrumentos negociables con el fin de defraudar. Se creó con el propósito de fortalecer el área de fiscalizaciones.

---

[430] Sección 4-205 (a)(2); 19 LPRA 1055 (a)(2).

[431] Sección 4-205 (a)(3); 19 LPRA 1055 (a)(3).

[432] Ley Núm. 176 de 31 de agosto de 1996; y

Código de Comercio, artículos 353 al 548; 10 LPRA 1851 al 1856.

[433] Sección 5-102; 19 LPRA 1201.

[434] Sección 3-102 (a); 19 LPRA 802 (a).

[435] 10 LPRA 851-898.

Compra y ventas

Será ilegal ofrecer, vender o comprar cualquier valor, directa o indirectamente, emitir, circular o publicar materiales impresos o por medio electrónicos, que contengan representación falsa para inducir a error.[436] La persona que realiza el anuncio tiene que estar claramente indicada en la comunicación.[437]

Manipulación del mercado

Esta ley interviene con el fraude en los anuncios y la apariencia falsa o engañosa. Entre éstos se incluyen las transacciones falsas en las que no hay cambio en el dueño,[438] y el factor determinante es el conocimiento del engaño.[439]

Prescripción

El término prescriptivo para recobrar los daños y perjuicios sobre la fianza que tiene que proveer la persona que se dedica a este tipo de negocio es de dos (2) años. Esta acción legal en base a la venta se tiene que entablar dentro de ese término, contado a partir de la venta o acto que da lugar a la causa de acción.[440]

Los registros, cuentas, correspondencia, apuntes, papeles, libros y otros registros que exige el Comisionado que se lleven tienen que estar en la jurisdicción de Puerto Rico y conservarse por tres (3) años, o sea, un (1) año más que el término que tiene la parte perjudicada para demandar, de forma que pueda hacer descubrimiento de prueba sobre estos documentos para la demanda ante los tribunales o para una querella ante el propio Comisionado.[441]

Publicidad de las firmas no éticas

El Comisionado prepara una lista de entidades no éticas.[442]

La ley autoriza que se revoque o deniegue licencia a aquellas personas que hubieran incurrido en prácticas deshonestas o no éticas en el negocio de valores.[443]

---

[436] 10 LPRA 851 (4).

[437] 10 LPRA 851 (5).

[438] 10 LPRA 853 (a)(1).

[439] 10 LPRA 853 (a)(2).

[440] 10 LPRA 862 (e).

[441] 10 LPRA 863 (a).

[442] 10 LPRA 864 (f).

[443] 10 LPRA 864 (g).

Insolvencia

El corredor-traficante o asesor de inversiones que entre en estado de insolvencia, en el sentido de que sus deudas excedan sus activos, o que no pueda pagar sus deudas al vencimiento, tiene que ser adjudicado en quiebra. Luego de este fallo, el Comisionado le revoca su licencia.[444]

[444] 10 LPRA 864 (h).

Capítulo 21

TRANSACCIONES GARANTIZADAS

Introducción

El Capítulo 9 del *Código Uniforme de Comercio,* uno de los artículos adoptados en Puerto Rico como explicamos anteriormente,[1] regula las garantías con bienes muebles específicos, o sea, una colateral para asegurar el cumplimiento o pago de una obligación.

Estas garantías se dividen en cuatro tipos diferentes: garantía mobiliaria *posesoria,* garantía mobiliaria *no posesoria,* garantía mobiliaria *de precio aplazado* (en inglés, "Purchase Money Security Interest" o PMSI) y garantía mobiliaria que *no es de precio aplazado.*

Esta ley suplanta a todas las otras leyes sobre garantía mobiliaria, tanto sobre bienes muebles como inmuebles por su destino ("fixtures").

Luego de enumerar las *leyes derogadas* que suplanta, pasaremos a explicar el alcance de esta ley.

[1] Véase el Capítulo 19: *El Código Uniforme de Comercio dentro del Derecho Mercantil de Puerto Rico*

Leyes derogadas

Se derogaron las siguientes leyes:

Ley Núm. 10 de marzo de 1904, según enmendada,[2] de *Préstamos sobre productos y efectos agrícolas.*

Ley Núm. 61 de 13 de abril de 1916, según enmendada,[3] que reglamenta las *ventas condicionales.*

Ley Núm. 86 de 24 de junio de 1954, según enmendada,[4] conocida como *Ley de Contrato de Refacción Industrial y Comercial.*

Ley Núm. 8 de 8 de octubre de 1954,[5] conocida como *Ley de Cesión de Cuentas por Cobrar.*

Ley Núm. 3 de 13 de octubre de 1954,[6] *Ley Uniforme de Recibos de Fideicomisos.*

Ley Núm. 19 de 3 de junio de 1927, según enmendada,[7] *Hipotecas sobre bienes muebles.*

Ley Núm. 76 de 13 de agosto de 1994, Artículo 22,[8] que reglamenta los *contratos de arrendamiento de bienes muebles* e impone al Secretario de Justicia la responsabilidad de crear un *registro para la inscripción de estos contratos.*

La Ley Núm. 63 de 14 de agosto de 1991, [9] *Ley de Marcas,* dispone que el Secretario de Estado podrá recibir títulos que graven o afecten la titularidad de una marca registrada para su inscripción.

Código de Civil de Puerto Rico, Artículo 359 (11),[10] que dispone sobre la solicitud del autor o sus derechos habientes para inscribirse en el *Registro de la Propiedad Intelectual.*

Código de Comercio, Artículo 353 a 548, según enmendado,[11] conocida como *Ley de Instrumentos Negociables.*

Alcance del Capítulo 9

Este capítulo reglamenta toda transacción, independientemente de su forma, que tenga el propósito de crear un gravamen mobiliario sobre propiedad mueble o inmueble por su destino.

---

[2] 5 LPRA 151 a 185.

[3] 10 LPRA 31 a 41

[4] 10 LPRA 551 a 560

[5] 10 LPRA 581 a 588

[6] 10 LPRA 611 a 633.

[7] 30 LPRA 1871 a 1886.

[8] 10 LPRA 2420.

[9] Código de Comercio, Artículo 11; 10 LPRA 17.

[10] 31 LPRA 1162.

[11] 19 LPRA 1-385.

Es importante que se tenga en consideración que este capítulo incluye bienes, documentos, instrumentos, bienes incorporales, papel financiero o cuentas y ventas a consignación.[12]

Esta parte de la ley aplica a gravámenes mobiliarios creados por contrato, incluyendo los de prenda, cesión, hipoteca sobre bienes muebles, refacción industrial o comercial, venta condicional, recibo de fideicomiso, todo otro gravamen o contrato con reserva de título y contrato de arrendamiento o consignación que tenga el propósito de proveer un gravamen.[13]

Existe un gravamen legal sobre bienes cuando se prestan servicios como, por ejemplo, de reparación o materiales que *se unen* al bien. Estos servicios y materiales tienen prioridad para cobrarse, sobre el gravamen mobiliario previo. Es decir, constituyen *gravamen preferido*.[14]

Esta ley, como ley especial, establece expresamente que las disposiciones del Código Civil de Puerto Rico respecto a la prenda y respecto a la transmisión de crédito no aplicarán a las transacciones regidas por esta ley.[15]

La ley aplicable en transacciones multiestatales

La ley que aplica para determinar la perfección o nulidad del contrato es la ley del lugar en el que la propiedad mueble se encuentra. Pero, si el gravamen mobiliario constituido para garantizar el pago se realiza sobre un mueble que se va a trasladar a otro estado, se rige por la ley de aquél, siempre y cuando se traslade dentro de los treinta (30) días siguientes.[16]

Acreedor garantizado

Significa un prestamista, vendedor u otra persona a cuyo favor existe un gravamen mobiliario, incluyendo una persona a quien se le ha vendido cuentas o papel financiero y una persona que tenga bienes a consignación. Cuando los tenedores de obligaciones emitidas bajo un instrumento de fideicomiso, pacto fiduciario sobre equipo, u otro acuerdo similar estén representados por un fiduciario u otra persona, el representante será el acreedor garantizado.[17]

---

[12] Ley Núm. 208 de 17 de agosto de 1995, *Ley sobre Transacciones Comerciales Garantizadas*, Sección 9-102 (a) (b) (c); 19 LPRA 2002 (a) (b) (c).

[13] Sección 9-102 (2); 19 LPRA 2002 (2).

[14] Sección 9-310 ; 19 LPRA 2110.

[15] Sección 9-102 (4); 19 LPRA 2002 (4).

[16] Sección 9-103 (1) (b) (c); 19 LPRA 2003 (1) (b) (c).

[17] Sección 9-105 (p) ; 19 LPRA 2005 (p).

Acreedor con gravamen

Un acreedor con gravamen es el que adquiere un gravamen sobre la propiedad, ya sea mediante embargo, incautación o algún procedimiento similar. Incluye a un cesionario para beneficio de acreedor desde la fecha de cesión, a un síndico de quiebra desde la fecha de la radicación de la petición, o a otro síndico desde la fecha de su nombramiento.[18]

Gravamen mobiliario de precio aplazado

Es el documento que se acepta o es retenido - por el vendedor de la propiedad gravada para garantizar la totalidad o parte de su precio, o por el que presta el dinero - para que el comprador pueda usar el bien.[19]

Declaración de financiamiento

La declaración de financiamiento es el documento que da publicidad a toda persona de la existencia del gravamen. Debe tener los nombres de los acreedores y del deudor, estar debidamente firmada por el deudor ante notario, ofrecer la dirección del acreedor garantizado donde se puede conseguir información respecto al gravamen mobiliario, dirección postal del deudor, declaración en la que se describan los artículos.[20] Cuando el gravamen cubre cosechas en pie, o a sembrarse, o madera en pie, o bienes inmuebles por su destino, se debe inscribir el gravamen en el Registro de la Propiedad. La declaración de financiamiento debe incluir la descripción legal del bien inmueble y los datos registrales. Si el inmueble dado en garantía no es del deudor, el dueño del inmueble tiene que comparecer para consentir al gravamen que se va inscribir.[21]

Si el bien mueble gravado se traslada a Puerto Rico, debe ser registrado el gravamen en Puerto Rico para que éste afecte a terceros. Dicho registro debe realizarse dentro de los cuatro (4) meses siguientes al traslado de la propiedad gravada a Puerto Rico, o si se hace antes del vencimiento del periodo de perfección, lo que ocurra primero.[22]

---

[18] Sección 9-301 (3) ; 19 LPRA 2101 (3).

[19] Sección 9-107 (a) (b) ; 19 LPRA 2007 (a) (b).

[20] Sección 9-402 (1) ; 19 LPRA 2152 (1).

[21] Sección 9-402 (5) ; 19 LPRA 2152 (5).

[22] Sección 9-103 (d) ; 19 LPRA 2003 (d).

Bienes

El término *bienes* incluye todas las cosas que fuesen bienes muebles al momento en que el gravamen mobiliario se constituya o que fuesen inmuebles por su destino, pero no incluye dinero, documentos, instrumentos, inversiones, contratos de materias primas, cuentas, papel financiero, bienes incorporales o minerales antes de su extracción o productos similares. Bienes también incluye árboles madereros que van a ser cortados y removidos bajo un contrato de cesión o venta, las crías no nacidas de animales y las cosechas en pie.[23] Los accesorios que se unen al suelo se registran como gravamen en la inscripción del inmueble. La ley los llama *inmuebles por su destino* cuando su relación con un inmueble es tal que se convierten en inmueble según las disposiciones del Código Civil de Puerto Rico.[24] Se hace en la sección del Registro de la Propiedad donde se inscribe una hipoteca sobre el inmueble, por ser el gravamen uno hipotecario que recae sobre éste.[25]

Clasificación de bienes muebles

La ley clasifica los *bienes muebles* en: *bienes de consumo, equipo, productos de la agricultura,* o *inventario*. La clasificación se realiza en base al uso, pero en una transacción no pueden ser clasificados en más de una categoría.

Bienes de consumo

Bienes de consumo son los que se usan o se compran para usarse principalmente para propósitos personales, familiares o del hogar.[26]

Equipo

Se consideran *equipo* los bienes muebles si se usan, o se compran para usarse, principalmente en un negocio (incluyendo una profesión) o por un deudor que es una organización sin fines de lucro, o una subdivisión política, instrumentalidad o agencia gubernamental, o si los bienes no están incluidos en las definiciones de inventario, productos agrícolas o bienes de consumo.[27] Ejemplo de ello sería la maquinaria usada en la operación de una fábrica.

[23] Sección 9-105 (j) ; 19 LPRA 2005 (j).

[24] Código Civil de Puerto Rico, Artículo 263 (31 LPRA 1043); y Sección 9-313 (1) (a) ; 19 LPRA 2113 (1) (a).

[25] Sección 9-303 (b) ; 19 LPRA 2113 (b).

[26] Sección 9-109 (1) ; 19 LPRA 2009 (1).

[27] Sección 9-109 (2) ; 19 LPRA 2009 (2).

Productos agrícolas

Los *productos agrícolas* son cosechas de cualquier clase, en pie o a sembrarse, recolectadas o no, ganado y animales en general y los que son susceptibles de posesión civil bajo el Código Civil de Puerto Rico.[28] Están excluidos la madera en pie, o artículos usados o producidos en operaciones agrícolas.[29]

Inventario

Se consideran *inventario* si son poseídos por una persona que los tiene para la venta o arrendamiento, o para ser proporcionados bajo contratos de servicios, o si son materia prima, trabajo en proceso, o materiales usados o consumidos en un negocio. El inventario de una persona no será clasificado como su equipo.[30] El material que se usa en un negocio que tenga una vida útil larga es *equipo*, pero si se consume en el proceso de manufactura es *inventario*.

Dinero para la compra como interés asegurado

Un gravamen obtenido por el vendedor a un comprador con precio aplazado constituye "purchase money security interest" (PMSI), o sea, gravamen mobiliario de precio aplazado. Este término también aplica a aquél que da dinero en adelanto o asume la obligación, da valor para que otra persona, llamada deudor, adquiera la propiedad gravada o adquiera el uso.[31] Es obvio que el vendedor que vende y retiene el gravamen es un acreedor garantizado. Igualmente lo es el banco que efectúa el préstamo para la compra, ésta se lleva a cabo con ese dinero y se crea un gravamen sobre ese bien mueble. Bajo esta ley el dinero para la compra constituye una prioridad sobre otras obligaciones (PMSI).[32]

Instrumento

Instrumento significa un instrumento negociable, según definido en la ley, [33] o cualquier otro escrito que evidencie un derecho al pago de dinero, pero que no sea de por sí un acuerdo de gravamen mobiliario o de arrendamiento y que sea de la clase que, en el curso

[28] Código Civil de Puerto Rico, Artículo 360; 31 LPRA 1421.

[29] Sección 9-109 (3) ; 19 LPRA 2009 (3).

[30] Sección 9-109 (4) ; 19 LPRA 2009 (4).

[31] Sección 9-107 (b) ; 19 LPRA 2007 (b).

[32] Sección 9-107 (a) (b) ; 19 LPRA 2007 (a)(b).

[33] Sección 2-104 ; 19 LPRA 2004.

ordinario de los negocios, se transfiere por la entrega y su endoso o cesión necesario. El término no incluye inversiones.[34]

Documento de título

El término *documento de título* aparece definido en la ley.[35] Incluye carta de porte, resguardo de mueble, recibo de mueble, resguardo de almacén u orden para la entrega de bienes, y también todo otro documento que se considere, en el curso ordinario de negocio o de financiamiento, que evidencie adecuadamente que una persona que lo posee tiene derecho a recibir, retener y disponer del documento y de los bienes que éste cubre. Para que sea un documento de título, un documento debe representar que cubre bienes en posesión del depositario que son identificados o porciones fungibles de una masa identificada.

Garantía mobiliaria

La *garantía mobiliaria* significa un derecho real sobre propiedad mueble o inmueble por su destino que garantiza el pago o cumplimiento de una obligación. La retención o reserva del título por un vendedor de bienes, aunque embargue o entregue al comprador, queda limitada en efecto a la reserva de una "garantía mobiliaria" El término también incluye el derecho de un comprador de cuentas o papel financiero sujeto a las disposiciones de esta ley. A menos que una consignación tenga propósito de garantía, la reserva de título bajo la misma no constituye una "garantía mobiliaria", pero en cualquier caso la consignación queda sujeta a las disposiciones sobre venta a consignación.[36]

Cuenta

La *cuenta* se define como cualquier derecho al pago por bienes vendidos o arrendados o por servicios prestados que no están evidenciados por un instrumento o papel financiero, haya sido tal derecho devengado o no devengado por la ejecución de las obligaciones correspondientes.[37]

---

[34] Sección 9-105 (k) ; 19 LPRA 2005 (k).

[35] Ley Núm. 176 de 21 de agosto de 1996, Sección 1-201 (15); 19 LPRA 451 (15).

[36] Sección 1-201 (37) ; 19 LPRA 451 (37).

[37] Sección 9-106 ; 19 LPRA 2006.

Bienes incorporales

Bienes incorporales significa cualquier propiedad mueble (incluyendo derechos de acción) que no sean bienes, cuentas, papel financiero, documentos, instrumentos, inversiones, o dinero. Todos los derechos al pago, devengados o no devengados bajo un contrato de fletamento u otro contrato que se refiera al uso o alquiler de un buque, así como los derechos incidentales a tal contrato, serán considerados *cuentas*.[38]

El gravamen

Para obtener un gravamen se tiene que cumplir con tres requisitos.[39] Estos requisitos *no* tienen que ocurrir en forma simultánea y tampoco en un orden particular.

Requisitos para la constitución de gravamen

Los tres (3) requisitos son:

(1) El deudor ha firmado un acuerdo válido de gravamen mobiliario que contenga una descripción de la propiedad gravada, y si es de cosechas en pie o a sembrarse o madera en pie, una descripción del inmueble.[40] La propiedad gravada está en posesión del acreedor garantizado de conformidad con un acuerdo, a cambio de valor recibido por el deudor y el acreedor tiene el control a tenor con un acuerdo;[41]

(2) Que se haya dado valor;[42] y

(3) Que el deudor tenga derechos sobre la propiedad gravada.[43]

Perfeccionamiento del gravamen

Un interés asegurado es ejecutable en contra del deudor, pero por sí solo no protege al acreedor de terceros. Para afectar a terceros se tiene que perfeccionar el gravamen y dar publicidad del mismo a tercero. De esta forma, su colateral tiene prioridad sobre otros que se constituyan con posterioridad a su inscripción.

---

[38] Sección 9-203 ; 19 LPRA 2053.

[39] Sección 9-203 (1) (a) ; 19 LPRA 2053 (1) (a).

[40] *Ibid.*

[41] Sección 9-203 (1) (b) ; 19 LPRA 2053 (1) (b).

[42] Sección 9-203 (1) (c) ; 19 LPRA 2053 (1) (c).

[43] Sección 9-313; 19 LPRA 2113; y Sección 9-302 (d); 19 LPRA 2102 (d).

El método de perfeccionamiento

El método de perfeccionamiento consiste en dos (2) fases:

(1) Radicación de los documentos en el registro apropiado, y

(2) Tomar posesión de la colateral.

Un gravamen mobiliario de precio aplazado sobre bienes de consumo no se tiene que registrar, pero sí se requerirá el registro cuando se trate de un vehículo de motor que requiere registro. Y se requerirá el registro respecto a inmuebles por su destino para que el gravamen mobiliario adquiera prioridad sobre intereses conflictivos sobre inmuebles por su destino en la medida dispuesta en la ley.[43]

Un gravamen mobiliario se mantendrá perfeccionado por un período de diez (10) días sin el registro, cuando el acreedor garantizado que tenga un gravamen mobiliario perfeccionado sobre un instrumento, un valor con certificado, documento negociable o bienes en posesión de un depositario que no sea el que emitió un documento negociable respecto a tales bienes.[44] Luego se tiene que inscribir.[45]

El registro da publicidad a todos, y esta publicidad es necesaria para responsabilizar a terceros.

Declaración de financiamiento

Debe tener los siguientes elementos:[46]

(1) Nombre del deudor y del acreedor asegurado, y sus direcciones respectivas.

(2) Estar debidamente firmada por el deudor ante notario.

(3) Declaración en la que se indiquen las clases de artículos y se describan los artículos que componen la colateral.

El nombre propio del deudor es suficiente, aunque no indique otras razones sociales o nombres de socios. Cuando el deudor cambia su nombre, o la razón social o corporativa cambia, y la declaración de financiamiento registrada resulta engañosa, el registro no es efectivo para perfeccionar un gravamen mobiliario sobre propiedad gravada adquirida por el deudor más de cuatro (4) meses después del cambio, a menos que se registre una nueva declaración de financiamiento apropiada antes de vencer tal período de cuatro (4) meses. Una declaración de financiamiento grava la propiedad cuando se transfiere a un tercero, aún con el conocimiento y aprobación de tal venta por parte del acreedor.[47]

---

[44] Sección 9-304 (5) ; 19 LPRA 2104 (5).

[45] Sección 9-304 (6) ; 19 LPRA 2104 (6).

[46] Sección 9-402 (1); 19 LPRA 2152 (1).

[47] Sección 9-402 (7); 19 LPRA 2152 (7).

Lugar del registro

El lugar de registración depende del tipo de colateral. Si se inscribe en la oficina improcedente, el gravamen no es efectivo. En los Estados Unidos el registro que no sea de bienes inmuebles se debe realizar en la Oficina del Secretario de Estado.

En Puerto Rico la ley[48] establece que no es necesaria la inscripción para perfeccionar la garantía mobiliaria. Pero sí tiene que estar inscrita para que afecte a terceros. Se tiene que hacer en el Departamento de Estado de Puerto Rico y en el Registro de la Propiedad, cuando sea el caso.[49]

Cuándo y duración del registro

Se puede registrar una declaración de financiamiento antes de que se formalice un acuerdo de gravamen mobiliario o se constituya un gravamen mobiliario de otra forma.[50] La parte asegurada tiene interés de radicar antes de obtener la posesión. Esto le permite obtener una prioridad superior a otra parte que conflictivamente también reclame intereses en la misma colateral.

El período de gravamen de una declaración de financiamiento registrada es de cinco (5) años contados a partir del registro. Si antes de su vencimiento se radica una declaración de continuación se *prorroga* el vencimiento. Si se lleva un procedimiento de insolvencia en contra del deudor, el gravamen sigue vigente hasta terminar el procedimiento de insolvencia y después de ello por un período de sesenta (60) días o hasta el vencimiento del período de cinco (5) años, lo que ocurra más tarde.[51]

Al transcurrir el término de cinco (5) años, el gravamen mobiliario perderá su estado de perfección, a menos que esté perfeccionado sin registro.[52]

Si el gravamen mobiliario perdiese su estado de perfección por vencimiento, se considerará no perfeccionado contra una persona que se convirtió en comprador o acreedor impositivo antes de ocurrir el vencimiento.[53]

Si se registra en el registro apropiado de cosecha en pie o a sembrarse, o madera en pie, se registra en el Registro de la Propiedad Inmueble, a diferencia de los gravámenes

---

[48] Sección 3-210 (c) (2) ; 19 LPRA 860 (c)(2).

[49] Sección 9-401 (1) (b) ; 19 LPRA 2151 (1)(b); y Sección 9-401 (1) (a) ; 19 LPRA 2151 (1)(a).

[50] Sección 9-402 (1) ; 19 LPRA 2152 (1).

[51] Sección 9-403 (2) ; 19 LPRA 2153 (2).

[52] *Ibid.*

[53] *Ibid.*

sobre otros muebles, que se realizan en el Departamento de Estado.[54] La ley[55] no le impone la limitación de cinco (5) años cuando el gravamen es sobre el inmueble, por bienes muebles, su siembra, cosecha en pie o madera en pie, que son inmuebles por su destino.

El caso de *Banque Worms v. Davis Construction Co., Inc.*[56] establece que una persona que compra un bien mueble, sin tener conocimiento del gravamen mobiliario y antes de que el mismo sea perfeccionado, lo recibe libre del mismo.[57] La ley excluye el conocimiento constructivo y adopta el real o aviso o notificación por el registro.[58]

Perfeccionamiento mediante la posesión

La posesión le confiere a la persona un derecho de gravamen.[59] Esta posesión se manifiesta como control.[60] El control requiere la entrega.[61] Si es forma registrada, necesita la entrega con certificado[62] debidamente endosado por el dueño registral.[63] En los casos sin certificado, la entrega es suficiente.[64]

Gravámenes mobiliarios conflictivos

Los gravámenes mobiliarios conflictivos tendrán rango para fines de prioridad de acuerdo con la fecha de su registro o perfección. Se tendrá prioridad desde el momento en que se hace el registro cubriendo la propiedad gravada por primera vez o en que el gravamen mobiliario se perfecciona por primera vez, cualquiera de los dos que ocurra primero, siempre y cuando no haya ningún período subsiguiente en que no haya ni registro ni perfección.[65]

La regla que sigue la ley es *Primero en tiempo, primero en derecho*. Esto es así en los casos de gravámenes mobiliarios conflictivos sin perfeccionar. El primero en constituirse tendrá prioridad.[66]

---

[54] Sección 9-401 (a) (b) ; 19 LPRA 2151(a)(b).

[55] Sección 9-403 (7) ; 19 LPRA 2153 (7).

[56] *Banque Worms v. Davis Construction Co., Inc.*, 831 SW 2d. 921 (1992)

[57] Sección 9-301 (1) (c) ; 19 LPRA 2101 (1)(c).

[58] Sección 1-201 (25) ; 19 LPRA 451 (25).

[59] Sección 9-103(1) (c) ; 19 LPRA 2003 (1)(c).

[60] Sección 9-115 (e) ; 19 LPRA 2015 (e).

[61] Sección 8-106 (a) ; 19 LPRA 1706 (a).

[62] Sección 8-106 (b) ; 19 LPRA 1706 (b).

[63] Sección 8-106 (b) (1) y (2) ; 19 LPRA 1706 (b) (1) y (2).

[64] Sección 8-106 (c); 19 LPRA 1706 (c).

[65] Sección 9-313 (5) (a) ; 19 LPRA 2113 (5)(a).

[66] Sección 9-313 (b) ; 19 LPRA 2113 (b).

Gravamen mobiliario de precio aplazado

Un gravamen mobiliario de precio aplazado, en otra propiedad gravada que no sea inventario, tiene prioridad sobre un gravamen mobiliario conflictivo sobre la misma propiedad gravada o su producto, si el gravamen mobiliario de precio aplazado está perfeccionado al tiempo que el deudor recibe la posesión de la propiedad gravada o dentro de los veinte (20) días siguientes.[67] Ésta es la garantía del vendedor que se conoce como "purchase money security interest" (PMSI).

Bienes de consumo

El tenedor de un gravamen mobiliario (PMSI) en la mayoría de los casos tiene protección sin la inscripción del gravamen. Su prioridad está garantizada.[68] Una excepción en la cual se requiere la inscripción es en los casos de venta de vehículos de motor con precio aplazado.

Inventarios

Un gravamen mobiliario de precio aplazado sobre inventario perfeccionado tendrá prioridad sobre un gravamen mobiliario conflictivo sobre el mismo inventario, y también tendrá prioridad sobre producto en efectivo identificable recibido en o antes de la entrega del inventario a un comprador, si cumple con ciertos requisitos de ley, que se señalan a continuación.[69]

Requisitos para la prioridad sobre inventarios

Los requisitos son:[70]

(1) Que el gravamen mobiliario de precio aplazado estuviese perfeccionado al momento en que el deudor recibió la posesión del inventario;

(2) El acreedor garantizado respecto al precio aplazado notifica por escrito al tenedor del gravamen mobiliario conflictivo si éste ha registrado una declaración de financiamiento cubriendo la misma clase de inventario (i) antes de la fecha de

[67] Sección 9-312 (4) ; 19 LPRA 2112 (4).

[68] Sección 9-302 (1) (d) ; 19 LPRA 2102 (1)(d).

[69] Sección 9-312 (3) ; 19 LPRA 2112 (3).

[70] *Ibid.*

registro por el acreedor garantizado respecto al precio aplazado, o (ii) antes del comienzo del período de diez(10) días dentro del cual el gravamen mobiliario de precio aplazado es temporeramente perfeccionado sin registro o posesión;[71]

(3) El tenedor del gravamen mobiliario conflictivo recibe la notificación dentro de los cinco (5) años anteriores a la fecha en que el deudor recibe posesión del inventario; y

(4) La notificación estipula que la persona que la hace tiene o espera adquirir, del deudor, un gravamen mobiliario de precio aplazado sobre inventario, y describe tal inventario por partida o clase.

No se necesita hacer notificación alguna a un acreedor asegurado que no haya radicado declaración de financiamiento, aún cuando este acreedor con prioridad tenga conocimiento de la existencia de este gravamen previo.

La ley se presta para realizar simulaciones para defraudar al acreedor preferido por el inventario. Esto podría prestarse para que se realice un nuevo inventario o se reproduzca un inventario viejo, como si fuera nuevo, por el acreedor posterior, como si fuera anterior.[72] Esta sección regula los derechos en el caso de inventarios conflictivos. Si el financiador del inventario se entera que existe un gravamen mobiliario sobre un inventario particular, él no tiene prioridad sobre el acreedor del inventario previo.

La prioridad sobre inventario se limita solamente a la procedencia del efectivo recibido en o antes de la formalización del inventario de la mercancía que va a ser entregada al comprador. Si la mercancía se vende a crédito, la prioridad del gravamen mobiliario no se extiende a esta venta a crédito. Es decir, que una vez la mercancía sale del inventario, por venta, ya no está afectada por el gravamen del inventario.

Colaterales que no sean sobre inventario

Esta materia está regida por disposiciones[73] que le confieren prioridad de derecho al primero que obtenga la posesión de la propiedad gravada, luego que el gravamen mobiliario esté perfeccionado o dentro del período de gracia de veinte (20) días siguientes.

Se tiene que tener claro que aquí solamente se refiere a mercancía de consumo que no sea un vehículo de motor, sobre los cuales el gravamen se perfecciona automáticamente.[74] Este acreedor obtiene en forma automática, sin necesidad de inscripción alguna, la prioridad sobre otros gravámenes mobiliarios conflictivos.

---

[71] Sección 9-304 (5) ; 19 LPRA 2104 (5).

[72] Sección 9-312 (3) (b) ; 19 LPRA 2112 (3)(b).

[73] Sección 9-312 (4) ; 19 LPRA 2112 (4).

[74] Sección 9-302 (1) (d) ; 19 LPRA 2102 (1)(d).

En los casos de colateral sobre bienes que no sean de consumo o inventario, el acreedor asegurado con el gravamen mobiliario debe, como condición para la obtención de la prioridad, perfeccionar su gravamen dentro del término de gracia de veinte (20) días al recibo de la posesión de la colateral.[75]

Compra de papel financiero o el instrumento

El comprador de papel financiero o de un instrumento que da nuevo valor y lo adquiere en el curso ordinario de su negocio tiene prioridad sobre un gravamen mobiliario sobre el papel financiero o el instrumento, si actúa sin conocimiento del gravamen mobiliario[76] y si está perfeccionado por la posesión o dentro del término de gracia de veinte (20) días.[77] La única excepción que surge de la ley para adquirir gravamen sin la necesidad de la posesión es solamente dentro del período de gracia de diez (10) días,[78] pero luego tiene que tener la posesión del papel financiero o instrumento.[79]

Protección de los compradores de bienes

Un comprador en el curso ordinario de los negocios adquiere libre de un gravamen mobiliario constituido por su vendedor aunque el gravamen mobiliario esté perfeccionado y aunque el comprador conozca su existencia.[80]

El que compra mercancía en una tienda la recibe libre de gravamen. Esta sección tiene el efecto de que un comerciante pueda vender del inventario gravado y el comprador lo recibe libre de gravamen. Esto no es de aplicación a los compradores que adquieren fuera del curso ordinario de los negocios.

Compradores fuera del curso ordinario de los negocios

Una regla especial aplica a la compra de bienes de consumo si se usan o se compran para usarse principalmente para propósitos personales, familiares o del hogar.[81] El gravamen mobiliario se perfecciona sin tener que inscribirse, mientras que otros bienes requieren la inscripción. Si el comprador no tiene conocimiento del gravamen para

[75] Sección 9-312 (4) ; 19 LPRA 2112 (4). Véase, además, el caso *In Re Ivie and Associates, Inc.*, 84 B.R. 882 (1988).

[76] Sección 9-308) (a); 19 LPRA 2108 (a).

[77] Sección 9-304 (4) y (5); 19 LPRA 2104 (4) y (5).

[78] Sección 9-306; 19 LPRA 2106.

[79] Sección 9-304 (4) y (5); 19 LPRA 2104 (4) y (5).

[80] Sección 9-307 (1); 19 LPRA 2107 (1).

[81] Sección 9-109 (1); 19 LPRA 2009 (1).

consumo personal, familiar o del hogar antes que sea notificada la declaración de financiamiento él lo recibe libre de gravamen aún cuando exista un interés asegurado.[82] Por tanto, el factor determinante es que el acreedor garantizado registre la declaración de financiamiento, medie o no conocimiento de la existencia de gravamen mobiliario, pero si se tiene conocimiento de la existencia del gravamen mobiliario sí le afecta el gravamen.[83]

El término *comprador fuera del curso ordinario* significa aquél que le compra al comprador ordinario sin saber del gravamen mobiliario y antes de que el acreedor garantizado haya registrado una declaración de financiamiento cubriendo tales bienes. Por ejemplo: A le compra a Sears un juego de cuarto. Luego que lo tiene en su casa, no le gusta a su esposa y, para comprar otro, se lo vende a la vecina. Ésta lo compra fuera del curso ordinario del negocio y lo recibe libre de gravamen. En cambio, A lo recibió con gravamen automático, por ser un artículo de uso, sin que Sears tenga que realizar la inscripción del gravamen que la ley llama *registro de declaración de financiamiento*.[84] El requisito es que la compraventa se realice sin que la vecina tenga conocimiento de la compra.

Protección de otro tipo de comprador

Un comprador que *no* sea uno en el curso ordinario de los negocios, que compra bienes sujetos a gravamen, a pesar de no cualificar como comprador en el curso ordinario, lo recibe libre de carga,[85] libre de todo gravamen en la medida en que garantice adelantos futuros hasta después que el acreedor garantizado tuviese conocimiento de la compra, o más de cuarenta y cinco (45) días después de la compra , cualquiera de los dos casos que ocurra primero.

El ejemplo para explicar la sección anterior es cuando un banco le da una línea de crédito a un cliente y éste le da en garantía la propiedad personal, incluyendo la propiedad objeto de la venta. Si el banco tiene conocimiento de la venta y, a pesar de este conocimiento, procede a seguir con adelantos futuros de partidas de dinero, el bien vendido ya no es colateral del préstamo. De igual forma, si el banco no le presta dinero para la venta, pero le presta dinero después de los cuarenta y cinco (45) días, no pertenece a la colateral de garantía del préstamo.

El factor determinante es que el acreedor haga adelantos futuros luego de la venta del bien, en base a la línea de crédito anterior a la venta. Puede deberse a que: (1) desconozca que el bien ya no está dentro de la posesión de su deudor, por lo cual no forma parte de la colateral, o (2) la ley le confiere el término de cuarenta y cinco (45) días para que descubra que la venta se realizó.

---

[82] Sección 9-307 (2); 19 LPRA 2107 (2).

[83] *Ibid.*

[84] Sección 9-307 (3); 19 LPRA 2107 (3).

[85] Ibid.

[86] *Davis County Savings Bank v. Production Credit Association*, 419 N.W. 2d. 384 (1988).

Esta sección de la ley fue interpretada en el caso de *Davis County Savings Bank v. Production Credit Association*.[86] La ley[87] provee protección al comprador de una colateral, el cual no es elegible para la protección del comprador en el curso ordinario de los negocios según la ley.[88] Debido al conocimiento del gravamen del banco, no son compradores en el curso ordinario de los negocios. El tribunal interpreta las disposiciones de la ley,[89] que le confiere al acreedor el término de gracia de cuarenta y cinco (45) días para descubrir la pérdida de la colateral, o los adelantos con conocimiento de la venta del bien objeto de la colateral, o adelantos posteriores a los cuarenta y cinco (45) días. Ya no pueden retener la colateral sobre el bien vendido. El término de cuarenta y cinco (45) días le permite al acreedor asumir que existe la misma colateral. Pasado este término, el acreedor que no descubre la venta *pierde* la colateral.

[87] Sección 9-307 (3); 19 LPRA 2107 (3).

[88] Sección 9-307 (1); 19 LPRA 2107 (1).

[89] Sección 9-307 (3); 19 LPRA 2107 (3).

Capítulo 22

GRAVAMEN POR LEY

Si una persona presta servicios o materiales en el curso ordinario de los negocios, sobre bienes sujetos a un gravamen mobiliario, y si la ley le confiere prioridad, ésta es superior al gravamen mobiliario perfeccionado.[1] Esto quiere decir que, como la ley le confiere un gravamen al mecánico que repara un vehículo de motor y también al ferretero que suple materiales a una obra, estos gravámenes son superiores al del banco que financió el vehículo de motor o constituyó hipoteca sobre el bien inmueble.[2]

Gravamen sobre bienes inmuebles por su destino

Los bienes muebles que se unen al inmueble se convierten en bienes inmuebles por su destino y les aplica la ley de los inmuebles y la ley del Registro de la Propiedad.[3]

[1] Sección 9-310; 19 LPRA 210.

[2] Código Civil, artículo 1821; 31 LPRA 5191.

[3] Sección 9-313 (1); 19 LPRA 2112 (1).

La ley se refiere a tres (3) categorías de bienes:

1. Aquellos bienes que retienen su característica de bienes muebles y que no forman parte de un inmueble, que siguen la regla de propiedad mueble.
2. Los materiales de construcción que se han incorporado a una edificación y que están afectados por la hipoteca sobre el inmueble.
3. Los muebles que se han unido al inmueble, como las butacas de un cine,[4] los cuales están afectados por un registro respecto a inmuebles por su destino. Se inscribe la declaración de financiamiento que cubre los bienes que son o están por convertirse en inmuebles por su destino. Esta inscripción se realiza en la sección del Registro de la Propiedad donde se inscribirá una hipoteca sobre inmuebles, a tenor con las disposiciones de la Ley Hipotecaria y del Registro de la Propiedad. El gravamen es una hipoteca sobre el inmueble y el inmueble gravado tiene que ser descrito en los términos de la Ley Hipotecaria, en todo el inmueble que sirve como colateral. El primero en presentación tiene prioridad en el gravamen.

La ley va aún más lejos que la regla de que el primero en el Registro tiene derecho superior. Establece una prioridad mayor sobre gravámenes ya inscritos y un derecho superior al dominio mismo del dueño de la propiedad.[5] El gravamen mobiliario se perfecciona mediante un registro respecto a inmuebles por su destino, hecho antes de que los bienes se conviertan en inmuebles por su destino o dentro de los veinte (20) días siguientes. El deudor tiene un derecho registral sobre el bien inmueble o se encuentra en posesión del mismo. Nuestro Código Civil va aún más lejos y le confiere *primera* prioridad sin la necesidad de la inscripción.[6]

Cuando los inmuebles por su destino son máquinas de factoría o de oficina, fácilmente removibles, o reemplazos de accesorios domésticos facilmente removibles, que son bienes de consumo, *antes* de que los bienes se conviertan en inmuebles por su destino *se perfecciona un gravamen mobiliario* por cualquier método permitido por la ley.[7]

Accesiones o artículos fabricados

Un gravamen mobiliario sobre bienes, que se constituya antes de que éstos queden incorporados o adheridos a otros bienes, tendrá piorigdad respecto a los bienes instalados o adheridos (*accesiones*) sobre las reclamaciones de todas las personas al todo.[8]

[4] Sección 9-313 (1) (b); 19 LPRA 2113 (1) (b).

[5] Sección 9-314 (4); 19 LPRA 2114 (4).

[6] Código Civil, artículo 1821; 31 LPRA 5191.

[7] Sección 9-313 (4) (c); 19 LPRA 2113 (4) (c).

[8] Sección 9-314 (1); 19 LPRA 2114 (1).

Si los bienes son manufacturados, procesados, ensamblados o mezclados, que pierden su identidad en el producto o masa, el gravamen mobiliario continúa respecto al producto o la masa.[9] La ley le permite al acreedor obtener un gravamen sobre el todo, luego de ser manufacturado.

Derecho o defensa contra el cesionario

La ley establece que la cesión de deuda se puede hacer siempre. El contrato que establezca que el deudor de una cuenta prohiba la cesión de una cuenta o la constitución de un gravamen mobiliario sobre un bien incorporal por dinero a pagar, o que se necesita el consentimiento del deudor de la cuenta para la realización de tal cesión a la constitución de tal gravamen mobiliario, es una cláusula *inefectiva* y *carece de toda validez*.[10]

El deudor cedido no pierde su derecho a levantar cualquier defensa o reclamación en contra de su cedente, que surja antes de la notificación de la cesión, si no ha mediado renuncia válida a este derecho.[11]

Como el Código Uniforme de Comercio no establece la forma de notificación de la cesión de cuenta, la regla es la notificación que sea suficiente para ser *notificación expresa*. Por eso, si hay duda sobre a quién hay que pagarle, si al cedente o al cesionario, el deudor cedido tiene derecho a exigir prueba razonable. Si no lo hace el cesionario, el deudor cedido que le pague al cedente recibe el descargo por el pago.[12]

El deudor de una cuenta puede renunciar a levantar las defensas, mediante acuerdo válido de no hacer valer defensas o reclamaciones que surjan de una venta.[13]

Incumplimiento

Cuando el deudor incumple bajo el acuerdo de gravamen, el acreedor asegurado tiene el derecho y el remedio provisto en ley, bajo ciertas limitaciones.[14] El acreedor asegurado puede reducir la suma a ser adjudicada. Las partes podrán, mediante acuerdo al efecto, determinar las normas mediante las cuales se juzgará el cumplimiento de esos derechos y deberes, si tales normas no fuesen manifiestamente irrazonables.[15]

[9] Sección 9-315 (1)(a); 19 LPRA 2115 (1)(a).

[10] Sección 9-318 (4); 19 LPRA 2118 (4).

[11] Sección 9-317 y 9-316; 19 LPRA 2117 y 2116.

[12] Sección 9-318 (3); 19 LPRA 2118 (3); *Capital Factors, Inc. v. Caldor, Inc.*, 582 N.Y.S. 2d. 1012 (1992).

[13] Sección 9-318; 19 LPRA 2118.

[14] Sección 9-501 (3); 19 LPRA 2201 (3).

[15] *Ibid.*

Cuando un acreedor garantizado haya obtenido sentencia respecto a su reclamación, el gravamen de cualquier embargo que pueda trabarse sobre su propiedad gravada, en virtud de cualquier ejecución basada en la sentencia, se retrotraerá a la fecha de la perfección del gravamen mobiliario sobre tal propiedad gravada. Una venta judicial realizada en virtud de tal ejecución será una ejecución del gravamen mobiliario por procedimiento judicial dentro del significado de la ley. El acreedor garantizado podrá comprar la propiedad gravada en la venta y ,a partir de ese momento, la retendrá libre de cualesquiera otros requisitos impuestos por la ley.[16]

Derecho del acreedor garantizado a la posesión después de un incumplimiento

Cuando el deudor incurre en incumplimiento se ejecuta el gravamen con la sola limitación de cumplir con la disposición compulsoria pactada respecto a la redención de propiedad gravada.[17] El deudor tiene derecho a redimir la propiedad gravada[18] en cualquier momento antes de que el acreedor garantizado haya dispuesto de la propiedad gravada o concertado un contrato para su disposición,[19] si el deudor salda la deuda,[20] en el caso de que el acreedor garantizado que está en posesión de la misma, luego del incumplimiento le propone al deudor quedarse con la propiedad a cambio del saldo.

El proceso de redimir corresponde al deudor o a cualquier otro acreedor garantizado, mediante el ofrecimiento de cumplimiento y pago de todos los gastos razonables. [21]

La ley permite que el acreedor obtenga la posesión de la propiedad en forma pacífica, cuando el deudor la entrega en forma voluntaria. De no hacerlo, se tiene que incoar un procedimiento judicial. Este procedimiento judicial se inicia con la radicación ante el Secretario del Tribunal y la cancelación de tres dólares ($3.00) en sellos de rentas internas. Luego, el tribunal en vista ordena al alguacil a que se incaute de la propiedad y se la entregue al acreedor, que la tiene que retener durante treinta (30) días para que el deudor o su cesionario cumpla y pueda recobrar la propiedad. Pasado este plazo sin que se haya realizado el cumplimiento de los términos, el acreedor podrá disponer de la propiedad gravada.[22]

---

[16] Sección 9-501 (5); 19 LPRA 2201 (5).

[17] Sección 9-501 (3); 19 LPRA 2201 (3).

[18] Sección 9-506; 19 LPRA 2206.

[19] Sección 9-504 ; 19 LPRA 2204.

[20] Sección 9-505 (2); 19 LPRA 2205 (2).

[21] Sección 9-506 ; 19 LPRA 2206.

[22] Sección 9-503 (2); 19 LPRA 2203 (2).

La entrega voluntaria de la propiedad gravada, con el consentimiento del acreedor garantizado, tendrá el mismo efecto de una *reposesión* y todo pacto en contrario será nulo.[23]

Derecho del acreedor garantizado de disponer de la propiedad gravada

Luego del incumplimiento, el acreedor garantizado podrá vender, arrendar o de otra forma disponer de toda o parte de la propiedad gravada.[24]

La disposición de la propiedad gravada podrá hacerse mediante procedimiento público o privado, pero todo aspecto de la disposición, incluyendo el método, forma, tiempo, lugar y términos deberán ser comercialmente razonables.[25]

El acreedor garantizado deberá enviar al deudor notificación razonable de la fecha y lugar en que se llevará a cabo cualquier venta pública, o de la fecha después de la cual se llevará a cabo cualquier venta privada, u otra disposición de la propiedad gravada, a menos que el deudor haya renunciado a la notificación.[26] Cuando son bienes *de consumo* no será necesaria ninguna notificación. Cuando son bienes *no de consumo,* deberá enviarse notificación a cualquier otro acreedor garantizado, de quien el acreedor garantizado, que dispone de la propiedad, haya recibido notificación por escrito de su reclamación de algún derecho sobre la propiedad gravada. El acreedor garantizado podrá comprar la propiedad gravada en venta pública y, en el caso de que el precio sea conocido en el mercado o sea de precio cotizado uniforme, podrá comprarlo en venta privada.[27]

El comprador lo adquiere libre de todo gravamen si lo compra en venta pública, sin conocimiento de defecto alguno en la venta, y si no compra en colusión con el acreedor garantizado, otros licitadores o la persona encargada de la venta.[28] En cualquier otro caso, se actúa de buena fe.[29]

Si el acreedor garantizado *no* recibe objeción, por escrito, de una persona con derecho a recibir notificación dentro de los veintiun (21) días siguientes a la fecha en que la notificación se envió, el acreedor garantizado podrá retener la propiedad gravada en pago de la obligación del deudor.[30]

---

[23] *Ibid.*

[24] Sección 9-504 (1); 19 LPRA 2204 (1).

[25] Sección 9-504 (3); 19 LPRA 2204 (3).

[26] *Ibid.*

[27] *Ibid.*

[28] Sección 9-504 (4) (a); 19 LPRA 2204 (4) (a).

[29] Sección 9-504 (b); 19 LPRA 2204 (b).

[30] Sección 9-505 (2); 19 LPRA 2205 (2).

Si se realiza la venta de una colateral, el producto se aplica a los gastos razonables en que se incurra en la recuperación, retención, preparación para la venta, arrendamiento y otras actividades similares, los honorarios de abogados y gastos legales razonables en que incurra el acreedor garantizado, pago de la deuda garantizada, el pago de la deuda garantizada por cualquier gravamen mobiliario subordinado sobre la propiedad gravada, *siempre y cuando* se reciba una notificación por escrito solicitando tal cosa, *antes* de que se haya completado la distribución del producto de la disposición de la propiedad gravada. Cualquier sobrante se le tiene que entregar al deudor.[31]

El acreedor que reposee un bien lo debe vender de conformidad con las prácticas comerciales razonables entre los otros distribuidores del mismo tipo de propiedad, o sea, se debe realizar la venta en la misma forma de la venta original.[32]

Responsabilidad del acreedor garantizado por dejar de cumplir con las disposiciones legales

El haber podido obtener un mejor precio si la venta se hubiese realizado en una fecha diferente, o utilizando un método distinto al seleccionado por el acreedor garantizado, *no* será de por sí suficiente para probar que la venta no se realizó de una manera comercialmente razonable. Una venta aprobada judicialmente o por un comité *bona fide* de acreedores es concluyente para determinar que es comercialmente razonable. Sin embargo, esto no quiere decir que, si no se obtiene tal aprobación, no sea comercialmente razonable.[33]

Declaración de terminación

Una vez se haya pagado, el acreedor debe radicar declaración de terminación en el registro y ésta deberá anotarse en el índice. La terminación es un documento que le da publicidad al hecho de que ya no existe gravamen.[34]

[31] Sección 9-504 (1) (a) (b) (c); 19 LPRA 2204 (1) (a) (b) (c).

[32] *Gulf Homes, Inc. v. Goubeaux,* 602 P 2d 810 (1980).

[33] Sección 9-507 (2) ; 19 LPRA 2207 (2).

[34] Sección 9-404 ; 19 LPRA 2154.

Capítulo 23

LA QUIEBRA EN SU SENTIDO LEGAL Y COMERCIAL

La Ley de Quiebra de 1978

La Constitución de los Estados Unidos de Norteamérica provee, en el Artículo I, Sección 8va., entre otras cosas, lo siguiente:

"El Congreso tendrá facultad:

. . . .

" Para establecer. . . . . *leyes uniformes de quiebra para toda la Nación.*" [1]

De la anterior disposición se desprende que la ley reguladora de quiebras de personas y empresas es *materia federal* dentro del sistema constitucional norteamericano. Y en consecuencia, ni a los estados de la Unión, ni al llamado "Estado Libre Asociado de Puerto Rico" se les reconoce autoridad legal para promulgar y hacer cumplir leyes propias en el área particular de *las quiebras*, al igual que ocurre en otras importantes áreas de nuestra organización jurídico-política.

El Congreso, en ejercicio de ese poder supremo y exclusivo arriba indicado, ha cubierto esta materia

[1] Según los intérpretes de esa constitución, "la Nación" incluye a "sus" territorios; por ende, a Puerto Rico ("territorio no-incorporado").

mediante cinco estatutos sucesivos, a saber: el primero, en 1800; el segundo, en 1841; el de 1867; 1898; y el vigente y más reciente, el de 1978. Este último se titula: "Bankrupcy Reform Act of 1978". Su fecha de vigencia: 19 de octubre de 1979. Deroga en su totalidad el de 1898 e introduce cambios importantes en este sector del Derecho.

Lo que la reforma incluye

I. Un nuevo sistema de tribunal y cambios fundamentales en la función del *síndico fiduciario* o "trustee" y en las reglas a que respectivamente están sujetos. A uno y al otro se les requiere que, en la aplicación de la ley, tomen en consideración, no solamente los derechos e intereses del deudor sujeto al proceso de la quiebra y los de sus acreedores, sino también el interés público.[2]

Poderes del juez o tribunal de quiebras:

(a) Se le faculta expresamente para expedir órdenes, citaciones y sentencias que sean necesarias y apropiadas para que se cumpla todo lo preceptuado en el estatuto de quiebras. (b) De otro lado, y a diferencia de lo dispuesto en la legislación anterior, el juez de quiebra no puede nombrar al *"síndico"* o "receiver", pero sí tiene amplia discreción para designar *fiduciarios* que, en el lenguaje de la ley, se denominan "trustees".[3]

Función básica del fiduciario o "trustee":

(a) Representa este funcionario los bienes o activos del deudor y todo derecho o interés que éste tenga o pudiese tener sobre los mismos. (b) Y para dar eficacia valedera a esa función, la propia ley le reconoce *capacidad legal* para *demandar y ser demandado* con igual alcance que si fuera el dueño de tales bienes y derechos.

II. El nuevo estatuto sobre quiebras introduce también cambios en cuanto a qué propiedades, de las que están comprendidas en *el patrimonio* ("estate") del deudor, han de reconocerse como exentas de responsabilidad y, en consecuencia, excluidas de *la liquidación*.[4]

Las disposiciones de la nueva ley hacen más atractiva la solicitud de quiebra que, dirigida a que el deudor sea relevado del balance de deudas que su activo no pueda cubrir, proveen mayor flexibilidad y un margen más amplio en cuanto a las propiedades que se declaran exentas de responsabilidad y que, por tanto, tienen que ser excluidas de la liquidación.

---

[2] Código Comercial Uniforme de los E.U.A., en inglés: U.C.C. 105.

[3] 11 U.C.C. 323.

[4] 11 U.C.C. 522.

III. La ley recién promulgada clarifica y reafirma el derecho del deudor a ser relevado del balance de deudas que sus bienes no alcancen a cubrir, descontados, como ya se ha dicho, los que están exentos.

IV. Simplifica el inicio o radicación de los casos de quiebra ante el Tribunal y los procedimientos a seguir hasta disponer en definitiva de los mismos.

V. Al fiduciario o "trustee" se le asignan ahora más poderes para rescindir transacciones hechas por el deudor en fraude de sus acreedores.[5]

VI. Jurisdicción: Bajo la nueva ley de 1978 se establece un nuevo sistema de *tribunales de quiebra.* Para ese aspecto de la reorganización se asignó un plaza máximo de cinco años (1979-1984). Cierto que el Tribunal Federal de Distrito sigue investido de jurisdicción exclusiva sobre los casos de quiebra, pero esta jurisdicción es delegable a un tribunal de quiebra a ser creado en cada Distrito.[6] En Puerto Rico ese tribunal *de poderes delegados* ya fue creado y está en normal funcionamiento.

El nombramiento de jueces que han de desempeñarse en el tribunal de quiebra tiene que hacerse por término de catorce (14) años, conforme lo exige la nueva legislación. Y el poder de designarlos está investido en el Presidente de los Estados Unidos.[7]

Poderes específicos que la nueva ley asigna al Tribunal de Quiebra

Tiene, por disposición expresa, jurisdicción exclusiva sobre la propiedad del deudor. Se le faculta para tramitar todos los procedimientos relacionados con cada caso de quiebra. Todos los poderes de un tribunal *de Ley y de Equidad* le son reconocidos al nuevo organismo judicial que procesa las quiebras, excepto el de expedir interdictos ("injunctions") o restringir, en forma alguna, a otro tribunal. Y su autoridad legal para castigar por desacato en el área de lo criminal está limitada.[8] Pero, para los casos en que procede dictarlo, el nuevo estatuto establece el procedimiento que ha de seguirse para el arresto y condena por desacato.[9]

Apelación: Esta fase del procedimiento está reglamentada en el Código Comercial Uniforme de los E.U.A. (28 U.C.C. 160). Véase también el número 1482 de dicho texto.

Jurisdicción del Tribunal de Distrito para los casos de apelación: Se rige por lo dispuesto en 28 U.C.C. 1334.

Jurisdicción del Tribunal de Circuito de Apelaciones: Las partes en litigio, mediante acuerdo al efecto, podrán recurrir directamente al Tribunal de Circuito de Apelaciones

[5] 11 U.C.C. 548.

[6] 28 U.C.C. 1471.

[7] 28 U.C.C. 152.

[8] 28 U.C.C. 151; 11 U.C.C. 105; y 18 U.C.C. 3057.

[9] 11 U.C.C. 1481.

correspondiente. En los casos iniciados en Puerto Rico, el Circuito que corresponde es el llamado "Primer Circuito", que comprende los estados de la Nueva Inglaterra ("New England States"), y cuya sede es la ciudad de Boston, Massachussetts. De mediar ese acuerdo entre las partes litigantes, para tramitar la apelación directamente en el Tribunal de Circuito de Boston no será necesario un trámite previo de apelación ante el Tribunal Federal de Distrito de Puerto Rico.[10]

El Juez de Quiebra

El Juez de Quiebra está investido, como se ha indicado anteriormente, con amplios poderes en todo el procedimiento, pero sus atribuciones dejan fuera la importante función de administrar el caudal de bienes del deudor sujetos a la quiebra.[11]

Igualmente, la ley hace claro que el Juez carece de facultad para presidir las reuniones de acreedores —incluso la primera— que se celebren con el propósito de tomar acuerdos sobre lo que concierne a *la administración* de las propiedades y otros activos del deudor. El motivo de esta prohibición para que el Juez se abstenga de participar, es el de excluir toda posibilidad de que dicho funcionario tome conocimiento de hechos o circunstancias que puedan prejuiciarlo al tener que dictaminar sobre los derechos y obligaciones de las partes involucradas en la quiebra o pasar juicio sobre las actuaciones del *fiduciario* o "trustee". La administración del caudal de bienes envueltos en la quiebra es ahora función indelegable del fiduciario o "trustee".

El fiduciario o "trustee" en la materia de quiebra

Este funcionario es, inicialmente, nombrado por el Juez del Tribunal de Quiebra, quien deberá seleccionarlo de entre la lista o panel de candidatos que se le someten, ninguno de los cuales podrá formar parte del personal perteneciente al Tribunal. Sin embargo, por disposición expresa en la Ley, se confiere a los acreedores, en la primera reunión de éstos que se celebre, la autoridad para nombrar un fiduciario o "trustee" diferente al designado por el Juez si así lo solicitan acreedores que, en conjunto, posean un veinte por ciento (20%) o más de las reclamaciones ("claims") *no-aseguradas.* El nombramiento de este *fiduciario,* para sustituir al que previamente nombre el Juez, se hará mediante *elección* en la que pueden participar todos los acreedores.

La función del síndico ("trustee") es, en su fondo, e independientemente de si lo selecciona el Juez o los acreedores, la de *representar* en todo momento los bienes o caudal del deudor, comprendidos en la quiebra. Y esa representación consistirá en llevar a cabo toda gestión o acto que sea necesario y/o conveniente para una buena administración de dichos bienes hasta su total liquidación. La administración consistirá, básicamente, de

[10] 28 U.C.C.1293.

[11] 11 U.C.C. 341.

actuaciones tales como: cobro de cuentas pendientes, ventas de propiedades, investigación minuciosa de todo lo relativo al inventario, custodia adecuada de dichos bienes, estado financiero del deudor, preparación y formulación de informes y de contabilidad que el síndico deberá rendir al Juez de Quiebra cuando por ley, o por iniciativa de éste, le sean requeridos. Y es regla también que los acreedores del deudor en la quiebra, al igual que el propio deudor, podrán tener acceso a los informes oficiales que el síndico rinda; y ese derecho de inspección es delegable a los representantes autorizados que respectivamente puedan ser designados con tal encomienda.

El procedimiento de quiebra

El procedimiento comienza mediante la *radicación,* en la Secretaría del Tribunal de Quiebras, de una *petición,* por parte del deudor interesado, en *ser declarado* judicialmente *en estado legal de quiebra;* o bien cuando tal petición se radica por parte de uno o más acreedores conforme a requisitos específicos que la propia ley establece. Cuando la iniciativa para radicar petición la toma el propio deudor, el procedimiento lleva el nombre de *quiebra voluntaria;* y cuando son los acreedores los que la inician, la quiebra se llama *involuntaria.* Y el estatuto provee reglas para ambos procedimientos. En cualquier caso, el procedimiento deberá tramitarse haciendo uso del formulario oficial correspondiente que ya está impreso y a disposición de quien o quienes lo interesen.

La quiebra voluntaria

Refiriéndonos ahora, para empezar, a los casos de *quiebra voluntaria,* la petición deberá contener: (1) una lista de los acreedores asegurados y otra de los no-asegurados, indicando además las direcciones, el importe de lo que a cada acreedor se adeuda y la suma total adeudada; (2) un *estado de situación* del deudor; (3) un inventario pormenorizado o lista de *todas* las propiedades del deudor. Esta relación deberá incluir aquellas propiedades que el deudor en la quiebra alegue estén exentas de responder a los acreedores.[12]

Toda esta información deberá acompañarse, y ser respaldada, con un juramento acreditativo de que *todos los datos declarados en el documento de petición son ciertos.* A propósito de este requisito, debe saberse que suplir información falsa o incurrir en omisiones que demuestren un intento de ocultar la verdad sobre cualquier extremo de la petición constituye delito y sujeta al culpable a las sanciones o penalidades que en ley correspondan.

Radicada la petición de quiebra voluntaria y notificada la misma a sus acreedores, es de suma importancia la disposición legal de que: si se admite como cierta la petición

---

[12] Por las leyes de Puerto Rico se establece —como es regla general en todas las jurisdicciones del mundo occidental— que *ciertas propiedades del deudor,* que suelen ser muy personales, o tan indispensables para la existencia misma del ser humano y de su familia más allegada, que *no pueden ser objeto de reclamación ni de embargos* por parte de sus acreedores, y están exentas aún del pago de contribuciones. Constitución del Estado Libre Asociado de Puerto Rico, artículo II, Sección 7; 31 L.P.R.A. 1852; 32 L.P.R.A. 1130.

voluntaria, es decir, si no se objeta expresamente la veracidad de ninguno de los hechos en ella alegados, la petición, por sí misma, constituirá una *"orden de relevo" de toda responsabilidad del deudor por el balance o porción del importe total de sus deudas que sus bienes o activo no alcanzaren a cubrir.*

Otra regla importante en el nuevo estatuto sobre quiebras es que el requisito—en la anterior ley—de que el deudor *tenía que estar insolvente* para que el tribunal adquiriera jurisdicción o autoridad legal para entender en el caso, ya fue suprimido y, por tanto, no se exige. Valdría la pena precisar la verdadera razón que motivó al legislador para tan significativa modificación.

Por último, en aras de simplificar los procedimientos, y tratándose de si es el marido o la esposa quien ha de recurrir en solicitud de auxilio al tribunal de quiebras, la ley provee que la petición podrá ser radicada por ambos cónyuges conjuntamente.

La quiebra involuntaria

En el proceso de quiebra *involuntaria* puede ser peticionario cualquier persona que no sea un agricultor, ni empresa colectiva (corporación o sociedad) constituida para propósitos caritativos o para fin otro alguno que no sea el de obtener lucro o ganancia en negocio o negocios de género especulativo.

Si el deudor tiene *doce (12) o más acreedores,* la petición podrá ser radicada por *tres o más de ellos* cuyos créditos sean *no-asegurados* y siempre que la suma total de dichos tres o más créditos no sea inferior a cinco mil dólares ($5,000.00). Por el contrario, si el número total de acreedores fuese *menor de doce* (12), la petición podrá ser radicada por *uno o más de éstos* cuyos *créditos en conjunto* alcancen a una *suma total que no baje de cinco mil dólares* ($5,000.00).

Radicada la petición de quiebra *involuntaria* (o sea, por acreedores), si el deudor presentase oposición a la misma, es mandatorio, por ley, que se celebre audiencia para considerarla. En tal caso, el Tribunal estaría impedido de dictar "orden de relevo" (que significa "orden para relevar al deudor o descargarlo del balance de sus deudas totales que sus bienes o activos no alcanzaren a cubrir"), a menos que concurra una de las siguientes condiciones:

(a) que el deudor no estuviese pagando sus deudas conforme éstas se van venciendo; (b) que el fiduciario o "trustee" haya sido ya nombrado o se haya tomado posesión de las propiedades del deudor dentro de los ciento veinte días (120) anteriores a la radicación de la petición de quiebra con encomienda de ejecución y liquidación de las propiedades del deudor.

De otro lado, si el Tribunal entendiese que la petición de quiebra *involuntaria* es *improcedente,* procederá, sin demora, a *desestimarla;* esto es, a descontinuar y dejar sin efecto todo el procedimiento. Y en tal caso, concederá, conforme le aconseje su sana discreción, que se le reembolse al deudor: a) el importe de las *costas* incurridas por éste con motivo del trámite infructuoso; b) los *honorarios de abogado*. Además, podrá ordenar: c) la *compensación por los daños* que se irroguen, incluyendo, cuando las circunstancias así lo justifiquen, una *suma compensatoria de carácter punitivo.*

Paralización de otros procedimientos judiciales

La petición de quiebra *involuntaria* tiene el efecto legal y automático de *paralizar:*

(a) todo otro procedimiento judicial, administrativo o de otro género que se esté tramitando contra el deudor;

(b) la ejecución de sentencia o del decreto, en cualquiera de dichos procedimientos; y

(c) el decreto de embargo o para constituir gravamen, la inscripción o formalización de dicho gravamen o embargo en el Registro donde corresponda.

Por el contrario, el hecho de radicarse petición de quiebra *involuntaria* no surtirá el efecto de paralizar ni obstaculizará:

Procedimientos criminales, ni los cobros—o trámites para el cobro— de pensiones alimenticias concedidas por motivo de divorcio; ni las que se otorguen para manutención. Tampoco detendrá ni entorpecerá la ejecución de hipotecas en trámites instados por el Departamento de Viviendas y Desarrollo Urbano ["Housing and Urban Development Administration" (H.U.D.)] al amparo de la Ley Nacional sobre Viviendas ("National Housing Act").[13]

Reclamaciones de acreedores ("creditors claims")

Dentro de un término razonable, luego de dictarse la "orden de relevo" ("order for relief"), se celebrará una reunión de acreedores. En ella el deudor estará *sujeto a ser interrogado, bajo juramento,* por el acreedor o acreedores que lo interesen, sus legítimos representantes, o persona con demostrado interés en el procedimiento, con el propósito de clarificar cualquier duda relacionada con los hechos alegados en la petición o envueltos en la quiebra solicitada.

Comités de acreedores

Los acreedores, si lo estimasen procedente, podrán elegir un *comité de acreedores,* que estaría facultado para representar a éstos en toda consulta del fiduciario o "trustee", o para hacer a éste recomendaciones pertinentes a la quiebra o a sus procedimientos, a nombre y en interés de sus representados. Todo ello, al efecto de facilitar las comunicaciones deseables y / o necesarias entre los acreedores y el funcionario de la quiebra que brega con la administración de *los bienes.* Y esto así porque esos *bienes* son los que han de responder a los acreedores en sus reclamaciones como tales.

[13] 11 U.C.C. 362.

Comprobante de reclamación ("proof of claim")

Todo acreedor *podrá,* y *deberá,* radicar en la Secretaría del Tribunal de Quiebras una *constancia escrita de su reclamación.* El documento a ese fin radicado se denomina en la ley *"Comprobante de Reclamación"* (en el idioma original del estatuto de quiebras: *"proof of claim")* y se considerará *aceptado y automáticamente correcto* en su contenido, *si no es objetado expresamente.* De mediar alguna objeción, el Tribunal resolverá si permite o no que el acreedor de tal o tales créditos sea incluido en la lista oficial de acreedores sin que, por tal determinación, caiga en la categoría de *reclamación no-ejecutable;* o sea, de crédito no-reconocible, como en los casos de intereses no vencidos o de pensiones alimenticias aún no vencidas.

En aquellos casos en que el crédito o reclamación ("claim") de cualquier acreedor fuese de los que están sujetos, por su propio lenguaje, a *condición contingente,* esto es, a que sólo sean exigibles si tal condición se cumple, o cuando, por sus términos, la reclamación de crédito se tiene que considerar como *no-líquida* a la fecha en que se radica en el tribunal, el Juez podrá *estimar* (hacer un estimado de) su valor específico y fijarle la cantidad que en la liquidación le habrá de ser reconocida.

Propiedades

Son aquéllas que el deudor posee a título legal y sobre las que tenga interés o participación al momento de radicarse la petición de quiebra.

El fiduciario o "trustee" es, por disposición expresa de la ley, el responsable de: tomar posesión de todos y cada uno de los bienes o propiedades del deudor (nosotros añadimos "inventariados", es decir, de todos y cada uno de dichos bienes ha de levantar un *inventario*); ... de convertirlos (oportunamente) en dinero o signo que lo represente; . . . y de incluir en la liquidación—a que también está obligado en su día— todas dichas propiedades o bienes, o su equivalente en dinero, incluyendo las acciones y derechos de carácter patrimonial que al deudor pertenezcan, y en forma tal que los derechos e intereses de las partes envueltas en la quiebra, queden debidamente protegidos.

Para mayor claridad de lo anteriormente dicho, debe añadirse que: *PROPIEDAD,* en el sentido de lo que, en un trámite de quiebra significa, incluye, además de lo que ya se ha señalado, todo activo, valor o derecho que adquiera el deudor *dentro de los ciento ochenta (180) días siguientes a la radicación de la petición de quiebra* y que *la adquisición ocurra por alguno o algunos de los siguientes medios:*

(1) por herencia o legado; (2) por uno o más pagos provenientes de seguro o seguros de vida; (3) por liquidación adjudicada al disolverse la sociedad legal de gananciales; (4) por acción del fiduciario o "trustee" al ejercitar éste el derecho de anular y rescindir contratos de los que, con arreglo a la ley, son anulables o rescindibles.

El fiduciario o "trustee" se subroga, por disposición expresa del estatuto, en *todos los derechos* patrimoniales *del deudor.* A tal efecto, se le requiere que proceda a rescindir todo traspaso o transacción que se hubiese realizado por éste en fraude de acreedores, y todo contrato en el que haya mediado *dolo* o engaño, violencia, intimidación, o fraude para obtener el consentimiento; o en que, por incapacidad legal de parte del deudor, proceda la invalidación del mismo.

(5) *"Preferencia"*, en el significado de la Ley de Quiebras, es la ventaja o prioridad de derecho resultante del traspaso de cosa u otro valor, que se hace a un acreedor cuyo crédito aún no está vencido y que ocasiona perjuicio a otros acreedores del cedente; además, es requisito en tal caso, que el traspaso tenga que haberse efectuado dentro de los noventa (90) días anteriores a la radicación del proceso de quiebra. Por último, y para que el traspaso produzca una situación de "preferencia", será requisito adicional que el valor real recibido por el acreedor así favorecido sea mayor que el que habría de tocarle en la liquidación conforme a las disposiciones del Capítulo 7 de la Ley de Quiebras.

La rescisión, alegadamente fundada en *fraude de acreedores*, no procede cuando la propiedad envuelta en el supuesto fraude fue vendida, a su vez, a un tercero que se reconozca, según la ley, como *adquirente de buena fe*. Pero, en tal caso, es mandatorio hacer un ajuste de cuentas al acreedor que de ese modo haya sido favorecido. El ajuste consistirá en que se le descuente, al precisar el monto de que ha de participar en la liquidación, la diferencia *en exceso* del valor real de la propiedad por él recibida.

El derecho del fiduciario o "trustee" a anular traspasos fraudulentos tiene otra limitación muy importante. Y es la de que dicho funcionario podrá ejercer válidamente esa facultad sobre traspasos realizados dentro del año anterior a la fecha de radicación de la petición de quiebra.

El criterio de *insolvencia* que da base legal para la rescisión es: que una vez realizado todo el activo del deudor, el total de dinero que el mismo produzca no alcance a cubrir el importe total de sus deudas.

El fiduciario o "trustee" no está facultado para rescindir: (a) aquellos traspasos en que el deudor recibe, a cambio de lo que transfiere, nuevos bienes o valores; (b) los pagos efectuados dentro de los cuarenta y cinco (45) días de haberse contraído la obligación y dentro del curso normal de los negocios; (c) la compra de garantía o fianza destinada al aseguramiento de nuevos valores no más tarde de un plazo máximo de diez (10) días; (d) el traspaso a un acreedor que, a su vez, entregó al deudor nuevos valores no-garantizados por concepto de un crédito rescindible.

(6) Gravamen sobre la propiedad del deudor: El fiduciario o "trustee" está legalmente facultado para anular cierta clase de gravámenes que a continuación se indican: (a) gravámenes judiciales; (b) órdenes para ejecución de sentencia a las que aún no se haya dado cumplimiento; (c) gravámenes constituidos sobre propiedad real vendida por el deudor a un comprador cualificado, según la ley, como *adquirente de buena fe.*

Propiedades exentas de responsabilidad en beneficio del deudor: Todo deudor en quiebra tiene derecho a que se le eximan de responsabilidad, ante sus acreedores, ciertas propiedades que, a tal fin, no se considera formen parte del caudal a ser liquidado. Bajo la ley anterior, esta importante práctica en favor del deudor estaba regida exclusivamente por disposiciones de la ley local que el poder federal se limitaba a reconocer como complemento a la legislación central. Ahora, la nueva ley de quiebras establece en sus propias disposiciones, y a nivel federal, una lista de propiedades exentas a que el deudor, si así lo prefiere, puede acogerse. Pero al mismo tiempo concede al deudor la opción de acogerse a la lista de concesiones estatuida por la ley local de su respectiva jurisdicción, según su mejor conveniencia.

Liquidación y distribución del activo

Luego que el fiduciario o "trustee" ha tomado posesión de las propiedades del deudor en la quiebra, y liquidado las mismas convirtiéndolas en dinero, procederá a efectuar los pagos a los acreedores sujetándose al siguiente *orden de prioridades* en la entrega de las cantidades respectivas:

(1) Ante todo, pagará los renglones de deuda correspondientes a gastos administrativos y otros gastos específicos que el estatuto pertinente indique;

(2) Seguirá en orden, pagar el importe de cada reclamación no-asegurada comprendida en los procesos de *quiebra involuntaria* y provenientes de operaciones ordinarias de los negocios e incurridas después de haberse comenzado el procedimiento de la quiebra pero antes de que se dicta la "orden de relevo" ("order for relief") y de que el fiduciario o "trustee" sea nombrado;

(3) Atenderá luego las reclamaciones ("claims") no-aseguradas cuyo importe no exceda de dos mil dólares ($2,000.00) y que correspondan a salarios y/o comisiones devengadas por agentes o empleados dentro de los 90 días anteriores a la radicación de la petición o de la terminación de las operaciones del negocio del deudor;

(4) Luego satisfará las reclamaciones ("claims") no-aseguradas provenientes de aportaciones patronales a un plan de beneficios para empleados por servicios prestados, y devengadas dentro de los 180 días anteriores. Estas reclamaciones no incluyen las que, en su cuantía, excedan de dos mil dólares ($2,000.00) por empleado, menos la cantidad que éste reciba por concepto de sueldos y otros beneficios que, como tal empleado, tuviese derecho a recibir;

(5) Seguirá en orden el pago de reclamaciones ("claims") no-aseguradas que no excedan de novecientos dólares ($900.00) cada una y que hubiesen sido *dadas en prenda, arras, o señales,* esto es, como garantía en metálico, para la compra de artículos que no llegaron a ser entregados o servicios que no llegaron a ser prestados;

(6) Finalmente, el de reclamaciones ("claims") no-aseguradas correspondientes a contribuciones adeudadas dentro de los últimos tres (3) años.

Hechos los pagos prioritarios que preceden, el sobrante o excedente será repartido *a prorrata* entre todos los otros acreedores no asegurados que hayan radicado sus *comprobantes de créditos o reclamaciones* ("proof of claims"), sin que ningún pago exceda de la deuda respectiva.

Por último, si al hacerse los pagos *a prorrata* que se indican en el párrafo anterior, pudiera llegar a saldarse la totalidad de los créditos de dichos acreedores (lo cual es improbable generalmente), el remanente, si alguno, deberá ser reembolsado al deudor.

Orden de descargo ("discharge")

Luego que se liquide el activo, conforme a las reglas que se dejan expuestas, el tribunal ordenará lo que, en materia de quiebra, se llama *el descargo* ("discharge"), esto es, el reconocimiento judicial, mediante el certificado correspondiente, de que el deudor en la quiebra ha dejado de serlo por haber sido liberado ("discharged") de sus pasadas deudas y, salvo lo que más adelante se explica para dejarlo precisado con toda exactitud, el alcance de este dictamen.

Por disposición expresa del estatuto sobre quiebras, el Tribunal *no concederá descargo o liberación de ciertas deudas* y bajo *determinadas circunstancias* que a continuación se señalan:

(1) Deudas por contribuciones correspondientes al período de tres (3) años inmediatamente anteriores a la radicación de la petición de quiebra;

(2) Reclamaciones sobre propiedad o dinero, obtenidos por el deudor mediante *dolo* o engaño;

(3) Reclamaciones no-incluidas en el *plan de pagos de la liquidación* (el "schedule" en el idioma del estatuto);

(4) Reclamaciones que se fundamenten en el *dolo* o *fraude* por parte del deudor; o por *malversación* de fondos confiados a éste; o que éste hubiere *hurtado,* o cuya desaparición obedezca a *desfalco;*

(5) Reclamaciones provenientes de cuotas alimenticias no satisfechas al cónyuge, a los hijos, o a ambos;

(6) Reclamaciones de indemnización por daños y perjuicios ("damages") causados por delito o por acto malicioso perpetrado sobre la persona o propiedad de otro y causados por el deudor en la quiebra;

(7) Reclamaciones por concepto de multas y penalidades pagaderas al Estado;

(8) Reclamaciones resultantes de ciertos tipos de préstamo a estudiantes.

Motivos legales para objetar al "Descargo" o "discharge" del deudor

El nuevo estatuto señala los siguientes:

(1) Ocultación o destrucción de propiedades, por parte del deudor, con intención de impedir o entorpecer el pago, o defraudar de otro modo a los acreedores;

(2) Destrucción fraudulenta de récords o de estados financieros;

(3) Comisión de acto que, a la luz de la Ley de Quiebras, se considere delito o crimen;

(4) Desacato a orden del Tribunal de Quiebras;

(5) No-justificación de pérdida de activo;

(6) Haber obtenido un descargo previo dentro de los seis (6) años anteriores a la radicación de la petición de quiebra;

(7) Renuncia por escrito al descargo o liberación.

Efecto del descargo o liberación ("discharge"): El efecto principal consiste en que anula toda sentencia sobre deuda o deudas objeto de la quiebra y prohibe cualquier acción ulterior en cobro de dinero respecto a aquéllas de que el deudor fue liberado.

Por otra parte, el descargo o liberación no releva al co-deudor.

El cónyuge en el procedimiento de quiebra, el cónyuge deudor ("debtor's spouse") y el descargo ("discharge")

El Tribunal Supremo de Puerto Rico ha definido[14] las consecuencias legales para el cónyuge que se acoge al beneficio de la quiebra ("debtor's spouse"), para el cónyuge que no se acoge al beneficio de la quiebra ("nondebtor's spouse") y para la sociedad legal de gananciales compuesta por ambos cónyuges ("community property").

A continuación, algunas determinaciones sobresalientes a tales efectos:

> "El cónyuge que se acoge al beneficio de la quiebra ('debtor's spouse') recibe completa protección a través del 'descargo' ('discharge') personal y de la comunidad. Sin embargo, el cónyuge que no se acogió al beneficio de la quiebra ('nondebtor spouse') recibe solamente una protección *in rem* a través del 'descargo' de la comunidad. Como dicho cónyuge no está protegido personalmente, la protección depende de la naturaleza de sus bienes. Usualmente sus bienes privativos responden por las deudas por las que es responsable personalmente."
>
> "Un cónyuge no puede interponer una solicitud separada de quiebra con sus deudas privativas para proteger solamente su propiedad privativa."
>
> "Usualmente la quiebra atañe solamente a los acreedores del deudor que la ha solicitado. Pero cuando está implicada una comunidad ('community property'), una solicitud de quiebra puede estar basada en la responsabilidad de la comunidad, así como en la responsabilidad personal del que la solicita. En consecuencia, cuando solamente uno de los dos cónyuges interpone la solicitud de quiebra, las obligaciones de la comunidad ('community claims') a la que pertenece el cónyuge deudor, son obligaciones de la quiebra."
>
> "Cuando uno solo de los esposos interpone la solicitud de quiebra, el descargo ('discharge') del cónyuge deudor ('debtor spouse') opera como un interdicto que protege la comunidad de bienes, presentes y futuros, que forman parte del caudal de quiebra ('bankruptcy estate'), incluyendo la participación del cónyuge no deudor ('nondebtor spouse') en éstos."
>
> "El propósito de la quiebra es proporcionarle al deudor una nueva oportunidad relevándole de todas las deudas descargables ('dischargeable debts'). Este propósito no se logra siempre en un sistema de comunidad de bienes por razón de las diferentes formas en que el Código de Quiebra trata este concepto."

[14] *Hugo et als. v. Anaya et als.*, 97 C.A. 25.

"En el caso del cónyuge que no se somete al procedimiento de quiebra ('nondebtor spouse'), sus bienes privativos responden a sus acreedores en la medida en que la ley local así lo permite."

"Una solicitud de quiebra presentada por uno de los cónyuges tiene el efecto de incluir en el caudal en quiebra ('bankrupcy estate') todos sus intereses y los de su esposa en la sociedad de bienes gananciales ('community property')."

"Si los cónyuges se divorcian durante la vigencia de la quiebra, los bienes que pertenecieron a la sociedad legal de gananciales permanecen en el caudal en quiebra ('bankruptcy estate') hasta tanto dichos bienes sean divididos. La comunidad de bienes no se puede dividir hasta que haya ocurrido la distribución de la quiebra."

"Una orden de descargo ('discharge') en un procedimiento de quiebra presentada por uno solo de los cónyuges protege tanto los bienes personales del cónyuge deudor ("debtor spouse") como los de la sociedad de bienes gananciales contra cualquier acción de cobro de las deudas sometidas al procedimiento de quiebra. Decretado con posterioridad el divorcio, si al momento de instarse una acción en cobro de dinero contra la ex-esposa y la sociedad de gananciales ésta no ha sido disuelta, dichos bienes permanecen bajo la protección de la Corte de Quiebra. Si se efectuó la división de bienes gananciales la parte que le haya correspondido al cónyuge no deudor pasó a ser su patrimonio personal."

"La propiedad privativa del cónyuge no deudor que con anterioridad al divorcio formaba parte de la sociedad de bienes gananciales, y los bienes futuros que de ésta se deriven, deben retener cualquier protección que tenían mientras eran parte de la sociedad de bienes gananciales y propiedad futura de dicha sociedad."

"Las obligaciones solidarias son aquéllas en que concurriendo varios acreedores, varios deudores o varios acreedores y deudores, cada uno de ellos tiene derecho a pedir y cada uno de éstos debe prestar el contenido íntegro de la obligación."

"En la obligación solidaria existe una pluralidad de sujetos actuando cada uno en función de su propia y distinta pluralidad. Si la pluralidad se presenta en los acreedores, se trata de una solidaridad activa; si surge entre los deudores, se trata de una solidaridad pasiva. También es posible que la pluralidad se ofrezca tanto entre los deudores como entre los acreedores, surgiendo entonces la solidaridad mixta."

"Una inmunidad estatutaria, como lo es la dimanante de la Ley de Quiebra, no puede tener el detrimental efecto de subvertir el esquema de repartición equitativa de deudas y bienes que es eje central del proceso de liquidación del haber ganancial cuando uno sólo de los cónyuges ha obtenido la protección de la Ley de Quiebras. De ahí el no imponérsele a uno solo de los ex cónyuges el peso total de una obligación solidaria de una carga ganancial. Al no ser posible que se pueda repetir en la relación interna de deudores solidarios contra el otro deudor solidario (el ex cónyuge) por haber quedado disuelta la sociedad de bienes gananciales, el acreedor sólo podrá recobrar, de los otros bienes privativos del cónyuge no deudor, la parte que a éste le corresponde, o sea, la mitad de la deuda, ya que la deuda se presume dividida en tantas partes como deudores hay."

Capítulo Siete (7) de la Ley de Quiebra: aspectos y normas sobresalientes

El Capítulo Siete (7) de la Ley de Quiebra reglamente lo que se conoce como *quiebra absoluta* o *quiebra total* o *liquidación* (en inglés "straight bankruptcy" o "liquidation").

El fiduciario o "trustee" vende todo el activo del deudor con el propósito de adjudicárselo a los acreedores, a cambio de lo cual el deudor recibe un descargo o relevo por todas las deudas informadas.

El procedimiento de quiebra por el Capítulo Siete (7) puede ser *voluntario* (a petición del deudor) o *involuntario* (a petición de los acreedores).

No se puede incoar un procedimiento de quiebra *involuntaria* en contra de un *agricultor* o de una *corporación sin fines de lucro*.

Capítulo Once (11) de la Ley de Quiebra: aspectos y normas sobresalientes

Este capítulo es el que con más frecuencia utilizan las corporaciones cuando deciden recurrir a las disposiciones de la Ley de Quiebras y valerse de las que más puedan favorecerlas.

Lo que en este Capítulo Once (11) se trata es lo siguiente: Cuando una empresa de negocios está en crisis y se hace posible salvarla de la misma, en lugar de liquidarla mediante una quiebra, la empresa o negocio tiene la alternativa de *una reorganización* que, bajo este capítulo de la ley, podrá llevarse a efecto de mutuo acuerdo con los acreedores. A ese fin, formulan y acuerdan entre sí un *plan de pagos de las deudas pendientes,* y convienen asimismo para el *descargo* luego que el plan de pagos se cumpla. Es el *"quita y espera"* de la legislación española que heredamos nosotros el siglo pasado.

Este propósito principal, de *reorganización mediante un plan de pagos mutuamente acordado,* está sujeto a las siguientes reglas complementarias o sustitutas de las que rigen la quiebra, a saber:

El deudor continúa en el manejo u operación del negocio. O está supuesto a hacerlo.

Las reglas y procedimientos de este Capítulo Once (11) no han sido promulgadas para la necesidad o conveniencia exclusiva de las corporaciones, si bien ya hemos señalado que son éstas las que mayormente se sirven de ellas. También puede acogerse a las mismas cualquier deudor elegible bajo el Capítulo Siete (7) del propio estatuto.

Las compañías ferroviarias sí pueden acogerse a los beneficios del Capítulo Once (11).

Los mismos principios que en el Capítulo Siete (7) de la ley regulan la quiebra, son de aplicación a la reorganización y trámites respectivos que se rigen por el Capítulo Once

(11). A tal punto así, que en uno y otro caso el procedimiento puede iniciarse en forma *voluntaria* o *involuntaria,* como ya quedó explicado para la quiebra.

Aplica aquí igualmente lo relativo a la "orden de relevo" ("order for relief"), así como también la paralización automática de todo procedimiento en curso dentro de la jurisdicción local puertorriqueña y cuyas determinaciones puedan resultar conflictivas con las que se siguen en la esfera federal.

Las otras medidas de carácter proteccionista, expuestas y comentadas anteriormente para el trámite de una quiebra, rigen para la reorganización mediante el plan de pagos bajo el Capítulo Once (11).

Pero, cuando se trata de *reorganizar* para salvar de una quiebra bajo este capítulo, han de adoptarse medidas de protección a los acreedores antes de que los acreedores asegurados puedan ejecutar sus garantías colaterales, pues de lo contrario sería académico el proceso.

El plan de reorganización, a tenor con lo dispuesto en la ley, debe radicarse dentro de los ciento veinte (120) días después de dictada la *orden de relevo* ("order for relief"), a menos que se haya nombrado fiduciario o "trustee". Cualquier parte con interés real en el procedimiento podrá someter un plan que no deberá confligir con las finalidades y procesos contemplados en las normas de este particular capítulo.

Otra disposición importante es que el tribunal designe el llamado "Comité de Acreedores", destinado a velar (y actuar) en favor de los mejores intereses de éstos.[15]

El deudor sigue en posesión ("Debtor in Possession"): El deudor, dentro del concepto de "reorganización" de este capítulo, continuará en el manejo y operación del negocio. Por otra parte, el tribunal está facultado para, a su mejor discreción, nombrar un fiduciario o "trustee", parecido al que funciona en la quiebra, pero enfocado hacia la *reorganización y recuperación* del negocio en lugar de su liquidación y extinción. Su función, por supuesto, es la de dirigir o administrar las operaciones del negocio con ánimo de sacarlo a flote. Esta facultad del tribunal para nombrarlo la ejercerá solamente cuando las circunstancias así lo requieran, bien sea por deficiencia administrativa de parte del deudor o quien lo represente, o bien porque los mejores intereses del patrimonio objeto del trámite así lo aconsejen.

Tan pronto se dicta la *orden de relevo* ("order for relief"), el Juez nombrará el *comité de acreedores* para que cumpla la función arriba indicada. El Comité consultará, simultánea o alternadamente, con el *deudor en posesión,* que así precisamente lo llama la ley ("debtor in possession") y/o con el fiduciario o "trustee", toda cuestión concerniente a la gerencia o administración del negocio y lo que al mismo se relacione.

Plan de reorganización

Solamente el deudor, dentro de este procedimiento, puede radicar un plan de

[15] 11 U.C.C. 1123.

reorganización. Deberá someterlo *dentro de ciento veinte (120) días contados a partir de la fecha en que se dicta la orden de relevo ("order for relief").* Sin embargo, si no lo hiciese dentro de dicho plazo, o si el sometido por el deudor no obtiene la aprobación de los acreedores dentro de ciento ochenta (180) días, cualquier parte con legítimo interés en el proceso estará facultado para someter el que crea conveniente.

Contenido del Plan bajo el Capítulo Once (ll)

La ley exige que todo plan que se someta al amparo de este capítulo deberá contener:

(1) Una designación de las diversas clases de reclamaciones ("claims") e intereses comprendidos en la propuesta;

(2) El tratamiento específico que se sugiere para cada una de dichas clases. Y es requisito adicional que el tratamiento para dos o más reclamaciones dentro de una misma clase deberá ser uniforme;

(3) Provisión de medios adecuados para que el plan pueda cumplirse.

Aceptación del plan: Para que se pueda considerar *legalmente aceptado, no tiene* que recibir la aprobación de *todos* los acreedores. Pero sí tendrá que ser aprobado, *cuanto menos, por una clase de reclamantes.* Y se entiende que *una clase lo ha aceptado cuando*: (1) el plan recibe la aprobación de *una mayoría (en número) de acreedores* y (2) la suma total del conjunto de créditos correspondientes a dicha mayoría de acreedores alcanza a no menos de dos terceras (2/3) partes del total de dinero representado en la suma de todos los créditos reclamados.

Valga señalar, además, el poder que a este respecto confiere la ley al Tribunal, pues es regla establecida que: aunque todas las clases (de reclamantes) acepten el plan, el Tribunal está facultado para rehusar la aprobación del mismo cuando entienda que no está protegiendo debidamente los intereses de los acreedores. Y, al contrario: si se diese el caso de que solamente una clase de los acreedores o reclamantes lo apruebe y pida la confirmación del plan, el Tribunal está facultado para confirmarlo e imponerlo.

El Capítulo 13: sus disposiciones sobresalientes

El capítulo de la Ley de Quiebra que lleva este número trata de lo que se llama *Plan de los Asalariados* ("Wage-earners Plan"). El procedimiento por el cual se canaliza este plan comienza mediante la radicación de una *petición voluntaria;* esto es, lo inicia el propio deudor. Y opera como medio legal para paralizar, automáticamente, todo procedimiento que pueda confligir con lo que en éste se intenta determinar. Su efecto inmediato es, pues, igual que el previamente descrito.

Bajo este Capítulo 13, el deudor propone un plan que deberá proveer para la entrega de un futuro ingreso a ser administrado por el fiduciario o "trustee", funcionario del cual también hemos explicado suficientemente. Pero, en el trámite que ahora examinamos, el plan deberá proveer el modo en que se han de realizar los pagos a los acreedores e incluirá el pago completo para las reclamaciones ("claims") prioritarias antes descritas.

Por otra parte, el plan en este caso no debe proveer para que los pagos se efectúen dentro de un término dado, a menos que el tribunal determine que el mismo podrá extenderse por más de tres años.

En otra fase, el plan puede incluir disposiciones para modificar reclamaciones ("claims") de *acreedores asegurados.*

Y en cuanto al poder del tribunal para aprobar el plan, el estatuto provee para que, en este trámite, pueda hacerlo aún sobre la objeción que pudiesen levantar los acreedores.[16]

El Capítulo 13 contiene también disposición para un "Ajuste de Deudas de Persona Recibiendo Ingresos Regularmente" ("Adjustment of Debts of an Individual with Regular Income"). A ese fin, toda persona natural con ingresos regulares, que tenga deudas no-contingentes, líquidas, no garantizadas, por menos de cien mil dólares ($100,000.00) ni por más de trescientos cincuenta mil dólares ($350,000.00) puede acogerse a los beneficios de este Capítulo 13.

Las personas que deseen valerse del particular capítulo pueden ser propietarios, estar disfrutando de programas de bienestar social, recibiendo el seguro social federal, pensiones fijas o el producto de inversiones. Los dueños de pequeños negocios cualifican también para acogerse al Capítulo 11 o al 13. Pero debe saberse que el trámite del once (11) es menos costoso y menos complicado.

El recurso que provee el Capítulo 13 puede invocarse solamente por medio de petición *voluntaria.* Ciertos casos específicos, cobijados en su régimen por los Capítulos 7 y 11, pueden ser convertidos a lo que provee el Capítulo 13 siempre que medie el consentimiento del deudor.

Confirmación del Plan: El Tribunal está supuesto a confirmar el plan en lo que toca a las reclamaciones ("claims") de los *acreedores asegurados* si concurren las siguientes condiciones:

(1) que éstos han expresado su aceptación al plan:

(2) que el mismo provee para que se mantengan debidamente protegidas las garantías de sus créditos y que los créditos de esta clase de acreedores (garantizados) sean saldados en su totalidad;

(3) que el deudor, en pago del crédito o créditos, entrega la propiedad o propiedades que se había o habían puesto en garantía.

Los acreedores *no-asegurados* están protegidos solamente por el requisito legal de que el plan esté formulado *de buena fe;* y que se provea en él que ellos van a recibir, por lo menos, lo que les tocaría en liquidación al amparo del Capítulo Siete (7). Es interesante la disposición legal de que los *acreedores no-asegurados* NO VOTAN para la ACEPTACION o RECHAZO del plan contemplado en el Capítulo 13.

El descargo o liberación de deudas bajo el Capítulo 13: Se puede decretar la liberación del deudor respecto a sus deudas, únicamente cuando se hayan efectuado los pagos bajo el plan aprobado. Están exceptuadas del descargo o liberación las deudas por concepto de

---

[16] 11 U.C.C. 1325.

pensiones alimenticias concedidas al cónyuge en casos de divorcio, o al hijo o hijos; y ciertas deudas vencederas a largo plazo que el estatuto específica. A la luz de las excepciones descritas y que se dejan enumeradas, la liberación o descargo resultante abarca mayor número de deudas en el trámite regido por el Capítulo 13 que en el de quiebra ordinaria contemplado en el Capítulo Siete (7).

Una última disposición, que no debe pasar desapercibida, nos indica que: Si el deudor, por algún "contratiempo" que se interponga, no pudiese cumplir con los compromisos de pago que el plan le impone, siempre se le otorgará la liberación o descargo de sus deudas en la porción no satisfecha; pero sólo bajo condición de que la falla no sea imputable a actos voluntarios o negligentes del deudor; esto es, que su incumplimiento obedezca a causas que estén fuera del control del deudor, y bajo condición, además, de que la propiedad distribuida sea mayor que la que, a tenor con el Capítulo 7, hubiesen obtenido, en liquidación, los acreedores.

Capítulo 24

CONCURRENCIA Y PRELACIÓN DE CRÉDITOS

Por qué la ley clasifica los créditos

Cuando los activos o bienes con que cuenta un deudor superan en valor el importe de sus deudas, no surge necesidad de clasificar los créditos. No tiene en tal caso que reconocerse derecho preferente de unos acreedores sobre otros, pues cada uno podrá cobrar el total que se le debe sin importar el orden o prioridad con que se le pague. Puesto que el deudor en esas condiciones posee valores suficientes para responder a todos y pagarles completo, nadie se quedará sin cobrar y ninguno tendrá que resignarse a recibir menos de lo que se le debe.

Pero cuando, a la inversa, el pasivo es mayor que el activo y el deudor deja de pagar sus obligaciones a su vencimiento, se hace indispensable que la ley provea reglas para una *equitativa distribución* de los bienes, o del efectivo que éstos produzcan, entre los distintos acreedores concurrentes. Para que esa distribución sea justa, la ley tiene clasificados todos los créditos en dos categorías fundamentales: *preferidos* y *comunes.* Subdivide, además, los primeros, o sea, los preferidos, en escalas de prioridad en las que otorga *prelación* o turno preferencial a determinados créditos preferidos mientras deja a los otros de esa clase equiparados en un mismo nivel.

Esto quiere decir, en resumen, que en la concurrencia de acreedores contra un mismo deudor, los créditos pueden alcanzar hasta tres categorías diferentes: 1. *comunes;* 2. preferidos *sin prelación;* y 3.*preferidos con un orden de prelación.*

Para que un crédito goce de preferencia y entre en la categoría de preferido, tiene que estar expresamente declarado en la ley como tal. Todos los demás se consideran *comunes.*[1] La prelación entre los preferidos también ha de constar expresamente en algún precepto legal.

Norma básica que ha de seguirse en el orden de pagos

En la práctica, la concurrencia de acreedores contra un mismo deudor puede tener lugar en alguna de tres situaciones diferentes: 1) en un procedimiento de quiebra, voluntaria o involuntaria; 2) en un procedimiento de convenio o *arreglo* con acreedores no asegurados, el cual puede darse dentro o fuera del procedimiento de quiebra; y 3) cuando, sin estar pendiente una quiebra ni un *arreglo* con acreedores, "surge un conflicto entre dos o más ciudadanos con respecto a su mejor derecho a cobrar sus créditos en determinados bienes de un deudor común".[2]

De las tres situaciones señaladas, dos de ellas corresponden al *tribunal federal* en Puerto Rico y se rigen por legislación de los Estados Unidos conforme quedó explicado en el capítulo anterior sobre quiebras. La tercera, que es la más común, se ventila en los tribunales puertorriqueños y se rige por las leyes del país.

Pero sea dentro de una de estas jurisdicciones, o dentro de la otra, la regla universal que gobierna el orden de pagos en la distribución del activo efectivo entre las diversas categorías de acreedores concurrentes es la siguiente:

a. Primero ha de satisfacerse íntegramente en sus créditos a todos los acreedores *preferidos;* y si sobrase, el remanente se distribuirá, hasta donde alcance, entre los acreedores comunes en proporción al importe de los respectivos créditos de éstos.

b. Si el total de activo o efectivo no alcanzase ni aún para cubrir a todos los acreedores *preferidos,* los comunes no cobrarán nada. En este caso deberán ser satisfechos íntegramente por el turno que les otorga la ley, todos los créditos de los *preferidos que gocen de prelación,* y el remanente, si lo hubiese, se distribuirá entre los *preferidos que no gocen de prelación* y en la proporción del importe de sus respectivos créditos.

c. Finalmente, si el total a distribuirse no alcanzase a cubrir siquiera a todos los *acreedores que gozan de prelación,* se pagará a éstos en el orden de prelación que les fija la ley hasta donde alcance y cuidando de que ninguno de turno posterior cobre parte alguna de su crédito en tanto no se pague o se provea para pagar íntegramente a quienes por ley tengan prelación de turno anterior.

---

[1] Código Civil, artículo 1825; 31 L.P.R.A. 5195.

[2] *Herederos de Garriga v. O'Meara & Cía.* (1920) 28 D.P.R. 357.

División de esferas jurisdiccionales en esta materia

La regulación de la concurrencia y prelación de créditos entre los acreedores (resultantes de transacciones mercantiles) está determinada, según lo dispone el propio Código de Comercio, por las disposiciones del Código Civil.[3] De modo que las reglas de esta rama del Derecho en esta particular esfera, al igual que en otras ya mencionadas, constituyen parte del Derecho Mercantil puertorriqueño. En esto no surge, pues, conflicto alguno.

El conflicto real pudo haber surgido, y en medida considerable surgió, al hacerse extensiva a Puerto Rico la vigente Ley de Quiebra de los Estados Unidos. Los procedimientos llamados de *quita y espera* y los de *concurso de acreedores,* regulados hasta entonces por nuestro Código de Comercio, pasaron a ser de jurisdicción federal *exclusiva.*[4]

Por otra parte, las reglas del Código Civil referentes a concurrencia y prelación de créditos se mantienen sustancialmente en vigor, particularmente las que conciernen directamente a la clasificación de los créditos.[5] Estas disposiciones de nuestra legislación nacional siguen teniendo aplicación aún en los procedimientos de quiebra y de *arreglos* o convenios con acreedores que se tramitan en el tribunal federal pero, claro está, sólo en tanto no conflijan con preceptos pertinentes de la *suprema* legislación del Congreso.

Por último, debe subrayarse que la clasificación de créditos contenida en nuestro Código Civil constituye reglamentación exclusiva en todos aquellos casos de conflicto entre acreedores para determinar su mejor derecho a cobrar sus créditos sobre bienes pertenecientes a un deudor común, conforme a decisión ya citada de nuestro Tribunal Supremo.[6]

Clasificación de los créditos en nuestra legislación civil

En tanto las disposiciones de la ley federal sobre quiebras, referentes al área de concurrencia y prelación de créditos, no estén en conflicto regirán en nuestros tribunales las reglas sobre clasificación de créditos contenidas en el Capítulo 399 del Código Civil, artículos 1821 al 1825, 31 L.P.R.A. 5191-5195.

La clasificación contenida en esos artículos divide los créditos preferidos en tres grupos. Primero: créditos preferidos en relación a determinados bienes *muebles* del deudor; segundo: créditos preferidos con relación a determinados bienes *inmuebles* del deudor; y tercero: créditos preferidos con relación *a los demás* bienes muebles e inmuebles del deudor.

A continuación transcribimos la relación de créditos correspondientes a cada una de estas tres divisiones.

[3] *Puerto Rico Bedding Mfg. Co. v. Herger (1964)* 91 D.P.R. 519.

[4] *Herederos de Garriga v. O'Meara & Cía.,* precitado.

[5] Código Civil, artículos 1821 y siguientes; 31 L.P.R A. 5191 y siguientes.

[6] *Herederos de Garriga v. O'Meara & Cía.,* precitado.

Primer grupo

Con relación a determinados bienes *muebles* del deudor, gozan de preferencia:

a. Los créditos por construcción, reparación, conservación, o precio de venta de bienes muebles que estén en poder del deudor, hasta donde alcance el valor de los mismos.

b. Los garantizados con prenda que se halle en poder del acreedor, sobre la cosa empeñada y hasta donde alcance su valor.

c. Los garantizados con fianza de efectos o valores, constituida en establecimiento público o mercantil, sobre la fianza y por el valor de los efectos de la misma.

d. Los créditos por transporte, sobre los efectos transportados por el precio del mismo, gastos y derechos de conducción y conservación, hasta la entrega y durante treinta días después de ésta.

e. Los de hospedaje, sobre los muebles del deudor existentes en la posada.

f. Los créditos por semillas, y gastos de cultivo y recolección anticipados al deudor, sobre los frutos de la cosecha para la cual sirvieron.

g. Los créditos por alquileres y rentas de un año, sobre los bienes muebles del arrendatario existentes en la finca arrendada y sobre los frutos de la misma.[7]

Segundo grupo

Con relación a determinados bienes *inmuebles* del deudor, gozan de preferencia:

a. Los créditos a favor del Estado Libre Asociado de Puerto Rico o de la correspondiente municipalidad, sobre los bienes de los contribuyentes, por el importe de las tres últimas anualidades, y la corriente no pagada, de las contribuciones que graviten sobre ellas.

b. Los créditos por refacción agrícola, en cuanto a los frutos de las fincas objeto de la refacción, según lo determina la ley especial sobre esta materia.[8]

c. Los créditos de los aseguradores, sobre los bienes asegurados, por los premios del seguro de dos años, y si fuese el seguro mutuo, por los dos últimos dividendos que se hubiesen repartido.

d. Los créditos hipotecarios y los refaccionarios, anotados e inscritos en el Registro de la Propiedad, sobre los bienes hipotecados o que hubiesen sido objeto de la refacción.

e. Los créditos preventivamente anotados en el Registro de la Propiedad en virtud de mandamiento judicial, por embargo, secuestros o ejecución de sentencias, sobre los bienes anotados, y sólo en cuanto a créditos posteriores.

---

[7] Bajo las disposiciones de esta sección, los créditos por alquileres y rentas de un año gozan de preferencia sobre los bienes muebles del arrendatario, aún cuando éstos últimos hayan sido embargados por un primer acreedor. Código Civil, artículo 1822; 31 L.P.R.A. 5192.

[8] Ley Número 37 del 10 de marzo de 1910; 5 L.P.R.A. 164-180, derogada en 1996.

f. Los refaccionarios no anotados ni inscritos, sobre los inmuebles a que la refacción se refiera, y sólo respecto a otros créditos distintos de los expresados en los cuatro números anteriores.

Tercer grupo

Con relación a *los demás bienes* muebles o inmuebles del deudor, gozan de preferencia:

a. Los créditos a favor del Estado Libre Asociado de Puerto Rico, o de la correspondiente municipalidad, por las contribuciones de las tres últimas anualidades vencidas, y la corriente no pagada, no comprendida en el párrafo número uno de la sección anterior.

b. Los créditos por refacción agrícola, en cuanto a los frutos de las fincas objeto de la refacción, según lo determinado en la ley especial sobre la materia.

c. Los devengados:

   1) Por gastos de justicia y de administración del concurso (quiebra) en interés común de los acreedores, hechos con la debida autorización o aprobación.

   2) Por los funerales del deudor, según el uso del lugar, y también los de su mujer y los de sus hijos constituidos bajo su patria potestad, si no tuviesen bienes propios.

   3) Por gastos de la última enfermedad de las mismas personas causadas en el último año, contando hasta el día del fallecimiento.

   4) Por jornales y salarios de dependientes y criados domésticos, correspondientes al último año.

   5) Por anticipaciones hechas al deudor, para sí y su familia constituida bajo su autoridad, en comestibles, vestidos o calzado, en el mismo periodo de tiempo.

   6) Por pensiones alimenticias durante el juicio de concurso (quiebra), a no ser que se funde en un título de mera liberalidad.

d. Los créditos que sin privilegio alguno consten:

   1) En escritura pública.

   2) Por sentencia firme, si hubiesen sido objeto de litigio. (Estos créditos tendrán preferencia entre sí por el orden de antigüedad de las fechas de las escrituras y de las sentencias).

Los créditos de cualquier otra clase, o fundados en cualquier otro título, que no estén comprendidos en los tres grupos anteriores, no gozarán de preferencia, según reza el artículo 1825 del Código Civil, 31 L.P.R.A. 5195. Sin embargo, no tenemos duda de que los créditos hipotecarios constituidos sobre bienes *muebles* del deudor, debidamente inscritos en el registro de hipotecas de bienes muebles, gozan de preferencia y deberían estar incluidos en la lista del primer grupo.

De otro lado, ya hemos dicho que las preferencias establecidas en la ley federal sobre quiebras, en tanto alteren o adicionen a las preferencias arriba señaladas, tienen vigencia en Puerto Rico en los procedimientos de quiebra y de convenios con acreedores que se tramiten al amparo de la legislación federal.

El orden o prelación de los créditos preferidos bajo nuestra ley

Esta materia está abarcada minuciosamente en el Capítulo 401 del Código Civil, en sus artículos desde el 1826 hasta el 1829.[9] En términos muy generales nos parece prudente señalar que el crédito garantizando con prenda *(pignoraticio)* tiene prelación sobre todos los demás créditos de la primera lista y hasta donde alcance el valor de la cosa dada en prenda. Y los créditos de género refaccionario tienen prelación sobre los de alquileres o rentas, en cuanto a los frutos de la cosecha para los que aquéllos sirvieron. En los demás casos correspondientes al primer grupo de acreedores, el precio de los *muebles* será distribuido a prorrata entre los créditos que gocen de especial preferencia con relación a tales bienes.

Los créditos que gozan de preferencia con relación a determinados *bienes muebles,* tienen prelación sobre todo otro crédito hasta donde alcance el valor del bien mueble a que la preferencia se refiere.

Idéntica regla aplica en cuanto a los que gozan de preferencia sobre determinados *bienes inmuebles* del deudor. En cuanto a este segundo grupo, si concurriesen dos o más créditos, los relacionados en los números 1 y 2 tendrán prelación sobre los comprendidos en los demás números de la lista. Los hipotecarios y refaccionarios, si hubiese más de uno, gozarán de prelación entre sí por el orden de antigüedad de las respectivas inscripciones o anotaciones en el Registro de la Propiedad. En cambio, los refaccionarios no anotados ni inscritos en el Registro gozarán de prelación *entre sí por el orden inverso* de su antigüedad.[10]

El remanente del activo del deudor, después de satisfechos los créditos preferidos de las dos primeras listas (o sea, sobre determinados bienes muebles e inmuebles) se acumulará a los demás bienes, no gravados específicamente, y de su conjunto se pagarán los demás créditos, comenzando por la tercera lista.

Los créditos preferidos de la tercera lista, una vez satisfechos los de los dos primeros grupos, se pagarán en el orden de prelación en que aparecen relacionados. Además, aquéllos que sean preferidos a base de fechas, se satisfarán por el orden de éstas y si la tuviesen común, a prorrata.

Una vez satisfechos todos los créditos preferentes, el remanente se aplicará a los créditos comunes, sin consideración a fechas, y en proporción al importe de cada cual.

---

[9] 31 L.P.R.A. 5211-5214.

[10] Código Civil, artículo 1827; 31 L.P.R A. 5212.

Clasificación de los créditos en la legislación federal

El propósito más abarcador de la Ley de Quiebra es el de proveer una distribución equitativa de los bienes del deudor entre sus acreedores. Al logro de ese propósito, la ley contiene una clasificación de créditos para otorgar prioridad a los que, según el legislador, deben merecerla. Por tanto, sus disposiciones a este respecto están por encima de toda legislación de cuerpos subordinados. El orden de pagos y las prioridades allí establecidas constituyen la ley suprema y deberán cumplirse rigurosamente, excepto en la medida en que la propia Ley de Quiebra autorice la aplicación de las leyes estatales.[11]

> "Créditos que no estén asegurados, y que no se encuentren dentro de alguna de las clases de deudas a las que el estatuto confiere prioridad, no se considerarán preferidos, y los acreedores en los mismos sólo tendrán derecho a concurrir como acreedores *comunes"... (generales* llaman ellos a los acreedores comunes).[12]

El síndico se hace cargo de los bienes del deudor, y al hacerlo, los bienes quedan sujetos a todo gravamen válido y a todo interés legítimo *("equities"*.[13] Sus poderes no alteran en lo más mínimo los gravámenes o derechos preferenciales que tengan los acreedores como tales. Y en cuanto a la autoridad de las leyes del *estado* respecto a estos gravámenes y preferencias, está definitivamente establecido que:

"Mientras los tribunales federales deberán atenerse a la ley de quiebra y a las decisiones que a su amparo se dicten... en cuanto a los derechos que al síndico se confieren, dicho estatuto no puede otorgar a éste más derechos que los que podría ejercer bajo la ley del *estado."*[14] Las prerrogativas *("title")* del síndico dependen de la ley del lugar (el *situs)* donde la propiedad se encuentra, en lo que a los derechos e interés del quebrado conciernen.[15]

Y ratificando las anteriores decisiones, el Tribunal Supremo de los Estados Unidos ha establecido que:

> "...los derechos del síndico bajo el precepto que confiere los derechos correspondientes a un acreedor por gravamen o sentencia firme, *están controlados por* la ley del estado que define los derechos de tal acreedor."[16]

---

[11] *United States v.Embassy Restaurant, Inc.* (Penn) 359 U.S. 29. Concuerda con *American Sur. Co. of N.Y. v. Samsell* (California) 327 US. 269.

[12] *Leo v. L. & M. Realty Corp.*, 350 U S. 969.

[13] *Street v. Pacific Indemnity Co.* (California) 297 U.S. 718.

[14] *Corpus Juris Secundum*, Vol. 8, pág. 1005.

[15] *Ibid.*

[16] *In re Kravitz* (Penn.) 348 U.S. 833.

De conformidad con esa doctrina la propia Suprema Corte norteamericana tiene también declarado que el orden y prioridades de pago fijadas en el estatuto de quiebra (artículo 64) se relacionan únicamente con créditos no asegurados, y aplican tan sólo después que todos los créditos preferidos y gravámenes se han atendido.[17]

Semejante a lo estatuido en nuestro Código Civil, la regla en jurisdicción federal es en el sentido de que un acreedor asegurado (hipotecario, por ejemplo), cuyo crédito se reconozca como válido, quedará protegido adicionalmente en cualquier balance que el valor efectivo de la propiedad en garantía no pueda cubrir. Esto quiere decir que el crédito por dicho balance podrá participar en dividendos que se repartan con cargo a otros activos del concursado.[18]

Es interesante la regla establecida judicialmente al efecto de que las rentas que se cobren sobre propiedad objeto de quiebra, entre la fecha de la adjudicación en quiebra y la ejecución de la hipoteca, derivadas de la propiedad específicamente gravada, pertenecen al acreedor hipotecario, y el síndico no puede arrastrarlas al caudal común. Pero este derecho le asiste al acreedor hipotecario solamente cuando la propiedad hipotecada, al venderse, no cubre el importe total del crédito hipotecario; esto es, cuando subsiste una deficiencia no asegurada en favor del acreedor preferido.[19]

Una de las funciones principales del síndico es la de concurrir a cualquier tribunal, en representación de los acreedores del concursado, para anular preferencias concedidas, o acatadas por el deudor, en la antesala de la quiebra y que, de sostenerse como válidas, serían discriminatorias contra otros acreedores. A ese fin la Ley de Quiebra define este tipo de preferencia anulable como:

> "Una transferencia de cualquier propiedad del deudor a un acreedor o para beneficio de éste en virtud de deuda anterior, hecha por el deudor o permitida por éste siendo insolvente, siempre que el traspaso tenga lugar dentro de los cuatro meses anteriores a la radicación de la petición de quiebra voluntaria o involuntaria y que surta el efecto de permitirle a ese acreedor que obtenga una participación en su crédito mayor que la de otros acreedores de su misma clase."[20] Con sujección a las normas generales arriba expuestas, y a otras de secundario alcance contenidas en la ley, o dictadas por interpretación judicial, los créditos que gozan de preferencia en virtud del *estatuto de quiebras federal* son los siguientes:
>
> 1. los créditos preferidos válidos que se reconozcan expresamente como tales al amparo de las leyes locales; [21]

---

[17] *In re Quaker City Uniform Co.* (Penn) 352 U.S. 1030.

[18] *U.S. National Bank v. Chase Manhattan Bank,* 331 U.S. 28. Véase el artículo 1828 del Código Civil, 31 L.P.R.A. 5213.

[19] *In re Chicago R.I. & P. Ry. Co.* (Illinois) 329 U.S.686.

[20] Ley de Quiebra, artículo 60 (a); *Corpus Juris Secundum,* Vol. 8A, pág. 1.

[21] Se exceptúan únicamente los que por la propia Ley de Quiebra han sido excluidos según su artículo 67. *Corpus Juris Secundum,* Vol. 8A, pág. 939.

2. contribuciones adeudadas al gobierno de los Estados Unidos, y al *estado*, condado, distrito o municipio, siempre que estén vencidas cuando la corte dicta la orden para su pago;
3. costas, gastos y honorarios, devengados por los conceptos y en la medida dispuestos en la propia ley de quiebras;
4. salarios que adeude el concursado, en el alcance en que están reconocidos en el estatuto federal de quiebras;
5. toda otra deuda con prioridad legalmente reconocida, a favor de cualquier persona, incluyendo a los Estados Unidos, en virtud de disposición de alguna ley federal.

En cuanto al renglón contributivo, están comprendidas todas las contribuciones que se impongan sobre propiedad, franquicias, licencias, ingresos, arbitrios, ventas y toda otra carga impuesta para sostenimiento del gobierno, independientemente del nombre que se le dé al tributo.[22] Pero, eso sí, deben ser contribuciones impuestas al concursado como contribuyente, y no obligaciones en su carácter de mero deudor. Y se pagarán por orden directa del síndico de la quiebra, y no en virtud de orden de funcionarios administrativos. Sólo nos queda por añadir que esta prioridad (la marcada con el número 2 arriba) apenas tiene aplicación en Puerto Rico.

Las disposiciones por las que se otorga prioridad a las costas y gastos necesarios para la conservación de los bienes en concurso, una vez radicada la petición de quiebra, así como a los gastos de administración, se interpretan rígidamente, de modo que han de ser muy claros y convincentes para que se les reconozca prioridad. En relación con estos gastos, es importante anotar que sus titulares tienen prelación, no sólo sobre acreedores comunes sino sobre salarios devengados dentro de los tres meses anteriores a la quiebra, sobre contribuciones a las que no se otorgue prioridad por ley y sobre las deudas a las que se refiere el renglón número 5.

Respecto a *salarios*, la ley permite una interpretación liberal. Condescendiendo a ella, se ha resuelto que no se limita esta prioridad a sueldos de empleados que no ganen más de mil quinientos dólares ($1,500.00) al año como se requiere por la Ley de Quiebra para otros propósitos. Tampoco se limita a sueldos en el sentido estricto del término, extendiéndose también su aplicación a *comisiones*.[23] El reclamante puede ser un obrero ("workman"), un asistente ("clerk"), un agente vendedor ("traveling or city salesman"), o un dependiente o sirviente ("servant"), con tal que rinda servicios en capacidad subordinada, a diferencia del que trabaja independientemente.

Pero es fundamental la limitación establecida por la propia ley federal al efecto de que esta prioridad sólo aplica a salarios devengados dentro de los tres meses inmediatamente anteriores al comienzo del procedimiento de quiebra.[24]

---

[22] *United States v. State of New York*, 316 U.S. 643.

[23] *Nathanson v. N.L.R.B.* (Massachussetts) 344 U.S. 97. Véase también *Corpus Juris Secundum*, Vol. 8A, pág. 959.

[24] *Security Fund v. Hock*, 355 U.S. 833.

Capítulo 25

DERECHO MERCANTIL INTERNACIONAL

Importancia del estudio del Derecho Internacional

En nuestro mundo moderno, cada vez más empequeñecido por la constante e intensa interacción de las naciones, producto de innumerables factores, como son los adelantos tecnológicos, medios de comunicación y transportación, comercio internacional y la globalización de la economía, resulta imperativo conocer las leyes que regulan las relaciones comerciales a nivel internacional.

Este capítulo pretende ofrecer una visión de ese panorama de Derecho.

Estado de Derecho

Todas las naciones que conforman la Organización de las Naciones Unidas (ONU) se rigen, en sus transacciones de comercio internacional, por las disposiciones del tratado conocido como la *Convención de las Naciones Unidas sobre los Contratos de Compraventa Internacional de Mercaderías.*

Breve trasfondo histórico

Este histórico y trascendental documento[1] se suscribió en Viena en 1980,[2] en un solo original, con textos "igualmente auténticos" en árabe, chino, *español*, francés, inglés y ruso.[3] Estados Unidos lo suscribió al año siguiente.[4] Cuatro años más tarde,[5] la Conferencia de Derecho Internacional Privado de la Haya adoptó un nuevo documento que dejó sin efecto uno anterior[6] y que complementó el acuerdo original de la *Convención de las Naciones Unidas sobre los Contratos de Compraventa Internacional de Mercaderías.* Estados Unidos ratificó el acuerdo al año siguiente,[7] con una importantísima reserva: para ellos, la Convención tendrá aplicabilidad exclusivamente en los casos en que la parte compradora y la parte vendedora tengan establecimientos en diferentes Estados contratantes.[8]

Las disposiciones de la *Convención* tienen vigencia de ley, tanto en Puerto Rico como en los Estados Unidos.

Análisis y discusión de la *Convención de las Naciones Unidas sobre los Contratos de Compraventa Internacional de Mercaderías*

Introducción

A manera de preámbulo, las naciones firmantes hicieron constar que, para así hacerlo:

- tuvieron en cuenta "*los amplios objetivos* de las resoluciones aprobadas" por la Asamblea General de las Naciones Unidas sobre "*el establecimiento de un nuevo orden económico internacional*";
- consideraron que el *desarrollo del comercio internacional* sobre la *base* de la *igualdad* y del *beneficio mutuo* constituye un importante elemento para el *fomento de las relaciones amistosas entre los Estados*; y
- estimaron "que la *adopción de normas uniformes* aplicables a los contratos de compraventa internacional de mercaderías en las que *se tengan en cuenta* los *diferentes sistemas sociales, económicos y jurídicos* contribuirán a la *supresión de los obstáculos jurídicos* con que tropieza el comercio internacional y *promovería el desarrollo del comercio internacional.*"

---

[1] Véase el excelente trabajo del Lcdo. Pedro F. Silva-Ruiz sobre este tema, "La Convención de las Naciones Unidas sobre los Contratos de Compraventa Internacional de Mercaderías", *Revista del Colegio de Abogados,* Vol. 50, enero-junio de 1989, Núm. 1-2, págs. 89-129.

[2] 10 de abril de 1980.

[3] Se incluye la transcripción completa del documento, con análisis, comentarios y estudio comparado con el Derecho nacional puertorriqueño.

[4] El 31 de agosto de 1981.

[5] El 30 de octubre de 1985.

[6] De 1955.

[7] El 10 de noviembre de 1986.

PARTE I - ÁMBITO DE APLICACIÓN Y DISPOSICIONES GENERALES

Capítulo I

ÁMBITO DE APLICACIONES

Artículo 1

El primer artículo establece la *jurisdicción sobre los contratos de compraventa internacional.* Este convenio aplica, tanto a compraventas *de consumo* como a compraventas con propósito *de reventa.*

Aplica a *todo tipo de compraventa,* ya sea *civil o mercantil.*

A tales efectos, el documento hace constar que:

"1) La presente Convención se aplicará a los contratos de compraventa de mercaderías entre *partes que tengan sus establecimientos en Estados diferentes:*

a) cuando esos Estados sean *Estados Contratantes;* o

b) cuando las normas de derecho internacional privado prevean la aplicación de la ley de un Estado Contratante.

2) *No* se tendrá en cuenta el hecho de que las partes tengan sus establecimientos en Estados diferentes *cuando ello no resulte del contrato, ni de los tratos* entre ellas, *ni de información revelada* por las partes en cualquier momento *antes* de la celebración del contrato o *en el momento* de su celebración.

3) A los efectos de determinar la aplicación de la presente Convención, *no se tendrán en cuenta* ni la *nacionalidad* de las partes ni *el carácter civil o comercial* de las partes o del. contrato."

Artículo 2

Este artículo es uno de *exclusiones.*

Sigue un criterio subjetivo de *desconocimiento,* por parte del vendedor, de que la compraventa se haya efectuado con un fin *personal, familiar* o *doméstico,* en cuyo caso la transacción sí se regirá por las disposiciones de este convenio.

Excluye, además, cinco (5) categorías adicionales.

"La presente Convención no se aplicará a las compraventas:

a) de mercaderías compradas para uso personal, familiar o doméstico, salvo que el vendedor, en cualquier momento antes de la celebración del contrato o en el momento de su celebración, *no hubiera tenido ni debiera haber tenido conocimiento* de que las mercaderías se compraban para ese uso;

b) en subastas;

c) judiciales;

d) de valores mobiliarios, títulos o efectos de comercio y dinero;

e) de buques, embarcaciones, aerodeslizadores y aeronaves;

f) de electricidad.

Artículo 3

Este artículo trata sobre *contratos accesorios del acto principal*, que es la *compraventa.*

Este artículo excluye las compraventas en las que la parte compradora proporciona una parte sustancial de la materia prima para la manufactura.

Además, no aplica a la compraventa de *todo* servicio sino a *ciertos* servicios, no especificados, a los que se alude como "otros" servicios. Aquí el documento adolece de ambigüedad.

"1) Se considerarán compraventas los contratos de suministros de mercaderías que hayan de ser manufacturadas o producidas, a menos que la parte que las encargue asuma la obligación de proporcionar una parte sustancial de los materiales necesarios para esa manufactura o producción.

2) La presente Convención no se aplicará a los contratos en que la parte principal de las obligaciones de la parte que proporcione las mercaderías consista en suministrar *mano de obra* o prestar *otros servicios.*"

Artículo 4

Este artículo hacer reserva de *cuándo* aplica el *Derecho nacional* como *ley supletoria.*

"La presente Convención regula exclusivamente la formación del contrato de *compraventa y los derechos y obligaciones del vendedor y del comprador* dimanantes de ese contrato. Salvo disposición expresa en contrario de la presente Convención, ésta no concierne, en particular:

a) a la validez del contrato ni a la de ninguna de sus estipulaciones, ni tampoco a la de cualquier uso;

b) a los efectos que el contrato pueda producir sobre la propiedad de las mercaderías vendidas.

Artículo 5

Aplicabilidad del Derecho nacional

A tenor con las disposiciones de este artículo, quedan excluidas las acciones por daño *ex-delito* y *ex-contractus*. Por consiguiente, cabe concluir que en estos casos de acciones por daño *ex-delito* y *ex-contractus aplicará el Derecho nacional.*

"La presente Convención no se aplicará a la responsabilidad del vendedor por la muerte o las lesiones corporales causadas a una persona por las mercaderías."

Derecho nacional puertorriqueño aplicable

Toda vez que la *Convención* no aplica a la responsabilidad del vendedor por daños ocasionados por su producto, es el Derecho nacional el aplicable en cada jurisdicción. Resulta, por tanto, mandatorio estudiar el Derecho nacional puertorriqueño aplicable en estos casos.

La doctrina de responsabilidad absoluta extracontractual del fabricante y del vendedor por productos defectuosos

El Tribunal Supremo de Puerto Rico se reafirma[8] en la doctrina de *responsabilidad absoluta extracontractual* del fabricante por productos defectuosos *en casos de daños y perjuicios:*

> "En Puerto Rico rige una norma de responsabilidad absoluta extracontractual del fabricante por productos defectuosos. Esta norma le impone al fabricante o manufacturero responsabilidad absoluta en daños y perjuicios cuando el artículo que pone en el mercado, a sabiendas de que va a ser usado sin una inspección de defectos, evidencia un defecto que ocasiona daños a un ser humano. La responsabilidad del fabricante no es aquí regida por la ley de garantías contractuales sino por la ley de responsabilidad absoluta extracontractual en daños y perjuicios.
>
> "Bajo la norma de responsabilidad absoluta del fabricante de productos defectuosos, el demandante sólo tiene que establecer la existencia del defecto en el producto y que el defecto fue la causa legal de los daños o lesiones sufridas por él. No tiene el demandante que probar la negligencia del fabricante ni del vendedor."
>
> "La norma de responsabilidad absoluta del fabricante por productos defectuosos no tiene el alcance de convertir al fabricante en asegurador de todos los daños que puedan ocasionar sus productos. El fabricante o vendedor es responsable por los defectos de su producto, siempre y cuando el lesionado lo utilice para un uso que sea razonablemente previsible para el fabricante."
>
> "En la zona de responsabilidad absoluta del fabricante, hay tres tipos de defectos que activan tal tipo de responsabilidad: (1) defectos de fabricación, (2) defectos de diseño, y (3) defecto por insuficiencia en las advertencias o instrucciones."
>
> "A los fines de aplicar la norma de responsabilidad absoluta del fabricante de productos defectuosos, un producto defectuoso es aquél que falla en igualar la calidad promedio de productos similares; éste es el defecto de fabricación que hace al fabricante responsable por los daños resultantes de las desviaciones de la norma."
>
> "A los fines de la aplicación de la norma de responsabilidad absoluta del fabricante de productos defectuosos, se estima que hay un defecto de diseño que hace responsable al fabricante cuando: (1) el producto falló en comportarse en forma tan segura como un usuario ordinario habría esperado al usar el producto para el uso para el cual fue destinado o para el cual probablemente podría ser usado, o (2) el diseño del producto fue la causa próxima de los daños y el demandado no prueba que, en el balance de intereses, los beneficios del diseño sobrepasan los riesgos de peligro inherentes en el diseño. Bajo esta segunda alternativa, se traslada al fabricante la carga de la prueba de que los beneficios del diseño utilizado sobrepasan los riesgos inherentes del mismo."
>
> "Aunque un producto no adolezca de defectos de fabricación o de diseño, se considera defectuoso —a los fines de imponerle responsabilidad absoluta al fabricante— cuando el fabricante o vendedor no le ofrece al usuario o consumidor

[8] *Rivera Santana et als. v. Superior Parking, Inc. et als.*, 92 JTS 165.

aquellas advertencias o instrucciones que sean adecuadas, en torno a los peligros inherentes en el manejo, o uso del producto. Este deber se extiende a todos los usos del producto que sean razonablemente previsibles para el fabricante. La omisión de no dar advertencias expone al fabricante a responsabilidad si éste sabía, o debió saber, del peligro o riesgo envuelto, y la necesidad de dar la advertencia para garantizar el uso más seguro del producto."

"Respondiendo a las necesidades sociales de Puerto Rico, por vía judicial y como cuestión de política pública, establecimos y adoptamos en nuestra jurisdicción la norma de responsabilidad absoluta del fabricante de productos defectuosos.[6] *Mendoza v. Cervecería Corona, Inc.*, 97 D.P.R. [*sic.*] (1969); *Montero Saldaña v. Amer. Motors Corp.*, 107 D.P.R. 452 (1978). En ambos, citamos con aprobación la norma de responsabilidad absoluta extracontractual (*"strict liability in torts")*, vertida por el Tribunal Supremo de California en el caso de *Greenman v. Yuba Power Products Inc.*, 377 P.2d 897, 900 (Cal. 1972). El Juez Presidente Traynor expresó así la norma: "un fabricante o manufacturero responde absolutamente en daños y perjuicios cuando un artículo que pone en el mercado, a sabiendas de que va a ser usado sin una inspección de defectos, evidencia un defecto que ocasiona daños a un ser humano" y que "la responsabilidad no es una regida por la ley de garantías contractuales sino por la ley de responsabilidad absoluta en daños y perjuicios". La razón de política pública detrás de la norma, nos ilustra la decisión de Greenman, ante pág. 901, es que "...el propósito de tal responsabilidad es asegurar que el costo de los daños resultantes de los productos defectuosos sean sufragados por los fabricantes que enviaron tales productos al mercado en vez de las personas damnificadas que están impotentes para protegerse ellos mismos."

A continuación la nota al calce de la cita anterior, de nuestro Tribunal Supremo:

"[6]Para llenar una laguna de nuestro ordenamiento jurídico, adoptamos por vía jurisprudencial, los principios —legales [*sic*] elaborados en el derecho común norteamericano de *"products liability"*. *Mendoza v. Cervecería Corona,* ante. Nuestra tarea a través de los años se ha circunscrito a desarrollar esta área del Derecho caso a caso, no obstante el hecho, de que nuestro derecho patrio está arraigado al sistema del Derecho Civil donde predomina la norma positiva o escrita. Por tal razón, entendemos que es menester de la Asamblea Legislativa recopilar, incorporar, adoptar, desarrollar un derecho propio de *"products liability"*. En Francia, por ejemplo, se está tratando de enmendar el Código Civil Francés, para incorporar las normas generales que rigen el campo de la responsabilidad absoluta del fabricante de productos defectuosos. Sin embargo, mientras la Legislatura no actúe, seguiremos desarrollando dicho campo caso a caso."

En cuanto a los defectos de fabricación, en el caso precitado el Tribunal Supremo invoca una extensa jurisprudencia.[9]

---

[9] *Anderson v. Owen-Corning Fiberglass Corp.*, 281 CAL. Rptr. 528 (CAL. 1991); *Cavers v. Cushman Motors Sales, Inc.*, 157 CAL. Rptr. 142 (1979); *Barker v. Lull Engineering Co., Inc., supra; Cronin v. JBE Olson Corporation, supra; Canifax v. Hercules Powder Co.*, 116 CAL. Rptr. 552 (1965); *Greenman v. Yuba Power Products Inc., supra;* Prosser & Reeton, ob. cit., pág. 695; *Montero Saldaña v. Amer. Motors Corp., supra;* Herminio Brau del Toro, ob. cit., pág. 901.

También cita el trabajo del Juez Presidente Traynor.[10]

Continuamos con la decisión que estamos citando:

"Para determinar si hay un defecto de diseño, el Tribunal Supremo de California elaboró un análisis, o 'test', de dos alternativas.[8] Así pues, el demandante prevalecerá en un caso de defecto de diseño si demuestra que: '1) el producto falló en comportarse en forma segura como un usuario ordinario habría esperado al usar el producto para el uso para el cual fue destinado o para el cual previsiblemente podría ser usado, o si demuestra que, 2) el diseño del producto fue la causa próxima de los daños y el demandado no probó que en el balance de intereses, los beneficios del diseño en cuestión sobrepasan los riesgos de peligro inherentes en el diseño'. Bajo esta segunda alternativa, se traslada al fabricante la carga de la prueba de que los beneficios del diseño utilizado sobrepasan los riesgos inherentes al mismo. *Baker v. Lull Engineering Co. Inc.*, supra.[9]"

A continuación, las dos notas al calce de la cita anterior:

"[8] La regla del caso *Barker v. Lull Engineering. Co. Inc.*, supra, combina parte del 'consumer expectation test' y del 'risk/utility or benefits test'. Véase: Prosser & Keeton, ob. cit., pág. 702; M. Stuart Madden, *Products Liability*, 2da ed., St. Paul, Minn., West Publishing Co., 1988, Vol. I, pág. 220."

"[9] En *Baker v. Lull Engineering. Co. Inc.* supra, el Tribunal Supremo de California expresó así la norma:

'...a product is defective in design either (1) if the product has failed to perform as safely as an ordinary consumer would expect when used in an intended or reasonably foreseeable manner, or (2) if, in light of the relevant factors discussed below, the benefits of the challenged design do not outweigh the risk of danger inherent in such design'.

Entre los criterios relevantes a considerar en la segunda alternativa se señalaron los siguientes:

'...the quality of the danger posed by the challenged design, the likehood that such danger would occur, the mechanical feasibility of a safer alternative design, the financial cost of an improved design, and the adverse consequences to the product and to the consumer that would result from an alternative design'."

Nuestro Tribunal Supremo continua señalando en el mismo caso:

"En tercer lugar, aunque un producto no adolezca de defectos de fabricación o de diseño, el mismo es considerado defectuoso si el fabricante o vendedor no le ofrece al usuario o consumidor aquellas advertencias o instrucciones que sean adecuadas en torno a los peligros o riesgos inherentes en el manejo o uso del producto. Dicho deber se extiende a todos los usos del producto que sean razonablemente previsibles para el fabricante. La omisión de no dar las advertencias expone al fabricante a responsabilidad, si éste sabía, o debió haber sabido del peligro

[10] Traynor, "The Ways and Meaning of Defective Products and Strict Liability", 32 *Tenn. L. Rev.* 363, 367 (1965).

o riesgo envuelto, y la necesidad de dar la advertencia para garantizar el uso más seguro del producto. *Anderson v. Owens-Corning Fiberglass Corp.*, supra; *Rosburg v. Minesota Mining & Mfg. Co.*, 7226 CAL. Rptr. 299 (1986); *De León v. Commercial Manufacturing & Supply Co.*, 195 CAL. Rptr. (1983); *Groll v. Shell Oil Co.*, 196 CAL. Rptr. 52 (1983); *Cavers v. Cushman Motor Sales Inc.* 157 CAL. Rptr. 142 (1979); Am Law Prod. Liab. 3d Sec. 32; M. Suart Madden, ob. cit., Capítulo 10."

La teoría del privilegio de la competencia en la libre empresa

En otra decisión,[11] el Tribunal Supremo de Puerto Rico desarrolla la *teoría del privilegio de la competencia* en la libre empresa.

"Al amparo de la teoría del privilegio de la competencia, en los casos de inexistencia de contratos a término fijo, la relación contractual interferida adquiere las dimensiones de una expectativa, a lo sumo, de una relación económica provechosa. Tal relación no es suficiente para dar inicio a una acción por interferencia culposa con las relaciones contractuales de terceros."

De acuerdo con lo antes expuesto se ha resuelto que, cuando existe una relación obrero patronal, u otra de índole similar, la cual es terminable a voluntad de las partes, la interferencia de un tercero con dicha relación estará cobijada por lo que los tratadistas norteamericanos han llamado la 'teoría del privilegio de la competencia'. En los casos en que las relaciones contractuales son terminables a voluntad, no es necesario determinar la presencia de un propósito legítimo que predomine sobre la conducta culposa a los fines de no imponer responsabilidad. Como veremos a continuación, en estos casos simplemente se aplica el privilegio.

> 'Where the contract interfered with is determined at will, however, the privilege of competition has been recognized. In such a case there is no contract right to have the relation continued, but only an expectancy, which is similar to the expectancy of a business that a customer will continue to do business with it. With such an expectancy of future relations, and prospective advantage, there has been no doubt that a competitor has the privilege of interfering to acquire the business for himself. Accordingly, the considerable weight of authority holds that there is a privilege of competition which extends to inducing the termination of agreements terminable at will, whether they concern employment or other relations.' Prosser and Keeton on the Law of Torts, supra, págs. 987-88. (Citas omitidas y énfasis suplido). Véase además, *Triangle Film Corp. v. Artcraft Pictures Corp.*, 250 Fed. 981(1918); *Orkin Exterminating Co. v. Martin Co. et al.*, 242 S.E.2d 135 (1978).'

Esta teoría ha sido expuesta de la siguiente manera:

> 'The privilege of competition as here used means not only the privilege to invade interests in contract relations in protection or in furtherance of the interest to enter

[11] *Dolphin International of P.R., Inc. v. Ryder Truck Lines, Inc. y otros*, 91 JTS 13 (1991).

into trade or employment relations but also the defense of self interest in the economic struggle in trade and employment relations. The interest of labor to better itself in respect to conditions, hours, wages and, by some courts, even the stregthening of the labor union itself for the accomplishing of these ends, is embraced within this privilege. Competition gives a privilege to invade interests in all cases of contracts terminable at will.' Carpenter, *Interference with Contract Relations*, 41 Harv.L.Rev., 728, 754 (1928). (Citas omitidas)."

Artículo 6

Ley directiva no obligatoria

Este artículo consagra lo que en nuestro Derecho se conoce como *"salvo pacto en contrario"*. Expresamente le confiere a las partes el poder de excluir su contratación del convenio.

> "Las partes podrán excluir la aplicación de la presente Convención o, sin perjuicio de lo dispuesto en el artículo 12, establecer excepciones a cualquiera de sus disposiciones o modificar sus efectos."

"Capítulo II

DISPOSICIONES GENERALES"

Reglas de Hermenéutica

Podríamos titular este segundo capítulo "Reglas de Hermenéutica", o sea, de interpretación.

Como parte del quehacer interpretativo, se utilizan diversos criterios en el Derecho Puertorriqueño para impartir justicia. A continuación, los criterios hermenéuticos o interpretativos aplicables a los contratos.

Los usos y costumbres como fuente de Derecho

El Código Civil de Puerto Rico utiliza el criterio de *uso y costumbre* para interpretar las cláusulas ambiguas de los contratos y para suplir omisiones. A tales efectos establece:

> "El uso o la costumbre del país se tendrán en cuenta para interpretar las ambigüedades de los contratos, supliendo en éstos la omisión de cláusulas que de ordinario suelen establecerse."[12]

[12] Código Civil, artículo 1239 (31 L.P.R.A. 3477).

Las cláusulas oscuras

Otra importante regla de Derecho determina que las cláusulas oscuras en un contrato no pueden beneficiar al que la ocasionó. Por el contrario, la interpretación ha de hacerse en contra de la parte que causa la oscuridad:

> "La interpretación de las cláusulas obscuras de un contrato no deberá favorecer a la parte que hubiese ocasionado la obscuridad."[13]

La cláusula con diversos sentidos

La cláusula con diversos sentidos *tiene* que interpretarse con el sentido más adecuado para que sea efectivo a los términos del contrato:

> "Si alguna cláusula de los contratos admitiere diversos sentidos, deberá entenderse en el más adecuado para que produzca efecto."[14]

Artículo 7

La doctrina de la buena fe en el comercio internacional

> "1) En la interpretación de la presente Convención se tendrá en cuenta su carácter internacional y la necesidad de promover la uniformidad en su aplicación y de asegurar la observancia de la buena fe en el comercio internacional."

La doctrina de la buena fe está muy afianzada en la jurisprudencia puertorriqueña.

> "En Puerto Rico, nuestra jurisprudencia ha dado ya pasos firmes para afianzar la buena fe como 'exigencia general de nuestro derecho y que como tal se extiende a la totalidad de nuestro ordenamiento jurídico. El contenido de eticidad de cada acto deberá examinarse a la luz de sus circunstancias particulares, pero el comportamiento conforme a la buena fe es precepto general que abarca toda actividad jurídica.' *Velilla v. Pueblo Supermarket, Inc.*, 111 D.P.R.585, 587-588 (1981); *Catalytic Ind. Maint. Co. v. F.S.E.*, 88 JTS 45, res. en 31 de abril de 1988; *Ramírez Anglada v. Club Cala*, 89 JTS 22, res. en 21 de febrero de 1989. Véase también *Berríos v. U.P.R.*, 116 D.P.R. 88 (1985). Michel J. Godreau, *Lealtad y Buena Fe Contractual*, Vol. 58 Núm. 3, Rev. Jur. U.P.R., (1989), pág. 367 *et seq*.

El ámbito del comercio y del Derecho Mercantil no son excepción a estos postulados. La buena fe penetra en estas áreas y exige que la conducta de las personas se guíe por las norma de convivencia social que rigen en nuestra sociedad.

'La Ética ... no quiere renunciar a dictar sus normas justamente en el terreno más comprometido y más arriesgado para ella, a saber, en el campo de la competencia mercantil,

[13] Código Civil, artículo 1240 (31 L.P.R.A. 3478).

[14] Código Civil, artículo 1236 (31 L.P.R.A. 3474).

donde a diario se ventila el combate para conseguir el mayor lucro económico.' Garrigues, *Temas de Derecho Vivo*, Ed. Tecnos, Madrid, 1978, pág. 209.

El concepto de la buena fe no es estático. No cabe una definición universal. Su alcance habrá de determinarlo el juzgador en virtud de un análisis valorativo de los hechos ante sí.

> 'El proceso que hemos venido describiendo, es decir el de fijación del contenido de la buena fe es un proceso previo a la aplicación de la norma. La buena fe en sí misma, [sic] es un escrito normativo, pero ya dijimos que su formulación técnica es indeterminada, por eso para lograr normas un poco más concretas el intérprete debe realizar esta labor de valoración. Una vez cumplida esta ardua tarea de fijación de contenido, la norma de la buena fe actúa como cualquier otra norma, en el proceso de actualización del Derecho.'
>
> 'Todo este proceso de determinación de contenido no es consciente —por lo menos en la mayoría de los casos—. El intérprete quizá no se percata de que está dotando de contenido a un criterio indeterminado; que lo está haciendo mediante valoraciones; que éstas van referidas a los valores éticos vigentes; que de la moralidad sólo toma en cuenta una faceta; que la zona ética que ingresa está seleccionada en función de unos valores jurídicos, etc. Lo más frecuente es que el intérprete 'intuya' lo que la buena fe exige, porque 'cualquiera sabe qué es la buena fe', o mejor dicho 'todos saben lo que significa comportarse de acuerdo a la buena fe'.' Ferreira Rubio, op. cit., págs. 136-137."[15]

Continúa la misma opinión:

> " 'De la misma manera no puede hablarse de que hay una conducta conforme a la buena fe, un actuar recto y honesto en su mera exterioridad, si esa conducta va acompañada de mala fe subjetiva. La conducta del hombre de Derecho no es una mera sucesión de actos sin importar el componente intelectual-volitivo . . .
>
> La conducta del hombre en el ámbito jurídico no es exclusiva exterioridad, sino acto. En consecuencia, no puede pretenderse que pueda haber una buena fe creencia sin una conducta conforme a la buena fe, ni la corrección y rectitud que exige la buena fe es una formalidad externa, vacua de contenido.' Ferreira Rubio, op. cit., pág. 97.
>
> . . .
>
> Sólo de este modo humanizamos verdaderamente las relaciones comerciales. Y es que, 'la Economía es actividad humana y como tal debe regularse por el derecho, inspirado en sus principios éticos generales válidos para toda la sociedad. La Honestidad, la Lealtad, la Veracidad, son tres principios de moral que se corresponden a tres reglas de Derecho: *No engañar, no perjudicar, no dañar. A eso se llama Buena Fe y es la base de toda relación social, cualquiera sea su campo, incluso el*

[15] Opinión Disidente del Hon. Juez Asociado Antonio S. Negrón García, en el caso precitado de *Dolphin International of P.R., Inc. v. Ryder Truck Lines, Inc. y otros.*

económico. No se trata nada más que de adecuar las relaciones humanas a los deberes de Honradez. O como diríamos al estilo de los antiguos juristas españoles: 'A verdad sabida y buena fe guardada'.' (Subrayado nuestro). José O Von Oertel, *Algunas Disgresiones sobre Temas Constitucionales, Económicos y Eticos,* Rev. Jar. Arg. La Ley (1977D) págs. 881-882."[16]

El Derecho Internacional Privado como fuente de Derecho

En los casos de ambigüedad en los contratos, que no puedan resolverse a la luz de los principios generales de la *Convención,* o por faltar tales principios, la propia *Convención* establece, como fuente de Derecho, el Derecho Internacional Privado.

"2) Las cuestiones relativas a las materias que se rigen por la presente Convención que no estén expresamente resueltas en ellas se dirimirán de conformidad con los principios generales en los que se basa la presente Convención o, a falta de tales principios, de conformidad con la ley aplicable en virtud de las normas de derecho internacional privado."

Artículo 8

Interpretación en base al contexto y al conjunto

La intención contractual prevalece sobre la fraseología escrita del contrato.

En nuestra jurisdicción prevalece el criterio de la interpretación en base al contexto y al conjunto:

"Las cláusulas de los contratos deberán interpretarse las unas por las otras, atribuyendo a las dudosas el sentido que resulte del conjunto de todas."[17]

La regla de interpretación intrínseca

Nuestra legislación establece el deber de interpretar en base al contexto de la totalidad del contrato bajo el criterio de *razonable.* Esto es lo que se conoce como la *regla de interpretación intrínseca.*

"1) A los efectos de la presente Convención, las declaraciones y otros actos de una parte deberán interpretarse conforme a su *intención* cuando la otra parte haya conocido o no haya podido ignorar cuál era esa intención.

2) Si el párrafo precedente no fuese aplicable, las declaraciones y otros actos de una parte deberán interpretarse conforme al *sentido* que le habría dado en igual situación *una persona razonable* de la misma condición que la otra parte.

---

[16] *Ibid.*

[17] Código Civil, artículo 1237; 31 L.P.R.A. 3475.

3) Para determinar la intención de una parte o el sentido que habría dado una persona razonable deberán tenerse debidamente en cuenta todas las circunstancias pertinentes del caso, en particular las negociaciones, cualesquiera *prácticas* que las partes hubieran establecido entre ellas, *los usos* y *el comportamiento ulterior de las partes.*" (énfasis suplido)

Artículo 9

Los usos y costumbres internacionales

La *Convención* adopta los usos y costumbres internacionales.

"1) Las partes quedarán obligadas por cualquier *uso* en que hayan convenido y por cualquier *práctica* que hayan establecido entre ellas.

2) Salvo pacto en contrario, se considerará que las partes han hecho tácitamente aplicable al contrato o a su formación un uso del que tenían o debían haber tenido conocimiento y que, *en el comercio internacional,* sea ampliamente conocido y regularmente observado por las partes en contratos del mismo tipo en el tráfico mercantil de que se trate." (énfasis suplido)

Artículo 10

Lugar del contrato

El lugar del contrato se establece en base al lugar del establecimiento (negocio) y, en su defecto, en la residencia habitual de la parte que no tenga establecimiento.

"A los efectos de la presente Convención:

a) si una de las partes tiene más de un establecimiento, será el que guarde *la relación más estrecha con el contrato* y su cumplimiento, habida cuenta de las circunstancias conocidas o previas por las partes en cualquier momento antes de la celebración del contrato o en el momento de su celebración;

b) si una de las partes no tiene establecimiento, se tendrá en cuenta su *residencia habitual.*" (énfasis suplido)

Artículo 11

Contratos orales

La *Convención* adopta la llamada *regla consensual,* que dispone que los contratos se perfeccionan desde el momento en que hay la oferta y la aceptación oral.

Es la misma regla que el Código Civil de Puerto Rico recoge:

> "Los contratos *se perfeccionan* por el mero consentimiento, y desde entonces obligan, no sólo al cumplimiento de lo expresamente pactado, sino también a todas

las consecuencias que según su naturaleza, sean conformes a la buena fe, al uso y a la ley."[18] (énfasis suplido)

En lo que al *momento* del *perfeccionamiento* y *obligatoriedad* de la venta respecta, nuestro Código Civil dispone:

> "La venta se perfeccionará entre comprador y vendedor, y será obligatoria para ambos, si hubieren convenido en la cosa objeto del contrato, y en el precio, aunque ni la una ni el otro se hayan entregado."[19]

La *Convención* establece:

> "El contrato de compraventa no tendrá que celebrarse ni probarse por escrito ni estará sujeto a ningún otro requisito de forma. Podrá probarse por cualquier medio, incluso por testigos."

Artículo 12

El requisito formal del contrato

El requisito formal del contrato lo establece el Estado donde se celebra el contrato.

En Puerto Rico deberán constar en *escritura pública* ciertos tipos de contrato.[20]

La *Convención* dispone:

> "No se aplicará ninguna disposición del artículo 11, del artículo 29 ni de la parte II de la presente Convención que permita que la celebración, la modificación o la extinción por mutuo acuerdo del contrato de compraventa o la oferta, la aceptación o cualquier otra manifestación de intención se haga por un procedimiento *que no sea por escrito*, en el caso de que cualquiera de las partes tenga su establecimiento en un Estado Contratante que haya hecho una declaración con arreglo al artículo 96 de la presente Convención. Las partes no podrán establecer excepciones a este artículo ni modificar sus efectos." (énfasis suplido)

Artículo 13

El telegrama y el télex

> "A los efectos de la presente Convención, la expresión "por escrito" comprende el telegrama y el télex."

[18] Código Civil, artículo 1210; 31 L.P.R.A. 3375.

[19] Código Civil, artículo 1339; 31 L.P.R.A. 3746.

[20] Código Civil, artículo 1232; 31 L.P.R.A. 3453.

"PARTE II

FORMACIÓN DEL CONTRATO

Artículo 14"

Elementos esenciales de los contratos

El objeto debe ser cosa determinada

El Código Civil de Puerto Rico establece que:

"El objeto de todo contrato debe ser una cosa determinada en cuanto a su *especie.* La indeterminación en la *cantidad* no será obstáculo para la existencia del contrato, siempre que sea posible determinarla sin necesidad de nuevo convenio entre los contratantes."[21] (énfasis suplido)

Forma y obligatoriedad de los contratos

Nuestro Código Civil adopta la norma liberal de la validez y obligatoriedad de los contratos, independientemente de su forma:

"Los contratos serán obligatorios, *cualquiera que sea la forma en que se hayan celebrado,* siempre que en ellos concurran las condiciones esenciales para su validez."[22] (énfasis suplido)

El consentimiento y su manifestación

A tales efectos nuestro Código Civil determina que:

"El consentimiento se manifiesta por el concurso de la oferta y de la aceptación sobre la cosa y la causa que han de constituir el contrato.

La aceptación hecha por carta no obliga al que hizo la oferta sino desde que llegó a su conocimiento. El contrato, en tal caso, se presume celebrado en el lugar en que se hizo la oferta."[23]

Los elementos de oferta, aceptación, objeto cierto, cantidad y precio también son requisitos esenciales para la validez del contrato según las disposiciones de la *Convención*:

"1) La propuesta de celebrar un contrato dirigida a una o varias personas determinadas constituirá *oferta* si es suficientemente precisa e indica la intención del oferente de quedar obligado en caso de *aceptación*. Una propuesta es suficientemente precisa si *indica las mercaderías* y, expresa o tácitamente, señala la *cantidad* y el *precio* o prevé un medio para determinarlos.

2) Toda propuesta no dirigida a una o varias personas determinadas será considerada como una simple invitación a hacer ofertas, a menos que la persona que haga la propuesta indique claramente lo contrario." (énfasis suplido)

---

[21] Código Civil, artículo 1225; 31 L.P.R.A. 3423.

[22] Código Civil, artículo 1230; 31 L.P.R.A. 3451.

[23] Código Civil, artículo 1214; 31 L.P.R.A. 3401.

Artículo 15

La regla de la oferta objetiva

La *Convención* adopta la *regla de la oferta objetiva,* o sea, que requiere el conocimiento de la otra parte. Esta regla se aparta de la *regla constructiva* del Código de Comercio de Puerto Rico y del Derecho Común ("Common Law") de los Estados Unidos.

La *Convención* establece:

"1) La oferta surtirá efecto cuando llegue al destinatario

2) La oferta, aún cuando sea irrevocable, *podrá ser retirada* si su retiro llega al destinatario *antes* o *al mismo tiempo* que la oferta." (énfasis suplido)

Según las disposiciones de la *Convención,* el contrato no se perfecciona hasta que haya conjunción entre la oferta y la aceptación. Esto es lo que se conoce en inglés como "*meeting of minds*". De ahí en adelante es que se da el *pacta sunt servanda*:[24] los contratos tienen fuerza de ley entre las partes contratantes en esta etapa. Pero la *Convención* reconoce, y da margen para, la aplicación de la regla de la revocación, *antes* de la conjunción de voluntades, por entender que el contrato no se ha perfeccionado y que no hay *pacta sunt servanda,* es decir, no hay obligatoriedad.

Artículo 16

Oferta a plazo fijo

Según las disposiciones de la *Convención,* la aceptación, una vez realizada, es irrevocable. De igual forma es irrevocable la oferta con plazo para la aceptación.

La norma en Puerto Rico coincide con esas disposiciones:

> "La promesa de vender o comprar, habiendo conformidad en la cosa y en el precio, dará derecho a los contratantes para reclamar recíprocamente el cumplimiento del contrato.

Siempre que no pueda cumplirse la promesa de compra y venta, regirá para vendedor y comprador, según los casos, lo dispuesto acerca de las obligaciones y contratos en el presente subtítulo."[25]

Dice el texto de la *Convención*:

"1) La oferta podrá ser revocada hasta que se perfeccione el contrato si la revocación llega al destinatario antes que éste haya enviado la aceptación.

2) Sin embargo, *la oferta no podrá revocarse*:

a) si indica, al señalar un *plazo fijo para la aceptación* o de otro modo, que es irrevocable; o

[24] Código Civil, artículo 1044; 31 LPRA 2994.

[25] Código Civil, artículo 1340; 31 L.P.R.A. 3747.

b) si el destinatario podía razonablemente considerar que la oferta era irrevocable y ha actuado basándose en esa oferta."

Artículo 17

El repudio de la oferta releva de la obligación al oferente

La *Convención* establece:

"La oferta, aún cuando sea irrevocable, quedará extinguida cuando su *rechazo llegue* al oferente."

Artículo 18

La confirmación o aceptación puede ser expresa o tácita

Tanto en Puerto Rico como en las disposiciones de la *Convención*, la aceptación puede ser *expresa* o *tácita.*

Nuestro Código Civil dispone:

"La confirmación puede hacerse expresa o tácitamente. Se entenderá que hay confirmación tácita cuando con conocimiento de la causa de nulidad y habiendo ésta cesado, el que tuviere derecho a invocarla ejecutase un acto que implique necesariamente la voluntad de renunciarla."[26]

La *Convención* establece:

"1) Toda *declaración* u *otro acto* del destinatario que indique *asentimiento a una oferta* constituirá aceptación. El *silencio* o la *inacción*, por sí solos, *no* constituirá *aceptación*.

2) La aceptación de la oferta surtirá efecto en el momento en que la indicación de *asentimiento llegue* al oferente. La aceptación no surtirá efecto si la indicación de *asentimiento no llega* al oferente dentro del plazo que éste haya fijado o, si no se ha fijado plazo, dentro de un plazo razonable, habida cuenta de las circunstancias de la transacción y, en particular, de la rapidez de los medios de comunicación empleados por el oferente. La aceptación de las ofertas verbales tendrá que ser inmediata a menos que de las circunstancias resulte otra cosa.

3) No obstante, si, en virtud de la oferta, de prácticas que las partes hayan establecido entre ellas o de los usos, el destinatario puede indicar su *asentimiento ejecutando un acto relativo*, por ejemplo, a la expedición de las mercaderías o al pago del precio, sin comunicación al oferente, la aceptación surtirá efecto en el momento en que *se ejecute ese acto*, siempre que esa ejecución tenga lugar dentro del plazo establecido en el párrafo precedente." (énfasis suplido)

[26] Código Civil, artículo 1263; 31 L.P.R.A. 3522.

Artículo 19

La contraoferta

El que calla, otorga es la regla de la contraoferta de cambios no sustanciales que se da en la *Convención.*

"1) La respuesta a una oferta que pretenda ser una aceptación y que contenga adiciones, limitaciones u otras modificaciones se considerará como rechazo de la oferta y constituirá una *contraoferta.*

2) No obstante, la respuesta a una oferta que pretenda ser una aceptación y que contenga *elementos adicionales* o *diferentes* que *no alteren sustancialmente los de la oferta* constituirá *aceptación* a menos que el oferente, sin demora injustificada, *objete verbalmente* la discrepancia o *envíe una comunicación* en tal sentido. De no hacerlo así, los términos del contrato serán los de la oferta con las modificaciones contenidas en la aceptación.

3) Se considerará que los elementos adicionales o diferentes relativos, en particular, al precio, al pago, a la calidad y la cantidad de las mercaderías, al lugar y la fecha de la entrega, al grado de responsabilidad de una parte con respecto a la otra o a la solución de las controversias *alteran sustancialmente* los elementos de la oferta." (énfasis suplido)

Artículo 20

Regla para el cómputo del término del plazo

La *Convención* dispone la siguiente regla para computar el término del plazo:

"1) El plazo de aceptación fijado por el oferente en un telegrama o en una carta comenzará a correr desde el momento en que el telegrama *sea entregado* para su expedición o *desde la fecha de la carta* o, *si no se hubiere indicado ninguna* desde *la fecha que figure en el sobre.* El plazo de aceptación fijado por el oferente por teléfono, télex u otros medios de comunicación instantánea comenzará a correr desde el momento en que *la oferta llegue* al destinatario.

2) Los días feriados oficiales o no laborables *no se excluirán* del cómputo del plazo de aceptación. Sin embargo, si la comunicación de aceptación no pudiere ser entregada en la dirección del oferente el día del vencimiento del plazo, por ser ese día feriado oficial o no laborable en el lugar del establecimiento del oferente, el plazo se prorrogará hasta el primer día laborable siguiente.

Artículo 21

Dilación en la aceptación (mora)

La *Convención* determina:

"1) La *aceptación tardía* surtirá, sin embargo, efecto como *aceptación* si el oferente, sin demora informa verbalmente de ello al destinatario o le envía una comunicación en tal sentido.

2) Si la carta u otra comunicación por escrito que contenga una aceptación tardía indica que ha sido enviada en circunstancias tales que si su transmisión hubiera sido normal habría llegado al oferente en el plazo debido, la aceptación tardía surtirá efecto como aceptación a menos que, sin demora, el oferente *informe verbalmente* al destinatario de que considera su *oferta caducada* o le *envíe una comunicación* en tal sentido." (énfasis suplido)

Artículo 22

Momento en que se puede retirar una oferta

"La aceptación podrá ser retirada si su retiro llega al oferente antes que la aceptación haya surtido efecto o en ese momento."

Artículo 23

Momento en que el contrato es vinculante

En Puerto Rico, el Código Civil establece la *regla del conocimiento efectivo de la oferta* para que sea vinculante.[27]

De igual forma dispone la *Convención*:

"El contrato se perfeccionará en el momento de surtir efecto la aceptación de la oferta conforme a lo dispuesto en la presente Convención."

Artículo 24

La doctrina objetiva de la notificación

"A los efectos de esta Parte de la presente Convención, la oferta, la declaración de aceptación o cualquier otra manifestación de intención "llega" al destinatario cuando se le comunica *verbalmente* o se entrega *por cualquier otro medio* al destinatario *personalmente* o *en su establecimiento postal* o, si no tiene establecimiento ni dirección postal, en su *residencia habitual*." (énfasis suplido)

---

[27] Código Civil, artículo 1214; 31 L.P.R.A. 3401.

PARTE III COMPRAVENTA DE MERCADERÍAS

Capítulo I

DISPOSICIONES GENERALES

Artículo 25

El incumplimiento del contrato

La *Convención* requiere, para que exista incumplimiento, un nexo jurídico entre el incumplimiento y los daños sufridos:

"El incumplimiento del contrato por una de las partes será esencial cuando cause a la otra parte un perjuicio tal que la prive sustancialmente de lo que tenía derecho a esperar en virtud del contrato, salvo que la parte que haya incumplido no hubiera previsto tal resultado y que una persona razonable de la misma condición no lo hubiera previsto en igual situación."

Artículo 26

La resolución del contrato en caso de incumplimiento

La *Convención* le confiere, a la parte quien se le incumple, el derecho a resolver el contrato y la impone el deber de comunicarlo:

> "La declaración de resolución del contrato surtirá efecto sólo si se comunica a la otra parte."

El remedio que tiene en Puerto Rico la parte a quien se le incumple

En Puerto Rico la parte perjudicada puede *resolver el contrato* o *exigir el cumplimiento específico*, más *daños y perjuicios* y *abono de intereses* en *ambos casos*.[28]

La resolución es una causa de acción que se considera privilegio del que sufre el incumplimiento y la puede invocar *en cualquier momento adecuado.*

Artículo 27

El error en la transmisión de la comunicación

> "Salvo disposición expresa en contrario de esta Parte de la presente Convención, si una de las partes hace cualquier notificación, petición u otra comunicación conforme dicha parte y por medios adecuados a las circunstancias, demoras o los errores que puedan producirse en la transmisión de esa comunicación o el hecho de que *no llegue* a su destino no privarán a esa parte del derecho a *invocar tal comunicación.*"

[28] Código Civil, artículo 1077; 31 L.P.R.A. 3052.

Artículo 28

La causa de acción para exigir cumplimiento específico del contrato

"Si, conforme a lo dispuesto en la presente Convención, una parte tiene *derecho a exigir* de la otra *el cumplimento de una obligación*, el tribunal no estará obligado a ordenar el cumplimiento específico a menos que lo hiciere, en virtud de su propio derecho, respecto de contratos de compraventa similares no regidos por la presente Convención."

Artículo 29

El mutuo disenso: libertad para resolver por mutuo acuerdo un contrato válido y la forma para así hacerlo

"1) El contrato podrá *modificarse* o *extinguirse* por *mero acuerdo* entre las partes.

2) Un contrato por escrito que contenga una estipulación que exija que toda modificación por mutuo acuerdo se haga *por escrito no* podrá modificarse ni extinguirse por mutuo acuerdo *de otra forma*. No obstante, cualquiera de las partes quedará vinculada por sus propios actos y no podrá alegar esa estipulación en la medida en que la otra parte se haya basado en tales actos." (énfasis suplido)

Capítulo II
OBLIGACIONES DEL VENDEDOR

Artículo 30

"El vendedor deberá *entregar* las mercaderías, transmitir su propiedad y entregar cualquiera documentos relacionados con ellas en las condiciones establecidas en el contrato y en la presente Convención.

Sección I. Entrega de las mercaderías y de los documentos

Artículo 31

"Si el vendedor no estuviere obligado a entregar las mercaderías en otro lugar determinado, su obligación de entrega consistirá:

a) cuando el contrato de compraventa implique el transporte de las mercaderías, en ponerlas *en poder del primer porteador* para que las traslade al comprador;

b) cuando, en los casos no comprendidos en el apartado precedente, el contrato verse sobre mercaderías ciertas o sobre mercaderías no identificadas que hayan de extraerse de una masa determinada o que deban ser manufacturadas o producidas y cuando, en el momento de la celebración del contrato, las partes sepan que las mercaderías se encuentran o deben ser manufacturadas o producidas en un lugar determinado, en ponerlas *a disposición del comprador en ese lugar;*

c) en los demás casos, en poner las mercaderías a disposición del comprador en el lugar *donde el vendedor tenga su establecimiento* en el momento de la celebración del contrato." (énfasis suplido)

En Puerto Rico se sigue la misma norma.[29]

Artículo 32

"1) Si el vendedor, conforme al contrato o a la presente Convención, pusiere las mercancías en poder de un porteador y éstas *no estuvieren claramente identificadas* a los efectos del contrato mediante señales en ellas, mediante los documentos de expedición o de otro modo, *el vendedor deberá enviar* al comprador un *aviso de expedición* en el que se especifiquen las mercaderías.

2) El vendedor, *si estuviere obligado a disponer el transporte* de las mercaderías, deberá concertar los contratos necesarios para que éste se efectúe *hasta el lugar señalado* por los medios de transporte adecuados a las circunstancias y en las condiciones usuales para tal transporte.

3) El vendedor, *si no* estuviere *obligado a contratar un seguro de transporte,* deberá proporcionar al comprador, a petición de éste, toda la información disponible que sea necesaria para contratar ese seguro." (énfasis suplido)

Artículo 33

Fecha de la entrega y entrega aplazada

"El vendedor deberá entregar las mercaderías:

a) cuando, con arreglo al contrato, se haya *fijado* o pueda *determinarse una fecha,* en *esa fecha;* o

b) cuando, con arreglo al contrato, se haya fijado o, pueda determinarse un plazo, en cualquier momento *dentro de ese plazo,* a menos que de la circunstancias resulte que corresponde al comprador elegir la fecha; o

c) en cualquier otro caso, dentro de un *plazo razonable* a partir de la celebración del contrato." (énfasis suplido)

Artículo 34

Entrega del título de propiedad

"El vendedor, si estuviere obligado a entregar documentos relacionados con las mercaderías, deberá entregarlos en el momento, en el lugar y en la forma fijados por el contrato. En caso de entrega anticipada de documentos, el vendedor podrá, hasta el momento fijado para la entrega, subsanar cualquier falta de conformidad

[29] Código de Comercio, artículo 257; 10 L.P.R.A. 1715.

de los documentos, si el ejercicio de ese derecho no ocasiona al comprador inconvenientes ni gastos excesivos. No obstante, el comprador conservará el derecho a exigir la indemnización de los daños y perjuicios conforme a la presente Convención."

Sección II. *Conformidad de las mercaderías y pretensiones de terceros*

Artículo 35

Requisito del cumplimiento en la entrega

"1) "El vendedor *deberá entregar* mercaderías cuya cantidad, calidad y tipo correspondan a los estipulados en el contrato y que estén envasadas o embaladas en la forma fijada por el contrato.

2) Salvo que las partes hayan pactado otra cosa, las mercaderías no serán conformes al contrato a menos:

a) que sean aptas para los usos a que ordinariamente se destinen mercaderías del mismo tipo;

b) que sean aptas para cualquier uso especial que expresa o tácitamente hayan hecho saber al vendedor en el momento de la celebración del contrato, salvo que de las circunstancias resulte que el comprador no confió, o no era razonable que confiara, en la competencia y el juicio del vendedor;

c) que posean las cualidades de la muestra o modelo que el vendedor haya presentado al comprador;

d) que estén envasadas o embaladas en la forma habitual para tales mercaderías o, si no existe tal forma, de una forma adecuada para conservarlas y protegerlas.

3) El vendedor no será responsable, en virtud de los apartados a) a d) del párrafo precedente, de ninguna falta de conformidad de las mercaderías que el comprador conociera o no hubiera podido ignorar en el momento de la celebración del contrato." (énfasis suplido)

Artículo 36

Regla sobre la pérdida de la cosa objeto del contrato

Regla de Garantía

"1) El vendedor será responsable, conforme al contrato y a la presente Convención, de toda falta de conformidad que exista en el momento de la transmisión del *riesgo* al comprador, aún cuándo esa falta sólo sea manifiesta después de ese momento.

2) El vendedor también será responsable de toda falta de conformidad ocurrida después del momento indicado en el párrafo precedente y que sea imputable al

incumplimiento de cualquiera de sus obligaciones, incluido el incumplimiento de cualquier *garantía* de que, durante determinado período, las mercaderías seguirán siendo aptas para su uso ordinario o para uso especial o conservarán las cualidades y características especificas." (énfasis suplido)

Artículo 37

Daños y perjuicios. Acción de mitigación de daños

"En caso de entrega anticipada, el vendedor podrá, hasta la fecha fijada para la entrega de las mercaderías, bien entregar la parte o cantidad que falte de las mercaderías o entregar otras mercaderías en sustitución de las entregadas que no sean conformes, bien subsanar cualquier falta de conformidad de las mercaderías entregadas, siempre que el ejercicio de ese derecho no ocasione al comprador inconvenientes ni gastos excesivos. No obstante, el comprador conservará el derecho a exigir la indemnización de los daños y perjuicios conforme a la presente Convención."

Artículo 38

Periodo dentro del cual se tiene que pedir el saneamiento por vicio oculto

"1) El comprador deberá examinar o hacer examinar las mercaderías en el plazo más breve posible atendidas las circunstancias.

2) Si el contrato implica el transporte de las mercaderías, el examen podrá aplazarse hasta que éstas hayan llegado a su destino.

3) Si el comprador cambia en tránsito el destino de las mercaderías o las reexpide sin haber tenido una oportunidad razonable de examinarlas y si en el momento de la celebración del contrato el vendedor tenía o debía haber tenido conocimiento de la posibilidad de tal cambio de destino o reexpedición, el examen podrá aplazarse hasta que las mercaderías hayan llegado a su nuevo destino."

Artículo 39

La mora en la reclamación del vicio

Término prescriptivo del saneamiento

"1) El comprador perderá el derecho a invocar la falta de conformidad de las mercaderías si no lo comunica al vendedor, especificando su naturaleza, dentro de un plazo razonable a partir del momento en que la haya o debiera haberla descubierto.

2) En todo caso, el comprador perderá el derecho a invocar la falta de conformidad de las mercaderías si no lo comunica al vendedor en un plazo máximo de dos años

contados desde la fecha en que las mercaderías se pusieron efectivamente en poder del comprador, a menos que ese plazo sea incompatible con un período de garantía contractual."

Artículo 40

Derecho por evicción

"El vendedor no podrá invocar las disposiciones de los artículos 38 y 39 si la falta de conformidad se refiere a hechos que conocía y no podía ignorar y que no haya revelado al comprador.

Artículo 41

"El vendedor deberá entregar las mercaderías libres de cualesquiera derechos o pretensiones de un tercero, a menos que el comprador convenga en aceptarlas sujetas a tales derechos o pretensiones. No obstante, si tales derechos o pretensiones se basan en la propiedad industrial u otros tipos de propiedad intelectual, la obligación del vendedor se regirá por el artículo 42.

Artículo 42

"1) El vendedor deberá entregar las mercaderías libres de cualesquiera derechos o pretensiones de un tercero basados en la propiedad industrial u otros tipos de propiedad intelectual que conociera o no hubiera podido ignorar en el momento de la celebración del contrato, siempre que los derechos o pretensiones se basen en la propiedad industrial u otros tipos de propiedad intelectual:

a) en virtud de la ley del Estado en que hayan de revenderse o utilizarse las mercaderías, si las partes hubieran previsto en el momento de la celebración del contrato que las mercaderías se revenderían o utilizarían en ese Estado; o

b) en cualquier otro caso, en virtud de la ley del Estado en que el comprador tenga establecimiento.

2) La obligación del vendedor conforme al párrafo precedente no se extenderá a los casos en que:

a) en el momento de la celebración del contrato, el comprador conociera o hubiera podido ignorar la existencia del derecho o de la pretensión; o

b) el derecho o la pretensión resulten de haberse ajustado el vendedor a fórmulas, diseños y dibujos técnicos o a otras especificaciones análogas proporcionados por el comprador.

Artículo 43

Prescripción de la causa de acción por evicción

"1) El comprador perderá el derecho a invocar las disposiciones del artículo 41 o del artículo 42 si no comunica al vendedor la existencia del derecho o la pretensión del tercero, especificando su naturaleza, dentro de un plazo razonable a partir del momento en que haya tenido o debiera haber tenido conocimiento de ella.

2) El vendedor no tendrá derecho a invocar las disposiciones del párrafo precedente si conocía el derecho o la pretensión del tercero y su naturaleza.

Artículo 44

Remedio en parte para recobrar daños

"No obstante lo dispuesto en el párrafo 1) del artículo 39 y en el párrafo 1) del artículo 43, el comprador podrá rebajar el precio conforme al artículo 50 o exigir la indemnización de los daños y perjuicios, excepto el lucro cesante, si puede aducir una excusa razonable por haber omitido la comunicación requerida."

Sección III. *Derechos y acciones en caso de incumplimiento del contrato por el vendedor*

Artículo 45

Daños y perjuicios *ex-contractus*

"1) Si el vendedor no cumple cualquiera de las obligaciones que le incumben conforme al contrato o a la presente Convención, el comprador podrá:

a) ejercer los derechos establecidos en los artículos 46 a 52;

b) exigir la indemnización de los daños y perjuicios conforme a los artículos 74 a 77.

2) El comprador no perderá el derecho a exigir la indemnización de los daños y perjuicios aunque ejercite cualquier otra acción conforme a su derecho.

3) Cuando el comprador ejercite una acción por incumplimiento del contrato, el juez o el árbitro no podrán conceder al vendedor ningún plazo de gracia."

Artículo 46

Acción de cumplimiento específico

"1) El comprador podrá exigir al vendedor el cumplimiento de sus obligaciones, a menos que haya ejercitado un derecho o acción incompatible con esa exigencia.

2) Si las mercaderías no fueren conformes al contrato, el comprador podrá exigir la entrega de otras mercaderías en sustitución de aquéllas sólo si la falta de

conformidad constituye un incumplimiento esencial del contrato y la petición de sustitución de las mercaderías se formula al hacer la comunicación a que se refiere el artículo 39 o dentro de un plazo razonable a partir de ese momento.

3) Si las mercaderías no fueren conformes al contrato, el comprador podrá exigir al vendedor que las repare para subsanar la falta de conformidad, a menos que esto no sea razonable habida cuenta de todas las circunstancias. La petición de que se reparen las mercaderías deberá formularse al hacer la comunicación a que se refiere el artículo 39 dentro de un plazo razonable a partir de ese momento."

Artículo 47

Plazo de gracia. Mora en el cumplimiento

"1) El comprador podrá fijar un plazo suplementario de duración razonable para el cumplimiento por el vendedor de las obligaciones que le incumban.

2) El comprador, a menos que haya recibido la comunicación del vendedor de que no cumplirá lo que le incumbe en el plazo fijado conforme al párrafo precedente, no podrá, durante ese plazo, ejercitar acción alguna por incumplimiento del contrato. Sin embargo, el comprador no perderá por ello el derecho a exigir la indemnización de los daños y perjuicios por demora en el cumplimiento."

Artículo 48

"1) Sin perjuicio de lo dispuesto en el artículo 49, el vendedor podrá, incluso después de la fecha de entrega, subsanar a su propia costa todo incumplimiento de sus obligaciones, si puede hacerlo sin una demora excesiva y sin causar al comprador inconvenientes excesivos o incertidumbre en cuanto al reembolso por el vendedor de los gastos anticipados por el comprador. No obstante, el comprador conservará el derecho a exigir la indemnización de los daños y perjuicios conforme a la presente Convención.

2) Si el vendedor pide al comprador que le haga saber si acepta el cumplimiento y el comprador no atiende la petición en un plazo razonable, el vendedor podrá cumplir sus obligaciones en el plazo indicado en su petición. El comprador no podrá, antes del vencimiento de ese plazo, ejercitar ningún derecho o acción incompatible con el cumplimiento por el vendedor de las obligaciones que le incumban.

3) Cuando el vendedor comunique que cumplirá sus obligaciones en un plazo determinado, se presumirá que pide al comprador que le haga saber su decisión conforme al párrafo precedente.

4) La petición o comunicación hecha por el vendedor conforme al párrafo 2) o al párrafo 3) de este artículo no surtirá efecto a menos que sea recibida por el comprador."

Artículo 49

Acción de resolución por incumplimiento

"1) El comprador podrá declarar resuelto el contrato:

a) si el incumplimiento por el vendedor de cualquiera de sus obligaciones que le incumba conforme al contrato o a la presente Convención constituye un incumplimiento esencial del contrato; o

b) en caso de falta de entrega, si el vendedor no entrega las mercaderías dentro del plazo suplementario fijado por el comprador conforme al párrafo 1) del artículo 47 o si declara que no efectuará la entrega dentro del plazo así fijado.

2) No obstante, en los casos en que el vendedor haya entregado las mercaderías, el comprador perderá el derecho a declarar resuelto el contrato si no lo hace:

a) en caso de entrega tardía, dentro de un plazo razonable después de que haya tenido conocimiento de que se ha efectuado la entrega;

b) en caso de incumplimiento distinto de la entrega tardía, dentro de un plazo razonable:

i) después de que haya tenido o debiera haber tenido conocimiento del incumplimiento;

ii) después del vencimiento del plazo suplementario fijado por el comprador conforme al párrafo 1) del artículo 47, o después de que el vendedor haya declarado que no cumplirá sus obligaciones dentro de ese plazo suplementario; o

iii) después del vencimiento del plazo suplementario indicado por el vendedor conforme al párrafo 2) del artículo 48, o después de que el comprador haya declarado que no aceptará el cumplimiento."

Artículo 50

"Si las mercaderías no fueren conforme al contrato, háyase pagado o no el precio, el comprador podrá rebajar el precio proporcionalmente a la diferencia existente entre el valor que las mercaderías efectivamente entregadas tenían en el momento de la entrega y el valor que habrían tenido en ese momento mercaderías conformes al contrato. Sin embargo, el comprador no podrá rebajar el precio si el vendedor subsana cualquier incumplimiento de sus obligaciones conforme al artículo 37 o al artículo 48 o si el comprador se niega a aceptar el cumplimiento por el vendedor conforme a esos artículos."

Artículo 51

Cumplimiento parcial de la obligación

"1) Si el vendedor sólo entrega una parte de las mercaderías o si sólo una parte de las mercaderías entregadas es conforme al contrato, se aplicarán los artículos 46 a 50 respecto de la parte que falte o que no sea conforme.

2) El comprador podrá declarar resuelto el contrato en su totalidad sólo si la entrega parcial o no conforme al contrato constituye un incumplimiento esencial de éste."

Artículo 52

Cumplimiento antes del plazo. El enriquecimiento injusto no está permitido

"1) Si el vendedor entrega las mercaderías antes de la fecha fijada, el comprador podrá aceptar o rehusar su recepción.

2) Si el vendedor entrega una cantidad de mercaderías mayor que la expresada en el contrato, el comprador podrá aceptar o rehusar la recepción de la cantidad excedente. Si el comprador acepta la recepción de la totalidad o de parte de la cantidad excedente, deberá pagarla al precio del contrato."

Capítulo III

OBLIGACIONES DEL COMPRADOR

Artículo 53

"El comprador deberá pagar el precio de las mercaderías y recibirlas en las condiciones establecidas en el contrato y en la presente Convención."

Sección I. *Pago del precio*

Artículo 54

"La obligación del comprador de pagar el precio comprende la de adoptar las medidas y cumplir los requisitos fijados por el contrato o por las leyes o los reglamentos pertinentes para que sea posible el pago."

Artículo 55

Omisión de fijar el precio de la compraventa

"Cuando el contrato haya sido válidamente celebrado pero en él ni expresa ni tácitamente se haya señalado el precio o estipulado un medio para determinarlo, se considerará, salvo indicación en contrario, que las partes han hecho referencia implícitamente al precio generalmente cobrado en el momento de la celebración del contrato por tales mercaderías, vendidas en circunstancias semejantes, en el tráfico mercantil de que se trate."

Artículo 56

"Cuando el precio se señale en función del peso de las mercaderías, será el peso neto, en caso de duda, el que determine dicho precio."

Artículo 57

Lugar del pago

"1) El comprador, si no estuviere obligado a pagar el precio en otro lugar determinado, deberá pagarlo al vendedor:

a) en el establecimiento del vendedor; o

b) si el pago debe hacerse contra entrega de las mercaderías o de documentos, en el lugar en que efectúe la entrega.

2) El vendedor deberá soportar todo aumento de los gastos relativos al pago ocasionado por un cambio de su establecimiento acaecido después de la celebración del contrato."

Artículo 58

Mora

"1) El comprador, si no estuviere obligado a pagar el precio en otro momento determinado, deberá pagarlo cuando el vendedor ponga a su disposición las mercaderías o los correspondientes documentos representativos conforme al contrato y a la presente Convención. El vendedor podrá hacer del pago una condición para la entrega de las mercaderías o los documentos.

2) Si el contrato implica el transporte de las mercaderías, el vendedor podrá expedirlas estableciendo que las mercaderías o los correspondientes documentos representativos no se pondrán en poder del comprador más que contra el pago del precio.

3) El comprador no está obligado a pagar el precio mientras no haya tenido la posibilidad de examinar las mercaderías, a menos que las modalidades de entrega o de pago pactadas por las partes sean incompatibles con esa posibilidad."

Artículo 59

Mora Instantánea

"El comprador deberá pagar el precio en la fecha fijada o que pueda determinarse con arreglo al contrato y a la presente Convención, sin necesidad de requerimiento ni de ninguna otra formalidad por parte del vendedor."

Sección II. *Recepción*

Artículo 60

"La obligación del comprador de proceder a la recepción consiste:

a) en realizar todos los actos que razonablemente quepa esperar de él para que el vendedor pueda efectuar la entrega; y

b) en hacerse cargo de las mercaderías."

Sección III. *Derechos y acciones en caso de incumplimiento del contrato por el comprador*

Artículo 61

Regla sobre la mora

"1) Si el comprador no cumple cualquiera de las obligaciones que le incumben conforme al contrato o a la presente Convención, el vendedor podrá:

a) ejercer los derechos establecidos en los artículos 62 a 65;

b) exigir la indemnización de los daños y perjuicios conforme a los artículos 74 a 77.

2) El vendedor no perderá el derecho a exigir la indemnización de los daños y perjuicios aunque ejercite cualquier otra acción conforme a su derecho.

3) Cuando el vendedor ejercite una acción por incumplimiento del contrato, el juez o el árbitro no podrá conceder al comprador ningún plazo de gracia."

Artículo 62

"El vendedor podrá exigir al comprador que pague el precio, que reciba las mercaderías o que cumpla las demás obligaciones que le incumban, a menos que el vendedor haya ejercitado un derecho o acción incompatible con esa exigencia."

Artículo 63

Plazo suplementario

"1) El vendedor podrá fijar un plazo suplementario de duración razonable para el cumplimiento por el comprador de las obligaciones que le incumban.

2) El vendedor, a menos que haya recibido comunicación del comprador de que no cumplirá lo que le incumbe en el plazo fijado conforme al párrafo presente, no podrá, durante ese plazo, ejercitar acción alguna por incumplimiento del contrato. Sin embargo, el vendedor no perderá por ello el derecho que pueda tener a exigir la indemnización de los daños y perjuicios por demora en el cumplimiento."

Artículo 64

Resolución por incumplimiento

"1) El vendedor podrá declarar resuelto el contrato:

a) si el incumplimiento por el comprador de cualquiera de las obligaciones que le incumban conforme al contrato o a la presente Convención constituye un incumplimiento esencial del contrato; o

b) si el comprador no cumple su obligación de pagar el precio o no recibe las mercaderías dentro del plazo suplementario fijado por el vendedor conforme al párrafo 1) del artículo 63 o si declara que no lo hará dentro del plazo así fijado.

2) No obstante, en los casos en que el comprador haya pagado el precio, el vendedor perderá el derecho a declarar resuelto el contrato si no lo hace:

a) en caso de cumplimiento tardío por el comprador, antes de que el vendedor tenga conocimiento de que se ha efectuado el cumplimiento; o

b) en caso de incumplimiento distinto del cumplimiento tardío por el comprador, dentro de un plazo razonable:

i) después de que el vendedor haya tenido o debiera haber tenido conocimiento del incumplimiento; o

ii) después del vencimiento del plazo suplementario fijado por el vendedor conforme al párrafo 1) del artículo 63, o después de que el comprador haya declarado que no cumplirá sus obligaciones dentro de ese plazo suplementario."

Artículo 65

"1) Si conforme al contrato correspondiente al comprador especificar la forma, las dimensiones u otras características de las mercaderías y el comprador no hiciere tal especificación en la fecha convenida o en un plazo razonable después de haber recibido un requerimiento del vendedor, éste podrá, sin perjuicio de cualesquiera otros derechos que le correspondan, hacer la especificación él mismo de acuerdo con las necesidades del comprador que le sean conocidas.

2) El vendedor, si hiciere la especificación él mismo, deberá informar de sus detalles al comprador y fijar un plazo razonable para que éste pueda hacer una especificación diferente. Si, después de recibir esa comunicación, el comprador no hiciere uso de esta posibilidad dentro del plazo así fijado, la especificación hecha por el vendedor tendrá fuerza vinculante."

Capítulo IV
TRANSMISIÓN DEL RIESGO

Artículo 66

Los riesgos luego de la entrega son del comprador

"La pérdida o el deterioro de las mercaderías sobrevenidos después de la transmisión del riesgo al comprador no liberarán a éste de su obligación de pagar el precio, a menos que se deban a un acto u omisión del vendedor."

Artículo 67

"1) Cuando el contrato de compraventa implique el transporte de las mercaderías y el vendedor no esté obligado a entregarlas en un lugar determinado, el riesgo se transmitirá al comprador en el momento en que las mercaderías se pongan en poder del primer porteador para que las traslade al comprador conforme al contrato de compraventa. Cuando el vendedor esté obligado a poner las mercaderías en poder de un porteador en un lugar determinado, el riesgo no se transmitirá al comprador hasta que las mercaderías se pongan en poder del porteador en ese lugar. El hecho de que el vendedor esté autorizado a retener los documentos representativos de las mercaderías no afectará a la transmisión del riesgo.

2) Sin embargo, el riesgo no se transmitirá al comprador hasta que las mercaderías estén claramente identificadas a los efectos del contrato mediante señales en ellas, mediante los documentos de expedición, mediante comunicación enviada al comprador o de otro modo."

Artículo 68

"El riesgo respecto a las mercaderías vendidas en tránsito se transmitirá al comprador desde el momento de la celebración del contrato. No obstante, si así resultare de las circunstancias, el riesgo será asumido por el comprador desde el momento en que las mercaderías se hayan puesto en poder del porteador que haya expedido los documentos acreditativos del transporte. Sin embargo, si en el momento de la celebración del contrato de compraventa el vendedor tuviera o debiera haber tenido conocimiento de que las mercaderías habían sufrido pérdida o deterioro y no lo hubiera revelado al comprador, el riesgo de la pérdida o deterioro será de cuenta del vendedor."

Artículo 69

"1) En los casos no comprendidos en los artículos 67 y 68, el riesgo se transmitirá al comprador cuando éste se haga cargo de las mercaderías o, si no lo hace a su debido tiempo, desde el momento en que las mercaderías se pongan a su disposición e incurra en incumplimiento del contrato al rehusar su recepción.

2) No obstante, si el comprador estuviere obligado a hacerse cargo de las mercaderías en un lugar distinto de un establecimiento del vendedor, el riesgo se transmitirá cuando deba efectuarse la entrega y el comprador tenga conocimiento de que las mercaderías están a su disposición en ese lugar.

3) Si el contrato versa sobre mercaderías aún sin identificar, no se considerará que las mercaderías se han puesto a disposición del comprador hasta que están claramente identificadas a los efectos del contrato."

Artículo 70

"Si el vendedor ha incurrido en incumplimiento esencial del contrato, las disposiciones de los artículos 67, 68 y 69 no afectarán a los derechos y acciones de que disponga el comprador como consecuencia del incumplimiento."

Capítulo V
DISPOSICIONES COMUNES A LAS OBLIGACIONES DEL VENDEDOR Y DEL COMPRADOR

Sección I. *Incumplimiento previsible y contratos con entregas sucesivas*

Artículo 71

Insolvencia advenida luego del perfeccionamiento de la compraventa

"1) Cualquiera de las partes podrá diferir el cumplimiento de sus obligaciones si, después de la celebración del contrato, resulta manifiesto que la otra parte no cumplirá una parte de sus obligaciones a causa de:

a) un grave menoscabo de su capacidad para cumplirlas o de su solvencia, o

b) Su comportamiento al disponerse a cumplir o al cumplir el contrato.

2) El vendedor, si ya hubiere expedido las mercaderías antes de que resulten evidentes los motivos a que se refiere el párrafo precedente, podrá oponerse a que las mercaderías se pongan en poder del comprador, aun cuando éste sea tenedor de

un documento que le permita obtenerlas. Este párrafo concierne sólo a los derechos respectivos del comprador y del vendedor sobre las mercaderías.

3) La parte que difiera el cumplimiento de lo que le incumbe, antes o después de la expedición de la mercadería, deberá comunicarlo inmediatamente a la otra parte y deberá proceder al cumplimiento si esa otra parte da seguridades suficientes de que cumplirá sus obligaciones."

Artículo 72

"1) Si antes de la fecha de cumplimiento fuere patente que una de las partes incurrirá en incumplimiento esencial del contrato, la otra parte podrá declararlo resuelto.

2) Si hubiere tiempo para ello, la parte que tuviere la intención de declarar resuelto el contrato deberá comunicarlo con antelación razonable a la otra parte para que ésta pueda dar seguridades suficientes de que cumplirá sus obligaciones.

3) Los requisitos del párrafo precedente no se aplicarán si la otra parte hubiere declarado que no cumplirá sus obligaciones."

Artículo 73

"1) En los contratos que estipulen entregas sucesivas de mercaderías, si el incumplimiento por una de las partes de cualquiera de sus obligaciones relativas a cualquiera de las entregas constituye un incumplimiento esencial del contrato en relación con esa entrega, la otra parte podrá declarar resuelto el contrato en lo que respecta a esa entrega.

2) Si el incumplimiento por una de las partes de cualquiera de sus obligaciones relativas a cualquiera de las entregas da a la otra parte fundados motivos para inferir que se producirá un incumplimiento esencial del contrato en relación con futuras entregas, esa otra parte podrá declarar resuelto el contrato para el futuro, siempre que lo haga dentro de un plazo razonable.

3) El comprador que declare resuelto el contrato respecto de cualquier entrega podrá, al mismo tiempo, declararlo resuelto respecto de entregas ya efectuadas o de futuras entregas si, por razón de su interdependencia, tales entregas no pudieren destinarse al uso previsto por las partes en el momento de la celebración del contrato."

Sección II. *Indemnización de daños y perjuicios*

Artículo 74

Lucro cesante - Daños y perjuicios previstos al momento del incumplimiento

"La indemnización de daños y perjuicios por el incumplimiento del contrato en que haya incurrido una de las partes comprenderá el valor de la pérdida sufrida y el de la ganancia dejada de obtener por la otra parte como consecuencia del incumplimiento. Esa indemnización no podrá exceder de la pérdida que la parte que haya incurrido en incumplimiento hubiera previsto o debiera haber previsto en el momento de la celebración del contrato, tomando en consideración los hechos de que tuvo o debió haber tenido conocimiento en ese momento, como consecuencia posible del incumplimiento del contrato."

Artículo 75

Sustitución del objeto del contrato

"Si se resuelve el contrato y si, de manera razonable y dentro de un plazo razonable después de la resolución, el comprador procede a una compra de reemplazo o el vendedor a una venta de reemplazo, la parte que exija la indemnización podrá obtener la diferencia entre el precio del contrato y el precio estipulado en la operación de reemplazo, así como cualesquiera otros daños y perjuicios exigibles conforme al artículo 74."

Artículo 76

Aumento del valor de la cosa objeto de la compraventa

"1) Si se resuelve el contrato y existe un precio corriente de las mercaderías, la parte que exija la indemnización podrá obtener, si no ha procedido a una compra de reemplazo o a una venta de reemplazo conforme al artículo 75, la diferencia entre el precio señalado en el contrato y el precio corriente en el momento de la resolución, así como cualesquiera otros daños y perjuicios exigibles conforme al artículo 74. No obstante, si la parte que exija la indemnización ha resuelto el contrato después de haberse hecho cargo de las mercaderías, se aplicará el precio corriente en el momento en que se haya hecho cargo de ellas en vez del precio corriente en el momento de la resolución.

2) A los efectos del párrafo precedente, el precio corriente es el del lugar en que debiera haberse efectuado la entrega de las mercaderías o, si no hubiere precio corriente en ese lugar, el precio en otra plaza que pueda razonablemente sustituir ese lugar, habida cuenta de las diferencias de costo del transporte de las mercaderías."

Artículo 77

Deber de mitigar daños

"La parte que invoque el incumplimiento del contrato deberá adoptar las medidas que sean razonables, atendidas las circunstancias, para reducir la pérdida, incluido el lucro cesante, resultante del incumplimiento. Si no adopta tales medidas, la otra parte podrá pedir que se reduzca la indemnización de los daños y perjuicios en la cuantía en que debía haberse reducido la pérdida."

Sección III. *Intereses*

Artículo 78

La deuda en dinero devenga intereses

"Si una parte no paga el precio o cualquiera otra suma adeudada, la otra parte tendrá derecho a percibir los intereses correspondientes, sin perjuicio de toda acción de indemnización de los daños y perjuicios exigibles conforme al artículo 74."

Sección IV. *Exoneración*

Artículo 79

"1) Una parte no será responsable de la falta de cumplimiento de cualquiera de sus obligaciones si prueba que esa falta de cumplimiento se debe a un impedimento ajeno a su voluntad y si no cabía razonablemente esperar que tuviese en cuenta el impedimento en el momento de la celebración del contrato, que lo evitase o superase o que evitase o superase sus consecuencias.

2) Si la falta de cumplimiento de una de las partes se debe a la falta de cumplimiento de un tercero al que haya encargado la ejecución total o parcial del contrato, esa parte sólo quedará exonerada de responsabilidad:

   a) si está exonerada conforme al párrafo precedente, y

   b) si el tercero encargado de la ejecución también estaría exonerado en el caso de que se aplicaran las disposiciones de ese párrafo.

3) La exoneración prevista en este artículo surtirá efecto mientras dure el impedimento.

4) La parte que no haya cumplido sus obligaciones deberá comunicar a la otra parte el impedimento y sus efectos sobre su capacidad para cumplirlas. Si la otra parte no recibiera la comunicación dentro de un plazo razonable después de que la parte que no haya cumplido tuviera o debiera haber tenido conocimiento del impedimento, esta última parte será responsable de los daños y perjuicios causados por esa falta de recepción.

5) Nada de lo dispuesto en este artículo impedirá a una u otra de las partes ejercer cualquier derecho distinto del derecho a exigir la indemnización de los daños y perjuicios conforme a la presente Convención.

Artículo 80

Requisito del nexo causal

"Una parte no podrá invocar el incumplimiento de la otra en la medida en que tal incumplimiento haya sido por acción u omisión de aquélla."

Sección V. *Efectos de la resolución*

Artículo 81

"1) La resolución del contrato liberará a las dos partes de sus obligaciones, salvo la indemnización de daños y perjuicios que pueda ser debida. La resolución no afectará a las estipulaciones del contrato relativas a la solución de controversias ni a ninguna otra estipulación del contrato que regule los derechos y obligaciones de las partes en caso de resolución.

2) La parte que haya cumplido total o parcialmente el contrato podrá reclamar a la otra parte la restitución de lo que haya suministrado o pagado conforme al contrato. Si las dos partes están obligadas a restituir, la restitución deberá realizarse simultáneamente."

Artículo 82

Rescisión - Deber de restituir la cosa idéntica

"1) El comprador perderá el derecho a declarar resuelto el contrato o a exigir al vendedor la entrega de otras mercaderías en sustitución de las recibidas cuando le sea imposible restituir éstas en un estado sustancialmente idéntico a aquél en que las hubiera recibido.

2) El párrafo precedente no se aplicará:

a) si la imposibilidad de restituir las mercaderías o de restituir en un estado sustancialmente idéntico a aquél en que el comprador las hubiera recibido no fuere imputable a un acto u omisión de éste;

b) si las mercaderías o una parte de ellas hubieren perecido o se hubieren deteriorado como consecuencia del examen prescrito en el artículo 38; o

c) si el comprador, antes de que descubriera o debiera haber descubierto la falta de conformidad, hubiere vendido las mercaderías o una parte de ellas en el curso normal de sus negocios o las hubiere consumido o transformado conforme a un uso normal."

Artículo 83

"El comprador que haya perdido el derecho a declarar resuelto el contrato o a exigir al vendedor la entrega de otras mercaderías en sustitución de las recibidas, conforme al artículo 82, conservará todos los demás derechos y acciones que le correspondan conforme al contrato y a la presente Convención."

Artículo 84

"1) El vendedor, si estuviere obligado a restituir el precio, deberá abonar también los intereses correspondientes a partir de la fecha en que se haya efectuado el pago.

2) E1 comprador deberá abonar al vendedor el importe de todos los beneficios que haya obtenido de las mercaderías o de una parte de ellas:
   a) cuando deba restituir las mercaderías o una parte de ellas; o
   b) cuando le sea imposible restituir la totalidad o una parte de las mercaderías en un estado sustancialmente idéntico a aquél en que las hubiera recibido, pero haya declarado resuelto el contrato o haya exigido al vendedor la entrega de otras mercaderías en sustitución de las recibidas."

Sección VI. *Conservación de las mercaderías*

Artículo 85

Deber del comprador por gastos de depósito y conservación de la cosa

"Si el comprador se demora en la recepción de las mercaderías o, cuando el pago del precio y la entrega de las mercaderías deban hacerse simultáneamente, no paga el precio, el vendedor, si está en posesión de las mercaderías o tiene de otro modo poder de disposición sobre ellas, deberá adoptar las medidas que sean razonables, atendidas las circunstancias, para su conservación. E1 vendedor tendrá derecho a retener las mercaderías hasta que haya obtenido del comprador el reembolso de los gastos razonables que haya realizado."

Artículo 86

"1) El comprador, si ha recibido las mercaderías y tiene la intención de ejercer cualquier derecho a rechazarlas que le corresponda conforme al contrato o a la presente Convención, deberá adoptar las medidas que sean razonables, atendidas las circunstancias, para su conservación. E1 comprador tendrá derecho a retener las mercaderías hasta que haya obtenido del vendedor el reembolso de los gastos razonables que haya realizado.

2) Si las mercaderías expedidas al comprador han sido puestas a disposición de éste en el lugar de destino y el comprador ejerce el derecho a rechazarlas, deberá tomar posesión de ellas por cuenta del vendedor, siempre que ello pueda hacerse sin pago del precio y sin inconvenientes ni gastos excesivos. Esta disposición no se aplicará cuando el vendedor o una persona facultada para hacerse cargo de las mercaderías por cuenta de aquél esté presente en el lugar de destino, si el comprador toma posesión de las mercaderías conforme a este párrafo, sus derechos y obligaciones se regirán por el párrafo precedente."

Artículo 87

"La parte está obligada a adoptar medidas para la conservación de las mercaderías [sic] podrá depositarlas en los almacenes de un tercero a expensas de la otra parte, siempre que los gastos resultantes no sean excesivos."

Artículo 88

Remedio cuando la cosa es perecedera

"1) La parte que esté obligada a conservar las mercaderías conforme a los artículos 85 u 86 podrá venderlas por cualquier medio apropiado si la otra parte se ha demorado excesivamente en tomar posesión de ellas, en aceptar su devolución o en pagar el precio o los gastos de su conservación, siempre que comunique con antelación razonable a esa otra parte su intención de vender.

2) Si las mercaderías están expuestas a deterioro rápido, o si su conservación entraña gastos excesivos, la parte que esté obligada a conservarlas conforme a los artículos 85 u 86 deberá adoptar medidas razonables para venderlas. En la medida de lo posible deberá comunicar a la otra parte su intención de vender.

3) La parte que venda las mercaderías tendrá derecho a retener del producto de la venta una suma igual a los gastos razonables de su conservación y venta. Esa parte deberá abonar el saldo a la otra parte."

PARTE IV
DISPOSICIONES FINALES

Artículo 89

"El Secretario General de las Naciones Unidas queda designado depositario de la presente Convención."

Artículo 90

"La presente Convención no prevalecerá sobre ningún acuerdo internacional ya celebrado o que se celebre que contenga disposiciones relativas a las materias que se rigen por la presente Convención, siempre que las partes tengan sus establecimientos en Estados partes en ese acuerdo."

Artículo 91

"1) La presente Convención estará abierta a la firma en la sesión de clausura de la Conferencia de las Naciones Unidas sobre los Contratos de Compraventa Internacional de Mercaderías y permanecerá abierta a la firma de todos los Estados en la Sede de las Naciones Unidas, Nueva York, hasta el 30 de septiembre de 1981.

2) La presente Convención estará sujeta a ratificación, aceptación o aprobación por los Estados signatarios.

3) La presente Convención estará abierta a la adhesión de todos los Estados que no sean Estados signatarios desde la fecha en que quede abierta a la firma.

4) Los instrumentos de ratificación, aceptación, aprobación y adhesión se depositarán en poder del Secretario General de las Naciones Unidas."

Artículo 92

"1) Todo Estado Contratante podrá declarar en el momento de la firma, la ratificación, la aceptación, la aprobación o la adhesión que no quedará obligado por la Parte II de la presente Convención o que no quedará obligado por la Parte III de la presente Convención.

2) Todo Estado Contratante que haga una declaración conforme al párrafo precedente respecto de la Parte II o de la Parte III de la presente Convención no será considerado Estado Contratante a los efectos del párrafo 1) del artículo 1 de la presente Convención respecto de las materias que se rijan por la Parte a la que se aplique la declaración."

Artículo 93

"1) Todo Estado Contratante integrado por dos o más unidades territoriales en las que, con arreglo a su constitución, sean aplicables distintos sistemas jurídicos en relación con las materias objeto de la presente Convención podrá declarar en el momento de la firma, la ratificación, la aceptación, la aprobación o la adhesión que la presente Convención se aplicará a todas sus unidades territoriales o sólo a una o varias de ellas y podrá modificar en cualquier momento su declaración mediante otra declaración.

2) Esas declaraciones serán notificadas al depositario y en ellas se hará constar expresamente a qué unidades territoriales se aplica la Convención.

3) Si, en virtud de una declaración hecha conforme a este artículo, la presente Convención se aplica a una o varias de las unidades territoriales de un Estado Contratante, pero no a todas ellas, y si el establecimiento de una de las partes está situado en ese Estado, se considerará que, a los efectos de la presente Convención, ese establecimiento no está en un Estado Contratante, a menos que se encuentre en una unidad territorial a la que se aplique la Convención.

4) Si el Estado Contratante no hace ninguna declaración conforme al párrafo 1) de este artículo, la Convención se aplicará a todas las unidades territoriales de ese Estado."

Artículo 94

"1) Dos o más Estados Contratantes que, en las materias que se rigen por la presente Convención, tengan normas jurídicas idénticas o similares podrán declarar, en cualquier momento, que la Convención no se aplicará a los contratos de compraventa ni a su formación cuando las partes tengan sus establecimientos en esos Estados. Tales declaraciones podrán hacerse conjuntamente o mediante declaraciones unilaterales recíprocas.

2) Todo Estado Contratante que, en las materias que se rigen por la presente Convención, tengan normas jurídicas idénticas o similares a las de uno o varios Estados no contratantes podrá declarar, en cualquier momento, que la Convención

no se aplicará a los contratos de compraventa ni a su formación cuando las partes tengan sus establecimientos en esos Estados.

3) Si un Estado respecto del cual se haya hecho una declaración conforme al párrafo precedente llega a ser ulteriormente Estado Contratante, la declaración surtirá los efectos de una declaración hecha con arreglo al párrafo 1) desde la fecha en que la Convención entre en vigor respecto del nuevo Estado Contratante, siempre que el nuevo Estado Contratante suscriba esa declaración o haga una declaración unilateral de carácter recíproco."

Artículo 95

"Todo Estado podrá declarar en el momento del depósito de su instrumento de ratificación, aceptación, aprobación o adhesión que no quedará obligado por el apartado b) del párrafo 1) del artículo 1 de la presente Convención."

Artículo 96

"El Estado Contratante cuya legislación exija que los contratos de compraventa se celebren o se prueben [sic] por escrito podrá hacer en cualquier momento una declaración conforme al artículo 12 en el sentido de que cualquier disposición del artículo 11, del artículo 29 o de la Parte II de la presente Convención que permita que la celebración, la modificación o la extinción por mutuo acuerdo del contrato de compraventa, o la oferta, la aceptación o cualquier otra manifestación de intención, se hagan por un procedimiento que no sea por escrito no se aplicará en el caso de que cualquiera de las partes tengan su establecimiento en ese Estado."

Artículo 97

"1) Las declaraciones hechas conforme a la presente Convención en el momento de la firma estarán sujetas a confirmación cuando se proceda a la ratificación, la aceptación o la aprobación.

2) Las declaraciones y las confirmaciones de declaraciones se harán constar por escrito y se notificarán formalmente al depositario.

3) Toda declaración surtirá efecto en el momento de la entrada en vigor de la presente Convención respecto del Estado de que se trate. No obstante, toda declaración de la que el depositario reciba notificación formal después de tal entrada en vigor surtirá efecto el primer día del mes siguiente a la expiración de un plazo de seis meses contados desde la fecha en que haya sido recibida por el depositario. Las declaraciones unilaterales recíprocas hechas conforme al artículo 94 surtirán efecto el primer día del mes siguiente a la expiración de un plazo de seis meses contados desde la fecha en que el depositario haya recibido la última declaración.

4) Todo Estado que haga una declaración conforme a la presente Convención podrá retirarla en cualquier momento mediante notificación formal hecha por escrito al depositario. Este retiro surtirá efecto el primer día del mes siguiente a la expiración

de un plazo de seis meses contados desde la fecha en que el depositario haya recibido la notificación.

5) E1 retiro de una declaración hecha conforme al artículo 94 hará ineficaz, a partir de la fecha en que surta efecto el retiro, cualquier declaración de carácter recíproco hecha por otro Estado conforme a ese artículo."

Artículo 98

"No se podrán hacer más reservas que las expresamente autorizadas por la presente Convención."

Artículo 99

"1) La presente Convención entrará en vigor, sin perjuicio de lo dispuesto en el párrafo 6) de este artículo, el primer día del mes siguiente a la expiración de un plazo de doce meses contados desde la fecha en que haya sido depositado el décimo instrumento de ratificación, aceptación, aprobación o adhesión, incluido todo instrumento que contenga una declaración hecha conforme al artículo 92.

2) Cuando un Estado ratifique, acepte o apruebe la presente Convención, o se adhiera a ella, después de haber sido depositado el décimo instrumento de ratificación, aceptación, aprobación o adhesión, la Convención, salvo la Parte excluida, entrará en vigor respecto de ese Estado, sin perjuicio de lo dispuesto en el párrafo 6) de este artículo, el primer día del mes siguiente a la expiración de un plazo de doce meses contados desde la fecha en que haya depositado su instrumento de ratificación, aceptación, aprobación o adhesión.

3) Todo Estado que ratifique, acepte o apruebe la presente Convención, o se adhiera a ella, y que sea parte en la Convención relativa a una Ley uniforme sobre la formación de contratos para la venta internacional de mercaderías hecha en La Haya el 1° de julio de 1964 (Convención de La Haya sobre la formación, de 1964) o en la Convención relativa a una Ley uniforme sobre la venta, de 1964, o en ambas Convenciones, deberá denunciar al mismo tiempo, según el caso, mediante notificación al efecto al Gobierno de los Países Bajos.

4) Todo Estado parte en la Convención de La Haya sobre la venta, de 1964, que ratifique, acepte o apruebe la presente Convención, o se adhiera a ella, y que declare o haya declarado conforme al artículo 92 que no quedará obligado por la Parte II de la presente Convención denunciará en el momento de la ratificación, la aceptación, la aprobación o la adhesión la Convención de la Haya sobre la venta, de 1964, mediante notificación al efecto al Gobierno de los Países Bajos.

5) Todo Estado parte en la Convención de La Haya sobre la formación, de 1964, que ratifique, acepte o apruebe la presente Convención, o se adhiera a ella, y que declare o haya declarado conforme al artículo 92 que no quedará obligado por la Parte III de la presente Convención denunciará en el momento de la ratificación, la aceptación, la aprobación o la adhesión la Convención de la Haya sobre la

información, de 1964, mediante notificación al efecto al Gobierno de los Países Bajos.

6) A los efectos de este artículo, las ratificaciones, aceptaciones, aprobaciones y adhesiones formuladas respecto de la presente Convención por Estados partes en la Convención de La Haya sobre la formación, de 1964, hasta de las denuncias que esos Estados deban hacer, en su caso, respecto de estas dos últimas Convenciones hayan surtido a su vez efecto. El depositario de la presente Convención consultará con el Gobierno de los Países Bajos, como depositarios de las Convenciones de 1964, a fin de lograr la necesaria coordinación a este respecto."

Artículo 100

"1) La presente Convención se aplicará a la formación del contrato sólo cuando la propuesta de celebración del contrato se haga en la fecha de entrada en vigor de la Convención respecto de los Estados Contratantes a que se refiere el apartado a) del párrafo 1) del artículo 1 respecto del Estado Contratante a que se refiere el apartado b) del párrafo 1) del artículo 1, o después de esa fecha.

2) La presente Convención se aplicará a los contratos celebrados en la fecha de entrada en vigor de la presente Convención respecto de los Estados Contratantes a que se refiere el apartado a) del párrafo 1) del artículo 1 o respecto del Estado Contratante a que se refiere el apartado b) del párrafo 1) del artículo 1, o después de esa fecha."

Artículo 101

"1) Todo Estado Contratante podrá denunciar la presente Convención, o su Parte II o su Parte III, mediante notificación formal hecha por escrito al depositario.

2) La denuncia surtirá efecto el primer día del mes siguiente a la expiración de un plazo de doce meses contados desde la fecha en que la notificación haya sido recibida por el depositario. Cuando en la notificación se establezca un plazo más largo para que la denuncia surta efecto, la denuncia surtirá efecto a la expiración de ese plazo, contando desde la fecha en que la notificación haya sido recibida por el depositario.

HECHA en Viena, el día once de abril de mil novecientos ochenta, en un solo original, cuyos textos en árabe, chino, español, francés, inglés y ruso son igualmente auténticos.

EN TESTIMONIO DE LO CUAL, los plenipotenciarios infrascritos, debidamente autorizados por sus respectivos Gobiernos, han firmado la presente Convención."